이론과 응용

전략적 브랜드관리

안광호 | 한상만 | 전성률

제5판

Strategic
Brand
Management

학현사

제5판 머리말

Preface

개정 4판을 출간한 지 벌써 7년의 세월이 흘렀다. '디지털 시대라서 시간이 이렇게 빨리 흘러가는가'라는 생각을 했다. 그동안 본서를 교재로 사용한 전국의 교수님들과 애독자의 개정판 요구를 신속하게 충족시키지 못한 저자들의 게으름에 대해 진심으로 사과드린다. 마케팅의 기본원리는 고객욕구 충족인데 마케팅을 전공으로 하는 저자들이 이를 제대로 실천하지 못한 것 같아 부끄러움을 느낀다.

디지털 시대로 들어선 오늘날 마케팅환경은 하루가 다르게 급변하고 있다. 이에 따라 과거 강력한 시장지위를 유지해온 파워브랜드가 하루아침에 파국을 맞기도 한다. 엄청난 브랜드자산과 고객충성도를 구축했던 코닥의 파산은 기업에게 많은 시사점을 준다. 최근 들어 디지털 기반의 4차 산업혁명이 도래하면서 기업들은 AI, 빅데이터, SNS 등을 활용한 혁신적이고 창의적인 마케팅전략과 실행 프로그램을 개발하기 위해 고심하고 있다.

마케팅 트렌드의 급속한 변화에도 불구하고 저자들은 강력한 브랜드구축이 차별적 우위를 실현하는 데 핵심성공요인이라고 믿고 있다. 브랜드는 고객의 마음에 다가가기 위한 기업의 마케팅노력을 담는 그릇이며 이러한 활동을 이해관계자들에게 보여주는 얼굴이기 때문이다. 따라서 도예가가 좋은 재질을 사용해 사용하기 편하면서 오랫동안 질리지 않고 멋있는 그릇을 만들기 위해 혼신의 노력을 기울이듯이, 기업은 자신들에게 맞으면서 고객들에게 매력적으로 보일 브랜드아이덴티티를 개발하고 이를 체계적이고 일관성 있게 관리해야 한다. 가령, 삼성전자와 LG전자는 고객의 사랑을 받는 브랜드를 만들려는 공통의 목표를 갖고 있지만 서로 상반된 브랜드전략을 추구하고 있다. 삼성전자는 자신들이 생산하는 전자제품들에 대해 삼성이라는 강력한 기업브랜드를 부착하는 기업브랜드 중심의 브랜드전략을 추구하고 있다. 과거에 엄청난 마케팅비용을 투자해 자산을 구축했던 제품브랜드들의 사용을 과감히 포기하면서 말이다. 이에 반해 LG전자는 LG라는 기업브랜드, DIOS 등과 같이 특정의 제품범주들에 공동으로 적용되는 우산형 브랜드, 그리고 개별 제품브랜드를 개발하고 고객층과 시장상황에 맞춰 이들을 적절히 조합해 사용하는 브랜드전략을 추구하고 있다. 각 전략마다 장점과 단점이 있으므로 어떤 브랜드전략이 더 나은지는 마케팅성과와 고객의 브랜드충성도에 의해 판단될 것이다.

브랜드마케팅의 목표는 우리회사 제품브랜드를 이용하는 고객들이 일상생활에서 소비행복을 경험하는 데 도움을 주는 것이라고 저자들은 믿는다. 소비행복 경험은 브랜드가 탁월한 고객가치를 제공하고 고객이 브랜드와 깊고 강한 정서적 유대감을 형성할 때 얻어진다. 고객들은 특정 제품브랜드로부터 뛰어난 기능적 가치 그 이상을 기대한다. 고객의 사랑을 받는 브랜드는 기능적 가치뿐 아니라 정서적 가치와 상징적 가치를 함께 제공한다.

본서는 브랜드관리라는 주제에 초점을 맞춘 대표적인 대학교재로서, 고객들의 사랑과 존경을 받는 파워브랜드를 만들기 위해 어떻게 브랜드아이덴티티를 개발/관리해야 하는지, 그리고 구축된 브랜드자산을 어떻게 강화하고 활용해야 하는지를 소개하고 있다. 애플과 스타벅스의 사례에서 볼 수 있듯이 글로벌 경쟁력 구축에서 브랜드가치가 중요함에도 불구하고 국내 대학과 기업현장에서 브랜드에 대한 관심과 교육은 여전히 미천하다. 이러한 상황에서 서점가에는 브랜드관련 단행본들이 범람하고 있는 것은 아이러니하다. 그럼에도 불구하고 저자들이 본서의 개정판을 지속적으로 출간하는 이유는 이 주제의 중요성을 독자들에게 널리 인식시키려는 사명감 때문이다.

이번 개정판의 차별적 특징과 주요 수정내용들은 다음과 같다.

첫째, 이 책은 교재 전반에 걸쳐 브랜드인지도와 브랜드이미지의 창출과 강화를 토대로 한 강력한 브랜드구축이라는 개념적 틀을 토대로 하여 브랜드마케팅의 주요개념들과 브랜드자산 구축방안을 설명하고 있다.

둘째, 각 장의 도입부는 최신의 브랜드구축 성공사례들로 모두 대체했다. 가령, 1장 브랜드관리의 중요성의 도입사례는 경쟁이 치열한 화장품시장에서 아모레퍼시픽의 한방화장품 브랜드 설화수가 차별화된 브랜드컨셉과 통합적 마케팅커뮤니케이션 노력을 기반으로 글로벌 프리미엄 화장품브랜드로 성장한 과정을 소개하고 있다. 7장 브랜드이미지 관리의 도입사례는 실용적 브랜드컨셉을 토대로 글로벌 캐주얼웨어 시장에서 강력한 브랜드자산을 구축했던 GAP이 SPA브랜드의 급성장과 다양성 추구 트렌드를 따라가지 못하는 지루한 브랜드라는 소비자 인식으로 인해 브랜드자산의 약화와 실적부진이 이어지는 과정을 다룬다. 그리고 9장 브랜드자산 활용전략의 도입사례는 글로벌 스포츠웨어 제조업체 Adidas가 운동선수를 지원하는 제품라인인 Adidas Sport Performance와 폭넓은 소비자층을 겨냥한 캐주얼 스트리트 웨어 제품라인인 Adidas Originals 등으로의 성공적인 브랜드확장을 통해 높은 마케팅성과를 실현하는 과정에 대해 소개한다. 다른 장들의 도입부도 최신의 브랜드마케팅 사례들을 소개하고 있다. 독자들은 각 장의 도입부에 소개하는 기업브랜드나 제품브랜드 구축에 관한 흥미있는 최근 사례를 읽어가면서 그 장에서 다루게 될 주요개념들과 이들이 마케팅현장에 어떻게 적용되는지를 사전학습하게 될 것이다.

셋째, 각 장의 본문에 소개되는 브랜드 성공/실패 사례들과 〈브랜드마케팅 따라잡기〉는 이 책에서 다루고 있는 브랜드관련 주요개념들이 실제로 기업현장에서 브랜드마케팅 의사결정을 내리는 데 어떻게 적용되는지를 이해하는 데 도움을 준다. 〈브랜드마케팅 따라잡기〉는 최신의 브랜드마케팅 사례와 최근에 부각되는 브랜드관리 관련 주요이슈들을 깊이 있게 소개하고 있다. 〈브랜드마케팅 따라잡기〉는 각 장에서 다루는 주요개념이나 브랜드관리기법이 기업현장에서 브랜드마케팅전략을 수립하는 데 어떻게 적용되는지를 이해하는 데 큰 도움을 줄 것이다.

넷째, 책 전반에 걸쳐 많은 수정과 보완이 이루어졌다. 1장 브랜드관리의 중요성에서는 대표적인 고객관점의 브랜드자산 구축모형으로 Keller 교수의 피라미드 형태의 고객기반 브랜드자산(Customer-Based Brand Equity; CBBE) 모형 이외에 Park(박충환), MacInnis(맥기니스), Eisingerich(아신게리히) 교수의 브랜드칭송 구축모형을 추가했다. 8장 브랜드자산의 측정에서는 수익관점의 브랜드가치 평가방법인 Park, MacInnis, Eisingerich의 브랜드자산 측정모형과 브랜드가치체인 모형에 기반한 브랜드가치의 창출, 측정 및 관리를 다룬 절을 새로 추가했다. 브랜드가치체인(연쇄) 모형은 브랜드가치의 창출과정을 추적하고, 마케팅에 대한 투자가 기업의 재무성과에 미치는 영향을 이해하는 데 유용한 개념적인 틀을 제공할 것이다. 책 전반에 걸친 이러한 수정과 보완을 통해 개정판의 내용이 더욱 풍성해지고 문장의 가독성이 높아졌을 것으로 믿는다.

이번 개정판을 작업하는 데 많은 분들의 도움을 받았다. 자료수집과 정리에 많은 수고를 한 인하대 대학원 마케팅 석사과정의 조은비 양에게 고맙다는 말을 전한다. 디자이너 백승주 씨는 멋있고 세련된 표지디자인을 해주셨다. 항상 좋은 교재를 만들 수 있도록 전폭적 지원을 아끼지 않는 양서원 그룹 박철용 회장님, 그리고 학현사 박세원 대표에게 감사의 말씀을 드리고 싶다.

본서가 대학에서 브랜드자산 구축과 관리를 이해하는 데 필요한 주요개념과 이론을 학습하는데, 그리고 기업에서 강력한 브랜드를 구축하는 데 필요한 기본지식과 이의 실무적 시사점을 습득하는 데 도움이 되기를 기대한다.

2019년 6월

안광호·한상만·전성률

제4판 머리말

Preface

디지털 시대로 들어선 오늘날 마케팅환경은 하루가 다르게 급변하고 있다. 이에 따라 과거 강력한 시장지위를 유지해온 파워브랜드가 하루아침에 파국을 맞기도 한다. 엄청난 브랜드자산과 고객충성도를 구축했던 코닥의 파산은 기업에게 많은 시사점을 준다. 그리고 높은 자산적 가치를 가졌던 브랜드가 마케팅환경의 변화로 인해 어쩔 수 없이 시장에서 철수하기도 한다. 과거 소비자들의 사랑을 받았던 삼성 애니콜이 스마트폰 시장의 부상으로 브랜드의미의 경쟁력을 상실해 시장에서 사라진 것이 그 한 예이다. 이러한 사례들에서 알 수 있듯이 브랜드관리는 브랜드의미의 지속적 관리이다. 그러나 많은 기업들이 단기적 성과를 거두는 데 효과적인 브랜드명을 사용하거나 중장기적으로 브랜드의미를 적절히 관리하지 못해 엄청난 마케팅비용을 들여 구축한 브랜드자산을 한순간에 잃고 만다. 가령, 삼성, LG라는 기업브랜드의 관리는 삼성, LG라는 그릇 속에 어떤 의미를 담을 것인지를 정하고 그 의미를 지속적으로 쇄신·강화하는 체계적 과정이다. 대기업이든 중견기업이든 이를 인식하고 제대로 실행에 옮기는 기업은 그렇게 많은 것 같지 않다.

삼성그룹은 2000년대 들어 글로벌시장에서 경쟁우위를 구축함에 있어 브랜드의 중요성을 인식하고 브랜드가치를 키우기 위해 전사적 노력을 기울여 왔고, 그 결과 Interbrand가 발표한 2012년 글로벌 10대 브랜드에 진입하는 데 성공했다. 최근 현대자동차도 글로벌 자동차시장에서 경쟁우위를 강화하는 데 있어 프리미엄 브랜드이미지가 그 무엇보다 중요함을 인식하고 브랜드가치를 올리기 위한 방안을 찾기 위해 고심하고 있다. 그동안 우수한 성능과 품질에 비해 상대적으로 저렴한 가격을 내세워 글로벌 자동차기업으로 성장한 현대자동차는 수익성을 높이는 데 있어 핵심요인이 높은 브랜드가치임을 인식하고, 프리미엄 브랜드이미지 구축을 통해 글로벌시장에서 제값을 받을 수 있도록 통합적 브랜드 마케팅커뮤니케이션전략을 개발·실행하고 있다.

본서는 브랜드관리라는 주제를 중심으로 서술된 대표적인 대학교재이다. 앞에서 언급한 기업사례에서 보듯이 글로벌 경쟁력 구축에서 브랜드가치의 중요성이 이렇듯 중요함에도 불구하고 대학과 기업현장에서 브랜드에 대한 교육은 여전히 미천하다. 대학의 마케팅, 광고관련 전공교수들이 브랜드의 중요성을 입이 아프게 강조하지만 실제로 브랜드관리라는 제목을 가진 강좌가 거의 전무한 것이 이를 반영한다. 그럼에도 불구하고 저자들이 본서의 개정판을 지속적으로 출간하는 이유는 이 주제의 중요성과 소수의 독자를 위한 사명감 때문이다.

3판을 출간한 지 몇 년의 시간이 흘렀고 그동안 브랜드마케팅환경도 많이 변화되었다. 저자들은 이를 반영하기 위해 개정판을 내기로 했다. 이번 개정판은 이전 판의 주요 구성체계를 유지하면서 최근에 부상되고 있는 주요이슈와 새로운 브랜드사례들을 책 전반에 걸쳐 소개하는 데 역점을 두었다.

4판에서 수정한 주요내용들은 다음과 같다.

첫째, 각 장의 도입부는 최신의 흥미있는 브랜드사례들로 대체했다. 가령, 1장 도입사례는 성숙기에 들어선 커피시장에서 캡슐커피브랜드 네스프레소를 개발해 변화하는 고객욕구를 지속적으로 충족시키는 데 성공한 글로벌 식품기업 네슬레를 소개하고 있다. 6장에서는 소비자의 귀를 즐겁게 하는 에쓰오일 송, 좋은 기름을 연상시키고 친근감을 주는 캐릭터 구도일 등을 활용한 마케팅커뮤니케이션 캠페인으로 높은 브랜드인지도를 구축하는 데 성공한 에쓰오일 사례를 소개한다. 그리고 7장 도입부에서는 경험적 브랜드컨셉을 기반으로 차별적 브랜드이미지를 구축해 완구/엔터테인먼트시장에서 오랫동안 글로벌 선도기업의 자리를 유지하고 있는 해즈브로 사례를 다루고 있다. 독자들은 각 장의 도입부에 소개하는 기업브랜드나 제품브랜드에 대한 흥미있는 최근 사례를 읽어가면서 그 장에서 다루게 될 주요개념들을 사전학습하게 될 것이다.

둘째, 각 장의 본문에서 주요개념들을 소개하면서 실제로 이들이 기업현장에서 어떻게 적용될 수 있는지를 보여주기 위해 최신의 국내외 사례와 연계해 설명했다. 독자들은 이 책에서 다루고 있는 브랜드 관련 주요개념들이 기업현장에서 고객의 사랑을 받는 브랜드를 구축하는 데 큰 도움을 준다는 것을 배우게 될 것이다.

셋째, 각 장에 포함된 박스사례 〈브랜드마케팅 따라잡기〉는 최신의 브랜드마케팅 사례와 최근에 부각되는 브랜드 관련 주요이슈를 깊이있게 소개하고 있다. 〈브랜드마케팅 따라잡기〉는 각 장에서 다루는 주요개념이나 브랜드관리 기법이 실제로 브랜드마케팅전략 수립과 실행과정에 어떻게 적용되는지를 다양한 기업사례를 통해 설명하고 있다.

넷째, 1장의 5절 고객기반의 브랜드자산관리와 6절 최근의 전략적 브랜드자산관리 추세는 최근의 사례를 토대로 그 내용을 더 수정·보완했다. 그리고 이번 개정판에서 3장의 제목을 브랜드관리를 위한 시장전략(브랜드마케팅전략) 수립으로 바꾸고, 기업이 브랜드아이덴티티를 개발/관리하기 앞서 브랜드의 전략적 방향을 어떻게 결정해야 할지에 관해 설명했다. 그리고 3판에서 다루었던 12장 기업아이덴티티관리는 이번 개정판에서 삭제했다. 그 이유는 다루고 있는 내용들이 이 책의 구성체계에 맞지 않고 기업브랜드아이덴티티는 앞장에서 다루고 있는 브랜드아이덴티티 개발과 관리에 포함시켜 다룰 수 있기 때문이다. 이에 따라 4판은 12개 장으로 재구성되었다. 그 밖에도 책 전반에 걸쳐 많은 수정과 보완이 이루어졌다.

이번 개정판을 작업하는 데 많은 분들의 도움을 받았다. 자료수집과 정리에 많은 수고를 한 인하대 대학원 마케팅 석사과정의 황필주 군, 신지원 양, 성균관대 대학원 석사과정의 이종영 군, 이해나 양, 김학영 군, 그리고 서강대 대학원 박사과정의 박혜경 양에게 고맙다는 말을 전한다. 항상 좋은 교재를 만들 수 있도록 전폭적 지원을 아끼지 않는 학현사 박철용 회장님, 영업부 김사설 상무와 동료들, 편집부 이영관 부장에게 감사의 말씀을 드리고 싶다.

본서가 대학에서 브랜드관리에 대한 주요개념과 이론을 학습하는데, 그리고 기업에서 강력한 브랜드를 구축하는 데 필요한 기본지식과 이의 실무적 시사점을 습득하는 데 도움이 되기를 기대한다.

2013년 8월
안광호 · 한상만 · 전성률

머리말
Preface

맥도날드, 나이키, SONY, 폴로/랄프로렌, 조르지오 아르마니, 코카콜라, 말보로 하면 무엇이 떠오르는가? 우리는 이들의 이름 속에 수많은 연상들이 담겨져 있으며 이러한 연상들이 함축되어 하나의 독특한 인상 혹은 이미지로 다가옴을 느끼게 될 것이다. 브랜드는 끝없이 늘어나 무엇이든 담을 수 있는 고무풍선과 같다. 소비자가 기대하는 제품성능, 품질, 사랑, 흥분, 환타지를 담은 브랜드는 아름다운 색상의 풍선이 되어 끝없이 하늘로 솟아오를 것이다.

세계적인 유명브랜드들은 소비자들의 변치 않는 사랑을 얻기 위해 지속적이면서 체계적인 마케팅 노력을 기울인다. 이제 세계는 하나의 시장이 되어 과거에 볼 수 없던 치열한 경쟁이 일어나고 있다. 유명한 경영컨설턴트인 Al Ries와 Jack Trout는 각 제품범주에서 1, 2위의 브랜드만이 살아남을 것이라는 극단적인 주장을 하면서 글로벌 경쟁에서 브랜드파워의 중요성을 강조하고 있다. 즉, 강력한 브랜드파워를 가진 소수의 기업들만이 살아남는다는 것이다. 미국의 광고전문가 Larry Light의 말처럼 미래의 기업 간의 경쟁환경은 소위 '별들의 전쟁'이라고 불리는 파워브랜드들 간의 전쟁, 즉 강력한 브랜드구축을 통한 시장점유가 경쟁의 핵심이 될 것이다.

이처럼 브랜드는 최근 기업의 핵심적인 경쟁우위요소로서 급속도로 그 중요성이 더해지고 있다. 하지만 글로벌 경쟁시대에서 세계적인 외국브랜드들과 힘겨운 싸움을 벌이고 있는 국내브랜드들을 바라볼 때, 그리고 브랜드의 자산적 가치를 키우고 관리하는 것에 대한 국내기업들의 무관심을 목격하게 될 때 우리는 암울하고 답답한 마음을 지울 수 없다. 그동안 대부분의 수출기업들은 외국 유명브랜드들의 주문을 받아 하청 생산하는 OEM방식에 주로 의존함으로써 자신의 고유브랜드를 해외시장에 진출시키려는 노력을 기울이지 않았다. 진출 초기의 기업역량이나 경쟁열위상황을 고려할 때 이를 항상 나쁘다고만 할 수는 없다. 하지만 문제는 기업들이 그 상황에 안주해 버렸다는 것이다. 다시 말하면 자기 고유의 브랜드를 키우려는 생각조차 하지 않는 경우가 많다는 것이다. 또한 국내기업들은 단지 가격인상의 수단으로 새로운 브랜드를 도입하고 이를 위해 그동안 많은 마케팅비용을 투자해 왔던 기존 브랜드들을 서습지 않고 저버리고 있다.

국내기업들의 이러한 브랜드관리 상의 문제점은 여러 가지 이유에서 기인한다. 가장 중요한 이유 중 하나는 브랜드를 바라보는 시각 상의 문제이다. 많은 경영자들이 아직도 브랜드(특히 제품브랜드)를 자산으로서 인식하기보다는 일종의 판촉수단으로 간주해 버리는 경우가 허다하다. 소비자들의 마음속에 영원히 남는 브랜드를 만들어내기보다는 단기적인 매출증대라는 목표에 사로잡혀서 장기적이고 일관성있는 브랜드자산의 구축이라는 과제는 뒷전에 밀리기 십상이었다. 한 영국인 기자가 한국인의 고질적 병폐 중 하나로 얼마 전에 신문에 발표했었던 '빨리빨리 신드롬'이 기업들의 브랜드관리에서도 여실히 나타난다고 볼 수 있다. 이러한 브랜드관리에 대한 단기적인 시각은 저절로 생겨난 것은 물론 아니다. 기업의 인사 및 평가제도, 경영방침, 브랜드자산에 대한 이해의 부족, 부서 간의(예: 영업과 마케팅) 커뮤니케이션 부재, 효과적인 브랜드관리를 위한 조직구조의 미비 등 여러 가지 이유를 들 수 있다. 브랜드관리란 단지 기업이 생산하는 제품이나 서비스에만 국한되는 개념이 아니다. 학교나 정당, 병원 혹은 공익기관 역시 모두 이름, 로고, 심벌 등으로 구성된 자신들의 브랜드를 가지고 있으며 따라서 그 이미지를 구축하고 관리할 필요가 생기는 것이고, 기업의 최고경영자, 연예인, 정치인 등 개개의 사람들도 자신들의 브랜드(이름)를 가지고 있고 역시 이를 적극적으로 관리해 주어야 한다. 따라서 이 책에서는 경영자들이 전략적 브랜드관리를 하기 위한 전체적인 프레임웍을 제시함과 아울러 그에 필요한 여러 개념, 전략 및 분석도구들을 실제의 예와 함께 제시하고자 한다.

전체적인 목차를 소개해 보면 이 책은 크게 5부로 구성되어 있다. 먼저 1부에서는 왜 전략적인 브랜드관리가 필요한가에 대해서 살펴보고(1장) 브랜드아이덴티티라는 개념을 중심으로 브랜드관리의 틀을 제시하였다(2장).

2부에서는 브랜드전략의 개발단계에서 고려해야 할 여러 가지 항목들에 대해서 살펴보았다. 구체적으로 3장에서는 브랜드전략의 첫 단계라고 볼 수 있는 브랜드컨셉의 효과적인 개발을 위한 고려사항들과 이를 바탕으로 한 분석 틀을 설명하였으며, 4장에서는 소비자의 의사결정과정을 브랜드전략의 측면에서 살펴보았고, 5장에서는 한 기업이 생산하고 있는 제품들과 브랜드들에 대한 전체적인 체계를 바로 세우기 위한 몇 가지 핵심적인 전략적 분석 틀을 제시하였다.

3부와 4부는 브랜드전략의 핵심적인 3단계인 브랜드자산의 구축, 활용, 강화에 대한 내용들로 구성하였다. 세부적으로 6장과 7장은 소비자가 느끼는 제품에 대한 관여도에 따라 브랜드자산의 구축활동이 어떻게 이루어져야 하겠는가에 관한 내용이며, 8장에서는 구축된 브랜드자산의 가치는 과연 어떻게 측정할 수 있는지에 대한, 즉 브랜드자산가치의 측정방법들을 소개하였다. 9장은 구축된 브랜드자산의 활용에 있어 핵심이 되는 브랜드확장전략을 다루고 있으며, 구체적으로 그 개념과 중요성, 성공요인들 및 전략개발단계에 대해 살펴보았다. 브랜드관리는 장기적인 관점에 전략적으로 이루어져야 한다. 바꾸어 말하면 구축된 브랜드자산에 대해선 그 활용뿐만 아니라 장기적인 유지 및 강화활동 역시 빼놓을 수 없는 전략적 브랜드관리의 핵심부분이 된다. 따라서 10장에서는 시간의 흐름에 따른 브랜드자산의 유지 및 강화전략에 대해 설명하였다.

끝으로 5부에서는 이상에서 살펴본 사항들 외에 최근에 중요한 이슈로 부각되고 있는 주제들에 대한 내용으로 구성하였다. 이제 세계는 글로벌 경쟁시대로 급속하게 돌입하고 있으며, 이에 따라 국내브랜드들 역시 이제 더 이상 온실 속의 화초가 아닌 전 세계의 유명브랜드들과 직접적으로 경쟁해야 하는 상황에 이르렀다. 따라서 11장에서는 글로벌브랜드의 관리방안에 대해 생각해 보았다. 한편 최근 브랜드관리 상의 또 다른 중요한 이슈로 소매업체브랜드(private brand)의 등장을 들 수 있다. 12장에서는 이러한 소매업체브랜드의 효과적인 브랜드자산 구축과 관리방안에 대해 살펴보았다.

이 책의 목표는 (기업, 기타 기관, 개인 모두를 포함하여) 브랜드파워를 키우는 데 관심을 가진 모든 독자들에게 브랜드관리에 대한 전략적 사고방식을 심어주는 데 있다.

이 책을 준비하는 데 많은 분들의 도움을 받았다. 먼저 두서없이 써내려간 원고를 정리하느라 고생한 인하대 경영학부의 전규호 석사, 성균관대 경영학부의 박종석 박사와 김윤식 석사, 그리고 한국외대 경영학과 허종호 박사와 강석준 석사에게 고마운 마음을 표한다. 제일제당의 김해관 상무와 태평양화학의 이해선 상무는 자료제공에 도움을 주셨다. 그리고 학현사의 유재식 사장은 깔끔한 책이 나올 수 있도록 재정적·정신적 지원을 아끼지 않으셨고 편집부 이영관 부장은 기한 내에 출판하기 위해 휴일까지 반납하셨다. 저자들은 이들 모두에게 감사의 말씀을 드리고 싶다. 아무쪼록 이 책이 새로운 밀레니엄을 맞이한 한국기업들의 브랜드파워 구축에 자그마한 도움이 되었으면 하는 것이 글쓴이들의 바람이다.

1999년 8월

안광호·한상만·전성률

차 례

Contents

PART 1

브랜드관리의 틀

PART 2 브랜드전략

PART 3 브랜드자산의 구축 및 측정

PART 4 브랜드자산의 활용

PART 5

브랜드관리의 특수주제

PART 1

브랜드관리의 틀

1

제 1 장

브랜드관리의 중요성

01 파워브랜드란?

02 브랜드자산의 의미와 전략적 중요성

03 강력한 브랜드구축이 왜 중요한가?

04 브랜드자산구축에 있어 통합적 마케팅커뮤니케이션의 역할

05 고객기반의 브랜드자산관리

06 최근의 전략적 브랜드자산관리 추세

한국적 아름다움이라는 브랜드컨셉을 기반으로 한 경험마케팅을 통해 글로벌 럭셔리 화장품 브랜드로 자리 잡은 설화수

설화수는 아모레퍼시픽의 대표적인 럭셔리 한방화장품 브랜드이다. 설화수는 '한국적이고 동양적인 아름다움'과 조화와 균형(내면과 외면의 아름다움)을 브랜드컨셉으로 정하고, 한방제품 고유의 성능과 감각적 체험을 통해 이를 전달하려고 했다.

설화수는 브랜드명, 패키지의 기본 형태와 문양, 색깔, 향, 촉감 등 모든 브랜드 요소에 한국적인 미(美)를 담고 있다. 가령, 설화수 용기디자인은 달항아리를 기본 모티브로 삼아 곡선과 직선이 어우러진 균형 잡힌 디자인을 추구한다. 색채는 음양오행이론을 토대로 '황, 청, 백, 적, 흑'의 다섯 가지 색을 사용한다. 향은 매화, 소나무, 동백, 대나무 등 한국적인 자연 향을 토대로 개발하였다. 이 디자인 요소들의 공통점은 외면과 내면의 아름다움, 조화와 균형, 동양적 아름다움을 상징한다는 것이다.

이러한 브랜드마케팅 노력을 통해 설화수는 중국을 포함한 아시아소비자들에게 품격 있는 럭셔리 화장품브랜드로 인식시키는 데 성공했다. 아모레퍼시픽 전체매출의 20%를 차지하는 설화수 브랜드는 아시아 고객들로부터 사랑을 받고 있다.

설화수는 한국적인 아름다움과 품격이라는 브랜드개성을 감각적으로 느낄 수 있도록 통합적인 마케팅커뮤니케이션과 체험마케팅을 실행하고 있다. 설화수는 한방재료를 사용해 만든 화장품인 것과 조화되도록 도자기 느낌을 주는 패키지(용기)를 개발했다. 2015년 설화수 윤조에센스가 출시되면서 조선백자 달항아리를 모티브로 해 이를 시각적, 촉각적으로 전달할 수 있는 패키지 디자인을 도입했다. 기존의 초자용기에 도자기 질감의 코팅을 입힘으로써 촉각적으로 도자기 같은 느낌을 주었다. 소비자들이 용기를 잡았을 때 일반 화장품 용기의 매끈한 느낌과 달리 부들부들한 촉감을 느낄 수 있도록 한 것이다. 조선백자 달항아리 모양의 윤조에센스 용기와 이를 손안에 잡을 때 느껴지는 부들부들한 도자기 질감은 중후하면서 고급스러운 이미지, 한국의 전통과 예술, 장인의 손길 등을 연상시킴으로써 설화수 브랜드다움을 잘 전달하고 있다.

또한 설화수는 매화, 소나무, 동백, 대나무 등을 기반으로 해 설화수를 대표하는 향인 윤조지향과 매화지향을 개발했다. 설화수는 포장에 이 향을 입힘으로써 구매자와 선물을 받는 사람이 향을 통해 설화수의 브랜드컨셉을 경험하도록 했다. 서울 강남에 위치한 설화수 플래그십 스토어에서는 고객이 윤조지향과 매화지향 중 한 가지 향을 선택하면 그 향을 뿌린 카드를 선물에 동봉해준다. 고객뿐만 아니라 선물을 받은 사람이 설화수 고유의 향을 느끼게 함으로써 오랫동안 브랜드경험을 기억할 수 있도록 유도하는 것이다. 설화수는 선물포장에도 한국적인 아름다움이 반영된 디자인을 도입했다. 설화수 대표색상인 짙은 호박색 포장에 한복 옷고름을 본떠 만든 기본장식을 달아준다.

설화수의 매장공간은 고객들이 브랜드컨셉을 오감으로 체험하는 데 활용되었다. 2017년 프랑스 파리에 위치한 갤러리 라파예트(Galeries Lafayette) 백화점에 개설된 한국브랜드 유일의 단독매장은 플래그십 스토어 같은 형태로 만들어 브랜드컨셉과 설화수의 브랜드가치를 알리는 데 주력하고 있다. 즉 갤러리 라파예트

(Galeries Lafayette) 설화수 매장은 유럽고객들에게 설화수의 브랜드인지도가 낮은 점을 고려해 설화수 브랜드에 대한 감각적 체험을 하는 공간으로 만들었다. 매장 정면에는 달항아리와 매화를 전시해 설화수가 추구하는 동양적 미(美)를 시각적으로 보여준다. 또 설화수 화장품의 근간이 되는 한방, 인삼, 자음단 같은 원료를 보여주기 위해 한약방의 모습을 재현했다. 매장 내에는 별도 체험 존을 마련해 고객들이 대표상품인 윤조에센스와 자음생크림을 뷰티 리추얼(Beauty Ritual : 제품의 효능을 극대화하기 위해 사용하는 손 미용법)에 따라 직접 체험할 수 있도록 했다.

설화수는 구축된 높은 브랜드자산을 기반으로 피부피로의 회복에 효과적인 녹매화를 함유한 설린라인(설린수, 설린에센스, 설린크림)으로 제품확장을 추구했다.

소비자는 브랜드구성요소와 매장 내의 많은 감각적 자극에 노출되는데, 이러한 마케팅 자극들이 일관성 있게 통합될 때 브랜드 의미가 정확히 전달될 수 있다. 특정의 감각자극이 브랜드 의미를 성공적으로 표현하더라도 다른 감각자극들이 이와 상반되는 경험을 불러일으킨다면 브랜드 의미가 정확히 전달될 수 없다. 특정의 감각자극이 다른 브랜드 의미를 불러일으킨다면 브랜드 의미의 전달효과는 반감된다. 예컨대 시각적으로 여성적 느낌을 주는데 후각적으로 남성적인 느낌을 불러일으키거나 매장음악이나 실내 향이 제품의 주요특성(가령, 한방재료)과 조화되지 않는 경우 소비자들은 브랜드 의미에 대해 혼란을 느끼게 될 것이다.

설화수는 통합적 마케팅커뮤니케이션활동과 체험마케팅을 토대로 일관된 브랜드 경험을 제공함으로써 한국적 아름다움을 담은 고급 한방 화장품이라는 브랜드컨셉을 글로벌 고객의 마음속에 심는 데 성공했다. 글로벌 럭셔리 뷰티 브랜드 설화수는 구축된 높은 브랜드자산을 기반으로 최근 피부피로의 회복에 효과적인 녹매화 추출물을 함유한 설린라인(설린수, 설린에센스, 설린크림)으로 제품범위를 확장함으로써 글로벌 고급화장품시장에서 시장선도적 지위를 더욱 강화하고 있다.

자료원: DBR, 256호, 2018년 9월; 뉴스1, 2019.1.31.

우리 소비자들은 알게 모르게 기업들 간의 치열한 시장경쟁의 영향 속에 살아간다. 세계적인 초우량기업들은 이미 국내시장에 깊숙이 침투하여 있고 시장의 글로벌화에 따라 이들에 의한 공세는 더욱 거세질 것이다.

우리는 글로벌시장의 한 구성원으로 살아가고 있음을 어떻게 알 수 있을까? 이에 대한 답은 의외로 간단하다. 우리 소비자들은 일상생활 속에서 국내외 유명기업들과 접하고 있으며 이들이 판매하는 다양한 파워브랜드들을 소비하고 있음에 새삼 놀라게 된다. 대기업에 근무하는 김과장의 예를 살펴보기로 하자. 김과장은 자리에서 일어나 오럴B칫솔에 2080치약으로 양치질하고 질레트면도기로 면도를 한 다음 아이보리비누와 P&G 헤드앤숄더 샴푸로 샤워를 하였다. 록시땅 바디로션과 비오템 애프터세이브를 바르고, 빈폴 양말, 폴로와이셔츠, Boss양복으로 출근준비를 하였다. 김과장은 LG디오스냉장고에서 Sunkist오렌지주스를 꺼내어 마셨다. 쏘나타로 출근했다가 점심시간에 농심신라면을 먹으면서 비즈니스위크의 흥미 있는 기사를 읽었다. 저녁퇴근시간에 직장동료들과 생맥주집에서 CASS를 마시면서 옆 좌석의 젊은이들이 아사히 Draft맥주와 하이네켄 맥주를 주문하는 소리를 들었다. 집에 돌아와 시몬즈침대에 누워 삼성 QLED TV를 잠시 보다가 Intel칩과 Microsoft프로그램으로 장착된 HP 노트북을 이용하여 내일 제출할 보고서를 작성하였다. 문득 내일 오후에 대학 동창들과 테니스를 치기로 한 약속이 떠올랐다. Prince라켓, 필라운동복, 나이키운동화를 준비한 다음 잠자리에 들었다.

01 파워브랜드란?

기업은 어떻게 치열한 국내외 시장경쟁에서 살아남을 수 있을까? 시장경쟁에서 생존할 수 있는 가장 강력한 원천은 초우량기업이 되는 것이다. 초우량기업이란 고객만족을 통해 기존고객들의 지속적인 반복구매를 확보한 기업들로서, 이는 강력한 이미지를 가진 파워브랜드의 개발에 의해 소비자들의 높은 브랜드충성도를 구축함으로써 실현될 수 있다.

차별화된 이미지를 가진 파워브랜드의 개발은 장기간에 걸쳐 경쟁사들의 공격을 이겨낼 수 있는 확고한 기반을 제공한다. 브랜드는 제품의 얼굴로서, 판매자의 제품이나 서비스를 경쟁사의 것과 차별화시키기 위해 사용하는 이름과 상징물(로고, 패키지 디자인, 트레이드마크 등)의 결합체를 말한다. 제조업체가 생산하는 것은 제품이지만 실제로 소비자가 사는 것은 브랜드이다. 제품은 경쟁사에 의해 모방되고 실제로 소비자 취향의 변화에 따라 쉽게 진부해지지만 성공적인 브랜드는 영원히 소비자의 마음속에 강하게 자리 잡게 된다. 그러므로 대부분의 기업들은 한 제품시장에서 확고한 시장지위를 확보하기 위해 브랜드의 자산적 가치를 키우고 이를 유지하는 데 전사적인 마케팅노력을 기울인다.

브랜드는 오래전부터 시장에서 중요한 역할을 해왔는데, 예를 들어 중세 유럽의 상인조합은 고객들에게 제품의 질에 대해 확신을 심어주고 생산자를 유사모방제품으로부터 보호하기 위한 수단으로 브랜드를 사용하였다. 16세기 초 영국의 위스키제조업자들은 위스키 나무통 위에 불로 달군 쇠로 제조업자의 이름을 찍어 출하함으로써 소비자들에게 제조업자가 누구인지를 식별시키고 가격이 낮은 저품질의 모방제품들로부터 자신들을 보호하고자 하였다. 그러나 기업이 실제로 브랜드전략을 경쟁우위의 확보를 위한 중요한 마케팅도구로 인식한 것은 19세기 후반부터라고 할 수 있다. 차별적 이미지를 가진 브랜드의 도입으로 시장에서 경쟁우위를 확보한 사례는 P&G의 아이보리비누가 그 효시로 알려지고 있다. 아이보리가 출시된 1879년 전까지만 해도 상인들은 비누를 엿가락처럼 잘라서 무게로 달아 판매하였다. 그러나 Procter & Gamble(P&G)의 창업자 중의 한 사람인 Harley Procter는 그렇게 하지 않고 소비자들이 사용하기 편리한 크기로 일정하게 잘라 포장을 한 다음 희고 깨끗함을 의미하는 Ivory라는 브랜드명을 새겨 넣음으로써 다른 일반비누와 차별화를 시도했던 것이다.

강력한 브랜드를 키우는 것은 상당한 초기 마케팅비용과 지속적인 투자를 요구하며 단기간의 이익을 기대하기 어렵다. 브랜드투자에 대한 실질적인 보상은 10~20년 이상의 상당한 기간이 걸릴 수도 있으므로 기업은 브랜드의 자산적 가치를 키우는 데 신중한 전략적 접근과 인내심을 필요로 한다. 그러므로 강력한 브랜드자산의 구축에 드는 상당한 마케팅비용과 어려움을 인식하고 있는 많은 기업들이 이미 시장에서 명성을 확보한 유명브랜드를 인수하기 위해

'파란 병' 블루보틀 로고(좌), 제임스 프리먼 블루보틀 창업자(우) : 글로벌 식품회사 네슬레는 블루보틀을 인수하면서 브랜드의 잠재적 가치를 반영해 4,500억 원의 비용을 지불했다.

브랜드마케팅 따라잡기

보유하고 있던 파워브랜드들을 비싼 가격으로 매각해 경영위기를 극복한 이랜드

뉴발란스는 2016년 한국에서 4,500억 원, 중국에서는 5,000억 원의 매출을 올렸다. 두 나라 매출을 합치면 뉴발란스의 본사가 있는 미국에서의 매출에 육박한다. 이 브랜드 제품을 양국에서 판매하는 회사는 동일한데, 바로 이랜드다. 이는 이랜드의 브랜드 육성 능력을 잘 보여주는 사례다.

1980년 이화여대 앞에서 잉글런드란 옷가게로 출발한 이랜드는 그동안 사업초기의 헌트, 브렌타노, 언더우드부터 K스위스, 티니위니에 이르기까지 수많은 브랜드를 성공시켰다. 브랜드로 성장한 이랜드가 기업위기를 극복하는 데도 직접 육성한 브랜드가 큰 힘이 되고 있다. 2017년 재정적으로 어려움을 겪었던 이랜드가 자사보유 브랜드의 매각을 통해 1조5,000억 원의 현금을 확보했기 때문이다.

이랜드는 2017년 5월 리빙 브랜드 모던하우스를 사모펀드 MBK파트너스에 매각했는데, 매각가격은 7,000억 원이었다. 모던하우스는 이랜드가 1996년 국내에 출시했고, 가구, 침구류, 식기, 생활소품 등을 판매한다. 전국에 63개 매장이 있고 2016년 매출은 3,000억 원 정도였다. 모던하우스의 매각가격은 이랜드그룹의 1년 영업이익과 맞먹는 수준이다.

이랜드는 이에 앞서 2017년 2월 패션브랜드 티니위니를 중국 패션업체 브이그라스에 매각했는데, 매각가격은 877억 원에 이르렀다. 두 브랜드의 매각대금을 합치면 1조6,000억 원에 육박한다. 이들 브랜드의 순자산(자산-부채)은 장부가액 기준으로 티니위니 1,200억 원, 모던하우스 640억 원밖에 되지 않으므로 나머지 1조4,000억 원은 무형의 브랜드가치인 셈이다. "이랜드가 키워낸 브랜드를 통해 위기를 극복한다"는 평가를 받는 이유는 부동산 매각과 비교하면 뚜렷이 드러난다. 이랜드는 2016년부터 홍대, 강남 등 알짜 부동산 10여 건을 매각했다. 부동산 매각을 통해 이랜드가 끌어모은 자금은 4,500억 원에 그쳤다.

이랜드 관계자는 "브랜드 출시부터 육성, 매각까지 모두 경험했고, 성공시켰기 때문에 앞으로도 브랜드 매니지먼트 능력을 기반으로 다시 성장할 수 있다는 게 경영진의 자신감"이라고 말한다. 실제 대부분 패션업체들이 운영하는 브랜드 중 30~40%가 해외 브랜드인 것과 달리 이랜드는 뉴발란스를 제외한 대부분의 브랜드를 직접 개발/육성했는데, 지금까지 새로 출시하거나 인수한 브랜드만 250개가 넘는다. 티니위니처럼 중국에서 프리미엄 브랜드로 통하는 패션 브랜드도 40개 있다고 이랜드 측은 말한다. 그중 하나가 스코필드다. 2005년 중국에 진출해 2016년 매출 2,000억 원을 달성했는데, 전문직 직장여성이 주요 소비자이고 가격대는 정장 한 벌에 5,000위안(약 82만 원) 정도다. 중국 상하이의 대표적 백화점인 빠바이반에서는 여성복 매출 1위에 오르기도 했다.

이랜드는 사업 포트폴리오를 재정비해 제2, 제3의 티니위니 브랜드를 만들 계획이다. 스코필드를 비롯해 2016년 중국에서 매출 4,000억 원을 넘긴 여성복 브랜드 이랜드, 국내에서 매출 3,000억 원을 올린 제조·직매형 의류(SPA) 브랜드 스파오 등이 그 대상이다. 매출 1,000억 원 정도인 미쏘와 슈펜도 브랜드력을 키워 나가려고 한다. 업계 관계자는 "이랜드가 브랜드 매각을 통한 구조조정으로 부채비율을 낮춘 것은 유형자산보다 보이지 않는 무형자산인 브랜드가 얼마나 더 회사의 경영성과에 기여할 수 있는지를 보여주는 사례"라고 말했다.

자료원: 한경, 2017.5.22.

막대한 비용을 지출하려고 하거나 자산적 가치를 구축한 자사브랜드를 활용하려는 노력을 한다. 예를 들어 P&G는 생활용품 브랜드제국을 건설하기 위해 면도기/전지 글로벌 브랜드인 질레트의 높은 무형자산적 가치를 반영해 570억 달러(약 63조 원)에 인수했다. 그리고 2017년 글로벌 식품회사 네슬레는 커피업계의 애플로 불리우는 블루보틀(Blue Bottle)을 인수하면서 매장 수가 51개에 불과했음에도 불구하고 브랜드의 잠재적 가치를 인정해 무려 4억 2,500만 달러(약 4,500억 원)의 가격을 지불했다. 이들은 성숙기에 들어선 대부분의 제품시장에서 시장경쟁은 브랜드의 자산적 가치에 의해 좌우된다는 것을 잘 보여주는 사례이다.

02 브랜드자산의 의미와 전략적 중요성

브랜드자산(brand equity)이란 무엇을 의미하는가? 예를 들어, Intel, IBM, Coca-Cola, 나이키, BMW, 제네시스, 벤츠, 갤럭시, 구글, 아이폰, 신라면, 새우깡, 초코파이를 생각해 보라. 만약 이 브랜드를 소유한 기업들이 다른 자산들은 유지하면서 브랜드명만 잃는다면, 사업상 엄청난 손실을 겪게 될 것이며 이를 만회하기 위해 막대한 마케팅비용이 다시 투자되어야 할 것이다. 브랜드자산이란 브랜드의 이름 및 상징과 관련하여 형성된 자산의 총액에서 부채를 뺀 것으로서, 브랜드자산이 높다는 것은 그 브랜드를 부착한 것이 그렇지 않은 경우에 비해 기업과 고객에게 제품의 가치를 증가시키는 경우를 의미한다.

벤츠의 매우 높은 브랜드자산은 높은 브랜드인지도와 긍정적이고 차별적인 브랜드연상에 의해 구축되었다.

표 1-1 | 2018년 세계 20대 브랜드의 가치(괄호 안은 2017년도 순위)

순위	브랜드	브랜드가치 ($million)	전년 대비 성장률	순위	브랜드	브랜드가치 ($million)	전년 대비 성장률
1(1)	Apple	214,480	16%	11(15)	Intel	43,293	10%
2(2)	Google	155,506	10%	12(10)	IBM	42,972	-8%
3(5)	Amazon	100,764	56%	13(13)	BMW	41,006	-1%
4(3)	Microsoft	92,715	16%	14(14)	Disney	39,874	-2%
5(4)	Coca-Cola	66,341	-5%	15(16)	Cisco	34,575	8%
6(6)	Samsung	59,890	6%	16(11)	GE	32,757	-26%
7(7)	Toyota	53,404	6%	17(18)	Nike	30,120	11%
8(9)	Mercedes-Benz	48,601	2%	18(19)	Louis Vuitton	28,152	23%
9(8)	Facebook	45,168	-6%	19(17)	Oracle	26,133	-5%
10(12)	McDonald's	43,417	5%	20(20)	Honda	23,682	4%

브랜드자산은 고객의 관점에서 정의될 수 있는데, 브랜드자산은 소비자의 브랜드충성도에 의해 창출되며, 이는 고객의 높은 브랜드인지도와 강력하고 호의적인 브랜드연상(브랜드이미지)으로부터 형성된다.

브랜드마케팅 따라잡기

코카콜라가 세계 최고 음료브랜드가 된 비결

사람들에게 세계적으로 가장 강력한 영향력을 갖고 있는 브랜드를 꼽아 보라고 하면 가장 먼저 떠올리는 것이 바로 코카콜라(Coca-Cola)다.

그동안 코카콜라의 성공비결에 대해 수많은 분석이 있었지만 코카콜라가 120여 년의 세월 동안 변치 않는 사랑을 받고 있는 주요이유는 고객과 밀착되어 형성된 강한 유대감(brand attachment)을 형성하는 데 성공했기 때문이다.

1940년대 공장에서 일하는 여자직원들은 오랜 시간의 노동 끝에 오후 4시가 되면 코카콜라를 마시며 휴식시간을 가졌다. 4시의 휴식시간에 즐기는 코카콜라는 노동의 괴로움을 잊게 해 줄 뿐만 아니라 그 다음 단계의 노동에 대한 마음의 준비를 뜻했다.

술 판매를 금지하던 20세기 초에는 술을 대체하는 제품으로 기능했고 대부분의 서양음식을 먹을 때 와인을 제외한 음료 중에서 맛의 촉진제 구실을 했다. 이러한 기능적 차원에서 코카콜라는 고객들과 생활 속에서 밀착된 유대감을 형성해 왔다고 할 수 있다.

코카콜라는 2차대전 때 해외에서 전쟁을 치르는 미국 군인들에게 고향 그 자체였다. 2차대전 이후 미국이 경제적인 번영을 누리던 때 코카콜라는 희망의 노래였고, 1960~70년대 베트남전쟁과 기존 가치관의 상실로 인한 혼란기에는 안정과 평화의 상징이었다. 사람들의 희망, 위로, 위안과 기쁨을 대변함으로써 사람들 스스로가 코카콜라에 대해 강한 유대감을 느끼고 그들의 생활관이나 가치관을 대변하는 제품으로 인식된 것이다. 코카콜라의 성공적인 광고 캠페인들은 이러한 상징성 제고에 절대적인 역할을 했다.

코카콜라는 상표 이름에서 '오'와 '아'가 단순 반복되면서 감각적인 즐거움을 선사하고 끝이 올라간 붉은색 로고와 여성의 체형을 예술적으로 형상화한 병의 디자인 역시 감각적이면서도 친숙하다.

이 같은 기능적, 상징적, 그리고 감각적 마케팅전략이 결합되면서 코카콜라는 미국 국민들에게 그들 자신의 일부로서, 또 그들 생활 속에 없어서는 안 될 요소로 인식됐다. 코카콜라사가 새로운 코카콜라 제품 포뮬러(formula)를 통해 기존 코카콜라를 대체하고자 했을 때 코카콜라 사용자뿐만 아니라 비사용자들까지 강력하게 항의하고 나서 원래의 코카콜라를 유지하게 한 것도 바로 고객들의 애착 때문이다. 즉 미국 국민들은 코카콜라를 어느 회사의 한 제품으로 생각하기보다는 자신의 소유물이자 자기 자신의 일부로 여겼기 때문에 코카콜라사의 일방적인 결정에 동의할 수 없었던 것이다. 코카콜라는 미국 국민들에게 즐거울 때 함께하고, 불안할 때 손에 쥐고 싶으며, 힘들 때 만나고 싶은 막역한 친구 같은 존재가 됐다.

코카콜라의 광고캠페인도 브랜드이미지 구축에 큰 도움을 주었다. 코카콜라 측은 "코카콜라 하면 떠오르는 빨간 옷의 산타, 북극곰 같은 상징들은 대부분 겨울 광고에서 나왔다"며 "이로 인해 친근한 이미지로 소비자에게 다가갈 수 있었다"고 풀이했다. 이처럼 코카콜라 브랜드 구축의 일등공신 중 하나는 산타다. 지금의 산타 이미지를 코카콜라가 탄생시켰다는 것은 대부분의 소비자가 모르고 있는 사실이다. 옷을 입고 배가 나온 인자한 산타는 1931년 코카콜라의 지면광고에서 처음 나온 것. 당시 광고를 담당하던 미국의 화가 헤든 선드블롬(1899~1976)이 그렸다. 선드블롬은 온화한 미소와 행복한 주름살을 상상하며 산타를 그려 주간지 〈새터데이 이브닝 포스트〉에 광고로 실었다. 이전까지 요정·난쟁이 등 다양한 모습으로 국가·문화권마다 달리 전해지던 산타의 모습은 이때부터 세계적으로 통일됐다. 코카콜라가 산타의 이미지를 브랜드에 활용하기 위해 겨울광고에 힘썼기 때문이다. 코카콜라는 기존 산타에 스며 있던 종교적 색채를 빼고, 장난스러운 산타를 그렸다. 아이들에게 선물을 주러 왔다가 콜라만 마시고 간다든지, 아이들의 과자를 빼앗아 먹는 모습이었다. 1920년대까지 우아한 여성이 콜라를 마시는 모습을 주로 활용해 왔던 코카콜라는 산타를 앞세운 후 친근한 이미지를 갖게 됐다.

코카콜라의 성공 뒤에는 또한 끊임없는 혁신전략이 뒷받침됐다. 시장진입 초기 음료수를 병에 담아 어디서나 구매할 수 있게 만든 점, 미국 역사상 처음으로 무료 샘플과 쿠폰제를 도입한 점, 2차대전 당시 해외 주둔 미군들에게 공급하기 위해 지역마다 병입 공장

코카콜라가 크리스마스 시즌용으로 제작한 광고

을 별도로 설립한 점, 개인 소비에서 가족단위 소비로 바꾸기 위해 여섯 개들이 포장제품을 내놓은 점, 여름에만 애용되던 코카콜라를 크리스마스 시즌과 연계해 사시사철 즐기는 음료로 자리매김한 전략은 대표적인 혁신사례들이다.

강한 브랜드는 여러 가지 의미로 해석될 수 있다. 시장점유율이나 총매출로 판단할 수도 있고, 고객들이 얼마나 잘 알고 호의를 느끼고 있는가로 평가할 수도 있다. 그러나 강한 브랜드 운영의 귀결점은 결국 자사의 브랜드를 고객들이 자신의 생활이나 자신의 일부로 느끼고 생각하게 하는 강한 유대감의 획득에 있다는 점을 명심해야 한다.

기업의 가치는 소유하고 있는 브랜드의 자산적 가치로 평가되는데, 브랜드의 가치가 높으면 그 기업의 가치도 높아진다. 비즈니스위크(Business Week)지와 브랜드가치평가전문회사인 인터브랜드그룹은 공동으로 매년 주요 글로벌브랜드의 자산적 가치를 발표하고 있는데, 인터브랜드그룹이 평가한 2018년의 20대 세계 최대브랜드들의 가치는 〈표 1-1〉과 같다.

〈표 1-1〉에 나타난 브랜드들에서 우리가 관심을 기울일 만한 특징은 기업명과 제품의 브랜드명이 동일한 브랜드가 많다는 점이다. 이들 브랜드(기업)들은 대부분 단일 전문업종으로 브랜드이미지가 명확하고 세계시장에서 확고한 브랜드포지셔닝을 갖고 있다. 즉 최고의 자산적 가치를 가진 브랜드는 핵심사업 영역에만 마케팅노력을 집중함으로써 성공하고 있는 것이다.

이러한 사실은 다양한 업종에 진출하여 경영자원을 분산시키고 있는 국내 대기업들에게 시사하는 바가 크다.

이와 같이 시장에서 경쟁우위를 확보하는 데 있어 브랜드자산(파워)이 매우 중요함에도 불구하고 최근 들어 브랜드보다는 제품가격을 더 중시하는 추세에 따라 소비자들의 유명브랜드에 대한 충성도가 과거에 비해 훨씬 낮아지고 있다. 이에 따라 브랜드자산(혹은 가치)의 구축을 위한 기업들의 마케팅노력이 줄어들고 있다. 그러나 이러한 최근 추세는 역설적으로 각 제품범주에서의 시장선도브랜드의 자산적 가치를 상대적으로 더욱 높이는 결과를 초래할 수 있다. 특히 2000년대 들어 대부분의 제품시장들이 성숙기에 들어섬에 따라 파워브랜드의 가치는 다음과 같은 이유에서 더욱 두드러진다. 먼저 소비자들은 이미 브랜드에 대한 지식이 많이 축적되어 있기 때문에 신뢰성이 낮은 브랜드의 구매를 주저한다. 다음으로 제품성숙기에서는 새로운 고객의 유인보다는 기존고객의 유지가 보다 중요한데, 브랜드충성도가 높은 기존고객을 확보한 파워브랜드는 마케팅비용을 줄이더라도 기존의 높은 시장점유율을 그대로 유지할 수 있다.

마케터는 브랜드의 수명주기에 걸쳐 자사브랜드(들)를 체계적으로 잘 관리하여 브랜드자산을 높이려고 한다. 강력한 브랜드자산은 소비자의 높은 **브랜드충성도**(brand loyalty)에 의해 형성된다. 기업의 장기적 성장과 수익성은 브랜드충성도의 창출과 이의 강화를 통해 이루어지기 때문에, 마케터는 브랜드의 자산적 가치를 높이기 위해 고객들로부터 브랜드충성도를 확보·유지해야 하는 것이다. 높은 고객충성도를 확보하지 못한 브랜드는 단지 경쟁제품들과 구분하기 위한 트레이드마크에 불과하다. 높은 고객충성도(즉 브랜드자산)를 가진 브랜드는 경쟁제품과의 구별을 위한 트레이드마크뿐 아니라 고객에 대한 약속을 제시한다. 즉 강력한 브랜드충성도는 신뢰할 만한, 고객욕구와 관련된, 그리고 경쟁브랜드들과 차별화된 약속을 제시할 때 형성되는 것이다. 그러므로 높은 브랜드충성도는 강력한 브랜드자산을 구축하는 데 있어 보증수표가 된다.

지속적 경쟁우위의 확보에 있어 높은 브랜드충성도와 브랜드자산이 갖는 중요성에도 불구하고 최근 들어 브랜드자산을 구축하려는 기업의 노력에 부정적인 영향을 미치는 여러 요인들이 대두되고 있다.

첫째, 기업들이 단기적인 매출성과를 높이기 위해 판매촉진활동(가격할인)을 과거보다 더 강화함에 따라 브랜드자산(브랜드충성도)이 약화되고 있다. 광고의 주목적이 높은 브랜드인지도와 호의적 브랜드태도의 형성을 토대로 브랜드자산을 구축하는 데 있는 반면 판매촉진은 중간상과 소비자의 구매행동을 자극하여 단기적으로 판매를 증대시키는 데 있다.

브랜드마케팅 따라잡기

고객지향적이고 통합적인 마케팅프로그램을 기반으로 강력한 브랜드자산을 구축한 Rolex

1905년 Alfred Davis와 그의 매제 Hans Wilsdorf는 나중에 Rolex SA가 될 회사인 Wilsdorf and Davis를 런던에서 창립했다. Rolex는 단일 브랜드로는 세계에서 가장 규모가 큰 명품 시계브랜드이다. 최고급 손목시계는 스위스에서 제조되지만, 이 회사는 전 세계 100개국 이상의 국가에서 Rolex가 교육을 시킨 4,000명 이상의 시계제작자(기술사) 네트워크를 유지하고 있다. Rolex는 회사 창립시절부터 고객가치 지향적 마케팅전략과 고객관계 구축에 역점을 둠으로써 명품시계시장에서 독보적 지위를 구축/유지하고 있다.

제품전략 측면에서 Rolex는 R&D에 기반해 세계최초의 수많은 제품들을 개발하고 독특하고 유행을 타지 않은 시계를 생산하는 것으로 정평이 나 있다. 1910년 Rolex시계는 세계최초로 Official Watch Rating Centre가 부여하는 Swiss Certificate of Precision을 받은 손목시계 브랜드였으며, 1914년 영국의 Kew Observatory(천문대)는 Rolex 손목시계에 A등급의 Precision Certificate(정밀 인증서)를 수여했는데, 그때까지 이 인증서는 항해용 시계에게만 발급되었다. Rolex는 전 세계에서 정확성과 동의어가 되었다. 1926년 이 회사는 Oyster로 명명된, 세계 최초의 방수 손목시계를 개발하는 획기적 성과를 거두었다. 그 다음해 이 시계는 영국해협을 수영한 젊은 영국여성인 Mercedes Gleitze에 의해 착용되었다. 10시간 동안 수영한 후에도 이 시계는 완벽하게 작동했는데, 이 사건은 Rolex가 브랜드 성능의 탁월성을 전하기 위해 증언형 광고를 사용하는 계기가 되었다. 그 이후 Oyster는 Winston Churchill, Che Guevara, Eminem 등 유명인사들이 애용하는 명품 손목시계 브랜드가 되었다. 1953년에 출시된 Submariner는 수심 100m에서도 방수가 되는 최초의 손목시계였다. Edmund Hillary경이 이끄는 탐사대는 Oyster Perpetual 손목시계를 차고 세계최초로 에베레스트 산을 등정했다. 이러한 일련의 사건들은 Rolex시계를 정확성, 성취, 강건함, 신뢰성과 동의어가 되도록 만들었다. 시계제품의 디자인은 조금씩의 변경이 이루어졌는데, Rolex시계의 디자인은 한 눈에 알아볼 수 있기 때문에 경쟁제품과 차별화가 되었다. 이 시계 브랜드는 배타적 지위의 표현이면서 입회조건이 까다로운 클럽에 소속되었다는 느낌을 줌으로써 상징적 브랜드가치를 창출했다. 이로 인해 이 시계를 착용한 고객들은 특별한 성취자 집단에 속한다는 느낌을 가졌다.

유통전략 측면에서 Rolex는 브랜드와 시계제품의 배타성을 높이기 위해 한정된 수의 귀금속 점포로 구성된 전속적 유통 네트워크를 구축했다. Crystal Prism은 그 점포가 Rolex시계의 공식딜러임을 표시하는 것이며 Rolex 취급점포는 널리 알려진 고급 상가지역에 위치했다. 최고급 귀금속 점포는 지리적으로 분산되어 있고, 적정수준의 재고를 유지하고 특정의 진열패턴을 사용해야 하고, 특정 수준의 연간 지역광고를 실시해야 한다. 이로 인해 Rolex는 고객서비스 혹은 경로갈등 상에서 별 문제없이 높은 시장통제력을 갖게 되었는데, 이러한 역량은 브랜드를 꼼꼼하게 모니터하는데 도움을 준다. Rolex는 수요가 늘어나더라도 생산량을 제한함으로써 명품 브랜드포지션을 강화한다. 사지품의 경우 시장에서의 희소성은 가치지각에 큰 영향을 미치는데, 이는 수요를 증가시키고 장기적인 가치상승에 기여를 한다. Rolex는 인터넷상에서 점포를 갖고 있지 않다. 웹사이트는 시계제품들에 대한 정보와 해당 지역 내 취급점포에 관한 정보만을 제공하고 구매장소로서의 역할을 수행하지 않는데, 이로 인해 Rolex는 유통경로상에서 브랜드의 배타성을 유지하고 최선의 서비스를 제공할 수 있다.

Rolex의 가격전략은 가격에 대한 정의와 이의 실행에서 경쟁자들과 차별화된다. Rolex는 프리미엄 가격정책을 추구하며, 경쟁자들을 염두에 두지 않고 오히려 그들이 추종할 가격을 책정한다. 나아가 이 회사는 어떤 종류의 가격할인이나 세일을 실시하지 않는데, 그 이유는 고객들이 회사가 책정한 고가격을 기꺼이 지불하려고 하기 때문이다. 이러한 가치에 상응한 고가격전략의 성공은 경기불황과 다른 경쟁브랜드들의 가격할인에도 불구하고 상당수의 명품시계 구매자들이 변함없이 Rolex시계를 원한다는 사실에 의해 잘 나타난다.

촉진전략과 관련해 Rolex는 브랜드포지셔닝을 효과적으로 전달하기 위해 다양한 마케팅커뮤니케이션 도구들을 사용하는데, Financial Times, Vogue 같은 고급잡지에 게재하는 인쇄물 광고가 그 한 예이다. 후원광고와 증언형 광고는 Rolex가 사용하는 주요 마케팅커뮤니케이션 도구인데, 이 브랜드는 어떤 영역에서 높은 성취를 이룩했고 브랜드 가치를 강화시켜줄 유명인들을 광고모델로 선정한다. 회사가 후원하는 스포츠는 고급스포츠로 인식되는 스포츠 유형으로서, 골프, 승마, 요트, 테니스 등이 그 예이다. 1978년부터 오랜 기간 동안 이 브랜드는 유명한 윔블던 테니스 대회를 후원해 왔는데, Rolex시계는 청중들의 눈에 잘 띄는 센터코트의 스코어보드에 자리 잡고 있다. 이러한 모든 촉진도구들은 Rolex 구매자들이 부유하고, 매력적이며, 활동적이고 재미있는 생활을 하는 사람이라는 브랜드포지셔닝과 메시지를 일관성 있게 전달한다. 다양한 촉진도구들이 추구하는 브랜드이미지는 구매자들이 Rolex 브랜드를 성공의 한 표현으로서, 그리고 성공에 대한 보상으로 구매한다는 것이다.

경쟁브랜드들이 시장점유율을 올리기 위해 새로운 브랜드마케팅을 추구함에 따라 앞으로 Rolex는 특히 아시아 시장에서 더욱 치열한 경쟁에 직면할 것이다. LVMH, Richemont 같은 거대 명품기업들은 규모의 우위를 누리고 광고와 마케팅에서의 시너지를 기반으로 해 비용을 상당히 절감하고 있다. 나아가 이들 기업들은 시장잠재력을 키우기 위해 보다 젊은 고객층을 겨냥하고 있다. 그러나 Rolex는 성공적으로 브랜드자산을 구축/강화하고, 정확성, 배타성, 강건함 같은 브랜드가치를 기반으로 해 차별화된 기업 및 제품 지각을 효과적으로 창출했다. 이러한 마케팅성과는 고객지향적 마케팅믹스와 끊임없는 혁신을 신중하게 조화시킨 결과로 얻어진 것이다. 또한 이 회사는 Richy Fowler, Martin Kaymer 같은 젊은 프로골프선수들을 활용한 증언형 광고를 도입함으로써 보다 젊은 소비자층을 표적으로 한 경쟁브랜드의 전략에 성공적으로 대응했다.

젊은 소비자층을 겨냥해 Rolex는 Facebook에 팬페이지를 마련했는데, Breitling, Cartier 같은 경쟁브랜드를 훨씬 앞지르는 450만 개 이상의 좋아요(likes)를 이끌어냈다. 그리고 Rolex는 세계에서 가장 유명한 테니스대회인 윔블던 대회와 관련해 풍부한 디지털 콘텐츠를 추가함으로써 30년 동안 이어진 윔블던 대회 후원을 확대했다. 이 회사는 윔블던 스포츠이벤트 경험 속에 자사브랜드가 깊이 자리 잡고, 온라인으로 소비자들과 대화하기 위해 스코어카드 Facebook 앱, Twitter 해시태그, 동영상 자료 등을 활용했다. 이 브랜드는 브랜드 및 브랜드추종자와 관련된 주제, 예를 들어 만년설을 연구하기 위한 심해탐사와 히말라야산 등정탐험에 대한 사내 기록물들을 홍보하기 위해 YouTube채널을 시작했다. 일부 경쟁브랜드들의 원가우위에 대응해 Rolex는 Tudor 브랜드를 출시함으로써 마케팅전략을 경쟁환경에 적응시키는 데 성공했다. 전통적인 Rolex손목시계보다 가격이 훨씬 저렴한 Tudor 브랜드의 출시는 가격부담이 덜한 명품시장에서 Tag Heuer 같은 경쟁브랜드들과 경쟁하고 젊은 청중을 겨냥할 수 있도록 했다. 이와 관련해 회사는 명품 시계시장에서 Rolex 브랜드의 가치가 저하될 가능성을 막기 위해 두 브랜드를 확연하게 구분시켰다(가령, 공식적인 Rolex 웹사이트에서 Tudor 브랜드를 전혀 언급하지 않음).

Rolex는 역동적인 마케팅 환경에 대응하는, 효과적이고 유연성 있는 마케팅전략과 마케팅믹스프로그램을 통해 강력한 브랜드자산을 구축하고, 경쟁자들의 위협에 성공적으로 대처하고, 세계에서 가장 강력하고 지속성이 있는 브랜드 지위를 유지하고 있다.

기업들은 도·소매상의 구매를 유발하기 위해 진열지원금, 수량할인, 머천다이징 지원 등의 **중간상 판매촉진**(trade sales promotion)을 사용하거나 혹은 소비자의 구매를 조장하기 위해 쿠폰, 프리미엄, 무료샘플, 콘테스트 등의 **소비자 판매촉진**(consumer sales promotion)을 사용하는 등 경쟁적으로 판매촉진비용을 확대하여 왔다. 미국의 경우, 1970년대까지는 기업들의 광고비와 판매촉진비의 구성비율이 60:40 정도이었으나 1980년대 이후 40:60으로 역전되었으며 2000년대 들어 판매촉진비가 차지하는 비율이 계속 증가하고 있다. 이에 따라 슈퍼마켓에서 판매되는 제품들에 대한 브랜드충성도가 하락하고 가격을 보다 중시하는 증거가 나타나고 있다.

단기적 판매성과를 목적으로 하는 판매촉진활동의 강화는 장기적으로 브랜드자산(파워)을 약화시킬 수 있는데, 이는 소비자의 특정브랜드에 대한 선택이 차별적 브랜드이미지보다는 가격에 의존해 주로 이루어질 것이기 때문이다. 한 기업에 의해 도입된 판매촉진은 매출의 손실을 우려하는 다른 기업들의 즉각적인 판매촉진으로 연결되며, 기업 간의 경쟁적인 판매촉진(가격할인)에 익숙해진 소비자와 중간상들은 과거보다 가격에 더 민감하게 된다. 이에 대응하여 기업들이 제품의 질보다는 가격을 경쟁우위의 주요수단으로 사용하게 됨으로써 차별적 브랜드이미지(브랜드자산)의 중요성이 상대적으로 감소될 수 있다. 샤넬은 최고급 명품이라는 브랜드이미지를 유지하기 위해 노 세일을 원칙으로 한다. 백화점 정기세일뿐 아니라 백화점이 명품브랜드만을 모아서 진행하는 시즌오프 행사에도 참여하지 않는다. 샤넬은 1년에 한두 차례 VIP 고객만을 초청해 비공식적인 할인행사를 실시한다. 캘빈 클라인, DKNY 등과 경쟁했던 미국의 프리미엄 디자이너 브랜드 '아이작 미즈라히'는 신중하지 못한 가격할인 정책으로 실패한 사례 중 하나이다. 기존 제품가격의 10%에 불과한 저렴한 가격대의 서브브랜드를 대형마트 타깃(Target)에 출시했다. 단기적으로 매출이 증가했지만, 고급 브랜드이미지가 서서히 퇴색하고 충성고객이 떠나가게 됨에 따라 쇠락의 길을 걸었다.

둘째, 시장세분화의 가속화와 다양한 매체유형의 등장은 일관성 있는 마케팅커뮤니케이션 노력의 유지를 어렵게 한다. 과거에는 이용가능한 매체대안들이 TV, 신문, 잡지, 라디오 등으로 제한되어 있었고 전국적인 네트워크를 가진 매체가 소수에 불과하였으므로, 대중시장을 표적으로 하는 대량마케팅이 기업의 관행이었다. 그러나 마케팅환경의 변화에 따라 기업은 이제 쌍방커뮤니케이션이 가능한 스마트폰과 스마트 TV, SNS, 온라인 광고, 다이렉트마케팅, 이벤트 후원행사 등의 매우 다양한 매체대안을 활용할 수 있게 되었다. 이에 따라 많은 기업들이 제품시장을 더욱 세분화하고 각각의 표적고객집단에 노출될 가능성이 높은 매체를 통해 서로 다른 마케팅 메시지를 제공하고 있다. 가령, 한 매체를 통해 무료 경품제공이나 가격할인과 같은 판촉관련 메시지를 제공하고 또 다른 매체를 통해서는 품질관련 메시지를 전달하는 것이다. 문제는 소비자들이 매체에 따라 서로 다른 마케팅 메시지에 접함에 따라 일관성 있는 브랜드 이미지를 형성하기가 어렵다는 것이다.

또 다른 문제점은 여러 유형의 마케팅커뮤니케이션활동(가령, 광고, 이벤트 후원, 판매촉진, 트레이드쇼, 다이렉트마케팅, 패키징디자인, corporate identity)이 서로 다른 부서나 조직구성원에 의해 각기 다른 목적으로 수행된다면, 이들 간의 갈등 및 조정의 어려움이 발생된다는 것이다.

셋째, 복수브랜드의 도입이 브랜드계층구조의 설계와 각 브랜드에 대한 역할정립을 어렵게 만드는 것도 브랜드자산의 구축·유지를 어렵게 만드는 요인이다. 한때 기업들은 하나의 브랜드로 전체시장을 표적으로 하며 단일의 브랜드아이덴티티를 가진 적이 있었으나 고객욕구의 다양화에 따라 여러 제품에 특정브랜드가 부착되고 있다. 1970년대에만 해도 Coca-Cola는 Coke 하나만을 가지고 있었으나, 이제는 여러 제품들에 Coke로고가 사용되고 있다. 가령, 저칼로리의 콜라제품에서만도 Diet Coke, Diet Coke with Splenda, Diet Cherry Coke, Diet Coke With Lemon, Caffeine-Free Diet Coke, Coca-Cola Zero 등의 여러 브랜드제품들이 존재한다. 기업이 활용할 수 있는 브랜드전략에도 서브브랜드(예를 들어 피로회복 활성비타민 아로나민 골드, 눈을 위한 항산화 비타민 아로나민 아이 등에서 골드와 아이가 서브브랜드임), 브랜드확장(가령, 빈폴이 캐주얼의류에서 골프웨어, 정장으로 제품의 영역을 확장함), 후원브랜드(예를 들어 농심 신라면에서 농심이라는 기업브랜드가 신라면을 후원함), 기업브랜드(예를 들어 오뚜기) 등의 매우 다양한 대안들이 있다. 이와 같이 브랜드관리에서의 복잡성의 증가는 브랜드자산의 구축 관

브랜드마케팅 따라잡기

최고경영자의 브랜드가치 중요성에 대한 인식이 마케팅성과에 미치는 영향 - Euro-Pro의 CEO 마크 로젠츠바이크의 관점 vs 제임스 다이슨의 관점

유로-프로(Euro-Pro)의 CEO 마크 로젠츠바이크(Mark Rosenzweig)와 다이슨(Dyson)의 창업주 제임스 다이슨(James Dyson)은 브랜드구축의 중요성에 대해 상반된 관점을 갖고 있다. 유로-프로의 마크 로젠츠바이크는 브랜드가 마케팅성과를 높이는 데 중요하다고 주장한다. 유로-프로는 소형 주방기구와 진공청소기 분야에서 성공을 거두었다. 마크 로젠츠바이크의 가족은 캐나다에서 재봉틀 산업에 종사했으며 수년 전에 그는 보스턴에서 유로-프로라는 회사를 설립했다. 그의 이야기는 첫 번째 다이슨 청소기를 만들기 전에 5,126개의 시제품을 만든 제임스 다이슨의 이야기처럼 흥미진진하지 않을지 모르지만 많은 진공청소기를 팔고 있다.

디지털 기반의 새로운 정보환경은 마크 로젠츠바이크와 유로-프로가 청소기 시장에 진입하는 데 큰 도움을 주었다. 때때로 상품검색은 온라인에서 시작된다. 줄리라는 이름의 고객이 진공청소기를 사기로 했다고 하자. 그녀는 먼지 백이 없고 수직으로 세워 사용하는 제품을 구매하고 싶다. 또 후버나 다이슨 청소기처럼 몇 가지 브랜드도 생각하고 있다. 줄리는 월마트닷컴에 접속해 이런저런 모델들을 살펴본다. 이 과정에서 그녀는 유로-프로가 만든 샤크 내비게이터라는, 지금까지 들어본 적이 없는 진공청소기를 우연히 발견한다. 가격이 싸지는 않지만 다이슨에 비하면 저렴하고 500개가 넘는 사용자들의 댓글을 보니 평균점수가 거의 별 다섯 개에 가까웠다. 줄리는 이 진공청소기에 대해 극찬을 하는 몇 개의 사용후기까지 읽게 된다. 그녀는 또 샤크 청소기가 빨아들인 먼지와 오래된 구형 청소기가 빨아들인 먼지를 비교한 사진 등 다른 소비자들이 올린 사진들도 본다. 이 모든 것들을 검토한 후에 그녀는 망설임 없이 샤크를 구매한다. 줄리는 자신이 어떤 상품을 구매했는지 잘 알고 있다. 또 다른 시나리오는 오프라인 매장에서 시작된다. 한 고객이 믹서를 사려고 타깃(Target)에 간다. 키친 에이드(KitchenAid)와 같은 눈에 익은 브랜드 옆에 유로-프로가 만든 닌자(Ninja)라는 믹서가 있다. 고객은 이 제품에 대한 광고가 떠오를 수도 있다. 곧 스마트폰을 꺼내 다른 소비자들의 평가글을 모아놓은 앱을 이용하거나 판매점 웹 사이트에 올라온 사용후기를 찾아본다. 〈컨슈머리포트〉 앱에서 확인해보니 60달러짜리 닌자 믹서가 해당 상품들 중에서 가장 높은 91점을 받았다. 검색으로 닌자 믹서에 대한 품질을 확인한 고객은 이 제품을 구매한다. 다른 소비자들도 샤크나 닌자와 같은 브랜드를 생각하고 검색을 할 수 있다. 이때 사용자들의 수많은 댓글들은 잠재적 구매자들에게 확신을 갖게 하는 데 도움을 준다.

마크 로젠츠바이크는 온라인에서의 이러한 정보탐색 방식으로 인해 제품구매에서 브랜드가 갖는 중요성이 줄어들었다고 생각하지 않는다. 브랜드자산은 브랜드인지도 구축, 정서적 애착, 특권 또는 사회적 지위 연상 등의 측면에서 여전히 가치가 있다고 믿는다. 그러나 과거에 비해 품질에 대한 기준으로서 브랜드의 역할이 감소하고 있고 이로 인해 새로운 브랜드의 시장진입이 쉬워졌다. 유로-프로는 이런 트렌드의 도움을 받은 수혜자다. 그럼에도 불구하고 마크 로젠츠바이크는 제품선택에서 브랜드가치가 매우 중요하다고 강조한다. 유로-프로는 기존 경쟁브랜드의 시장점유율을 빠르게 잠식하고 있다. 유로-프로의 매출은 1조 원에 근접하고 있고 샤크 진공청소기는 동일 가격대에 먼지백 없는 소형 진공청소기 시장에서 50퍼센트 이상의 점유율을 차지하고 있다.

한편 진공청소기 분야의 또 다른 CEO인 제임스 다이슨은 브랜드의 중요성에 대해 완전히 다른 입장을 취하고 있다. 그는 브랜드라는 개념 자체에 반대하고 있으며 회사에서는 브랜드라는 용어를 아예 사용하지 않고 있다. 그는 2012년에 있었던 한 회의에서 이렇게 말했다. "우리 회사에서는 사용이 금지된 단어가 하나 있는데 바로 브랜드다. 우리는 최신 제품만을 믿는다. 나는 브랜드를 전혀 믿지 않는다."

두 최고경영자의 브랜드구축의 중요성에 대한 관점의 상대적 차이에도 불구하고 디지털 기반의 정보환경 도래로 인해 진공청소기 시장에서 제임스 다이슨과 마크 로젠츠바이크 모두 낮은 진입장벽의 혜택을 봤다. 낮은 진입장벽은 품질기준으로서 브랜드가 가졌던 역할이 과거에 비해 감소한 결과이다.

자료원: Itamar Simonson and Emanuel Rosen, *Absolute Value*, HarperCollins, 2014.

리를 어렵게 만든다.

이러한 브랜드관리의 복잡성은 먼저 시장세분화의 가속화에 따라 새로운 브랜드들이 경쟁적으로 도입된 것에서 비롯된다. 브랜드복잡성을 유발한 또 다른 요인으로는 신제품 도입비용을 절감하기 위해 많은 기업들이 브랜드자산이 이미 구축된 기존 브랜드를 관련성이 별로 없는 신제품들에 무조건적으로 활용하려는 추세를 들 수 있다.

넷째, 단기적 경영성과에 대한 압력은 장기적 전략적 시각에서 브랜드의 자산적 가치를 높이기 위한 마케팅노력을 어렵게 만든다. 마케팅관리자는 분기별 이익과 매출목표를 실현해야 하는 압력을 받으며, 이는 체계적 브랜드관리에 부정적인 영향을 미친다.

브랜드자산을 높이는 마케팅활동(예를 들어, 광고)의 장기적 효과를 계량적으로 증명해 보이는 것이 쉽지 않으므로, 기업들은 신제품개발 노력 및 높은 광고비 지출보다는 단기적 매출과 이익에 기여하는 마케팅도구(가령, 가격할인, 판매촉진, 이벤트)를 더 많이 사용하게 된다. 또한 강력한 브랜드를 소유한 많은 기업들은 단기적 경영성과를 향상시키거나 혹은 새로운 사업으로 다각화하기 위한 자금을 확보하기 위해 핵심사업(주력브랜드)에 대한 투자를 소홀히 하거나 줄이려는 유혹을 받는다.

03 강력한 브랜드구축이 왜 중요한가?

기업 및 제품에 대한 브랜드구축은 전혀 새로운 발상이 아니다. 실제로 코카콜라, GE, IBM 등 많은 유명브랜드들이 매우 오랜 역사를 지니고 있다. 그러나 구글, 아이폰, 스타벅스, 인텔 등은 짧은 기간 내에 강력한 브랜드를 창출한 예인데, 이들은 브랜딩의 중요성이 증가하고 있다는 것을 보여주는 한 증거이기도 하다. 그러나 짧은 기간 내에 브랜드를 성공적으로 구축하는 것이 불가능한 건 아니지만, 쉬운 일 또한 아님을 인식하는 것이 중요하다.

제품과 서비스는 유행에 뒤처지거나 경쟁사에 의해 쉽게 모방될 수 있지만, 성공적인 브랜드는 지속적 우위를 갖게 하고, 보다 높은 가격을 받을 기회를 제공해준다. 강력한 브랜드구축은 장기적인 무형자산을 창출함으로써 미래의 기업성장을 보장하는 토대가 된다. 즉 강력한 브랜드의 구축은 기업이 장기적 성장목표를 더욱 신속하고 효율적으로 성취할 수 있도록 지원하는 역할을 한다.

차별화된 브랜드이미지는 고객과 기업, 제품 및 서비스를 잇는 감성적이면서도 합리적인 교량 역할을 할 수 있다. 차별화된 성능과 개성에 기반하여 형성된 호의적 브랜드이미지는 고객충성도를 구축하는 데 기여하며, 경쟁제품들로부터 차별화할 수 있게 한다. 성공적인 대부분의 브랜드는 고객들의 마음속에서 고유한 위치를 차지하고 있다.

강력한 브랜드는 고객과 기업 모두에게 중요한 역할을 수행한다.

(1) 소비자 측면에서의 브랜드의 중요성

브랜드는 소비자들에게 다음과 같은 이점을 제공하기 때문에 중요하다.

첫째, 브랜드는 소비자에게 제품의 생산자나 출처를 밝혀줌으로써 어떤 제조업자나 판매업자가 제품에 대해 책임을 져야 하는지를 알 수 있다.

둘째, 브랜드는 소비자의 제품탐색비용을 절감시켜 준다. 소비자들은 제품에 대한 과거 경험과 기업의 마케팅프로그램을 통해 브랜드에 대해 알게 된다. 소비자들은 어떤 브랜드가 자신들의 욕구를 잘 충족시켜 주는지를 알게 됨으로써 브랜드는 제품의사결정을 단순화시켜 주는 수단이 된다. 만일 소비자들이 브랜드에 친숙하고 브랜드 지식을 어느 정도 갖고 있다면, 소비자들은 구매의사결정을 내리기 위해 이런 저런 생각을 하거나 많은 정보를 처리할 필요가 없게 된다. 따라서 브랜드는 소비자들로 하여금 내적 탐색비용(브랜드에 대한 판단을 위해 기울이는 인지적 노력)과 외적 탐색비용(의사결정을 내리는 데 필요한 제품정보의 탐색)을 줄일 수 있게 해준다. 소비자들이 어떤 브랜드를 이미 알고 있다면, 자신이 모를 수도 있는 특성에 대해서는 이미 알고 있는 속성정보를 토대로 추론하여 합리적 평가를 내릴 수 있다.

셋째, 브랜드는 제품 생산자가 고객들에게 한 약속이나 보증을 보여주는 수단이 된다. 소비자들은 자신들이 선택한 브랜드가 일관성있는 제품성능, 적절한 가격설정, 판매촉진, 유통 프로그램 등을 통해 약속한 가치제안을 실제로 제공할 것이라는 기대를 토대로 브랜드에 대한 신뢰와 충성도를 형성한다.

넷째, 브랜드는 기능적 편익을 제공할 뿐 아니라 자아를 표현하는 상징적 수단으로서의 역할을 수행한다. 브랜드는 특정 유형의 소비자가 사용하는 제품임을 연상시킴으로써 차별적 브랜드가치를 가질 수 있다. 이 브랜드를 소비하는 것은 소비자들이 자신들의 현재 모습 혹은 앞으로 되고 싶은 모습을 다른 사람들에게 혹은 자신에게 전달하는 수단이 된다.

다섯째, 브랜드는 제품의 특징들을 소비자들에게 알려주는 역할을 수행한다. 마케팅 연구자들은 제품속성의 특징에 따라 제품을 **탐색재**(search goods), **경험재**(experience goods), 그리고 **신용재**(credence goods)의 세 가지 주요범주로 분류한다. 탐색재의 제품속성은 시각적인 탐색에 의해 평가될 수 있다(가령, 견고함, 크기, 색상, 스타일, 무게, 제품 구성성분 등). 경험재의 제품속성은 탐색에 의해 쉽게 평가될 수 없기 때문에 실제로 제품을 사용하고 경험하는 것이 중요하다(가령, 내구성, 서비스 질, 안전성, 취급 및 사용의 용이성 등). 신용재의 제품속성은 잘 탐지되지 못한다(보험 혜택). 경험재와 신용재의 경우, 제품속성 및 편익을 평가하기 어렵기 때문에, 브랜드는 이러한 제품의 품질과 특성들을 추론하는 데 중요한 단서가 될 수 있다.

여섯째, 브랜드는 제품 구매결정과정에서 발생하는 **지각된 위험**(perceived risk)을 줄여 줄 수 있다. 소비자들은 제품을 구매/소비하는 과정에서 다음과 같은 여러 가지 유형의 위험을 지각한다.

- 기능적 위험(functional risk): 제품이 기대만큼 성능이 좋지 않을 가능성
- 신체적 위험(physical risk): 제품이 사용자나 다른 사람들의 건강이나 신체적인 안정 또는 안전에 위협을 가할 가능성
- 재무적 위험(financial risk): 제품이 지불된 가격만큼 가치가 없을 가능성
- 사회적 위험(social risk): 제품의 소유와 사용이 다른 사람들을 당혹스럽게 할 가능성
- 심리적 위험(psychological risk): 제품이 자아이미지와 어울리지 않을 것 같아 사용자의 마음을 불안하게 만들 가능성

- 시간적 위험(time risk): 제품결정에 따른 실패가 또 다른 만족스러운 제품을 찾는 데 소요되는 기회비용을 유발할 가능성

소비자들이 이러한 위험들에 대처할 수 있는 확실한 방법은 잘 알려진 브랜드, 특히 과거에 경험하고 좋았던 브랜드를 구매하는 것이다. 그러므로 브랜드는 지각된 위험에 대처하는 데 효과적인 수단이 될 수 있다.

(2) 기업 측면에서의 브랜드의 중요성

강력한 브랜드는 기업에게도 다음과 같은 이점을 제공한다.

첫째, 경쟁제품들과 차별화하는 데 유용한 마케팅수단이 된다. 강력한 브랜드는 여러 제품 카테고리들에서 표준화된 범용상품에서 벗어나게 하는 데 효과적인 수단인데, 인텔, 스타벅스, 퍼듀치킨 등이 바로 그 예이다.

둘째, 강력한 브랜드는 사업의 생존과 지속적 성장을 보장한다. 시작단계에서부터 자사제품 및 서비스 브랜드를 구축하려고 결정한 기업들만이 시장경쟁에서 살아남은 경우를 많이 목격할 수 있는데, 캐터필러(Caterpillar)와 코마츠(Komatsu) 등이 이에 해당한다. 과거 건설장비 사업영역에서 많은 기업들이 치열하게 경쟁했으나, 현재는 이 두 기업이 강력한 브랜드를 기반으로 선도적 시장지위를 차지하고 있다. 강력한 브랜드를 보유한 기업은 사업상의 위기가 닥쳐와도 충성도가 높은 고객들과 투자자들의 지속적인 지지를 통해 보다 쉽게 이에 대처할 수 있다.

셋째, 강력한 브랜드는 높은 브랜드충성도를 창출한다. 브랜드는 기업이 거래 중심의 단기적 사업모델에서 관계 중심의 장기적 사업모델로 이동하도록 돕는다. 강력한 브랜드는 거래를 위해 고객이 기업에 먼저 다가오도록 하는데, 이러한 브랜드충성도는 기업이 고객들에게 제안한 브랜드 약속을 지속적으로 잘 수행했을 때 형성된다. 가령, 나이키는 광고에서 제시한 최고의 경기력이라는 약속을 우수한 스포츠용품의 지속적인 개발을 통해 실제로 실행함으로써 높은 브랜드충성도를 구축했다. 또한 좋아하는 제품에 대한 높은 브랜드선호도는 경쟁브랜드에 대한 거부로 이어져 고객들이 경쟁업체의 제품으로 전환하는 데 장벽역할을 한다.

넷째, 강력한 브랜드는 마케팅노력의 차별화와 프리미엄 가격의 확보를 가능하게 한다. 강력한 브랜드는 마케팅커뮤니케이션의 효과를 제고시키는데, 소비자들은 인지도가 없거나 낮은 제품이나 서비스 브랜드의 마케팅노력보다는 유명한 브랜드의 마케팅노력을 더 잘 수용할 것이다. 유명한 브랜드는 고객들의 자사제품에 대한 낮은 가격민감도로 인해 제품이나 서비스에

대해 경쟁사보다 높은 가격을 책정할 수 있고 그 결과로 높은 수익을 실현할 수 있다.

다섯째, 강력한 브랜드는 이해관계자들로부터 호의를 이끌어내는 데 도움을 준다. 명성이 높고 긍정적 이미지를 가진 브랜드의 가치제안은 이해관계자들에게 더욱 감동적이고 설득력을 갖게 할 수 있다. 이해관계자들에 의해 형성된 호의는 인력채용과정에서 재능 있는 인재를 채용하는 데 기여할 수 있다.

여섯째, 강력한 브랜드는 매출증가에 긍정적 효과를 준다. 강력한 브랜드를 지닌 기업은 높은 판매량으로부터 높은 이익을 누릴 수 있다.

브랜드는 기업에게도 여러 가지 유용한 기능을 제공한다. 브랜드는 기업의 제품들을 취급/관리하는 과정을 간소화시키고, 재고관리와 회계기록을 체계화하는 데 도움이 된다. 또한 브랜드는 자사제품의 독특한 특징이나 외관을 법적으로 보호할 수 있게 해준다. 기업은 브랜드를 통해 그 브랜드제품의 소유자에게 법적 권리를 부여하는 지적 재산권을 확보할 수 있다. 브랜드명은 등록된 트레이드마크를 통해 보호되고, 제조과정은 특허를 통해 보호받을 수 있으며. 제품포장은 저작권과 디자인을 통해 보호를 받을 수 있다.

기업은 브랜드투자를 통해 다른 경쟁제품과 차별화될 수 있는 제품 특유의 연상과 의미를 확보할 수 있다. 브랜드는 제품의 품질이 어떤 수준인지를 나타내는 도구가 되기 때문에 그 제품에 대해 만족한 소비자들은 이를 다시 구매할 수 있다. 이러한 브랜드충성도는 기업이 수요를 예측할 수 있게 해주고 어느 정도 수요에 대한 확실성을 보장해 준다. 그리고 브랜드는 다른 기업들이 시장에 진입하는 것을 어렵게 하는 진입장벽을 창출한다. 제조과정과 제품 디자인이 쉽게 모방될 수 있다 하더라도, 수년간의 마케팅활동과 제품경험을 통해 소비자들의 마음속에 형성된 브랜드인상은 쉽게 창출되기 어렵다. 이러한 측면에서 브랜딩은 비교우위를 확보할 수 있는 강력한 수단이 된다.

브랜드는 그 소유자에게 미래의 큰 수입을 보장하는 법적 재산권이다. 이러한 이유로 1980년대 중반 글로벌 경제호황기에 기업 인수합병(M&A)이 활발하게 이루어지면서 유명브랜드에 대해 엄청난 인수금액이 지불되었다. 이 기간 동안에 발생한 경쟁적인 인수합병 과정에서 저평가된 기업들을 찾으려는 미국 월 스트리트(Wall Street) 금융인들이 생겨났는데, 이들은 이 기업들이 소유한 브랜드에 큰 관심을 보였다. 강한 브랜드는 기업에게 더 나은 수익과 이익을 가져다주고, 주주들에게 더 큰 가치를 창출한다는 믿음이 월 스트리트에 자리 잡고 있었던 것이다.

04 브랜드자산구축에 있어 통합적 마케팅커뮤니케이션의 역할

강력한 브랜드충성도와 이로 인한 브랜드자산은 높은 브랜드인지도와 브랜드에 대한 호의적 연상들에 의해 형성된다. 그러므로 기업은 브랜드자산의 구축을 위해 브랜드 도입 전에 브랜드아이덴티티(즉 기업이 표적소비자의 마음속에 심어주고자 하는 바람직한 브랜드연상들)를 체계적으로 설계하려는 노력도 해야 하지만 브랜드 도입 후 지속적이면서 일관성 있는 마케팅노력을 통해 고객의 마음속에 자사브랜드와 관련하여 호의적이면서 강력하고 독특한 연상들(브랜드이미지)을 심어주어야 한다. 기업이 기울이는 다양한 마케팅활동(노력) 중에서 특히 마케팅커뮤니케이션은 브랜드자산의 구축에 중요한 역할을 수행한다. 마케터는 광고, 판매촉진, 인적판매, 홍보, 이벤트 등의 마케팅커뮤니케이션 도구들을 결합함으로써 실제로 표적고객의 마음속에 높은 브랜드인지도와 강력하고 호의적인 브랜드연상을 기반으로 기업이 원하는 브랜드이미지를 심을 수 있다. [그림 1-1]은 기업이 브랜드아이덴티티 개발과 통합적 마케팅커뮤니케이션 노력을 통해 목표고객의 마음속에 긍정적이고 차별적인 브랜드이미지를 형성함으로써 브랜드자산을 창출하는 과정을 보여준다.

예를 들어, 파리바게뜨는 브랜드아이덴티티 구성요소와 마케팅커뮤니케이션활동의 통합적 관리를 통해 높은 브랜드인지도와 고품격 브랜드이미지를 구축하는 데 성공했다. 파리바게뜨는 우수한 상품품질과 서비스, 그리고 일관성 있는 마케팅커뮤니케이션활동을 토대로 강력한 브랜드자산을 구축했다. 강력한 브랜드구축은 명확한 브랜드컨셉(브랜드포지션)의 정의, 이에

그림 1-1 | 브랜드자산 형성과정

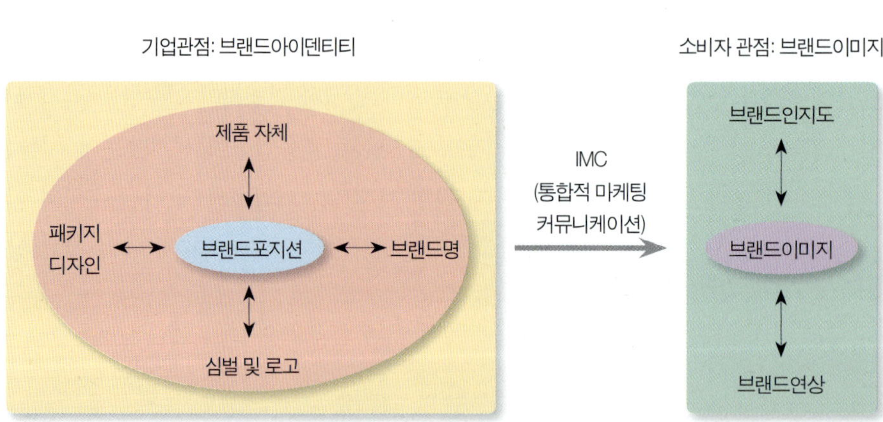

기반한 브랜드명과 로고 디자인 등의 개발에서 출발한다.

파리바게뜨는 격조 높은 프렌치 스타일의 카페형 베이커리를 브랜드포지션으로 잡았다. 이에 맞추어 여러 브랜드요소들을 통합적으로 관리함으로서써 소비자 마음에 긍정적이고 차별화된 브랜드이미지를 형성하는 데 성공했다. 파리바게뜨는 높은 제품품질을 구현하기 위해 노력했다. 프랑스풍의 베이커리 제품(크루아상, 바게뜨, 페이스트리 등) 등 제품구성에서 차별화를 추구하고, 매장에 냉동휴면상태의 '생지'를 공급해 그곳에서 갓 구워 신선한 제품을 판매함으로써 맛의 차별화를 실현한 것이 그 예이다. 브랜드명은 길쭉한 모양의 정통 프랑스빵 바게뜨에서 따왔고, 새로운 브랜드아이덴티티(BI) 작업을 통해 신선함을 강조한 푸른색의 글자체와 로고를 도입했다. 또한 유명모델을 이용한 TV광고와 '생크림 케이크는 파리바게뜨가 맛있다' 같은 타깃제품 광고를 실시함으로써 브랜드심상(brand imagery)과 브랜드성능이 잘 조화된 브랜드이미지를 만들어내는 데 성공했다. 세계적인 디자이너 카림 라시드와의 협업을 통해 매력적인 포장디자인의 냉장주스 브랜드 주스(Jus)와 생수 오(Eau)를 개발했다. 그리고 감각적인 공간 디자인, 여유로운 좌석, 도시적인 느낌의 매장분위기 등으로 매장을 설계함으로써 긍정적인 감정을 경험하도록 했다.

파리바게뜨는 다양한 브랜드아이덴티티 구성요소와 마케팅 커뮤니케이션활동의 통합적 관리를 통해 높은 브랜드인지도와 고품격 브랜드이미지를 구축했다.

파리바게뜨의 예에서 볼 수 있듯이 일관성 있는 **통합적 마케팅커뮤니케이션**(Integrated Marketing Communication, IMC)은 강력하고 긍정적이며 차별적인 브랜드이미지를 구축하는 데 있어 기반이 된다. 과거에는 광고, 판매촉진, 홍보, 이벤트, 구매시점 디스플레이 등과 같은 커뮤니케이션 수단들이 별개의 마케팅활동으로 수행되었으나, 최근 들어 많은 기업들이 일관된 브랜드이미지를 창출·유지하기 위해서 이들을 조정·통제해야 할 필요성에 대해 공감하고 있다. IMC의 중요성이 강조되는 이유로는 대중매체광고의 효과에 대한 의문제기와 새로운 정보기술 및 매체의 발달에 의한 개별고객에의 접근용이성을 들 수 있다.

우리는 많은 TV광고비 지출로 높은 수준의 브랜드인지도를 달성했음에도 불구하고 매출증가와 같은 마케팅목표를 실현하는 데 실패하는 경우를 종종 보게 된다. 이에 따라 보다 비용

브랜드마케팅 따라잡기

잘 정의된 브랜드아이덴티티 및 브랜드포지션과 이를 기반으로 한 일관성 있는 통합적 마케팅커뮤니케이션 프로그램을 통해 강력한 브랜드자산을 구축한 나이키

1958년 초기 투자금액 300달러로 시작하여 전 세계 스포츠 브랜드를 대표하게 된 나이키의 성공은 설립 당시부터 명확하게 정립된 브랜드아이덴티티와 이를 바탕으로 한 체계적인 마케팅활동을 통해 이루어진 것이다. 1958년 당시 오레곤 주립대학의 중거리 육상선수였던 필 나이트와 육상부 코치였던 빌 바우어만은 자신들이 신는 육상화 중 미국 제품이 별로 없다는 사실과 좀 더 기능성이 뛰어난 제품의 필요성에 인식을 같이하고 있었다. 이에 따라 바우어만이 개발한 새로운 디자인을 여러 신발회사에 팔려고 시도하였으나 그다지 성공을 거두지 못하자, 바우어만과 나이트는 1964년 동업 형식으로 초기 투자금액 300달러로 「Blue Ribbon Sport」라는 자신들의 회사를 설립하였다. 그리고 1972년 회사명을 그리스 신화의 승리의 여신의 이름을 딴 나이키(Nike)로 변경하였고 이에 맞춰 스워시 로고를 개발하여 현재의 모습을 갖추게 되었다. 미국 오레곤 주의 작은 도시 비버튼에서 초기 300달러로 출발했던 나이키는 이제 세계 100여 국에서 거의 모든 스포츠카테고리에서 스포츠화 및 의류를 판매함으로써 2017년 기준 매출액 353억 달러, 수익 18억 달러를 올리는 글로벌 기업으로 성장했다.

이러한 성공의 비결은 과연 무엇일까? 나이키의 성공은 무엇보다도 설립 당시부터 명확하게 정립된 브랜드아이덴티티와 이를 바탕으로 한 마케팅 및 광고활동을 통해 구축한 강력한 브랜드포지셔닝에서 비롯되었다. 「좀 더 나은 육상화를 만들 수 없을까」라는 명제에서 출발한 필 나이트와 빌 바우어만의 경영이념이 브랜드아이덴티티의 핵심가치를 형성하는 토대가 되었고 철저한 브랜드관리를 통해 오늘날 이 지구상의 모든 소비자들의 마음속에 정통 스포츠화로 포지셔닝함으로써 나이키브랜드 또는 스워시 로고만으로도 막대한 이익을 창출하는 세계 최고의 스포츠회사로 성장하게 된 것이다.

잘 정의된 나이키 브랜드아이덴티티:

나이키의 브랜드아이덴티티는 다음과 같이 정의될 수 있다. 『나이키는 스포츠와 피트니스 브랜드이다. 즉 나이키는 최고의 경기력을 발휘할 수 있도록 디자인된 최고의 제품을 생산하는 정통 스포츠 회사 브랜드이다. 따라서 나이키는 각 스포츠부분에서 최고 수준인 선수들과 자신의 경기력을 극대화하고자 하는 일반인을 위한 제품을 개발한다. 그리고 스포츠를 통해 이들의 삶의 질을 높인다.』

나이키는 이를 바탕으로 타깃고객들의 마음속에 심고 싶은 바람직한 브랜드연상들을 규정하고 있는데, 이를 요약하면 성과지향적(Performance), 경쟁우위(Competitive), 운동지향적(Athletic), 정통성있는(Authentic), 영감이 풍부한(Inspired), 혁신적인(Innovative), 체력단력을 위한(Fitness), 역동적인(Dynamic), 헌신적인(Committed), 즐거운(Playful), 과감한(Bold), 결단성있는(Decisive), 적극적인(Aggressive), 최고의(Number One) 등과 같은 형용사들로 구성된다.

브랜드아이덴티티를 기반으로 개발된 '최고의 경기력을 발휘하는 데 도움을 주는 성동 스포츠와 피트니스 브랜드'라는 명확한 브랜드포지션은 지속적인 마케팅커뮤니케이션활동을 통해 소비자의 마음속에 강력한 브랜드이미지로 자리 잡고 있다. 이러한 브랜드아이덴티티 및 브랜드포지션의 규정은 모든 마케팅커뮤니케이션활동의 지침이 되며, 이에 부합하지 않거나 위배되는 커뮤니케이션활동은 허용되지 않는다. 나이키의 브랜드포지션은 소비자들에게 개인적인 경기능력을 육체적·정신적 차원에서 극대화할 수 있는 모든 여건을 제공한다는 약속을 말한다.

강력한 브랜드이미지 형성을 위한 통합적 마케팅커뮤니케이션 프로그램의 실행:

다음에서는 나이키가 고객의 마음에 강력한 브랜드이미지를 형성하기 위해 어떻게 통합적 마케팅커뮤니케이션 프로그램을 개발하고 실행에 옮겼는지를 살펴보기로 한다.

첫째, 나이키는 정통 스포츠와 피트니스(fitness) 브랜드라는 포지션을 실현하기 위해 마케팅노력을 기울였다. 미국에 스포츠화 붐이 일어났던 것은 1980년대였다. 스포츠화에 대한 소비자의 인식은 크게 2가지로 양분되었다. 운동화의 기능적 측면이 경쟁제품들 간에 유사하다면 신발의 디자인과 같은 패션성이 구매기준이 된다고 믿는 브랜드군과 스포츠화에 있어 패션성을 강조한다는 것을 신발 자체의 기능성과 마케팅능력에서 약점을 보여주는 증거라고 믿는 브랜드군(나이키를 포함)이었다. 나이키는 스포츠화에 있어 가장 중요한 것은 기능성이며 디자인은 여기에 자연스럽게 따라오는 부차적인 요소로 판단하였다. 이에 따라 나이키는 세계적인 명성을 지닌 운동선수들을 위해 실제 경기에서 뛰어난 기능을 발휘하는 스포츠화 및 의류를 개발하는 데 전력을 기울였다. Nike Zoom Air, Air Max, Nike F.I.T 등은 스포츠시장을 선도한 대표적인 기술의 예이다.

둘째, 나이키의 브랜드포지션을 유지하고 강화시키기 위해 도입한 광고캠페인은 강력한 브랜드이미지의 구축에 기여하였다. 「Revolution」과 「Just do it」으로 대표되는 나이키의 광고캠페인은 나이키의 고객뿐만 아니라 경쟁사 고객까지도 관심을 끌게 한 성공적인 마케팅커뮤니케이션전략의 대표적인 예로 자리매김되고 있다. 나이키의 광고캠페인이 기념비적이라고 말할 수 있는 것은 단순히 광고의 뛰어난 크리에이티브 때문이 아니라 나이키의 핵심적인 브랜드메시지를 지속적으로 전달함으로써 강력한 브랜드이미지를 형성하는 데 기여했기 때문이다. 나이키 광고캠페인의 탁월성은 우수한 제품성능을 전달하는 것이 아니라 나이키의 브랜드이미지를 구축하는 데 초점을 맞춘 데 있다. 즉 광고캠페인은 특정 제품의 기능적 혜택을 광고하는 것이 아니라 「최고의 경기력을 발휘하기 위한 최고의 제품」이라는 브랜드이미지를 지속적으로 전달하는 데 초점을 맞추었다.

나이키 마케팅커뮤니케이션전략의 또 다른 특징은 혁신적인 제품과 각 스포츠종목의 대표적인 선수를 연결시킴으로써 소비자와 나이키 간에 지속적인 공감대를 형성시킨 것이다. 소비자들이 좋아하는 대표적인 선수와 혁신적인 제품을 연결함으로써 브랜드신뢰도를 높이고 최고의 선수를 위한 최고의 제품이라는 브랜드포지션에 대한 공감대를 형성시켰다. 나이키는 마이클 조던, 존 멕켄로, 타이거 우즈 등 각 분야에서 최고이면서 최고의 자리를 지키기 위해 자신과 끊임없이 투쟁하는 선수들을 광고모델 및 브랜드후원자로 사용했다. 이러한 브랜드후원자들이 공통적으로 갖고 있는 매력적인 개성적 특징은 나이키가 추구하는 브랜드아이덴티티와 조화를 이룸으로써 강력한 브랜드자산을 구축하는 큰 공헌을 했다.

이와 함께 나이키 광고캠페인은 진지하게 자신의 운동능력 향상을 위해 열중하는 평범한 개인의 모습도 그리고 있다. 여기서 그려지는 광고모델은 묵묵히 자신의 목표를 향해 운동하는 자들로서, 그는 직업적 선수일 수도 있고 그냥 일반인일 수도 있지만 스포츠가 추구하는 덕목을 소유하고 지쳐 쓰러질 때까지 정신적·육체적으로 자신을 단련한다. 팀 스포츠에서는 팀을 위해 외롭게 자신을 단련하는 사람들이다. 이는 바로 나이키 브랜드가 지향하는 스포츠 정신과 일치하는 것이다.

셋째, 나이키는 마케팅커뮤니케이션활동을 통해 나이키 브랜드와 스포츠 간의 강한 연상관계를 구축했다. 나이키는 단순히 농구화를 광고하는 것이 아니고 농구라는 스포츠를 광고하고, 축구화가 아니라 축구 자체를 광고한다. 이렇게 함으로써 개별적인 스포츠범주에서 선도브랜드의 위치를 확립하고 나아가 「스포츠=나이키」라는 등식을 고객의 마음에 심는 것이 나이키 마케팅커뮤니케이션전략의 목표이다.

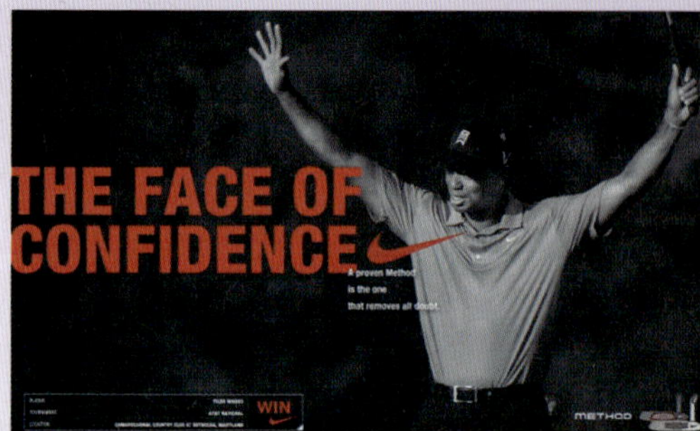

나이키는 명확한 브랜드아이덴티티 정의와 일관성 마케팅커뮤니케이션 노력을 통해 소비자 마음속에 차별화된 브랜드이미지를 형성함으로써 강력한 브랜드파워를 획득했다.

결론적으로 나이키 브랜드의 성공은 잘 정의된 브랜드아이덴티티와 브랜드포지션을 토대로 통합적 마케팅커뮤니케이션 프로그램을 오랫동안 일관성있게 전개함으로써 '최고의 운동성과를 실현하는 데 도움을 주는 스포츠 브랜드'라는 강력하고 긍정적이며 차별적인 브랜드이미지를 창출한 데 있다.

효율적인 마케팅커뮤니케이션 기법에 관심을 갖는 기업이 늘어나고 있다. 즉 TV, 신문, 잡지를 이용한 대중매체광고, 판매촉진, 다이렉트마케팅, 이벤트, PR, SNS 등 다양한 마케팅커뮤니케이션 수단들을 통합적으로 운영하여 이들 간의 시너지 효과를 극대화함으로써 개별고객-브랜드 관계를 구축·강화해야 할 필요성을 인식하게 된 것이다.

IMC의 도입은 판매촉진, 다이렉트마케팅, 이벤트, PR 같은 마케팅커뮤니케이션 도구를 단순히 대중매체광고의 보조적인 수단이 아니라 동등한 보완관계로 간주하게 만들었다. 또한 최근 들어 케이블TV, 위성TV, 인터넷 등 다양한 유형의 커뮤니케이션 채널이 개발되고 이에 노출되는 청중들이 보다 세분화됨에 따라 대중매체광고에 대한 청중들의 주목률이 빠르게 감소하고 있다. 이와 더불어 빅데이터를 구축하기 위한 정보기술의 발전으로 고객의 이름, 주소, 전

브랜드마케팅 따라잡기

통합적 마케팅커뮤니케이션을 통해 브랜드이미지를 구축한 베네피트(benefit) 화장품

베네피트 화장품은 '화장은 편하고 재미있는 것'이란 브랜드컨셉(브랜드포지션)으로 성공을 거두었다. 베네피트는 진 포드와 제인 포드라는 일란성 쌍둥이 자매가 설립했다. 이들 자매는 대학을 졸업한 뒤 광고 모델로 데뷔했다. 이들은 촬영을 위해 미국전역을 순회하며 터득한 화장 노하우를 토대로 1976년 샌프란시스코에 The Face Place라는 화장품 가게를 열었다. 1999년 세계적인 명품업체 루이비통 모에 헤네시(LVMH)가 이 회사를 사들이면서 오늘날의 베네피트가 탄생했다.

베네피트 화장품이 성공을 거둔 이유는 명확한 브랜드컨셉을 개발하고 이에 맞추어 통합적인 마케팅커뮤니케이션 노력을 기울인 데 있다.

첫째, 베네피트는 브랜드컨셉에 맞추어 재미있는 화장품 이름을 만들었다. '소피아에게는 뭔가 특별한 게 있지' '우리 집 아니면 너희 집으로, 지나' '나를 만져 봐. 그리고도 떠날 수 있으면 떠나 봐' 등 마치 연인에게 하는 말 같은 제품명을 개발했다. 그간 '딥 워터 모이스처 라이징 크림'과 같이 속성 중심의 제품명에 익숙했던 소비자들에게 대화식의 화장품 이름은 소비자들에게 호감과 친근감을 주었다. 회사 명을 'The Face Place'에서 베네피트로 바꾼 것도 같은 맥락이다. 베네(bene)는 이태리어로 기분이 좋다는 의미이며 피트(fit)는 '딱 맞는다'는 의미이다.

둘째, 베네피트는 브랜드컨셉에 맞추어 즐거운 감정을 불러일으키는 패키징과 광고를 도입했다. '닥터 필 굿'의 포장에는 흘러간 옛 영화의 키스장면이 담겨 있고, '섬 카인다 고저스(Some Kind-A Gorgeous)'에는 지금은 찾아보기 힘든 야외전축이, '바디 소 파인(Body so Fine)'에는 고급스러운 복고풍 일러스트레이션이 그려져 있다. 이러한 패키징은 15세 소녀부터 노인에 이르기까지 폭넓은 소비자층에게 어필할 수 있었다. 그리고 베네피트는 인기스타 대신 포드자매가 수십 년

닥터 필 굿

베네피트 Brow bar

간 수집한 앤티크 인형들을 광고모델로 사용했다. 라나, 베티, 개비, 시몬 등의 이름이 붙은 이 인형들은 핀업 걸, 아메리칸 뷰티, 파티 여왕처럼 각기 다른 라이프스타일을 상징하면서 차별적인 제품개성을 창출하는 데 도움을 주었다.

셋째, 베네피트는 브랜드컨셉에 맞추어 재미있고 즐거운 매장체험을 고객들에게 제공했다. 베네피트는 매장을 단순한 판매공간이 아니라 고객들이 찾아와 미용관련 고민을 상담할 수 있는 수다의 공간으로 활용했다. 여성들이 화장을 할 때 가장 어려워하는 일이 눈썹 그리기라는 점에 착안해 '브라우 바(Brow Bar)'라는 코너를 매장에 설치해 여성들의 눈썹모양 고민을 해결해 주었다.

베네피트의 두 창업주는 "메이크업을 하는 이유는 자기만족이며 최고의 화장품은 웃음이다"고 말한다. 이들은 결점 보완을 위한 기능성 측면을 중시했던 기존의 화장컨셉을 즐거움을 위한 화장, 이야깃거리를 소비하는 화장으로 바꿔 큰 성공을 이뤄냈다.

자료원: 동아비즈니스리뷰, 2011년 6월, No. 82, p.106.

화번호, 나아가 구매이력을 파악할 수 있게 되었다.

이에 따라 불특정 대중시장을 대상으로 한 매스마케팅 대신 자사브랜드를 주로 구매하는 우량고객과의 우호적 관계를 구축하려고 하는 **개인마케팅**(individual marketing) 혹은 **관계마케팅**을 도입하고 있다. 관계마케팅은 마케팅커뮤니케이션활동에 대한 소비자 반응을 추적할 수 있어 마케팅커뮤니케이션비용 지출의 효과를 정확하게 측정할 수 있는 장점을 갖는다.

IMC는 지휘자의 지휘에 의해 이루어지는 오케스트라의 연주와 같다. IMC는 오케스트라를 구성하는 각각의 악기에 해당되는 마케팅커뮤니케이션 도구들(즉 광고, 판매촉진, PR, 이벤트, 다이렉트마케팅)의 독자적인 소리를 지휘자인 마케터의 지휘에 의해 단일의 조화된 소리로 전달함으로써 소비자의 마음속에 명확한 브랜드이미지 및 브랜드자산을 형성해가는 과정으로 볼 수 있다. 소비자는 일상생활에서 대중매체광고뿐 아니라 친구나 직장동료로부터의 구전, PR, 뉴스기사, 직접 사용경험, 입간판, 스포츠행사후원 등의 다양한 형태의 브랜드관련 접촉(brand contacts)을 통해 브랜드에 대한 인상을 형성한다. 어떤 제품은 TV광고가 효과적일 수 있지만 다른 제품은 직접반응광고가 보다 적절할 수 있다. 그러므로 IMC는 표적소비자에게 가장 효과적이면서 이들에게 효율적으로 도달될 수 있는 마케팅커뮤니케이션 수단 및 매체를 결합하여 이들 간에 시너지 효과를 창출하는 데 그 목적이 있다.

강력하고 통일된 브랜드이미지를 형성하는 데 있어 각 마케팅커뮤니케이션 도구들에 대한 조정·통합은 필수적이다. 각 마케팅커뮤니케이션 도구들에 대한 조정·통합의 실패는 마케팅

브랜드마케팅 따라잡기

통합된 제품광고를 실행하기 위한 광고 가이드라인을 새로이 정립한 삼성전자

삼성전자가 최근 제품광고 통합 가이드라인을 새롭게 정립했다. 각기 다른 제품이더라도 광고에 통일성을 줘 삼성전자 제품이라는 기업 브랜드아이덴티티(정체성)를 소비자들에게 각인시키기 위해서다.

삼성전자는 제품광고의 가이드라인을 마련해 2015년 하반기부터 적용하고 있다. 광고 가이드라인의 기본방향은 브랜드이미지 통일성의 강화인데, 실행방법은 크게 세 가지로 구성된다.

하나는 영상광고의 마지막 1~2초를 검은색 바탕에 하얀색 삼성 로고, 또는 하얀색 바탕에 파란색 삼성 로고를 넣도록 했다. 기존 영상광고는 삼성 로고, 모델, 제품, 제품명 등 제각기 다른 화면으로 마무리했다. 삼성전자 마케팅관계자는 소비자들이 새로운 광고 가이드라인에 따라 집행된 각 제품광고를 보고 나면 '삼성전자 제품'이라는 인식을 자연스럽게 심을 수 있을 것으로 기대한다.

그리고 인쇄 및 영상광고에서 무풍에어컨(에어컨), SUHD TV(TV), 세프컬렉션(냉장고) 등 제품명 앞에 기업브랜드인 삼성을 붙이기로 했다. 이전에는 상황에 따라 넣거나 생략하는 등 제각각이었다.

나아가 삼성이라는 글자체도 통일했다. 가전매장마다 커뮤니케이션 컨셉이 다른 모바일, TV, 생활가전 진열부스의 간판과 로고 배치 등도 통일하기로 했다. 삼성전자는 이 가이드라인을 갤럭시S, SUHD TV, 세프컬렉션 등 주요 프리미엄 제품에 먼저 적용한 후 확대하기로 했다. 삼성전자 관계자는 "시장환경이나 소비자 행동패턴이 빠르게 변하는 상황에서 결국 남는 것은 제품이미지이다. '삼성전자 제품은 믿을 만하고 좋은 제품'이라는 인식을 심어주는 게 새로운 광고 가이드라인을 도입한 목표이다"고 말했다.

자료원: 한경, 2015.8.26.

비용의 불필요한 중복지출과 서로 다른 메시지의 전달에 의한 소비자 혼동을 발생시킴으로써 브랜드파워(자산)를 약화시킬 수 있다. 여러 제품브랜드를 거느리고 있는 기업의 경우에는 제품브랜드 간에 일관된 이미지를 유지하기 위해 광고를 포함한 마케팅커뮤니케이션활동의 집행방식을 통일할 필요가 있다. 최근 삼성전자는 각기 다른 가전제품에 대해 삼성전자 제품이라는 기업브랜드아이덴티티를 각인시키기 위해 광고 가이드라인을 정립했다.

05 고객기반의 브랜드자산관리

고객의 관점에서 브랜드자산을 보면, 브랜드파워를 만들어내기 위해 매년 투입되는 상당한 규모의 마케팅 투자비용은 고객이 차별적 브랜드지식을 갖도록 하는 데 쓰여지는 것이다. 브랜드자산은 자사브랜드의 마케팅활동에 대해 소비자들이 경쟁사와 다른 반응을 보이는 것에서부터 비롯된다. 브랜드지식은 시간이 흐르면서 고객이 배우고, 느끼고, 보고, 듣고, 경험한 것들이다. 브랜드지식의 차이는 마케팅활동에 대한 고객의 인지, 선호도, 행위에서의 브랜드 간 차이로 나타난다. 브랜드자산의 구축/강화는 고객들의 제품 및 서비스에 대한 반응을 단계적/체계적으로 관리해 나감으로써 이루어진다. 다음에서는 대표적인 고객관점의 브랜드자산 구축모형으로 Keller 교수의 피라미드 형태의 고객기반 브랜드자산(Customer-Based Brand Equity; CBBE) 모형과 박충환(C. Whan Park), 데보라 J 맥기니스(Deborah J. MacInnis), 안드레아스 B 아신게리히(Andreas B. Eisingerich) 교수의 브랜드칭송 구축모형에 대해 살펴보기로 한다.

(1) Keller의 고객기반 브랜드자산(Customer-Based Brand Equity; CBBE) 모형

Keller 교수는 피라미드 형태의 **고객기반 브랜드자산**(Customer-Based Brand Equity; CBBE) 모델을 제안했는데, [그림 1-2]는 다음과 같은 4가지 단계를 통해 고객을 사로잡는 강력한 브랜드를 만들어가는 과정을 보여준다.

(1) 적절한 브랜드정체성(brand identity) 개발: 브랜드정체성을 개발하고 깊고 광범위한 브랜드인지도를 구축함

(2) 적절한 브랜드의미(brand meaning)의 창출: 강력하고 호의적이며 독특한 브랜드연상의 형성을 통하여 적절한 브랜드의미를 창출함

(3) 적절한 브랜드반응(brand response)의 유도: 긍정적인 브랜드반응을 유도함

(4) 브랜드관계의 형성: 충성도를 지닌 고객들과 깊은 브랜드관계를 구축함

이러한 4가지 단계를 달성하는 것은 6가지 브랜드자산구축 블록들을 차례대로 쌓는 것과 연관되어 있는데, 그것은 브랜드현저성, 브랜드성과와 브랜드심상, 고객판단과 고객감정, 그리고 브랜드반향의 구축이다. 가장 가치가 높은 브랜드 블록인 브랜드반향, 즉 브랜드와 고객 간의 공감대 형성은 피라미드상에서 다른 모든 브랜드 블록이 쌓였을 때 비로소 형성된다. 진정

그림 1-2 | 고객기반의 브랜드자산 피라미드(CBBE 모델)

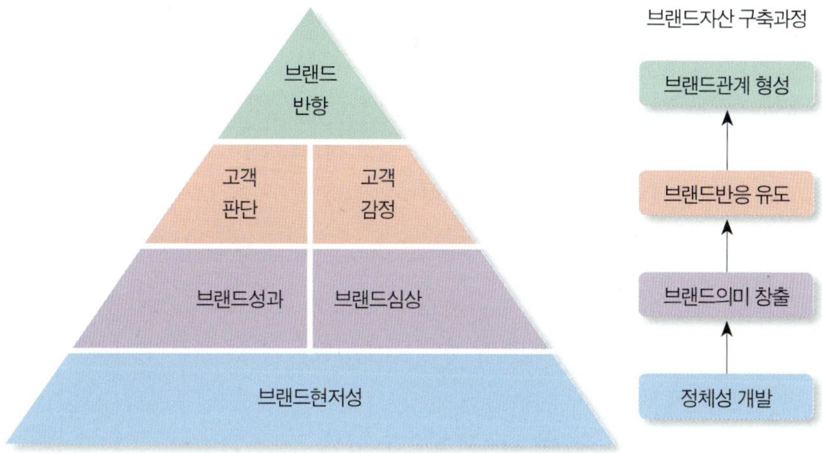

한 브랜드반향을 지닌 고객들은 그 브랜드에 대해 높은 수준의 충성도를 보여준다. 이런 고객은 해당 브랜드와의 상호작용 과정에서 적극적으로 브랜드가 자신에게 주는 의미를 찾으며, 자신의 경험을 다른 사람들과 공유한다. 브랜드반향을 성취해낼 수 있는 기업은 탁월한 브랜드가치에서 비롯되는 다양한 마케팅성과를 창출할 수 있다(예, 프리미엄 가격, 높은 시장점유율).

올바른 브랜드아이덴티티는 목표고객에 소구될 수 있는 브랜드컨셉의 선택과 이러한 브랜드컨셉을 올바르게 표현해 주는 브랜드구성요소들(브랜드명, 로고, 심벌, 슬로건 등)의 효과적 결합을 통해 고객에게 높은 **브랜드현저성**(brand salience)을 제공함으로써 확립된다. 가령, 몽블랑은 세계 최고의 필기구 제품브랜드를 브랜드컨셉으로 선택하고 이를 구체적으로 표현하기 위해 유럽에서 가장 높은 산인 몽블랑, 몽블랑 정상의 만년설을 형상화한 몽블랑 스타 심벌(육각형 모양의 부드러운 모서리를 가진 하얀 별), 만년필 펜촉에 새겨진 4810이라는 숫자(몽블랑산의 높이인 4810m) 등의 일관성있는 조합을 통해 타깃고객들에게 브랜드의 독특성을 부각시켰다. 높은 브랜드현저성은 다양한 구매·소비상황에서 자사의 브랜드 혹은 브랜드요소(들)가 쉽게 그리고 경쟁브랜드들보다 먼저 떠올려지는 것을 말하는 것이다.

다양한 브랜드구성요소의 효과적 결합을 통해 브랜드의 독특성을 부각시킨 몽블랑

높은 브랜드현저성의 확립이 브랜드자산구축에 있어 필요조건이기는 하지만, 이것만으로는 충분하지 않다. 강력한 브랜드자산의 구축을 위해서는 기업은 적절한 브랜드의미(이미지)를 창출해야 한다. 브랜드의미 혹은 브랜드이미지는 기능적 연상에 근거한 **브랜드성능**(brand performance)과 정서적·상징적 연상에 근거한 **브랜드심상**(brand imagery)의 두 가지 주요범주로 구성된다. 브랜드성능은 고객의 기능적 욕구를 충족시키는 성능관련 제품특징을 말한다. 제품성능은 소비자의 브랜드경험에 가장 직접적으로 영향을 미친다는 점에서 브랜드자산 창출의 핵심원천이다. 따라서 기업은 고객욕구를 잘 충족시키는 우수한 성능의 제품을 개발함으로써 소비자들의 제품경험이 최소한도 그들의 기대를 충족시키도록 해야 한다. 브랜드심상은 주로 고객의 심리적·사회적 욕구를 충족시키는 데 영향을 주는 제품의 외재적 특징(extrinsic properties)인 패키지 디자인, 제품의 색상, 로고, 브랜드명 등에 의해 형성된다. 브랜드의 무형적 측면과 관련된 브랜드심상은 ① 제품사용자 특징 ② 구매·사용상황 ③ 퍼스낼리티 및 가치 ④ 브랜드 역사 등에 근거하여 창출된다. 가령, 몽블랑은 최고급 자재를 사용해 장인정신으로 수작업을 통해 제작함으로써 우수한 성능의 필기구 제품이라는 믿음을 갖게 하고(즉, 브랜드성능에 대한 믿음의 형성), 유명인사가 이 제품을 사용하는 광고장면을 통해 최고의 남성, 품위있고 멋진 남성의 이미지를 떠올리게 한다(즉, 긍정적 브랜드심상의 창출).

강력하고 호의적이면서 독특한 브랜드연상(즉 브랜드성능과 관련된 연상들과 고객의 심리적/사회적 욕구와 관련된 연상들)의 창출에 의해 형성된 브랜드의미(브랜드이미지)는 소비자의 브랜드에 대한 호의적 반응(brand response)을 발생시키는 데 도움을 준다. 브랜드반응은 브랜드에 대한 판단(brand judgement)과 브랜드에 대한 느낌(brand feelings)으로 구분된다. **브랜드판단**(brand judgement)은 브랜드에 대한 고객의 개인적 의견과 평가를 말하는데, 이는 브랜드에 대한 성능관련연상과 심상관련연상들이 결합되어 이루어진다. 고객들은 다양한 유형의 성능과 관련된 판단을 하게 되는데, 이들 중에서 특히 중요한 것이 브랜드품질(brand quality), 브랜드신뢰성(brand credibility), 브랜드에 대한 구매고려가능성(brand consideration), 브랜드의 상대적 우수성(brand superiority)이다. **브랜드느낌**(brand feelings)은 브랜드에 대한 감정적 반응을 말하는데, 고객의 마음속에 형성된 다양한 브랜드느낌은 제품소비·사용 동안에 자연스럽게 환기될 수 있다. 브랜드자산의 구축에 도움을 주는 주요한 감정유형들로는 온정(warmth), 즐거움(fun), 흥분(excitement), 안정(security), 사회적 승인(social approval), 자존(self-respect) 등이 있다. 가령, 몽블랑 고객들은 몽블랑제품의 우수한 성능과 긍정적 심상을 토대로 몽블랑 만년필이 최고품질의 신뢰할 수 있는 브랜드라는 판단과 사회적 승인(가령, 타인의 부러움을 사고 성공한 사람으로 인식됨에 따른 뿌듯함)과 자존감 같은 긍정적 느낌을 가질 수 있다.

고객기반의 브랜드자산을 구축함에 있어 최종적인 단계는 **브랜드반향** 혹은 공감대(brand resonance) 형성인데, 이는 브랜드-고객의 관계구축을 통해 해당브랜드를 고객 자신의 일부분으로 생각하도록 만드는 것이다. 충성고객을 확보하고 있는 Harley-Davidson 오토바이나 스타벅스 등은 높은 브랜드공감대를 확보한 브랜드의 예들이다. 가령, 몽블랑 충성고객은 항상 몽블랑 필기구를 자신의 일부분으로 휴대하면서 브랜드에 대한 강한 애착을 보일 수 있다. 애플제품에 대한 고객들의 열정도 또다른 예이다. 사람들은 애플에 대해 자발적으로 이야기한다. 그들은 다른 사람들과 커피를 마시거나 교제하는 시간에도 수다떨 듯 애플과 그 제품브랜드에 대해 열심히 이야기를 한다. 그들은 어느 순간 애플제품과 친구가 되어 버리며, 애플의 신제품을 목이 빠져라 기다린다.

(2) 박충환, 데보라 J 맥기니스(Deborah J. MacInnis), 안드레아스 B 아신게리히(Andreas B. Eisingerich)의 브랜드칭송(brand admiration) 구축모형

박충환(C. Whan Park), 데보라 J 맥기니스(Deborah J. MacInnis), 안드레아스 B 아신게리히(Andreas B. Eisingerich) 교수가 제안한 고객지향적 브랜드자산 구축모형은 브랜드마케팅의 궁극적인 목적은 브랜드칭송을 구축하는 것이라고 제안한다. **브랜드칭송**(brand admiration)이란 브랜드에 대한 신뢰, 사랑, 존중을 토대로 고객들이 브랜드와 특별한(salient) 개인적 관계를 갖는 정도를 말한다. 브랜드칭송 수준이 높을 때, 고객들은 브랜드와 깊은 관계를 가지며, 그 결과로 브랜드충성심을 갖고 그 브랜드를 반복구매하고 다른 사람들에게 열심히 그 브랜드를 이야기한다. 칭송 수준이 높은 브랜드는 최초상기 브랜드(top of mind brand)일 가능성이 높다.

고객들이 높은 칭송 수준을 보일 때, 그들은 그 브랜드와 자신이 개인적으로 연결되어 있다고 느낀다. 칭송받는 브랜드(admired brand)는 고객 자신의 정체성 및 자신이 하는 행위들의 일부분이 된다. 예컨대, Mac 컴퓨터를 사용하는 고객은 자기 자신을 Mac인(人)이라고 생각한다. 높은 칭송을 보이는 브랜드는 고객 자신과 강하게 연결되어 있기 때문에 그 브랜드는 가장 먼저 회상되는 브랜드가 될 가능성이 높다. 고객들은 칭송 수준이 높은 브랜드와 강한 개인적 관계를 맺고 있기 때문에, 그 브랜드를 잃게 될 때 큰 상실감을 경험한다. 예컨대, 인기가수 Whitney Houston과 같은 유명인의 죽음 앞에서 혹은 좋아하는 브랜드나 TV쇼가 중단될 때 사람들이 매우 슬퍼하는 경우를 한번 생각해 보라.

브랜드칭송은 고객의 여러 가지 행동에 영향을 미치며, 이러한 효과는 기업에게 높은 자산가치를 제공한다. 브랜드칭송이 고객행동에 미치는 효과는 브랜드 충성행동(brand-loyalty

그림 1-3 | 브랜드칭송 구축모형

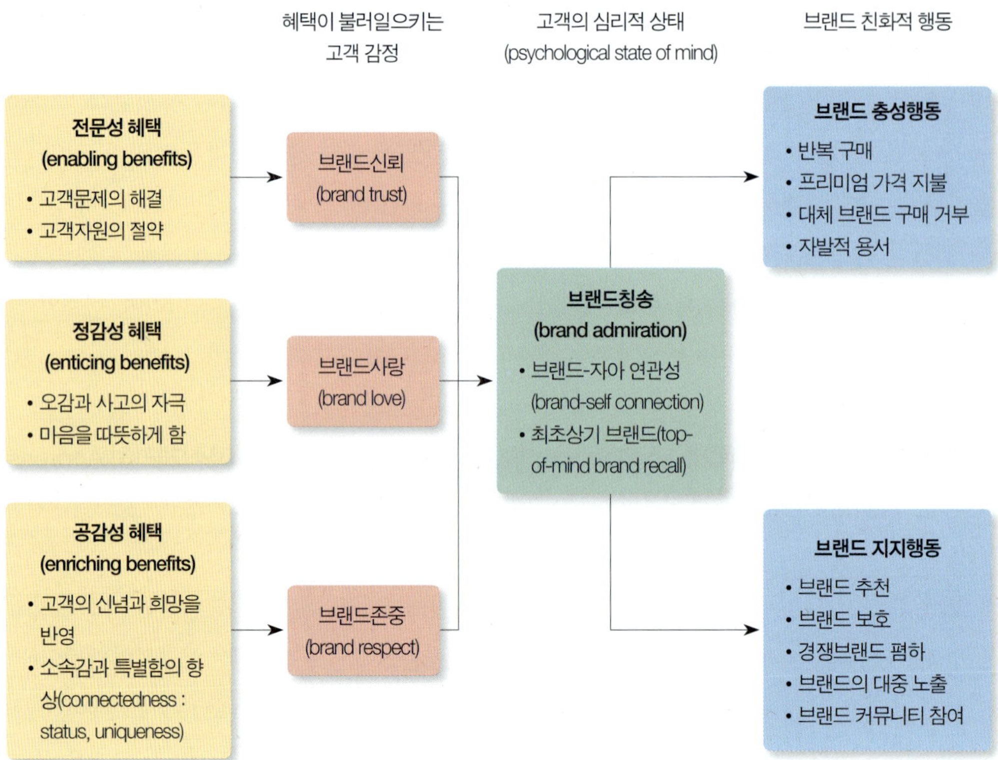

behaviors)과 브랜드 옹호(지지)행동(brand-advocacy behaviors)으로 나눌 수 있다. 고객들이 특정 브랜드에 대해 높은 칭송 수준을 보이면, 그 브랜드만을 지속적으로 구매한다. 그리고 더 비싼 가격을 지불하고서라도 기꺼이 그 브랜드를 구매하려고 한다. 나아가 칭송받는 브랜드를 소유한 고객은 그 브랜드의 지지자가 된다. 그들은 자신이 갖고 있는 제품의 브랜드명을 공개적으로 과시할 수 있다(승용차 범퍼 스티커, 브랜드가 부착된 의류, 신체에 새긴 문신 등). 그들은 자진해서 그 브랜드를 다른 사람들에게 추천하고 다른 사람들이 그 브랜드에 대해 나쁘게 이야기 할 때 그 브랜드를 적극적으로 옹호한다.

브랜드칭송은 고객들이 그 브랜드를 신뢰(brand trust)하고, 그 브랜드에 대해 사랑의 감정(brand love)을 느끼고, 그리고 그 브랜드에 대해 존중심(brand respect)을 가질 때 형성된다. **브랜드신뢰**(brand trust)는 그 브랜드를 사용하는 과정에서 그들이 그 브랜드의 성능을 믿는(확신하는) 정도를 말한다. 고객들이 어떤 브랜드를 신뢰하면, 지금, 그리고 앞으로도 자신이 당면한 문제를 가장 잘 해결해 줄 것으로 믿는다. 그 브랜드를 신뢰하는 고객들은 불확실성과 위험이 내재한 상황에서 그 브랜드를 믿고 사용한다. 왜냐하면 그 브랜드가 그들이 기대하는 성능을 보여 줄 것으로 믿기 때문이다. **브랜드사랑**(brand love)은 브랜드에 대해 보여주는 강한 애정(affection)의 정도를 말한다. 특정 브랜드를 사랑하는 고객들은 그 브랜드에 대해 높은 애착을 보이며, 자신의 오감(senses), 생각(mind), 감정(hearts)에 즐거움(기쁨)을 가져다주기 때문에 항상 곁에 두고 싶어 한다. **브랜드존중**(brand respect)은 고객이 브랜드를 우러러보고 높이 평가하는 정도를 말한다. 고객들은 존중심을 갖는 브랜드가 제공하는 혜택에 대해 칭찬을 아끼지 않는다. 그들은 그 브랜드가 상징(의미)하는 것에 대해 칭찬하고, 자신이 어떤 사람인지에 대해(자신의 신념과 희망 등을 포함) 그 브랜드가 대변해 준다고 느끼며, 열망을 실현하는 데 도움을 주기 때문에 숭배한다.

브랜드신뢰는 브랜드가 **전문성 혜택**(enabling benefits)을 제공할 때 형성되는데, 전문성 혜택은 고객이 당면한 문제를 해결해 주거나 고객의 한정된 자원을 보존할 수 있게 하는 것을 말한다. 브랜드가 고객이 당면한 문제를 해결하거나 제한된 자원을 보존하는 데 도움을 주면, 고객들은 안도감을 느끼고 상황을 통제할 수 있다는 느낌을 갖게 되면 자신감을 갖는다. 이에 따라 고객들은 당면한 문제와 제한된 자원에 잘 대처하도록 도움을 준 브랜드에 대해 깊은 신뢰감을 갖는다. 예를 들어, 스마트폰 아이폰(iphone)은 이메일 및 텍스트 기반 커뮤니케이션, 사진찍기, 게임하기, 길 찾기 등 다양한 사용맥락을 끊임없이 개발함으로써 필수 휴대폰으로 자리잡게 되었다. 그리고 Uber는 영업용차를 이용하고 이를 이용하는 데 드는 자원을 최소화시켜줌으로써 일반 택시회사에 비해 확실한 경쟁우위를 구축했다.

브랜드사랑은 브랜드가 **정감성 혜택**(enticing benefits)을 제공할 때 형성되는데, 정감성 혜택은 감각적 자극(흥분)이나 인지적 자극(cognitive stimulation)을 제공하거나 혹은 고객의 마음을 따뜻하게 하는 것이다. 브랜드는 인지적 자극(호기심과 상상력을 불러일으키거나 사람들을 생각하게 만듦) 혹은 감각적 자극(보고 듣고 맛보고 냄새 맡고 만지는 즐거움을 유발시킴)을 제공함으로써 사람들의 오감을 즐겁게 할 수 있다. 가령, Four Seasons 호텔은 호텔산업에서 감각적 자극을 통해 오감을 즐겁게 하는 것의 전형을 보여준다. 눈을 끄는 실내장식, 아름다운 호텔입지, 최고의 음식, 골프를 포함한 다양한 오락거리, 매우 호화로운 침실, 자쿠지(Jacuzzi) 욕조, 부드러운 소재의 가운과 슬리퍼 등의 편의용품을 포함해 Four Seasons 호텔은 고객들이 더 바랄 것이 없을 정도로 완벽한 감각적 경험을 제공한다. 나아가 브랜드는 고객들의 감성(sentimentality)을 자극하고 웃게 하고(humor), 공감을 느끼게 하고(empathy), 감사의 마음을 갖게 하고, 향수(nostalgia)를 느낄 수 있도록 하는 등 마음을 따뜻하게 만드는 브랜드마케팅활동을 수행함으로써 고객들이 브랜드에 대한 사랑을 경험하도록 할 수 있다. 가령, Hallmark는 온정성 혜택을 제공해 성공한 예이다. Hallmark 브랜드는 "삶은 특별한 날이다(Life Is a Special Occasion)"라는 신조를 갖고 있다. 전자매체를 통해 전달하든 혹은 우편으로 전달하든 Hallmark 카드는 특별한 날을 축하하는 메시지를 통해 카드 수신자가 그날의 기분을 음미하며 마음이 따뜻해지는 경험을 제공한다. Hallmark는 특별한 날을 기억하도록 기념품 등을 판매하며, Hallmark Channel과 Hall of fame TV프로그램 등의 오락 프로그램도 운영한다. 정감성 혜택을 제공하는 브랜드는 고객을 기쁘게 하고 브랜드에 대한 관여수준을 높이고 즐겁게 하고(entertained) 인정을 느끼게 만든다. 이러한 긍정적 감정의 경험은 브랜드사랑을 강화시킨다.

브랜드존중은 **공감성 혜택**(enriching benefits)을 통해 형성된다. 공감성 혜택은 브랜드가 개인적 신념과 희망을 반영하고, 소속감과 독특성(distinctiveness)을 강화시켜 주는 것 등을 포함한다. 고객들은 브랜드가 개인적인 신념과 희망을 반영할 때 정신적 풍요를 경험한다. 고객들은 자신이 구매해서 사용하는 브랜드가 무엇이 도덕적이고 옳은 일이고 좋은 것인지에 대한 믿음에 부합되는 원칙을 갖고 있을 때 심적인 풍요로움과 진정성을 느낀다. 신발 브랜드 Camper는 바쁘게 돌아가는 현대생활을 비판한다. 이 브랜드는 걷기를 소중한 삶의 목표임을 강조한다. Camper는 걷기가 우리를 둘러싸고 있는 멋있는 세상을 음미하고 받아들이는 방법의 하나라고 강조한다. 이 브랜드는 산보가 가져다 줄 수 있는 환경적 가치와 기쁨을 강화시켜 준다. Camper 고객들은 이 브랜드와 비슷한 신념과 원칙을 고수함으로써 브랜드-자아 일치성이 일어난다. 고객들은 또한 다른 사람들이 자신을 받아들여주고 그들과 연결되어 있다는 느낌을 갖고 싶어 한다. 그들은 자신이 속한 가족, 집단 혹은 커뮤니티의 일원이라는 느낌을 갖고 싶어 한다. Facebook이 성공을 거둔 이유 중 하나는 사람들을 자신의 가족, 친구, 동료들과 잘 연결시킨 것이다. Porsche는 GTS Community를 도입했는데, 회원들은 전 세계의 환상적인 드라이빙 코스에 대한 정보를 수집해 다른 커뮤니티 회원들과 공유한다. Porsche가족의 일부분이 되는 것은 그들에게 중요한 의미를 제공한다.

정리하면 전문성 혜택, 정감성 혜택, 공감성 혜택은 각각 브랜드신뢰, 브랜드사랑, 브랜드존중을 형성하는 데 영향을 미치며, 브랜드신뢰, 브랜드사랑, 브랜드존경심은 브랜드칭송 구축에 긍정적인 영향을 미친다. 그리고 이러한 브랜드칭송은 적극적인 브랜드 충성행동과 브랜드 옹호(지지)행동을 이끌어 낸다.

06 최근의 전략적 브랜드자산관리 추세

(1) 브랜드개성에 기반한 브랜드자산관리

1) 브랜드개성(Brand Personality)의 중요성

브랜드명과 로고는 브랜드의 구성요소 가운데 가장 빈번하게 보여지고 언급되는 부분이므로 소비자의 브랜드지각에 상당한 영향을 미치기는 하지만 브랜드아이덴티티의 핵심은 브랜드개성이다. 즉 브랜드가 고객의 마음속에 어떤 유형의 성격(개성)을 가진 것으로 자리 잡고 있는가가 브랜드아이덴티티의 중심이 되는 것이다. **브랜드개성**은 브랜드가 갖고 있는 인간적 특질을 말한다. 브랜드개성의 개발과 강화는 브랜드차별화의 유용한 방법이 될 수 있다. 소비자들이 제품성능에 있어 브랜드들 간에 별 차이가 없다고 인식한다면, 브랜드차별화의 유용한 도구는 브랜드개성의 구축일 수 있다. 즉 목표소비자들이 좋아할 만한 브랜드개성의 창출을 통해 기업은 높은 시장점유율을 획득하거나 프리미엄가격을 책정할 수 있는 것이다. 따라서 경쟁브랜드들이 갖지 않는 독특한 브랜드개성의 구축은 호의적 브랜드이미지 나아가 높은 브랜드자산의 창출에 기여하게 된다. (주)대상의 청정원브랜드는 건강에 좋은 자연식품이라는 브랜드컨셉에 부합되는 차별적 브랜드개성을 창출하기 위한 광고캠페인을 도입함으로써 청정원

(주)대상의 청정원브랜드는 건강에 좋은 자연식품이라는 브랜드컨셉에 부합되는 차별적 브랜드개성을 창출하기 위해 장동건이 광고모델로 출연해 "정원아, 나랑 결혼해주겠니?"라고 프로포즈하는 것을 광고주제로 한 일련의 TV광고물을 집행했다.

이 갖고 있던 기존의 브랜드자산을 더욱 강화시켰다. 청정원은 '건강한 프로포즈' 광고캠페인을 통해 "요리하는 것을 좋아하는 가정적인 여자, 겉모습뿐 아니라 속마음까지 건강하고 깨끗한 여자"라는 매력적인 브랜드개성을 새롭게 창출하려고 했다. 이를 위해 (주)대상은 장동건이 광고모델로 출연해 "정원아, 나랑 결혼해주겠니?"라고 프로포즈하는 것을 광고주제로 한 일련의 TV광고물을 집행했다.

브랜드이미지는 제품성능, 개성, 가치 등이 결합되어 고객의 마음속에 심어진 브랜드의 전반적 의미(인상)를 말하는데, 브랜드개성은 이 가운데 가장 중요한 요소이다. 브랜드이미지가 인간적 요소를 가질 때 더욱 강력한 브랜드자산이 창출될 수 있다는 점에서 브랜드이미지의 창출 관리에서의 핵심은 브랜드개성의 효과적 관리에 있다.

기업이 브랜드구축에서 브랜드개성을 활용하는 이유는 다음과 같다.

첫째, 기업은 브랜드의 기능적 특성을 표적고객층에 전달하기 위해 브랜드개성을 흔히 활용한다. 즉 브랜드의 제품속성을 인간적 특성으로 의인화하여 표현하는 것이다. 기업은 이러한 목적으로 브랜드상징을 흔히 사용하는데, Energizer배터리의 토끼, 타이어의 힘과 에너지를 나타내는 미쉐린 맨, 행복한 요리사를 상징하는 Pillsbury사의 Doughboy 등이 이에 해당된다.

둘째, 기업은 마케팅커뮤니케이션을 통해 브랜드개성을 전달함으로써 소비자들이 자신의 개성(자아)을 표현하는 것을 돕는다. 가령, 소비자가 에쿠스를 운전하면 상류층으로 보이고 Pepsi를 마시면 더 젊어진다는 느낌을 갖는다면, 소비자는 브랜드의 사용을 통해 자신의 자아(개성)를 표현하는 것이 된다. 이와 같이 어떤 브랜드는 소비자들에게 있어 자신의 **자아개념**(self-concept)을 표현하는 수단이 된다. 이러한 자아는 실제자아(actual self)일 수도 있고 자신이 갖고 싶은 이상적 자아(ideal self)일 수도 있다. 사람들은 살아가면서 특정의 친구, 직업, 혹은 라이프스타일의 선택을 통해 실제적 자아나 이상적 자아를 표현하기도 하지만 특정의 브랜드를 구매 사용함으로써 자신을 표현하기도 한다.

브랜드는 다음과 같은 방식으로 소비자들이 자신의 개성(자아)을 표현하는 것을 돕는다.

① 브랜드개성은 소비자들로 하여금 그 개성에 상응한 감정과 느낌을 갖게 하며, 이러한 감정의 발생은 자아표현의 한 부분이 될 수 있다. 가령, 적극적인 사람은 생기있고 활달한 감정을 갖게 될 때 가장 성취감을 갖게 된다. 마찬가지로, 온화한 성격의 소비자가 특정 브랜드에 대해 온화한 감정과 느낌을 갖게 되면, 그 소비자는 그 상표에 대한 사용경험을 통해 만족을 느끼게 될 것이다.

② 브랜드개성은 소비자들이 자신의 사회적 아이덴티티를 규정하고 표현하는 데 있어 도구

가 된다. 소비자는 특정의 개성을 가진 브랜드의 소유를 통해 타인들과 비교된 자신의 차별적 존재를 표현하려고 한다. 예를 들어, 자동차, 의류와 같이 가시성이 높은 제품의 경우 소비자들은 특정의 브랜드(가령, BMW나 아르마니)를 소유함으로써 자신의 개성을 표현하려고 하는데, 이는 사람들이 흔히 상대방을 평가하는 데 있어 어떤 승용차브랜드나 패션의류브랜드를 소유하고 있는지를 근거로 삼는 경향이 있기 때문이다.

셋째, 기업은 브랜드와 고객 간에 일체감(identification)을 갖게 하여 끈끈하고 장기적인 관계를 형성·유지시키는 데 있어 브랜드개성을 활용한다. 어떤 소비자들에게 있어서는 특정의 개성을 가진 브랜드를 소유하는 것 자체가 자아의 일부분이 된다. 가령, 언제나 Harley-Davidson 오토바이를 타는 사람에게 있어서 그 오토바이는 바로 자신의 일부분인 것이다. 어떤 브랜드들은 고객과의 강력한 유대관계를 통해 높은 브랜드충성도를 확보하고 있다. 예를 들어, 과거 삼성전자는 '또 하나의 가족'이라는 캠페인을 통해 삼성과 고객 간에 가족 같은 관계를, 아이폰은 재미를 주는 친구로서의 브랜드관계를 구축하였다. 또한 나이키는 마이클 조던, 타이거 우즈 등의 최정상급 운동선수를 광고에 등장시킴으로써 최고선수와 함께 할 수 있는 기회를 제공하는 동반적 조력자로서의 브랜드관계를 성공적으로 구축하였다.

글로벌브랜드가 브랜드개성을 이미지차별화의 도구로 활용함에 있어 유의해야 할 점은 국가(혹은 문화)에 따라 소비자들이 추구하는 개성(가치)이 다를 수 있다는 것이다. 브랜드개성은 한 사회의 문화적 특성을 반영하는 것이다. 이러한 문화적 특성은 소비자가 추구하는 기본적 가치의 형성에 큰 영향을 준다. 따라서 글로벌시장에서 브랜드자산의 구축을 위해 브랜드개성을 활용함에 있어 기업은 각 국가들 간에 존재하는 문화적 공통점과 특수성을 이해해야 한다. 가령, 어떤 소비자 가치는 여러 국가에 걸쳐 공통적으로 존재하는 반면 다른 소비자 가치는 특정국가(문화)에서만 존재할 수 있는 것이다(〈표 1-2〉 참조).

표 1-2 | 국가별/문화 간 BPS(Brand Personality System)의 비교

한 국	일 본	미 국
정감(초코파이, 다시다)	열정(Kao, 와코루)	성실(Campbell, Kodak)
열정(카스, 게토레이)	능력(Sony, Nikon)	열정(Porsche, Absolut)
세련됨(지펠, 휘센)	평화로움(Mild Seven, NEC)	능력(IBM, Visa)
성실(풀무원, 유한양행)	성실(마츠시다, Honda)	세련된(Mercedes, Revlon)
	세련된(시세이도, Lexus)	강인함(Levi's, Marlboro)

2) 브랜드개성이 브랜드자산구축에 중요한 구매상황

소비자는 자아이미지와 브랜드개성이 서로 일치하기 때문에 특정의 브랜드를 선호·선택할 수 있는데, 이러한 경우는 다음과 같이 특정의 제품범주나 소비자들에게서 더 강하게 나타날 수 있다.

첫째, 소비자는 사회적 과시가 강한(socially conspicuous) 제품범주의 구매에서 자아를 표현하거나 강화시켜 주는 브랜드개성을 가진 브랜드를 선호한다. 가령, 화장지나 1회용 종이타월보다는 다른 사람들이 보는 데서 소비되는 자동차나 의류 등의 제품범주에서 브랜드개성이 브랜드선택의 중요한 결정요인이 될 수 있다.

둘째, 상대적으로 희소한 제품범주(가령, 사치품)의 경우에 브랜드개성이 브랜드선택에 큰 영향을 미칠 수 있다. 모피코트, 스포츠카(가령, 페라리) 등과 같은 사치품의 소유는 제품사용자의 부유함과 고상한 취향을 나타내는 사회적 상징(social signal value)이 될 수 있다.

셋째, 품질판단에 있어 애매모호성이 높은 제품(예를 들어, 첨단기술제품, 식품·음료·향수 등의 감각적 제품, 그리고 서비스제품 등)일수록, 브랜드개성이 브랜드선택(브랜드자산)의 주요결정요인이 될 수 있다. 소비자가 어떤 브랜드가 더 우수한 품질을 갖고 있는지를 확실하게 판단할 만큼 제품(혹은 서비스)범주에 대한 전문적 지식을 갖고 있지 않다면, 그 소비자는 이를 판단함에 있어 기업의 마케팅커뮤니케이션을 통해 창출된 브랜드이미지에 의존할 가능성이 높다. 이러한 상황에서 브랜드개성은 소비자가 특정의 브랜드를 선호할 가능성을 높일 수 있다.

넷째, 브랜드개성의 제품구매에 대한 영향력은 소비자의 특성에 따라 달라질 수 있다. 가령, 어떤 소비자는 자신이 타인에게 어떻게 보이는가, 다른 사람들이 자신을 어떻게 평가하는가를 항상 의식하며, 이들에게 더 호감을 줄 수 있도록 자신의 개성을 계속 수정해 나간다(심리학에서 이들을 자기감시성이 높은 사람(high self-monitor)이라고 함). 자기감시성이 높은 소비자는 그렇지 않은 소비자들에 비해 이미지 광고에 의해 창출된 브랜드개성에 더 민감하게 반응할 가능성이 높다.

3) 브랜드개성 개발전략

기업은 주로 광고와 같은 마케팅커뮤니케이션활동을 통해 브랜드개성을 창출하는데, 브랜드개성의 개발과정은 다음과 같이 크게 세 단계로 구성된다.

① 제품범주 및 경쟁브랜드들에 대해 소비자들이 갖고 있는 상징적 연상(혹은 브랜드개성과 관련된 연상들)을 조사하고, ② 어떤 유형의 브랜드개성이 표적세분시장의 고객들에게 큰 가치를 주는지를 결정한 다음, ③ 마케팅커뮤니케이션활동을 통해 고객의 마음속에 기업이 원하

브랜드마케팅 따라잡기

페미니즘 열풍으로 인해 섹시함이라는 차별적 브랜드개성이 오히려 毒이 된 세계적 속옷 브랜드 빅토리아 시크릿

빅토리아 시크릿의 실적은 여성의 성 상품화 논란, 트렌드 변화에 직면해 악화되고 있다. 사진은 2017년 11월 중국 상하이에서 열린 패션쇼 피날레 장면

미란다 커, 지젤 번천, 아드리아나 리마, 하이디 클룸 등 세계적인 톱 모델들이 고급스러우면서도 섹시한 이미지의 빅토리아 시크릿 속옷을 입고 흥겹게 걸어 나온다. 매년 크리스마스이브 무렵 열리는 빅토리아 시크릿 패션쇼는 브랜드의 정체성으로 불릴 만큼 세계를 주목시킨다.

그러나 최근 미국 최대 란제리 회사 빅토리아 시크릿이 실적에서 어려움을 겪고 있다. 2017년 빅토리아 시크릿의 오프라인 매장 1제곱피트당 평균매출은 784달러를 기록해 2년 전(864달러)보다 10% 가까이 감소했다. 이 기간 모(母)회사 L브랜즈의 영업이익은 17억 2,800만 달러로, 2015년보다 21% 감소했다.

빅토리아 시크릿 부진의 원인을 정리하면 다음과 같다.

실패요인 1 | 페미니즘 부상이 브랜드정체성에 미친 부정적 영향

2016년 1월 빅시 페이스북 계정에 빨간 시스루 속옷을 입은 금발의 모델이 손바닥에 생크림을 짜는 사진 한 장이 올라왔다. 이 사진은 밸런타인데이를 겨냥해 '여성들이여, 남자친구(남편)를 위해 빅토리아 시크릿 속옷을 입고 이벤트를 하라'는 메시지로 읽히며 "모델을 포르노 배우로 소비하고 있다"는 여론의 비난을 맞았다. 최근 몇 년 사이 세계를 강타한 미투(Me Too·나

빅토리아 시크릿의 페이스북 계정에 올라온 이 사진은 '여성의 성 상품화를 부추긴다'는 10대 학부모들의 거센 항의를 받았다.

도 당했다) 운동과 페미니즘 흐름은 '여성의 성 상품화'를 부추긴다는 비판을 받아온 빅토리아 시크릿에게 부정적 영향을 미쳤다. 2018년 초 여론조사업체 유고브(YouGov)에 따르면 빅시에 대한 미국여성들의 인식은 여성운동이 활발해진 2013년을 기점으로 나빠지기 시작했다. 유고브가 18~49세 여성고객들이 빅시에 대해 여러 경로를 통해 보고 들은 바를 토대로 계산하는 브랜드 인덱스 지수는 최근에 23포인트를 기록, 역대 최저수준까지 떨어졌다. 이에 따라 빅토리아 시크릿의 브랜드정체성을 보여주는 대표적인 행사인 연말 패션쇼도 명성을 잃었다. 2014년 912만 명이던 시청자는 2016년 498만 명까지 급감했다. 2017년 시청률은 1.5%(시청자 수 대비 TV 소유 가구 수 비율)로 사상 최저수준까지 하락했다. 설상가상으로 18년 연속 빅시 패션쇼 무대에 서며 세계적 모델로 이름을 알린 아드리아나 리마가 "더는 (눈요기용으로) 옷을 벗지 않겠다"며 보이콧을 선언하기도 했다.

빅토리아 시크릿의 브랜드정체성이 페미니즘으로 인해 타격을 입은 사이 섹시한 톱모델이 아니라 현실 모델들을 광고모델로 사용한 속옷 브랜드들이 부상했다. 저가 의류 브랜드 아메리칸이글의 '에어리', 속옷 스타트업 '어도어미' '라이블리' 등이 그 예이다. 이들 브랜드는 장애가 있는 여성부터 뚱뚱한 여성 등을 포함해 일반체형의 여러 모델을 기용하고 광고에 포토숍을 사용하지 않는 등의 원칙을 내세워 긍정적 고객반응을 얻고 있다.

실패요인 2 | 화려함보다 기능성을 우선하는 트렌드

빅토리아 시크릿은 몸을 옥죄거나 얽매지 않는 새로운 여성 속옷시장의 유행에도 신속하게 대응하지 못했다. 상체를 꽉 조여 날씬하게 보이게 하는 코르셋, 가슴을 커 보이게 하는 푸시업 브래지어 등 '몸매 보정용 속옷'이 빅시의 주력 제품군이다. 하지만 최근 여성 속옷 시장은 가슴을 위로 올려주는 철사(와이어)도 가슴을 커 보이게 만드는 패드도 뺀, 편안함을 강조한 브라렛(bralette)이 대세다. 미국 시장 조사기관 에디티드의 조사결과 지난해 푸시업·패드 브래지어 판매는 전년보다 감소한 반면 브라렛과 스포츠 브래지어 판매가 증가했다. 상대적으로 높은 가격대도 고객불만의 한 요인이다. 브라렛 제품군 가격대는 빅토리아 시크릿 보정용 속옷의 절반 수준인 35달러 선이다. CNN은 "소비자들의 선호도 변화는 빅토리아 시크릿이 브래지어 시장에서 가졌던 강점을 잃게 됐다는 의미"라고 전했다.

실패요인 3 | 온라인 강화에 따른 오프라인 매장 매력의 급감

핑크와 검정으로 꾸며진 빅시 특유의 매장에 들어가면 고급스럽고 섹시한 속옷이 즐비하고 이에 걸맞은 향수 냄새도 난다. 속옷을 구경하다가 착용해볼 수 있는 것은 호기심으로 매장을 찾았던 소비자를 빅토리아 시크릿 팬으로 끌어들일 수 있는 주요 요소 중 하나였다. 그러나 한때 미국을 찾는 여성들의 필수 쇼핑코스로 통했던 빅토리아 시크릿 오프라인 매장은 회사의 온라인 퍼스트 정책에 밀려 예전만큼 주목받지 못하고 있다. 최근 빅시는 온라인 고객을 확보하는 데 주력하고 있다. 미국 유통시장 구조가 온라인 중심으로 변하면서 2016년부터 무료로 제공하던 카탈로그를 없앴다. 고객들이 오프라인 매장 대신 온라인 사이트에서 구매하도록 유인하기 위한 조치였다. 그러나 전문가들은 빅토리아 시크릿이 다른 속옷 브랜드와 차별화할 수 있었던 핵심무기인 오프라인 매장에서의 경험을 온라인에서 그대로 구현하지 못하고 있다고 지적한다.

최근 빅토리아 시크릿은 매년 20% 이상 성장하고 있는 중국시장 개척에 총력을 기울이고 있다. 중국 속옷시장은 2017년 250억 달러로, 2020년에는 330억 달러에 이를 것으로 추산된다. 빅시는 그동안 뉴욕, 로스앤젤레스, 파리, 런던 등 세계 주요 도시에서만 열었던 연말 패션쇼를 2017년 중국 상하이에서 개최했다. 빅시의 패션쇼가 아시아 지역에서 열린 것은 23년 만에 처음이었다.

자료원: 이코노미조선, 263호, 2018.8.20.

는 브랜드개성을 실제로 구축한다.

① 브랜드개성과 관련된 연상들에 대한 고객조사

기업은 소비자들이 제품범주 및 해당 제품범주 내의 경쟁브랜드들에 대해 브랜드개성과 관련하여 어떤 유형의 연상들을 갖고 있는지를 파악해야 한다. 이를 위해 기업은 정량적 조사기법과 정성적 조사기법을 활용할 수 있다. 정량적 조사기법 가운데 쉽게 활용될 수 있는 것은 소비자들로 하여금 여러 개성관련 형용사들을 사용하여 특정의 브랜드나 그 브랜드의 사용자들을 평가하도록 하는 것이다. 가령, 한 소비자로 하여금 경쟁적인, 공격적인, 젊은 등의 개성을 측정하는 척도 상에 펩시콜라를 평가하도록 요청할 수 있다.

정성적 조사기법들 가운데 대표적인 것은 **사진분류법**(photo sorts), **자유연상법**(free associations), **문장완성법**(sentence completion), psychodrama **기법** 등이 있다. 사진분류법은 소비자들에게 여러 개의 인물사진들을 보여준 후 특정의 브랜드를 사용할 것으로 생각되는 인물사진을 고르도록 요구하고 그 인물의 특징에 대해 이야기해 보도록 요청하는 기법이다. 자유연상법은 소비자들에게 브랜드명 혹은 광고슬로건 등과 같은 특정 단어를 제시한 다음 즉각적으로 떠오르는 단어들을 이야기해 보도록 요청하는 것이다. 예를 들어, 맥도날드라는 브랜드명에 접한 소비자는 빅맥, 황금색 아치, Ronald McDonald, 친숙한, 기름진, 청결한, 값싼, 아이들 등을 떠올릴 수 있다. 자유연상법을 통해 많은 수의 브랜드관련 연상들이 수집되면, 기업은 소비자들에게 각각의 연상들이 자사브랜드에 어느 정도 적합한지에 대해 물어볼 수 있다. 문장완성법은 빠져 있는 문장을 채워보도록 요청하는 것인데, 예를 들어 "사람들은 ________ 때문에 K5를 좋아한다", "스타벅스는 ________" 등이 이에 해당한다. Psychodrama기법은 제품을 사람이라고 생각한 다음, 다음과 같이 그 사람의 특성에 대해 서술해 보도록 요청하는 것이다. "당신이 박카스라고 가정하자. 그렇다면 당신의 나이는? 당신은 남성적인가 혹은 여성적인가? 당신은 어떤 유형의 개성을 가진 사람인가? 어떤 잡지를 주로 읽는가?" 광고대행사 Mcann-Erickson은 응답자들로 하여금 특정브랜드의 전형적 사용자가 어떤 인물인지를 묘사해 보도록 요청하였다. 한 조사에서 50명의 응답자들에게 케이크믹스 브랜드인 Pillsbury와 Duncan Hines의 사용자 특성을 이야기해 보도록 요청하였는데, Pillsbury사용자들은 앞치마를 두른 할머니 같은 여성으로 묘사된 반면 Duncan Hines 사용자들은 날씬하고 현대적인 여성으로 묘사되었다.

② 표적소비자들에게 소구될 브랜드개성의 선택

기업은 고객조사를 통해 수집된 브랜드관련 연상들을 표적소비자 자신의 개성특성에 대한 평가와 비교하여, 어떤 유형의 브랜드개성이 마케팅커뮤니케이션활동을 통해 강화·변경될 필요가 있는지를 파악한다. 기업은 경쟁브랜드들의 브랜드개성이 갖고 있는 강·약점과 제품 사용상황을 고려하여 브랜드자산의 구축에 기여할 브랜드개성 유형을 선택할 수 있어야 한다. 예를 들어 속옷제품의 구매자들이 섹시함이라는 개성특성을 중요시한다는 것을 파악한 Calvin Klein은 성적 연상을 유발하는 흑백광고를 통해 섹시함이라는 브랜드개성을 창출하고자 하였다. 마케팅커뮤니케이션활동에서 부각시킬 브랜드개성 유형을 찾기 위해 기업은 표적세분시장의 인구통계적 특성을 먼저 파악한 다음 해당세분시장의 고객이 추구하는 가치관과 개성특성이 무엇인지를 측정하는 방법을 흔히 사용한다. 예를 들어, 여성소비자들은 남성소비자들에 비해 타인과의 따뜻한 관계형성과 소속감 등을 중요하게 생각하는 반면 남성소비자는 성취감, 즐거움, 짜릿함을 더 중요하게 생각할 수 있다.

광고에서 부각시킬 브랜드개성 유형을 선택함에 있어 사회적 추세를 잘 파악할 필요가 있는데, 그 이유는 특정의 가치가 시간이 경과함에 따라 그 중요성이 더 커지거나 작아질 수 있기 때문이다. 즉 한때 현대적 느낌의 개성을 가졌던 브랜드도 시간이 지남에 따라 구태의연하고 구시대적인 개성을 가진 브랜드로 바뀌질 수 있는 것이다.

③ 선택된 브랜드개성의 실행

브랜드개성의 유형에 대한 고객조사와 브랜드이미지의 구축에 사용될 특정의 브랜드개성 유형에 대한 선택이 이루어지면, 마케터는 이를 표적고객의 마음속에 심기 위해 구체적인 마케팅커뮤니케이션(가령, 광고)을 개발·실행해야 한다. 선택된 브랜드개성의 창출에 기여할 수 있는 주요 커뮤니케이션(광고) 요소들에는 광고모델 혹은 브랜드후원자(endorser), 사용자 이미지, 광고실행요소, 상징 등이 있다.

- **광고모델(endorser)**: 적절한 광고모델의 선택은 브랜드개성의 창출에 큰 영향을 미칠 수 있는데, 그 이유는 광고모델의 개성이 반복광고를 통해 브랜드에 전이될 수 있기 때문이다. 가령, 오랜 기간 동안 다시다는 탤런트 김혜자(어머니와 같은 인상을 주는 유명 여배우)를 광고모델로 이용함으로써 그 브랜드에 온화한 이미지를 창출하는 데 큰 도움이 되었다. Nike가 마이클 조던, 타이거 우즈 등의 스포츠스타를 이용하여 강한 브랜드개성을 창출한 것도 이에 해당된다.
- **사용자 이미지(user imagery)**: 광고에서 묘사되는 브랜드사용자의 유형도 브랜드개성의 창출에 영향을 미칠 수 있다. 가령, American Express는 자사카드를 소유하고 있는 유명인들의 인물사진을 보여주는 일련의 잡지광고캠페인을 통해 상류층의 고급스러운(upscale) 브랜드개성을 창출하고자 하였다. 아모레퍼시픽의 주름개선용 화장품 아이오페는 남성용 화장품 광고모델에 장동건을, 그리고 여성용 화장품 광고모델에 고소영을 출연시켜 이 화장품을 사용하면 나이가 들어도 젊어 보일 수 있음을 보여줌으로써 젊어 보이면서 멋있는 브랜드개성을 창출하려고 했다.

사용자 이미지에 기반한 브랜드개성 구축: 아모레퍼시픽의 아이오페는 남성용 화장품 광고모델에 장동건을, 그리고 여성용 화장품 광고모델에 고소영을 사용함으로써 젊어 보이면서 멋있는 브랜드개성을 창출하려고 했다.

- **광고실행요소**(executional elements): 배경음악, 색상, 편집의 속도, 레이아웃, 활자체 등의 적절한 선택도 브랜드개성의 창출에 도움을 줄 수 있다. Absolut보드카의 창의적인 인쇄광고캠페인은 지적이고 위트 있는 브랜드개성을 창출하는 데 기여하였다.
- **상징**(symbols): 브랜드개성의 창출에 매우 유용한 또 다른 실행요소로서 독특한 브랜드 상징을 들 수 있다. 예를 들어, 맥도날드의 황금색 아치, Merril Lynch의 황소, 애플사의 깨어먹은 사과 등과 같은 상징은 강력한 브랜드아이덴티티와 브랜드개성을 창출하는 데 큰 도움을 주었다.

(2) 체험(경험)마케팅에 근거한 브랜드자산구축

최근 들어 고객들은 경쟁사들보다 나은 기능적 특징과 편익의 제공, 그리고 긍정적인 브랜드이미지를 당연시 여기며, 브랜드로부터 그 이상의 것을 기대한다. 그들은 감각에 호소하고, 라이프스타일에 맞으며 유대감을 느낄 수 있는 브랜드를 원하는 것이다. 이에 따라 바람직한 고객체험을 창출하는 능력이 파워브랜드구축에 있어 핵심성공요인이 되고 있으며, 체험마케팅에 근거한 브랜드자산구축이 기업의 관심을 끌고 있다. **체험(경험)마케팅**(experiential marketing)은 목표소비자집단에게 총체적인 소비경험을 제공하려는 통합적 마케팅노력을 말한다. 체험마케팅을 추구하는 기업들은 구매 후의 소비과정에서 겪게 되는 체험들이 고객만족과 브랜드충성도를 결정한다고 믿는다.

현명한 마케터들은 제품과 서비스를 잘 조합하여 브랜드경험(brand experience)을 창출하려고 한다. 가령 Disney는 Walt Disney World Resort 방문객들을 경이(경탄)의 세계, 즉 꿈을 실현시켜 주는 세계에 깊이 빠지는 경험을 제공한다. 이와 비슷하게 Mattel사의 American Girl은 고급인형을 만들어서 판매하는 데 그치는 것이 아니라 인형과 인형을 사랑하는 소녀 사이에 특별한 경험을 창출한다. American Girl 인형을 사랑하는 소녀의 얼굴에 미소가 가득하도록 만들기 위해 이 브랜드는 전국의 20개 이상의 주요도시에 대규모의 American Girl 체험점포를 운영한다. 각 점포는 엄청나게 다양한 인형과 액세서리를 취급한다. 그러나 American Girl 점포는 인형을 판매하는 장소일 뿐 아니라 소녀, 엄마, 할머니, 나아가 아빠와 할아버지가 함께 참여경험을 할 수 있는 멋있는 공간이기도 하다. 그곳에는 소녀, 인형, 그리고 어른들이 함께 브런치, 점심, 차 한잔, 저녁식사를 즐길 수 있는 레스토랑이 있다. 그리고 스타일리스트가 인형의 머리를 손질해주는 인형 미용실도 있다. American Girl은 또한 인형 만들기, 단체관람뿐 아니라 생일 등 특별한 날을 축하하기 위한 완벽한 파티를 제공하기도 한다. American Girl

브랜드마케팅 따라잡기

다양한 브랜드경험 제공을 통해 고객가치창출과 고객관계구축을 추구하는 캐나다 요가복 브랜드 룰루레몬

룰루레몬 청담 플래그십 스토어에서 진행하는 커뮤니티 클래스

건강한 식단 짜는 법, 명상 및 호흡법, 선물 포장 등은 캐나다 요가복 브랜드 룰루레몬이 회원들에게 제공하는 체험 클래스들이다. 백화점 문화센터에서 할 법한 수업이지만 룰루레몬은 매달 일반인을 대상으로 이런 강습교실을 무료로 연다. 2017년 5월 오픈한 청담 플래그십 스토어는 한 층을 체험 프로그램을 위한 스튜디오로 운영하고 있다. 단순히 제품 중심의 마케팅을 추구하는 것보다는 건강한 라이프스타일의 중요성을 알리고 이와 관련된 경험을 할 기회를 제공함으로써 폭넓은 팬을 확보하는 것이 장기적인 브랜드구축에 도움이 된다고 판단했기 때문이다.

룰루레몬은 체험마케팅을 통해 브랜드를 구축하고 강화한다. 1998년 캐나다에서 설립된 이 브랜드는 '생활에 변화를 주는 제품과 체험을 통해 모두가 행복하고 즐거운 삶을 건강하게 누릴 수 있도록 한다'는 브랜드철학을 내세우고 있다.

룰루레몬의 체험 프로그램인 커뮤니티 클래스에서 열리는 수업 중에는 요가복 판매와 직접 관련이 없는 것도 많다. 룰루레몬은 요가, 아쉬탕가, 브로가(남성들끼리 하는 요가) 등 브랜드체험을 위한 수업뿐 아니라 꽃꽂이, 선물포장법, 건강한 식단 짜기, 복싱, 하이킹 등 다른 수업도 열고 있다.

룰루레몬은 전 세계 모든 매장에서 영업시간이 끝난 뒤 옷걸이를 치우고 요가 등 체험 클래스를 운영한다. 그러나 청담 플래그십 스토어, 스타필드하남점처럼 스튜디오를 따로 만든 건 아시아에서 한국이 처음이다. 트렌드에 민감한 한국 소비자들을 '팬'으로 만드는 게 중요하다고 판단한 것이다. 클래스 참여자 중 자발적으로 옷을 구매하는 사람이 30%가량 될 정도로 긍정적인 마케팅효과를 거두고 있다. 룰루레몬은 구매고객뿐 아니라 강사로 참여하는 운동 전문가, 커뮤니티 클래스 참가자 등으로부터 의견을 받아 신제품 개발 등에 반영한다. 한국사람들의 체형을 반영해 길이를 줄인 요가복 바지, 작은 사이즈의 스포츠 브라톱을 내놓거나 아시아 사람들의 체형을 반영한 '아시아 익스클루시브 라인'을 출시한 것이 그 예이다.

룰루레몬은 운동복을 사러 온 소비자들에게 정보를 제공하기 위해 헬스, 복싱, 필라테스 등 매장근처 운동시설과의 연계 시스템을 구축하는 파트너관계 관리도 도입했다. 매장 방문객이 "운동을 하고는 싶은데 어떤 운동이 나한테 맞는지 잘 모르겠다"고 도움을 요청하면 상담 후 근처 운동센터를 소개하고, 룰루레몬 무료강좌와도 연결해 준다. '운동상담→커뮤니티 클래스 체험→운동의 습관화→브랜드 마니아'로 연결되는 고객서비스 프로세스를 통해 고객관계를 구축하고 강화하는 것이다. 룰루레몬은 이 같은 연계시스템을 직원복지에 활용하는 내부마케팅도 추구한다. 룰루레몬의 모든 직원은 정직원으로, 주2회씩 주변 운동시설을 이용할 수 있는 지원금을 받는다. 룰루레몬코리아는 옷 몇 벌을 더 판매하는 것보다는 많은 사람이 운동하는 습관을 갖게 하는 데 더 역점을 두고 주변 운동시설과의 연계를 통해 지역 커뮤니티를 키우는 것이 브랜드구축에 중요하다고 판단한다.

자료원: 한국경제, 2018.1.8.

점포는 단지 인형만을 파는 장소가 아니라 상상력이 용솟음치는 장소로서, 방문객들에게 오늘의 즐거움과 영원한 추억을 만들어 준다.

Bernd H. Schmitt 교수는 고객의 브랜드에 대한 총체적 경험이 감각마케팅(sense marketing), 감정마케팅(feel marketing), 인지마케팅(think marketing), 행동마케팅(act marketing), 관계마케팅(relate marketing)의 결합에 의해 창출될 수 있다고 제안하였다. 그리고 이러한 5가지 유형의 체험마케팅은 커뮤니케이션 수단, 시각적·언어적 아이덴티티 요소들, 제품의 외형, 공동브랜딩, 공간적 환경, 웹사이트를 포함한 전자매체, 인적요소 등과 같은 체험제공수단을 적절하게 결합함으로써 실행될 수 있다. 아모레퍼시픽의 럭셔리 한방화장품 브랜드 설화수는 화장품 용기의 모양이나 재질, 포장, 매장 인테리어 등의 감각적 요소를 결합해 '한국적인 아름다움'이라는 브랜드이미지를 창출하고 있다. 예컨대 대표 제품인 윤조 에센스는 기존 초자 용기에 도자

설화수 플래그십 스토어 아모레퍼시픽의 한방화장품 브랜드 설화수는 고객들에게 총체적 체험을 제공함으로써 고유의 브랜드이미지와 브랜드자산을 구축했다.

기 질감의 코팅을 입혀서 촉각적으로 도자기 같은 느낌을 전달한다. 도자기의 질감은 한국적 전통과 예술, 장인의 손길을 연상시킨다. 또 설화수 플래그십 스토어는 스토어 이미지에 맞추어 매화향기를 매장에 분사하며 선물포장을 할 때 향을 뿌린 카드를 동봉해준다. 설화수 고유의 향을 경험할 수 있도록 함으로써 고객뿐 아니라 선물을 받는 사람에게까지 설화수의 브랜드이미지와 브랜드가치를 오랫동안 기억할 수 있도록 유도하는 것이다.

1) 감각마케팅

감각마케팅(sense marketing)은 시각, 청각, 촉각, 미각, 후각 등의 오감을 자극하여 고객들에게 감각적 체험(가령, 즐거움, 흥분, 아름다움 등)을 창출함으로써 브랜드자산을 구축 강화하려는 것이다. 감각마케팅은 고객을 유인하고 제품에 부가가치를 제공하고 자사브랜드를 차별화시키는 데 기여한다. 기업이나 브랜드에 대한 인상은 브랜드스타일에 의해 영향을 받는데, 브랜드스타일은 브랜드제품의 고유한 특질을 표현하는 방식을 말한다.

현대자동차는 감각마케팅을 브랜드차별화의 주요도구로 활용하고 있다. 현대차는 운전자가 원하는 대로 엔진음을 조절할 수 있도록 하는 주행음 구현기술(ASD · Active Sound Design)을 개발했다. 운전자는 내장된 사운드 컨트롤러를 이용해 일반주행, 스포티 주행, 정숙 주행 등 다양한 주행 모드 사운드 시스템을 선택할 수 있다. 가령, 박력 있는 엔진음을 듣고 싶다면 스포티 주행 모드를, 조용한 분위기를 원하면 정숙 주행 모드를 선택하는 식이다. 운전자는 선루프, 버튼, 파워윈도 등 자동차의 각종 작동음도 자신이 원하는 대로 디자인할 수 있다. 그리고 의식하지 못하는 상태에서 향기가 소비자들의 기억과 감정에 직접적인 영향을 미칠 수 있음을 인식한 현대차는 감각마케팅의 일환으로 향기(아로마)마케팅도 실행하고 있다. 현대자동차는 현대차 매장에서만 경험할 수 있는 독특한 향기를 개발했는데, 남성향수처럼 묵직하면서도 자극성이 적은 편안한 향이다. 현대차는 세계 3대 향수 제조사인 이탈리아 피미니시(Firmenich)와 함께 현대차 전시장에서만 사용되는 전용향기 챠밍블루(Charming Blue)를 개발해 전국매장에서 사용하고 있다. 현대차는 아로마 마케팅을 통해 고급백화점이나 호텔 등에서 느낄 수 있는 품격과 세련됨을 전달하려고 한다.

이러한 브랜드스타일은 시각적 요소(색상, 모양, 서체 등), 청각적 요소(음의 고저, 박자 등), 촉각적 요소(재료나 재질) 등의 감각적 요소의 결합에 의해 창출된다. 브랜드스타일은 복잡성(최소주의 vs 장식주의), 표현방식(사실주의 vs 추상주의), 움직임(동적임 vs 정적임), 강렬함(시끄러움/강함 vs 조용함/약함) 등의 몇 가지 차원을 토대로 분류된다.

감각마케팅의 성공적 예로는 몽블랑브랜드를 들 수 있다. 몽블랑은 필기구와 문구용 액세

브랜드마케팅 따라잡기

컬러를 활용해 브랜드차별화를 추구하는 기업들

컬러마케팅(color marketing)은 색상으로 소비자의 구매욕구를 자극하거나 차별적인 브랜드이미지를 창출하기 위해 사용된다. 아식스는 워킹화에 다양한 컬러를 채택하고 그 색상에 어울리는 이름을 붙인 'G1' 시리즈를 출시했다. '오렌지를 신으면 기분이 좋아진다'는 뜻을 지닌 오렌지슈루슈, '바나나 신고 신나게 슬라이드'라는 뜻의 바나나슬라이, '블루색의 신발을 신고 걸으면 기분이 룰루해진다'는 블루룰루 등 재미있는 이름을 붙였다. 캐주얼브랜드 '바이크 리페어샵'도 화사한 색상의 바지를 출시하면서 재미있는 이름을 붙였다. '불타는 금요일'에 어울리는 와인색 바지라는 뜻의 불금와인, 멘털(정신)이 붕괴될 정도로 화사한 노란색이라는 뜻의 멘붕옐로 등이 그 예이다. 가방업체 쌤소나이트는 20대를 타깃으로 한 새로운 제품라인의 이름을 '레드'라고 지었는데, 젊음의 열정과 패기를 상징한다. 기존의 블랙라인 제품은 중후하고 품격 있는 이미지를 상징한다.

소비자들의 주의를 끌고 특정의 브랜드이미지를 창출하기 위해 도입되는 컬러마케팅의 예: 쌤소나이트 레드, 바이크 리페어샵의 멘붕옐로, 아식스의 블루룰루

애경산업의 구강건강 브랜드 2080은 세계적인 컬러 전문회사 팬톤과의 협업을 통해 소비자의 주의를 끄는 색상의 '2080+팬톤 칫솔·홀더 세트'를 출시했다. 출시된 칫솔·홀더 세트는 욕실 인테리어 관련용품에 대한 수요가 증가하고 있는 추세를 반영한 것이다. 팬톤의 컬러를 제품에 입혀 매일 사용하는 칫솔에 감각적인 디자인을 더함으로써 제품의 부가가치를 창출하려고 했다. 소비자들이 자신이 좋아하는 색깔과 칫솔모를 골라 사용할 수 있도록 선택의 폭을 넓혔는데, 파스텔톤의 하늘색과 핑크·옐로·그레이와 선명한 비비드톤의 레드·그린·딥 옐로·네이비 등 8종을 마련했다. 그리고 솔의 형태에 따라 부드러운 미세모와 이중미세모 제품으로 구성됐다.

많은 기업들이 제품정보와 차별적 브랜드이미지를 전달하는 데 컬러마케팅을 활용하는 것은 컬러가 소비자 반응에 미치는 영향이 크기 때문이다. 소비자가 제품을 선택할 때 감각적 경험이 영향을 미치는데, 그중 시각적 경험이 가장 큰 영향을 미친다. 마케터는 브랜드아이덴티티와 제품특성에 맞는 컬러를 선택하고 마　　로 사용해야 한다.
케팅커뮤니케이션 과정에서 브랜드의 주요 구성요소　　자료원: 한경, 2018.8.14.

서리로 유명한 브랜드이다. 몽블랑 제품은 짙은 검은색으로 되어 있고 흰색의 별 모양이 장식되어 있다. 이 흰색 별 모양은 몽블랑 정상에 쌓인 하얀 눈을 상징하며 고급스러움과 풍요로움의 느낌을 주는 몽블랑의 세계를 창조하는 데 기여하고 있다. 여기에 흰색 별은 몽블랑(백색의 산)과 별, 그리고 정상의 위치에 오른 사회적 지위를 동시에 은유적으로 표현함으로써 브랜드의 사회적 의미를 창출하고 있다.

2) 감정마케팅

감정마케팅(feel marketing)은 고객들에게 브랜드에 대한 어떤 특별한 느낌(혹은 감정)을 유발시켜 브랜드자산을 구축하려는 마케팅노력이다. 감정마케팅을 성공적으로 수행하기 위해서는 기업은 소비과정에서 소비자가 경험하게 되는 감정의 유형을 이해해야 되며 어떤 마케팅자극(체험제공수단)이 어떤 유형의 감정을 유발하는지에 대한 이해가 필요하다. 브랜드제품에 대한 감정은 소비과정에서 주로 발생한다. 따라서 소비상황에서 다른 사람들과의 대면접촉과 상호작용은 강한 감정을 유발하는 중요한 원천이 된다. 감정마케팅은 직접적인 대면접촉을 통해 감정이나 느낌을 강화시킬 기회가 많은 복잡하고 관여도가 높은 제품과 서비스(가령, 자동차수리 서비스, 병원에서의 서비스, 고급호텔에서의 서비스)의 브랜드자산 강화에 보다 적합하다.

기업과 고객 간의 직접적 접촉이 별로 없는 저관여제품에 대한 감성마케팅적 접근은 **정서유발(감성전이)광고**(transformational advertising)를 통해 실현될 수 있다. 정서유발광고는 광고 속에서 광고모델이 특정의 브랜드제품을 사용하면서 갖게 되는 어떤 감정을 보여줌으로써 그 광고를 본 소비자가 간접적으로 체험한 정서를 광고된 브랜드로 전이시키려는 목적의 광고유형이다. 오리온 초코파이는 '정'이라는 소비자 정서를 브랜드와 연결시키는 캠페인을 오랜 기간 집행함으로써 브랜드를 구축했다.

3) 인지마케팅

인지마케팅(think marketing)은 고객들에게 창조적이고 정교한 사고를 하도록 유도하며, 문제해결적 체험을 제공하는 데 그 목적을 두는 마케팅노력을 말한다. 성공적인 인지마케팅을 수행하기 위해 기업은 놀라움과 흥미(혹은 호기심)를 유발하는 체험제공수단을 활용해야 한다. 레고는 아이와 성인들이 블록을 이용해 창의적인 작품을 만들 수 있도록 함으로써 사람들의 인지적 욕구를 충족시켰다.

4) 행동마케팅

행동마케팅(act marketing)은 고객의 육체적 체험, 라이프스타일과 관련된 체험, 다른 사람들과의 상호작용에 연관된 체험을 유발·강화하려는 기업의 마케팅노력을 말한다. 질레트가 혁신적인 5중면도날 방식의 Fusion을 개발하여 훨씬 적은 횟수로 더 깨끗하게 면도되도록 함으로써 남성들의 아침면도시간을 매우 단축시킨 것은 고객의 육체적 체험의 강화를 통해 브랜드파워를 구축한 성공적 예이다. 마사스튜어트 리빙은 전통적인 가사에 대한 미국여성들의 향수를 충족시키고 가정적임을 부각시키기 위해 요리, 정원가꾸기, 명절, 결혼식을 위한 집안꾸미기 등의 가정적인 라이프스타일에 대한 책, 잡지의 출간과 TV프로그램의 방영을 통해 가정적 라이프스타일의 상징이 되었다. 행동마케팅의 또 다른 성공적 사례로서 나이키(Nike)를 들 수 있다. 나이키는 '최고의 경기력을 발휘하기 위한 최고의 제품'이라는 브랜드의미를 지속적으로 전달해 오고 있다. 이러한 브랜드의 의미를 만들어 내기 위하여 나이키는 자사브랜드를 각 스포츠 종목의 대표선수와 연결시킴으로써 최고의 선수를 위한 최고의 제품이라는 공감대를 형성시키고 있는 것이다. 나이키는 농구화를 광고하는 것이 아니라 농구라는 스포츠를 광고하고, 축구화가 아니라 축구 자체를 광고한다. 이렇게 함으로써 '스포츠=나이키'라는 등식을 소비자의 머릿속에 확립하는 것이다.

5) 관계마케팅

관계마케팅(relate marketing)은 소비자들의 자기향상욕구(이상적 자아)에 소구하거나 다른 사람들(준거집단)에게 긍정적으로 인식되고 싶은 욕구에 소구하거나 혹은 특정의 문화적 가치와 연결시킴으로써 강력한 브랜드관계와 브랜드공동체를 형성시키려는 것을 목표로 한다. Susan Fournier(1998)는 소비자들이 무생물인 브랜드에게 표출하는 강한 감정은 소비자-브랜드관계로 설명할 수 있다고 보았다. Fournier에 의하면 일상 속에서 사람들이 제각기 다른 방법으로 서로 연관되듯이 소비자들은 자신이 구매하는 제품-브랜드와 삶 속에서 개인적인 관계를 맺는다. 여기서 **소비자-브랜드관계**(consumer-brand relationship)는 소비자와 브랜드가 동등한 당사자로서 서로에게 파트너로서 공헌하며 상호작용한 결과로 생성된 연대를 말한다.

브랜드마케팅 따라잡기

행동적 경험의 즐거움을 제공하는 나이키 플러스와 나이키 퓨얼밴드를 통해 브랜드가치를 강화하는 나이키

"축하합니다! 방금 최고 속력을 경신했습니다!"

이 메시지는 나이키 플러스를 설치하고 달리기를 즐기는 사용자라면 지속적으로 보게 되는 내용이다. 나이키 플러스는 일종의 운동 지원프로그램이다. 나이키 운동화 깔창에 러닝(running) 기록을 저장해주는 나이키 플러스 센서를 구입해 부착한 후 아이팟과 동기화 과정을 거치면 달리기를 마친 후 나이키 웹사이트에서 수치화된 러닝결과를 확인할 수 있다. 나이키 퓨얼밴드는 이보다 한 단계 더 진화한 제품이다. 인체공학적으로 설계된 가벼운 손목밴드를 차고 다니면 하루 종일의 운동량을 측정해 이를 수치화해 준다. 나이키 플러스와도 연동해 사용할 수 있다.

주목할 점은 나이키가 운동 결과 수치를 단순히 숫자만 나열하는 방식으로 제공하지 않는다는 점이다. 나이키 플러스는 센서가 수집한 데이터를 바탕으로 시간이나 거리 기록경신에 대한 알람을 제공한다. 또 특정 훈련목표(예: 20km 달리기, 100일 동안 100km 달리기 등)를 달성했을 때 웹사이트에서 가상의 배지와 트로피를 주고 사용자 개인 프로필 페이지에도 수상기록을 남긴다. 사용자가 원한다면 이를 페이스북이나 트위터 등 SNS를 통해 친구들에게 알릴 수도 있다. 현재 나이키 플러스 커뮤니티를 통해 200만 명 이상의 회원이 달리기 기록을 저장하고 공유한다. 이들은 '모두 모여 지구 한 바퀴 돌기'와 같은 각종 챌린지를 통해 공동의 목표달성을 위해 노력하기도 한다. 단순히 운동기록을 남기고 보여주는 것에 그치지 않고 다양한 개인적 목표와 사회적 명분을 버무려 사용자들을 달리기와 운동에 점차 몰입하게 만들고 있다.

나이키는 오랜 기간 동안 자사의 제품이 범용화의 늪에 빠져들지 않게 하기 위해 브랜드가치 증진을 목표로 마케팅활동에 엄청난 돈을 쏟아부어 왔다. TV광고는 말할 것도 없고 마이클 조던과 같은 스포츠 스타의 기용, 혁신적 브랜딩을 통해 나이키는 뭔가 특별한 제품으로 인식되곤 한다. 나이키 플러스와 나이키 퓨얼밴드 역시 이러한 브랜드가치 증진을 위한 마케팅노력의 하나이다. 고객들이 달리기 기록을 확인하고 미션을 만들어 달성하거나 다른 사람들과 기록경쟁을 벌이는 일 등은 제품의 구매 이후 발생하는 행동이다. 그리고 이 영역은 그동안 마케터가 큰 관심을 갖지 않았다. 마케터는 자사의 상품을 고객의 머릿속에 인지시키고 구매를 촉진하는 것뿐 아니라 고객들의 경험을 창조하고 증폭하는 것에도 관심을 가져야 한다.

나이키의 사례가 시사하는 핵심 포인트는 어떻게 '독특하고 즐거운 제품경험'을 창조할 것인가 하는 것

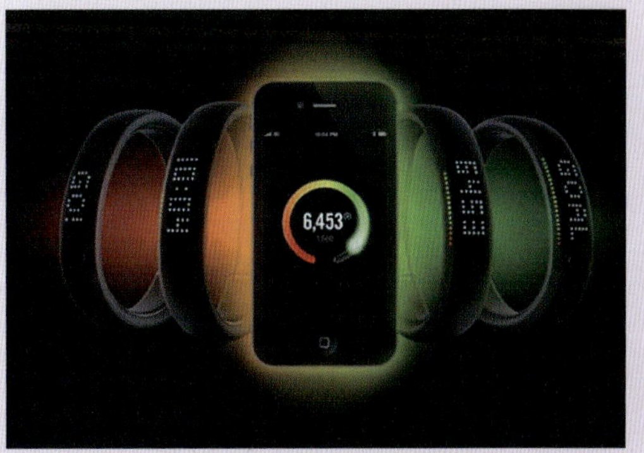

나이키 플러스와 나이키 퓨얼 밴드

이다. 그 답은 바로 '게임화(Gamification)'에 있다. 고객경험에 대해 보다 전향적인 대응을 계획하는 마케터라면 반드시 알아야 하는 현상이 바로 게임화다. 게임화는 게임에서 반복적으로 사용되던 게임요소들을 활용해 고객들을 제품과 서비스에 몰입시켜 반복적으로 사용하게 하는 기법을 말한다. 구체적으로는 점수(Point), 진척표(Progress bar), 레벨(Level), 순위표(Leaderboard), 리워드(Reward), 타이머(Timer), 대전(Match) 등 게임에서 사용되던 요소들을 차용해 게임이 아닌 일반서비스에 적용하는 형태로 나타난다. 나이키 플러스에서도 다양한 게임 요소들을 곳곳에서 볼 수 있다. 러닝 기록에 기반해 레벨이 나타난다든지, 지속적으로 목표를 상기시켜 준다든지, 전체 러너 중에 순위를 표시하고 친구들과 경쟁하는 등의 게임요소가 포함돼 있다. 한 가지 더하자면 '미니'라는 아바타를 들 수 있다. 사용자의 모습과 흡사하게 꾸며볼 수 있는 '미니'는 달리기 기록에 따라 매번 다른 분위기를 연출할 뿐 아니라 운동을 오랜 기간 쉴 경우 살짝 삐친 모습을 보이기도 한다. 이는 마치 '프린세스 메이커'나 '다마고치'와 같은 보호·육성 게임과 비슷한 느낌을 준다. 관련해서 재미있는 실험결과를 소개하자면 미국 스탠퍼드대 가상인간 상호작용연구소(VHIL·Virtual Human Interaction Lab)의 실험 결과 운동할 때 자신과 비슷하게 꾸민 아바타의 모습이 운동 강도나 지속시간에 영향을 미친다고 한다. 나이키가 게임화를 통해 '독특하고 즐거운 제품경험'을 창조하고 증폭하려는 시도에 대해 주목할 필요가 있다.

자료원: 동아비즈니스리뷰, 2012.3.15.

소비자와 브랜드 간의 관계확립은 소비자와 브랜드 사이의 강력한 연대에 중요한 역할을 한다. 소비자와 브랜드 간의 관계는 단순히 소비자가 브랜드성과나 서비스에 만족하여 재구매하는 것 이상으로, 소비자가 브랜드에 인격을 부여하여 마치 인간과의 관계처럼 생활 속에서 진행된다. 미국의 오토바이 브랜드인 Harley-Davidson(할리 데이비슨)은 관계마케팅에 의해 브랜드자산을 구축한 성공적 예이다. Harley-Davidson은 미국인들의 자유분방함을 브랜드아이덴티티로 삼고 있다. Harley-Davidson 오토바이 소유자들은 교외에서 벌어지는 주말경기에 열성적으로 참가하고, 팔과 몸에 Harley-Davidson 문신을 새기고 소유자들 간의 커뮤니티인 HOG(Harley Owners Group)의 회원들과 빈번한 교류를 할 만큼 Harley-Davidson과 강력한 관계를 형성하고 있다.

참고문헌

1. 안광호, 마켓리더의 브랜드 경영, 학현사, 2003.
2. 안광호 · 이진용, 브랜드의 힘을 읽는다, 더난출판, 2006.
3. 김유경, "Power Brand의 Brand Personal," *Oricom Brand Journal*, 2003. 3.
4. Bernd H. Schmitt, 박성연 · 윤성준 · 홍성태(역), 체험마케팅, 세종서적, 2002.
5. Aaker, David A., *Managing Brand Equity*, New York: Free Press, 1991.
6. Aaker, David A., *Building Strong Brands*, New York: Free Press, 1996.
7. Aaker, David A. and Kevin Lane Keller, "Consumer Evaluations of Brand Extensions," *Journal of Marketing*, January 1990, pp. 27-41.
8. Fournier, Susan, "Consumer and Their Brands: Developing Relationship Theory in Consumer Research," *Journal of Consumer Research*, March 1998, pp. 343-373.
9. Kapferer, Jean-Noel, *Strategic Brand Management: New Approaches to Creating and Evaluating Brand Equity*, 3rd ed., London: Kogan Page, 2004.
10. Keller, Kevin Lane, "Conceptualizing, Measuring, and Managing Customer-Based Equity," *Journal of Marketing*, January 1993, pp. 1-23.
11. Keller, Kevin Lane, *Strategic Brand Management*, 4th ed., Pearson, 2013.
12. Park, C. Whan, Deborah J. MacInnis, and Andreas B. Eisingerich, *Brand Admiration*, Wiley, 2016.
13. Ries, Al, *Focus*, New York: Harper Collins Publishers, 1996.

제 2 장

소비자 의사결정과 브랜드선택

손쉬운 방식의 평가와 선택을 선호하는 소비자들을 겨냥해 미끼제품 대안을 활용하는 기업들

손쉬운 선택을 선호하는 일반적인 경향 때문에 우리는 가격을 설정하는 사람들의 이런저런 개입 및 조작에 쉽게 휘둘린다. 미끼제품도 그런 개입과 조작 가운데 하나다. 〈이코노미스트〉 구독료를 예로 들어보자. 구독자는 59달러 가격의 온라인 정기구독과 125달러 가격의 오프라인 정기구독, 그리고 역시 125달러의 온라인 및 오프라인 정기구독, 이 세 가지 중 하나를 선택할 수 있다. 어느 것을 선택할까? 대다수 소비자는 125달러의 온라인 및 오프라인 정기구독을 택할 것이다. 그러면 59달러 가격의 온라인 정기구독과 125달러 가격의 온라인 및 오프라인 정기구독, 이 둘 가운데서 하나를 선택하라고 하면 우리는 어떤 선택을 할까? 이 경우 상당수 소비자들이 59달러 가격의 온라인 정기구독을 선호한다. 누가 봐도 불리하고 그래서 아무도 선택하지 않는 오프라인 정기구독이라는 선택대안 하나를 포함시킴으로써 〈이코노미스트〉는 온라인 및 오프라인 정기구독 매출을 크게 끌어올렸다.

왜 이런 일이 일어날까? 왜냐하면 온라인을 제외한 오프라인 정기구독이라는 선택대안은 제품에서 사람들을 온라인 및 오프라인 정기구독으로 유혹하는 미끼제품이었기 때문이다. 125달러에 온라인 및 오프라인 정기구독을 하는 것은 같은 가격에 오프라인 정기구독만 하는 것보다는 확실히 더 나은 선택이다. 이 두 가지 선택대안은 비슷하며 또 비교하기 쉽기 때문에 이들의 상대적인 가치를 쉽게 판단할 수 있다.

손쉬운 비교라는 함정에 쉽게 빠지는(즉, 가치를 평가할 수 있는 간단한 방법이 없을 때 상대적 가치를 이용해서 각 대인의 가치를 평가하는) 또 다른 상황이 있다. 바로 선택대안은 많은데 그중 어떤 것도 쉽게

구독료

고객님 환영합니다!
〈이코노미스트〉 정기구독 센터입니다.
고객님이 신규로 혹은 변경 신청하고 싶은 구독유형을 선택해 주세요.

☐ 이코노미스트닷컴 정기구독(US $59.00)
이코노미스트닷컴 1년 정기구독
1997년 이후 〈이코노미스트〉의 모든 기사에 대한 인터넷 접근

☐ 인쇄물 정기구독(US $125.00)
〈이코노미스트〉 인쇄버전 1년 정기구독

☐ 인쇄물 및 온라인 정기구독(US $125.00)
〈이코노미스트〉 인쇄버전 1년 정기구독 및 1977년 이후
〈이코노미스트〉의 모든 기사에 대한 인터넷 접근

평가할 수 없는 상황이 그렇다. 주어진 선택대안은 세 가지다. 690달러짜리 36인치 파나소닉(Panasonic) 제품과 850달러짜리 42인치 도시바(Toshiba) 제품, 그리고 1,480달러짜리 50인치 필립스(Philips) 제품이 있다고 해보자. 이 선택대안을 두고 대부분의 소비자들은 가운데 선택대안인 850달러의 도시바 제품을 선택한다. 가장 비싼 것과 가장 싼 것은 우리를 중간치 선택대안으로 유도하는 미끼제품이다. 대안의 상대성이 개입되면 특정한 제품속성(예를 들면 가격이나 크기)에 집중하도록 유도해서 그 속성의 범위를 상대적인 차원에서 바라보게 만든다. 그래서 우리는 '가격범위는 690달러에서 1,480달러군'이라거나 '크기가 36인치에서 50인치까지군'이라고 스스로에게 말한다. 그런 다음에 그 안에서 상대적으로 가치가 높은 대안을 선택하는데 흔히 그 범위의 중간쯤에 있는 것을 고른다. 행동적 의사결정이론에서는 이를 타협효과(compromise effect)라고 부르는데, 이에 대해서는 2장의 마지막 절인 맥락효과에서 다루고 있다.

우리는 어떤 것의 적정가격을 전혀 모를 때 보통은 지나치게 비싼 고급품이나 너무 싸구려를 선택하지 않는 것을 최상의 선택이라고 믿는다. 그래서 중간지대에 놓인 것을 선택하는데, 이 중간지대에 놓인 제품이야말로 여러 가지 선택대안들을 제시하는 마케터들이 애초부터 팔고자 한 제품인 경우가 흔하다. 설령 그것이 우리가 진짜로 원하는 것인지 그만한 가치가 있는지 전혀 모른다 해도 전체 범위의 가운데에 놓인 제품을 선택하는 것이 가장 이성적인 것처럼 느껴진다. 이것은 반드시 잘못된 선택은 아니지만 해당 제품의 진정한 가치와는 거의 아무런 관련도 없는 근거를 바탕으로 내려진 편향된 선택임은 분명하다.

자료원: Dan Ariely and Jeff Kreisler, *Dollars and Sense*(부의 감각), 청림출판, 2018.

소비자들은 그들의 일상생활에서 수없이 많은 판단과 의사결정을 내리며, 기업은 자사제품에 유리한 판단과 의사결정을 이끌어내기 위해 브랜드마케팅활동을 수행한다. 가령, 소비자는 특정 패스트푸드점을 선택하는 과정에서 다양한 평가기준을 고려하며, 롯데리아는 차별화된 맛, 24시간 매장운영, 주문배달 서비스, 여러 외식브랜드를 한곳에 모아놓은 복합매장 등 목표고객이 중요하게 생각하는 평가기준을 토대로 매장을 운영함으로써 롯데리아 브랜드에 대한 선택확률을 높이려고 한다. 이와 같이 소비자가 특정브랜드를 선택하기 위해 거치는 의사결정과정의 특징을 이해하는 것은 브랜드전략수립의 중요한 기본적 정보가 된다.

브랜드선택을 위한 소비자 의사결정은 관여도가 낮은 일상적인 상품(예: 두부)과 관여도가 높은 고가의 상품(예: 냉장고) 간에 어떤 유사성이 있고 어떤 차이가 있을까? 저녁식사 준비를 위해 풀무원 두부를 사는 소비자와 시장에서 파는 일반 두부를 사는 소비자는 왜 서로 다른 선택을 하는가? 우리는 풀무원 두부를 사는 소비자는 가격보다는 품질에 더 민감하고, 시장에서 파는 두부를 사는 소비자는 가격에 더 민감하다고 생각한다. 한편 식품을 보관하기 위하여 소비자들은 냉장고라는 편리한 가전제품을 이용한다. 어떤 소비자는 고급 side-by-side 냉장고인 LG DIOS를 사는가 하면 다른 소비자들은 중저가의 two-door 냉장고인 LG 싱싱냉장고를 산다.

이와 같이 일상적인 생활용품의 선택에서 복잡한 의사결정을 요구하는 가전제품이나 자동차와 같은 내구재의 선택에 이르기까지 모든 선택은 일련의 의사결정과정과 밀접하게 연관되어 있다고 볼 수 있다. 예를 들이, 풀무원 두부를 산 소비자는 성발로 풀무원과 무상표 두부를 놓고 신중한 고려 끝에 풀무원 두부의 품질을 선택할 것일까? 마찬가지로 중저가의 two-door LG 싱싱냉장고를 산 소비자는 냉장능력, 사이즈, 소음, 전력소비, 가격 등의 평가기준들

그림 2-1 | 브랜드선택에 영향을 미치는 주요 요인들

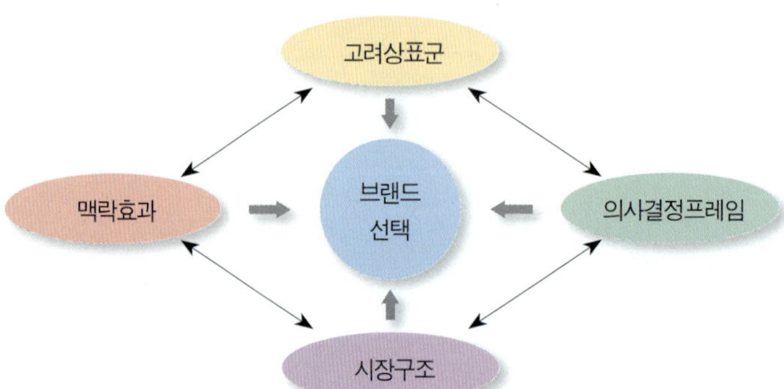

을 사용하여 두 대안을 평가한 결과 LG 싱싱냉장고의 가치가 LG DIOS보다 높다고 판단했기 때문에 그러한 선택을 하였을까? 라는 질문을 하게 된다.

이와 같이 기업의 브랜드전략은 브랜드선택을 위한 소비자 의사결정과정의 이해로부터 출발한다. 브랜드선택을 위한 의사결정과정에 큰 영향을 미치는 요인들로는 고려상표군, 의사결정프레임, 시장구조, 맥락효과 등을 들 수 있는데, 이들에 대한 이해는 효과적인 브랜드전략의 수립에 큰 도움을 줄 수 있다. [그림 2-1]은 소비자의 브랜드선택과 관련된 의사결정과정에 영향을 미치는 4가지 요인과 기업의 브랜드전략 간의 관계를 보여준다.

먼저 브랜드선택에 있어 고려상표군의 중요성을 살펴보기로 하자. 예를 들어 DIOS 냉장고를 선택한 소비자의 고려상표군은 LG 싱싱냉장고를 선택한 소비자의 고려상표군과는 다른 브랜드대안들로 구성되었을 가능성이 높다. 이것은 소비자의 상표선택을 이해하는 데 있어 중요한 시사점을 제시한다. 고려상표군에 대한 이해가 없다면, 우리는 DIOS 냉장고를 산 소비자들이 LG 싱싱냉장고를 산 소비자에 비해 가격에 민감하지 않은 소비자들이라고 단정하기 쉽다. 그러나 실제에 있어 DIOS 냉장고를 구매한 소비자들이 가격에 민감한 것으로 나타났다면, 우리는 이것을 어떻게 이해해야 하는가? 이러한 결과는 고려상표군이라는 개념을 통해 이해될 수가 있다. 가령, DIOS 냉장고를 산 소비자들의 고려상표군은 외국산 수입냉장고인 밀레 냉장고, Whirlpool 냉장고, 그리고 LG DIOS 냉장고로 구성되어 있다고 생각해 보자. 그렇다면 이 소비자는 DIOS, 밀레, Whirlpool의 세 브랜드대안들 중에서 DIOS가 상대적으로 가격이 저렴하면서 원하는 수준의 품질을 갖추었기 때문에 DIOS를 선택했을 수 있다.

그러나 DIOS 냉장고가 외국 수입 냉장고에 비하여 단순히 가격이 싸다는 것을 토대로 차별화하려 한다면, 고급 이미지의 브랜드를 원하는 소비자들의 고려상표군에 들어가지 못하는 실수를 범할 수 있다. 고급냉장고를 사려는 소비자들의 고려상표군에 들어가기 위해서는 먼저 이미지와 품질면에서 소비자들에게 고급스럽게 인식되어야 할 것이다. 따라서 고려상표군에 들어가기 위한 브랜드전략은 고려상표군 내에서 자사제품이 선택되도록 하기 위한 브랜드전략과 항상 일치하는 것이 아니라는 것을 명심할 필요가 있다.

둘째, 의사결정프레임 역시 소비자의 브랜드선택에 매우 중요한 영향을 끼친다. 예를 들어, DIOS, 밀레, Whirlpool의 세 가지 브랜드대안이 고려상표군을 형성한다고 가정해 보자. 만약 어떤 소비자가 최고급 제품을 의사결정의 준거점(틀)으로 사용한다면, 그 소비자는 가격에 상관없이 최고의 품질을 가진 냉장고브랜드를 선택할 것이다. 그러한 소비자에게 DIOS의 가격상의 이점은 아무런 보상이 되지 못할 것이다.

셋째로, 시장구조 역시 브랜드전략에 있어서 중요한 시사점을 제공한다. 시장구조란 제품시

그림 2-2 | 자동차시장의 대안적 시장구조

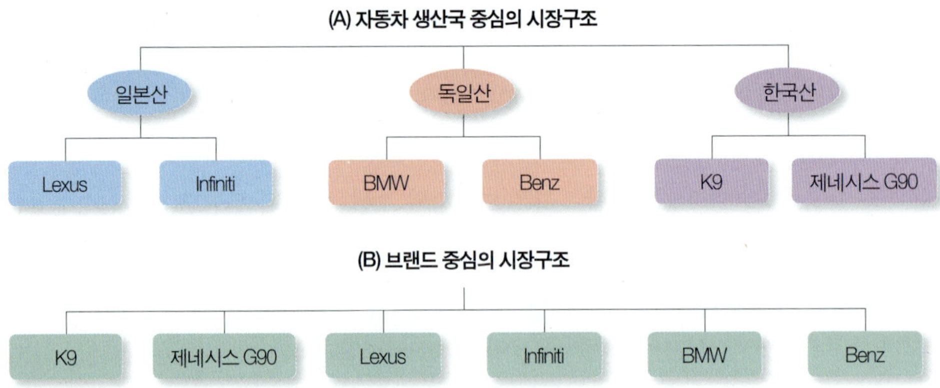

장 내에서 어떤 브랜드들이 보다 직접적인 경쟁관계를 갖는지를 보여주는 것이다.

제품시장의 경쟁구조(즉 시장구조)는 표적 소비자집단이 거치는 의사결정과정의 유형에 따라 달라질 수 있다. 예를 들어 고급승용차 시장의 경우 [그림 2-2]와 같이 두 가지 시장구조를 가정할 수 있다. 최근 시장의 글로벌화 추세에 맞추어 예전보다 외산승용차의 국내진출이 더욱더 활발해지고 있다. 외산승용차와 국산승용차가 함께 경쟁하고 있는 고급자동차 시장에서 소비자들이 어떤 의사결정과정을 거치느냐에 따라 시장의 경쟁구조가 달라지며, 그 결과로 이에 적합한 브랜드전략도 달라진다.

그림(A)는 고급자동차 시장의 구조가 자동차 생산국 중심으로 구성된 경우이다. 고급승용차 시장의 소비자들이 승용차 대안들을 자동차 생산국 중심으로 분류한 다음 이 중에서 하나를 선택한다면, 고급승용차 시장은 자동차 생산국 중심으로 경쟁이 이루어지는 시장구조를 갖게 된다. (A)와 같은 시장구조에서 최고급 승용차브랜드 제네시스 G90를 판매하는 현대자동차가 취해야 할 브랜드전략은 국산승용차가 외산승용차(혹은 특정 생산국의 자동차브랜드들)에 비하여 가질 수 있는 장점을 강조하는 것이 되어야 한다. 이와 함께 제네시스 G90가 외산승용차에 비해서 품질과 디자인에서 앞서가는 차라는 자부심을 표적 소비자집단의 마음속에 심어주는 브랜드전략이 병행되어야 할 것이다.

반면에 그림(B)는 브랜드 중심으로 시장구조가 형성된 경우이다. 소비자들이 승용차 브랜드의 제조국에 상관없이 자신이 관심을 두는 고급승용차 브랜드들을 고려대안으로 삼을 경우, 고급승용차 시장은 그림(B)와 같은 경쟁적 시장구조를 갖는다. 이 경우 현대자동차는 제네시스 G90가 다른 경쟁브랜드들에 비하여 얼마나 뛰어난 성능과 품질을 가지고 있는지, 얼마나

그림 2-3 | 맥락효과

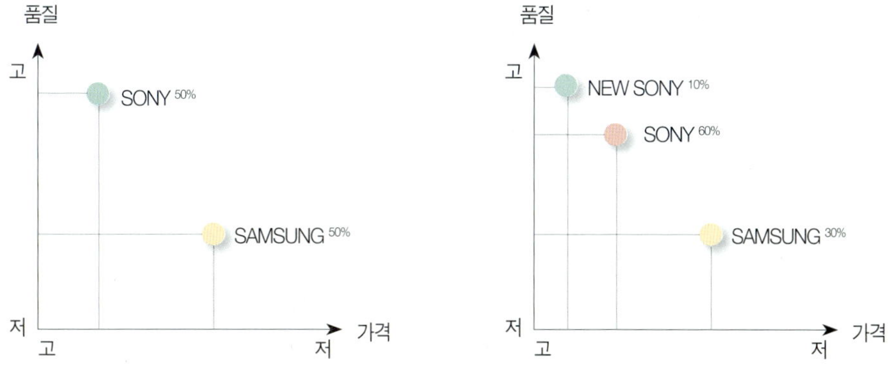

(A) SONY 신제품 도입 이전의 TV시장 (B) SONY 신제품 도입 이후의 TV시장

세련되고 품격있는 디자인을 가지고 있는지 등을 소비자 마음속에 심는 브랜드전략이 요구된다. 이와 같이 같은 브랜드라고 하더라도 자사브랜드가 속한 시장의 경쟁구조가 어떤 형태를 갖는냐에 따라 브랜드전략이 달라진다.

넷째로, 맥락효과(context effect) 역시 브랜드전략을 수립하는 데 있어서 꼭 고려하여야 할 중요한 요소이다. 맥락효과의 중요성은 [그림 2-3]을 통하여 좀 더 쉽게 이해될 수 있을 것이다.

그림(A)는 SONY와 SAMSUNG이 해외TV시장에서 서로 다른 제품포지셔닝으로 경쟁하는 모습을 보여주고 있다. SAMSUNG TV는 SONY 신제품 도입 이전이나 도입 이후에 있어서 일관되게 저렴한 가격에 적정수준의 품질을 가진 제품으로 포지셔닝하고 있다. 그러나 SONY의 신제품인 New SONY의 시장진입은 SAMSUNG 브랜드의 시장성과에 큰 변화를 미칠 수 있다. New SONY는 새로운 평면 모니터와 새로운 주파수 방식으로 화질에 있어서 기존의 SONY TV보다 더 우수하며 가격 역시 기존 SONY제품보다 더 비싸게 책정되었다. New SONY제품의 출시로 인하여, 소비자들은 기존의 SONY제품을 SAMSUNG제품에 비해 상대적으로 덜 비싸게 지각하는 한편, SAMSUNG제품의 품질은 기존의 SONY제품에 비해 상대적으로 더욱 낮게 지각함으로써, 주력제품인 기존의 SONY제품의 매력도가 증가될 수 있다. 이로 인해 기존 SONY제품의 시장점유율(고객 선호도)이 증가하고 SAMSUNG의 시장점유율(고객 선호도)은 감소하는 결과가 초래될 수 있다.

이상에서 우리는 소비자의 구매의사결정과정에서 나타나는 여러 가지 특징이 회사의 브랜드마케팅전략 수립에 큰 영향을 미칠 수 있음을 살펴보았다. 소비자들의 의사결정과정 혹은 브랜드선택과정을 충분히 이해하지 않고 수립된 브랜드마케팅전략은 낮은 시장성과를 낳게 하고 브랜드자산의 구축에 부정적 영향을 미칠 수 있다. 본 장에서는 브랜드선택에 영향을 미치는 네 가지 요소-고려상표군, 의사결정프레임, 시장구조, 맥락효과-를 좀 더 자세히 알아보기로 하자.

01 고려상표군

소비자들의 선택은 일련의 단계적 의사결정과정으로 볼 수 있다.

Shocker, Ben-Akiva, Boccara, Nedungadi(1991)는 소비자들의 의사결정과정을 [그림 2-4]에서와 같이 대안을 압축해 가는 과정으로 설명하였다.

어떤 제품군 내에 존재하는 모든 브랜드들은 그 제품군의 전체상표군(universal set)을 형성한다. 이 중에서 어떤 소비자가 들어 본 적이 있거나 사용해 본 적이 있는 브랜드들이 그 소비자의 인지상표군(awareness set)을 형성한다. 일단 인지상표군에 들어가지 못하는 브랜드들은 최종선택단계에 이르기 전에 첫 번째 단계에서부터 제외되는 불운을 겪게 되는 것이다. 그러므로 가장 먼저 표적고객들에게 자사브랜드를 인지시키는 것이 브랜드자산의 형성에 매우 중요하다. 인지상표군에 속하는 브랜드들 중에서 비상기상표군(inert set)과 비관련상표군(inept set)을 제외한 브랜드들만이 **고려상표군**(consideration set)을 형성하게 되는 것이다. 비상기상표군은 소비자의 기억구조상에는 존재하지만, 소비자의 최종 구매시점에서 떠오르지 못한 브랜드

그림 2-4 | 소비자 의사결정과정

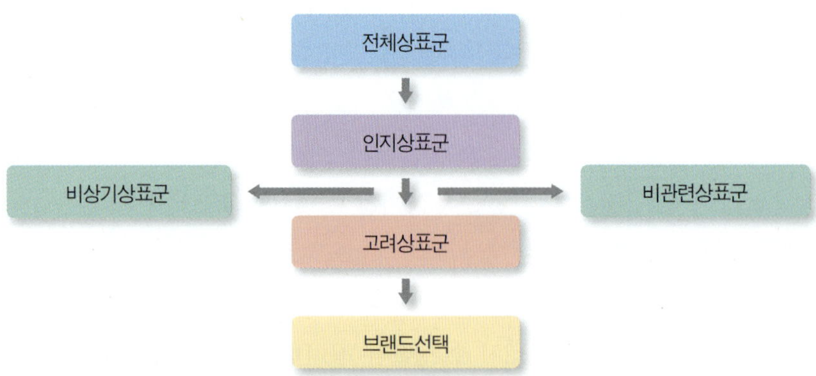

그림 2-5 | 2단계 선택모형

들을 지칭한다. 비관련상표군은 소비자의 머릿속에 떠오르지만 부적합하다고 생각되어 의식적으로 고려상표군에서 제외되는 브랜드들의 집합이다. 고려상표군이 형성되면, 소비자는 고려상표군에 속하는 브랜드들 중에서 가장 높은 가치를 느끼는 브랜드를 최종적으로 선택한다.

이상과 같은 브랜드 압축과정은 [그림 2-5]와 같이 2단계 선택모형으로 요약될 수 있다. 2단계 선택모형에서는 소비자의 구매의사결정과정을 고려상표군 형성의 1단계와 최종상표선택의 2단계로 구분한다. 고려상표군 형성단계에서는 **브랜드현저성**(brand salience)이 중요하고, 최종선택 단계에서는 **브랜드가치**(brand value)가 매우 중요하다.

한 브랜드가 고려상표군에 속하기 위해서는 브랜드현저성(brand salience)이 높아야 한다. 즉 특정브랜드가 특정 제품속성에서 매우 두드러지게 인식되거나, 이미지 면에서 강력하고 호의적이며 독특한 특정 연상을 가지고 있거나, 혹은 제품군하면 바로 그 브랜드가 떠오르는 전형성을 가지고 있어야만 고려상표군에 속하게 되는 것이다.

무엇이 브랜드의 두드러짐(브랜드현저성)을 결정하는 가장 중요한 요소인지는 제품군에 따라서 다를 수 있으나, 어떤 브랜드가 고려상표군에 들어가기 위해서는 그 브랜드를 가장 잘 대표할 수 있는 연상이 얼마나 잘 형성되어 있는지가 특히 중요하다.

브랜드현저성을 높이는 전략은 특히 경쟁이 심한 제품군일수록 그 중요성이 더 커진다고 할 수 있다. [그림 2-6]에서 (A)는 천연조미료하면 다시다가 가장 먼저 떠오른 경우와 같이 다시다가 천연조미료 제품군의 대표적인 브랜드로서의 위상을 갖게 됨으로써 브랜드현저성이 매우 높은 경우이다. (B)는 SONY TV의 경우와 같이 TV제품군에 있어서 가장 중요한 속성인 화질에 있어서 매우 높은 현저성을 형성하게 됨으로써 고려상표군에서 상당히 높은 점유율을 형성하게 되는 경우이다. (C)는 하겐다즈 아이스크림과 같이 유럽산의 고급스러운 이미지가 소비자 마음속에 확고히 인식됨으로써 높은 고려상표군 점유율을 보이는 경우이다. (D)는 코카콜라, 나이키, 리바이스와 같이 소비자들이 브랜드에 대하여 강한 정체성(identity)을 느끼며 자신의 삶의 일부로 여기게 되는 경우인데, 이런 경우에는 소비자들이 브랜드에 대해서 느

그림 2-6 | 브랜드현저성의 유형

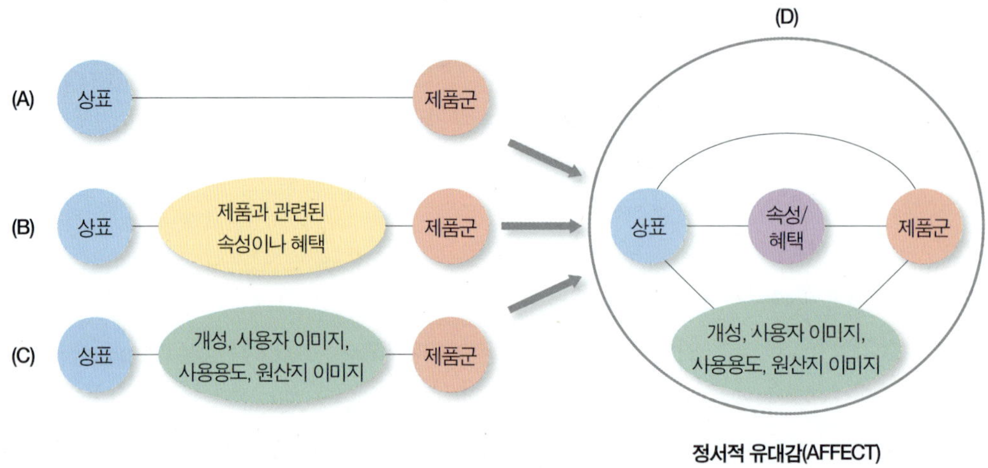

그림 2-7 | 나이키와 코카콜라의 브랜드연상과 브랜드현저성 형성

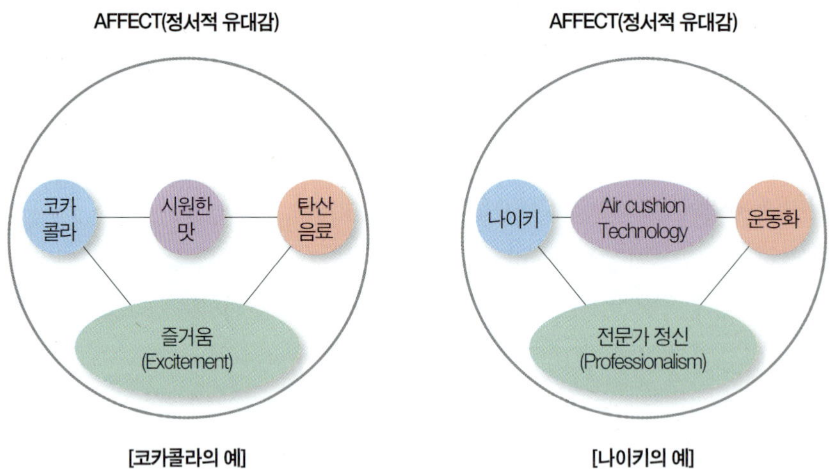

끼는 강한 정서적 관계가 고려상표군을 형성하는 요인이 된다.

일반적으로 브랜드연상은 (A)단계(제품군과의 연관성 형성단계)에서 (B)단계(차별화된 제품속성이나 혜택 형성단계)로, 그리고 (C)단계(독특한 이미지 형성단계)로 발전하는 것이 일반적인 발전단계로 나타나지만 제품군의 특성상 (A)에서 바로 (C)단계로 가는 경우도 존재한다(패션이나 고급 액세서리제품 등이 좋은 예이다).

(A), (B), (C)단계가 모두 갖추어지면 브랜드는 (D)단계를 거치면서 강력하고 호의적이며 독

특한 브랜드자산을 형성하게 되는데, (D)단계는 강력한 브랜드인지도, 속성차별성, 이미지 차별화 등을 모두 포괄하는 브랜드-고객 간 정서적 관계(affect)의 형성단계라고 볼 수 있다. (D)단계에 들어서 있는 브랜드는 여러 연상들의 상호적인 시너지 효과에 의하여 매우 쉽게 회상되고, 다른 브랜드들에 비하여 가격상의 프리미엄을 누리게 되며, 높은 고객애호도(customer loyalty)를 쌓게 되는데, 이것은 시장점유율 프리미엄으로 연결된다.

[그림 2-7]에 있는 코카콜라의 예와 나이키의 예에서 볼 수 있듯이, 강력한 정서적 관계를 형성한 브랜드는 그 브랜드를 고려상표군에 속하게 하며, 다른 브랜드들이 고려상표군에 들어오는 것을 막아주고, 소비자들과 장기적인 관계를 형성하게 하는 데 기여한다. 아직 우리나라에서는 고려상표군에 대한 연구가 충분히 수행되어 있지 못하나, 외국의 경우에는 고려상표군의 중요성을 감안하여 많은 연구들이 이루어져 왔다. 특히, Hauser and Wernerfelt(1990)는 각 제품군에 있어서 고려상표군에 속하는 브랜드들의 평균숫자를 밝혀냈는데, 그 결과는 〈표 2-1〉과 같다.

표를 통해 알 수 있듯이 고려상표군에 속하는 브랜드들의 평균적인 숫자는 제품군에 관계없이 일반적으로 약 3~4개 정도이다. 즉, 특정제품군 내에서 아무리 많은 브랜드들이 경쟁을 한다고 해도 소비자들의 고려상표군에 속하는 브랜드는 많아야 3~4개 정도라는 것이다. 따라서 고려상표군에 들어가기 위한 브랜드들 간의 경쟁은 선택단계의 경쟁에 못지않게 치열하다.

표 2-1 | Hauser와 Wernerfelt(1990)의 연구결과

제품군	고려상표군 크기의 평균	제품군	고려상표군 크기의 평균
Antacid(제산제)	3.0	Gasolin(휘발유)	3.0
Autos(USA)(자동차)	8.1	Laundry detergent(세탁세제)	5.0
Autos(Norway)	2.0	Margarine(마가린)	4.3
Beer(맥주)	3.0	Over-the-counter medicine(조제약)	3.0
Beer(USA)	2.6	Pain reliever(진통제)	3.0
Beer(Canada)	7.0	Shampoo(샴푸)	4.0
Coffee(커피)	3.3	Skin care product(피부보호제품)	5.0
Deodorant(방취제)	3.0	Soft drinks(음료수)	5.0
Dishwashing Liquid(식기세척제)	5.6	Table napkins(내프킨)	5.0
Fast food Restaurant(패스트푸드식당)	5.4	Tea(차)	2.6
Food Product(식품)	2.9	Toothpaste(치약)	3.1

브랜드마케팅 따라잡기

제네시스를 독립 프리미엄 브랜드로 만들어 세계 고급차 시장에서 렉서스, 벤츠 등과 경쟁하려는 현대차

현대자동차의 제네시스 G70(지세븐티)가 미국에서 큰 반응을 불러일으켰다. 미국의 유명 자동차전문지 〈모터트렌드〉가 제네시스 G70를 '2019 올해의 차(Car Of The Year)'로 선정했기 때문이다. 〈모터트렌드〉 올해의 차로 한국 자동차가 선정된 것은 이번이 처음이다. 〈모터트렌드〉 올해의 차 시상식은 특히 신뢰도가 높다. 1949년부터 시작해 가장 오래된 데다 오랜 시간 공들여 각종 성능에 대한 엄격한 검증을 거치기 때문이다. 테스트에 참가하는 자동차 전문가들은 주행성능과 안전성을 비롯해 디자인과 혁신성, 효율성과 가격 등 모든 부문을 꼼꼼히 살펴본다. 〈모터트렌드〉 올해의 차가 자동차 업계의 '오스카상'으로 불리는 것도 이 때문이다. 제네시스 G70는 이런 테스트를 거쳐 다른 19개의 쟁쟁한 경쟁차량을 제치고 가장 돋보이는 차로 선정됐다.

〈모터트렌드〉는 "30년 전 현대차가 4,995달러의 낮은 가격에 엑셀을 미국에 출시했을 때만 해도 미국인은 '현대'라는 이름을 어떻게 발음해야 할지조차 몰랐지만, 지금 제네시스는 BMW 3시리즈의 강력한 대항마인 G70를 만들었다"며 선정배경을 자세하게 다뤘다. 신생 브랜드 제네시스의 모델이 경쟁이 가장 치열한 시장 중 하나인 럭셔리 스포츠세단 시장에 뛰어든 것은 무모한 도전이었다. 이 시장의 절대 강자인 BMW 3시리즈가 굳건히 자리 잡고 있었기 때문이다. 하지만 제네시스 G70는 3시리즈를 능가할 만한 실력을 갖췄다고 평가받았다. 앵거스 매켄지 〈모터트렌드〉 국제판 편집장은 "그동안 도요타, 닛산, 혼다, GM이 3시리즈에 도전했다가 실패한 것을 제네시스가 해냈다. G70는 활기찬 파워트레인과 민첩한 차체가 즐거움을 선사하고, 스포티한 외모와 강렬한 스타일, 잘 정돈된 인테리어도 지녔다"고 평가했다.

〈모터트렌드〉가 '올해의 차'로 선정한 제네시스 G70

제네시스 G70는 현대차그룹에 여러모로 상징적인 차량이다. 현대차는 글로벌 판매 5위까지 단숨에 성장했지만 대중차 이미지 탓에 럭셔리 자동차 브랜드의 명성에는 못 미친다는 평가를 받아왔다. 글로벌 시장에서 연간 800만 대 이상을 판매하는 완성차 업체의 기술력이면 충분히 럭셔리 자동차를 만들 수 있다. 문제는 '대중 자동차 제조사가 제대로 된 럭셔리 자동차 브랜드를 구축할 수 있느냐'라는 의구심을 지워야 한다는 것이다. 가격에 비해 뛰어난 품질의 자동차를 잘 만드는 것과 가격은 비싸더라도 최고 품질의 자동차를 만드는 것은 100m 달리기와 마라톤만큼 다르다. 현대차가 제네시스로 럭셔리 자동차 시장에 도전한 것 자체가 엄청난 용기가 필요한 혁신이었던 셈이다. 2008년 출시된 1세대 럭셔리 자동차 브랜드 제네시스는 그런 의구심을 상당 부분 해소했다. 디자인, 주행성능, 안전성 등 모든 항목에서 기존의 한계를 뛰어넘었다는 평가를 받았다. 이는 2009년 '북미 올해의 자동차'로 선정되는 성과로 이어졌다. 혁신은 2세대 제네시스에서도 이어졌다. 더 간결한 디자인으로 제네시스만의 차별적 이미지를 표현하기 시작했다. 자사 승용차에 처음으로 상시 4륜구동시스템(HTRAC)도 적용했다. 제네시스는 2018년 말 초대형 럭셔리 세단 G90를 출시하면서 'G세단 라인업'을 완성했다.

제네시스가 한 계단 더 진화할 수 있었던 것은 독자 브랜드로 출범하면서부터다. 정의선 수석부회장은 2015년 11월 제네시스 독립을 선언했다. 현대차는 최고급 모델 제네시스를 별도 최고급 브랜드로 독립시킨 것이다. 이에 따라 현대기아차그룹이 만드는 차 브랜드는 기존 현대차, 기아차에 제네시스가 더해져 3개로 늘어났다. 제네시스는 현대차 로고 대신 자체 로고와 엠블럼을 사용했다. 일본 도요타그룹의 최상위 브랜드 렉서스가 도요타 로고를 쓰지 않고 독립적으로 운영되는 것과 같은 맥락이다. 제네시스를 별도의 브랜드로 독립시킨 주요이유는 급성장하고 있는 고급차 시장에 대한 대응력을 높이고 한국을 대표하는 명차 브랜드를 육성해 세계 유수 브랜드와의 경쟁력을 높이기 위한 것이다. 제네시스 브랜드는 기존 제네시스 차량뿐 아니라 초대형 럭셔리 세단, 중형 럭셔리 세단, 대형 럭셔리 SUV, 고급 스포츠형 쿠페, 중형 럭셔리 SUV 등으로 제품라인을 확대했다. 제네시스는 글로벌 시장을 겨냥해 새로운 브랜드 체계를 도입했는데, 제네시스 브랜드를 상징하는 알파벳 'G'와 차급 등을 종합적으로 고려한 '숫자'가 조합되는 방식이다. 초대형 럭셔리 세단은 제네시스 G90(기존 에쿠스), 대형 럭셔리 세단은 G80, 중형 럭셔리 세단은 G70 등의 브랜드명 체계를 갖추었다. 문자와 숫자로 구성된 알파뉴메릭 방식의 브랜드명 체계는 그 단순성으로 인해 주목도가 높고 글로벌 시장에서 보다 넓게 통용될 수 있다는 장점이 있다. 제네시스 브랜드에는 윙타입 엠블럼이 함께 들어간다. 차량 뒷면을 기준으로 중앙에는 제네시스 브랜드 엠블럼이 자리하고 왼쪽에는 'G+숫자'로 된 브랜드명, 오른쪽에는 배기량 등이 표기된다.

현대차가 제네시스 브랜드를 개발해 프리미엄 시장에 뛰어들기로 결정한 가장 큰 이유는 성장성과 수익성이다. 최근 프리미엄 시장의 성장속도는 대중차 시장과 비교해 훨씬 빠르다. 글로벌 시장조사업체 IHS 등에 따르면 2010년대 들어 전 세계 프리미엄 차 시장의 판매량 증가폭은 대중차 시장의 증가폭을 크게 상회했다. 대중 브랜드와 프리미엄 브랜드를 동시에 갖고 있는 일본 도요타그룹과 독일 폭스바겐그룹의 경우 판매대수는 대중차 브랜드가 절대적으로 많지만 성장 속도는 고급차 브랜드가 빠르다. 폭스바겐그룹도 아우디, 포르쉐, 벤틀리 등 고급차 브랜드의 판매 증가율이 폭스바겐, 스코다, 세아트 등 대중차 브랜드 판매 증가율을 3배 이상 앞질렀다. 고급차는 대중차 대비 판매 수익성도 높다. 프리미엄 브랜드가 중심이 된 BMW와 다임러-벤츠의 영업이익률은 평균 8.8%로 나타난 반면 대중차가 중심이 된 나머지 9개 완성차 그룹(GM·포드·도요타·혼다·닛산·폭스바겐·FCA·PSA·르노)의 영업이익률은 평균 3.9% 수준이다.

제네시스가 고려한 주요 경쟁상대는 렉서스와 인피니티다. 둘 다 유럽에 비해 자동차 생산역사가 짧은 일본 자동차회사들이 1980년대 후반 미국의 프리미엄 시장 공략을 위해 출범시킨 브랜드란 공통점을 갖고 있다. 또 100년 넘는 브랜드 파워를 갖고 있는 유럽 브랜드들과의 경쟁에서 살아남으며 프리미엄 시장에 성공적으로 정착한 브랜드들이다. 1989년 탄생한 렉서스는 편안함과 정숙성에 뛰어난 내구성과 신뢰성까지 갖춰 출시와 동시에 미국시장에서 큰 성공을 거두었다. 최근엔 하이브리드 차량을 적극적으로 출시하면서 '친환경 프리미엄 브랜드'의 이미지를 만들어가고 있다. 닛산이 만든 인피니티는 출시 초기에는 달리기 성능을 강조하며 독일 브랜드와 정면대결을 펼쳤다. 최근에는 독특하면서도 매력적인 디자인을 내세워 고급 승용차시장에서 지속적 경쟁우위를 유지하고 있다. 현대차 관계자는 "미국 소비자 누구나 렉서스를 알고 있을 뿐 아니라 프리미엄 브랜드로 인식한다. 제네시스가 이 정도 브랜드인지도를 갖도록 하는 것이 1차적인 목표"라고 말한다. 전문가들은 제네시스가 중장기적으로 프리미엄 시장에 안착할 가능성이 높다고 본다. 먼저 현대차 품질이 미국 시장조사업체인 JD파워 신차품질조사와 소비자들로부터 인정을 받기 시작했기 때문이다.

제네시스가 세계적으로 손색없는 품질과 기술력을 갖췄다는 것은 신차품질조사에서 잘 드러난다. 제네시스는 2018년 6월 미국 시장조사업체 JD파워가 발표한 '2018 신차품질조사'에서 프리미엄 브랜드 13개를 포함한 전체 31개 브랜드 중 1위를 차지했다. 미국 고급차 시장을 양분해온 독일과 일본의 럭셔리 브랜드를 제치고 진출 2년 만에 높은 기술력을 인정받은 것이다. 제네시스는 신차품질조사 1위, 올해의 차 선정 등을 기반으로 미국 내 판매확대에 적극적으로 나서고 있다. 특히 그동안 단점으로 지적돼 온 독자적인 판매망인 제네시스 전용딜러를 늘리는 데 주력하기로 했다.

철옹성 같은 럭셔리 자동차 시장에 처음 도전할 때는 무모하다는 비아냥을 듣기도 했지만 제네시스는 거듭된 혁신을 통해 럭셔리 브랜드의 첫 계단을 이제 밟고 올라섰다.

자료원: 이코노미조선, 278호, 2018.12.12.

고려상표군 형성단계와 선택단계를 함께 고려하는 것은 기업이 브랜드전략을 수립함에 있어 매우 핵심적인 요소이다. 어떤 브랜드가 최종선택에 이르기 위해서는 먼저 고려상표군에 들어가기 위한 고려상표군 전략이 필요하고, 일단 고려상표군에 들어간 브랜드들은 최종선택을 위한 전략이 필요한 것이다. 가령, 고급 냉장고 시장에서 LG 시그니처 냉장고를 고급 냉장고 제품대안으로 고려하게 만드는 것이 고려상표군 단계의 전략이라면 매장에서 가격과 차별화된 제품기능들, 그리고 A/S를 강조하는 것은 최종선택을 위한 전략이라고 할 수 있다.

자동차의 경우에도, 많은 제품들이 고급 이미지를 형성하는 프리미엄급 제품과 실판매를 주로 유도하는 보급형 제품들로 제품계열이 구성되어 있는 것을 알 수 있다(예: 그랜저 3.0 vs 그랜저Q 2.5). 이러한 제품계열전략은 바로 고려상표군 형성과 최종선택의 2단계 대안선택과정을 적절히 고려한 브랜드전략인 것이다. 마케팅커뮤니케이션활동을 통해 자사브랜드가 프리미엄급 제품임을 부각시켜 고급자동차를 원하는 소비자들의 고려상표군에 자사브랜드를 진입시키고, 브랜드선택단계에서 같은 브랜드의 보급형 제품들을 통해 실판매를 유인하는 것이 바로 그러한 전략이라고 할 수 있다. 소비자들은 보급형 제품을 구입하지만 그들의 인식 속에는 이미 그 브랜드에 대한 프리미엄 이미지가 형성되어 있기 때문에 소비자들은 보급형 제품구매를 통해 고급 프리미엄 제품의 이미지를 얻는 것이다.

고려상표군 형성단계에서는 소비자들이 특정 제품의 구매를 통하여 얻고자 하는 기능적, 상징적, 혹은 경험적인 혜택을 중심으로 브랜드이미지를 형성하여 브랜드현저성(brand salience)을 높일 수 있도록 브랜드전략을 결정해야 하고, 최종선택 단계에서는 소비자들이 최종선택을 결정하는 데 도움을 줄 수 있도록 브랜드가치(brand value)를 확실히 인식시키는 것이 중요하다.

02 의사결정프레임(Decision Frame)

의사결정프레임이 시사하는 것은 소비자가 어떤 틀에 근거하여 대안에 대한 의사결정 혹은 판단을 내리느냐에 따라 그 대안에 대한 선호가 달라진다는 것이다. 의사결정프레임에 따르면 소비자의 특정브랜드에 대한 평가는 상대적이다. 즉, 같은 브랜드제품임에도 불구하고 소비자가 그 브랜드를 평가하는 기준이 무엇인가에 따라서 그 브랜드에 대한 평가가 달라진다는 것이다. 예를 들어, 스타벅스에 대한 선호는 품질 혹은 가격 중 어느 것을 평가기준으로 하느냐에 따라 달라질 수 있다.

Kahneman과 Tversky(1979)는 의사결정프레임의 이론적 근거를 제공한 **프로스펙트 이론**

그림 2-8 | 프로스펙트 이론에서 제안하는 가치곡선

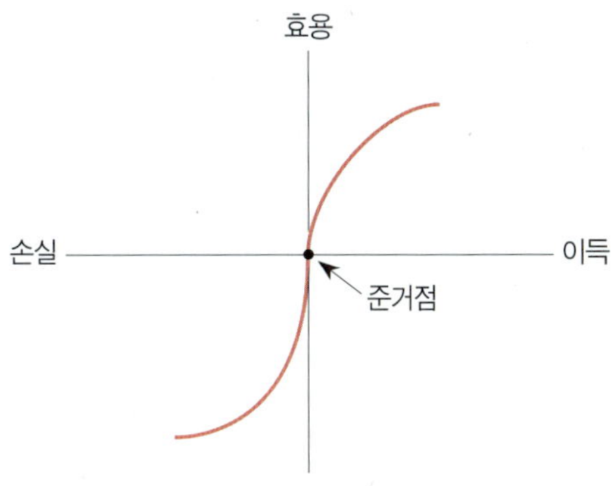

브랜드마케팅 따라잡기

손실에 따른 고통을 회피하기 위해 소비자들이 저지르는 편향적 의사결정

뭔가를 얻기 위해 돈을 지불할 때 사람들은 심리적 고통을 경험한다. 우리 모두는 신체적인 고통과 감정적인 고통을 잘 안다. 벌에 쏘였을 때, 바늘에 찔렸을 때, 이런저런 통증에 시달릴 때 그리고 사랑하는 사람과 헤어졌을 때 이런 고통이 발생한다. 지불의 고통이란 자기가 가진 돈을 포기한다는 생각을 할 때 우리가 느끼는 통증이다. 이 고통은 지출 자체가 아니라 지출에 대한 생각에서 비롯된다. 그러므로 지출을 생각하면 할수록 고통은 그만큼 더 커진다. '지불의 고통'이라는 용어는 지출로 야기된 스트레스와 불쾌한 감정을 바탕으로 하지만, 최근에는 뇌영상과 자기공명영상을 이용한 여러 연구들이 돈을 지출하는 행위가 신체적인 뇌 영역을 실제로 자극한다는 사실을 입증하고 있다.

고통을 느끼면 보통 처음에는 그 고통을 제거하려는 반응을 보인다. 사람은 누구나 고통을 누그러뜨리려고 하며 스스로 통제하길 원한다. 그런데 문제는, 지불의 고통을 회피하면 장기적으로는 더 큰 고통이 유발된다는 사실이다. 왜 그럴까? 보다 중요한 다른 여러 변수들은 생각지도 않은 채, 고통이 동반되는 지출에서 고통이 동반되지 않는 지출로 도망을 치기 때문이다. 가령, 신용카드 사용은 지금 당장의 고통회피에는 도움이 되지만 이 일로 인해서 나중에 더 큰 대가를 치러야 한다. 고통회피는 진정한 가치를 정확하게 바라보지 못하게 하는 교활한 적일 수 있다. 사람들은 자신이 구매한 물건의 가치가 아니라 구매과정에서 본인이 경험하는 고통에 초점을 맞추기 때문에 허점투성이의 잘못된 의사결정을 내린다.

지불과 소비가 동시에 일어날 때 소비에 따르는 즐거움은 크게 감소한다. 이 두 행위가 시간상 떨어져 있을 때는 사람들이 지불에 그다지 큰 주의를 기울이지 않는다. 지불행위 자체를 잊어버리기도 하는데, 그 결과 구입한 물건이나 경험을 그만큼 더 많이 즐길 수 있다.

제품이나 서비스에 대한 대가를 지불하는 시점의 유형에는 기본적으로 세 가지가 있다. 소비하기 이전에 지불하는 선불 유형과 개별적인 소비를 할 때마다 지불하는 현장지불(현불) 유형, 그리고 신용카드로 결제하는 후불 유형이다.

어떤 것을 소비하기 전에 미리 그 대가를 지불하는 선불 유형을 사용하면 그것을 실제로 소비할 때는 거의 아무런 고통도 느끼지 않게 된다. 소비하는 시점에는 지불의 고통이 전혀 없으며, 또한 나중에 지불해야 할 일을 두고 걱정할 필요도 없다. 이것은 그야말로 고통 없는 거래이다. 아마존닷컴은 프라임 회원제 제도를 운영하면서 배송비를 선불로 받고 있다. 프라임 회원제의 연회비는 99달러지만 1년 내내 무료배송을 보장해준다. 그런데 엄밀하게 따지면 우리는 1년 동안 아마존닷컴에서 물건을 구입할 때마다 배송과 관련된 대금을 지불하는 고통에 추가로 시달리지 않아도 된다. 그러므로 그때마다 우리는 배송비가 공짜라는 느낌을 받는다. 특히 아마존의 해당 상품 바로 옆에 '프라임 회원은 배송비 무료, 이틀 내 배송'이라는 문구가 밝은 색으로 붙어 있을 때는 더욱더 그렇다.

선불은 또한 기프트카드나 카지노 칩처럼 경험의 내재적인 부분이기도 하다. 돈이 스타벅스나 아마존의 기프트카드로 들어가면, 우리는 이 돈을 지출목록에 배정한다. 20달러의 현금을 스타벅스 카드로 바꾸고 나면, 이 20달러는 예컨대 코카콜라나 중국음식이 아니라 라테나 스콘을 사는 데 지불될 돈으로 쓰임새가 고정된다는 말이다. 이렇게 돈이 그 범주의 계정에 할당되고 나면, 우리는 지불이 이미 완료된 것처럼 느낀다. 그렇기 때문에 기프트카드로 뭔가를 살 때는 자기 돈을 쓰지 않는 것처럼 느낀다. 통상적으로 직접 돈을 내고 커피를 사서 마실 때는 소박한 상품을 선택하지만, 기프트카드로 지출할 때는 비싼 '벤티 소이 차이 라테'를 구매하며 흥청망청 쓴다. 공짜라는 생각이 들기 때문이다. 기프트카드를 쓸 때는 지불의 고통을 전혀 느끼지 않는다. 기프트카드가 환기하는 감정은 현금을 지불할 때 느끼는 감정과 전혀 다르기 때문이다. 사람들은 이미 대금을 지불한 것을 소비할 때는 기분이 상대적으로 좋아진다.

어떤 제품이나 서비스를 사용하는 동안에 대금을 지불하는 현불 방식은 지불의 고통 및 가치에 대한 인식에 어떤 영향을 줄까? 당신이 은퇴기념으로 혹은 위기를 맞은 중년을 위한 선물로 스스로에게 작은 스포츠카 한 대를 선물한다는 상상을 한번 해보자. 자동차 대금은 대출을 받아서 지불하고, 원리금을 다달이 갚아나가기로 했다. 애초에 의도했던 대로 이 자동차는 멋지게 잘 나갈 뿐만 아니라 그동안 살아오면서 했던 여러 가지 잘못된 선택을 잊는 데도 도움이 된다. 그러나 곧 그 자동차를 운전하고 다닐 시간이 점점 더 줄어들고 있고 스포츠카 운전의 스릴과 묘미도 점점 시들해진다. 그런데 다달이 원리금 상환이 이뤄질 때마다 그 구매가 성급했으며 또 자동차가 너무도 비쌌음을 새삼스럽게 깨닫는다. 아무리 좋은 뜻으로 해석하고 합리화하려고 해도 그렇게 하기가 점점 더 어려워진다. 그래서 대출금을 한꺼번에 모두 갚아버린다. 큰 돈을 한꺼번에 다 지불하는 일은 확실히 고통스럽다. 매달 정기적으로 지불의 고통 및 그와 관련된 죄의식을 정기적으로 겪게 되는 것이다. 어떤 것을 소비하는 동안에 대금을 지불하면 지불의 고통이 보다 예리하게 느껴질 뿐만 아니라 소비의 즐거움도 줄어든다.

미래에 이뤄지는 지불, 즉 어떤 것을 구매하고 난 이후에 대금을 지불하는 후불방식은 지불의 고통에 어떤 영향을 미칠까? 이를 이해하려면, 사람들이 미래의 돈을 현재의 돈보다 낮은 가치로 평가한다는 사실부터 이해할 필요가 있다. 만일 지금 당장 100달러를 갖는 것과 하루 뒤나 한 달이나 1년 뒤에 100달러를 갖는 것 중 무엇을 선택하겠느냐고 물으면 사람들은 대부분 지금 당장 갖는 쪽을 선택한다. 미래의 돈은 할인된 가치를 지닌다. 어떤 금액을 미래에 지불하겠다는 계획을 갖고 있을 때는 지금 당장 같은 금액을 지불할 때보다 고통이 덜하다. 그리고 미래의 시점이 지금으로부터 멀면 멀수록 고통도 그만큼 줄어든다. 신용카드는 미리 소비하고 지불은 나중에 할 수 있게 해주기 때문에 돈 문제와 관련해서 시야를 흐리게 만들며 기회비용을 불투명하게 만들고 지불의 고통도 줄여준다. 신용카드는 지출이 보다 덜 두드러지게 하고 지불과 소비 사이의 시간을 벌려서, 어떤 것을 사고 돈을 지불할 때 느끼는 고통을 최소화한다. 신용카드 사용은 구매시점의 감정만이 아니라, '얼마나 많은 지출을 했는지 기억하기 어렵게 만드는' 쪽으로 구매경험 자체를 바꿔버리기도 한다. 많은 연구들이 사람들이 신용카드를 사용할 경우 보다 기꺼이 지출하고자 할 뿐만 아니라 보다 많은 금액의 구매를 하게 되고, 보다 많은 팁을 주며, 또 지출에 관한 의사결정을 보다 빨리 내린다는 사실도 확인했다.

자료원: Dan Ariely and Jeff Kreisler, *Dollars and Sense*(부의 감각), 청림출판, 2018.

(Prospect Theory)을 개발하였다. 프로스펙트 이론에 의하면 소비자의 대안에 대한 평가는 언제나 상대적이다. 한 대안에 대한 평가는 그 대안 자체에 대한 절대적 가치를 토대로 이루어지는 것이 아니라 준거점이 되는 다른 대안과의 상대적인 비교를 통해 이루어진다는 것이다. 가령, 카페베네의 아메리카노 커피가격이 3,500원이라면, 이 점포의 커피가격은 그 정도의 가치가 있는 것인가? 이에 대한 평가는 커피맛과 커피원료 자체의 절대적 화폐가치에 기반을 두기보다는 준거점으로 사용되는 스타벅스의 커피가격과 비교해 그만한 가격을 받을 가치가 있는지에 대한 인식을 토대로 이루어진다. 만약 프리미엄 이미지를 가진 스타벅스의 커피가격도 3,500원이라면, 소비자는 상대적으로 고급이미지가 떨어지는 카페베네의 커피가격이 비싸다고 평가할 수 있다(더 좋은 원두를 사용하더라도).

이와 같이 소비자가 어떤 대안을 평가할 때 준거점과 비교하여 그 대안이 이득 혹은 손실 영역에 위치하는지를 판단해 그 대안의 상대적 가치를 결정하는 것을 프로스펙트 이론(Prospect Theory)이라고 부른다. 이때 소비자는 손실을 같은 크기의 이득에 비해 상대적으로 더 크게 지각하는 **손실회피성향**(loss aversion)을 보인다. 소비자의 준거의존성과 손실회피성향은 브랜드 전략수립의 중요한 근거가 된다. 특히, 소비자들이 어떤 경쟁브랜드를 준거점으로 삼아 자사 브랜드의 가치를 평가하는지에 대한 이해는 브랜드전략수립에 유용한 통찰력을 제공한다.

예를 들어, 과거 이동통신시장에서 번호이동성제도(011, 016, 019)가 도입되었을 때 소비자들의 LGU+ 제품에 대한 평가와 SK텔레콤에 대한 평가를 프로스펙트 이론에 의해 설명할 수 있다. SK텔레콤 제품에 익숙해 있던 소비자들은 LGU+를 SK텔레콤에 비해 상대적으로 요금이 저렴한 반면에 통화품질을 포함한 고객서비스품질에 대해서는 상대적으로 낮게 지각할 수 있다. [그림 2-9]에서 만일 SK텔레콤의 지각된 품질수준과 가격을 준거점으로 이용할 경우에 SK텔레콤 소비자는 LGU+에 대한 평가를 할 때 지각된 품질에 있어서는 손실을 지각하고 가격에서는 이득을 느낄 것이다. 즉 전반적 통신서비스 품질은 SK텔레콤보다 낮고 가격은 상대적으로 저렴한 것으로 지각할 수 있다. 이러한 경우, 손실회피성향으로 인하여 SK텔레콤 소비자들은 지각된 품질에서 L만큼의 손실이 주는 비효용을 가격에서 G만큼의 이익이 주는 효용보다

그림 2-9 | 프로스펙트 이론 관점에서 본 이동통신 브랜드에 대한 소비자 평가

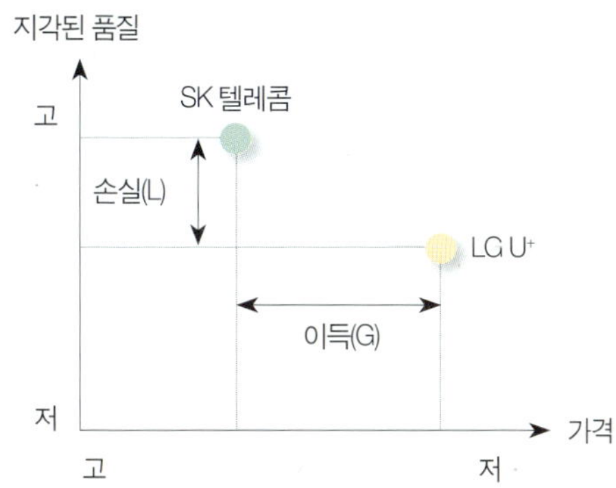

크게 느끼게 되므로 LGU+보다 SK텔레콤을 더 선호할 가능성이 높아지는 것이다.

SK텔레콤 제품은 시장에 먼저 진입한 **시장개척 브랜드**(market pioneer)이기 때문에 오랜 기간에 걸쳐 소비자의 마음속에 하나의 준거점(reference product)으로 자리 잡게 되며 이러한 준거효과에 따른 추가적인 효용을 누리게 된다. 즉, 시장개척 브랜드로서 SK텔레콤이 갖는 장점은 다른 경쟁브랜드들의 성능을 비교하는 데 준거점이 되기 때문에 경쟁브랜드들이 성능에서 탁월한 경쟁우위를 갖지 않는 한 SK텔레콤에 대한 선호가 유지된다는 것이다. 일반 조미료 시

SK텔레콤이 시장개척 제품이기 때문에 소비자 마음속에 준거제품으로 자리 잡았다면 이러한 준거효과에 의한 추가적인 효용창출은 'SK텔레콤'의 자산이 될 수 있다.

표 2-2 | 미국의 제품별 시장점유율 1위 브랜드(1925년과 1985년의 비교)

제품종류	1925년 1위 브랜드	1985년 순위	제품종류	1925년 1위 브랜드	1985년 순위
베이컨	Swift	1	파이프담배	Prince Albert	1
건전지	Eveready	1	면도기	Gillette	1
비스켓	Nabisco	1	재봉틀	Singer	1
시리얼	Kellogg	1	와이셔츠	Manhattan	5
카메라	Kodak	1	식용유	Crisco	1
과일통조림	Del Monte	1	비누	Ivory	1
껌	Wrigley	1	청량음료	Coca-Cola	1
초콜릿	Hershey	2	수프	Campbell	1
밀가루	Gold Medal	1	차	Lipton	1
캔디	Life Savers	1	타이어	Goodyear	1
페인트	Sherwin-Willi	1	치약	Colgate	2

자료원 : Thomas S. Wurster, *The Leading Brands: 1925-1985, Perspectives*, Boston Consulting Group Publication, 1987.

장에서 미원이 오랜 기간 동안 미풍에 대해 가질 수 있었던 브랜드자산의 원천도, 하이트맥주가 OB맥주에 대해 가졌던 브랜드자산의 우위도 이러한 준거제품으로서의 위상정립에서 **직접적인 관련성**을 찾아볼 수 있다. 수많은 강력한 브랜드들이 오랜 시간에 걸쳐 시장에서 선도제품으로서의 이득을 누려오고 있는 것은 결국 이러한 브랜드들이 소비자의 마음속에 먼저 자리 잡아 각 제품군에 있어 준거제품으로 자리 잡고 있기 때문이다. 〈표 2-2〉는 미국시장의 경우 각 제품군에서 준거제품으로서의 포지션을 구축한 브랜드들의 예를 보여주고 있다.

이러한 준거효과는 시장개척브랜드와 후발브랜드의 브랜드마케팅전략 수립에 서로 다른 영향을 미친다.

1) 시장개척(선발)브랜드의 경쟁우위(Pioneer Advantage)

대체로 시장에 먼저 진입한 브랜드가 시장진입이 늦은 후발브랜드에 비해 더 높은 시장점유율을 누린다. 우리나라의 경우 조미료 시장에서 미원은 후발브랜드인 미풍의 공격적인 마케팅에도 불구하고 화학조미료 시장의 선두주자자리를 빼앗긴 적이 없었다. 그렇지만 미풍이 당시로서 혁신적인 제품인 다시다를 출시해 새로운 천연조미료 시장을 창출하고 그 시장을 선점하게 되자 미원에서 내놓은 맛나는 다시다에게 항상 선두자리를 빼앗겼다. 외국의 경우에서도 Jello-O나 Federal Express, Ivory 비누와 같은 브랜드들은 각 제품군에서 준거제품으로 여겨

브랜드마케팅 따라잡기

60년 이상 최초 시장진입브랜드로서의 경쟁적 이점을 유지하고 있는 연양갱·칠성사이다

국내 식품업계에선 한 해 1,000개 안팎의 신제품이 쏟아지지만 이 중 3년을 넘기는 제품은 20%, 10년 후까지 살아남는 제품은 10% 미만이다. 하지만 출시된 지 반백년(50년)이 넘었어도 여전히 '팔팔'한 매출을 올리는 장수제품들도 있다. 서울우유와 연양갱, 칠성사이다, 미원이 그 주인공이다.

'서울우유'는 1937년 설립된 경성우유협동조합이 같은 이름으로 출시한 1홉(180㎖)짜리 우유가 원조다. 1945년 해방 후 서울우유협동조합으로 회사명이 바뀌면서 '서울우유'로 재출시되었다. 서울우유와 같은 해 나온 연양갱은 해태제과 출범과 함께 출시된 국내에서 가장 오래된 과자제품이다. 1990년대까지만 해도 중장년층만 찾던 '추억의 먹거리'였지만 2000년대 들어 등산, MTB, 마라톤 등 레포츠 붐 속에 '레저 간식'과 다이어트식으로 젊은 층에게도 각광받으며 제2의 전성기를 맞고 있다.

롯데칠성음료의 칠성사이다는 1950년 선보인 이래 사이다 시장의 76%를 차지하고 있다. 롯데칠성 관계자는 "시원한 맛은 물론 콜라와 달리 카페인, 인공색소, 합성향료 등을 넣지 않은 것도 소비자들이 선호하는 이유"라고 설명했다.

미원은 1956년 대상그룹 창업주인 임대홍 전 회장이 만든 국산 조미료 1호다. 웰빙 열풍에 소비자들의 시야에서 멀어진 듯 하지만 지금도 발효조미료 시장의 75%를 점한다. 해태제과의 크라운 산도(1961년)와 삼립 크림빵(1964년), 해태제과 브라보콘(1970년), 한국야쿠르트 야쿠르트(1971년), 농심 새우깡(1971년), 빙그레 바나나우유(1974년), CJ제일제당 다시다(1975년) 등이 장수 브랜드의 관록을 보여주고 있다.

'팔팔'한 반백년 브랜드

	서울우유	연양갱	칠성사이다	미원
제조사		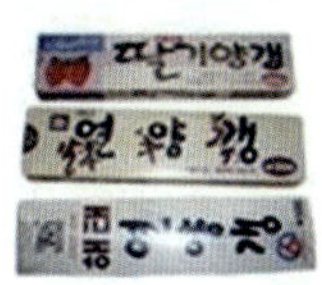		
출시연도	1937년(1945년 재출시)	1945년	1950년	1956년
매출액(2008년)	2,640억 원	200억 원	2,700억 원	1,100억 원
시장점유율	37%	80%	76%	75%

자료: 각 사

표 2-3 | 후발주자가 선발주자를 추월한 예

브랜드	선발주자	후발주자
Word processing	Word Star	WordPerfect
Spreadsheet software	Unicalc	Lotus 1-2-3
Credit cards	Diners' Club	Visa and Mastercard
Ball-point pens	Reynolds	Parker
CAT scanners	EMI	General Electric
Hand calculators	Bowmar	Texas Instruments
Food processors	Cuisinart	Black & Decker

자료원: Steven P. Schnaars, *Managing Imitation Strategies: How Later Entrants Seize Markets form Pioneers*(New York: Free Press, 1994).

지고 있기 때문에 나중에 시장에 진입한 브랜드들의 평가에 있어 비교의 기준이 되는 것이다. 그렇게 되면 소비자들은 후발브랜드가 준거점이 되는 시장개척브랜드에 비해 특별히 더 나은 무엇을 제공하기 전에는 시장개척브랜드를 더 선호하게 되는 것이다. 그러나 시장개척브랜드가 무사안일하게 시장의 변화에 대응하거나, 회사경영의 미숙으로 제품이나 서비스의 품질이 나빠지게 되는 경우에는 새로운 도전자에게 시장의 선두자리를 내놓게 된다. 〈표 2-3〉은 후발주자가 선발주자를 따라잡은 예를 제시한 표이다.

이상에서 알 수 있듯이, 자사제품이 다른 경쟁브랜드들과 비교하기 위한 준거점이 된다는 것은 시장의 선두주자를 뒤바꿀 수 있을 정도로 위력적이기 때문에 브랜드가 성공적인 브랜드마케팅전략을 이용하여 준거제품으로 위상정립을 하는 것은 경쟁우위를 유지하는 데 있어 매우 중요한 과제인 것이다.

2) 후발주자의 브랜드전략

후발주자들이 시장선도적 지위를 갖고 있는 시장개척(선발)브랜드와의 경쟁에서 살아남기 위해서는 기존의 선발주자가 준거제품으로서 어느 정도의 강력한 위상을 갖고 있는지를 파악해야 한다.

만약 선발주자가 준거브랜드로서의 위상이 그다지 강하지 않고 후발브랜드가 기존 선발브랜드에 비하여 상대적으로 우위의 품질력을 자신한다면, 공세적 브랜드마케팅전략을 사용하는 것이 바람직하다. 즉, 기존 브랜드보다 더 나은 제품을 유사하거나 더 낮은 가격에 내놓음으로써 선발브랜드가 갖고 있는 준거브랜드의 위상을 빼앗아 오는 것이다. 이러한 브랜드전략

브랜드마케팅 따라잡기

퍼스트 무버였던 1세대 IT기업 브랜드들의 몰락

많은 경영학 서적은 경쟁자가 없는 푸른 바다로 나아가라는 '블루오션' 전략이나, 감히 경쟁자가 따라올 수 없는 경지에 올라 창조적 독점을 하라는 피터 틸(페이팔 창업자)의 '제로 투 원' 같은 것을 제안한다. 하지만 먼저 치고 나간 기업이라 해서, 더 우수한 기술을 가진 기업이라 해서 꼭 성공하는 것은 아니다. 망설이는 무리 가운데서 과감하게 바다에 뛰어드는 첫 번째 펭귄(퍼스트 무버)이 아니라 약삭빠르게 그 뒤를 쫓아간 두 번째, 세 번째 펭귄(패스트 팔로어)이 성공하는 일이 허다하다.

등장과 퇴장이 빠른 정보기술(IT) 업계에선 더욱 그렇다. 2016년 들어 야후와 트위터, 그루폰 등이 실적부진으로 고전했다. 야후는 검색분야에서, 트위터는 소셜네트워크서비스(SNS) 분야에서, 그루폰은 소셜커머스 분야에서 각각 '1세대'에 속하는 기업들이다.

야후는 검색·메일·광고 등 인터넷 사업에서 고전하고 있다. 현재 야후를 검색엔진으로 쓰는 사람 비중은 10.4%에 불과하다. 마이크로소프트(MS)의 빙(Bing)에도 밀린다. 인터넷부문을 팔고 알리바바와 야후재팬 등의 지분만 관리하는 회사로 주저앉는 방안이 진지하게 검토되고 있다. 한때 페이스북과 어깨를 나란히 했던 트위터는 적자 상태고, 2015년 하반기부턴 사용자 수 정체가 시작됐다. 그나마 실적부진이 거론된다는 것은 해당 기업들이 살아는 있다는 것이다. 그리고 미디어에 보도될 만큼의 규모를 아직 유지하고 있다는 것을 뜻한다. 그 뒤에는 무수히 많은, 스러져간 '퍼스트 무버'들의 무덤이 있다.

1999년 개인간(P2P) 파일공유서비스를 선보인 냅스터는 저작권 위반 문제를 해결하지 못하고 2002년 파산했다. 1990년대를 풍미한 인터넷 브라우저 알타비스타는 2013년 7월 서비스를 완전히 종료했다. 트위터보다 먼저 2003년 SNS 사업모델을 선보인 마이스페이스는 2005년 뉴스코퍼레이션에 팔릴 때까지만 해도 성공한 IT 기업의 상징이었지만 지금은 '아직 안 망했

IT퍼스트 무버들의 몰락

야후 (검색엔진 및 포털서비스) YAHOO!
- 1995년 3월 서비스 시작, 구글 등에 밀려 실적 부진
- 7개 디지털매거진 폐쇄, 대규모 감원 등 구조조정 중

마이스페이스 (소셜네트워크서비스) myspace
- 2003년 8월 설립, 2005년 7월 뉴스코퍼레이션에 매각
- 2008년 이후 지속적으로 사용자 감소

냅스터 (음악파일 공유서비스)
- 1999년 1월 P2P서비스 시작, 2002년 중단
- 록시오에 인수된 뒤 온라인 음원판매업체로 바뀌었다가 2011년 베스트바이 계열 랩소디어 재인수

넷스케이프 (인터넷 브라우저) Netscape
- 1994년 설립, 1999년 AOL이 인수
- 익스플로러에 밀려 2007년 12월 이후 브라우저 개발지원 중단

그루폰 (소셜커머스) GROUPON
- 2008년 설립, 2010년까지 승승장구
- 2011~2014년 적자-현지화 실패 등으로 일부 시장에서 철수

느냐'는 질문을 받는 처지다(아직 서비스는 하고 있다). 한때 마이크로소프트의 익스플로러와 '브라우저 대전'을 벌였던 넷스케이프는 2007년 12월부터 더 이상 브라우저 업데이트를 지원하지 않고 있다. 지금은 소규모 인터넷 서비스 공급자로 전락했다.

퍼스트 무버는 불가피하게 시행착오의 비용을 치러야 한다. 냅스터처럼 사업모델 자체가 법적 논란에 휘말릴 수도 있고, 시장을 개척하고 사업모델을 인지시키는 데 큰 비용이 들어간다. 제조업과 달리 IT에서는 진입장벽이 높지 않다. 스마트폰이 등장한 뒤 생태계가 많이 바뀐 것도 1세대 기업들의 실패요인 중 하나일 것이다. 투자를 받으면 외부 입김에 휘둘리게 된다. 챙겨야 할 것이 많아지면서 가장 중요한 사용자 경험은 뒷전에 밀려나기가 쉬워진다. 후발주자에 밀려나는 원인을 스스로 제공하는 셈이다.

자료원: 한경, 2016.2.20.

은 매력적으로 보이기는 하지만 이를 성공적으로 실행에 옮기기는 어렵다. 후발브랜드는 시장 선도적 지위를 구축한 선발주자와의 전면전에서 버틸 수 있는 충분한 자금력을 갖추고 있는지를 점검해 보아야 하며, 새로운 브랜드의 인지도 열세를 만회하기 위해 공격적이고 효율적인 마케팅커뮤니케이션 캠페인을 성공적으로 도입할 수 있는지를 판단해야 한다. 이러한 공세적 브랜드전략은 차별화(differentiation) 브랜드전략과 도전적(challenging) 브랜드전략으로 다시 구분될 수 있다.

차별화(differentiation) 브랜드전략은 선발브랜드의 제품포지서닝과 차별화되는 브랜드컨셉을 사용하여 준거제품으로서의 위상을 확립하려는 것이고(예: OB맥주 vs Hite, Honda Motor Cycle vs Harley Davidson), 도전적(challenging) 브랜드전략은 선발브랜드의 제품포지셔닝과 유

그림 2-10 | 후발주자의 경쟁적 브랜드전략

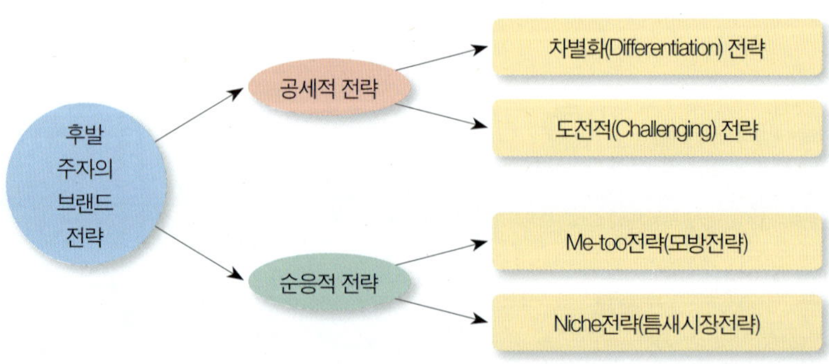

브랜드마케팅 따라잡기

후발주자의 브랜드전략 사례

Me-too 선략을 사용하는 후발주자의 예로서, 화장품 시장에서 고가의 브랜드가 성장하고 있을 때, 기능은 비슷하지만 저렴한 가격으로 소비자들에게 어필한 미샤를 들 수 있다. 미샤의 전략은 자사제품이 SK-2나 에스티로더와 같은 고가수입브랜드 제품의 중요한 기능 및 속성들과 일치하다는 것을 소비자에게 내세우는 것이다. 미샤가 고가 수입화장품 브랜드의 주요 기능과의 유사성을 강조하는 것은 두 가지 이유에서이다. 첫째, 그러한 기능이 사용자에게 매우 중요하기 때문이다. 만약 그런 주요한 기능이 없다면 소비자들은 후발브랜드를 고려하지 않을 것이다. 둘째, 포지셔닝전략이 쉬워진다. 사용방법, 크기, 특성 등을 설명하는 대신 미샤가 모든 기능이 동일하며 단지 가격이 저렴할 뿐이라고 이야기함으로써 소비자들에게 쉽게 소구할 수 있다.

이에 관한 성공적인 마케팅전략으로서 예를 들어, 미샤가 수입화장품 에스티로더의 유명제품을 카피해 비교 품평을 내놓으며 제품을 광고한 것을 들 수 있다. 에스티로더제품의 이름, 용기 디자인, 마케팅을 카피한 제품을 내놓은 것이다. 이 제품 역시 소비자들의 큰 인기를 끌었다. 즉, 만약 어떤 속성이 매우 중심적인 속성이라면 그 속성이 다른 경쟁자가 먼저 차지하고 있더라도 강조해야 할 때가 있다. 이렇게 하여 미샤는 고급 수입화장품 브랜드가 사용한 컨셉과 유사한 기능을 가졌지만 저렴한 가격을 어필하는 차별화된 전략으로 성공하였다.

사한 브랜드컨셉으로 선발브랜드의 포지셔닝 자체를 위협하는 브랜드전략이다(예: Hertz vs Avis, 하겐다즈 vs 나뚜르, 롯데 자일리톨 vs 오리온 자일리톨).

만약 후발주자가 선발주자의 준거브랜드로서의 위상을 제압할 수 없다고 판단하면 후발브랜드는 Me-too브랜드전략이나 틈새시장(niche) 브랜드전략을 선택해야 한다. Me-too브랜드전략은 제품 성능에서 선발주자와 유사하면서 가격에서 이점이 있음을 강조하는 전략으로 선발주자에게 상대적으로 덜 위협적이며 가격에 민감한 일부 소비자들을 유인하는 전략이다.

우리나라 가전제품이나 자동차 등의 초기 수출상품이 대부분 이러한 Me-too브랜드전략을 따르고 있었다. 이 전략은 단기간 내에 시장에서 어느 정도의 기반을 잡을 수 있다는 장점이 있으나, 장기적으로 시장의 선두주자가 되기 위한 전략으로는 부적절하다. 틈새시장 브랜드전략은 선발주자와 차별화된 브랜드컨셉으로 포지셔닝하며 프리미엄 가격으로 시장규모가 작은 특정 세분시장에서 이익을 극대화하는 전략이다(예: LG 죽염치약 vs 동화약품 잇치치약).

03 시장구조

시장구조는 고객들에 의해 유사하게 인식되는 브랜드들의 집합인 **하위시장**(sub-market)들이 어떻게 구성되어 있는지를 보여주는 것으로, 어떤 브랜드들이 보다 직접적인 경쟁관계에 있는지를 보여준다. 가장 대표적인 시장구조로는 프리미엄(premium)브랜드, 일반(regular)브랜드, 저가(low price)브랜드 등 3개의 하위시장으로 구성된 제품시장을 예로 들 수 있는데, 이는 품질·가격에 따라 제품시장 내의 브랜드들을 각각의 하위시장으로 분류한 것이다. 가령, 자동차의 경우 가격에 따라 대형/중대형/중형/중소형/소형/경차의 6개의 하위시장으로 구분할 수 있는데, 대부분의 내구재와 비내구재 제품들을 프리미엄/일반/저가의 하위시장으로 구성된 계층적 시장구조로 파악할 수 있다. 이외에 제품의 특성 혹은 성분에 근거해 시장구조를 파악할 수 있다(예: 가루형 세탁제/액체형 세탁제, 탄산음료/이온음료/전통음료/과즙음료 등). 이러한 시장구조분석이 브랜드전략에서 중요한 이유는 시장의 경쟁구조가 어떤 모습을 갖는지에 따라 브랜드컨셉의 경쟁포지셔닝이 달라지고, 이에 따라 강조해야 할 제품속성이나 브랜드이미지가 다를 수 있기 때문이다.

시장구조에 기반한 브랜드전략의 이론적 기초는 Hauser(1986)의 **아젠다 이론**(Agenda Theory)에서 찾을 수 있다. 아젠다 이론에 의하면 소비자들은 상품선택 시 일련의 순서에 따라 의사결정을 내리며, 이러한 단계적 의사결정의 유형은 크게 하향식(Top-Down) 의사결정과 상향식(Bottom-Up) 의사결정으로 나눌 수 있다고 제안한다. 하향식 의사결정은 주로 내구재와 같이 브랜드선택에 수반되는 위험의 정도가 크고 제품에 대한 소비자의 지식수준이 비교적 낮

그림 2-11 | 아젠다 이론에 따른 브랜드전략

브랜드마케팅 따라잡기

브랜드 상기와 시장구조효과

캐나다 토론토 대학의 프라카쉬 네던가디 교수는 브랜드 상기가 구매결정에 어떻게 영향을 주는가를 재치있는 실험연구를 통하여 보여 주었다. 그의 실험에서는 패스트푸드 레스토랑을 전국체인과 지방체인으로 분류한 후, 선호도와 구매의도 조사에 근거하여 전국체인과 지방체인의 유명 브랜드(맥도날드, 조스델리)와 유명도가 낮은 브랜드(웬디스, 서브웨이)를 파악하였다. 따라서 전국체인에는 유명 브랜드로서 맥도날드를, 유명도가 낮은 브랜드로서 웬디스가 포함되었으며, 지방체인에는 유명 브랜드로서 조스델리가, 유명도가 낮은 브랜드로서 서브웨이가 포함되었다.

통제집단을 제외하고 각 실험집단에 속한 응답자들은 집단별로 위의 네 가지 브랜드 중 한 브랜드에 대한 세 가지 질문에 응답하였다. 그리고 잠시 후에는 여러 레스토랑이 적힌 리스트에서 방문할 의향이 있는 곳을 선정하도록 요청받았다. 이 실험연구에서 매우 흥미로운 결과가 나왔다. 유명 브랜드(맥도날드 또는 조스델리)에 대해 미리 질문을 한 경우에는 그 브랜드에 대한 상대적 선호도가 변하지 않았음에도 불구하고 그 브랜드를 선택하는 비율이 크게 증가했다. 이것은 유명 브랜드의 경우, 브랜드 상기도가 높아졌을 때는 선호도 변화없이도 브랜드선택이 영향을 받게 됨을 보여주는 것이다. 그러나 지방체인의 경우에는 미리 질문을 했던 브랜드가 유명도가 낮은 서브웨이일 때 오히려 유명 지방 브랜드인 조스델리에 대한 선택비율이 크게 증가했는데, 이는 유명도가 낮은 서브웨이가 소개될 때 조스델리 이름이 응답자들의 마음에 떠올라 조스델리에 대한 브랜드 상기도가 간접적으로 높아졌기 때문이다. 따라서 하부시장에서 강한 위치를 점하고 있는 브랜드는 그 하부시장에 대한 소비자의 관심을 환기시킴으로써 시장점유율을 높일 수 있다.

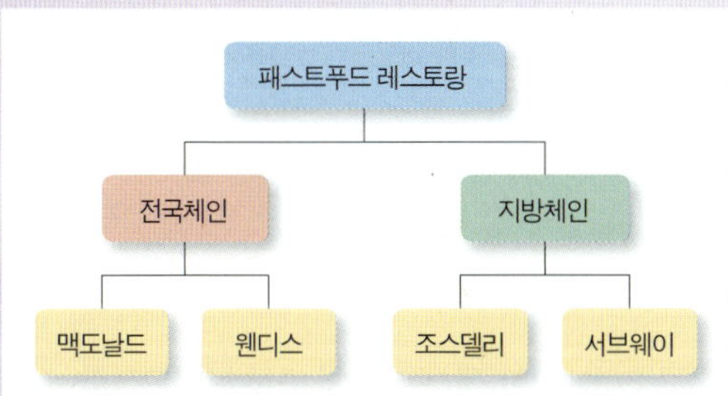

자료원: David A. Aaker, *Managing Brand Equity*(New York: The Free Press, 1991).

을 때 흔히 이용되는 반면에 상향식 의사결정은 생활용품이나 식료품과 같이 브랜드 선택에 수반되는 위험의 정도가 상대적으로 낮고 잦은 구매로 인해 제품에 대한 소비자의 지식수준이 높은 비내구재 제품군을 구매할 경우에 많이 사용되는 경향이 있다.

하향식(Top-Down) 의사결정에서는 계층적 시장구조의 맨 위에서부터 단계적으로 밑으로 내려가면서 선택의사결정이 이루어진다. 예를 들어, 자동차를 구매하려는 소비자가 대형/중대형/중형/중소형/소형의 하위시장집단들 가운데 중형차 하위시장을 먼저 선택하고, 중형차 집단에 속하는 브랜드들인 Sonata, K5, SM5, i40 중에서 하나의 브랜드를 선택하는 과정을 갖는다면, 이는 하향식 의사결정방식을 따르는 것으로 볼 수 있다. 이에 반해 음료수를 구매하는 소비자가 탄산음료 브랜드집단에서 펩시콜라를, 이온음료 브랜드집단에서 게토레이를, 그리고 과즙음료 브랜드집단에서 델몬트를 선택한 후, 펩시콜라, 게토레이, 델몬트의 세 가지 브랜드 중에서 게토레이를 최종적으로 선택한다면, 이는 상향식(Bottom-Up) 의사결정방식을 따르는 것이라고 볼 수 있다.

이러한 아젠다 이론은 브랜드전략에 많은 시사점을 제공한다. 예를 들어, 원유가가 인상되면 소비자들의 경차나 소형차에 대한 선호가 증가될 수 있다. 이 경우 중형차 하위시장의 규모가 축소될 것을 우려하는 중형차모델 마케팅관리자는 다른 중형차 대비 자사 중형차 브랜드의 차별점을 강조하기보다는 경차나 소형차와 비교하여 중형차의 차별화 요인인 편안함, 안전성, 운행의 즐거움을 강조함으로써 중형차 하위시장 자체에 대한 전반적인 선호도를 높이는 것이 브랜드전략의 초점이 되어야 할 것이다.

반면에 상향식 의사결정방식을 따르는 비내구재 제품에서는 브랜드의 시장 내 위상에 따라 두 가지의 차별적 브랜드전략이 요구된다. 첫째, 자사브랜드가 해당 제품군 내에서 선도적 지위를 구축한 경우에는 자사브랜드가 속해 있지 않은 다른 제품군과의 차별성을 강조하는 브랜드전략에 초점을 두어야 한다. 둘째, 시장에서 확실한 선도적 지위를 구축하지 못한 브랜드들은 같은 제품군 내에서 타경쟁브랜드들과 비교한 자사브랜드의 차별적 우위와 선호도 제고에 초점을 맞추는 브랜드전략을 수립해야 한다.

이상에서 설명된 아젠다 이론에 따른 브랜드전략을 [그림 2-12]를 이용하여 설명하면 좀

그림 2-12 | 품질 · 가격에 기반한 계층적 시장구조하에서 아젠다 이론에 따른 브랜드전략

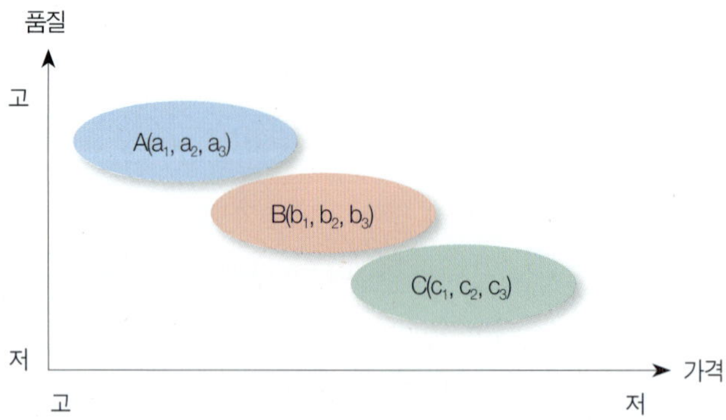

브랜드마케팅 따라잡기

새로운 제품카테고리 창출을 통해 가구산업에서 시장선도적 지위를 구축한 IKEA

IKEA 역시 가구업계에서 새로운 카테고리를 창출하여 시장을 선도한 좋은 사례이다. 스웨덴의 가구업체 IKEA는 많은 사람들이 구매할 수 있는 저렴하고 합리적인 가격으로 훌륭한 디자인과 실용성을 갖춘 다양한 가정용 가구를 제공함으로써 소비자들에게 새로운 가치를 제공해 준 브랜드로서, 전 세계 약 250여 개의 매장을 보유하고 있다.

제2차 세계대전 이후 스웨덴에서는 대규모 인구이동이 시작되었고, 도시 인구집중 현상이 나타났다. 이러한 인구이동에 따라 가구에 대한 수요가 급증하였다. 그들 중 젊은 세대들은 값이 싸면서 그들의 개성을 살려줄 만한 가구를 원했지만, 그들의 니즈(Needs)를 만족시킬 만한 가구가 존재하지 않았다. IKEA는 이런 소비자들의 Needs를 잘 파악하여 그들의 욕구를 만족시킬 수 있는 가구를 판매하였다.

IKEA 이전의 유럽 가구업체들은 고전적이며 장중한 스타일의 고급가구를 생산하여 시장에 제공하였다. 따라서 서민층이 가구를 구입하기에는 상당히 부담스러웠다. 또, 매장은 번화가에 위치하여 소형 안내책자를 통해 제품을 소개하고 영업사원이 직접 소비자에게 제품에 대한 이해를 시키고 택할 수 있도록 돕는 방식이었다. 또 주문한 후 6~8주 뒤에 제품을 받아볼 수 있어서 불편한 점이 많았다.

IKEA는 젊은 세대의 저렴한 가격에 대한 니즈를 파악하고 합리적인 가격으로 가구를 제공하였다. 또한 카탈로그를 도입하여 매장 제약 없이 다양한 가구 디자인 구성이 가능하게 되었으며, 통신판매에 대한 고객의 낮은 신뢰도를 가구전시장 개관을 통해 극복하였다. 이와 같이 통신판매와 가구전시장을 통합한 새로운 비즈니스 모델로 IKEA는 큰 성공을 거두었다. 또한 DIY(Do It Yourself) 개념을 도입하여 물류비용을 절감시키면서 고객들에게 조립의 수고를 하는 대신 더욱 값싸고 질 좋은 제품을 제공할 수 있었다.

IKEA는 합리적 가격과 단순하고 현대적인 스타일, 그리고 체험브랜드라는 컨셉을 바탕으로 경제적인 여유가 부족한 20~30대의 젊은 계층을 주로 공략하여 꾸준한 성장을 거듭하여 오늘에 이르렀다. 교외에 위치한 대형 창고형 매장, 가구 전시형 매장, Flat Package를 통한 DIY 개념의 도입 등으로 기존 가구업체와는 전혀 다른 모델로 소비자에게 다가가 새로운 카테고리를 창출한 IKEA는 시장을 선도하는 지속적인 경쟁우위를 구축하게 되었다.

더 쉽게 이해를 할 수 있을 것이다.

[그림 2-12]는 한 제품시장이 품질, 가격에 따라 크게 3개의 하위시장으로 구성되는 계층구조를 이루고 있음을 보여주고 있다. 이 제품군에서 대다수의 소비자가 하향식 의사결정방식으로 브랜드를 선택한다면 소비자들은 A-B-C 가운데 한 하위시장을 먼저 선택한 다음 그 하

위시장에 속하는 브랜드들 가운데 어느 한 브랜드를 선택할 것이다. 따라서 소비자의 고려상표군은 어느 특정 하위시장에 소속된 브랜드들로 이루어지고, 최종선택은 특정 하위시장 내의 경쟁브랜드들로 구성된 고려상표군 내에서 이루어지는 것이다. 이 경우 브랜드마케팅전략의 초점은 A-B-C의 각 하위시장들 간의 차별성에 맞춰지는 것이 보다 효과적이라고 할 수 있다.

반면에 이 제품군에서 대다수의 소비자가 상향식 의사결정방식으로 브랜드를 선택한다면, 소비자들은 먼저 a_1-a_2-a_3 브랜드들 중에서 어느 한 브랜드를 A하위시장의 대표브랜드로서 머릿속에 인식하고, 마찬가지로 b_1-b_2-b_3 중에서 어느 한 브랜드를 B하위시장의 대표브랜드로, 그리고 c_1-c_2-c_3 중에서 어느 한 브랜드를 C하위시장의 대표브랜드로 인식하게 된다. 예를 들어, a_1, b_1, c_1이 각각 A, B, C하위시장의 대표브랜드로서 인식된다면, 이 소비자의 고려상표군은 (a_1, b_1, c_1)의 세 가지 브랜드로서 구성될 것이고, 소비자는 이러한 고려상표군 내에서 최종적으로 구매결정을 하는 것이다. 이러한 경우 브랜드마케팅전략의 초점은 각 하위시장 A, B, C 내에서 대표브랜드가 될 수 있도록 같은 집단 내의 경쟁브랜드들에 대비한 차별성에 맞추는 것이 효과적이다.

우리는 위에서 아젠다 이론을 기초로 하여, 소비자가 특정브랜드를 최종적으로 선택하기 위해 채택하는 의사결정과정을 시장구조와 연결시켜 설명했고, 의사결정과정(즉, 의사결정 아젠다)에 따라 브랜드전략의 초점을 달리해야 한다는 점을 설명하였다.

04 맥락효과

맥락효과(context effects)는 소비자의 의사결정이 그 결정을 내리는 시점의 상황적 맥락(context)에 의해 영향을 받는 것을 말한다. 맥락효과는 크게 두 가지 형태로 나눌 수 있다. 첫째는 기존의 제품군에 새로운 대안이 추가됨에 따라 소비자의 선택이 영향을 받는 경우인데, 우리는 이것을 **선호전이**(preference shift)라고 부른다. 둘째는 상황적 요인(구매목적, 구매상황)에 따라 대안에 대한 선호체계가 달라져, 그 결과로 대안의 선택이 달라지는 경우인데, 우리는 이를 **다중선호체계**(multiple preference structure)라고 부른다([그림 2-13] 참조).

선호전이에 의해 맥락효과가 발생하는 대표적인 예로는 대체효과(substitution effect), 유인효과(attraction effect), 타협효과(compromise effect) 등이 있으며, 다중선호체계에 의해 맥락효과가 발생하는 대표적인 예로는 trade-off 대조효과(trade-off contrast effect)가 있다.

브랜드마케팅 따라잡기

최고급승용차 시장에서의 Lexus의 성공에 따라 브랜드이미지가 더욱 강화된 Toyota

Toyota 자동차는 미국시장에서 소형차 Corolla와 중형차 CAMRY로서 널리 알려져 있었다. 견고하고, 고장나지 않고, 불량률이 매우 낮으며, 중저가의 소형 사이즈의 자동차를 잘 만드는 회사로 정평이 나 있었다. 이 때까지만 해도 Toyota 자동차가 상징하는 품질의 이미지는 신뢰성, 내구성, 적합성 등의 차원이었다. 그러나 아직까지는 품질의 다른 차원들, 즉 성능, 서비스력, 디자인, 미학에서는 미국이나 유럽산 고급 승용차들에 못 미치고 있다고 자체적으로 평가하였다. 이러한 품질의 차원에서의 이미지 구축은 Toyota 자동차의 장기적인 성장과 전반적인 브랜드자산의 형성에 매우 중요한 영향을 미칠 것으로 판단되었다. 그뿐 아니라, 자동차 기술의 새로운 발달을 주도하기 위해서도 가격으로 승부하는 소형사이즈의 중소형차 시장에서 고급대형차 시장으로의 사업영역 확대가 필수적임을 깨달았다. 이에 따라 Toyota는 새로운 고급자동차를 시장에 출시하여 품질의 다른 주요차원들인 성능, 기능, 서비스력에 도전하기로 결정하였다. 이러한 결정으로 만들

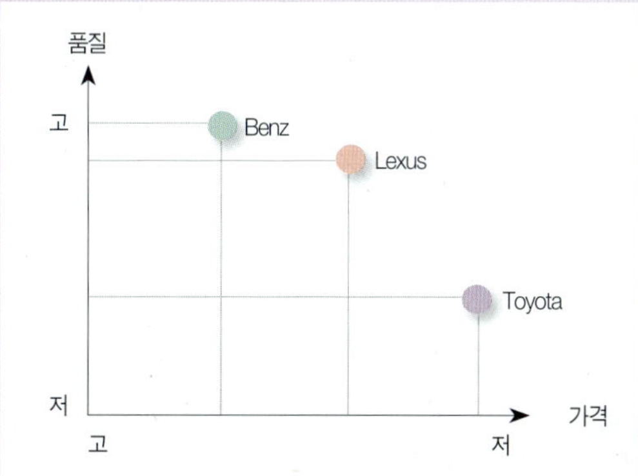

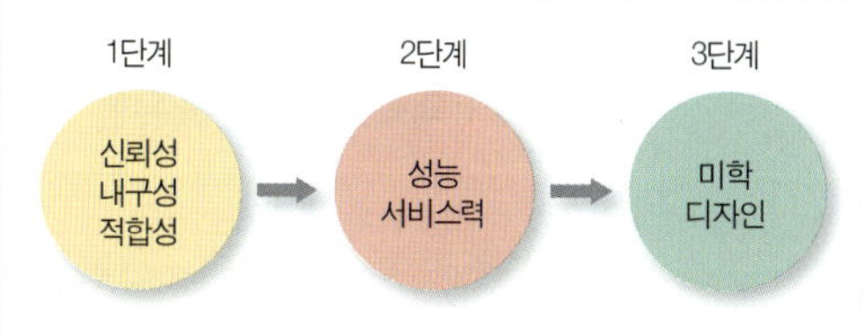

품질 차원의 3단계 발전 과정

어진 것이 Lexus자동차이다. Toyota는 개별 브랜드전략을 도입하여 Lexus와 Toyota의 연관성을 강조하지 않고 단지 일본 자동차가 가지는 긍정적인 연상들, 즉 신뢰성, 내구성, 적합성의 기반 위에 고급승용차의 연상을 심기 위해 내부 디자인, 성능, 그리고 애프터 서비스 등에서 최고급 유럽산 승용차인 Benz에 전혀 뒤지지 않는 품질수준을 이루어 냈다. 하지만 기존 고급승용차 고객들에게 Second car로서 Lexus를 구매하도록 유도하기 위해서 가격을 동급의 Benz에 비하여 \$10,000~\$15,000이나 파격적으로 싸게 책정하였다.

이러한 Lexus의 상대적 저가격 정책은 잠재 구매자들의 인식 상에서 Benz를 성능에 비해 가격이 너무 비싼 것으로 지각하게 만들었고, 그 결과 Benz를 Lexus보다 열등한 대안으로 인식하게 만드는 일종의 유인효과를 창출함으로써 Lexus의 가치를 상대적으로 더 높게 평가하게 만들어 주었다.

이러한 고품질과 저가격 포지셔닝에 기반한 파격적인 브랜드전략에 힘입어 Lexus는 고급승용차 시장에 성공적으로 진입하게 되었으며, 뛰어난 품질과 애프터 서비스의 노력으로 재구매율 43% 이상의 자동차 업계 최고의 기록을 세우게 되었다.

Toyota 자동차는 이제 정서적/쾌락적 품질차원인 디자인과 미학에서 세계 자동차 업계를 평정한다면 말 그대로 세계에서 가장 최고 품질의 자동차 회사가 될 것이다.

그림 2-13 | 맥락효과의 주요유형

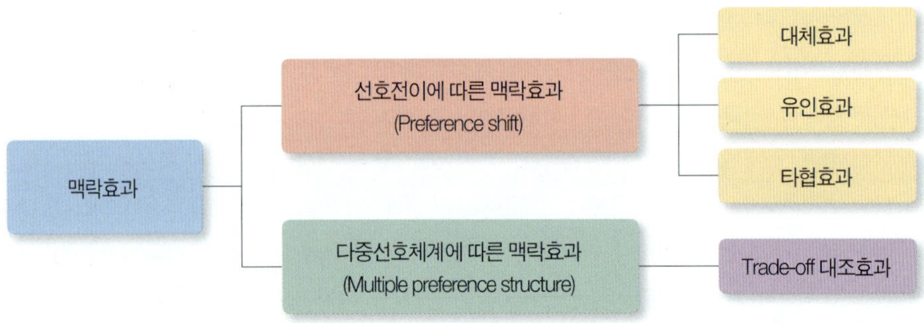

다음에서는 대체효과, 유인효과, 타협효과, trade-off 대조효과에 대하여 하나씩 살펴보기로 한다.

대체효과(substitution effect)는 고려상표군 내의 한 대안이 제품품질을 개선하거나 새로운 제품속성을 추가함으로 인해 소비자의 선호체계가 개선된 제품 쪽으로 기울어지는 경향을 말한다. 예를 들어, 일본자동차들은 미국시장에서 제품의 견고성, 신뢰성, 내구성 등의 품질력을 바탕으로 시장점유율을 높여 나갔다. 시장진입초기 일본자동차들은 신모델 도입기간을 기존의 미국차들의 5~6년에서 2~3년으로 단축시키고 자신들의 경쟁적 강점인 품질측면에서 개량된 신모형을 계속 선보였다. 그 결과 소비자들은 자동차 선택에 있어서 차체의 크기와 파워보다 견고성·신뢰성·내구성 등과 같은 품질결정요인들의 상대적 중요성을 더 크게 생각하게 되었으며, 그 결과로 일본자동차에 대한 선호도가 증가되었다. 이러한 대체효과에 의한 선호전이를 그림으로 나타내면 [그림 2-14]와 같다.

[그림 2-14]에서 대안에 대한 선호성향을 나타내는 무차별곡선은 자동차 성능(가령, 엔진의 파워)이라는 품질요인 대비 견고성·신뢰성이라는 품질요인의 상대적 선호도를 보여주고 있다. 그림(A)에서는 과거 미국소비자들이 품질요인들 가운데 견고성·신뢰성보다 엔진의 파워(자동차 성능)를 더 선호하는 선호체계를 보여주고 있다. 그러나 그림(B)에서와 같이 1, 2차 오일

그림 2-14 | 대체효과에 의한 선호전이

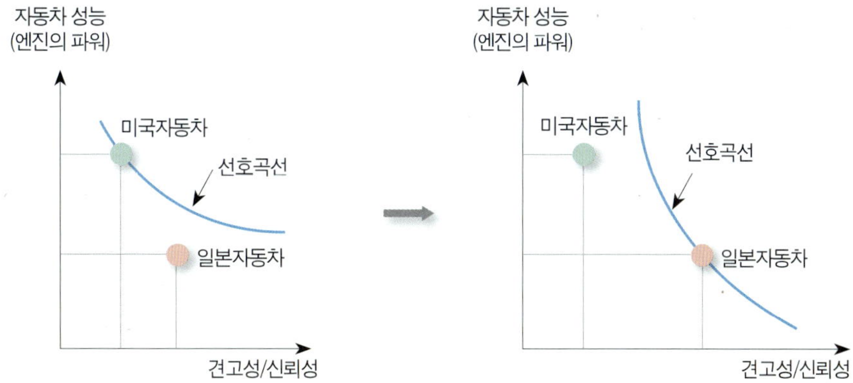

(A) 선호체계가 바뀌기 전 선호곡선(무차별곡선)　　(B) 선호체계가 바뀐 후 선호곡선(무차별곡선)

그림 2-15 | 스마트폰 시장에서의 유인효과

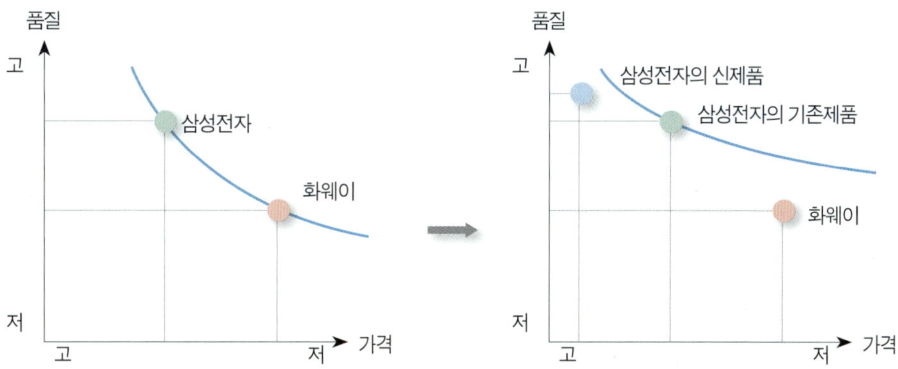

(A) 새로운 삼성전자 최고급 스마트폰 도입 이전　　(B) 새로운 삼성전자 최고급 스마트폰 도입 이후

쇼크 이후 미국소비자들이 견고성·신뢰성을 더 중시하는 방향으로 선호체계가 바뀌게 되고, 그 결과 시장전체의 평균 선호무차별곡선의 기울기가 일본자동차에게 유리하게 변화되었다.

대체효과 이외에 소비자의 선호전이에 따른 맥락효과의 다른 유형으로 유인효과를 들 수 있는데, **유인효과**(attraction effect)는 제품군 내에 새로운 대안이 포함됨에 따라 기존대안들에 대한 선호체계가 변함으로써 대안에 대한 선택확률이 달라지는 현상이다. 예를 들어 삼성전자와 중국 가전업체 화웨이가 스마트폰 시장에서 기존시장을 양분하고 있을 때 삼성전자가 새로운 최고급 신제품을 시장에 내놓음으로써 기존시장의 선호체계에 영향을 미치는 경우를 들

브랜드마케팅 따라잡기

Perdue 닭고기 사례와 선호전이

일반적으로 닭고기는 Commodity제품으로 여겨졌다. 소비자들은 닭고기는 어떤 회사의 제품이건 다 마찬가지라고 생각하고 있었고, 따라서 소비자들의 닭고기에 대한 선호체계는 매우 가격 중심적이었다. 이러한 소비자의 선호체계에도 변화가 일어났다. Frank Perdue씨는 Perdue라는 브랜드의 닭고기를 만듦으로써 소비자의 선호체계를 변화시켰던 것이다. 그는 자신이 광고에 직접 출연하여 활력있고 까다로운 성격으로 묘사하면서 "부드러운 닭고기를 만드는 데는 강한 성격의 사람이 필요합니다"라는 어귀를 이용한 광고 캠페인을 기반으로 하여, 자신의 제품을 고급 브랜드의 제품으로 완전히 새롭게 포지셔닝하였다. Perdue브랜드는 좋은 사료만을 쓰고, 위생적인 공정으로 제품을 생산하고, 진공포장에 넣어 저장하고, 고급 소매상에게만 취급하게 함으로써 브랜드의 차별성을 확립시켜 나갔다. 또한 광고에서 Perdue씨는 자신의 닭들이 6만 달러짜리 집에서 안락하게 살면서 8시간씩 잠을 자고 해로운 음식은 피하면서 깨끗한 우물물만 마시는 것을 강조하였다. 광고에서는 "여러분의 자녀들도 이런 좋은 생활을 해 보지 못했을 것입니다"라는 말로써 고급 브랜드로서의 이미지를 극대화하는 전략을 이용하였다. 그 결과, 소비자들의 선호체계가 가격중심적인 것에서 브랜드품질 중심적으로 변하게 되었고 Perdue 브랜드는 높은 매출증가와 이익증가를 누리게 되었다.

수 있다. [그림 2-15]는 스마트폰 시장에서의 유인효과를 보여주고 있다.

[그림 2-15]에서 볼 수 있듯이 삼성전자의 신제품이 도입되기 전에는 시장에서 삼성전자 스마트폰과 화웨이 스마트폰에 대한 소비자들의 선호는 동일한 선호(무차별)곡선 상에 놓여 있기 때문에 평균적으로 같다고 볼 수 있다. 삼성전자 제품의 품질상의 경쟁우위와 화웨이 제품의 가격상의 경쟁우위가 소비자들에게 유사하게 인식되고 있다고 할 수 있다. 그러나 (B)에서 볼 수 있듯이 삼성전자가 최고급 신제품을 도입한 이후 기존 삼성전자 주력제품에 대한 소비자들의 선호도가 증가하게 되었음을 알 수 있다. 품질의 향상에 비해서 아주 비싼 가격의 신제품이 도입됨에 따라 기존의 삼성전자 제품의 매력도가 상대적으로 커지는 현상이 일어난 것이다. 기존의 삼성전자 제품에 비해 새롭게 도입된 신제품이 열등하게 인식됨으로써 기존 삼성전자 제품의 매력도가 커지게 된 것이다. 이에 따라 별다른 제품개선노력이 없음에도 불구하고 기존의 화웨이 제품과 비교된 삼성전자 기존제품에 대한 선호도가 증가하는 것이

브랜드마케팅 따라잡기

에이스 침대 사례와 선호전이

침대 전문업체인 에이스 침대는 1990년대 초반 침대시장의 시장조사를 통하여 침대시장의 주요 선택기준이 기능성, 가격, 다른 가구와의 조화성의 세 가지임을 파악하였다. 에이스 침대는 특히 기능성에 초점을 맞춘 고가격 제품으로서 침대전문업체로서의 브랜드 이미지를 가지고 있었다. 에이스 침대에서는 가격에 민감한 소비자들의 준거점을 침대의 기능성 쪽으로 옮기는 것이 가장 중요한 브랜드전략임을 깨닫고 "침대는 가구가 아닙니다. 침대는 과학입니다"라는 광고전략과 함께 새로운 기능의 신제품들을 시장에 출시하였다. 에이스 침대의 입장에서는 소비자들로 하여금 침대의 기능(인체공학적 특성)에 상대적으로 더 높은 중요도를 부여하도록 만들자는 것이었다. 이렇게 하면 자연히 소비자들의 준거점이 에이스 침대 쪽으로 옮기면서 종합가구업체에 비하여 에이스 침대의 선호도가 높아지게 될 것이기 때문이었다. 이러한 에이스 침대의 브랜드전략이 성공적으로 소비자들의 선호전이(preference shift)를 가져오면서 에이스 침대는 시장점유율을 40%대로까지 끌어올리는 성과를 이룩하였다. 소비자의 선호전이가 브랜드전략에 있어서 매우 중요한 목표가 될 수 있음을 보여주는 좋은 사례라고 할 수 있겠다.

다. 이는 삼성전자의 최고급 신제품 도입으로 소비자들의 준거기준이 품질을 보다 중요시하는 쪽으로 옮겨졌으며, 이로 인해 선호체계 자체가 품질을 중시하는 방향으로 변화되었기 때문으로 볼 수 있다.

맥락효과의 또 다른 유형으로 타협효과가 있다. 특정브랜드에 대한 평가(혹은 선택확률)를 향상시키는 방안 중 하나는 자사브랜드를 고려대안 집합에 포함된 다른 브랜드대안들에 비해 평균적인 것(혹은 좋은 타협대안)으로 보이게 만드는 것이다. 타협 브랜드대안은 모든 주요 속성이나 특성에서 평균적으로 보인다. 다른 브랜드대안들은 종종 매우 좋은 특성과 매우 나쁜 특성을 함께 갖고 있는 반면 타협 브랜드대안은 매우 나쁜 특성을 갖고 있지 않으며 모든 제품특성에서 최소한 수용가능하다. 따라서 소비자들에게 타협 브랜드대안은 안전한 선택같이 보인다. 타협 브랜드대안을 구매할 확률이 증가하는 현상인 **타협효과**(compromise effect)는 소비자들이 나쁜 결정을 내릴 것을 걱정할 때 특히 발생될 가능성이 높다. 예를 들어, 카메라를 구입하려고 하는 어떤 소비자가 저렴한 모델과 어느 정도 비싼 가격대의 카메라 중에서 어느 것을 선택할지를 고민하고 있다고 하자. 만약 가격이 상당히 비싼 세 번째 카메라모델이 고려대안 집합 속에 추가된다면, 중간 가격대의 모델이 적절한 타협대안으로 보일 수 있다. 이에 따라 가격수준, 품질수준, 그리고 부수적 특성들의 갯수 등에서 중간정도 혹은 평균적인 브랜드가 종종 고려대안 집합에서 선택될 가능성이 높아진다. 특히, 배우자, 직장상사 혹은 친구 등 다른 사람들에게 자신의 선택을 정당화해야 할 경우에 평균수준의 브랜드대안이 더 자주 선택된다. 너무 비싸거나 저렴한 제품과 같은 극단적인 브랜드대안보다 중간수준의 브랜드를 구매하는 것이 자신의 선택을 정당화하기 더 쉬울 수 있기 때문이다.

이상에서 우리는 소비자의 선호체계가 주어진 맥락에 따라 변화한다는 것을 알 수 있었으며, 기업이 브랜드전략을 수립할 때에는 맥락의 변화에 따른 소비자의 선호체계의 변화를 이해하고 이를 브랜드전략에 반영할 수 있어야 한다.

마지막으로 trade-off **대조효과**(trade-off contrast effect)는 위에서 설명된 선호전이(preference shift)의 경우와는 달리 고려상표군 자체가 전혀 새롭게 형성되는 과정에서 소비자들이 복수의 선호체계를 학습하여 가는 것을 말한다. 예를 들어, 항상 가장 싼 맥주브랜드만을 고집하던 소비자가 어느 날 친구들을 초대하기 위해 값비싼 고급맥주들을 구매한 경우를 생각해 보자. 그 소비자는 두 가지의 선호체계(가격 중심의 선호체계와 고급이미지 중심의 선호체계)를 학습한 상태에서 필요에 따라 구매목적에 맞는 선호체계를 선택하는 것으로 볼 수 있다. [그림 2-16]을 이용하여 또 다른 예를 들어보자.

고급중식 레스토랑에서 항상 비싼 정식요리(a)를 선택하는 소비자가 동네 중국집에 식사를 하러 왔다. 중국집 주인 왕서방은 그 소비자의 소비행태를 알고 있기에 자기가게의 메뉴를 보

그림 2-16 | 품질-가격에 기반한 trade-off 대조효과의 예

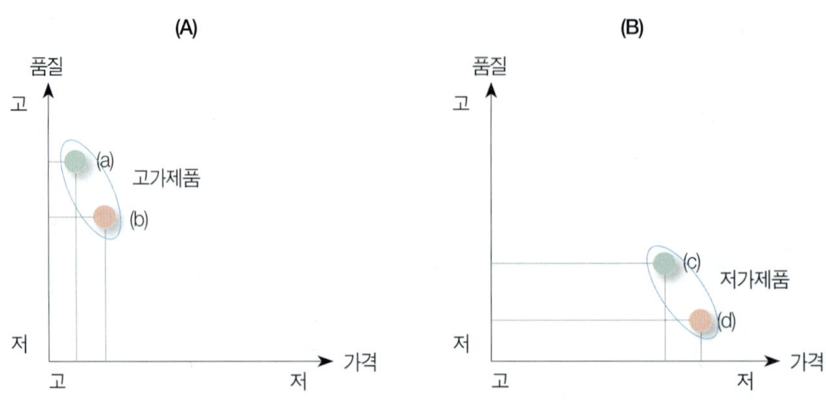

여 주며 최소한 탕수육(c)을 시킬 것이라고 생각하여 흐뭇해하였다. 그런데 그 소비자가 시키는 것은 고작 자장면 한 그릇(d)이 아닌가? 왕서방은 그 소비자를 이해하지 못하겠다며 고개를 절래절래 흔들었다. 우리는 이러한 경우 이 소비자의 고려상표군은 (A)의 상황에서는 고가제품(a, b)으로 구성되어 있었고, (B)의 상황에서는 저가제품(c, d)으로 구성되어 있다고 볼 수 있다. 이 소비자는 고가제품을 선택하는 상황에서는 품질에 더 민감한 반면에, 저가제품을 선택하는 상황에서는 가격에 훨씬 더 민감하게 바뀌는 것이다. 소비자들은 구매목적이나 구매상황에 따라 다른 고려상표군을 형성하고 반복된 학습을 통해 서로 다른 복수의 선호체계가 채택되기 때문에 위와 같은 상황이 벌어지는 것이다. 따라서 브랜드전략에 있어서도 선호체계의 선택을 유도하는 전략이 필요한 것이다.

이상에서 살펴본 선호전이와 다중선호체계를 설명해 주는 토대가 되는 이론적 근거로서 준거의 틀을 들 수 있다. 즉, 소비자의 선호전이는 기존의 준거의 틀 내에서 준거점이 이동함에 따라 전반적인 선호체계가 변화하는 것으로 이해할 수 있으며, 다중선호체계는 소비자가 복수의 준거점으로 구성되는 준거의 틀을 갖고 있을 때 발생된다. 일반적으로 브랜드선택의 기준이 되는 준거점은 제품수명주기의 초기에는 선발브랜드(pioneer) 제품을 중심으로 형성되었다(가령, 특정브랜드가 선발브랜드보다 얼마나 성능이 우수하거나 가격이 저렴한지를 비교함)가 시장이 확대되고 제품차별화가 심화되면서 점차로 양극단의 두 가지 준거점으로 분포되는 경향이 있다(가령, 고가격·고품질 세분시장과 저가격·저품질의 세분시장 각각에서 특정의 브랜드가 각 세분시장의 준거브랜드보다 가격이나 브랜드이미지에서 어느 정도 우수한지를 비교 평가함). 이러한 준거점의 양극단화 현상은 브랜드전략에 있어서 제품차별화와 가격경쟁력 중 하나를 선택하여 브랜드마케팅활동의 초점을 맞추는 것으로 나타난다. 그러나 시장이 더욱 다양화되면서 다시 준거점은 양극단화에서 세분시장별 다극화 현상으로 발전하였다가 혁신적인 신제품의 등장과 함께 다시 그 신제품을 중심으로 뭉쳐지는 일종의 집중화와 분산화의 주기적 반복현상을 보이게 된다.

참고문헌

1. 이학식 · 안광호 · 하영원, 소비자행동, 집현재, 2015.
2. 하영원 · 채정호, 1993, "열등한 대안의 위치와 빈도가 유인효과에 미치는 영향에 관한 연구," 경영학연구, 제23권, 제3호, pp. 201-231.
3. 한상만, 1998, "준거효과가 고려상표군 형성에 미치는 영향에 관한 연구: 준거종속적 식역모델을 중심으로," 경영학연구, 제27권, 제4호, pp. 857-874.
4. Aaker, David A., *Managing Brand Equity*(New York: The Free Press, 1991).
5. Capenter, G. S. and K. Nakamoto(1989), "Consumer Preference Formation and Pioneering Advantage," *Journal of Marketing Research*, 13(Mar.), pp. 455-473.
6. Hardie, B. G., E. J. Johnson, and P. S. Fader(1993), "Modeling Loss Aversion and Reference Dependence Effects on Brand Choice," *Marketing Science*, 12(Fall), pp. 378-394.
7. Hauser, John R. and Birger Wernerfelt(1990), "An Evaluation Cost Model of Consideration Sets," *Journal of Consumer Research*, 16(March), 393-408.
8. Huber, J., J. W. Payne, and C. Puto(1982), "Adding Asymmetrically Dominated Alternatives: Violations of Regularity and the Similarity Hypothesis," *Journal of Consumer Research*, 9(June), pp. 90-98.
9. Kahneman, Daniel and Amos Tversky(1979), "Prospect Theory: An Analysis of Decision under Risk," *Econometrica*, 47(March), 263-91.
10. Shocker, Allan D., Moshe Ben-Akiva, Bruno Boccora, and Prakash Nedungadi(1991), "Consideration Set Influences on Consumer Decision-Making and Choice: Issues, Models, and Suggestions," *Marketing Letters*, 2(August), 181-198.
11. Simonson, I. and A. Tversky(1992), "Choice in Context: Tradeoff Contrast and Extremeness Aversion," *Journal of Marketing Research*, 29(Aug.), pp. 281-295.
12. Tversky, A. and D. Kahneman(1991), "Loss Aversion in Riskless Choice: A Reference-Dependent Model," *The Quarterly Journal of Economics*(Nov.), pp. 1039-1061.
13. Wurster, Thomas S., *The Leading Brands: 1925-1985, Perspectives*, Boston Consulting Group Publication, 1987.

PART 2

브랜드전략

2

제 3 장

브랜드관리를 위한 시장전략 (브랜드마케팅전략) 수립

01 브랜드관리의 출발점으로서의 시장전략

02 시장세분화(Market Segmentation)

03 표적시장의 선정(Targeting)

04 내·외부 브랜드프로파일 분석

05 브랜드포지셔닝의 개발

시장 및 고객욕구 분석에 기반을 둔 네스프레소의 브랜드마케팅전략

네스프레소 브랜드는 네슬레 그룹의 기업성장에 기여하는 핵심성장동력으로 자리 잡고 있다. 전 세계 커피시장은 R&G(Roast and Ground, 필터용 커피와 에스프레소용 커피) 커피시장과 인스턴트 커피시장으로 구성되며, 그 비율은 대략 7:3 정도이다. 네슬레는 인스턴트 커피시장에서 선두주자 중 하나이며 자사 커피매출의 80% 이상이 인스턴트 커피시장에서 이루어지고 있었다.

네슬레는 빠르게 성장하고 있는 R&G 시장에서 선도적 지위를 구축하려는 기업목표를 세우고, 에스프레소 바(bar) 등을 대상으로 B2B 사업에 주력하는 기존의 R&G 시장경쟁자들과 차별화된 마케팅전략을 추구했다. 네슬레는 네스프레소 캡슐 원두커피 브랜드 개발을 통해 가정에서 간편하게 즐길 수 있는 고품질의 에스프레소라는 새로운 고객가치를 창출함으로써 B2C R&G 시장에서 시장선도적 지위를 구축하는 데 성공했다. 네슬레의 네스프레소 브랜드는 일상재(commodify)로 여겨졌던 커피시장에서 간편하게 사용할 수 있는 에스프레소 머신과 고품질의 커피가 담겨 있는 커피 캡슐의 제품조합을 통해 가정에서 즐기는 에스프레소 시장을 새롭게 창출했다. 그 결과 네스프레소는 연평균 30% 이상의 매출성장을 보이면서 네슬레 성장의 주도적 역할을 수행하고 있다.

이하에서는 네스프레소의 시장 및 고객욕구 분석에 기반한 차별적인 브랜드마케팅전략과 마케팅프로그램을 살펴보기로 한다. 네스프레소의 마케팅전략은 표적 세분시장 선정과 차별화된 가치제안의 개발로 구성된다.

– 표적 세분시장 선정 :

필터를 이용해 커피를 내린 후 커피포트(coffee pot)에 장시간 보관해 마시거나 인스턴트커피에 익숙한 일반 소비자들에게 곧바로 고품질의 에스프레소를 마시도록 설득하기는 쉽지 않다. 나아가 기존의 커피머신에 비해 10배 이상 가격이 비싼 에스프레소 머신을 구입하도록 설득하기는 더욱 어렵다. 이에 따라 네슬레는 고품질의 에스프레소 커피를 마시기를 원하면서 상대적으로 구입가격이 비싼 네스프레소 기계를 구입할 만한 구매력을 갖고 있는, 비교적 소득수준과 교육수준이 높은 35~45세 연령층의 소비자집단을 표적 세분시장으로 선정했다.

– 차별적 가치제안(value proposition)에 기반한 브랜드포지셔닝

과거에는 가정에서 고품질의 에스프레소 커피를 즐기는 것이 쉽지 않았다. 우선 에스프레소 머신의 구입가격이 너무 비싸 일반가정에서 구입하는 데 부담이 되었다. 나아가 커피를 내리고 난 후 커피 찌꺼기를 처리하는 것도 상당히 번거로웠다. 그리고 커피원두 용기를 개봉한 후 오랜 기간에 걸쳐 소비가 이루어지기 때문에 커피의 신선도를 유지하기가 쉽지 않고 다양한 향의 커피를 즐기는 데도 한계가 있었다.

네스프레소 캡슐커피

이러한 문제를 해결하기 위해 네스프레소는 가정에서 간편하게 다양한 고품질 에스프레소 커피를 즐길 수 있다는 차별화된 가치제안(브랜드포지션)을 개발했다. 이러한 브랜드포지션을 토대로 간편하게 조작할 수 있는 기계를 만들고 커피원두를 봉지가 아닌 개별 포장된 커피캡슐에 담아 내놓았다.

– 고객관계마케팅과 파트너십마케팅을 기반으로 한 브랜드자산 강화

네슬레는 네스프레소 기계를 구입한 고객들을 자동으로 네스프레소클럽에 가입시키고 이를 기반으로 고객관계를 구축하고 강화시켰다. 가령, 고객의 커피소비패턴에 대한 정보를 활용해 새로운 커피를 제안하거나 커피캡슐을 주문할 시기가 지났는데도 주문이 없는 경우에는 커피머신에 문제가 없는지를 전화로 확인을 하고 커피머신에 문제가 있을 경우에는 픽업서비스를 통해 곧바로 수리를 해주는 등 차별화된 서비스를 지속적으로 제공함으로써 고객과의 관계와 고객충성도를 강화시켜 나갔다. 나아가 네슬레는 고객충성도에 기반한 브랜드자산 강화를 위해 커피머신 생산업체, 커피생산자, 유통업체 등 파트너들과의 호의적 관계를 구축하기 위해서도 노력했다. 네스프레소 커피머신의 생산과 이에 대한 고객서비스를 위해 터믹스(Turmix), 크럽스(Krups), 드롱기(DeLonghi), 마쓰시타(Matsushita) 등의 아웃소싱제조업체들과 협력하고, 이들에게 20~30% 정도의 충분한 마진을 보장했다. 그리고 고품질의 커피를 공급받기 위해 커피생산자의 커피재배와 수확과정에서 긴밀한 관계를 유지했다.

01 브랜드관리의 출발점으로서의 시장전략(브랜드마케팅전략)

다른 마케팅전략과 마찬가지로 브랜드관리 역시 목표로 하는 시장에 대한 명확한 정의에서부터 출발한다. 표적시장을 정의한다는 것은 선행적으로 시장의 구조를 어떻게 볼 것인가 하는 이슈와 결부되어 있다. 시장 전체를 동질적인 하나로 볼 것인가, 아니면 이질적인 몇 개의 하위시장들로 구성된 집합체로 볼 것인가 결정해야 한다. 그리고 복수의 하위시장들로 전체시장을 구조화시킨다면 이러한 하위시장들을 파악하는 기준을 무엇으로 할 것인가 역시 자연스럽게 결정되어야 하는 이슈들이다. 구체적으로 어떤 고객집단에 맞추어서 브랜드를 개발하고 관리할 것인지가 결정되었다면 다음으로 그 집단에 대한 심층적인 분석이 이루어져야 하며, 이러한 분석을 바탕으로 세부적인 브랜드관리전략과 실행방안들을 도출할 수 있게 되는 것이다.

브랜드관리를 위한 시장전략 혹은 브랜드마케팅전략은 시장세분화(Market Segmentation)와 표적시장의 선정(Targeting), 내·외부 브랜드프로파일 분석, 브랜드포지셔닝의 개발로 구성된다. 즉 어떤 고객집단을 타깃으로 할 것인지를 결정하고, 경쟁제품 및 자사 내 다른 제품과의 차별점을 찾기 위한 내·외부 브랜드프로파일 분석을 실시하고, 이를 기반으로 표적소비자의 마음속에 경쟁제품들과 비교하여 자사브랜드가 차지하는 차별적 우위를 서술한 브랜드포지셔닝(가치제안) statement를 개발한다. 이하에서는 각 단계에 대해 자세히 살펴보기로 한다.

그림 3-1 | 시장전략(브랜드마케팅전략) 수립과정

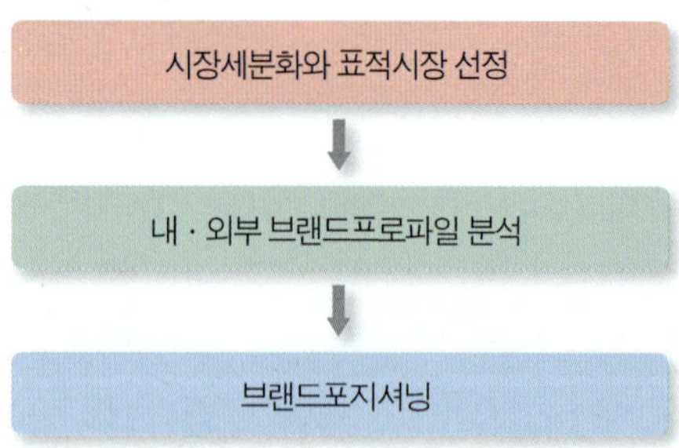

02 시장세분화(Market Segmentation)

시장세분화란 전체시장을 집단 내 소비자들의 제품에 대한 욕구와 구매행동이 서로 유사하고 집단 간에는 상이하도록 몇 개의 소비자 집단으로 군집화하는 것이다. 이렇게 소비자들을 몇 개의 집단으로 군집화시키기 위해서는 적절한 세분화 기준이 필요하며, 선정된 세분화 기준에 의해 분류된 각 세분시장에 대해 구체적인 프로파일 분석이 이루어져야 한다. 여기서는 시장을 세분화시키기 위한 기준들에 대하여 알아본다.

(1) 시장세분화의 기준

시장세분화에 사용될 변수들은 매우 다양하지만, 기업은 자사브랜드가 처해 있는 상황에 맞추어 적절한 세분화 변수를 선정해야 한다. 만약 해당시장의 소비자들에 대해 잘 알고 있고, 어떤 소비자들이 서로 유사한 니즈를 갖고 있는지에 대한 통찰력이 있다면, 이러한 지식을 기준으로 시장을 세분화하는 것이 적절하다. 반면 신제품을 출시하거나 새로운 시장에 진출할 때와 같이 시장에 대한 지식이 낮은 경우에는 소비자 조사를 통해 제품에 대한 주요욕구를 파악하고, 이를 기준으로 시장세분화를 하는 것이 필요할 것이다. 시장세분화는 세분화에 사용되는 기준에 따라 크게 구매행동기반의 시장세분화, 고객욕구기반의 시장세분화, 고객의 인구통계적/사회적 변수에 기반한 시장세분화의 세 가지 유형으로 나누어질 수 있다.

1) 구매행동변수(제품과 관련된 행동변수)에 기반한 시장세분화

구매행동변수에 기반한 시장세분화는 이미 제품이 소비자들에게 판매되고 있는 경우에 유용하다. [그림 3-2]에서 볼 수 있는 것처럼 구매행동변수에 기반한 시장세분화는 자사의 기존고객들을 대상으로 시장을 세분화하는 것과 자사제품을 사용하지 않는 경쟁사 고객들을 대상으로 시장을 세분화하는 것으로 나눌 수 있다.

① 자사의 기존고객 중심의 시장세분화

만약 자사고객의 구매량이 포화상태에 이르지 않았다면, 기업은 기존의 자사고객을 제품의 사용량 혹은 구매량을 기준으로 다량사용자(heavy user), 중량사용자(medium user), 소량사용자(light user)로 나눈 다음, 중량사용자 집단이나 소량사용자 집단을 다량사용자로 옮길 수 있

그림 3-2 | 구매행동변수에 기반한 시장세분화

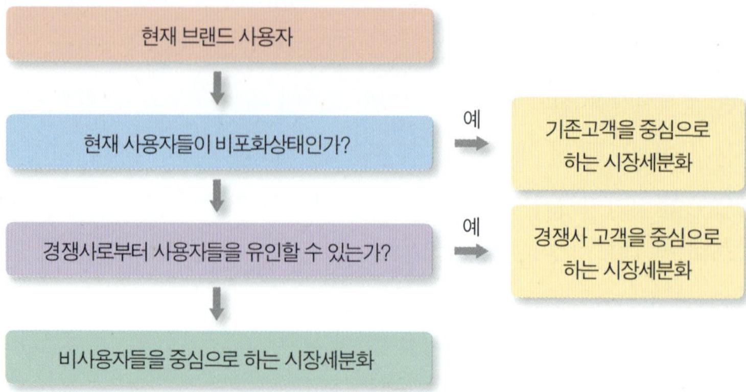

자료원: 켈로그 경영대학원 교수진 지음(2001), *Marketing Bible*, 원유진 역(2002), 세종연구원.

도록 브랜드마케팅전략을 수립할 필요가 있다. 미국유가공협회가 만든 'Got Milk?'라는 광고 캠페인은 우유소비자들을 다량사용자와 그 나머지 집단으로 나누어 나머지 집단에 속해 있는 소비자들의 우유소비량을 증대시키려는 목적을 가지고 있다. Got Milk 캠페인은 중량사용자와 소량사용자 집단을 대상으로 브리트니 스피어스(Britney Spears)와 같은 유명인사들도 우유를 마시고 있다고 말함으로써 우유소비의 증진을 꾀하고 있는 것이다.

Got Milk 캠페인은 다량 우유사용자와 소량 사용자 집단을 대상으로 브리트니 스피어스(Britney Spears)와 같은 유명인사들도 우유를 마시고 있다고 말함으로써 우유소비를 늘리는 데 성공했다.

② 경쟁브랜드 고객 중심의 시장세분화

만약 자사브랜드 고객의 사용량 혹은 구매량이 포화상태인 경우에는 더 이상 자사고객으로부터 매출증대를 꾀할 수 없기 때문에 경쟁사 고객들을 자사로 유인하는 것을 고려해야 한다. 경쟁사 고객 중심의 시장세분화는 제품군의 시장성장률이 낮거나 제품수요가 정체현상을 보이면서 경쟁이 치열해지는 시점인 제품성숙기에 많이 사용된다. 경쟁사 고객들을 자사로 유인하기 위해서는 소비자들이 자사와 경쟁사의 제품을 평가함에 있어 가격, 제품품질, 디자인, 서비스 등과 같은 여러 평가기준들 중에 어떤 것을 중요하게 생각하는지를 파악하여, 자사브랜드가 경쟁브랜드에 비해 이러한 평가기준에서 차별적 우위가 있음을 부각시키는 브랜드마케팅전략을 실행해야 한다. 샴푸 브랜드인 펜틴(Pantene)은 샴푸 소비자들을 제품을 평가하는 여러 가지 기준에 의해 특정기준을 선호하는 집단들로 나누어 보고 그 중 윤기있는 머릿결을 중시하는 집단을 타깃팅하였다.

또한 브랜드마케터는 소비자들이 경쟁브랜드와 자사브랜드에 대하여 가지고 있는 긍정적·부정적 인식을 분석해야 한다. 렌터카회사인 Avis는 자사의 약점을 파악하고, 이를 브랜드자산구축에 기여한 브랜드마케팅커뮤니케이션활동으로 연결시키는 데 성공한 대표적인 사례이다. Avis는 경쟁사인 Hertz에 비하여 규모가 상대적으로 작았기 때문에 만년 2등 브랜드를 면치 못하고 있었다. Avis는 이러한 자사브랜드의 약점을 역이용하였다. Avis는 지면광고에 '우리는 업계 2등입니다. 그래서 더 열심히 하고 있습니다'라는 광고카피를 사용하였다. 이는 2등이기 때문에 선도기업이 할 수 없는, 고객에 대한 세심한 배려를 더 열심히 제공한다는 메시지를 우회적으로 표현한 것이다. Avis의 이러한 브랜드마케팅커뮤니케이션전략은 소비자들에게 좋

주요 제품속성에서 차별적 우위가 있음을 강조해 경쟁사 고객을 끌어들이려는 펜틴 샴푸 브랜드: 샴푸 브랜드 펜틴(Pantene)은 샴푸 소비자들을 특정 평가기준을 선호하는 집단들로 나눈 후 그 중 윤기있는 머릿결을 중시하는 집단을 타깃팅하였다.

경쟁사 고객 중심의 시장세분화가 갖는 문제점: 버거킹(Burger King)이 자사 감자튀김의 맛을 강조하는 광고를 실시한 적이 있었는데, 오히려 맥도날드의 감자튀김 매출이 더 많이 증가하는 부정적 결과를 가져왔다.

은 이미지를 구축하는 데 기여했다.

경쟁사 고객 중심의 시장세분화를 바탕으로 브랜드마케팅전략을 실행할 때에 유의해야 할 점은 경쟁브랜드의 소비자들을 유인하기 위해 경쟁브랜드가 강점을 가지고 있던 제품속성에서 자사브랜드가 우위가 있음을 강조하는 것이 오히려 경쟁브랜드의 매출을 증대시키는 역효과를 가져올 수 있다는 것이다. 버거킹(Burger King)이 자사가 판매하는 감자튀김의 소비를 늘리기 위해 감자튀김의 맛을 강조하는 광고를 실시한 적이 있었다. 그러나 소비자들의 마음속에는 맥도날드의 감자튀김이 더 맛있다고 인식되어 있었기 때문에 오히려 맥도날드의 감자튀김 매출이 더 많이 증가하는 부정적 결과를 가져왔다.

③ 잠재고객 중심의 시장세분화

만약 자사고객의 구매량을 더 이상 늘리기 어렵고, 경쟁사의 고객들을 자사고객으로 유인할 수 없다면, 비사용자들을 대상으로 시장을 세분화하여 잠재력이 높은 세분시장을 표적시장으로 선정할 수 있다. 예를 들어, 기저귀, 유모차, 장난감, 이유식과 같은 유아용품은 만 1세가 지난 다음부터 4세가 되기 전까지의 유아들을 대상으로 한다. 그러나 이들을 대상으로 한 매출이 이미 포화상태에 이르렀다면, 곧 태어날 아기들을 대상으로 시장세분화가 가능할 것이다. 즉, 산부인과 병원으로부터 새로 태어날 아기의 가족에 관한 데이터를 구하고 이 데이터를 바탕으로 샘플을 발송하는 등의 사전적 마케팅활동을 통해 출산 전에 고객관계를 구축/강화시킬 수 있다. 따라서 잠재고객을 중심으로 시장을 세분화하기 위해서는 비사용자가 잠재고객이 되는 시점, 즉 비사용자의 시장진입시점(point of entry)을 파악하는 것이 무엇보다 중요하다. 누가 이 시장에 진입할 것인지, 그리고 언제 진입할 것인지를 정확히 파악함으로써 이들을 자사브랜드의 고객으로 만들 수 있는 브랜드마케팅전략의 수립이 가능하기 때문이다.

2) 고객의 욕구(needs)에 기초한 시장세분화

고객의 욕구(needs)에 기초한 시장세분화는 신제품을 출시하려고 하거나 기존제품을 새로운 시장에 진입시키려고 할 경우와 같이 소비자들의 미충족욕구가 어떤 것인지 파악해야 하거나 혹은 시장에 대한 전반적 이해가 부족할 때 사용하는 것이 효과적이다. 기업은 사용목적(why), 사용시기(when), 사용장소(where), 사용과정(how)에서 고객들의 불만사항, 즉 어떤 미충족욕구가 있는지 파악하여, 비슷한 욕구를 가지고 있는 소비자끼리 집단화함으로써 시장세분화가 가능하다.

Why는 제품을 사용하는 이유, 즉 소비자의 사용동기를 나타낸다. 사용동기는 제품의 기능적, 상징적, 그리고 경험적 특성과 관련된다. MP3의 사례를 들어 설명한다면, 언제 어디서나 자기가 좋아하는 음악을 다운로드 받고 또 듣고 싶다는 것은 기능적인 제품사용동기를 나타낸다. 또한 또래그룹에 소속되고 싶다는 상징적 동기도 있을 수 있고, MP3의 디자인과 스타일을 중시하는 경험적 동기도 있을 수 있다. When과 Where는 제품을 언제 사용하고 어디서 사용하는지, 즉 사용상황을 나타낸다. 마케터는 사용상황과 관련된 소비자 욕구를 알아냄으로써 새로운 제품에 대한 아이디어를 얻을 수 있다. 예를 들어, 저녁에 커피를 마시면 잠을 잘 수가 없는 사람이 있다면, 이들의 사용상황 확대를 위해서 무카페인 커피를 개발할 수 있다. How는 사용과정과 관련된 욕구를 파악하는 것이다. 소비자들이 어떤 제품을 사용/소비하는 과정을 구체적으로 분석하고, 이러한 과정에서 소비자들이 느끼는 불만이나 개선사항을 파악하는 것이 How와 관련된 욕구분석이다.

구체적으로 디지털 카메라의 예를 들어 소비자의 욕구를 분석해 보기로 하자. 마케터는 소비자들이 디지털 카메라를 왜 사용하는지, 또 어떤 상황에서, 즉 언제, 어디서 사용하는지와 어떻게 디지털 카메라를 사용하는지를 이해해야 한다. 이를 통해 마케터는 디지털 카메라의 구매자들을 몇 가지 유형으로 세분화할 수 있을 것이다. 소비자들이 카메라를 사용하는 가장 중요한 이유는 자신의 추억을 영원히 간직하는 것이라고 할 수 있다. 자신의 추억이 담긴 사진을 갖기 위해 카메라를 이용한다. 소비자들은 생일이나 여행 등에서 그들의 추억을 남기고 싶어 하는데, 이것이 카메라의 사용상황과 관련된 욕구가 된다. 이렇게 카메라를 통해 사진을 찍으면 소비자들은 이를 현상하고 사진을 찾고 다시 더 필요한 사진을 추가하는 등으로 카메라를 사용하고 사진을 보관하게 된다. 하지만 SNS 환경이 급속히 발전하면서 많은 소비자들의 카메라 사용동기가 자신의 추억을 간직하는 것에서 다른 사람들과의 관계형성으로 전환되고 있으며, 사용상황과 관련하여 여행이나 행사에서만 사용되는 것이 아니라 평소생활에서 일상용품과 같은 것으로 인식되어 가고 있다. 소비자들은 자신의 사진을 사진첩에만 보관하고 있

표 3-1 | 디지털 카메라에 대한 욕구분석

Digital Camera	사용목적	사용시기	사용장소	사용과정
충족된 욕구	즐거움, fun, 기념, 추억, 사용 편리	각종 행사일, 여행시, 평상시 휴대	각종 행사장, 여행지	사진찍기, 현상, 인화
미충족된 욕구	사용이 어렵다. 무겁다. 유지비용이 많이 든다.	밤시간, 흐린날	필름을 쉽게 구할 수 없는 곳	스스로 찍은 사진을 편집하기 힘들다.
잠재된 욕구	자신의 아이덴티티를 커뮤니케이션함, 관계형성 추구	모임에서 자랑하고 싶어서	PC가 없는 곳에서 사진을 찍고 바로 upload 할 수 없어서	다른 기기와 함께 사용할 수 없을까? Networking

는 것이 아니라 스마트폰을 통해 사진을 바로 업로드하고 친구들과 같이 공유하는 것을 더 중요하게 생각하게 되었다. 이처럼 카메라의 사용동기 및 사용상황에 따라 소비자들을 세분화해 볼 수 있는 것이다.

소비자들의 욕구를 통한 시장세분화에서 유의해야 할 점은 소비자들의 욕구가 진화·발전(needs evolution)될 수 있다는 점이다. 과거에 일반소비자들은 다양한 종목의 스포츠를 즐기더라도 하나의 운동화로 만족할 수 있었다. 그러나 과학과 기술이 발달하면서 각 종목에 최적화된 운동화가 출시되고 일반소비자들도 자신이 즐기는 스포츠 종목에 맞게 운동화를 신고 싶은 욕구가 늘어나면서, 농구화, 테니스화, 조깅화 등 다양한 종류의 운동화들이 일반소비자들을 대상으로 출시되었다. 그러나 욕구의 진화·발전은 이렇게 기능적인 측면으로만 이루어지는 것은 아니다. 소비자들은 과거에 비해 제품을 통해 자아를 표현하고자 하는 욕구와 감

그림 3-3 | 운동화에 대한 소비자 욕구의 진화

브랜드마케팅 따라잡기

고객의 카드사용욕구 유형을 분석해 이에 맞춘 카드상품 브랜드 '카드의 정석' 시리즈를 출시해 성공을 거둔 우리카드

우리카드의 대표 상품브랜드로 꼽히는 '카드의 정석' 시리즈가 돌풍을 일으키는 데엔 채 1년이 걸리지 않았다. 카드의 정석 시리즈는 2018년 4월 출시 후 9개월 만인 12월 중순 200만 장이 발급됐다.

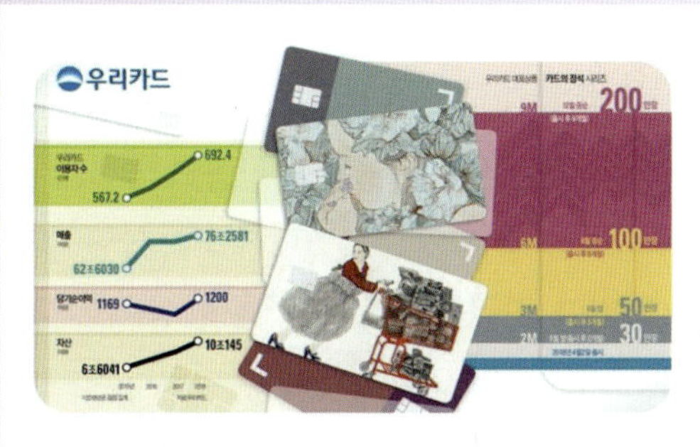

카드의 정석 시리즈는 고객가치(고객욕구)에 기반한 상품차별화가 강점으로 꼽힌다. 우리카드는 카드상품이 홍수처럼 쏟아지는 상황에 상품의 차별점을 구축하는 데 중점을 두고 '카드의 정석'의 출시를 추진했다. 상품구성부터 디자인, 마케팅프로그램에까지 모든 부분에서 우리카드만의 색깔을 입히면서 차별화된 상품 특징을 개발하는 데 집중했다.

이에 따라 카드의 정석 시리즈는 고객욕구 유형에 특화된 혜택을 제공하는 상품들로 구성됐다. 빅데이터 분석을 통해 고객수요와 소비패턴의 변화를 분석하고 이를 토대로 특화된 상품들을 개발했다. 결제금액의 0.8%를 포인트로 적립해주는 '카드의 정석 포인트'를 시작으로, 결제금액의 0.7%가 할인되는 '카드의 정석 디스카운트(할인)', 쇼핑에 특화된 '카드의 정석 쇼핑'이 대표적인 예다. 롯데포인트 적립 기능을 넣은 '카드의 정석 엘포인트', 음식점에서 결제금액의 5%를 캐시백해주는 '카드의 정석 쏘삼(SSO3)' 등도 있으며 마일리지 특화, 프리미엄 등이 추가된다.

예술적 감성이 넘치는 독특한 디자인도 고객의 주의를 끄는 데 도움이 되었다. 카드의 정석 시리즈는 카드 디자인에 '한국화의 아이돌'로 불리는 화가 김현정 씨의 그림을 접목했다. 예술과 금융의 컬래버레이션(협업)이다. 기존 카드에선 시도한 적 없는, 한국적 이미지를 활용한 디자인으로 '예쁜' 카드를 만들었다. 카드 오른쪽 상단에 'ㄱ'자 홈을 내 잡기 편하게 한 것도 디자인의 차별적 요소다. 카드 표면에는 특수 가공을 통해 작품이 액자에 들어 있는 시각적 효과를 구현했다. 카드명은 세로로 배치해 한국화 작품을 기초로 한 디자인 분위기를 살렸다.

'카드의 정석' 시리즈의 차별화된 브랜드마케팅커뮤니케이션도 브랜드 구축에 기여했다. 우리카드는 편당 16~17분씩 총 세 편으로 구성된 웹드라마 '워크 앤 러브 밸런스(Work & Love Balance)'를 선보였다. 카드사가 웹드라마를 제작한 첫 사례다. 줄거리만 놓고 보면 우리카드와는 연관이 없다. 우리카드를 직접적으로 노출하지 않고 주인공의 일상생활 중 일부로 자연스럽게 녹였다. 주인공이 헬스장, 식당 등에서 우리카드의 직장인 특화상품인 '카드의 정석 위비온플러스'나 '카드의 정석 쏘삼(SSO3)' 등을 사용하는 장면이 나오는 식이다. 이 웹드라마는 첫 회 공개일로부터 2주간 조회수 300만 건을 기록했다. 우리카드 관계자는 "스토리가 있는 문화 콘텐츠를 만들면 고객들과 자연스럽게 소통하면서 긍정적인 브랜드이미지를 구축할 수 있다고 판단했다"고 말했다. 카드의 정석 시리즈는 기존 범용상품에 비해 이용률 및 인당 이용금액이 10%가량 우수하며 신규고객 확보와 시장점유율 확대에 크게 기여하는 마케팅성과를 거두었다.

자료원: 한국경제, 2019.1.18.

각적·감성적 경험을 얻고자 하는 욕구가 커지고 있다. 휴대폰의 경우도 과거 처음 등장했을 때에는 휴대폰이 주는 기능적 혜택이 소비자들이 제품을 구매하는 주된 이유였었다면, 지금은 단순한 기능적 용도 이외에 자신의 개성을 표현해 주는 수단으로서의 휴대폰 구매동기 역시 발견할 수 있다. 아이폰의 등장 초기 이를 구매하려던 많은 소비자들의 마음속에는 애플이라는 브랜드가 지향하는 브랜드이미지에 대한 동경과 이러한 이미지를 자신도 표현하고 싶다는 감성적·상징적 동기 역시 찾아볼 수 있었다. 따라서 향후 욕구를 중심으로 시장세분화를 시도할 때에는 기능적 욕구뿐만 아니라 자아표현의 욕구와 감각적·감성적 욕구도 고려되어야 할 것이다.

3) 인구통계적·사회심리적 변수

인구통계적 변수는 새로운 제품이 출시되는 시점에서 시장을 세분화하는 데 흔히 사용되기도 하지만, 시장에 대한 지식과 이해가 충분하여 어떤 소비자가 어떤 욕구를 가지고 구매행동을 하는지 파악하고 있을 때 사용하는 것이 보다 효과적이다.

어떤 인구통계적 변수를 세분화 변수로 사용할 것인지는 시장트렌드와 밀접한 관련이 있으므로 브랜드마케터는 시장트렌드의 변화방향을 예의주시/분석해야 한다. 시장의 추세, 즉 트렌드(trend)는 문화, 사회, 경제, 기술 등 시장을 이루는 다양한 기본요소들(fundamental)이 어떻게 변화하고 있으며, 이러한 요소들의 변화에 따라 소비자들의 가치와 욕구에 어떠한 변화가 있는지 탐색함으로써 파악될 수 있다. 이러한 소비자들의 가치와 욕구 변화는 소비자들의 생활양식을 변화시켜, 특정 시장의 규모를 증가시키기도 하고 시장성장률을 변화시키기도 한다.

가령, 한국의 냉장고 시장은 1980년대 300L 미만의 비중이 70% 가까이 되었으나, 1990년대에 들어서 400~550L 급의 냉장고가 큰 시장으로 부각되었다. 2000년대에 들어오면서는 400~550L 시장의 점유율이 감소하기 시작하고, 550L 이상의 대형냉장고 시장이 성장하기 시작하였다. 이러한 현상의 분석을 통해 브랜드마케터는 냉장고 시장의 대형화 추세를 짐작할 수 있다. 대형 양문여닫이 냉장고의 시장은 계속 성장할 것인지, 그렇지 않을 것인지를 아는 것은 마케팅 의사결정에 아주 중요하다. 만약 더 성장한다면, 이 세분시장에 생산설비와 인적자원, 브랜드를 키울 수 있는 광고판촉에 많은 예산을 더 투입해야 할 것이고, 이 시장이 정체된다고 예상한다면, 현재의 수준에서 더 이상 예산을 높이지 않는 것이 올바른 결정이다.

그렇다면 무엇이 이러한 시장의 변화를 일으키는 기본요소들(fundamental)일까? 기본요소들로는 라이프스타일, 사회적·경제적·기술적 변화 등을 들 수 있을 것이다. 냉장고 시장이 고객의 라이프스타일과 어떤 관련성이 있는지 살펴보자. 여성들의 사회적 지위의 증가에 따른 직업여성의 증가는 냉장고 사이즈의 확대를 가져왔다. 여성들이 요리를 편하게 하고 쇼핑시간을 줄이기 위해 냉장고는 대형화될 수밖에 없다. 또한 전반적인 소득수준이 높아지면서 대형냉장고의 선호를 불러오게 되었다. 제품시장 변화는 사회적·경제적 변화를 반영한다. 90년대 이후 우리나라에는 이마트와 같은 대형할인점이 유통경로를 지배하고 있다. 또한 맞벌이 부부들은 집값이 비싼 서울을 벗어나서 서울 주위 신도시들의 아파트로 이동하고 있다. 이들 맞벌이 부부들은 주말에 함께 할인점에서 대량으로 쇼핑을 하기 때문에 이를 보관할 수 있는 대형냉장고에 대한 수요가 늘어나게 된 것이다. 그리고 대형냉장고를 생산하는 기술이 발전함에 따라 제조원가가 감소하게 되고, 그 결과로 대형냉장고의 가격을 상당히 감소시킴에 따라 중산층 소비자들도 대형냉장고를 구매할 여력을 갖게 되었다. 이러한 추세분석은 어떤 인구통계적 특성을 가진 소비자를 대형냉장고의 표적세분시장으로 삼을 것인지에 대한 유용한 정보를 제공한다.

① 인구통계적(demographic) 변수

인구통계적 변수에 의한 시장세분화는 연령, 소득, 성별, 직업, 교육수준, 결혼 여부 등의 변수를 사용하여 전체시장을 세분화하는 것이다. 인구통계적 변수에 근거하여 시장을 세분화할 경우, 시장의 이해도가 높을수록 보다 정교하고 세부적인 시장세분화가 가능하다. 갭(Gap)은 연령별로 시장을 세분화하여 제품을 판매하고 있는데, 성인을 위해서는 Gap을, 어린이들을 위해서는 Gap Kids, 유아들을 위해서는 Baby Gap을 판매하고 있다. Robb Report라는 미국잡지는 소득에 의해 시장을 세분화하여 연간 약 75만 달러 이상의 소비자들에게 재테크에 관한 정보를 제공하고 있다.

인구통계적 변수로 시장을 세분화할 때 변수의 유형을 두 가지로 구분해 볼 수 있다. 하나는 성별과 같은 범주형 변수이고, 다른 하나는 소득이나 연령과 같은 연속형 변수이다. 범주형

인구통계적 변수에 기반한 시장세분화: 갭(Gap)은 연령별로 시장을 세분화하여 제품을 판매하고 있는데, 성인을 위해서는 Gap을, 어린이들을 위해서는 Gap Kids, 유아들을 위해서는 Baby Gap을 판매하고 있다.

변수에 의한 시장세분화는 비교적 용이하고 명확하게 이루어질 수 있는 반면, 연속형 변수에 의한 시장세분화는 어디서 집단을 나누어 줄 것인지를 결정하는 것이 쉽지 않은 경우가 많다. 예를 들어, 연령으로 시장을 나눌 때 몇 세를 기준으로 나눌 것인가? 흔히 하는 것처럼 10대, 20대, 30대 ... 식으로 시장을 나누는 것이 과연 적합한 기준인지는 의문이다. 왜냐하면 같은 10대이지만 17세 고등학생 소비자와 19세 대학생 소비자는 현격하게 다른 소비패턴과 니즈를 가질 가능성이 높기 때문이다. 따라서 이 경우 어디를 기준으로 시장을 세분화할 것인가의 문제는 어느 점(가령, 특정의 연령이나 소득수준)에서 소비자들의 니즈나 행태가 변곡점을 보일 것인지에 대한 판단과 결부되어 결정되어져야 한다.

② 사회심리적(socio-psychographic) 변수

사회심리적 변수에 의한 시장세분화는 라이프스타일, 사회계층, 가족수명주기, 제품사용성향과 같이 소비자의 행동방식과 행동이유와 관련된 변수들을 사용하여 전체시장을 세분시장으로 나누는 것이다. 예를 들어, 2000년대 초반 현대카드는 고객의 라이프스타일(life-style)과 가치(value)의 두 가지 차원으로 카드시장을 체계적으로 세분화하고 각 세분시장별로 적합한 카드를 제공함으로써 국내 카드시장에서 새로운 바람을 일으켰다([그림 3-4] 참조). 세분시장을 구분한 하나의 차원은 고객이 느끼는 혜택, 즉 가치였다. 가치의 축은 크게 카드사용량과 신용도에 따라 베이직(Basic)카드, 프리미엄(Premium)카드, 플래티늄(Platinum)카드, 알파벳(Alphabet)카드, 솔루션(Solution)카드 등 총 5개로 시장을 구분하였다. 세분시장을 구분하는

브랜드마케팅 따라잡기

기존의 고객 라이프스타일에 시장세분화전략에서 사용량에 따른 시장세분화전략으로 변신을 추구한 현대카드

2003년 현대카드M을 출시하며 '그렇고 그런' 카드사를 '시장을 리드하는' 카드사로 탈바꿈시킨 현대카드는 2013년 들어 기존 알파벳 카드상품 22종을 7종으로 대폭 축소하고, 고액 사용자에게 포인트 적립 등의 서비스를 강화하는 내용의 전면적 신용카드상품 개편을 단행했다. 2003년 현대카드M을 출시한 이후 10년 만에 상품구조를 전면 개편하기로 현대카드는 M·M2·M3·T3 주력 브랜드상품 4종을 제외한 22종의 알파벳카드 신규 발급을 중단하고, 신상품인 X·X2 2종과 할인전문카드 ZERO를 합해 총 7가지 종류로 단순화했다. 고객의 라이프스타일에 따라 수십 가지로 구분돼 있는 상품군을 크게 포인트 적립에 특화된 카드브랜드(M·M2·M3·T3)와 할인/캐시백 혜택이 큰 카드브랜드(X·X2·ZERO) 두 종류로 분류하겠다는 것이다. 이에 따라 VIP(초우량 고객) 브랜드상품인 블랙·퍼플·레드를 제외한 알파벳 카드시리즈의 신규발급은 중단된다. 현대카드가 브랜드상품군을 확 줄이기로 한 것은 주력상품에 대한 선택과 집중을 통해 수익성을 높이겠다는 전략이다.

현대카드는 라이프스타일에 따른 카드브랜드상품을 출시한 시장세분화전략을 폐기하고 카드사용량에 기반으로 한 시장세분화를 채택하고 포인트와 캐시백으로 혜택을 이원화하기로 했다. 상품별 특징을 살펴보면 M시리즈와 T3카드는 포인트적립형 카드다. 전월 실적 50만 원이 넘는 경우 가맹점에 따라 기본 0.5~2.0%의 포인트가 적립되고 사용금액에 따라 최대 기본적립률의 2배까지 포인트를 적립해준다. X와 X2카드는 캐시백형 상품으로 전월실적이 50만 원 이상인 경우 이용금액에 따라 0.5~1%의 기본 캐시백이 적립한도나 횟수 등에 상관없이 제공된다.

또 다른 차원인 라이프스타일은 3가지 기준으로 시장을 세분화하였다. Multiple/Mobility는 자동차 및 통신요금 등에 관심이 많은 고객집단으로, Shopping은 백화점, 외식 등에 관심이 많은 고객집단으로, Travel & Entertainment는 여행 및 여가생활에 관심이 많은 고객집단으로 구성된 세분시장을 말한다.

이 중 특히 라이프스타일을 변수로 한 시장세분화에서의 이슈는 라이프스타일을 어떻게 측정할 것인가 하는 것이다. 연령이나, 지역, 가구수 등은 비교적 용이하게 측정이 가능하지만 내면의 변수로 볼 수 있는 라이프스타일은 소비자 본인도 정확하게 파악하지 못할 수 있기 때문에 이를 측정하는 것이 주된 연구과제가 되어왔다. 기존에 가장 많이 사용되는 라이프스타일 측정방법은 어떤 개인의 라이프스타일을 측정하기 위한 대리변수로서 A(activities)-I(interests)-

그림 3-4 | **소비자 라이프스타일에 따라 다양한 카드유형을 도입해 신용카드시장에 성공적으로 진입했던 현대카드**

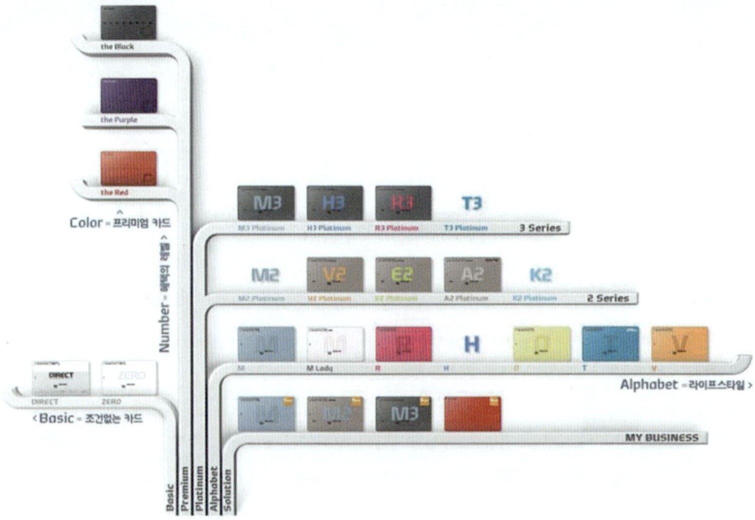

O(opinions) 변수를 가정하고, A-I-O를 표현하는 다양한 문장을 응답자에게 제시하여 그 문장들에 대한 동의 정도를 측정한 후, 응답패턴이 유사한 응답자들을 통계적으로 묶어서 세분시장으로 규정하는 방식이다.

(2) 세분시장별 프로파일 작성

자사가 처해 있는 상황에 맞게 시장을 세분화한 다음에는 각 세분시장 간의 차이점을 파악하기 위해 세분시장별로 구체적 프로파일을 작성하여 본다. 세분시장별로 프로파일을 작성하는 이유는 각 세분시장이 어떤 다른 특성들을 가지고 있는지 이해함으로써 표적시장을 선정하고 브랜드마케팅전략을 개발하는 데 도움을 줄 수 있기 때문이다. 프로파일을 작성할 때에는 시장매력도 기준, 경쟁정도 기준, 자사와의 적합성 기준 측면에서 가능한 구체적으로 작성하여 표적시장을 선정할 때 정확히 평가될 수 있도록 해야 한다. 또한 앞서 언급한 제품구매와 관련된 특성, 고객욕구특성, 인구통계적 특성들을 구체적으로 분석함으로써 표적시장으로 선정된 세분시장에 대한 브랜드마케팅전략을 수립할 때 유용하게 사용될 수 있도록 해야 한다.

03 표적시장의 선정(Targeting)

표적시장의 선정이란 시장세분화를 통해 분류된 각 세분시장들 중 자사에게 가장 매력적인 세분시장을 선정하는 과정을 말한다.

(1) 표적시장 선정전략

표적시장을 선정하는 전략대안에는 크게 비차별화 마케팅전략, 집중화전략, 차별화 마케팅전략의 세 가지가 있다.

1) 비차별화 마케팅전략

비차별화 마케팅전략(undifferentiated marketing strategy)이란 전체 세분시장들에서 몇 개의 세분시장을 선택하여 이들을 하나로 묶어서 동시에 마케팅하는 것을 말한다. 비차별화 마케팅전략이 매스마케팅과 다른 점은 매스마케팅은 전체시장을 타깃으로 마케팅하는 반면, 비차별화 마케팅전략은 특정 세분시장이 아닌 몇 개의 세분시장을 묶어서 타깃팅한다는 점이다.

비차별화 마케팅전략을 사용하는 경우는 주로 소비자들의 제품니즈, 수용강도, 제품의 구매패턴, 사용패턴이 시장 내에서 동질적으로 나타날 때 사용되며, 이런 경우는 주로 어떤 제품의 시장형성 초기 상태에서 많이 볼 수 있다. 혼다(Honda)가 미국시장에 진입하였을 때 취한 전략이 비차별화 마케팅전략이다. 자동차 시장에서 나타날 수 있는 다양한 세분시장들 중 낮

미국시장에 진출할 때 비차별화 마케팅전략을 추구했던 혼다자동차

은 배기량과 경제성이라는 관련성이 높은 요소에서 동일한 욕구를 가진 몇 개의 세분시장들을 묶어서 하나의 세분시장으로 취급하였다. 비차별화 마케팅전략은 대규모의 시장을 대상으로 대량생산하여 판매할 수 있기 때문에 규모의 경제로 인한 원가우위의 경쟁력을 누릴 수 있다는 장점이 있다. 하지만 시장이 진화하면서 특정 고객에게 보다 특화된 차별적 제품을 내세운 경쟁자에게 대응력이 취약할 수 있다는 단점이 있다.

2) 집중화전략

집중화전략(focus strategy)이란 여러 개의 세분시장들 중 하나의 세분시장에만 초점(focus)을 맞추어 마케팅을 하는 전략이다. 집중화전략은 자사의 마케팅자원이 경쟁사에 비하여 상대적 열위에 있을 때 한정된 마케팅자원을 효율적으로 사용하여 경쟁우위를 실현하려고 할 때 유용하다. 그러나 고객의 기호가 변하여 집중하고 있는 시장 자체가 위축이 되거나, 혹은 강력한 경쟁자가 그 시장에 진입할 경우 마케팅성과에서 어려움을 겪을 수 있다. 국순당의 경우 과거 다양한 세분시장 중 전통주 특히, 그 중에서도 약주에 집중하여 마케팅을 펼쳐 왔으나, 웰빙추세에 맞추어 소주브랜드들이 품질을 개선하고 알콜도수를 낮추는 등의 마케팅노력을 기울이면서 성장에서의 정체 및 쇠퇴기를 맞게 되었다. 이에 최근에는 막걸리 시장의 급격한 성장을 배경으로 과거보다 품질과 이미지를 높인 '국순당 생막걸리'에 마케팅의 초점을 맞춰 왔으며, 이는 백세주 이후 기업의 추가적인 성장에 중요한 견인차 역할을 하였다.

집중화전략의 예: 전통주 시장에서 차별적 우위를 추구하는 국순당

3) 차별화 마케팅전략

차별화 마케팅전략(differentiated marketing strategy)은 각 세분시장마다 차별화된 마케팅전략을

현대자동차의 브랜드차별화전략

구사하는 것이다. 집중화전략을 각 세분시장마다 실행한다고 생각하면 이해가 쉬울 것이다. 이러한 차별화 마케팅전략은 가장 대중적인 시장전략이며, 집중화전략이 소비자들에게 가져다주는 세분시장에 특화된 제품을 통한 고객만족도 제고의 효과와 비차별화 마케팅전략이 주는 규모의 경제에 따른 비용절감효과를 어느 정도 모두 취할 수 있는 장점이 있다. 하지만 차별화 마케팅전략을 수행하는 기업의 경우 마케팅비용의 상승과 자기시장잠식의 위험이라는 단점을 갖는다. 자동차 시장에는 소형, 중형, 대형 등의 다양한 세분시장이 있기 때문에 서로 다른 세분시장을 공략하기 위한 차별화 마케팅전략이 필요하다. 현대자동차는 이처럼 복수의 세분시장을 겨냥해 차별화된 브랜드를 제공하고 있다. 대형차 시장의 대표 브랜드인 제네시스는 본인이 운전하는 것을 선호하는 중장년층의 프리미엄 고객을 표적으로 한다. 중형차 시장에는 고가의 그랜저와 이보다 합리적인 가격의 브랜드인 쏘나타를 제공한다. 소형차 시장은 아반떼 브랜드를 통해 젊은 세대 및 소형차를 선호하는 고객을 겨냥한다.

(2) 표적시장 선정기준

표적시장을 선정하는 기준은 다음과 같이 크게 두 가지로 나누어진다.

1) 시장매력도와 관련된 선정기준

표적시장으로 선정되기 위해서는 우선 시장 자체가 매력적이어야 할 것이다. 시장이 매력적인가라는 것은 여러 가지 측면에서 판단할 수 있을 것이다. 우선, 시장의 잠재적 규모(size)와 시장성장률을 살펴보아야 할 것이다. 세분시장의 미래 성장성이 클수록, 그리고 규모가 클수록 매력적인 시장이다. 또한, 시장이 얼마나 안정적인가 역시 중요한 기준이 될 수 있다. 예를 들어, 기능성 건강보조식품 시장의 경우 특정 소재(예: 가시오가피, 복분자 등)가 화제가 되면 빠르게 시장이 형성되고 커지지만, 화제가치가 떨어지거나 다른 소재가 개발되면 금방 시장이 위축이 되는 경우가 많다. 이렇게 시장이 불안정한 경우 역시 매력적인 시장이라 할 수는 없을 것이다. 경쟁의 강도/밀도와 같이 시장에서 경쟁구도와 관련된 변수들 역시 시장매력도를 판단하기 위한 중요한 기준이라 할 수 있다. 경쟁사에 비해 자사가 경쟁우위적 요소가 많을수록, 경쟁자들 간의 경쟁강도가 낮을수록, 그리고 경쟁자의 수가 적을수록, 매력적인 시장이다.

2) 자사의 적합도와 관련된 선정기준

아무리 매력적인 세분시장이라도 자사가 잘 할 수 없는 시장은 적절한 표적시장이 될 수 없다. 자사 적합도와 관련된 기준에는 가용자원, 전략적 적합성, 기존제품들과의 시너지, 이미지 적합성, 마케팅역량 적합성 등을 생각해 볼 수 있다. 해당시장에서 사용할 수 있는 충분한 기술적·재무적 가용자원을 가지고 있다고 판단될수록, 자사가 가지고 있는 전략적 목표에 적합할수록, 현재 자사가 가지고 있는 제품·서비스와 시너지가 날 가능성이 높을수록, 자사의 기존 혹은 추구 이미지와 적합할수록, 그리고 기존의 마케팅역량으로 공략하기 용이한 시장일수록 자사에 적합한 시장으로 평가될 수 있다.

위와 같은 선정기준은 [그림 3-5]와 같은 표를 작성해 평가해 봄으로써 그 전체적인 매력도를 판단할 수 있다.

그림 3-5 | 세분시장별 매력도 평가

평가기준	세분시장 1			세분시장 2			세분시장 3		
시장잠재력									
시장성장률									
경쟁우위									
경쟁강도									
가용자원									
시장운영과 시너지									
전략적 적합성									
	상	중	하	상	중	하	상	중	하

브랜드마케팅 따라잡기

2030시장에서 고객의 욕구에 따라 세분화된 시장에 맞추어 차별화전략을 추구하는 한섬

현대백화점에 의해 인수된 패션기업 한섬은 국내 최고의 패션의류 전문기업으로 타임(TIME), 에스제이(SJ), 시스템(SYSTEM), 마인(MINE), 랑방 콜렉션(LANVIN COLLECTION) 등 다양한 의류 브랜드를 갖고 있다. 80년대 국내의 의류 브랜드는 TV, 신문광고 등의 매스 미디어를 통해 불특정 다수의 고객을 대상으로 대대적인 판촉 행사를 수행하였다. 이에 반해 1987년 설립된 한섬은 국내 여성복 시장에서 뚜렷한 캐릭터와 정체성을 가지고 20~30대 패션에 관심이 많은 고소득 남녀를 공략하는 새로운 패션 트렌드를 제안하였다. 한섬은 20~30대를 목표 세분시장으로 하고, 이 시장을 다시 세분화하여 각각의 고객집단의 욕구와 특성에 맞추어 차별화된 브랜드를 제공한다.

마인(MINE)은 20~30대의 대학생과 여성스럽고 고급스러움을 추구하는 커리어 우먼을 공략하는 브랜드로 고급 캐릭터 정장을 제안한다. 시스템(SYSTEM)은 20대 대학생과 영 마인드의 자유직 여성을 대상으로 하여 파격적이고 캐주얼한 의류를 선보였다. 그러나 1990년대 초반, 정장 브랜드와 영 캐주얼 브랜드로 양분되어 있어서 2030 세대 중 캐주얼 라이프에 대한 욕구를 갖고 있는 여성의 마음을 사로잡을 만한 브랜드가 부재한 상황이었다. 이에 따라 한섬은 전문직에 종사하고 있는 20~30대의 고소득층 여성들을 표적으로 하여 캐주얼 라이프 스타일 의류(cross coordination) 브랜드인 타임(TIME)을 출시하여 2030 전문직 종사자 여성들에게 사랑을 받고 있다. 21~23세의 대학생을 핵심 타깃으로 하는 에스제이(SJ)는 여성스러운 영 캐릭터 캐주얼 브랜드를 컨셉으로 하여 귀엽고 사랑스러운 이미지를 추구하고 싶어하는 이들의 욕구를 충족시켜 주었다.

한섬은 2030 고객에게 한정하여 이들의 차별화된 욕구를 충족시키기 위해 다양한 브랜드를 출시하여

국내 최고의 의류 전문 브랜드로 자리매김하였다. 이와 같이 탄탄한 고객 중심 브랜드 관리에도 불구하고 2030을 타깃으로 하는 브랜드가 포화 상태에 이르며 한섬의 매출액이 주춤하고 있다. 특히, 자라(ZARA), 에이치앤엠(H&M) 등의 SPA 브랜드는 저렴한 가격으로 최신 유행하는 스타일을 선보이며 기존의 2030 시장을 위협하고 있다. 고객의 욕구가 더욱 세분화되고 추구하는 직업이나 라이프스타일이 다양해지면서 2030 시장은 더욱 세분화되고 있다. 이처럼 시장은 진화하며 고객의 욕구는 분화된다. 한섬은 2030시장을 공략한 차별화전략을 보다 정교화시키는 노력이 필요한 시점이다.

04 내 · 외부 브랜드프로파일 분석

타깃 소비자집단이 정의되면 이들 소비자에 대한 심층적인 프로파일 분석뿐만 아니라 이들을 대상으로 하는 경쟁자와 자사에 대한 세부적인 분석이 이루어져야 한다. 그리고 이러한 분석들을 바탕으로 효과적인 브랜드포지셔닝 컨셉이 도출되어야 한다. 브랜드가치제안(혹은 포지션)은 소비자들의 입장에서 볼 때 호의적으로 평가되고(favorable), 독특하며(unique), 또한

그림 3-6 | 브랜드포지션(가치제안) 도출을 위한 브랜드프로파일 분석

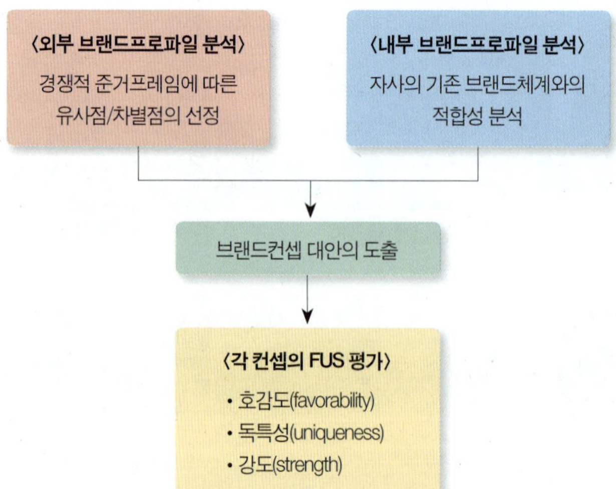

강력한(strong) 연상들로 구성되어야 한다. 이를 위해서는 어떤 이미지의 브랜드가 표적고객에게 가치 있고 바람직한 것인지를 파악해야 하며, 동시에 이러한 이미지들이 표적시장 내 경쟁브랜드들 및 자사의 기존 브랜드들과 얼마나 효과적으로 차별화되고 있는지에 대한 검토도 필요하다. 그리고 마지막으로 자사의 기존 브랜드포트폴리오와의 적합성을 분석하여 기존 브랜드들의 이미지와 일관성이 있으면서도 자기시장잠식현상(cannibalization)을 최소화할 수 있는 브랜드포지션을 개발해야 한다.

(1) 외부 브랜드프로파일 분석

적절한 **브랜드포지션** 혹은 **브랜드가치제안**을 도출하기 위해서 경쟁브랜드들과의 차별화에 대한 분석이 중요하게 고려되어야 한다. 이러한 분석을 위해서는 우선 누가 주요 경쟁자인가를 정의하고, 다음으로 해당 브랜드가 주요 경쟁브랜드들과 어떻게 차별화되어야 하는지, 그리고 어떤 점에서 경쟁브랜드들과 유사해야 할 필요가 있는지를 파악해야 한다. 여기서 중요한 것은 브랜드가치제안의 개발을 위해서는 경쟁브랜드와의 차별점뿐만 아니라 필요한 경우 유사점도 함께 파악되어야 하는데, 이러한 차별점과 유사점은 주요 경쟁자를 누구로 정의하느냐에 따라 달라진다. 다음에서 이를 좀 더 구체적으로 살펴보도록 한다.

1) 경쟁적 준거프레임의 정의

경제적 준거프레임이란 자사브랜드의 주요 경쟁자를 결정하는 데 사용되는 기준을 말한다. 브랜드의 표적고객을 결정하는 것은 그 브랜드에 대한 경쟁구도와 관련된 의사결정과 떼어놓고 생각하기는 힘들다. 다시 말하면, 특정 유형의 소비자들을 표적집단으로 정의한다는 것은 그 소비자들의 기존의 고려대상 상표군도 함께 받아들인다는 의미가 되기 때문이다. 이러한 표적시장 내의 경쟁구도는 선택한 유통망, 가격전략, 자사의 역량, 보유자원 등의 요인들에 의해 더욱 세분화되고 정교화된다. 하지만 경쟁구도를 정의할 때 주의해야 할 사항은 경쟁자 집단을 지나치게 좁게 정의하지 말라는 것이다. 때때로 경쟁은 제품속성 수준이 아닌 소비자가 얻는 편익이라는 보다 상위수준에서 발생할 수 있음을 인식해야 한다는 것이다. 예를 들어, Maxwell House커피의 경쟁자는 Taster's Choice커피로 정의될 수도 있고, Lipton홍차가 포함될 수도 있으며, 더 나아가 카페인이 함유된 모든 음료가 될 수도 있는 것이다. 삼성노트북 컴퓨터의 경쟁자는 다른 컴퓨터 브랜드들이 되기도 하지만 여행이나, TV, 오디오 등도 경쟁자가 될 수 있는 것이다. 소비자들은 연말에 받은 보너스로 노트북을 살 수도 있고, 가족여행을 다녀올 수도 있고, 오디오를 살 수도 있기 때문이다.

경쟁자 집단은 경쟁의 기준에 따라 세 가지 수준으로 정의될 수 있다. 첫째, 동종제품을 생산하는 기존 브랜드들을 경쟁자 집단으로 삼을 수 있다(예: 코카콜라의 경쟁자로 펩시콜라). 둘째, 이보다 상위수준의 경쟁으로 소비자들에게 해당제품과 동일한 편익을 줄 수 있는 대체품 브랜드들을 경쟁자들로 생각해 볼 수 있다(예: 커피와 전통차). 셋째, 가장 광범위한 수준에서의 경쟁으로, 소비자들의 구매력을 노리고 경쟁하는 소비자가 고려하는 모든 제품들을 경쟁자로 간주할 수 있다(예: 가정용 컴퓨터와 동남아 여행).

한편 같은 수준에서 정의된 경쟁자들도 그 속성 혹은 혜택의 유형에 따라 경쟁자 집단에 대한 정의가 보다 세분화될 수 있다. 예를 들어, 콜라는 카페인이 함유되어 있다는 점에선 커피와 같은 집단에 속하게 되지만, 탄산음료라는 점에선 사이다와 같은 집단으로 묶일 수 있는 것이다. 경쟁적 준거프레임을 어떻게 정의하느냐에 따라 해당 브랜드를 인지시켜야 할 고객들의 폭(즉, 하위수준에서 경쟁자 집단을 정의할수록, 자사브랜드의 존재를 알려야 할 구매고객의 규모가 줄어든다)과 그 브랜드와 관련하여 연상되어져야 할 사용상황이나 기타 정보단서들이 달라지게 된다. 이해를 돕기 위해 코카콜라를 예를 들어 설명해 보자. 동종의 제품군에 속한 브랜드들을 경쟁의 준거점으로 삼을 수 있는데, 이는 경쟁범위를 가장 좁게 설정하는 것으로서 코카콜라의 경쟁자는 펩시콜라가 된다. 이때 코카콜라는 펩시콜라에 비하여 어떤 점에서 상대적으로 우월한지를 소비자들에게 알리는 것이 중요해질 것이다. 좀 더 넓게 경쟁범위를 확장하여 콜라와 같이 청량감을 줄 수 있는 다른 탄산음료제품들을 경쟁적 준거점으로 삼을 수도 있다. 이때에는 다른 청량음료에 비해 콜라를 더 선호하는 이유에 대해 파악하고 이를 강화하는 브랜드마케팅전략을 고려할 수 있을 것이며, 다른 청량음료의 소비자들을 콜라 소비자들로 전환시킬 수 있도록 브랜드마케팅전략을 수립해야 할 것이다. 보다 넓은 범위에서 경쟁사를 정의할 경우, 생수나 이온음료 등과 같이 '갈증해소'라는 유사한 혜택을 가지고 유사한 타깃고객을 대상으로 하는 모든 음료제품이 경쟁적 준거점이 될 것이다. 생수는 갈증해소 욕구를 충족시키는 음료수로서 콜라시장에 비해 큰 시장규모를 가지고 있다. 만약 코카콜라가 생수를 경쟁범위에 포함시킨다면, 코카콜라의 잠재소비자들은 더 큰 규모로 늘어날 수 있을 것이다.

2) 경쟁브랜드들과의 차별점 선정

소비자들의 브랜드선택은 그 브랜드의 이미지가 얼마나 표적고객의 욕구와 부합되는가(favorable)뿐만 아니라 경쟁브랜드와 비교해서 얼마나 독특한가(unique)에 의해서 결정된다. 경쟁제품과의 브랜드 **차별점**(point of difference)은 제품속성수준(예: 100 퍼센트 천연 암반수로 만

광동 비타 500

아이보리

제품속성에 기반해 브랜드차별화를 추구한 광동 비타 500과 제품편익을 기반으로 브랜드차별화를 추구한 아이보리

든 하이트 맥주, 가격거품을 뺀 Guess청바지), 소비자에게 주는 편익수준(예: 잇몸질환 예방효과가 뛰어난 LG 호랑이풀 치약, 비듬을 제거해주는 노비드 샴푸), 혹은 전반적인 소비자 태도수준(예: 세계인들의 사랑을 받고 있는 영국의 항공사 British Airways, 고품질 이미지의 삼성)과 같이 다양한 차원에서 결정될 수 있다. 또한 차별점은 제품과 직접적으로 관련성이 없는 속성(예: 미국의 할리데이비슨 모터사이클 브랜드의 자유분방하고 거친 남성적 이미지)에서 나타나기도 한다. 이처럼 경쟁브랜드와의 차별점은 다양한 형태로 나타날 수 있다.

일반적으로 제품속성과 같은 구체적인 수준보다는 추상적인 수준에서의 차별화가 브랜드자산의 지속성을 높여준다. 예를 들어 광동 비타500의 경우 경쟁과의 차별점을 '비타민이 500mg 함유되어 있는, 카페인이 없는' 음료라는 구체적인 제품속성 수준에서 설정하였다. 이 경우 물론 단기간에 소비자들에게 제품의 특성을 효과적으로 전달하여 시장진입을 용이하게 할 수 있다는 장점은 있으나, 이러한 브랜드컨셉은 브랜드자산의 하나로 장기적으로 지속되기를 기대하기는 어렵다. 반면 '순하다'는 편익수준의 이미지로 경쟁과 차별해온 Ivory브랜드는 1881년에 브랜드가 처음 도입된 이래 무려 현재까지 130년이 넘게 브랜드자산을 유지·강화해 오고 있다.

3) 경쟁브랜드들과의 유사점 선정

경쟁브랜드들과의 **유사점**(point of parity)이란 해당브랜드의 독특한 연상이 아닌 다른 브랜드들과 공유되는 연상을 의미한다. 소비자들의 브랜드선택은 항상 특정브랜드의 독특성에 의해서만 결정되는 것이 아니라 그 브랜드가 기본적으로 갖추어야 할 일반적이고 공통적인 특성에 의해서도 크게 영향을 받는다. 이러한 연상, 즉 경쟁브랜드들과 공유되는 연상은 크게 두 가지 유형으로 나타난다. 첫째는 제품범주에서의 유사점으로, 이는 소비자들이 자사브랜드를 대상제품범주에 포함시키도록 하기 위한 필요조건에 해당한다. 둘째는 경쟁브랜드와의 유사점

뛰어난 맛(유사점)과 낮은 칼로리(차별점)를 함께 갖춘 맥주임을 부각시키는 밀러 라이트 광고

인데, 이는 경쟁브랜드가 내세우는 차별점/독특성을 무력화시키기 위해 설계된 특성이다.

만약 소비자들이 어떤 브랜드가 기존의 경쟁브랜드가 내세우는 차별적 특성을 보유하고 있을 뿐 아니라 그 브랜드만의 독특하면서 소비자들에게 바람직한 추가적 차별점도 갖추고 있다고 판단한다면, 그들은 그 브랜드를 선택하게 될 것이다. 바꾸어 말하면 경쟁브랜드와의 유사점은 소비자들의 마음속에서 그 브랜드와 비교된 경쟁브랜드의 우위를 상쇄시키는 역할을 수행하며, 이에 그 브랜드만의 독특한 특성이 더해진다면 그 브랜드는 경쟁브랜드에 대해 경쟁우위를 갖게 된다. 예를 들어, 미국의 맥주회사인 Miller사가 내놓은 저칼로리 맥주인 Miller Lite의 브랜드컨셉은 '뛰어난 맛, 그러나 낮은 칼로리(Tastes great, but less filling)'이다. 사람들이 맥주를 마시는 주된 이유는 그 맛 때문이다. 하지만 소비자들은 일반적으로 '저칼로리'라 하면 맛이 좀 떨어질 것으로 생각하는 경향이 있다. 따라서 Miller의 저칼로리 맥주가 성공하기 위해선 그 맥주가 칼로리가 낮다는 특성 외에도 적어도 다른 맥주들처럼 맛이 괜찮다는 점 역시 소비자들에게 전달되어야 한다. 즉, 여기서 '뛰어난 맛'은 경쟁과의 유사점으로 볼 수 있고, '낮은 칼로리'는 자기만의 차별점으로 볼 수 있다. 다시 말해서 효과적인 브랜드컨셉의 개발을 위해선 저칼로리라는 경쟁상의 차별점뿐만 아니라 좋은 맛이라는 경쟁제품과의 유사점 역시 필요하다는 것이다. 국내 맥주시장에서 Cass Light도 '뛰어난 맛, 그러나 낮은 칼로리(Great Taste, Less Calories)'라는 제품컨셉으로 Miller Lite와 동일한 포지션을 추구하고 있다. 또 다른 예로 현대자동차가 미국시장에 처음 진출했을 때 가격이 경쟁브랜드들보다 싸다는 강력한 차별점을 구축하는 데에는 성공적이었으나, 경쟁브랜드만큼 품질이 우수하다는 유사점을 충분히 강조하지 못했다고 볼 수 있다.

이상과 같이 적절한 브랜드가치제안을 개발하기 위해서는 외부적 프로파일 분석을 통해 표적시장 내 경쟁브랜드들과의 차별점 및 유사점을 설계하는 것이 필요하다. 그러나 이러한 특성들은 다시 한번 얘기하지만 경쟁자가 누구로 정의되느냐에 따라 달라질 수 있다는 점을 기억해야 한다. 예를 들어, 미국의 특송회사로 세계적인 체인을 갖고 있는 FedEx의 경우 그들이 우체국과 같은 기존의 우편배달 서비스회사나 다른 특송회사를 경쟁상대로 정의했다면, 그들이 주장하는 '가장 빠른 배달서비스'라는 컨셉이 경쟁자와의 차별적 우위요소로 작용할 수 있으나, 만약 그들이 인터넷서비스와 같은 새로운 기술에 바탕을 둔 대체서비스를 경쟁자로 정의하였다면, 빠르다는 것은 더 이상 그들의 차별화 요소가 될 수 없는 것이다.

4) 유사점과 차별점 선택에서의 어려움

강력하고 차별화된 브랜드포지션 혹은 브랜드가치제안을 창출하기 위해 올바른 유사점과 차별점을 선택하는 것이 필요하지만, 이러한 결정을 어렵게 만드는 것은 유사점과 차별점을 구성하는 많은 속성들과 편익들이 부정적으로 상관되어 있다는 점이다. 즉 소비자들이 마음속으로 어떤 브랜드의 특정 속성이나 편익을 높이 평가한다면, 다른 중요한 속성을 부정적으로 평가한다는 것이다. 예를 들어, 어떤 브랜드를 그다지 비싸지 않으면서 최고의 품질을 지닌 것으로 포지셔닝시키기 어려울 수 있다. 왜냐하면 저가격과 품질은 대체로 부정적으로 상관되어 있기 때문이다. 〈표 3-2〉는 서로 부정적으로 상관된 속성과 편익들의 예를 보여 준다. 뿐만 아니라 어떤 속성과 편익은 종종 긍정적·부정적 측면을 모두 가진다. 예를 들어, 오랜 전통을 가진 것으로 인식되는 장수브랜드를 생각해보자. 전통은 경험과 지혜, 전문성을 연상시킬 수 있기 때문에 긍정적 속성으로 보일 수 있다. 그러나 전통은 구식, 현대적이 아닌, 최첨단이 아닌 등을 의미할 수 있기 때문에 부정적인 속성으로도 인식될 수도 있다.

문제는 많은 소비자들이 부정적으로 상관된 속성과 편익 모두를 극대화시키는 브랜드를 원한다는 것이다. 경쟁자들은 우리 회사 브랜드의 차별점과 부정적으로 상관된 속성을 강조하

표 3-2 | 부정적으로 상관된 속성과 편익의 예

낮은 가격	vs.	높은 품질
맛	vs.	저칼로리
몸에 좋음	vs.	맛이 좋음
(약이) 효과가 좋음	vs.	쓰지 않음
힘이 좋음	vs.	안전
흔함	vs.	독점
다양함	vs.	단순함

브랜드마케팅 따라잡기

비타 500의 차별적 브랜드컨셉 개발

2001년 출시된 광동제약의 비타 500은 40여 년 동안 드링크 시장의 강자로 군림하고 있던 박카스에 도전장을 내밀었다. 비타 500은 가격이 500원이고 소비자들이 쉽게 사먹을 수 있는 제품, 웰빙을 선도하는 젊은 층을 겨냥한다는 점, 무카페인·무방부제이며 비타민C를 포함한 음료라는 3가지 브랜드컨셉을 바탕으로 하여 드링크 시장을 석권하여, 41년간 한 번도 1위를 내주지 않았던 박카스를 무너뜨리고 드링크 시장에서 1위를 탈환하였다. 이것이 비타 500 출시 4년 만의 일이다. 그렇다면 비타 500의 어떤 노력들이 빛을 발해 박카스를 추월하고 1위를 탈환하게 되었을까?

먼저 박카스와 비타 500은 100ml 병에 들어 있는 드링크이고, 태생적으로 제약회사에서 생산하여 판매한다는 점에서는 차이가 없다. 또 박카스는 피로회복이나 자양강장에 효과가 있고 비타 500 역시 비타민C를 마신다는 의미에서 건강과 관련된 음료이기 때문에 두 제품은 비슷한 편익을 제공한다고 할 수 있다. 그러나 비타 500은 경쟁자인 박카스와 대비하며 차별적인 브랜드컨셉을 개발하고, 이를 고객들에게 효과적으로 전달하는 마케팅을 강화하면서 성공을 거둘 수 있었다. 광고적인 측면에서 살펴보면, 비, 이효리 같은 유명인들을 등장시키면서도, 그들의 건강미와 젊은 이미지를 비타 500과 연결시키고 경쟁자와는 확연하게 차이가 나는 무방부제·무카페인의 젊은 드링크제라는 브랜드컨셉을 강조하기 위해 노력하였다. 이러한 노력이 웰빙이라고 하는 거대한 트렌드와 매치되면서 기존의 소비자들은 깨닫지 못한 비타 500만의 독특한 브랜드특성을 인지하게 된 것이 중요한 성공요인인 것이다. 나아가 기존의 드링크들이 약국 유통망에 의존한 반면 비타 500은 슈퍼와 편의점 심지어 사우나와 골프장에까지 판매를 확대함으로써 언제 어디서나 즐길 수 있는 건강음료라는 인식을 심어주었다.

비타 500은 후발주자가 강력한 경쟁자를 상대로 차별적 브랜드컨셉을 개발하고, 이것을 다양한 마케팅 수단을 통해서 일관되게 잘 전달함으로써 비교적 빠른 시간 안에 브랜드자산을 구축한 사례이다. 우리는 이 사례에서 소비자가 원하는 브랜드컨셉을 개발하고 그 컨셉을 일관되게 소비자들에게 잘 전달하는 것이 얼마나 중요한지 깨달을 수 있다.

는 포지셔닝을 통해 경쟁우위를 추구한다. 가장 좋은 포지셔닝 접근은 상충관계에 있는 속성들 모두에서 잘 기능하는 제품이나 서비스를 개발하는 것이다. Lexus는 '고급스러움과 합리적 가격'이라는 양립하기 어려운 듯이 보이는 포지셔닝을 구축하고자 했는데, Mercedes Benz와의 효과적인 비교광고를 통하여 고급스러우면서 합리적인 가격의 승용차로 지각되도록 하는 데 성공했다. 부정적으로 상관된 유사점 혹은 차별점을 효과적으로 관리하기 위한 몇 가

렉서스

마크 레빈슨 오디오

최고급 마크 레빈슨 오디오를 장착해 고급이미지를 부각시킨 렉서스

지 접근방법이 있다.

첫 번째는 비용이 많이 들긴 하지만 소구하고자 하는 서로 다른 속성이나 편익을 커뮤니케이션 측면에서 분리하여 병행적으로 집행하는 것이다. 이러한 캠페인은 동시다발적 또는 순차적으로 집행될 수 있다. 예를 들어, 헤드 앤 숄더(Head & Shoulders) 샴푸는 비듬 제거 효과를 강조하는 광고와 사용 후 두발의 아름다움이나 외모를 강조하는 광고를 독립적으로 제작하여 병행적으로 소비자들에게 전달하는 이중 캠페인의 도입을 통해 유럽에서 성공을 거두었다. 두 번째는 부정적으로 상관된 편익 중 하나에 대해 신뢰도를 부여하기 위해 유명인, 다른 브랜드 혹은 이벤트의 자산적 가치를 차용하여 자사브랜드와 연결시키는 것이다. 예를 들어, Lexus는 고급 오디오 시장의 명가인 마크 레빈슨 오디오를 장착하여 고급차 이미지를 부각시키는 효과를 꾀하기도 했다. 끝으로 속성과 편익들 간의 부정적 관계를 해소시키는 또 다른 방법은 실제로 그 관계가 긍정적이라는 것을 소비자들에게 확신시키는 것이다. 이는 소비자들에게 체험기회를 통해 직접 경험하게 하거나, 임상실험 결과와 같은 과학적 증거를 제시하거나, 혹은 부정적 상관관계에 놓여 있는 두 속성 간의 관계에 대해 다른 관점을 제공하여 그들이 고려해야 할 다른 요인들을 간과하거나 무시하고 있음을 부각시킴으로써도 달성될 수 있다. 예를 들어, 애플컴퓨터가 매킨토시(Macintosh)를 출시했을 때, 이 제품의 핵심 차별점은 '사용자 친화적'이었다. 많은 소비자들(특히 집에서 사용하는 개인용 컴퓨터(PC)를 구입한 사람들)이 사용의 용이성을 중요한 제품가치로 여겼지만, 업무용으로 PC를 구입한 고객들은 PC가 사용하기에 편하다는 것은 오히려 전문가용이 아닌, 즉 성능이 강력(핵심 고려요인)하지는 않을 것이라는 연상을 갖게 되었다. 이러한 잠재적인 문제점을 인식하고, 애플은 강력한 컴퓨터가 무엇을 의미하는지를 재정의하기 위한 시도로서 '당신의 최고를 발휘할 수 있게 해주는 강력함(The power to be your best)'이라는 슬로건의 독창적인 광고캠페인을 집행했다. 이 광고의 숨

겨진 메시지는 사용하기 쉽다는 것은 그 컴퓨터의 기능을 최고로 활용할 수 있게 해주어, 사용자의 능력을 최고조로 발휘할 수 있게 해준다는, 바꾸어 말하면 사용이 편하다는 것 자체가 강력하다는 것과 통하는 개념임을, 따라서 두 개념의 관계는 부정적인 것이 아니라는 것을 얘기해 주고 있다.

(2) 내부 브랜드프로파일 분석

브랜드가치제안을 개발하기 위해 마케터는 표적고객 욕구의 분석과 경쟁자 분석과 같은 기업의 외부 환경요소에 대한 분석뿐만 아니라 기업의 내부적인 브랜드체계 상에서 해당 브랜드가 가져야 할 역할에 대한 분석 역시 이루어져야 한다. 그 이유는 새로운 브랜드는 결국 그 기업의 전체 브랜드체계의 한 부분을 담당할 것이므로, 자사의 기존 브랜드들과 적절히 차별화되지 않는다면, 자사브랜드들 간에 시장잠식이 일어날 확률이 높거나, 기존 브랜드의 포지셔닝에 부정적인 영향을 주거나, 혹은 이미지의 혼동으로 인해 강력한 브랜드이미지의 구축을 어렵게 만들 수 있기 때문이다. 또한 자사의 브랜드체계에서 해당브랜드가 차지하는 비중이나 역할 등이 사전에 파악되어야 기업이 추구하는 마케팅목표와 일관된 브랜드컨셉 개발이 가능해지기 때문이다.

따라서 신제품에 대한 브랜드가치제안 개발을 위해선 자사의 기존 브랜드들과의 관계설정

대한생명에서 한화생명으로 브랜드명을 변경하는 과정에서 대한생명이 갖고 있던 긍정적 이미지(신뢰성, 전문성 등)를 살리면서 한화생명이 앞으로 추구할 새로운 브랜드연상을 추가하기 위한 마케팅커뮤니케이션 캠페인이 실시되었다.

브랜드마케팅 따라잡기

ING생명이 '오렌지라이프'로 기업브랜드명을 변경한 후 브랜드인지도 구축과 새로운 브랜드연상을 창출하기 위해 도입한 광고캠페인

오렌지라이프는 오렌지 빛의 예쁜 영상 속에서 행복한 순간을 사는 사람들의 모습을 보여줌으로써 소비자들이 각자의 멋진 삶을 상상하며 좋은 기분을 갖게 하는 광고캠페인을 전개했다.

2018년 신한금융은 ING생명을 인수하면서 기업브랜드명을 ING생명에서 오렌지라이프로 변경하고 로고도 새롭게 디자인했다. 새 심벌은 ING생명의 브랜드 자산인 오렌지 색상에 고객의 삶을 든든하게 지키고 보호한다는 의미를 담은 방패 문양이다. 오렌지라이프는 '글로벌 헤리티지', '독보적인 자본력'이라는 기존의 브랜드 자산원천을 유지하면서 '젊고 활기찬(Young & Active)', '고객을 위한 변화에 민첩한(Agile)', '변화에 앞장 서는(Leading)', '계속 성장하는(Growing)' 등의 새로운 브랜드연상을 창출하고 새로운 브랜드명에 대한 인지도를 구축하기 위해 광고캠페인을 전개했다.

광고캠페인은 ING생명이 기업브랜드명을 '오렌지라이프'로 바꾼 것을 알리고 새로운 브랜드연상을 창출하는 데 그 목표를 두었다. '이름이 바뀐 사실을 어떻게 전달해야 고객들로부터 긍정적 반응을 얻을 수 있을까?'라는 질문에서 출발한 이 캠페인은 그 답을 바로 '오렌지라이프'라는 기업브랜드명 자체에서 찾아냈다. 밝고 행복한 이미지와 함께 라이프 트렌드를 선도하는 컬러 '오렌지'와 고객의 삶을 상징하는 '라이프'를 결합한 이름 그 자체가 멋진 삶을 의미한다. 이는 곧 생명보험사가 고객에게 주고 싶은 삶이자, 생명보험사가 존재하는 이유일 것이다.

광고는 이러한 브랜드컨셉을 표현하기 위해 '우리의 이름이 당신의 삶이 되도록'이라는 슬로건을 개발했다. 누구나 한 번쯤 경험하거나 그렸을 법한 '오렌지라이프'의 순간을 살아가는 사람들의 모습을 보여줌으로써 단순히 기업브랜드명이 바뀌었다는 정보만 전달하는 것이 아니라 바꾸게 된 이유를 의미 있게 느끼게 하는 데 중점을 두고 제작됐다. 오렌지라이프와 조화되는 아름다운 영상미를 담기 위해, 촬영 로케이션 장소로 도시와 자연의 풍광이 조화를 이루고 누구나 일평생 한번쯤은 꼭 가 보고 싶은 곳으로 손꼽는 남아공 케이프타운을 선정했다. 영상은 따스한 햇살 아래 이국적이며 예쁜 오렌지 컬러의 향연을 담았다.

오렌지라이프 관계자는 "금융의 가치는 인생의 즐거움, 행복이라고 정의하고, 오렌지라이프를 통해 보다 더 여유롭고 열정적인 삶의 순간들이 함께 하기를 바라는 마음을 광고를 통해 전하고자 했다. 광고 슬로건 그대로 우리의 이름이 고객의 삶이 되도록 하겠다는 오렌지라이프의 약속과 의지를 담았다"고 말했다.

자료원: 헤럴드경제, 2018.11.1.

이 선행되어야 하며, 이를 바탕으로 브랜드가치제안의 방향이 설정되어야 한다. 여기서 관계설정이란 첫째, 어떤 점에서 자사의 기존 브랜드들과 새로운 브랜드를 차별화시킬 것인가 하는 문제와, 둘째, 어떤 연상을 기존 브랜드들과 서로 공유시킬 것인가 하는 문제이다. 이러한 의사결정은 기존 브랜드들에 대한 소비자들의 평가(즉, 연상의 강도, 호감도, 독특성), 기존제품과 신제품 간에 소비자들이 지각하는 유사성 여부, 그리고 각각의 표적고객 간의 중복 정도 등을 고려하여 이루어져야 한다. 즉, 표적고객의 중복 정도가 낮아 시장잠식이 일어날 확률이 낮고, 두 제품 간의 유사성이 높아 브랜드연상의 공유에 소비자들의 저항감이 적을 것으로 판단되며, 기존 브랜드와 관련된 연상들이 소비자들의 신제품 평가에서도 긍정적인 효과를 가질 수 있다면, 연상의 차별화보다는 공유화에 초점이 맞추어져야 한다. 예를 들어 한화그룹이 대한생명을 인수한 후 기업브랜드명을 한화생명으로 변경하면서 가장 이슈가 되었던 부분은 기존 대한생명이라는 브랜드에 대해 소비자가 가지고 있었던 업계 2등으로서의 신뢰성, 안정성, 전문성 등의 긍정적인 이미지를 어떻게 새로운 한화생명 브랜드에 효과적으로 전이시키고, 동시에 대한생명이 부분적으로 갖고 있었던 '오래된', '구식의' 이미지를 불식시키고 한화라는 대기업 브랜드가 갖는 규모의 효과와 한화가 지향하는 미래지향적이고 열정적인 이미지를 이에 추가시킬 것인가 하는 것이었다. 결국 한화생명은 사명변경 고지광고를 적극적으로 실시하여 기존 대한생명의 긍정적인 이미지를 계승하고자 함과 동시에 한화생명의 새로운 브랜드아이덴티티인 '미래를 위한 금융 솔루션'을 바탕으로 한화생명의 차별적인 이미지를 이에 더하고자 순차적인 커뮤니케이션을 전개하였다.

05 브랜드포지셔닝의 개발

앞에서 이루어진 브랜드 내·외부 프로파일 분석을 바탕으로 마케터는 가장 효과적으로 소비자들에게 소구할 수 있는 브랜드포지셔닝 컨셉을 추출한다. 브랜드포지셔닝은 다음과 같이 다양한 기준을 토대로 하여 개발될 수 있다. 첫째, 제품속성에 기반한 포지셔닝으로, 이는 브랜드를 중요한 제품속성이나 소비자 편익과 연계시키는 방법으로 기업들이 가장 많이 이용하는 포지셔닝 전략이다. 예를 들어, 죽염치약은 잇몸질환 예방을 강조하며, Volvo 자동차는 안전성을 특히 강조한 브랜드로 포지셔닝되었다. 둘째, 사용상황(TPO: Time-Place-Occasion)에 기반한 포지셔닝으로, 이는 브랜드를 제품이 사용되는 특정상황과 관련시켜 포지셔닝하는 것

브랜드마케팅 따라잡기

제품속성과 소비자 편익에 기반한 브랜드포지셔닝으로 차별적 우위를 구축한 유니클로

유니클로(UNIQLO)의 브랜드명은 처음에 'unique(독자적인)', 'clothing(의류)', 'warehouse(창고)'라는 뜻의 결합어로 구성되었으나, 촌스럽게 긴 브랜드명을 짧게 합쳐서 유니클로라는 브랜드가 탄생하였다. 현 유니클로의 CEO이자 사장인 야나이다다시의 원칙주의적 경영철학은 '단순하고 심플함'이라는 유니클로의 브랜드컨셉에 반영되어 있으며, 이를 반영한 광고에서도 유니클로의 브랜드철학이 느껴지곤 한다. 유니클로 브랜드는 자라, H&M, 갭 등의 다른 SPA 경쟁사와는 다르게 베이직 캐주얼에 집중한 브랜드이다. 유니클로는 '기본이 되는 옷'이라는 포지셔닝을 갖고 있고 제품성능과 디자인에만 역량을 집중한다.

유니클로는 SPA(Specialty store retailer or Private Label Apparel) 형태의 브랜드로, 한 회사가 생산, 유통, 기획 등 브랜드의 모든 것을 관리하는 조직구조를 갖고 있다. 이러한 조직구조의 특징은 저렴한 가격으로 다양한 제품을 제조할 수 있다는 점이다. 그 이유는 복잡한 중간 유통과정이 생략되기 때문인데, 이를 통해 제품의 구색, 유통절차 등 조직을 효과적으로 운영할 수 있으며, 제품의 회전이 상당히 빨라진다.

일본에서 대대적인 성공을 거두고, 2005년 유니클로는 이를 토대로 하여 한국시장에 진입하였다. 일본에서 유니클로가 성공한 배경을 살펴보면 다음과 같은 특징을 발견할 수 있다. 우선, 유니클로는 자체 제조공장을 갖고 있지 않다. 70여 곳의 협력사로부터 제품을 공급받고, 전체 제품의 90% 이상을 중국 공장으로부터 아웃소싱하고 있다. 둘째, 가장 대표적인 베스트 셀러 제품에 판매를 집중하는 베스트 셀러 전략을 사용한다. 플리스 재킷, 히트텍 등 소재와 실용성에 집중한 제품들을 선보이면서 유니클로만의 경쟁력을 구축하고 있다. 유니클로는 고품질, 저가격, 유통구조적 장점을 통해 지속적인 매출성장을 거두고 있다.

유니클로의 광고컨셉은 심플하다. 이러한 광고특징은 일본에서 처음 광고가 나올 때부터 일관적인 광고의 톤 앤 매너이다. 예를 들어, 유니클로의 플리스 재킷을 광고하는 신문 인쇄 광고의 경우, 신문 한 면을 전체 광고로 사용하는데, 그 광고의 문구는 "유니클로 플리스 1,900엔"이라는 짧은 문구가 전부이다. 화려하고 선정적인 사진이나 긴 광고문구 등의 장치를 통해 독자의 마음을 사로잡고자 하는 경쟁사의 광고와는 차별화된 광고이다. 유니클로는 이러한 경쟁사 광고와 다르게 가격과 제품사진만 심플하게 보여주고, 다른 부가적인 설명은 광고에서 제거하여, 자신이 강조하고자 하는 특징만을 짧고 집중적으로 표현하였다. 이처럼 심플한 유니클로 광고는 브랜드에 대한 가격과 품질 측면에서의 자신감이 뒷받침되었기에 가능한 광고전략이라 할 수 있다. 한국시장에서 유니클로는 유명 여배우 이나영이 광고모델을 하며 유명해졌다. 그녀는 옷에 대한 이야기보다는 자신의 삶에 대한 이야기, 자신의 철학, 살아가는 모습을 담담하게 이야기하는 형식으로 풀어나간다. 이처럼 광고 세팅장에서 진행되는 모습이 아니라, 이나영의 평상시 생활상을 그대로 광고로 내보내는 것이 바로 유니클로 광고전략이다. 유니클로의 에어리즘이라는 제품의 최근 광고를 보면, 배

MADE FOR ALL

피플 캠페인

경음악을 사용하지 않고, 바람소리, 마찰소리 정도만 을 광고에 담아, 에어리즘이라는 제품의 특성을 잘 살려내고 있음을 알 수 있다. 또한 에어리즘이라는 브랜드명에 어울리는 색상의 옷을 입은 이나영이 등장하고, 하얀색 대본만 들고 있어 제품 이외에 다른 색상은 최대한 통제함으로써 제품만을 살리려고 노력한 흔적을 찾을 수 있다. 유니클로 브랜드 광고캠페인, '피플 캠페인(People campaign)'은 유니클로의 'Made for All'을 대중들에게 적극적으로 알리기 위해 기획되었는데, 'Made for All'은 '나이, 성별, 직업, 국적, 그리고 사람을 구별하는 모든 것을 뛰어넘어 모든 사람들을 위한 좋은 옷을 만든다'는 의미가 함축된 유니클로의 브랜드 가치관이다.

유니클로의 브랜드컨셉은 단순하고 심플함이며, 이를 표현하는 광고에서도 역시 제품의 실용성만을 강조하고, 다른 모든 요소를 최대한 배제시켜 소비자들이 제품에만 집중할 수 있도록 만들고 있다. 유니클로는 글로벌 캐주얼 브랜드로, 단순함과 심플함이라는 브랜드 경영원칙과 브랜드컨셉에 기반한 일관된 광고전략을 가지고 지금의 큰 성공을 거두었다.

을 말한다. 가령, 게토레이가 운동 후 갈증해소를 위한 음료로 포지셔닝하거나 CJ의 컨디션이 직장인이 접대 전에 혹은 숙취해소를 위해 마시는 음료로 포지셔닝하여 성공한 예가 이에 해당된다. 사용상황 포지셔닝은 주로 편익 포지셔닝과 결합되어 소비자들에게 제시되는 경우를 많이 볼 수 있다. 예를 들어, 박카스는 박카스를 마셔야 하는 여러 상황들을 보여주고 있으나, 결국 이들 사용상황은 모두 피로회복이 필요한 상황으로 귀결되어 '피로회복'이라는 편익 포지셔닝을 동시에 제시하고 있다. 셋째, 제품범주 포지셔닝으로, 이는 브랜드를 특정 제품군과 관련시켜 포지셔닝함으로써 해당 제품군 내 소비자들에 제품전환을 유도하는 방법이다. 예를 들어 많은 녹차 브랜드들이 카페인이 함유되어 위에 자극적인 커피나 홍차에 대응하여 포지셔닝되었다. 한편 제품범주 포지셔닝은 자사브랜드가 특정 제품범주에 속한다는 식의 포지셔닝이 아니라 그 반대인 특정제품군에 속하지 않음을 알리는 식의 포지셔닝도 생각해 볼 수 있다. 예를 들어, 모바일폰 브랜드 애플은 기존의 피처폰(핸드폰)이 아니라 스마트폰이라는 새로운 제품범주에 속한다고 포지셔닝함으로써 해당시장에서 선도적 지위를 구축했다. 넷째, 경쟁자 포지셔닝으로 직접적 혹은 간접적으로 경쟁브랜드와 연계시킴으로써 자사브랜드를 포지션하는 것을 말한다. 그 대표적인 예로 미국의 렌터카 회사인 Avis사의 "우리는 2위 기업이다. 그래서 우리는 더욱 노력한다(We're only NO.2. We try harder.)"라는 광고를 들 수 있다. Avis는 시장선도브랜드인 Hertz사보다 시장점유율에서 열위임을 인정하면서, 그보다 더 열심히 노력하겠다는 메시지를 통해 큰 성공을 거두었다.

그러면 이러한 브랜드포지셔닝은 어떠한 과정을 통해서 최종적으로 도출되는가? 이하에서는 브랜드포지셔닝의 도출에 활용될 4단계 과정모델을 제시하기로 한다.

첫 번째 단계는 고객욕구의 차원들을 파악하는 것이다. 브랜드포지셔닝이란 해당 브랜드의 이미지를 경쟁제품과 관련시켜 소비자의 마음속에 위치화시키는 것을 말한다. 성공적인 포지셔닝을 위해서는 앞에서 살펴본 프로파일 분석을 토대로 호감도(Favorability, Desirability), 차별성(Uniqueness), 연상의 강도(Strength)라는 세 가지 평가기준을 만족시키는 브랜드포지션 대안들을 도출하여야 한다. 이를 위해선 우선 정해진 표적고객을 대상으로 고객욕구분석을 통해 소비자가 브랜드선택에 있어서 중요하게 생각하는 욕구나 제품편익이 무엇인지를 파악해야 한다. 여기서 파악된 중요 욕구들은 이후에 행해지는 경쟁적 포지션 분석 및 자사의 브랜드포트폴리오 분석을 수행하는 데 활용된다.

두 번째 단계는 앞에서 파악된 주요 소비자 욕구/편익을 분석축으로 이용하여 자사와 경쟁

그림 3-7 | 브랜드포지셔닝 도출과정

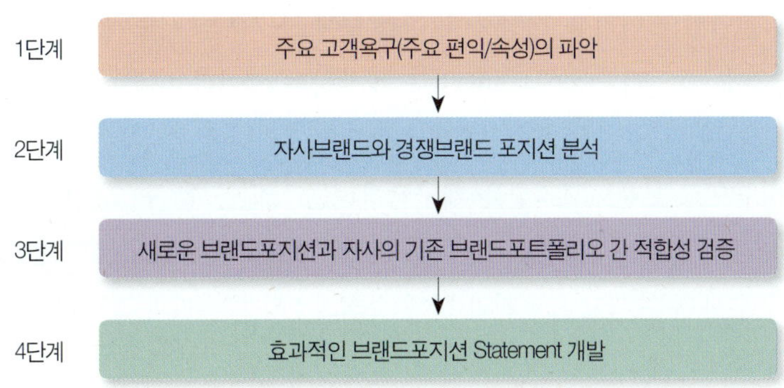

그림 3-8 | 진통제 브랜드에 대한 제품지각도

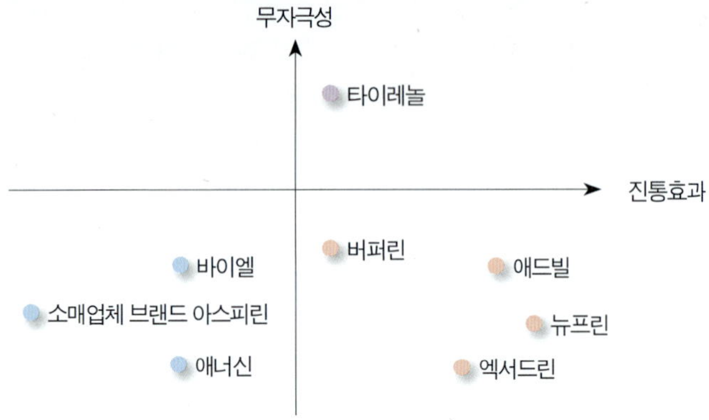

사 브랜드들의 포지셔닝을 파악하는 것이다. 즉, 경쟁자 분석을 통해 기존 브랜드들에 대한 **포지셔닝맵**(positioning map) 혹은 **제품지각도**(perceptual map)를 그려보아 해당 욕구와 관련하여 경쟁 브랜드들의 포지셔닝은 어떻게 되어 있는지, 자사브랜드를 이들과 어떻게 차별화시킬 것인가, 그리고 경쟁자와 공유되어야 할 필요가 있는 특성들은 무엇인가를 결정한다. 브랜드포지셔닝맵은 표적고객들이 중요하게 생각하는 제품편익 상에서 경쟁브랜드들이 차지하는 상대적인 위치를 2차원(혹은 그 이상) 상에 그림으로 표시한 것이다. [그림 3-8]은 미국의 진통제 시장을 대상으로 한 브랜드포지셔닝맵의 한 예를 보여준다.

세 번째 단계는 새로운 브랜드포지셔닝과 자사의 기존 브랜드포트폴리오 간의 적합성을 검토하는 것이다. 이들 간의 적합성 여부는 새로운 브랜드포지셔닝 대안과 기존 브랜드들 간에 포지셔닝 상의 중복 여부, 자기시장잠식의 위험 정도, 가능한 시너지 효과, 기업 입장에서의 재무적·마케팅적 역량 등을 고려하여 판단한다.

끝으로 강력한 브랜드이미지 구축을 위해 최종적으로 선택된 브랜드포지션을 표적소비자들에게 어떻게 전달할 것인가를 결정하여, 이를 **브랜드포지셔닝 서술서**(positioning statement) 혹은 **가치제안 서술서**(value proposition statement)로 개발하는 것이다. 때론 소비자의 기호가 변하거나 강력한 경쟁브랜드가 진입하여 기존의 브랜드포지셔닝이 경쟁우위를 상실하였을 때 기업이 원하는 방향으로 브랜드포지션을 재구축하려는 노력을 할 수 있는데, 이를 **재포지셔닝**(repositioning)전략이라고 한다. 예를 들어, 대웅제약의 대표적인 OTC 브랜드인 우루사는 과거 '음주 전후에 우루사'라는 광고 슬로건과 함께 숙취해소라는 편익과 결부된 사용상황 포지셔닝을 해 성공을 거두었다. 그러나 숙취해소 시장의 경쟁과열로 매출이 하향곡선을 그리자, 숙취해소 시장에서 과감하게 탈피해 장기복용을 통한 만성피로 해소라는 편익을 중심으로 재포지셔닝을 하고 '간 때문이야' 등의 슬로건과 징글을 유행시키면서 매출을 급반전시키는 데 성공했다. 이러한 브랜드가치제안의 재포지셔닝 작업 역시 앞에서 설명한 세 가지 분석축인 소비자 욕구, 경쟁브랜드들의 포지셔닝, 자사의 브랜드체계에 대한 분석을 바탕으로 이루어져야 한다.

참고문헌

1. 안광호 · 하영원 · 유시진 · 박홍수, 마케팅원론, 학현사, 2018.
2. 원유진, 마케팅바이블, 세종연구원, 2002.
3. Kotler · 안광호 · Armstrong, 마케팅입문, 피어슨에듀케이션코리아, 2013.
4. Aaker, David A., 1985, "Position Your Brand," *Business Horizons*, 25(May/June 1985), pp. 56-62.
5. Aaker, Jennifer, "Conceptualizing and Measuring Brand Personality," *Journal of Marketing Research*, in press.
6. Bettman, James R. and Mita Sujan, 1987, "Effects of Framing on Evaluation of Comparable and Noncomparable Alternatives by Expert and Novice Consumer," *Journal of Consumer Research*, 14(September 1987), pp. 141-54.
7. Farquhar, Peter H., 1989, "Managing Brand Equity," *Marketing Research*, 1(September 1989), pp. 24-33.
8. Gardner, Burleigh B. and Sidney J. Levy, 1955, "The Product and The Brand," *Harvard Business Review*(March-April 1955), pp. 33-39.
9. Johnson, Michael D., 1984, "Consumer Choice Strategies for comparing Noncomparable Alternatives," *Journal of Consumer Research*, 11(December 1984), pp. 741-53.
10. Keller, Kevin Lane, 1998, *Building, Measuring, and Managing Brand Equity*, New Jersey: Prentice Hall.
11. Myers, James H. and Allan D. Shockerm, 1981, "The Nature of Product-Related Attributes," in *Research in Marketing*, Vol. 5, 1981, Jagdish Sheth, ed., Greenwich, CT: JAI Press.
12. Ries, Al and Hack Trout, 1979, *Positioning: The Battle for Your Mind*, New York: McGraw-Hill.
13. Sujan, Mita and James R. Bettman, 1989, "The Effect of Brand Positioning Strategies on Consumers' Brand and Category Perceptions: Some Insights from Schema Research," *Journal of Marketing Research*, 26(November 1989), pp. 454-67.

2

제 4 장

브랜드아이덴티티 개발전략 (Brand Identity Development Strategy)

01 브랜드아이덴티티 개발모델

02 브랜드아이덴티티의 구축

03 브랜드가치제안(Value Proposition)

04 브랜드아이덴티티 구축을 위한 주요 브랜드구성요소의 개발

사회적 가치 창출을 통해 브랜드연상을 더욱 풍부하게 만듦으로써 브랜드자산의 가치를 강화시켜 나가는 스타벅스

커피 맛이 상향 평준화된 시대, 스타벅스가 우리에게 판매하는 건 커피가 아닌 라이프스타일과 문화다. 그리고 이제 글로벌 커피전문점 시장에서 확고한 선도적 지위를 구축한 스타벅스는 사회적 가치의 창출을 통해 단지 맛으로만 평가할 수 없는 커피 브랜드의 자산적 가치를 더욱 강화하고 있다 .

부드러운 커피 향을 즐기는 개인의 취향을 대중화하는 데 성공한 스타벅스

스타벅스(Starbucks)라는 브랜드명은 소설 〈모비딕(Moby Dick)〉 속 커피를 즐겨 마신 일등 항해서 '스타벅'에서 따왔다고 알려져 있다. 스타벅스 로고 속 인어는 아름다운 노래로 항해사를 홀려 죽이는 신화 '사이렌' 이야기를 빌려 왔다. 커피 향으로 사람들을 홀리겠다는 의미로 요약할 수 있는 브랜드 스타벅스는 1971년 세 명의 커피 애호가 제럴드 볼드윈(Gerald Baldwin), 고든 보커(Gordon Bowker), 지브 시글(Zev Siegl)의 취향으로부터 출발했다. 시애틀의 작은 상점에서 커피 원두 로스팅으로 선보인 스타벅스는 당시 쓴맛이 강한 로부스타가 대세였던 커피시장의 흐름 속에서 부드러운 아라비카 원두를 소개했고, 로고 속 사이렌처럼 부드러운 커피 향으로 점차 많은 사람의 입맛을 홀린다.

세 명의 취향에서 출발한 스타벅스가 세계적인 커피 프랜차이즈가 된 전환점은 지금의 CEO인 하워드 슐츠(Howard Schultz)를 만나면서부터다. 스웨덴의 커피 메이커 제조가 해마플라스트(Hammarplast)의 미국 부사장 시절 방문한 스타벅스에서 감명을 받았던 그는 1985년 스타벅스를 인수하기에 이르렀고, 부드럽고 깊은 커피 향을 즐기는 개인의 취향을 대중화하는 비즈니스 능력을 발휘했다. 직영제를 통한 커피 맛과 질의 균등한 유지, 편안하면서도 지적인 분위기의 매장 인테리어와 음악을 필두로 스타벅스는 전 세계 커피 왕국의 제왕이 되었다. 일부 커피 마니아들은 스타벅스 커피의 맛이 형편없다고 비판한다. 하지만 스타벅스를 습관적으로 찾는 사람들은 커피 맛이 특별히 훌륭해서 찾는 것은 아니다. 우리가 스타벅스를 찾는 건 다른 커피 브랜드들과 구분되는 뚜렷한 브랜드정체성 때문이다.

브랜드컨셉을 '라이프스타일을 판매하는 커피숍'으로 정의한 스타벅스

스타벅스가 전 세계 1위 커피전문 프랜차이즈로 자리 잡는 데에는 테이크 아웃 잔의 역할이 컸다. 파파라치 컷 속 거리를 활보하는 해외 유명인들의 손에는 어김없이 스타벅스 테이크 아웃 잔이 들려 있었고 스타벅스 커피를 마신다는 건 일종의 트렌드세터 인증임과 동시에 쿨한 태도로 인식되었다. 더불어 미국 드라마 속 전문직이 노트북을 펼쳐놓고 업무에 몰두하는 유연한 공간의 배경으로 자주 등장하던 스타벅스는 집과 회사와는 또 다른 제 3의 장소 기능을 하는 곳으로 브랜드이미지화 되었다. 스타벅스는 타인에게 방해를 주지 않는 한 아무리 오래 앉아 있어도 눈치를 주지 않는다. 어떤 매장은 각자 작업에 몰두하는 고객들로 가득 차 마치 도서관 같은 느낌을 준다. 커피 한 잔의 가격만 따지자면 다소 비싼 비용이지만 누구에게도 방해받지 않을 수 있는 공간을 보장받는다는 면에서는 싼 비용임이 틀림없다.

집과 회사가 다른 이국적 분위기, 친절한 서비스, 재즈 음악, 무료 와이파이 등이 스타벅스가 사실상 판매하는 요소인 것이다. 스타벅스는 간판에는 '커피'라는 단어를 찾아볼 수 없다. 이는 매장을 단지 카페가 아닌 문화공간으로 만들겠다는 선언이다. 그리고 오늘날 스타벅스는 '커피도 있는' 문화공간으로 변화하고 있다. 브랜드를 소비한다는 것은 브랜드의 감성을 소비하는 것과 같다. 커피숍에서 출발한 스타벅스는 일상에서 트렌디하게 커피를 소비하는 방법과 공간을 공유하는 라이프스타일의 면면을 보여준다.

사회적 가치 창출을 통해 브랜드연상을 더욱 강화하는 스타벅스

커피숍의 관점을 바꾼 스타벅스의 차별화된 마케팅노력은 사회적 가치 창출을 위한 마케팅활동으로 이어진다. 그 대표적인 예가 공정무역이다. 커피사업은 공정무역을 보장받지 못하는 대표적인 사업분야로 알려져 있다. 주요 커피원두 생산지인 케냐와 에티오피아에서 얻는 1g의 커피는 실판매가의 1/100 수준이다. 사업체의 유통이윤은 증가하는 데 반해 농가의 어려움은 반복되는 구조로 지적되어 온 부분이다. 스타벅스는 커피 농가의 삶을 보장하기 위한 공정거래를 통해 얻은 원두만을 사용하며 공정무역의 실상을 알리고 변화하는 데 앞장서 왔다.

스타벅스는 커피 농가와 무역에 관련한 사업분야 외에 지역공헌을 위한 다양한 지속가능 마케팅캠페인을 진행하는 것으로도 알려져 있다. 스타벅스 매장 인근 지역사회 발전을 위한 문화재 지킴이, 재능기부, 미혼모 지원 등 다양한 분야에 걸친 사회환원활동을 지속해 왔으며 캠페인 성과를 투명하게 공개해 모든 사람이 열람할 수 있게 했다. 스타벅스의 이런 마케팅활동은 기업이미지 제고를 위한 '보여주기식' 이벤트가 아님을 알 수 있는 대목이다. 무엇보다 스타벅스는 근로자의 만족도가 높은 기업으로 내부에 인정받은 기업으로 유명하다. 파트 타이머의 대우가 낮은 보편적인 미국 일자리의 통념을 깨고 스타벅스는 모든 직원에게 종합의료혜택을 제공하며 사내 스톡옵션을 모든 직원에게 분배하기도 했다. 스타벅스의 이직률은 동종 타 업체에 비해 4배 정도 낮은 수준을 유지하며 근로자가 아닌 파트너로 직원을 대하는 스타벅스의 인사제도가 결국 건강한 기업을 지탱하는 힘임을 증명했다.

우리는 하루에 얼마나 많은 종이 영수증을 버리고 있을까? 무심코 받아 지갑에 넣다 보면 며칠 지나지 않아 배가 불뚝한 지갑과 만나게 된다. 통계에 따르면 종이 영수증을 위해 생명력을 잃어버리는 나무가 한 해에 33만 4,400그루, 낭비되는 물이 15억 7,000만 리터에 달한다. 영수증을 만들고 폐기하는 과정에서 발생하는 온실가스 역시 연간 무려 5만 500톤이나 발생해 지구온난화의 원인으로 지목되고 있다. 이 점을 고려한 스타벅스는 종이 영수증 대신 전자 영수증 발급에 적극 나서며 환경보호 실천에 동참했다. 스타벅스 매장방문 거래 시 전자 영수증이 기본으로 발행되며 종이 영수증을 원하는 경우 주문 시 파트너에게 요청할 수 있다. 스타벅스는 사회적 마케팅 캠페인을 통해 자원절약과 함께 결제의 간소화, 개인정보 유출 위험을 방지하는 일석삼조의 효과를 가져온다는 전자 영수증의 긍정적인 측면을 알리는 데 앞장서고 있다. 스타벅스의 환경보호 실천은 플라스틱 사용 축소 활동으로도 이어진다. 초록색 빨대가 스타벅스의 브랜드정체성을 대변하는 요소임을 감안한다면 스타벅스의 플라스틱 사용 금지 선언은 큰 도전과 결정이라 할 수 있다. 그럼 빨대 없는 스타벅스는 어떤 모습일까? 일차적으로 종이 빨대를 도입해 시범운영을 거친 뒤 전 세계 매장에 순차적으로 도입하며 아이스 음료의 경우에는 빨대 없이 마실 수 있는 컵 뚜껑인 '리드'를 사용한다. 특히 스타벅스는 개인 컵 사용 고객을 위한 혜택을 강화해 텀블러 사용을 적극 권장했던 초기 브랜드의 철학을 되새기고 있다. 이처럼 스타벅스는 '테이크 아웃 커피'라는 편리성을 과감히 버리고 새로운 시대를 맞이할 채비를 마쳤다.

스타벅스는 맛있는 커피와 제 3의 휴식공간이라는 기능적 가치 제공, 고급스럽고 트렌디한 모습을 표현하는 수단이라는 상징적 가치의 제공, 나아가 지역사회 발전과 지구환경 보호에 적극적으로 동참하는 기업이라는 사회적 가치 창출을 통해 세계 최고의 커피 전문브랜드라는 브랜드 지위를 유지/강화하는 데 성공했다.

자료원: 개념소비를 이끄는 스타벅스, Life Is Orange, 2018 Autumn, INNOCEAN worldwide.

01 브랜드아이덴티티 개발모델

브랜드 하면 제품범주 내의 다른 경쟁제품과 구별하기 위한 브랜드명, 로고, 기타 시각적 심벌 등을 떠올리지만, 브랜드는 그 이상의 의미를 갖는다. 브랜드는 삼성전자의 'World Best'를 말하며, 다시다 광고에 출연했던 김혜자의 친근한 목소리이며, 혁신적인 제품을 개발하기 위한 3M사의 최고경영자와 연구진, 생산에 종사하는 종업원들의 땀과 피이기도 하다. 이러한 모든 것들이 합쳐져 브랜드에 대한 전반적 인상이 형성되며, 이러한 전반적 인상의 형성을 통하여 브랜드아이덴티티(brand identity)가 고객 마음속에 구축된다. 브랜드아이덴티티는 기업이 표적고객의 마음속에 심어주기를 원하는 바람직한 연상들(혹은 이미지)로 정의되며, 브랜드아이덴티티 개발전략이란 바람직한 브랜드아이덴티티(브랜드연상들의 집합 혹은 브랜드컨셉)를 소비자의 마음속에 구축하기 위해 제품특성, 브랜드명, 심벌, 광고, 판매촉진, 이벤트, PR 등과 같은 모든 브랜드접촉점(마케팅요소들)을 통합적으로 관리하는 과정을 의미한다.

이러한 관점에서 기업들은 고객들로 하여금 우리 회사 혹은 브랜드에 대해 바람직한 인상을 갖도록 이에 영향을 미치는 모든 마케팅요소들을 일관성 있게 관리해야 할 것이다. 왜 많은

그림 4-1 | 브랜드아이덴티티 개발모델 〈Aaker(1996)가 제안한 모델을 수정하여 재구성함〉

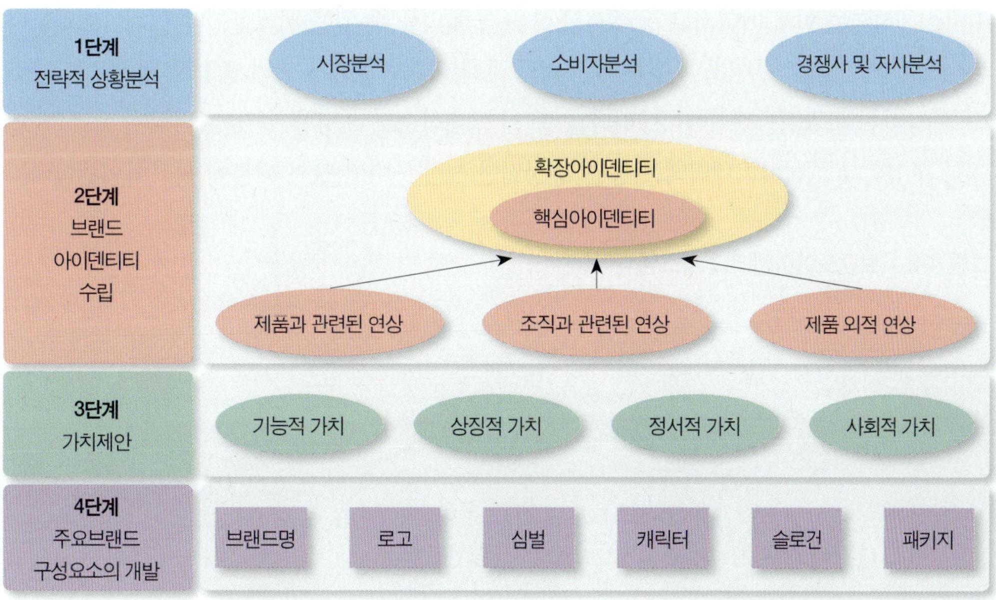

기업들이 경쟁적으로 기업 및 브랜드아이덴티티의 구축에 막대한 비용을 투자하는 것일까? 이는 브랜드아이덴티티가 기업이 지향하는 가치관, 자사제품의 상대적 우위 등을 함축하여 소비자들에게 전달하는 데 있어 매우 유용한 전략적 도구이기 때문일 것이다.

그렇다면 브랜드아이덴티티는 어떠한 과정을 통해 구축되는 것일까? [그림 4-1]은 Aaker 교수(1996)의 브랜드아이덴티티 개발모델(Brand Identity Planning Model)을 저자들이 일부 수정해 보다 유용한 브랜드아이덴티티 개발모델을 제안하고 있는데, 이하에서는 브랜드아이덴티티가 도출되는 과정을 자세히 알아보기로 한다.

3장에서 다룬 시장전략(브랜드마케팅전략)을 기반으로 기업은 자사에 적합한 브랜드아이덴티티를 수립하게 된다. 브랜드아이덴티티는 시장분석결과 시장의 추세를 적합하게 반영할 수 있어야 하고, 소비자의 욕구와 세분시장에 맞게 수립되어야 한다. 또한 자사가 지닌 강점을 살리면서 경쟁사와는 차별화될 수 있어야 하며, 경쟁사의 약점을 공격하고 강점을 무력화시킬 수 있도록 하는 것이 좋다.

브랜드아이덴티티는 **핵심아이덴티티**(core identity)와 **확장아이덴티티**(extended identity)로 구성되어 있으며, 확장아이덴티티의 구성요소들은 나름대로의 의미를 가지고 핵심아이덴티티를 둘러싸고 있다. 핵심아이덴티티는 브랜드가 가지고 있는 정수(essence)라고 말할 수 있으며, 이는 시간이 지나도 쉽게 바뀌지 않는다. 새로운 시장이나 새로운 국가, 새로운 제품으로 확장을 시도할 때에도 핵심아이덴티티는 쉽게 바뀌지 않는다. 존슨앤존슨(Johnson & Johnson)의 경우 핵심아이덴티티는 처방전 없이 살 수 있는 믿을 수 있고 품질 좋은 의약품이며, 맥도날드의 핵심아이덴티티는 언제 어디서나 동질의 음식을 쉽게 먹을 수 있는 편리함이다. 핵심아이덴티티는 브랜드에 의미를 부여하고 향후 성공적인 브랜드를 구축하기 위해 중심적 역할을 담당한다. 확장아이덴티티는 핵심아이덴티티를 좀 더 구체적으로 설명할 수 있는 다양한 요소(연상)들로 구성된다. 핵심아이덴티티는 종종 추상적인 성격을 띠고 있기 때문에 확장아이덴티티는

그림 4-2 | 브랜드아이덴티티 시스템

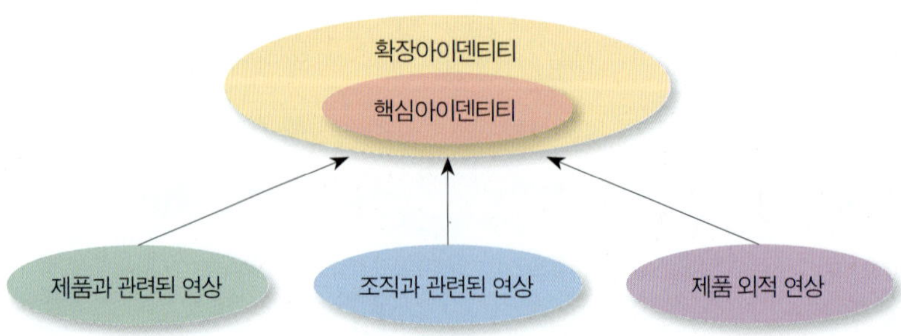

브랜드마케팅 따라잡기

정숙함이라는 핵심아이덴티티에 운전의 짜릿한 즐거움이라는 확장아이덴티티를 추가함으로써 브랜드이미지를 강화하려는 렉서스

잔소음 없이 조용하게 운전할 수 있음을 가리키는 정숙성이란 단어는 수많은 자동차 브랜드 중 유독 한 브랜드가 독점하고 있는 것처럼 보이는데, 바로 렉서스다. 프리미엄 자동차 브랜드 렉서스의 장점을 언급할 때 '정숙성'이란 단어가 자연스럽게 연상된다. 그리고 하이브리드 모델이 큰 성공을 거두면서 '렉서스=정숙성'이라는 브랜드이미지는 더욱 견고해졌다. 그러나 최근 들어 단순히 차가 조용하게 잘 달리는 것 이상을 요구하는 소비자가 많아졌다. 특히 독일 자동차 브랜드는 스포츠카 못지않은 운전의 즐거움을 제공함으로써 프리미엄 자동차시장을 확대하고 있다. 이에 따라 정숙성이라는 차별적 연상을 구축한 렉서스도 운전의 즐거움이라는 새로운 연상을 브랜드이미지에 추가하기로 했다. 렉서스는 운전의 즐거움이라는 새로운 연상을 형성하기 위해 'F전략'을 도입했다. F는 일본을 대표하는 서킷인 '후지 스피드 웨이(Fuji Speed Way)'의 F를 의미한다. 렉서스는 독일 프리미엄 자동차 모델과 본격적으로 경쟁하기 위해 달리기 본능에 충실한 '다이내믹 퍼포먼스 드라이빙'을 구현하는 F전략을 도입하기로 한 것이다. F전략을 통해 렉서스는 정숙함이라는 핵심 브랜드연상에다 '가슴이 두근거리는(일본어로 와쿠도키) 차'라는 연상을 새로 추가하기로 한 것이다.

렉서스는 기존의 정숙함이라는 핵심 브랜드연상에서 한걸음 더 나아가 스포츠 이미지를 강화하기 위해 독자적인 고성능 모델인 슈퍼카 LFA와 쿠페차체를 특징으로 하는 RC F를 개발했다.

F전략은 기존의 브랜드이미지와 새로운 브랜드아이덴티티 간의 거리를 좁히기 위해 렉서스가 도입한 실행 프로그램이다. 브랜드아이덴티티는 말 그대로 브랜드가 갖고 있고 추구하는 정체성이다. 소비자가 브랜드를 어떻게 인식했으면 좋겠다는 회사 측의 소망이다. 반면 브랜드이미지는 소비자가 브랜드에 대해 이미 갖고 있는 연상들의 집합이다. 렉서스 F전략은 '정숙함'이란 기존의 브랜드이미지에다 '달리기'라는 새로운 브랜드연상을 추가하기 위한 구체적 작업이다. 원래 렉서스라는 브랜드는 '저렴하고 성능 좋은 일본차'라는 도요타의 브랜드이미지를 탈피하고 '프리미엄 럭셔리'라는 새로운 브랜드아이덴티티를 정립하기 위해 개발되었다.

브랜드연상을 강화하기 위한 렉서스의 브랜드마케팅전략은 기존 자동차 모델에 F전략을 추가하거나 F전략을 위한 새로운 자동차 모델을 출시하는 것으로 양분된다. 이미 렉서스는 2007년 렉서스 주력모델인 IS 모델을 기반으로 고성능 퍼포먼스 자동차 모델 IS F를 내놓았다. 여기에 F전략을 구현하기 위한 새로운 자동차 모델도 출시했는데, F 스포츠 패키지와 최고의 주행 성능을 구현한 슈퍼카 LFA가 그것이다. F 스포츠 패키지는 기존 자동차 모델에 그물 모양의 메시 그릴로 대표되는 전용 외관 디자인과 전용 인테리어, 계기판, 그리고 스포츠 튜닝을 가미함으로써 일상 속에서 렉서스의 드라이빙 퍼포먼스를 즐길 수 있도록 한 것이다. 현재 ES와 LS 모델을 제외한 전 렉서스 라인업에 F 스포츠 패키지가 제공되고 있다. 이와 함께 렉서스는 스포츠 이미지를 강화하기 위해 독자적인 고성능 모델인 슈퍼카 LFA와 쿠페차체를 특징으로 하는 RC F를 개발했다. RC F는 2도어 레이싱 쿠페(Racing Coupe)에 F 스포츠 패키지를 적용해 드라이빙의 즐거움에 '와쿠도키' 느낌을 극대화했다.

RC F는 개성 있는 익스테리어와 인테리어 디자인은 물론 동급 최고성능을 발휘하는 V6 3500cc 직분사엔진과 8단 자동변속기를 갖추어 지금까지 봐왔던 렉서스 차가 아니라 전혀 새로운 스포츠카처럼 느껴진다. RC F는 '운전의 즐거움'을 추구하지만 기존의 '정숙함'이란 렉서스의 매력을 유지하고 있다.

렉서스는 기존 라인업에 LFA와 F 스포츠 패키지를 추가함으로써 렉서스브랜드의 핵심아이덴티티인 정숙함에다 '가슴 두근거리는 진정한 드라이빙의 즐거움'이라는 새로운 연상을 추가함으로써 브랜드가치를 더욱 높였다.

자료원: 매경, 2015.6.26.

이를 명확히 하고 이를 소비자들에게 가시적으로 전달하는 역할을 수행한다. 맥도날드의 확장아이덴티티는 햄버거, 프렌치프라이 등 제품 그 자체를 포함할 뿐만 아니라 편안하게 식사할 수 있는 청결한 매장, 가족/친구들과 부담없이 갈 수 있는, 아이들이 즐겁게 놀 수 있는, 그리고 황금빛 아치 로고 등과 같이 핵심적 아이덴티티를 풍성하게 만들고 이를 구체적으로 나타내는 다양한 요소(연상)들로 구성된다.

02 브랜드아이덴티티의 구축

브랜드아이덴티티는 고객들의 마음속에 심고 싶은 바람직한 연상들의 집합이다. 브랜드아이덴티티를 구축하기 위해서는 브랜드와 관련된 바람직한 연상들을 고객들의 마음속에 만들어 나가야 한다. 브랜드와 관련된 바람직한 연상들은 다음과 같이 크게 세 가지 유형으로 나누어 질 수 있다. 첫 번째는 제품과 직접적인 관련이 있는 연상들로, 이는 다시 제품이 속해 있는 제품범주에 있어서의 전형성과 관련된 연상, 제품특성관련 연상, 품질 대비 가격과 관련된 연상, 제품 사용상황과 관련된 연상, 제품사용자와 관련된 연상으로 나뉜다. 두 번째는 조직과 관련된 연상이다. 우리가 쉽게 생각할 수 있는 조직관련 연상으로는 혁신성을 강조하는 조직, 소비자들에게 신뢰를 주는 조직, 사회적 책임을 강조하는 조직, 고객지향적 성격을 가지고 있는 조직, 해당 산업 내에서 리더십을 발휘하는 조직, 세계적 기업을 지향하는 글로벌 조직 등이 있다. 세 번째는 제품과 관련되지 않은 제품외적 연상들로, 브랜드가 갖는 특정의 성격(개성)이나 이미지(브랜드이미지)를 떠올리는 것이다.

(1) 제품과 관련된 연상의 유형

1) 제품범주 전형성

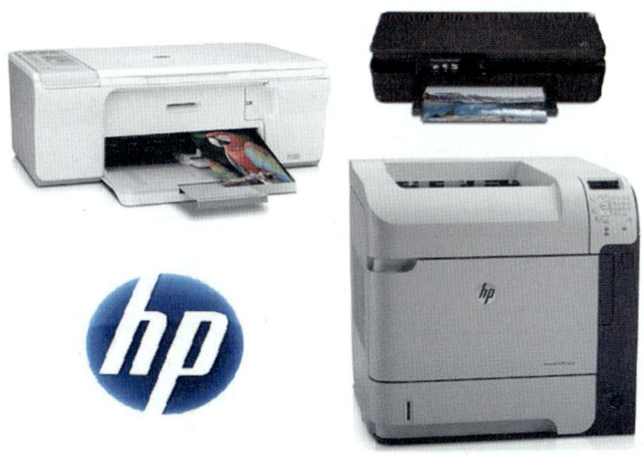

제품범주의 전형성을 이용해 브랜드아이덴티티를 구축한 휴렛팩커드(HP, Hewlett Packard)

어떤 제품 카테고리를 생각할 때 이마도 여러분은 마음속에서 제일 먼저 떠오르는 브랜드를 가지고 있을 것이다. 가령 여러분이 농구화를 산다고 할 때 어떤 농구화 브랜드가 가장 먼저 떠오르는가? 이때 해당 제품 카테고리에서 가장 먼저 연상되는 브랜드를 **전형성**(prototypicality)이 있다고 말한다. 즉, 제품범주의 전형성이라는 것은 어떤 제품 카테고리가 제시되었을 때 특정브랜드가 가장 먼저 연상되는 것을 말한다. 예를 들어, 전자상가에 프린터를 구매하러 가기 위해 한 학생이 친구들한테 어떤 프린터가 좋을지 물어보았을 때 대부분이 휴렛팩커드(HP, Hewlett Packard)의 제품을 떠올렸다고 한다면 휴렛팩커드는 프린터라는 제품 카테고리 내에서 전형성을 가지고 있는 것이다.

특정 제품범주에 있어서 전형성이 형성되는 경우는 다음과 같다. 첫 번째는 그 제품이 해당 범주에서 신발주자(first mover)일 경우이다. 시장의 도입기에서는 제품에 대한 정보가 아직 소비자들에게 명확하게 전달되어 있지 않은 상태이기 때문에 소비자들의 선호도가 명확하게 이루어져 있지 않다. 따라서 해당 제품군에 선발주자로 진입한 경우 자사가 가지고 있는 강점을 소비자들에게 집중적으로 부각시킴으로써 소비자들의 제품선호도를 자사에게 유리하게 형성시켜 제품의 전형성을 확보할 수 있다. 두 번째는 자사가 경쟁사에 비하여 상대적으로 큰 규모로 인식되어 있는 경우이다. 예를 들어, 경쟁사에 비해 높은 시장점유율을 가지고 있거나

그림 4-3 | 전형성에 영향을 미치는 요인

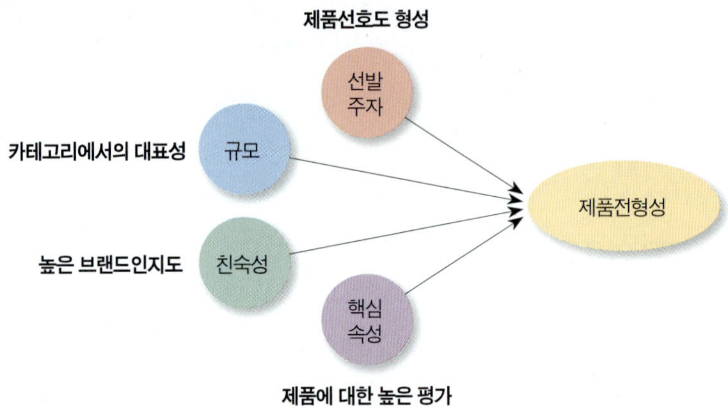

매출의 규모가 큰 경우, 소비자들은 그 브랜드가 해당 카테고리 내에서 대표적인 브랜드로 인식할 수 있다. 세 번째는 제품의 핵심속성에서 좋은 평가를 받고 있는 경우이다. 만약 해당 제품군이 지녀야 하는 핵심적인 속성과 기능 측면에서 자사브랜드가 경쟁브랜드에 비하여 상대적으로 우수하여 소비자들이 이에 대하여 높게 평가하고 있다면 의사결정 시 다른 대안들을 떠올릴 가능성이 낮아지기 때문에 대표브랜드로 인식될 수 있는 것이다. 네 번째는 소비자들에게 친숙한 장수제품인 경우이다. 시장 내에서 그 브랜드가 오랜 역사와 전통을 가지고 있는 경우 높은 브랜드인지도를 확보할 수 있으며, 소비자들은 그 브랜드에 대해 친근감을 갖게 되어 대표적인 브랜드로 인식할 수 있다. 높은 브랜드인지도는 대안탐색시점 혹은 구매시점에서 해당 제품에 대한 정보를 쉽게 인출할 수 있게 하여 구매로 연결될 가능성을 높일 수 있다.

2) 제품특성

마케터는 자사제품만이 갖고 있거나 경쟁제품보다 더 우수한 제품특성을 부각시킴으로써 차별화된 브랜드아이덴티티를 형성할 수 있다. 제품의 특성이 핵심적인 아이덴티티가 되는 경우는 제품구매에 있어서 기능적인 가치가 중요하게 여겨질 때이다. 제품특성관련 연상을 기반으로 한 브랜드아이덴티티를 수립하기 위해서는 먼저 소비자 조사를 통해 목표소비자들이 해당 제품군 구매 시 고려하는 여러 제품속성 중 어떤 것을 상대적으로 중요하게 지각하는지를 파악해야 한다. 그리고 경쟁제품에 비해 뛰어나다고 소비자들에게 인식시킬 수 있는 제품속성이나 평가기준을 토대로 브랜드아이덴티티를 수립해야 한다.

예를 들어, 소비자들이 스마트폰을 구매할 때 가격, 광고 및 프로모션, 타인으로부터의 추

그림 4-4 | 핸드폰 구매 시 평가기준

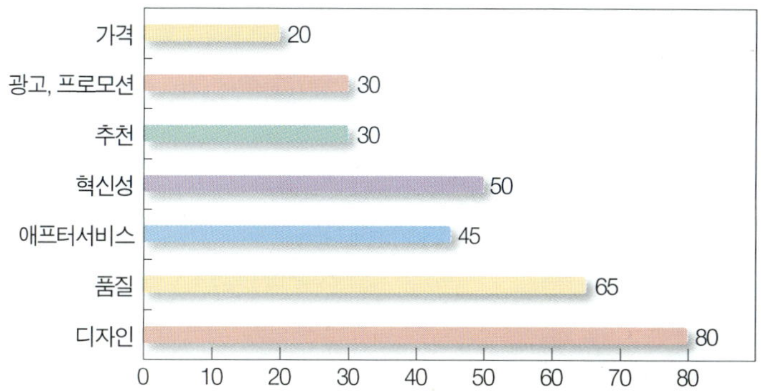

천, 혁신성, 애프터서비스, 품질, 디자인 등의 평가기준을 고려해 구매를 결정한다고 하자. 각 평가기준의 상대적 중요성에 대한 소비자 조사 결과 다른 요인들보다 디자인적인 측면을 우선적으로 고려하는 것으로 나타났다면, 디자인의 독특함이나 세련됨을 중심으로 브랜드아이덴티티를 개발할 수 있다. 제품특성 중심으로 브랜드아이덴티티를 수립하는 것은 생활용품에서 종종 발견할 수 있는데, 생활용품과 같은 저관여제품은 매우 짧은 시간 동안에 깊이 생각하지 않고 의사결정이 이루어져 한두 개의 주요 제품특성만을 강조할 필요가 있기 때문이다.

3) 품질대비가격

품질대비가격 또한 제품의 핵심아이덴티티로 활용될 수 있다. 제품시장이 프리미엄 제품군-가치(Value)제품군-저가제품군과 같이 가격대에 따라 하부시장을 형성하고 있을 경우, 기업은 품질대비가격을 핵심아이덴티티로 사용할 수 있다. 이 경우 마케터는 비슷한 품질의 경

품질대비가격에 기반해 브랜드포지션을 구축한 자라

브랜드마케팅 따라잡기

가전시장에서 고가격-고품질의 프리미엄 브랜드전략을 추구하는 LG전자

LG전자는 2016년 고가 제품군 시그니처 라인을 처음 내놓고 프리미엄 가전 전쟁에 나섰다.

냉장고 한 대에 1,000만 원을 훌쩍 넘기고 세탁기 한 대가 400만 원에 가까운 프리미엄 가전이 국내시장에 속속 출시되고 있다. 고소득층 소비자를 노린 프리미엄 브랜드마케팅전략이지만, '혁신 없이 디자인만 고급스럽게 개선해 가격만 올리는 것 아니냐' '전반적 가격 상승을 유도하고 있다'는 비판도 나온다. 삼성전자가 출시한 냉장고 중 가장 고가 라인은 '셰프컬렉션 빌트인 냉장고'로 1,829만 원, LG전자가 내놓은 'LG시그니처 프리미엄 올레드 TV'는 1,800만 원이다. LG전자에서 가격대가 높은 프리미엄 라인인 시그니처 이름표가 붙은 가전군 중 냉장고는 850만 원, 세탁기는 390만 원이다.

가전 브랜드들은 수익성을 올리고 브랜드이미지를 강화하기 위해 고가 프리미엄 브랜드전략을 쓰고 있다. 특히 LG전자에는 이 전략이 주효했는데, 2~3%대에 머물던 LG전자의 영업이익률이 2017년 4.0%까지 상승한 것에 생활가전을 담당하는 H&A 부문과 TV로 대표되는 HE 부문의 선전이 큰 역할을 했다. 시그니처 라인의 성공이 미친 영향이 컸다.

그러나 일부 소비자들은 높은 가격에 걸맞은 제품 기능의 획기적인 개선이 없다는 부정적 반응을 보이고 있다. 성능과 기능 면에서 큰 차이가 없는데 디자인과 고급 브랜드이미지만 앞세운다는 것이다. 이런 가운데 2018년 말 LG전자는 가전에 가구를 결합한 초프리미엄 라인 '오브제'를 출시했다. 수납장과 사운드바를 추가한 LED TV로 대당 999만 원짜리 초고가 라인이다.

한편 독일 브랜드 밀레는 세계 가전시장에서 프리미엄 브랜드전략을 잘 써서 성공한 사례로 꼽힌다. 독일산 프리미엄 가전 브랜드 밀레의 2017년 매출은 41억 유로(약 5조 원)를 기록했다. 밀레는 국내 브랜드의 경쟁제품보다 가격대가 다소 높은 편이다. 가장 저렴한 기본형 세탁기(10kg)의 백화점 판매가가 258만 원으로 LG전자 트롬 세탁기 기본형(21kg · 159만2,000원)보다 100만 원 정도 비싸다. 건조기 가격대(10kg · 318만 원)도 LG전자 제품(14kg · 205만 원)보다 높다. 그런데도 밀레가 우리나라 주부들의 '로망'으로 자리 잡은 것은 내구성과 기술력으로 프리미엄 브랜드이미지를 굳혔기 때문이다. '엄마가 써보고 딸에게 혼수로 사준다'는 말이 있을 정도다.

세계 최초로 세탁기와 식기세척기를 만든 회사인 만큼 기술력도 100년 넘게 축적됐다. '20년 사용해도 처음 샀을 때와 같은 성능을 낸다'는 생산목표에 맞춰, 해당 모델이 단종돼도 모터 같은 주요 부품을 20년 이상 보관한다. 최근에는 국내 가전 브랜드들의 프리미엄 정책이 오히려 밀레제품에 대한 수요를 자극하고 있다는 말도 나온다. 현대백화점 무역센터점의 밀레 매장 매니저는 "국산 가전 브랜드들의 고가격 정책 덕분에 고객들로부터 밀레의 '가성비가 좋다'는 평가를 받는다"고 말했다.

자료원: 이코노미조선, 274호, 2018.11.12.

쟁제품들과 비교해 자사브랜드가 저렴하다는 것을 강조하거나, 혹은 비슷한 가격대의 경쟁제품들에 비해 품질이 더 우수하다는 것을 강조한다. 가령, SPA 의류시장 내에서 자라(ZARA)는 합리적인 가격에 비해 높은 품질로 포지셔닝되어 있다. 자라는 세계 유수의 명품브랜드의 디자인과 매장 분위기를 가져와 브랜드이미지를 고급화시키고 매장 또한 이러한 이미지와 일관되게 고급화시켰지만, 가격대는 일반인들이 쉽게 구매할 수 있도록 합리적으로 책정하였다.

삼성전자는 스마트폰 시장에서 시장선도 브랜드의 위상을 지키기 위해 Galaxy브랜드의 새로운 모델을 매년 출시하고 있다. 기존모델에 비해 더 높은 사양과 기능을 갖추었지만 기존모델과 비슷한 수준으로 가격을 책정함으로써 Galaxy브랜드는 품질대비가격에서 가장 프리미엄한 브랜드이면서도 가격에서 경쟁브랜드들에 비해서 높지 않다는 인식을 소비자 마음속에 심을 수 있었다. 이러한 삼성전자의 브랜드전략에 힘입어 삼성은 소비자들의 마음속에 경쟁사들보다 더 혁신적인 제품을 합리적인 가격으로 제공하는 기업으로 자리매김하고 품질대비가격의 대표주자라는 연상이미지를 기반으로 Galaxy의 브랜드아이덴티티를 구축/강화할 수 있었다. LG전자는 스마트폰 시장에서 가격대에 따라 프리미엄 제품군, 가치제품군, 저가제품군으로 나누고 각 제품군에 V시리즈, G시리즈, X시리즈라는 하위브랜드를 도입했다.

4) 사용상황

소비자 욕구가 제품사용상황(언제 사용하는가, 어디서 사용하는가)과 밀접하게 연결되어 있을 때에는 그 사용상황이 핵심적인 아이덴티티로 작용할 수 있다. 국내 이온음료 시장에 처음 진출하였을 때 게토레이는 알칼리성 스포츠음료로 포지셔닝하였지만 선발주자였던 포카리스웨트에게 크게 고전하고 있었다. 그러나 슬로건을 '물보다 흡수가 빠르다'로 바꾸고 주로 심한 운동 후에 물 대신 마실 수 있는 음료로 사용상황에 기반한 브랜드포지션으로 변경한 후부터 매출과 시장점유율이 상승하게 되었다. 또한 사용상황을 이용하여 브랜드아이덴티티를 수립한 다른 사례로서 휴대성이 좋은 노트북으로 포지션한 삼성전자의 노트북 아티브(ATIV)를

사용상황에 의해 브랜드아이덴티티를 정립한 게토레이와 삼성전자 아티브

들 수 있다. 아티브는 노트북 화면을 키보드로부터 분리할 수 있어 상황에 따라 태블릿과 노트북으로 자유롭게 사용이 가능하다는 컨셉으로 광고를 하였다.

5) 사용자

사용자와 관련된 연상을 핵심아이덴티티로 삼는 경우는 표적 소비자들이 사용자 특성에 기반하여 세분화될 수 있을 때이다. 말보로 담배는 다양한 유형의 흡연남성들 중 터프함을 추구하는 남성들을 표적으로 브랜드아이덴티티를 개발해 성공을 거두었다. LG전자의 프리미엄 빌트인 가전 브랜드 'SIGNATURE KITCHEN SUITE'의 표적 소비자들은 상류층 혹은 고소득층이라고 할 수 있다. 686L 얼음 정수기냉장고, 110L 전기오븐, 12인용 식기세척기 등으로 구성된 시그니처 키친 스위트 풀패키지는 가격이 3,000만 원을 넘는다.

LG전자는 상류층의 고소득 소비자 집단을 겨냥해 서울 강남구 학동로에 '시그니처 키친 스위트' 전용 매장을 열었다.

(2) 조직과 관련된 연상

조직과 관련된 연상이 브랜드아이덴티티로 사용되는 경우는 그 제품의 브랜드전략이 주로 공동브랜드에 초점이 맞추어져 있을 때이다. 공동브랜드란 일반적으로 '청정원', '삼성'과 같이 여러 제품범주에 걸쳐 공통적으로 사용되는 브랜드로 종종 '우산형(umbrella)' 브랜드라고도

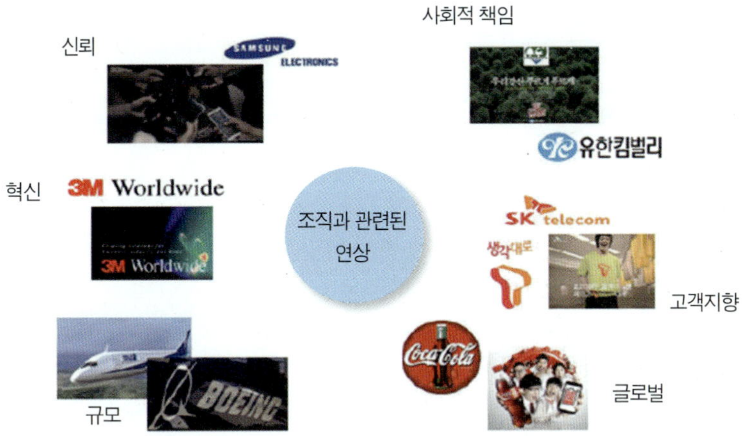

조직과 관련된 연상

불린다. 공동브랜드를 종종 기업브랜드가 대체하는 경우가 발생하는데 특히 우리나라의 경우 대부분의 기업이 기업브랜드가 공동브랜드를 대체하고 있다. 예를 들어, LG전자는 LG Dios냉장고, LG G 스마트폰, LG 휘센 에어콘, LG 트롬세탁기와 같이 대부분의 전자제품에 LG라는 기업브랜드를 공통적으로 사용하고 있다. 공동브랜드는 하나의 브랜드가 여러 제품군에 걸쳐 사용되기 때문에 동일한 아이덴티티를 각 제품에 일관적으로 반영할 수 있는 특성을 갖고 있다. 따라서 공동브랜드전략을 추구하는 기업이 조직과 관련된 연상으로 브랜드아이덴티티를 창출하는 것은 각 제품군 간의 시너지 효과를 높인다.

기업브랜드로부터 떠올릴 수 있는 핵심적인 연상으로는 크게 6가지를 생각할 수 있는데, 혁신성(innovation), 규모(size), 글로벌(global), 사회적 책임(social responsibility), 신뢰감(trustworthiness), 고객지향성(customer-orientation) 등이 그것이다. 3M은 지속적인 연구개발(R&D)을 통해 혁신적인 제품을 끊임없이 만들어내는 것으로 유명하다. 특히 15/10 rule은 3M의 혁신성을 대표한다. 15/10 rule은 근무시간의 15%는 창의적인 일에 사용하며, 최근 1년간 개발한 제품으로 매출의 10%를 올린다는 것을 의미한다. 미국의 항공기 제조사인 보잉은 그 규모에 있어서 세계적인 기업이며, 코카콜라의 경우 전 세계 200여 개 국가에서 판매되며, 매초 8,000병 정도가 팔리고 있다. 유일한 박사에 의해 설립되어 오랜 역사와 전통을 자랑하고 있는 유한킴벌리의 경우 사회적 책임을 강조하며, 장학재단, 공익사업 등을 통한 이익의 사회 환원에 많은 노력을 기울이고 있다. 삼성그룹은 우리나라를 대표하는 기업으로 고객들이 신뢰할 수 있는 품질을 가진 제품과 서비스를 제공하기 위해 노력해 왔다. 이러한 그룹이미지는 '삼성'이라는 기업브랜드를 통해 그룹 내의 계열사에 '신뢰성'을 부여하고 있다. 또한 SK그룹은

브랜드마케팅 따라잡기

친환경과 기업의 사회적 책임에 대한 연상을 토대로 강력한 기업이미지를 구축한 영국 화장품 브랜드 러쉬

천연재료로 만든 러쉬의 핸드메이드 비누. 러쉬 매장에서는 비누와 입욕제 등을 별도의 포장 없이 덩어리째 진열한다.

'바나나 9t, 라임 5t, 레몬 1t, 꿀 62t, 올리브오일 19t, 코코아버터 220t…'

영국 남부 도셋 지방의 항구도시 풀(Poole)에 본사를 둔 '러쉬(Lush)'가 사용한 주요재료 목록의 일부다. 러쉬는 과일주스 회사가 아니다. 영국의 천연재료 화장품 기업이다. 천연재료를 사용해 만든 형형색색의 수제(手製) 비누와 입욕제로 인기가 높다. 2016년 매출 7,230억 파운드(약 1조484억 원)를 기록하며 창업 22년 만에 매출 1조 원을 넘어섰다.

비싼 천연재료를 사용해 수작업으로 제품을 생산하는 러쉬가 20년 남짓한 기간에 세계적인 코스메틱 업체로 성장할 수 있었던 비결은 뭘까.

첫 번째는 포장과 광고를 최소화해 비용절감을 실현한 것이다. 러쉬는 천연재료를 고집하고, 광고를 하지 않으며, 포장을 세련되게 꾸미지 않겠다는 3대 원칙을 세웠다. 원가를 절감하면서 제품품질은 높이기 위해서였다. 화장품을 비롯한 뷰티 산업은 전통적으로 포장을 중요하게 여긴다. 토마토, 복숭아, 바나나 등 과일 모양의 독특한 용기로 큰 인기를 끌었던 국내 화장품 제조업체 '토니모리'가 대표적인 예다. 그런데 러쉬 매장에 가면 비누나 입욕제 같은 고체상품들은 별도의 포장 없이 덩어리째 진열돼 있다. 포장이 필요한 일부 제품은 반드시 재활용이 가능한 용기를 사용한다. 또 용기에서 발생하는 쓰레기를 줄이기 위해 액상제품은 고체화시켰다. 액상 샴푸와 치약을 압축해 고체 샴푸와 치약으로 만드는 식이다. 고체 제품은 액상제품과 사용기간은 같지만, 무게가 가벼워 운송비용을 낮추는 효과도 있다.

포장을 없앤 것은 단지 비용절감을 위해서만은 아니다. 천연재료 배합으로 만들어진 알록달록한 제품 고유의 색감 때문에 포장을 없앤 것이 오히려 독특한 시각효과를 만들어낸다. 포장을 하지 않으니 강한 향기가 날 수밖에 없다. 전 세계 어디에서나 러쉬 매장 앞을 지나가면 강한 향기에 이끌려 걸음을 멈추게 된다. 포장을 없애 제품의 맨살을 드러내면서 비용절감과 감각적인 마케팅의 두 마리 토끼를 잡은 셈이다.

러쉬는 광고에도 거의 돈을 쓰지 않는다. 메이저 화장품 회사들이 매출의 20~30%를 광고에 쏟아붓는 것과는 대조적이다. 러쉬는 이와 관련해 광고에 의존하는 것이 '도덕적 해이'로 이어질 수 있다는 신념을 가지고 있다. 모든 정보가 인터넷으로 공유되는 시대에 소비자들이 더 이상 기업이 말해주는 정보를 곧이곧대로 믿지 않게 됐다는 것도 광고를 탐탁지 않게 여기는 또 다른 이유다.

두 번째는 '진정성'을 부각시키는 매장환경이다. 경

영학에서 진정성(authenticity)은 '고객이 원하는 가치에 부응하는 것'이란 의미로 널리 쓰인다. 러쉬 매장을 찾은 고객이 기대하는 가치는 무엇보다 천연재료가 주는 신선함이다. 그리고 진정성을 돋보이게 하기 위한 러쉬의 노력이 가장 두드러지는 곳이 바로 매장이다.

러쉬 매장에 가보면 화장품 매장이라기보다 식품매장에 가까운 느낌이 든다. 러쉬 창업주 콘스탄틴은 제품의 진열방식에 관한 아이디어를 과일가게에서 얻었다고 한다. 고객이 주문하면 커다란 덩어리 형태의 비누를 원하는 만큼 썰어준다. 유럽의 시장에서 치즈를 썰어 파는 것과 비슷하다. 수제로 만든 비누에는 꽃잎과 과일 껍질, 씨앗 등 재료의 입자가 표면에 남아 있다. 여기에 더해 제품의 신선도 관리에도 특별히 신경을 쓴다. 러쉬는 유통기간이 통상 14개월인 제품들도 4~5개월 이상 매장에 두지 않는다. 이 같은 이유로 러쉬 매장에서 제품을 구매하는 고객은 일반적인 화장품 매장에서 느낄 수 없는 매우 자연 친화적인 기분을 느끼게 된다. 러쉬의 공장을 부엌(kitchen)이라고 부르는 것도 이런 의도에서다. '부엌'의 입지도 전통적인 공업 도시와는 거리가 멀다. 러쉬는 현재 본사가 있는 영국 풀을 포함해 캐나다 토론토와 밴쿠버, 독일 뒤셀도르프 등에 생산시설을 두고 있다. 하나같이 세계적으로 살기 좋은 친환경 도시들이다.

매장에 물을 담은 넓은 대야를 가져다 놓고, 입욕제를 넣어 거품이 나는 것을 볼 수 있게 하는 등 소비자들이 제품을 체험할 수 있게 하는 것도 진정성 마케팅의 일환이다. 이런 노력의 결과로 러쉬는 2015년 영국 소비자 단체 '위치(Which)'가 실시한 고객 만족도 설문조사에서 존 루이스 백화점을 제치고 1위에 오르기도 했다.

세 번째는 업의 본질에 충실한 사회공헌활동이다. 필립 코틀러 미국 노스웨스턴대 켈로그경영대학원 교수는 저서 「착한 기업이 성공한다(Corporate Social Responsibility)」에서 "기업의 사회참여가 도덕적 의무나 자선활동에서 벗어나, 기업의 이익에 도움이 되는 전략적 차원에서 실행돼야 한다"고 강조한다. 러쉬는 그동안 다양한 환경문제와 사회문제에 대해 뚜렷한 목소리를 내 왔다. 상당수의 경우 코틀러가 이야기한 전략적 접근과 잘 맞아떨어졌다. 가장 유명한 것이 '동물실험 반대'다. 러쉬는 동물실험을 조금이라도 한 업체와는 절대 거래하지 않으며, 중국이 동물실험을 하지 않은 제품은 수입할 수 없다고 하자 중국에 제품공급을 중단하며 50조 원이 넘는 시장을 포기했다. 이익도 중요하지만 스스로의 핵심가치와 모순되는 방향으로 이익을 추구할 경우 기업의 존속 기반 자체가 흔들릴 수 있다는 것을 잘 알고 있기에 내린 결정이었다. 비누에 들어가는 팜 오일(야자유)의 소비증가로 인도네시아와 말레이시아의 열대우림이 사라질 위기에 놓이고 그곳 동물의 생존이 위협받자 제품에 팜 오일을 넣지 않겠다고 선언했다. 이후 팜 오일 대신 해바라기 씨 오일이나 유채 씨 오일, 코코넛 오일 등을 섞어 만든 비누에 식물 성분과 에센셜 오일을 첨가해 수제비누를 만들고 있다. 이와 함께 다른 업체도 팜 오일 사용을 줄일 것을 촉구하는 캠페인을 펼치기도 했다.

제품과 상관없는 환경운동과 사회운동에도 적극적이다. 석유회사들의 석유추출로 타르 샌드 매장량이 많은 캐나다의 자연과 거주민들이 고통받자 이를 막기 위해 '타르 샌드 채취 반대' 캠페인을 전개했다. 탈북자를 지원하는 홍콩의 단체와 위안부 피해 역사 교육 및 자료 보존에 힘쓰고 있는 '민족과 여성 역사관', 청소년 성 소수자들을 위한 단체를 후원하는 등 다양한 계층과 분야에 관심을 두고 있다.

네 번째는 적극적인 소셜미디어 활용이다. 광고비를 쓰지 않는다고 해서 활용할 수 있는 채널이 없는 것은 아니다. 러쉬는 페이스북과 인스타그램 등 다양한 사회관계망서비스(SNS)를 활용해 고객의 충성도를 높이고, 잠재고객에게도 자연스럽게 접근한다. 러쉬의 북아메리카 페이스북 공식계정은 팔로어 수가 120만 명이 넘는다. 최근 공유된 제품관련 동영상도 조회 수가 기본적으로 수만 건에 달할 만큼 호응도가 높다. 러쉬는 북미 외에도 영국, 독일, 이탈리아, 프랑스, 호주, 브라질, 싱가포르, 홍콩, 태국, 우리나라 등 진출 국가마다 별도의 페이스북 계정을 운영 중이다. 러쉬의 공식 인스타그램에는 330만 명이 넘는 팔로어가 등록돼 있다. 여기서 공유된 제품 관련 이미지는 13만 장이 넘는다. 영국의 패션 및 뷰티 전문 브이로그(비디오와 블로그의 합성어로 일상을 그대로 담은 동영상을 뜻함)를 운영하는 '조엘라'와 메이크업 팁을 제공하는 동영상으로 유튜브 스타로 떠오른 타냐 버 등 러쉬 팬을 자처하는 유명인사들을 활용한 인플루언서 마케팅(SNS 스타나 등 영향력 있는 인사를 활용한 홍보활동)도 큰 힘이 되고 있다.

러쉬는 각 제품의 특성을 따서 지은 독특한 제품 이름과 이야기를 접목하는 스토리텔링 마케팅에도 적극적이다. 예를 들어, 붉은색 입술 보호제의 이름은 '키스와 함께 시작한다(It Started With a Kiss)'인데, 백설공주의 이야기에서 모티브를 얻었다. 세안제인 '나인 투 파이브(9 to 5)'는 (서구의 경우) 오전 9시부터 오후 5시까지 일하는 직장인의 지친 피부를 가꿔 준다는 의미가 담겨 있다.

러쉬 팬을 자처하는 유튜브 스타 타냐 버

러쉬의 부엌(kitchen)에서 파파야를 이용해 제품을 만드는 모습

러쉬는 '우리는 믿습니다(We Believe)'라는 슬로건 아래 다섯 가지 신념을 브랜드 운영에 적용하고 있다. '좋은 제품을 만들기 위한 신선한 과일 및 채소의 중요성, 행복한 사람들이 만드는 행복한 비누, 세상을 향기로 채우는 소중함, 동물실험 반대, 식물성 재료 사용과 포장의 최소화'가 러쉬가 이야기하는 브랜드 신념이다. 이와 관련해 러쉬는 크리에이티브 바잉(Creative Buying)이란 이름의 구매팀을 두고 믿을 수 있는 생산자로부터 재료를 직접 구매한다. 세계 어느 곳이든지 양질의 재료가 있다면 찾아가 재료 하나하나를 직접 테스팅하는 것이다. 예를 들어, 장미 오일을 구하기 위해 구매팀은 산지인 모로코 현지에서 장미를 수확할 때부터 재료를 지켜본다. 단순히 좋은 품질의 재료만 공급받는 것이 아니라, 현지주민들에게 일자리를 제공하는 등 공정거래에도 특별히 신경을 쓴다.

러쉬가 천연 화장품을 지향하고 있지만, 제품에 들어가는 성분이 100% 천연은 아니다. 제품의 성분을 자세히 들여다 보면 파라벤, 티타늄디옥사이드 또는 각종 향료가 첨가돼 있음을 알 수 있다. 그런데도 천연재료를 내세울 수 있는 것은 천연재료의 함량이 다른 화장품에 비해 높고, 제조과정에서 안전이 검증된 최소한의 인공 성분만을 쓰고 있기 때문이다.

자료원: 조선일보, 2018.6.26; 이코노미조선, 2017.12.6.

고객지향적 조직으로 탈바꿈하기 위하여 'OK SK'라는 슬로건을 사용하였다. 이러한 SK그룹의 고객지향적 이미지는 그룹 내 주력계열사인 SK텔레콤에서 적절히 활용되었다. SK텔레콤은 '고객이 행복할 때까지'라는 컨셉으로 고객지향이라는 그룹이미지와 일관된 아이덴티티를 창출하였다. 최근 SK그룹은 행복나눔재단을 만들어 쉽게 해결하기 어려운 사회문제를 해결하기 위해 기업/기관의 자원과 대중의 참여를 결합시킨 사회공헌 프로그램인 행복얼라이언스를 전개함으로써 행복관련 기업연상을 더욱 강화하고 있다.

(3) 제품외적 연상

제품외적 연상은 브랜드개성과 같이 제품이 가지고 있는 기능적 속성이나 성능 등과 직접적인 관련이 없는 연상을 말한다. **브랜드개성**(brand personality)이라는 것은 브랜드제품을 사람으로 간주했을 때 그 제품이 갖는 인간적 특질들(traits)을 의미한다. 브랜드개성이 브랜드아이덴티티로 사용되는 경우는 고객들이 기능적인 가치를 넘어서 정서적 가치를 추구할 때이다. 따라서 브랜드개성을 브랜드아이덴티티로 사용할 때에는 표적으로 하는 고객들이 기능적 가치뿐만 아니라 정서적 가치도 중요하게 고려하는지 알아 볼 필요가 있다. 만약 고객들이 정서적 가치를 매우 중요하게 고려한다면, 그들은 어떤 정서적 측면을 추구하는 것일까, 즉 우리 브랜드는 어떤 개성을 추구해야 하는 것일까라는 질문이 이어져야 한다. 기업들이 추구하는 브랜드개성은 다음과 같이 크게 5가지 유형으로 나누어진다.

① 진실함(Sincerity)

진실함이라는 브랜드개성을 강하게 연상시키는 대표적 예로는 캠벨, 홀마크, 코카콜라 등을 들 수 있다. 캠벨(Campbell's)은 오랫동안 인스턴트 수프(soup) 통조림을 만들어 온 회사인

데, 수프는 미국에서 주로 아침식사 대용으로 혹은 다른 음식들과 함께 소비되는 특성이 있다. 캠벨수프는 마치 어머니가 직접 만들어 준 것과 같은 수프라는 연상을 전달함으로써 가족의 건강을 책임진다는 인식을 소비자들에게 심어주고 있다. 홀마크(Hallmark)는 다양한 종류의 카드를 생산하는 업체로, 카드는 카드를 보내는 사람의 생각과 마음을 상대방에게 전해주는 상품이다. 홀마크는 이러한 제품특성을 브랜드아이덴티티에 담아서 '상대방에 대한 관심과 따뜻한 정'이라는 컨셉을 고객에게 전달하고 있다. 또한 코카콜라(Coca Cola)는 '행복(happiness)'을 브랜드아이덴티티로 만들어가는 작업을 진행하고 있다. 언제 어디서나 코카콜라를 마실 때의 경험을 행복한 일상의 순간으로 기억하도록 다양한 프로모션과 광고를 하고 있다. 코카콜라 브랜드의 핵심아이덴티티로서 '행복'이라는 컨셉이 형성이 된다면 코카콜라는 모든 사람들에게 행복을 파는 기업이 되는 것이다. 이것이 코카콜라가 행복을 브랜드아이덴티티로 만들려고 많은 투자를 하는 이유이다.

② 흥미로움(excitement)

흥미로움이라는 브랜드개성을 강하게 연상시키는 대표적 브랜드로는 포르쉐, 베네통 등을 들 수 있다. 포르쉐(Porsche)는 세계적인 스포츠카 생산업체이다. 스포츠카는 대부분 상류층의 세컨카(second car)로서 주말에 여가를 즐길 때 주로 사용되는 차이다. 포르쉐는 자사의 스포츠카로 또 다른 인생을 즐기라는 메시지를 아이덴티티에 담고 있다. 반면 베네통(Benetton)은 대담하며 과감한 디자인과 색상, 밝고 발랄한 이미지의 캐주얼 의류를 만들고 있는데, 이러

브랜드개성: 진실함과 흥미로움

한 제품의 컨셉은 베네통의 광고에도 잘 반영되어 있다.

③ 능력(competence)

능력도 중요한 브랜드개성의 유형 가운데 하나인데, 능력이라는 브랜드개성을 강하게 연상시키는 대표적 예로는 아멕스, CNN 등을 들 수 있다. 아멕스(AMEX)는 주로 성공한 중상류층이 사용하는 신용카드의 이미지를 형성하고 있는데, 카드를 발급하기 위해 요구되는 절차가 상대적으로 까다롭지만 발급된 신용카드에 대해서는 다양한 혜택을 제공하는 등의 고객서비스전략과 일관적인 연관성을 가지고 있다. CNN은 24시간 뉴스프로그램을 제공하는 미국의 케이블 TV채널이다. CNN의 뉴스는 세계 어떤 방송사의 뉴스보다 빠르고 신뢰할 수 있다는 이미지를 형성하고 있다. 반면 애플은 항상 생활을 바꾸는 제품을 만들어온 기술력과 규모를 바탕으로 혁신적인 제품을 지향한다는 인식을 소비자들에게 심어주고자 한다.

④ 세련됨(sophistication)

렉서스, 벤츠 등은 세련됨이라는 브랜드개성을 강하게 연상시킨다. 렉서스(Lexus)와 벤츠(Mercedes-Benz) 같은 고급차는 상류층이 가지고 있는 최고급의 품격을 지향하며 이러한 품격에 걸맞는 세련된 디자인과 미학을 제품에 불어넣고 있다. 샤넬(Chanel)화장품의 경우에는 상류층의 여성이 지니고 있을 법한 우아하고 고상한 이미지를 브랜드개성의 컨셉으로 하고 있다.

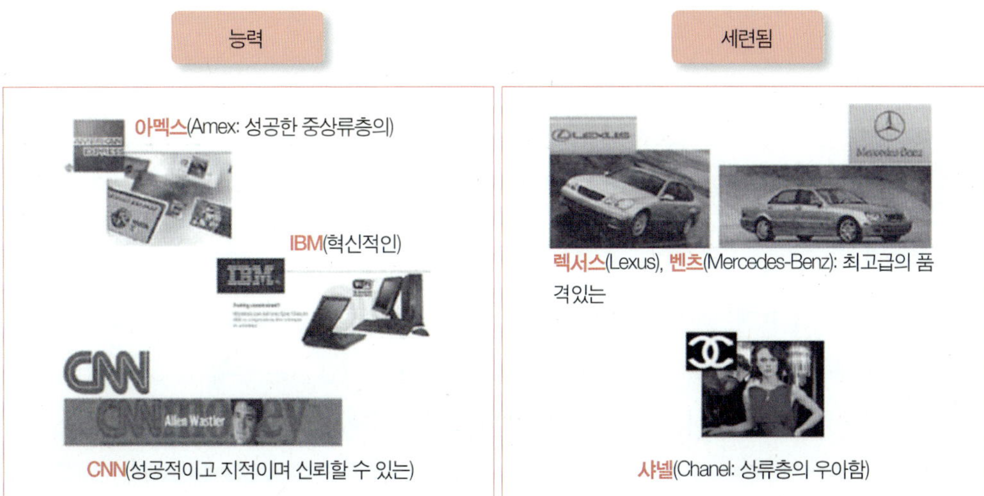

브랜드개성: 능력과 세련됨

⑤ 활동적임(ruggedness)

활동적임은 또 다른 주요 브랜드개성 차원인데, 리바이스, 말보로, 나이키 등은 활동적임이라는 브랜드개성을 강하게 연상시킨다. 리바이스(Levi's)는 미국을 대표하는 제품 중 하나인 청바지를 생산하는 회사이다. 리바이스는 청바지 제품의 특성을 살리기 위해 젊음과 자유라는 미국의 보편적 가치를 제품의 아이덴티티에 담고자 하였다. 또한 언제 어디서든 편안하게 입을 수 있는 청바지의 특성을 야외지향적 이미지를 통해 표현하고 있다. 말보로(Marlboro)와 나이키(Nike)는 공통적으로 남성적 이미지를 가지고, 각각 카우보이가 가지고 있는 거친 이미지와 도전적이고 활동적인 이미지를 브랜드개성으로 만들어 냈다.

활동적임

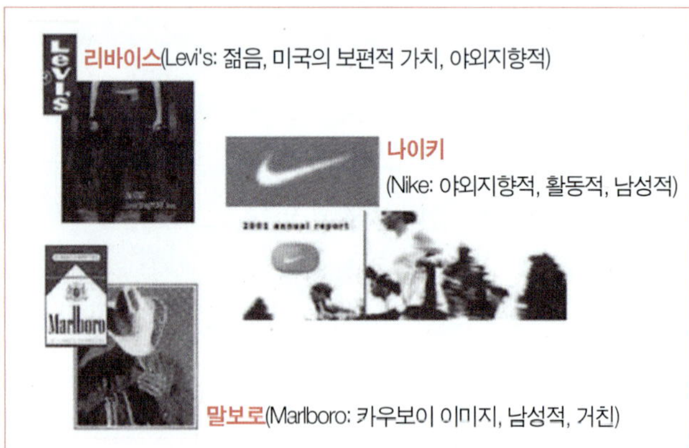

브랜드개성: 활동적임

03 브랜드가치제안(Value Proposition)

지금까지 우리는 브랜드아이덴티티를 나타내기 위해 기업이 사용할 수 있는 구체적인 연상들의 유형에 대하여 살펴보았다. 이러한 다양한 브랜드관련 연상들은 총체적으로 결합되어 브랜드가 소비자들에게 제안하는 가치로 연결된다. 브랜드가 목표소비자들에게 전달하는 가치는 **기능적 가치**(functional value), **상징적 가치**(symbolic value), **경험적 가치**(experiential value), **사회적 가치**(social value)로 나뉠 수 있다. 브랜드개념을 정의할 때에는 너무 제품적 측면에만 초점을 두지 않는 것이 좋다. 왜냐하면 제품의 특성, 즉 기능적 측면에만 초점을 두면 브랜드가 너무 좁게 정의되기 때문이다. 우리가 앞서 살펴보았듯이, 소비자는 브랜드를 통하여 감각적 스타일을 표현하기도 하고, 타인들과 정서적 관계를 맺기도 하며, 자아를 표현하거나 자신이 속해 있는 집단을 표현하기도 한다. 브랜드는 단지 제품이 아니라 소비자와 파트너 혹은 친구로서 관계를 맺을 수도 있다는 것이다. 따라서 브랜드는 제품적인 측면만이 아니라 소비자들이 부여하는 여러 의미를 포괄하고 있다고 말할 수 있다.

이와 같이 기업이 목표고객에게 어떤 유형의 브랜드가치제안을 제공할 것인지를 결정하는 데 유의해야 할 점은 반드시 하나의 브랜드에 하나의 가치만이 담겨져야 하는 것은 아니라는 사실이다. 기업은 몇 가지 유형의 가치들을 결합한 형태로 목표고객층에 가치제안을 제시할 수 있는데, 이 중 어떤 한 가치가 두드러지게 강조될 때 특정한 고객가치를 전달하는 브랜드라고 범주화될(인식될) 수 있는 것이다.

(1) 기능적 가치(functional value)

기능적 가치는 주로 자사브랜드가 제품소비과정에서 소비자가 당면하는 기능적 문제를 잘 해결시켜 준다는 데 초점을 두고 있다. 비자카드는 '신뢰'라는 브랜드이미지를 구축하는 데 주력하고 있다. 특히 'VISA, It's Everywhere you want to be'라는 슬로건을 통해 세계 최대 결제시스템, 최다 가맹점을 보유하고 있다는 점을 홍보하고 있다. 또한 고객 효용 극대화를 위해 신기술을 도입하고 인터넷, 휴대전화 등 새로운 채널을 이용한 모바일 지불 시스템을 구축했다. 이러한 점은 비자카드가 런칭한 'All it takes'라는 광고를 통해 소비자들에게 전달되었는데, 유명 배우 리차드 기어가 출연하여 언제 어디서나 고객이 필요할 때 비자카드를 사용할 수 있다는 점을 강조함으로써 '신뢰'라는 브랜드이미지를 강화시켰다.

기능적 가치에 기반한 브랜드차별화의 예: 신뢰할 수 있는 신용카드 서비스를 강조하는 비자카드

(2) 상징적 가치(symbolic value)

상징적 가치란 브랜드를 통해 자아를 표현하거나 집단에서의 역할이나 멤버십을 표현하는

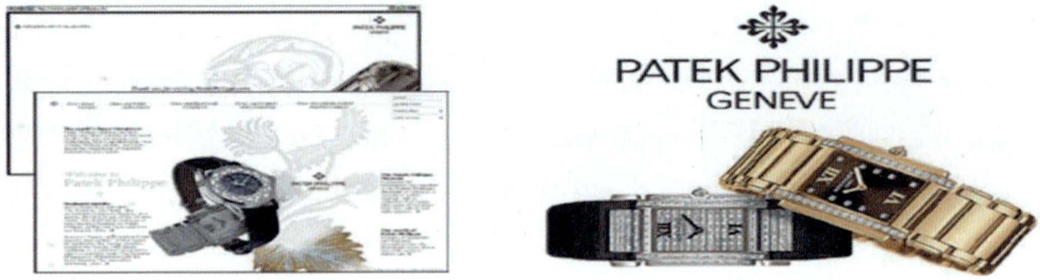

상징적 가치에 기반한 브랜드구축의 예: 전통과 역사의 대물림을 강조하는 파텍 필립

것을 의미한다. 과거 아모레퍼시픽의 라네즈(Laneige)는 'Everyday New Face'라는 광고캠페인을 통해 현대여성들이 추구하는 상징적 가치들에 성공적으로 소구했다. 라네즈는 다원화된 현대여성들의 가치관과 라이프스타일, 그리고 미에 대한 기준들을 수용해 내는 브랜드를 구축하고자 하였다. 그동안 사회활동 참여에 대한 여성의 끊임없는 욕구로 일과 직장에서 인정받는 커리어 우먼이 가장 이상적인 현대여성으로 인정받아왔다. 이제는 멋과 아름다움을 함께 추구하는 감각있고 세련된 여성이 이상적인 현대여성으로 인식되는 추세에 맞추어 라네즈는 '마르지 않는 자신감'이라는 키워드를 바탕으로 하는 광고캠페인을 도입했다. 라네즈는 현대적이고 세련된 감각을 겸비한 여성으로 자아를 자신있게 표현하는 데 도움을 주는 브랜드라는 브랜드컨셉을 반영한 마케팅커뮤니케이션 캠페인을 성공적으로 전개했다.

스위스의 시계 제조사인 파텍 필립(Patek Philippe)은 세이코나 스와치와는 달리 가문의 이름을 브랜드로 활용하고 있다. 파텍 필립의 모든 시계는 직접 사람에 의해 만들어지는데, 이 회사의 아이덴티티는 1996년에 만들었던 '자신의 전통을 시작하세요'라는 광고캠페인에 잘 드러나 있다. "파텍 필립은 소유물이 아닙니다. 그저 다음 세대를 위해 보관하고 있는 것뿐입니다"라는 카피로 끝을 맺고 있는 이 광고캠페인은 피아노를 연습하는 어린아이를 감싸 안고 있는 아버지의 모습을 보여줌으로써 부모로부터 자식으로의 시간의 흐름을 나타내는 테마를 흑백사진으로 표현하고 있으며 고풍스러운 이탤릭 서체를 사용하고 있다. 이러한 광고캠페인은 전통과 역사를 중요시하는 사람들에게 파텍 필립이라는 브랜드를 통하여 자아정체성을 드러낼 수 있음을 알리고 있다.

(3) 경험적 가치(experiential value)

경험적 가치는 소비자들이 제품소비과정에서 경험하는 감각적·감성적 즐거움을 중요시함

경험적 가치에 기반한 브랜드구축의 예: 농구화에서 새로운 스타일을 창출한 에어조던 시리즈

을 의미한다. 애플은 제품카테고리를 파괴하는 제품을 런칭하며 혁신기업의 아이콘으로 자리 잡게 되었는데, 특히 2007년 세계 최초의 스마트폰인 아이폰을 런칭하면서 혁신의 이미지를 극대화했다. 스티브 잡스가 직접 신제품을 소개했던 애플은 기존에 분리되어 있던 휴대전화와 MP3 플레이어, 인터넷 기기를 하나의 제품에 결합하면서 처음으로 'All in One', 'Smart'의 가치를 아이폰에 반영하였다. 또한 제품을 전 세계의 애플스토어에 동시 런칭하여 애플 마니아들을 열광시켰고, 또한 이러한 마니아들의 열광적인 호응을 실시간으로 중계하며 긍정적인 소비경험을 강화시켰다.

스타벅스(Starbucks)는 고객들에게 커피에 관련된 경험적 가치를 전달함으로써 글로벌 브랜드로 자리 잡은 대표적인 사례이다. 스타벅스는 단순히 맛있는 커피를 판매한다는 기존의 커피전문점들이 갖고 있던 사업방식에서 벗어나 매장의 이국적인 분위기, 점원들의 친절한 서비스와 커피에 대한 풍부한 지식, 에스프레소를 만드는 기계의 규칙적인 소리, 매장에 은은하게 깔리는 커피향과 재즈음악 등을 'Coffee Experience'라는 컨셉에 응집시킴으로써 새로운 커피문화를 창출할 수 있었다.

(4) 사회적 가치(social value)

현대사회에서 소비자가 브랜드로부터 추구하는 가치는 기업의 사회적 책임을 포함하는 사회적 가치(socioal value) 영역으로까지 확장되고 있다. 최근 연구결과에 따르면 기업의 사회적 책임의 실행 여부는 혁신과 제품의 질에 대한 소비자 지각뿐 아니라 실제 시장성과에도 영향을 미치는 것으로 나타났다. 즉 사회적 가치를 추구하는 브랜드와 기업이 소비자들에게 선택을 받게 되는 시대가 도래한 것이다. 소비자들은 이제 기업들이 자신들의 소비관련 욕구에 능동적으로 반응하는 것에서 더 나아가, 사회가 함께 생존하고 이를 지속적으로 성장시키는 데 충실할 것을 요구하고 있다. 이러한 소비자 욕구의 변화는 기업으로 하여금 경제적 가치 극대화와 사회적 가치 증대를 조화롭게 추구하는 방법을 고민하게 만들고 있다. 1980년대부터 2000년대 사이에 기업들은 단순히 더 뛰어난 제품을 만드는 회사가 아니라 고객을 더 잘 이해하는 제품을 만드는 회사임을 강조하는 방향으로 브랜드를 구축했다. 2010년대 들어 기업들은 고객을 더 잘 이해하는 회사에서 한걸음 더 나아가 경제적 가치와 사회적 가치를 조화시켜 존경받는 회사가 되기 위해 노력하고 있다. 즉, 제품을 잘 만들고 소비자 감성을 이해하는 것뿐 아니라 사회적 가치를 실현하는 기업이 강력한 브랜드자산을 구축할 수 있게 된 것이다. 이에 따라 많은 기업들이 목표고객들에게 기능적 가치, 상징적 가치, 경험적 가치를 제공하는 것에서 한걸음 더 나아가 사회적 가치를 강조하는 브랜드전략을 적극적으로 추진하고 있다. 예를 들어 탐스 슈즈는 한 켤레 운동화를 구매하면 전 세계 불우한 어린이들에게 한 켤레 신발을 기부하는 'One for One'이라는 슬로건을 통해 사회적 가치를 실천함으로써 많은 소비자들의 호응을 얻은 바 있다.

(5) 복합적 가치(hybrid value)

Tide Mountain Spring 캠페인을 통해 기능적 가치와 경험적 가치를 함께 전달하는 Tide

앞서 언급하였듯이 하나의 브랜드에 반드시 하나의 가치만 담겨 있는 것은 아니다. 과거에는 네 가지 유형의 가치들 중 한 가지 가치만이 두드러지게 강조되는 경향이 많았지만, 최근에는 두 가지 이상의 가치가 하나의 브랜드에 복합적으로 나타나는 경향이 나타나고 있다. 예를 들어, 피앤지(P&G)의 세제인 타이드(Tide)의 경우, 과거에는 강력한 세척력을 강조하는 기능적 브랜드였지만, 'Tide Mountain Spring' 캠페인에서는 소비자들의

브랜드마케팅 따라잡기

사회적 가치를 추구하는 밀레니얼 세대

유니클로 등 패션업계도 밀레니얼 세대의 가치관 변화에 발 빠르게 대응하며 친환경 공정과 재활용 소재 등을 강화하고 있다. 사진은 일본 도쿄의 최대 번화가 긴자 지역에 있는 유니클로 매장

영국 의회는 최근 패션업계를 온실가스 배출의 주범으로 지목했다. 값싸게 샀다가 한 계절 입고 버리는 SPA 브랜드가 인기를 끌면서 한 해 영국에서 버려진 의류만 2억3,500만 벌에 달한다는 것이다(2017년 기준). 유엔환경계획(UNEP)은 SPA 의류는 쓰레기를 양산할 뿐 아니라 생산과정에서부터 화학물질을 배출하며, 세탁할 때 플라스틱 섬유를 방출한다고 지적했다.

2008년 글로벌 금융위기 이후 SPA 브랜드는 트렌디한 디자인의 의류를 싼 가격에 살 수 있다는 장점 때문에 가파르게 성장해 왔다. 그러나 SPA 브랜드들은 사회적 가치를 추구하는 밀레니얼 세대에 대응하기 위해 고심하고 있다. 밀레니얼 세대가 환경친화적, 윤리적 소비행태를 보이기 때문이다.

최근 SPA 브랜드를 비롯한 패션업계가 지속 가능한 패션을 전면에 내세우는 것이 이런 흐름과 무관하지 않다. 특히 밀레니얼 세대가 자주 찾는 패션브랜드는 이런 소비자의 가치관 변화를 적극적으로 신상품에 반영하고 있다. 유니클로는 2019년 상반기 물 사용량을 최대 99% 줄인 친환경 공정으로 만든 진 상품을 출시한다. 아디다스는 해양 플라스틱 폐기물을 디자인에 활용한 러닝화를 2016년부터 판매 중이다. 이 회사는 향후 의류와 신발을 생산할 때 플라스틱을 아예 사용하지 않겠다는 계획이다.

아디다스가 해양 플라스틱 폐기물을 활용해 출시한 러닝화

환경 못지않게 동물복지를 주장하는 밀레니얼 세대의 목소리도 커지고 있다. 최근 다양한 채널을 통해 오리, 토끼, 여우, 밍크, 라쿤 털로 만든 모피의류 생산을 위해 동물이 매우 비윤리적으로 도살되는 장면을 쉽게 접할 수 있기 때문이다. 이전에도 소수 동물 보호론자들을 중심으로 모피 불매운동이 있었다. 그러나 최근에는 주요 패션업체와 소셜미디어 유명인들이 적극적으로 인조모피 제품을 내놓거나 직접 입는 모습을 공개하며 밀레니얼 소비자를 사로잡고 있다. 트렌디한 옷을 비교적 저렴하게 판매하는 것으로 유명한 온라

인 패션업체 임블리는 '리얼인 줄 알았지 페이크무스탕'이라는 재미난 이름의 인조 무스탕을 16만~18만 원대에 판매했다. 최근 밀레니얼 세대가 주 소비자로 부상하면서, 패션업체들은 친환경 방식으로 제작하는 별도 의류 브랜드를 내거나 혹은 사회적 가치를 중시한다는 점을 마케팅활동의 전면에 내세우는 식으로 대응하고 있다.

밀레니얼 세대는 가치소비뿐 아니라 가치생산에도 적극적으로 참여하고 있다. 인권, 교육, 환경 등 사회적 문제를 비즈니스 모델로 삼는 밀레니얼 세대 소셜벤처 사업가들이 늘어나고 있는 것이다. 밀레니얼 세대 경영자들은 진정성 마케팅에 강하다. 추구하는 사회적 가치가 뚜렷하기 때문에 사업 이외의 공익활동을 병행하는 경우가 많으며 이 활동을 온라인 공간에 적극 홍보한다. 미국 시계 제조업체 이원(Eone)이 그 한 예이다. 김형수(39) 대표는 대학원 시절 시각장애인 친구가 시계를 보지 못하는 모습을 보고 이원을 설립했다. 이원의 '만지는 시계'는 시침과 분침 대신 구슬의 위치로 시간을 알린다. 이원은 사업취지에 맞게 시계홍보 사진을 배리어 프리(barrier free) 영상과 함께 올린다. 배리어 프리란 장애인과 노약자 모두 이용할 수 있는 시설이나 서비스를 의미한다. 또 이원은 1년에 한 번씩 장애인과 비장애인이 교류하는 자리를 만든다. 이원의 한국법인 임원은 "사회적 가치를 담는 브랜드는 소비자에게 진정성을 보여주는 것이 중요하다. 실제로 내가 먼저 마음으로 받아들이고 행동하고 있는지부터 점검해야 한다"고 했다.

밀레니얼 세대가 소셜벤처 사업에서 성공을 거두는 또다른 요인은 유행선도 능력이다. 이원은 사업초기 만지는 시계를 장애인 전용제품으로 한정 짓지 않았다. 장애인 지원기관에 제품을 유통하는 대신 미국 크라우드펀딩 사이트 킥스타터에 올려 판매를 시작한 것이다. 디자인과 기능성을 살려 30만 원대의 프리미엄 가격전략을 추구했다. 장애인에게 베풀 뿐 아니라 시장에서 유행도 선도하겠다는 전략을 함께 추구한 것이다. 이 제품을 구매하는 소비자는 타인을 도와야 한다는 의무감과 유행을 따르고자 하는 내적 욕망을 함께 충족시킬 수 있다.

밀레니얼 세대는 가치 있는 소비를 원할 뿐 아니라 의미 있는 사회적 가치를 만들어낼 수 있다고 믿는다. 그리고 가치 있는 활동을 하는 단체, 생산자, 소비자가 함께 어우러지는 생태계가 형성될 것이라 생각한다.

자료원: 이코노미조선, 284호, 2019.1.21.

감각을 자극하는 경험적 가치를 동시에 추구하고 있다. '이제 새로운 마운틴 스프링 타이드(New Mountain Spring Tide)로 숲속의 신선하고 깨끗한 향기를 집안으로 가져오세요'라는 광고카피와 함께 광고에는 흰눈으로 덮인 산, 숲과 언덕, 야생화가 피어 있는 초원 등이 등장하고, 선명하고 상쾌한 색상을 사용하여 자연적인 이미지를 연출하고 있다. 사용되는 언어에 있어서도 상쾌한 산공기, 눈부신 태양, 시원한 바람, 싱싱한 야생화, 깨끗한 물, 청결한 산 위의 눈 등과 같은 표현들로 야외에서 느낄 수 있는 경험들을 상기시킨다. 이러한 시각적 자극 외에도

브랜드마케팅 따라잡기

블랙 컬러의 로고 및 패키지와 블랙이란 단어가 포함된 브랜드명의 도입을 통해 복합적 가치를 전달하려는 기업

택시, 레스토랑, 신용카드에서 블랙은 프리미엄, 럭셔리, 플래티늄, 하이엔드를 상징한다. 똑같은 택시 서비스도 블랙이 붙으면 리무진 같은 고급 외제차가 오고, 식당에 블랙이 붙으면 인테리어는 물론 서비스까지 달라진다.

2015년 11월부터 서비스를 시작한 카카오 블랙 택시는 기본요금이 8,000원이다. 휴대전화 애플리케이션으로 부르면 벤츠 E 클래스, 렉서스 ES 같은 외제차가 도착해 택시기사가 직접 문을 열어준다. 택시 안엔 생수·젤리·휴대전화 충전기 같은 것들이 놓여 있다. 블랙 택시 운전자들은 미리 교육을 받는다. 일반 택시 요금보다 두 배가량 비싸지만 편하고 고급스러운 서비스를 제공한다.

검은색은 본래 부정적인 이미지의 색이다. 수많은 고전 작품과 영화 등에서 나오듯 저승사자의 도포 빛깔이나 악마의 옷이 검정이다 보니 오랫동안 죽음, 두려움, 불안함, 밤, 어두움 등을 상징해왔다. 긍정적인 이미지가 없진 않다. 신부와 수도사의 옷 색깔에선 경건함과 겸손함을 떠올리게 한다. 검정이 현재의 최첨단, 최고급의 이미지를 갖게 된 건 1990년대 말~2000년대 초이다. 시각디자이너 최미형 씨는 "1990년대 말부터 각종 전자제품이 소위 블랙 라벨이라는 이름을 입고 검은색으로 나와 인기를 끌기 시작했다. 샤넬, 지방시, 이브 생로랑 같은 브랜드에서 주요제품에 검은색을 많이 쓴 것도 큰 영향을 끼쳤다"고 말했다. 화장품 회사 엔프라니가 '블랙은 사치, 블랙은 가치'라는 광고 카피를 내세운 검은색 화장품을 선보이고(2006년), 현대카드가 '더 블랙'이라는 이름으로 0.05%의 상류층을 겨냥한 신용카드를 내놓은 것(2005년)도 비슷한 시기다. '더 블랙'의 연회비는 200만 원. 해외 호화품을 대신 구입하거나 비행기 티켓·호텔 예약 등을 대신해주는 식의 컨시어지 서비스로 화제를 모았다. 당시 '더 블랙' 1호 고객은 정몽구 현대·기아차 회장이었다.

2015년부터 블랙열풍은 심화되기 시작했다. 이제 상당수 레스토랑과 카페들은 일반고객을 상대로 한 가게와 VVIP 고객을 받기 위한 가게를 따로 열고, 후자의 경우 블랙이라는 이름을 붙인다. 고깃집('한와담 블랙'), 중식당('JS가든 블랙'), 카페('탐앤탐스 블랙') 등이

왼쪽부터 현대카드 블랙, 갤럭시S7, 카카오택시, 아이폰

한 예이다.

이젠 각종 음식에도 블랙 또는 블랙라벨 등의 단어가 종종 붙는다. 2011년 4월 농심이 '신라면 블랙'을 개당 1,600원에 내놓으면서부터 블랙이라는 단어가 대중에게 폭넓게 각인됐다. 농심 관계자는 "처음 제품이름을 지을 때부터 '조니워커 블랙라벨'처럼 듣기만 해도 고급스러운 느낌의 단어를 찾으려고 애썼고, 그게 블랙이 됐다. 검정이라는 빛깔엔 또 건강함의 이미지가 있다. 인스턴트 라면에도 블랙이 붙으면 더 건강한 느낌을 줄 수 있을 것이라고 판단했다"고 했다. 이젠 스테이크(아웃백 스테이크 블랙라벨), 주스(썬키스트 오렌지 블랙라벨), 소시지(천하장사 블랙라벨), 바나나(델몬트 블랙라벨 바나나)까지 블랙을 브랜드 요소로 사용하고 있다.

자료원: 조선일보, 2016.2.20.

인쇄광고에 긁으면 향기를 맡을 수 있는 스크래치 패드(scratch pad)를 부착하여 소비자들이 구매 전에 직접 제품의 향기를 맡을 수 있도록 하고 있다.

이러한 시도는 우리나라의 사례에서도 발견될 수 있다. 위니아 딤채는 김치냉장고라는 새로운 제품카테고리를 개발하면서 신제품이 어떠한 기능을 가지고 있는지 알려야 할 필요성이 있었기 때문에 출시초기 제품의 기능적인 가치를 강조하였다. 초기 광고에서 쓰여졌던 '1℃ 아래서 지켜준다'와 같은 카피는 제품의 기능적 속성을 효과적으로 표현했다. 그러나 그 이후의 광고들은 이러한 기능적 가치뿐만 아니라 상징적 가치와 경험적 가치를 적절히 조화시키고 있다. 만도는 딤채를 소유함으로써 타인에게 부러운 시선을 받을 수 있음을 보여주는 광고를 통해 딤채의 상징적 가치를 전달했다. 또한 '발효과학 딤채'라는 태그라인은 먹음직스러운 김치맛을 가능케 하는 딤채의 성능을 집약적으로 나타냈다.

또한 사회적 가치에서 언급했던 사례인 탐스 슈즈는 단순히 사회적 가치를 소비자들이 경험하도록 할 뿐만 아니라 소비자 자신이 기업의 사회적 책임에 동참하는 사람이라는 것을 다른 사람들에게 표현하는 상징적 가치, 젊은이들의 감각과 취향을 고려한 뛰어난 디자인을 개발해 경험적 가치를 제공하는 등 복합적 가치 실현을 통해 브랜드를 구축하고 있다. 소비자들이 다양한 가치를 동시에 충족시키는 브랜드를 원하는 추세에 따라 다양한 소비자 가치 간에 균형을 맞추는 브랜드아이덴티티를 개발하는 것은 기업이 당면한 주요과제가 될 것이다.

04 브랜드아이덴티티 구축을 위한 주요 브랜드구성요소의 개발

기업은 브랜드의 구축·강화를 위해 다양한 브랜드구성요소들을 선택하고 이들을 조화시켜야 하는데, 중요한 브랜드구성요소에는 브랜드명, 로고, 심벌, 캐릭터, 슬로건, 징글, 패키지 등이 있다. 마케터는 브랜드구성요소를 선택함에 있어 어떻게 각 구성요소들이 브랜드자산 구축에 기여하는지를 우선적으로 고려해야 한다. 즉 각각의 브랜드구성요소는 브랜드인지도를 향상시키고 강력하고 호의적이면서 독특한 브랜드연상을 형성·강화하는 데 기여할 수 있어야 하는 것이다. 일반적으로 브랜드구성요소가 브랜드자산 구축에 기여하는지를 평가하는 데 있어 ① 기억용이성, ② 유의미성, ③ 전이성, ④ 적용가능성, ⑤ 보호가능성 등 나섯 가지 요인을 고려할 수 있다.

① **기억용이성**(memorability): 브랜드자산을 구축하기 위해서는 우선적으로 높은 수준의 브랜드인지도를 획득해야 하는데, 이를 위해 잘 기억될 수 있는 브랜드구성요소가 선택되어야 한다. 즉 구매·소비상황에서 쉽게 눈에 띄거나 잘 회상될 수 있는 브랜드명, 심벌, 로고 등이 선택되어야 할 것이다.

② **유의미성**(meaningfulness): 기업은 브랜드구성요소가 갖고 있는 본래의 의미가 브랜드연상을 형성하는 데 도움을 주는지를 고려해야 한다. 브랜드구성요소의 유의미성은 제품군의 특성과 같은 일반적 제품정보와 특정의 브랜드속성·편익과 같은 구체적 정보를 어느 정도까지 전달해 주느냐에 의해 판단될 수 있다. 먼저 브랜드구성요소는 소비자에게 제품군에 관한 정보를 제공해 줄 수 있어야 한다. 즉 브랜드구성요소에 접한 소비자가 그 브랜느가 어떤 제품인지를 쉽고 정확하게 알아볼 수 있고 해당 제품으로부터 소비자가 기대하는 것(제품속성과 편익)을 브랜드구성요소가 잘 전달할 수 있어야 한다. 다음으로 브랜드구성요소는 제품의 구체적 특징을 잘 전달해 주어야 한다. 즉 중요한 제품속성과 편익을 전달하거나 그 브랜드를 이용한 소비자의 유형을 제시해 주는 브랜드구성요소를 선택하는 것이 바람직하다.

③ **전이성**(transferability): 브랜드구성요소는 다른 국가나 문화권으로 제품의 지리적 범위를 확대하거나 혹은 동일제품군이나 다른 제품군으로 기존 브랜드를 확장하는 데 기여할 수 있어야 한다. 즉 브랜드명, 슬로건, 패키지 등은 다른 언어권이나 문화권으로 쉽게 그 의미가 이전되거나 이들에 의해 구축된 브랜드자산이 라인확장(line extension) 등에 유

브랜드마케팅 따라잡기

브랜드구성요소 간에 일관성을 유지하는 스타벅스

스타벅스는 1987년 시애틀의 작은 커피 전문점에서 값비싼 고급 커피의 대명사로 전국적으로 알려지기 시작했다. 스타벅스의 성공담은 매우 극적인 것이다. 1990년에는 1백만 달러도 되지 않던 수익이 1992년에는 4백만 달러로, 그리고 1995년에는 2천 6백만 달러로 증가했다. 판매액은 1992년의 9천 3백만 달러에서 1995년에는 4억 6천 5백만 달러로 치솟았다. 스타벅스는 어떻게 해서 이러한 성공을 할 수 있었을까?

즉 스타벅스에 끌리는 '느낌(feeling)'을 무엇으로 설명할 수 있겠는가? 스타벅스 커피를 마시는 사람들이 스타벅스를 최고의 브랜드로 꼽는 이유는 미학적 마케팅을 토대로 한 스타벅스만의 독특한 스타일 때문이다.

스타벅스의 독특한 점 중의 하나는 미국 전역에 걸쳐 일관된 외관(presentation)의 창출에 있다. 스타벅스는 바디 샵(Body Shop), H2O, 바스 앤 바디워크스(Bath and Body Works) 같은 체인점과 유사하게 미학적 감각을 전달하는 스타일을 사용했다. 고객들은 잘 어울리는 듯한 구성물들의 집합을 보고 느끼고 경험할 때 바로 미학적 경험을 하는 것이다.

각 점포의 디자인은 지역에 따라 차이가 있지만 스타벅스는 자연적인 느낌을 주는 구성요소와 현대적인 느낌을 주는 구성요소를 적절히 혼합했다. 밝은 나무 색조와 갈색 봉지, 긴 머리를 내려뜨리고 있는 여인상이 등장하는 초록색 로고는 모두 자연스럽고 환경을 의식하고 있다는 느낌을 준다. 이러한 자연적인 요소들은 세련되고 현대적인 느낌을 주는 요소들과 결합된다. 나무의 부드러운 표면은 '자연스러운' 색조로 마감 처리된 것으로 편안한 느낌을 준다. 광택이 나는 어두운 빛깔의 대리석 카운터 윗부분은 중후하면서도 하이테크적인 느낌을 전달한다. 그리고 유리 찬장과 백색의 트랙 조명, 그리고 순백색의 컵은 현대적인 느낌을 준다. 로고의 여인상은 갓 자연에서 태어난 모습을 띠면서 현대적인 추상적 표현양식으로 그려져 있다.

스타벅스는 자연스러우면서 모던한 스타일을 표현하기 위해 다양한 아이덴티티 요소를 결합해 고객에게 시각적 자극을 줌으로써 고객을 끌어들이고 있다. 또한 2011년에는 처음으로 로고를 둘러싸고 있던 '커피'라

1971 1987 1992 2011

는 단어를 제거하였다. 이러한 변화는 스타벅스가 단순히 커피만을 취급하는 가게가 아니라, 소비자 삶의 경험을 바꾸는 기업이라는 점을 알려 나가는 과정이다.

그렇다면 스타벅스의 스타일은 완전히 새로운 것인가? 스타벅스는 수많은 디자인 상을 수상했고 그 외양이 모방되자 경쟁사를 저작권 침해로 고소하기도 했다. 그러나 다시 한 번 생각해 보면 스타벅스 스타일은 항상 우리 곁에 있었다. 사실 그 스타일의 근원은 미국 회사들에서 비롯되었다. 스타벅스는 현대적이고 잘 디자인된 사무실 공간, 법률회사, 회사의 이사회실, 도서관 등이 가지는 느낌과 예술적 디자인을 커피 전문점의 차별적 의미인 여가(leisure)로 변형시켜 놓았다. 이들간의 유사점은 상당히 주목할 만한데, 부드럽고 윤이 나는 밝은 색조의 나무, 어두운 색의 대리석, 그리고 질감과 색조의 자연과 하이테크의 배합은 오랫동안 사무실 설계의 주요요소로 간주되어 왔던 것이다.

스타벅스의 스타일이 고객을 끌어들이는 것은 낯익은 시각적 요소들을 깔끔하면서 일관되게 결합/변형시켜 시각적 자극을 주기 때문이다. 스타벅스의 스타일은 새로운 것이 아니라 여러 가지 예술적 디자인에서 차용한 것이지만, 그 효과는 극적이다. 브랜드아이덴티티가 성공을 거두는 데 핵심적 요소는 독특한 미학적 요소의 개발이 아니라 전반적인 브랜드 비전 개발과 일관성 있게 이를 실행하는 것이다.

용하게 활용될 수 있어야 한다.

④ **적응가능성**(adaptability): 브랜드구성요소는 시장환경(가령, 고객기호)의 변화에 유연성 있게 적응할 수 있어야 한다. 로고, 캐릭터 등의 브랜드요소는 시대에 따라 항상 새롭고 현대적인 느낌을 주도록 유연성 있게 변경될 수 있어야 한다.

⑤ **보호가능성**(protectability): 기업은 경쟁사들의 침해로부터 법적인 보호를 받을 수 있는 브랜드구성요소를 선택해야 한다.

다음에서는 브랜드아이덴티티를 구현하는 데 중요한 브랜드구성요소에 대해서 자세히 알아보자.

(1) 브랜드명

브랜드명은 그 브랜드가 무엇이고 무엇을 할 수 있는지를 소비자에게 외적으로 보여주는 수단이다. 브랜드명은 브랜드의 특성을 외적으로 표현하는 기능을 수행할 뿐 아니라 제품품질, 지위상징(status symbol) 등 보이지 않는 부분까지 전달한다. 전 세계적으로 잘 알려진 브랜드명인 롤렉스(Rolex)와 롤스로이스(Rolls Royce)는 최고의 품질은 물론 사용자의 지위를 나타낸다. 이처럼 브랜드명은 브랜드개념을 표현하는 데 핵심적인 역할을 한다는 점에서 브랜드아이덴티티의 형성에 있어서 가장 강력한 원천의 하나이다.

일단 시장기반이 구축된 브랜드명은 강력한 브랜드자산이 되어 새로운 경쟁브랜드들의 시장진입을 저지하는 역할을 한다. 오늘날처럼 매일 수많은 경쟁브랜드들이 쏟아져 나오는 상황에서 자사브랜드를 차별화시키고 소비자들에게 자사브랜드를 구매할 수 있도록 하는 데 있어 브랜드명이 큰 영향을 미친다. 구글, 아이폰, 박카스, 참이슬 등과 같은 브랜드명이 갖는 브랜드파워를 생각하면 브랜드아이덴티티 형성에 있어서 브랜드명의 중요성을 이해할 수 있을 것이다.

브랜드명의 개발은 브랜드의 성공에 매우 중요하기 때문에 브랜드명의 선택과정은 체계적이면서 객관적이어야 한다. 브랜드명의 개발과정은 여섯 단계로 나누어진다.

첫 번째 단계는 브랜드명 선정에 이용될 기준을 정하는 것이다.

좋은 브랜드명이 되기 위해서는 다음과 같은 조건들이 충족되는 것이 바람직하다.

① 브랜드명은 제품과 잘 어울려야 한다. 즉 브랜드명은 시각적 및 언어적(verbally)으로 제품과 잘 어울리고 매력적이어야 한다. 예를 들어, 풀무원이라는 브랜드명은 생산되는 제품이 자연식품들이라는 사실을 암시하며, 경쟁이 치열한 식품업계에서 경쟁자와 쉽게 차별화될 수 있다는 이점이 있다.

② 브랜드명은 제품의 기능이나 편익을 잘 전달할 수 있어야 한다. 구강청정제 가그린, 20세부터 80세까지 건강한 치아를 약속하는 2080치약, 농축세제 한스푼 등과 같은 브랜드명은 제품의 기능이나 편익을 잘 표시하므로 소비자들이 브랜드명을 인지하기 용이한 것이다.

③ 브랜드명은 기억하기 쉽고 발음하기 쉬워야 한다. 일반적으로 관심을 끌만큼 특이한 이름이거나(Google, Guess청바지), 시각적인 이미지를 연상시키는 단어이거나(Apple, 폴로티셔츠), 어떤 감정을 유발하는 단어이거나(Joy향수, Obsession향수), 짧고 단순한 단어(International Business Machines보다는 IBM, Coca Cola보다는 Coke)가 기억하기 쉽다.

④ 브랜드명은 부정적인 연상을 유발하지 않아야 한다. 브랜드명이 주는 부정적 이미지는 특히 기업이 세계시장을 무대로 사업을 할 때 문제가 된다. 즉 브랜드명이 자국 내에서는 좋은 의미의 단어이지만 다른 나라에서는 부정적인 이미지를 연상시킬 수 있다. 따라서 세계적인 다국적기업은 각 나라의 언어 및 문화적 요소 등을 고려하여 브랜드명을 선정하고 있다.

브랜드마케팅 따라잡기

기업들이 흔히 사용하는 브랜드명의 유형

- 설립자 이름: 상당히 많은 유명 기업브랜드가 단순하게 윌리엄 보잉(William E. Boeing), 존 디어(John Deere), 폴 줄리어스 로이터(Paul Julius Reuter), 베르너 폰 지멘스(Werner Von Siemens), 그리고 존 피어폰트 모건(John Pierpont Morgan)처럼 회사 설립자 명을 따라 지어졌다.

- 설명적인 브랜드명: 또 다른 대안은 영국 항공(British Airways), 에어버스(Airbus), 캐터필러(Caterpillar), 도이체 텔레콤(Deutsche Telekom), 인터내셔널 비즈니스 머신(International Business Machines), 그리고 제너럴 일렉트릭(General Electric)처럼 사업의 특성을 전달하는 설명적인 이름을 사용하는 것이다. 설명적인 이름은 떠올리기가 쉬우며 기업의 사업 목적을 명확하게 전달하는 장점을 갖지만, 기업의 비전을 보여주는 데 한계가 있다는 단점이 있다.

- 약어 브랜드명: 머리글자 또한 브랜드명으로 사용될 수 있다. 우리들에게 친숙한 인터내셔널 비즈니스 머신(International Business Machines)은 그들의 핵심사업을 초월해 사업영역을 확장하면서, 머리글자인 IBM을 사용했다. 그러나 IBM의 정식 법인이름은 여전히 그전처럼 풀어서 쓰고 있다. 약어 브랜드명은 오늘날 자신들의 초기 브랜드를 능가해 발전하는 기업들에게 관행적으로 이용되고 있다. IBM이외에도 BASF, BBDO, DHL, HP, HSBC, LEK, SAP, UPS 등도 이러한 예에 해당된다. 이러한 약어 브랜드명의 단점은 약어 브랜드명이 많아지면서 오히려 소비자들이 기억해내기 어렵게 되었다는 것이다. 사람들은 점점 더 많은 약어 이름들에 접하기 때문에 이를 익히거나 분간하는 데 더욱 어려움을 느낀다. 예컨대, EADS(European Aeronautic Defense and Space: 유럽항공방위우주산업)의 경우, 많은 사람들이 그 글자가 무엇을 나타내는지 모르며, 그래서 그것을 온갖 종류의 다른 산업과 연관시킨다. 약어 네임은 특성상 사업과의 연관성이 부족하기 때문에 자신이 누구인지를 시장에 홍보하고 교육하는 데에 상당한 마케팅 투자가 필요하다.

- 조립된 브랜드명: 이는 완전히 새로 만들어진 이름인데, 엑센츄어(Accenture), 애질런트(Agilent), 엑손(Exxon), 란세스(Lanxess), 그리고 제록스(Xerox)는 조립된 브랜드명의 대표적인 예이다. 이러한 함축적인 브랜드명들은 눈에 매우 잘 띄며, 쉽게 차별화되고, 법적으로도 보호된다. 또한 특이한 네임은 평범한 이름에 비해 기억하기 쉽다. 그러나 조립된 브랜드명은 약어 네임과 마찬가지로 자신이 어떤 기업 혹은 제품인지를 고객들에게 홍보하고 교육시키는 데 상당한 투자가 요구되는 단점을 가진다.

- 은유적 브랜드명: 사물, 장소, 동물, 과정, 신화에서 따온 브랜드명은 기업과 제품 및 서비스의 특별한 품질이나 특성에 대해서 암시를 제공할 수 있다. 오라클(Oracle)은 은유적인 브랜드명을 성공적으로

활용한 기업이다. 특히 은유어는 기업을 경쟁사들과 차별화시키는 데 유용하다. 1980년대 초, 컴퓨터 산업이 IBM, NEC, DEC과 같은 이름을 가진 기업들에 의해 지배되고 있을 때, 한 새로운 경쟁업체는 기존 기업의 브랜드명에서 전달되는 차갑고, 접근하기 어려우며, 혼란스러운 표현들로부터 자사를 차별화하여 거리를 두고 싶었다. 그들이 무슨 이름을 선택했는지 한번 추측해보라. 바로 애플이다. '애플을 베어 먹어라(Byte into an Apple)'라는 은유는 이 기업을 아주 잘 뒷받침해주었다.

자료원: 필립 코틀러·발데마 푀르치, B2B 브랜드마케팅, 비즈니스맵, 2007, pp. 155~157.

두 번째 단계는 실제로 브랜드명 대안들을 고안해 내는 것이다. 브랜드명 대안들을 창출해 내는 방법들 중 가장 흔히 이용되는 것이 브레인스토밍(brain storming)인데, 이는 많은 사람들로부터 가능한 한 많은 브랜드명을 고안해 내도록 하는 방법이다. 참석자들은 하나의 키워드와 관련하여 연상되는 단어들을 돌아가면서 자유롭게 이야기한다. 이때 참석자들은 다른 사람들의 제안이나 의견에 대해 평가해서는 안 된다. 기업들이 이용하는 다른 방법들 중에는 소비자들에게 제품을 보여주고 적절한 브랜드명을 만들어 보도록 요구하거나 단어연상기법 등을 이용하는 것이 있다. 단어연상기법은 소비자들에게 이미 확보된 브랜드명 대안이나 이와 관련된 단어를 제시하고 그 단어를 보거나 들었을 때 가장 먼저 떠오르는 단어를 적도록 하는 방법이다. 또 다른 방법으로는 컴퓨터를 이용하여 글자를 적절히 조합함으로써 가능한 브랜드대안들을 만들어 내는 것이다. 가령, HP의 자회사인 컴팩(Compaq)은 computer와 communication에서 따온 com과 compact에서 따온 paq를 합성하여 개발된 것이다.

세 번째 단계에서 관리자는 기업의 이미지에 맞지 않는 브랜드명 대안들을 제거하고 제품에서 기대되는 이미지와 부합될 수 있는 대안들만을 선별한다.

선별된 브랜드대안들은 소비자 의견을 조사하는 네 번째 단계로 넘어가게 된다. 소비자 의견조사는 표적시장 소비자들을 대상으로 이루어지며 이들로부터 각 브랜드명 대안에 대한 소비자 의견, 이해도, 지각, 선호도 등을 조사하게 된다. 예를 들어, 고객의견조사에 포함될 수 있는 구체적인 질문사항들은 다음과 같다.

① 단어연상: 브랜드명 대안들 중에 바람직하지 않은 연상을 불러일으키는 것이 있는지를 체크함

브랜드마케팅 따라잡기

잘못된 브랜드명은 소비자들에게 부정적 연상을 유발할 수 있다

선경(SUNKYOUNG)이 왜 SK로 바뀌었고 삼성전자의 지펠(Zipfel)냉장고가 Zipel로 개명된 이유는 무엇일까? 화통하게 통한다는 LG 휴대전화 화통이 싸이언으로 바뀔 수밖에 없었던 이유는?

세계화·정보화시대에는 품질과 가격 못지않게 기업명과 브랜드명이 판매에 결정적인 영향을 미친다. 부정적인 이미지를 갖거나 의외의 의미를 지닌 기업명과 브랜드명 때문에 어려움을 겪는 기업들이 적지 않다. 언뜻 보기에는 그럴 듯하지만 의미를 되새겨보면 아주 저속한 뜻을 갖고 있거나 한글을 외국어로 표기할 경우 전혀 다른 의미를 지닌 브랜드명 때문에 곤욕을 치르다가 결국 브랜드명을 변경하게 되는 사례가 많다.

예를 들어 'SUNKYOUNG'은 가라앉은 젊은이를 뜻하는 'Sunk young'으로 발음된다. 그래서 고민 끝에 SK로 바꿨다. 삼성전자는 독일어로 최고, 정상을 뜻하는 지펠(Zipfel)을 고급냉장고, 세탁기분야의 글로벌브랜드명으로 정했다. 그러나 Zipfel에 남성 성기라는 또 다른 뜻이 있다는 것을 안 삼성은 부랴부랴 'f' 자를 뺐다. 당초 LG가 채택한 '화통'은 디지털을 이용한 첨단기술 이미지를 살리지 못해 결국 싸이언이라는 영어식 이름으로 변경되었다. 대영자전거는 다이 영(Die Young)으로 발음돼 젊어서 죽는다는 위험을 느끼게 해 매출에 엄청난 손해를 끼쳤다. 태평양화장품도 대표적인 브랜드인 '아모레'가 이탈리아어로 거리의 여자(아모레미오)라는 것을 미처 몰라 낭패를 보았다.

[기업브랜드의 부정적인 연상의 예]

브랜드	부정적 연상
영창(Young Chang)	젊은 장씨가 만든 피아노(중국)
대영(Dae Young)	다이 영(Die young)으로 발음
님프(Nymph)	Nympho(색정에 눈먼 여성)
모닝가스(Morning Gas)	방귀
라푸타(Laputa)	창녀(스페인)
볼스(Balls)	남성의 고환(미국 비어)
아모레(Amore)	거리의 여자(아모레미오, 이탈리아)
지펠(Zipfel)	남성성기라는 뜻이 있어 Zipel로 변경
현대(Hyundai)	현다이, 휸다이, 다이(Die)
대우(Daewoo)	대부, 다에부(독일)
선경(Sunkyoung)	가라앉은 젊은이(Sunk young)
보루네오	인도네시아 산으로 오인
한국화약(Explosive)	테러단체로 오인
골드스타(Gold star)	전몰병사 묘비에 새겨진 별 표식(미국)

② **기억력 측정:** 일정수의 브랜드명 대안들을 제시하고 일정한 시간이 경과한 후 그들이 기억할 수 있는 브랜드명을 적도록 함

③ **브랜드명이 제품속성지각에 미치는 효과의 평가:** 각 브랜드명 대안이 중요한 제품속성의 평

가에 미치는 영향을 검토함

④ **브랜드선호도의 측정**: 각 브랜드명 대안에 대한 선호도를 조사함

테스트를 통과한 브랜드명 대안들에 대해 다섯 번째 단계에서 트레이드마크 등록 여부를 조사하게 된다. 이 단계는 기업이 브랜드대안들을 법적으로 사용할 수 있는지에 대한 확인과정인 것이다. 기업이 선택한 브랜드명이 아무리 매력적이더라도 단순히 제품의 특성을 묘사하는 브랜드명만으로는 법적 보호를 받을 수 없다. 그러므로 브랜드관리자는 넷째 및 다섯째 단계를 탄력성 있게 운용할 수 있다. 즉 소비자 테스트를 실시하기 전에 등록 여부에 대한 조사를 먼저 수행함으로써 자사가 독점적으로 사용할 수 있는 브랜드명 대안들만을 선별하는 것이다.

최종단계에서 경영자는 브랜드명에서 얻고자 하는 여러 목표들을 고려하여 이에 가장 부합되는 브랜드명을 선택하게 된다.

(2) 로고와 심벌

슈프림 로고가 들어간 슈프림 지하철 카드와 벽돌

루이비통은 슈프림과의 협업으로 2017 가을/겨울 컬렉션을 진행했는데, 스케이트보드 트렁크의 판매가는 7천700만 원에 책정됐다.

슈프림이라는 브랜드를 몰라도 빨간 박스 안에 흰색 글씨가 들어간 슈프림 로고는 한 번쯤 본 적 있을 것이다. 국내에서도 젊은이들이 많이 모이는 카페에 가면 노트북에 슈프림 로고 스티커를 부착한 이들을 종종 만날 수 있다. '뒷골목의 샤넬', '거리의 황제', '스트리트의 끝판왕' 등으로 불리우는 스트리트 패션브랜드 슈프림은 애플 못지않은 충성고객들을 확보하고 있다. 슈프림 로고를 새긴 벽돌을 30달러에 출시했는데 바로 매진된 것이 고객들의 충성도를 보여주는 한 예이다. 이 벽돌은 곧 이베이(e-bay)에서 1,000달러에 재판매됐다.

로고와 **심벌**은 기업명이나 브랜드명,

혹은 이들의 특징을 시각적으로 보여 주기 위해 사용되는 브랜드구성요소이다. 로고는 워드마크(wordmark: 가령, PRADA와 같이 특정의 디자인으로 표시된 기업명이나 브랜드명)와 워드마크가 아닌 로고를 모두 포함한다. 브랜드가 가지고 있는 의미를 간결하게 표현하고 브랜드를 소비자들에게 쉽게 인식시켜 주는 로고와 심벌은 브랜드아이덴티티를 강화시킬 수 있다. 장류와 음식재료를 생산하는 청정원의 브랜드 로고는 따스한 햇살과 맑은 물, 푸른 들판과 잘 익은 곡식을 형상화함으로써 자연 그대로의 이미지를 잘 담고 있기 때문에 청정원의 브랜드아이덴티티를 전달하는 데 도움을 주었다. 최근 청정원은 마케팅환경 변화에 맞추어 새로운 로고를 도입했는데, 영문명 'Chungjungone'의 'C'를 표현한 타원 형태는 완벽을 추구하는 식품전문가를 상징하며 심벌 속 나뭇잎 형태는 깨끗함(청, 淸)과 정성(정, 精)을 상징한다.

브랜드구성요소로서 로고와 심벌은 다음과 같이 브랜드자산을 창출하는 데 중요한 역할을 수행한다.

첫째, 로고와 심벌은 브랜드인지도를 높이는 데 중요한 역할을 한다. 일반적으로 사람들은 그림이나 사진(즉, 로고와 심벌)을 단어(브랜드명)보다 더 잘 기억하는 경향이 있다고 한다. 따라서 로고와 심벌은 쉽게 인지되고 경쟁제품들과 구별하게 하는 주요 수단이 된다.

특히 저관여제품의 구매와 같이 구매시점에서 의사결정이 이루어질 경우, 로고, 패키지 등이 구체적으로 보여지기 때문에 이러한 시각적 브랜드요소들은 브랜드선택에 상당한 영향을 미친다.

Wells Fargo은행의 심벌인 역마차

둘째, 심벌은 브랜드와 관련된 풍부한 연상을 불러일으키는 데 도움을 준다. 가령, Prudential 보험회사의 심벌인 Gibraltar해협의 바위는 강인함, 안정성, 역경의 극복 등을 의미하는데, 이러한 심벌이 없었더라면 소비자들에게 브랜드이미지 연상을 심는 데 어려움이 있었을 것이다. 차별화가 어려운 서비스분야(특히 은행업)의 경우 잘 개발된 심벌이 브랜드자산구축에 기여한 사례가 많이 있다. Wells Fargo은행의 심벌인 역마차를 대표적 예로 들 수 있다. 은행을 대상으로 한 연구에 의하면 소비자들은 각 은행에 대해 돈, 저축, 당좌예금, 은행원 등의 비슷한 연상을 떠올리는 것으로 나타났다. 이러한 상황에서 Wells Fargo 은행의 역마차는 브랜드자산을 창출하는 데 큰 기여를 할 수 있다. 왜냐하면 서부개척시대, 말, gold rush 등을 상징하는 것 이외에 역경의 극복, 모험심, 독립심, 새로운 사회의 건설 등과 같은 바람직한 연상들과 쉽게 연결될 수 있기 때문이다.

KFC 창업자 Harland David Sanders와 KFC로고

셋째, 심벌은 소비자에게 긍정적인 느낌(호감)을 준다. 이는 특별한 유형의 브랜드심벌인 캐릭터를 사용하는 경우에 특히 그러하다. 기업은 만화의 주인공(가령, Pillsbury사의 Doughboy와 Jolly Green Giant, Micky Mouse 등)이나 특정의 인물(가령, Marlboro 카우보이)을 심벌로 사용할 수 있다. Metropolitan Life 생명보험회사는 1980년대 중반 Charlie Brown이라는 심벌을 도입하여 보험시장에 따뜻하고 호감을 주는 기업이미지를 개발하는 데 성공하였다. KFC의 커넬 샌더스(Colonel Sanders)는 가족들이 언제라도 찾을 수 있는 친근한 레스토랑의 이미지를, 메리츠화재의 걱정인형은 고객의 안전과 행복을 보장하는 보험사로서의 이미지를 캐릭터로 형상화함으로써 소비자들에게 친근한 이미지를 전달하고 고객과의 관계형성에 도움을 주고 있다.

넷째, 제품의 기능적 특성을 적절히 나타낼 수 있는 심벌을 활용할 경우, 브랜드의 기능적 편익을 강화시키는 데 도움을 줄 수 있다. 예를 들어, 제빵관련 제품을 판매하는 필스베리(Pillsbury)의 도우보이(Doughboy)는 제품의 신선함을, 미쉐린(Michelin)의 비벤덤(Bibendum)은 튼튼하고 안전한 타이어의 성능을 캐릭터를 통해 형상화하고 있는데, 이들은 브랜드의 기능적 특성을 효과적으로 전달하면서 오랜 기간 동안 소비자들에게 친숙한 브랜드로 인식되는 데 큰 기여를 했다.

브랜드캐릭터를 심벌로 사용하는 데 있어 마케터는 호감을 주거나 즐거움과 웃음 등과 같이 긍정적인 느낌을 연상시키는 인물이나 만화를 심벌로 사용해야 한다. 왜냐하면 사람들은 특정 대상(가령, 심벌)에 대한 호의적 감정을 다른 대상(가령, 심벌이 부착된 브랜드제품)에게로 전이시키는(affect transfer) 경향이 있기 때문이다.

가장 강력한 브랜드캐릭터들 중 하나는 Pillsbury의 Jolly Green Giant다. 그 기원은 1920년대로 거슬러 올라간다. Minnesota Valley Canning Co.는 브랜드명을 'Green Giant'로 붙이는 것을 금지하는 상표법을 피하기 위한 수단으로 완두콩 모양의 초록색 거인을 라벨에 넣었다. Minnesota Valley Canning은 1935년 Leo Burnett 광고대행사와 거래하면서 'Jolly'라는 단어를 첨가시킨 후, 1930년에 시작된 인쇄광고와 1960년대 초반 시작된 TV광고에서 Jolly Green Giant 캐릭터를 사용하였다. 초기 TV광고에는 몸 전체가 초록색이며 잎들이 달려 있는 분장을 한 배우가 나왔으나 이후의 광고에서는 완전히 만화로 바뀌었다. 광고는 일관성 있게 변모해왔다. The Green Giant는 'Ho-Hi-Ho'라고만 말을 하고 약간만 움직일 뿐 걷지 않는다. 그리고 결코 계곡을 떠나지 않는다. Green Giant는 똑같은 특성을 유지하면서 '신선함', '품질', 그리고 '일관성'이라는 브랜드연상을 표현할 수가 있었다. Green Giant는 Pillsbury에게 큰 자산이며 신제품에 그 이름과 캐릭터를 사용하는 것은 소비자들에게 그 제품이 건강에 좋을 것이라는 상징으로 인식되어 왔다.

시장환경의 변화에 따라 기업은 심벌을 변경하거나 개선해야 할 필요가 있다. 심벌은 시간이 지남에 따라 구식화되거나 바람직하지 않은(가령, 낡고 재미없는) 연상을 불러일으킬 수 있다. 따라서 기업들은 기존의 심벌이 갖고 있는 바람직한 연상을 계속 유지시키면서 시대감각에 맞는 (현대적인) 모습을 갖도록 점진적인 변화가 이루어져야 한다. 가령, Morton Salt의 우산 쓴 소녀와 General Mills의 Betty Crocker 등의 심벌은 유행의 변화에 맞추어 새로운 헤어스타일과 의상으로 변화시켜 왔다.

General Mills사는 밀가루를 포함한 자사의 제품들을 대변하는 캐릭터인 Betty Crocker의 헤어스타일과 의상을 시대의 유행에 따라 조금씩 변화시켜 왔다.

브랜드마케팅 따라잡기

스타벅스 로고 디자인의 변화는 브랜드정체성과 사업전략 변화를 효과적으로 보여준다

스타벅스 로고의 진화과정, 위(2011년), 아래(왼쪽부터 1971 · 1987 · 1992년)

'커피가 아니라 문화를 판다'는 이색적인 슬로건을 앞세우는 스타벅스는 미국 시애틀에 본사를 둔 글로벌 프랜차이즈 브랜드다. 하워드 슐츠 회장은 감미로운 음악이 흐르는 안락한 공간에서 숙련된 바리스타가 만든 맛과 향이 좋은 커피를 즐기는 '스타벅스 경험'이 성공 요인이라고 강조한다.

1971년 커피·차·향신료 판매회사로 출발한 스타벅스의 이름은 소설 모비딕의 일등 항해사 '스터벅'에서 유래했다. 초창기 로고는 커피색 원형 바탕에 그려진 신화 속 바다 요정 세이렌의 일종인 멜루신(꼬리가 둘 달린 인어)을 회사 이름과 영업 품목이 둘러싼 모양이었다. 1987년 회사를 인수한 영업 마케팅 이사 슐츠는 성장과 신선함의 상징인 초록색으로 로고의 색채를 바꾸고 커피만 부각시켰다. 멜루신도 단순하게 정리했는데, 자세가 선정적이라는 여론에 밀려 1992년 검은색 원에 상반신과 두 꼬리의 끝부분만 확대한 디자인으로 바꿨다. 1994년 디자이너이자 사업가인 라이트 메세이를 최고 디자인 책임자로 영입해 매장마다 차별화된 디자인 혁신을 촉진하는 등 스타벅스다운 정체성을 확립했다. 2011년 창립 40주년을 맞아 스타벅스는 로고를 새로 디자인했다. Starbucks와 Coffee를 모두 삭제하고 멜루신의 얼굴과 꼬리만을 확대하여 한 결 더 단순화했다. 스타벅스의 사업분야를 커피 외에 제빵·차·주스·요구르트 등으로 다각화하려는 전략을 반영한 것이다. 스타벅스 로고 디자인의 변화는 사업 전략의 변화를 고객과 쉽게 소통할 수 있도록 해주는 데 효과적 수단임을 보여주는 좋은 예이다.

자료원: 정경원의 디자인 노트, 조선일보, 2018.12.3.

(3) 패키지(package)

패키지는 브랜드의 핵심아이덴티티를 시각적으로 표현할 수 있다는 점에서 중요한 아이덴티티 요소이다. 모톤솔트(Morton Salt)는 패키지를 통해 강력한 브랜드를 구축한 사례이다.

Morton Salt는 소비자 감성을 자극하는 패키지로 제품성능에서 제품 간 차이가 없는 소금 제품범주에서 차별적 브랜드아이덴티티를 구축했다.

패키지를 브랜드아이덴티티 구축에 활용한 코카콜라

1800년대만 하여도 소금이 종이봉지에 담겨서 팔렸기 때문에 비가 오면 습기 때문에 소금이 쉽게 눅눅해졌다. 모톤솔트는 이를 방지하기 위하여 습기가 쉽게 침투할 수 없는 딱딱한 재질의 포장지를 개발하였다. 그리고 비가 오는 날 종이봉지에 든 소금을 사서 집에 가는 소녀가 비에 젖어 포장지가 찢겨져 소금을 흘리면서 가고 있는 일러스트를 패키지로 사용하였다. 모톤솔트의 이 제품 패키지는 100년이 넘도록 일관적으로 사용되어 오면서 브랜드아이덴티티를 창출하는 데 기여했다.

코카콜라도 100년이 넘는 기업의 역사 동안 일관적인 제품패키지를 유지해 오고 있다. 코카콜라의 곡선미 넘치는 병 패키지는 여성의 실루엣을 상상시키면서 '코카콜라를 마시면서 느낄 수 있는 즐거움'과 '마음에 간직하고 있던 코카콜라를 마실 때의 추억'과 같은 코카콜라가 전달하고 싶은 바람직한 연상들을 창출하는 데 도움을 주고 있다.

(4) 슬로건

슬로건은 브랜드아이덴티티를 설명하는 짧은 문구로 정의된다. 슬로건은 브랜드아이덴티티를 단순하고(simple), 명확하게(clear), 그리고 소비자들이 이해하기 쉽게(easy) 전달할 수 있을 때 효과적이다. 나이키의 Just Do It, 맥도날드의 i'm lovin' it, 애플의 Think different는 이러한 조건을 충족시켜 소비자들에게 브랜드아이덴티티를 잘 전달하는 데 성공한 슬로건의 대표적인 예이다. 국내의 경우 CJ의 쇠고기 다시다는 제품이 가지고 있는 브랜드아이덴티티(자연스러운 맛)를 '고향의 맛'이라는 간결한 슬로건으로 잘 표현하였다.

효과적인 슬로건을 통해 브랜드아이덴티티를 잘 전달한 애플

참고문헌

1. Aaker, David A., 1996, *Building Strong Brands*, The Free Press.
2. Aaker, Jennifer L., 1997, "Dimensions of Brand Personality," *Journal of Marketing Research*, Vol. 34, Issue 3, pp. 347-356.
3. Agres, Stuart, 1990, "Emotion in Advertising: An Agency's View," in Stuart J. Agres, Julie A. Edell and Tony M. Dubitsky, *Emotion in Advertising*(New York: Quorum), pp. 1-18.
4. Balmer, John M. T., 1995, "Corporate Identity: The Power and the Paradox," *Design Management Journal*, Winter, pp. 39-44.
5. Fournier, Susan, 1994, "A Consumer-Brand Relationship Framework for Strategic Brand Management," Ph. D dissertation, University of Florida.
6. Schmitt, Bernd H., 1999, *Experiential Marketing*, The Free Press.

7. Schmitt, Bernd, Alex Simonson, and Joshua Marcus, 1995, "Managing Corporate Image and Identity," *Long Range Planning*, Vol. 28, pp. 82-92.

8. Simonson, Alex, Bernd Schmitt, and Joshua Marcus, 1995, "Processes for Managing Identity and Design Within a Corporation," *Design Management Journal*, Winter, pp. 60-63.

2

제 5 장

브랜드관리를 위한 전략적 분석틀

01 브랜드–제품 매트릭스 분석: 전략적 브랜드관리의 방향설정

02 브랜드계층구조 설계에 기반한 브랜드관리

프리미엄 브랜드이미지를 토대로 한 브랜드포트폴리오전략으로 성공했다가 어려움을 겪고 있는 질레트

남성 면도기 시장에서 압도적인 1위 기업인 질레트의 시장점유율이 저가정책을 필두로 한 면도기 스타트업 공세에 밀려 2010년 이후 6년 연속 하락세를 기록했다.

'절박한 질레트, 가격공세에 백기 들었다.'

영국계 글로벌 투자은행 바클레이의 애널리스트 로렌 리버먼(Lauren Lieberman)이 내놓은 리서치 보고서 내용이다. 2017년 2월 프록터앤드갬블(P&G)이 자사 브랜드인 질레트의 면도기 가격을 최대 25% 내리기로 결정한 직후의 일이었다.

질레트의 프리미엄 가격전략은 널리 알려진 마케팅 성공사례이다. 질레트는 면도기와 면도날에 혁신적인 기능을 추가할 때마다 가격을 높여 받는 가격전략으로 글로벌 면도기 시장을 장악했다. 150년이 넘는 역사의 질레트가 가격을 내린 이유는 무엇일까. 2010년까지만 해도 질레트는 미국 남성 면도기 시장에서 점유율이 70%가 넘었다. 하지만 그 후 6년 연속 질레트의 점유율은 하락했다. 시장분석기관 유로모니터(Euromonitor)에 따르면 2015년 59%였던 점유율은 2017년 50%까지 추락했다. P&G 측은 질레트 면도기 가격인하를 발표한 자리에서 '프리미엄 가격에 지나치게 집중하는 전략'이 문제였다고 패인을 분석했다.

2005년 P&G에 인수된 이후 질레트는 GM, 현대차 같은 선도적 자동차회사의 브랜드마케팅전략을 따랐다. 아반떼를 첫 차로 구입한 고객에게 다음 차로 쏘나타, 그다음 차로 그랜저를 연결시키듯이, 청소년기에 가장 저렴한 질레트 센서(면도날 개당 약 2달러)로 면도를 시작한 남성이 대학에 진학하면 센서 엑셀(약 2.5달러)을 쓰고, 취업하면 마하3(약 3달러), 승진하면 마하3터보(약 4달러) 모델로 업그레이드하게 만드는 식이었다. 그리고 매년 새로운 고가의 모델을 출시했다. 지속적으로 제품가격을 높였지만 판매량은 줄지 않았다. 글로벌 면도기 시장에서 질레트를 위협할 만한 경쟁자가 없었기 때문이다. 쉬크(Schick) 등 2~3위 업체들도 질레트를 따라 함께 가격을 올렸고 소비자들은 올린 가격을 수용했다.

가성비 따지는 밀레니얼 세대의 외면

질레트의 실적이 사상 최대를 기록한 2010년 이후 교체용 면도기 시장에서 질레트의 아성이 무너질 조짐이 보이기 시작했다. 우선 스마트폰 보급률이 급격히 높아졌다. 아마존 등 온라인 시장이 보편화되면서 소비자들 사이에 인터넷을 통한 가격검색이 확산됐다. 컨설팅 기업 코터의 캐시 거시 부사장은 "소비자들은 제품가격을 가치에 비추어 더 따져보기 시작했다. 유명 축구선수를 광고모델로 동원한 화려한 브랜드이미지만으로는 높은 가격을 지탱할 수 없게 됐다"고 분석했다.

이듬해 "요즘 면도기는 너무 비싸다"는 슬로건을 내 건 면도날 배달 서비스 스타트업 달러셰이브클럽과 해리스(Harry's)가 등장했다. 마이클 더빈 달러셰이브클럽 대표는 "어차피 2주에 한 번은 면도날을 바꿔야 하는 교체형 면도기에 진동핸들과 플래시, 6중 날과 같은 것들이 왜 필요한가"라고 되물었다. 그는 질레트를 비롯한 면도기에 과도한 최첨단 기술이 투입되어 있고, 이는 면도하는 데 전혀 필요 없는 기능이라고 주장했다. 달러셰이브클럽은 한국기업인 도루코와 공급계약을 맺고 면도날을 만들었다. 달러셰이브는 면도날 가격을 개당 20센트까지 낮췄다. 당시 질레트의 교체용 면도날 가격은 2~6달러였고 쉬크의 같은 제품의 가격은 2~2.7달러였다. '우리 면도날 완전 좋아(Our Blades are F**king Great)'는 달러셰이브클럽의 광고문구다. 해리스는 밀레니얼 세대를 겨냥한 합리적 가격의 프리미엄 제품으로 접근했다. 질레트와 똑같은 품질의 독일산 면도날을 저렴하게 수입했다고 홍보했고, 패션 브랜드 톰브라운과 협업을 통해 브랜드화 작업을 했다. 가격은 질레트의 절반 정도로 책정했다. 달러셰이브클럽과 해리스는 밀레니얼

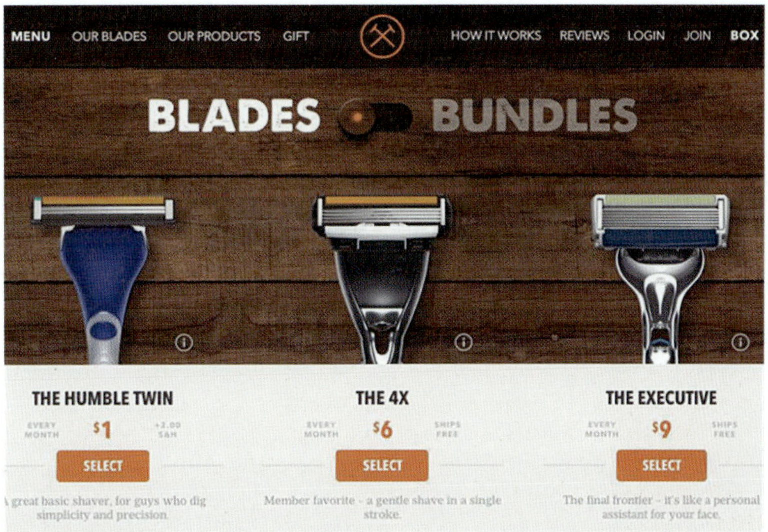

밀레니얼 세대를 겨냥한 염가형 면도기 배달 서비스 스타트업 '달러셰이브클럽' 홈페이지 메인 화면

세대로부터 큰 인기를 끌었다. 달러셰이브클럽과 해리스의 미국 남성 면도기 시장 점유율은 2015년 7.2%에서 2017년 12.1%로 상승했다. 같은 기간 질레트 점유율은 60%에서 50%로 감소했다. 2017년 P&G의 라이벌인 유니레버는 달러셰이브클럽을 10억 달러(약 1조 원)에 인수했다.

위기를 느낀 질레트는 브랜드마케팅전략의 전면 수정에 나섰다. 중저가 모델인 마하3 모델의 면도날을 5년 만에 처음으로 업그레이드했다. 온라인 면도날 배달 서비스인 '질레트셰이브클럽'을 출시했다. 또 수염을 깎는 것이 아니라 기르는 사람을 겨냥한 신제품도 내놓았다. '웰컴백 캠페인'을 통해 오랜만에 질레트를 구입한 고객에게 무료로 면도날을 증정했다.

자료원: 이코노미조선, 274호, 2018.11.12.

이 책의 전반부에서는 브랜드자산을 효과적으로 구축하기 위해 브랜드포지셔닝과 브랜드 아이덴티티를 개발하는 과정에 대해 살펴보았다. 이 장에선 구축된 브랜드들을 효율적으로 관리하기 위한 두 가지 중요한 전략적 분석틀인 브랜드-제품 매트릭스와 브랜드계층구조 설계에 대해 설명하기로 한다. 오늘날 많은 기업들이 하나 이상의 브랜드를 보유하고 있고, 또한 하나 이상의 제품들을 생산하고 있다. 이처럼 기업이 거느리고 있는 다양한 브랜드들과 제품들의 조합으로부터 어떻게 기업 전반적으로 브랜드자산의 가치를 극대화할 것인가 하는 문제는 기업의 입장에서 매우 중요한 의사결정사항이 되는 것이다. 브랜드-제품 매트릭스는 이러한 문제를 해결하는 데 유용한 분석틀을 제공해 준다. 또한 기업 내에는 브랜드계층구조 상에서 그 지위나 적용범위에 있어서 많은 차이를 보이는 여러 브랜드들이 공존하고 있다. 예를 들어 삼성, LG, SK 등의 기업브랜드들은 여러 개별기업들을 대표하는 포괄적인 범위의, 가장 상위에 위치한 브랜드이며, 갤럭시, 디오스 등의 브랜드는 소수의 제품군에 그 적용영역이 한정된, 제품수준에서의 브랜드다. 이렇게 서로 다른 수준의 브랜드들이 결합되어 하나의 제품브랜드로 사용되는 경우도 발생하는데(예: 대상 청정원 마시는 홍초), 이 경우 어떤 식으로 이들을 결합하여 사용하는 것이, 즉 어떻게 브랜드계층구조를 설계하는 것이 바람직한지의 문제 역시 소홀히 할 수 없게 된다. 이 장에서는 이러한 브랜드계층구조와 관련된 고려사항들과 이의 관리에 대해서도 함께 살펴보기로 한다.

01 브랜드-제품 매트릭스 분석

한 기업의 제품전략과 브랜드전략의 특징을 파악할 수 있는 유용한 분석도구 중의 하나가 브랜드-제품 매트릭스이다. **브랜드-제품 매트릭스**(brand-product matrix)는 기업이 판매하는 모든 브랜드와 제품들을 도표화시킨 것이다. 브랜드-제품 매트릭스(또는 그리드) 상에서 매트릭스의 행은 그 기업이 갖고 있는 브랜드들로, 열은 그 기업이 생산하는 제품들로 이루어진다. 이는 [그림 5-1]에 나타나 있다.

매트릭스 상의 행은 한 기업이 보유한 각 브랜드로 팔리는 제품들의 숫자와 유형을 보여주는 것으로 브랜드-제품 간의 관계를 나타내는데, 이와 관련된 중요한 의사결정은 브랜드확장 전략이다. 한 브랜드의 행은 그 브랜드로 판매되는 모든 제품들을 포함한다. 다음 장에서 구체적으로 설명되겠지만, 기존 브랜드의 새로운 제품으로의 확장 여부는 기존 브랜드의 인지도,

그림 5-1 | 브랜드-제품 매트릭스

	제품군 1	제품군 2	…	제품군 N
브랜드 A				
브랜드 B				
…				
브랜드 N				

선호도, 이미지, 구체적인 연상, 제품속성과 같은 특성들이 얼마나 효과적으로 신제품에 대한 소비자 인식에 영향을 줄 것인가를 고려해야 한다. 이와 함께 신제품으로의 브랜드확장이 기존 브랜드에 부정적 영향을 미치는지 혹은 서로 긍정적인 시너지 효과를 발생시키는지 등의 피드백 효과 역시 고려해야 한다.

매트릭스 상의 열은 각 제품군에서 그 기업이 보유한 브랜드의 숫자와 특성을 표현하는 제품-브랜드관계를 의미하는데, 이와 관련된 중요한 의사결정사항은 브랜드포트폴리오전략이다. 브랜드포트폴리오란 특정 제품군에서 한 기업이 소비자에게 판매하는 모든 브랜드의 집합을 말하며, 매트릭스 상에서는 하나의 열로 나타난다. 한 제품군 내에서 서로 다른 여러 개의 개별브랜드를 개발·판매하는 복수브랜드전략은 미국의 자동차회사인 General Motors에 의해 처음 시작되었으나, 이를 대중화시킨 것은 비누, 세제, 기저귀, 스낵 등 다양한 소비재들을 생산하는 미국의 Procter & Gamble(P&G)사라고 말할 수 있다. P&G사는 기존에 이미 성공했던 Tide 세제의 대체품인 Cheer 세제의 출시로 세제 제품시장에서의 판매액이 증가되었는데, 이후로 복수브랜드전략을 사용하는 대표적인 기업이 되었다. 동일제품군 내에 복수의 브랜드들을 두는 대표적인 이유로는 하나 이상의 서로 다른 세분시장을 차별적으로 공략하기 위한 목적을 들 수 있으나, 그 외에도 해당 제품군 내에서 서로 다른 전문화된 역할을 수행할 목적으로 복수의 브랜드가 도입될 수도 있다.

이상에서 살펴본 바와 같이 브랜드-제품 매트릭스를 활용한 브랜드전략은 두 가지 형태로 나누어지는데, 첫 번째는, 브랜드전략의 폭(breadth)에 관한 결정으로, 이는 브랜드-제품 간의 관계를 나타내는 브랜드확장전략을 수립하는 것이며, 두 번째는 브랜드전략의 깊이(depth)에 관한 결정으로, 이는 제품-브랜드 간의 관계를 보여주는 브랜드포트폴리오전략을 수립하는 것이다. 예를 들어, 어떤 기업이 많은 수의 브랜드를 갖고 있고, 각각의 브랜드는 여러 제품군으로 확장되어 있다면, 그 기업의 브랜드전략은 깊고 넓은 것으로 볼 수 있다. 다음에서 이 두 가지에 대해 좀 더 구체적으로 설명하기로 한다.

(1) 브랜드전략의 폭에 대한 결정: 브랜드확장전략

브랜드전략의 폭을 결정한다는 것은 그 기업이 보유한 각 브랜드(들)에 얼마나 많은, 그리고 어떠한 제품들을 연결시킬지를 결정하는 것이다. 이를 위해선 두 가지 중요한 고려사항이 있다. 첫째, 어떤 제품시장으로 사업영역을 확장할 것인가를 결정해야 하며, 둘째, 그 시장에 내놓는 자사의 신제품을 자사의 어떤 기존 브랜드와 연결시킬 것인지를 결정한다. 이 두 가지 의사결정은 서로 밀접하게 연결되어 있지만, 이하에서는 이를 나누어서 살펴보기로 한다.

1) 진입할 제품시장의 선택

진입하고자 하는 제품시장을 결정할 때에는 크게 두 가지 평가요인을 고려해야 한다. 첫 번째는 시장 자체의 특성이 매력적인지를 평가해야 하며, 두 번째는 그 시장과 자사 간의 적합도를 평가해야 한다. 첫 번째 평가요인인 시장 자체의 매력도를 판단하기 위해서 다음의 세 가지 평가기준을 고려할 수 있다: 시장의 전체적 특성, 시장의 구조적 특성, 그리고 시장의 환경적 특성.

제품시장 자체의 매력도를 반영하는 전반적인 특성들에는 시장규모, 성장률, 제품수명주기 단계, 매출의 변동성, 수익률 등이 있다. 일반적으로 (a) 그 시장의 규모가 (수량과 금액 모두를 기준으로) 클 경우, (b) 성장속도가 (현재와 미래 모두 포함해서) 빠를 때, (c) 제품수명주기 상 성장기에 해당할 때, (d) 매출의 계절적 혹은 주기적 변동가능성이 적고, (e) 수익률이 높다면, 매력적인 시장이라 할 수 있다.

기업은 해당 제품시장의 구조적 특성이 매력적인지도 평가해야 한다. 일반적으로 (a) 새로운 경쟁자에 대한 진입장벽의 정도가 높게 형성될 수 있을 때(즉, 기존 브랜드들이 규모의 경제, 차별화, 소비자 전환비용, 유통망, 필요 자본의 규모 등에서 우위를 확보하고 있을 경우에), (b) 소비자의 협상력이 (제품가격이 소비자의 수입에서 차지하는 비중이 작거나, 적당한 대체품이 존재하지 않고, 뚜렷하게 경쟁제품과 차별화가 되어 있다는 등의 이유로) 낮을 때, (c) 현재의 경쟁상황이 심각하지 않은 경우, (d) 생산이 풀가동되고 있거나 이와 근접한 수준 등의 구조적 특징을 가지고 있을 때, 매력적인 제품이라 할 수 있다.

시장의 환경적 기준은 그 시장의 외적환경 매력도에 영향을 미치는 요소들로 기술적·정치적·법적·사회적·문화적·경제적 상황과 그 추세 등이 포함된다.

이상에서 열거한 기준들은 해당 기업의 판단에 따라 선별되고 서로 다른 가중치가 설정되어, 평가에 이용될 수 있다. 하지만 대상시장의 평가는 이러한 요소들만 고려해서는 충분치 못하다. 진입할 제품시장을 결정하기 위해선 대상시장의 매력도뿐만 아니라 그 시장이 자사의 역량에 얼마나 적합한지에 대한 판단도 필요하다. 시장과 기업 간의 적합도를 판단하기 위해서, 마케터는 그 시장에서 성공하기 위해 필요한 역량들과 자사가 실제로 보유한 역량들 간의 적합도를 평가해야 한다. 예를 들어, 기업의 내부적 특성인 조직의 목적, 비전, 기존 사업영역, 재무적 자원의 보유 정도, 기술적·마케팅적 역량, 최고경영진과 기타 종업원들의 능력과 같은 항목들이 대상시장에서 필요로 하는 기준을 충족시키고 있는지, 혹은 부족한 부분들을 신속하고 효과적으로 보완할 가능성이 있는지 등이 고려되어야 한다. 이 가운데 브랜드전략의 폭과 관련된 결정에서 반드시 고려되어야 할 요소로는 기존 브랜드가 자산적 가치를 갖고 있는가와 개발하려는 신제품과 기존 브랜드 간에 적합성이 높은가를 들 수 있다.

2) 신제품과 기존 브랜드와의 연결 여부에 대한 결정

이상에서 여러 가지 기준들을 토대로 평가, 선택된 제품시장에서 기존의 브랜드를 사용할 것인가, 그렇다면 회사 내의 어떤 브랜드를 사용할 것인가, 그리고 어떤 형태로 기존의 브랜드를 사용할 것인가(예를 들어, 나이키 운동화로부터의 확장인 나이키 스포츠웨어나 나이키 골프채처럼 기존의 브랜드 형태를 그대로 사용하거나, CJ 식품부분의 즉석밥 햇반으로부터의 확장으로 볼 수 있는 햇김치, 햇국수 등의 변형된 형태의 브랜드사용, 그리고 Marriott Hotel의 Courtyard Inn by Marriott와 같이 후원자 형태를 통한 브랜드확장 등 여러 형태의 브랜딩 대안을 생각해 볼 수 있음) 하는 문제를 결정해야 하는데, 이는 바로 브랜드확장과 관련된 전략적 의사결정을 의미한다. 브랜드확장이란 기존 브랜드 이름을 그 기업의 신제품에도 적용하는 것으로, 미국의 경우 한해에 슈퍼마켓에서 새로 선보이는 수많은 제품들 중 약 40% 이상이 브랜드확장을 이용한 것일 정도로 이제는 널리 알려져 있는 브랜드활용전략의 하나이다. 최근의 예로는 빈폴 homme, SONY PC, Saab 자전거, Honda 제초기 등을 들 수 있다. 기업이 브랜드확장을 이용하는 주요한 동기는 이미 구축된 기존 브랜드의 자산적 가치-소비자들이 기존 브랜드에 대해 가지고 있는 높은 인지도, 호의적인 태도나 이미지, 바람직한 연상, 충성도 등-를 새로운 제품에 전이시켜, 신제품 도입 및 성공을 보다 용이하게 하고자 하는 것이다.

기업은 브랜드의 확장 여부를 결정하기 위해서 많은 요인들을 고려해야 한다. 우선 그 전제조건은 신제품에 확장하고자 하는 기존 브랜드가 과연 자산적 가치가 있는가 하는 점이다. 자

제품속성을 반영한 브랜드명 사례: LG전자 통돌이 세탁기 광고

산으로서의 역할을 못하는 브랜드를 다른 제품으로 확장한다는 것이 무의미하기 때문이다. 브랜드의 자산적 가치는 일반적으로 그 브랜드의 인지도, 선호도, 품질이미지, 브랜드와 관련된 다양한 연상들, 그리고 기타 특허권과 같은 법적 소유권의 다섯 가지 요소에 의해 형성되지만, 브랜드의 자산가치는 이름 그 자체에 의해서도 많은 영향을 받는다. 예를 들어, LG 통돌이 세탁기를 보면, 제품브랜드인 '통돌이'는 그 자산적 가치가 매우 한정되어 있음을 알 수 있다. 세탁기 시장에서 '통이 도는' 기술이 아닌(기술은 계속 변하므로) 더 앞선 새로운 기술의 세탁기가 나오는 순간 '통돌이'라는 제품브랜드는 구식기술을 대변하는 브랜드가 되는 것이다. 이는 '통돌이'라는 이름이 그 세탁기의 특정 속성에서 비롯된 것이기 때문이다. 특정 제품속성을 직접적으로 반영하여 이름지어진 브랜드의 수명은 결코 그 해당 제품속성의 수명을 벗어날 수 없으며, 결국 브랜드의 수명주기는 제품수명주기보다 훨씬 짧아지게 되는 것이다.

다음으로 그 브랜드와 연결되어 있는 기존제품과 신제품 간의 관계를 살펴봐야 한다. 그 관계는 소비자가 지각하는 두 제품 간의 유사성으로 대표되는데, 이는 제품속성, 이미지, 용도, 사용되는 기술, 사용자 등 여러 가지 차원에서의 유사성으로 나눠진다. 따라서 기업의 입장에선 신제품이 기존 브랜드와 어떤 측면에서 서로 연결될 수 있는지를 파악해야 한다.

끝으로 잊지 말아야 할 것은 브랜드확장의 목적을 신제품만을 위한 것으로 생각해서는 안

된다는 것이다. 기존 브랜드가 다른 제품으로 확장됨에 따라 생길 수 있는 소비자들의 그 브랜드에 대한, 그리고 그 브랜드와 연결된 기존제품에 대한 이미지의 변화가능성 역시 신중히 검토해야 한다. 브랜드전략적인 측면에서 볼 때, 너무 많은 제품에 동일한 브랜드가 사용될 경우 브랜드이미지의 일관성이 떨어질 수 있다. 한 예로 미국의 의류업체인 Laura Ashley는 1980년대의 엄청난 성공에도 불구하고 1990년대에 들어와서는 심각한 판매부진을 겪었다. Laura Ashley는 미국과 유럽의 상점들에 매우 다양한 제품라인들을 공급하였을 뿐만 아니라 전 세계에 흩어져 있는 디자이너와 구매업자들은 Laura Ashley라는 이름으로 수백 가지 스타일의 의류를 소비자들에게 제공하였다. 하지만 이들 중 상당 부분의 의류들은 Laura Ashley를 유명하게 만든 영국 전원풍의 브랜드컨셉과는 상충되는 것들이었다. 성인복과 아동복, 가정용품들을 포괄하는 광범위한 제품라인은 경쟁력이 떨어지는 복제품들로 채워졌고, 기업 매출의 82%가 단지 22%의 제품라인을 통해 이루어지고 있었다. 이러한 문제를 인식한 새로운 경영진은 경영혁신을 통해 의류 스타일의 30%와 가정용품 계열의 20%를 제거시킴으로써 브랜드 수를 축소시켜 나갔다. 그들은 또한 디자인, 구매, 영업시스템을 통합시키고, 더욱 일관성 있는 공통의 매장디자인을 창조하는 데도 노력을 기울였다.

(2) 브랜드전략의 깊이에 대한 결정: 브랜드포트폴리오전략

브랜드전략의 깊이에 대한 결정은 기업이 판매하는 제품군 내에서 얼마나 많은 숫자의, 그리고 어떤 특성의 브랜드들을 내놓아야 하는가를 다루는 것이다. 한 제품군 내에서 하나 이상의 브랜드를 사용하는 것은 일반적으로 다음과 같은 이유 때문이다:

첫째, 가장 대표적인 이유로 기업이 복수의 세분시장을 공략하는 시장차별화전략(혹은 복수시장전략)을 추구할 경우 하나 이상의 브랜드가 필요하다. 예를 들어, 현대자동차는 제네시스, 그랜저, 쏘나타 등의 여러 브랜드를 사용하여 각각 다른 세분시장을 공략하고 있다. 이는 세계적인 자동차회사들인 Toyota, Honda, Ford, GM 등 시장차별화전략을 취하고 있는 다른 대규모 자동차회사들과 일치하는 반면에 Luxury Car 카테고리만을 대상으로 하는 시장집중화전략(혹은 단일시장전략)을 도모하는 BMW, Mercedes 등과 같은 자동차회사의 단일브랜드전략과 대비되는 것이다. 복수브랜드전략의 또 다른 형태로 기존 브랜드의 여러 가지 변형을 이용하여 서로 다른 세분시장들에 진출하려는 것을 들 수 있다. 한 예로 Holiday Inn호텔은 호텔체인을 고객의 편익에 근거하여 고품격의 Crowne Plaza, 전통적인 Holiday Inn, 저렴한 Holiday Inn Express, 비즈니스 고객중심의 Holiday Inn Select와 Holiday Inn Suites &

브랜드마케팅 따라잡기

다양한 호텔브랜드들로 구성된 브랜드포트폴리오전략으로 고객과 투자자를 만족시키는 미국 호텔기업 메리어트 인터내셔널

뉴욕 맨해튼 타임스퀘어에 있는 W호텔의 로고 - 혁신적인 디자인과 젊은 감각으로 유명한 W호텔은 메리어트 인터내셔널 계열이다.

한 업종에서 무려 30개나 되는 브랜드를 거느리고도 큰 부작용 없이 세계 1위를 질주하는 기업이 있다. 놀라운 것은 고객은 물론 직원들도 각 브랜드의 차별화 포인트를 정확히 설명하지 못하는 경우가 많다는 점이다. '몰라서'가 아니라 구별이 어려워서다. 언뜻 방만해 보이기까지 하는 브랜드포트폴리오 관리의 주인공은 세계 1위 호텔그룹 메리어트 인터내셔널(이하 메리어트)이다. 19개 브랜드를 운영 중이던 메리어트는 2016년 136억 달러(약 15조2,800억 원)에 스타우드 호텔&리조트를 인수하면서 보유 브랜드를 30개로 늘렸다. 이로써 130개국에 6,700여 개 호텔과 리조트(이하 2018년 12월 27일 기준)를 거느리게 된 메리어트는 힐튼(109개국에 5,500여 개 호텔과 리조트 보유)을 제치고 세계 1위 호텔기업으로 도약했다.

메리어트 그룹 브랜드 중에는 JW메리어트, 리츠칼튼, W호텔 등 럭셔리 호텔과 페어필드 바이 메리어트와 알로프트 등 비즈니스호텔의 경우처럼 브랜드포지션이 명확한 경우도 있다. 하지만 브랜드포지션이 애매한 경우도 많다. 그룹 내에서 클래식 프리미엄 브랜드로 분류하는 메리어트와 쉐라톤, 그리고 디스팅크티브(distinctive·현대적인 개성을 강조) 프리미엄 브랜드인 웨스틴과 르메르디앙이 대표적인 예다. 공식적으로는 럭셔리 등급 아래 프리미엄을 두고 있지만 브랜드 간 차이를 구분하기 모호하기는 마찬가지다. 일례로 1937년 탄생해 그룹 내에서 가장 오랜 역사를 가진 쉐라톤의 경우 북미에서 낡은 시설과 모호한 정체성으로 생명력을 잃어가고 있다는 의견이 많지만, 중국을 비롯한 아시아 여러 나라에서는 최고급 호텔로 변함없는 인기를 누리고 있다.

스타우드 인수 이후 메리어트의 실적은 크게 개선됐다. 메릴랜드주 베데스다에 본사를 둔 메리어트의 2017년 매출은 229억 달러(약 25조7,000억 원)로 1년 전보다 60억 달러 가까이 늘었고, 순익은 13억7,200만 달러로 같은 기간 75.9% 증가했다. 메리어트가 30개나 되는 브랜드포트폴리오를 관리하면서도 중복 또는 과잉 투자에 대한 큰 논란 없이 순조롭게 성장을 이어갈 수 있는 비결은 어디에 있을까.

성공요인 1 – 투자자를 끌어들이기 위해 복수브랜드전략 추구

메리어트를 비롯한 글로벌 호텔체인의 '브랜드 늘리기' 경쟁이 어제오늘 일은 아니다. 업계 2위 힐튼도 콘래드와 월도프 아스토리아, 더블트리 바이 힐튼 등 총 15개의 브랜드를 운영 중이다. 유럽 최대 호텔 그룹인 프랑스의 아코르는 소피텔과 풀만, 노보텔, 이비스 등 20여 개 브랜드를 보유하고 있다.

이 같은 복수브랜드전략을 이해하려면 호텔업계의 운영방식을 알아야 한다. 글로벌 호텔기업은 대부분 프랜차이즈 방식으로 호텔과 리조트를 운영한다. 대지와 건물은 부동산 투자회사가 소유하고, 브랜드에 따라 차별화된 서비스와 운영을 호텔기업이 맡는다. 호텔 입장에서는 안정적인 성장을 위해 고객만족 못지않게 투자자 만족이 중요할 수밖에 없다. 다양한 브랜드포트폴리오는 욕구와 취향을 달리하는 폭넓은 투자자를 끌어들이는 미끼인 셈이다.

그렇다 해도 자동차의 경우처럼 개별 브랜드의 마케팅을 위한 비용부담이 크다면 복수브랜드전략에 차질이 빚어질 수밖에 없다. 하지만 호텔업계는 개별 브랜드에 대한 마케팅을 중요하게 생각하지 않는 분위기다. 고객들이 개별 브랜드보다 모기업(메리어트·힐튼·아코르 등)에 대한 선호와 신뢰를 바탕으로 숙소를 결정하는 경향이 두드러지기 때문이다.

성공요인 2 – 규모의 경제를 통한 비용절감

호텔업계에서 부킹홀딩스(옛 프라이스 라인 그룹)와 익스피디아 등 온라인 예약업체의 영향력은 갈수록 커지고 있다. 부킹홀딩스의 2017년 매출은 126억8,000만 달러로 12년 연속 증가했다. 같은 해 순이익은 23억 4,100만 달러로 10년 사이 17배 가까이 늘었다. 2017년 한 해 동안 부킹닷컴과 아고다 등 부킹홀딩스 소속기업을 통해 이뤄진 숙소예약은 총 6억7,310만 박(泊)에 달한다. 또 대부분의 호텔은 익스피디아에 18~30%의 수수료를 지급하는 것으로 알려졌다. 메리어트도 한때 18%의 수수료를 부담했지만, 지금은 12%로 낮아졌고, 머지않은 미래에 10%로까지 끌어내릴 계획이다. 전 세계 호텔에서 메리어트 계열 호텔의 비중이 커진 것과 비례해 협상력이 향상됐기 때문에 가능한 변화다. 메리어트는 이와 함께 자체 웹사이트를 통한 예약비율을 높이기 위한 노력도 병행하고 있다. 메리어트의 온라인 예약업체 의존도는 12%로 매우 낮다.

성공요인 3 – 철저한 직원교육을 통한 고객충성도 제고

메리어트의 창업자 존 윌러드 메리어트는 '직원을 정성껏 보살피면, 직원이 고객을 정성껏 보살필 것이고 결국 고객만족으로 이어질 것'이라고 믿었고, 이는 메리어트의 중요한 경영철학으로 뿌리내렸다. 모든 것이 사람의 손끝에서 이뤄지는 호텔업계에서 직원교육이 중요하지만 30개나 되는 브랜드를 운영하는 메리어트의 경우 더욱 그럴 수밖에 없다.

메리어트는 대졸 직원들을 대상으로 '보이지(Voyage·여행)'란 이름의 12~18개월짜리 매니저 양성 교육을 시행하고 있다. 재무와 영업, 인사관리(HR), 서비스 교육은 물론 30개 브랜드에 대한 이해를 높이는 과정도 포함된다. 그룹의 규모가 크다 보니 자체적으로 다양한 전문가들을 초청해 실무교육을 진행할 수 있다는 장점도 있다.

자료원: 이코노미조선, 281호, 2019.1.2.

Rooms의 다섯 가지 체인으로 나누었다. Marriott호텔을 포함한 다른 호텔체인들도 이와 유사한 방식을 채택하고 있다. Hewlett Packard사 역시 프린터 시장에서 Office-Jet, Desk-Jet과 같은 식으로 'Jet'이라는 동일 접미사를 이용한 브랜드제품들을 출시함으로써 기존 브랜드를 차별적으로 활용하고 있다.

최적의 브랜드포트폴리오(최적의 복수브랜드)를 설계하기 위해선 얼마나 많은 수의 세분시장들을 공략해야 할 것인지에 대한 결정뿐만 아니라 그에 따른 비용과 이익에 대한 비교분석이 이루어져야 한다. 브랜드의 수를 축소시킴으로써 이익을 증가시킬 수 있다면, 브랜드포트폴리오는 지나치게 큰 것이고, 브랜드를 추가시킴으로써 이익을 증가시킬 수 있다면, 브랜드포트폴리오는 아직 충분히 크지 않다는 것을 의미한다. 다시 말해, 제품군 내의 한 브랜드는 다른 브랜드와 명확히 차별화되어야 하며, 마케팅비용과 제반 비용을 충당할 수 있을 정도로 규모가 큰 세분시장에 소구되어야 한다. 차별화가 제대로 안 된 브랜드들로 구성된 제품라인에서는 자사브랜드들끼리 시장잠식이 일어날 가능성이 크기 때문에 브랜드들 간에 적절한 조정이 필요하다. 2000년대 초반 KT&G의 경우 88, 한라산, 도라지, 디스, 시마, 레종, 에쎄, 시즌 등 10개를 훨씬 넘는 수의 담배 브랜드를 보유하고 있었는데, 브랜드들 간의 차별화 부족, 포지셔닝 중복과 그로 인한 시장잠식 및 마케팅 자원의 분산 등이 문제로 지적되어, 대규모의 브랜드포트폴리오 구조조정 작업을 실시한 이후 상당한 마케팅 상의 효율증대를 이룩하였다.

둘째, 기업이 소매점포 내에서의 진열면적 확보와 소매점의 자사의존도를 증가시키고자 할 때, 다양성을 추구하는 소비자들을 계속 우리 회사 제품에 묶어놓고자 할 때, 회사 내에서의 경쟁심 유발을 통해 동기부여를 시키고자 할 때, 그리고 광고, 판매, 유통 상의 규모의 경제효과를 달성하고자 하는 경우에도 복수의 브랜드가 고려된다.

셋째, 기업이 한 제품군 내에 복수의 브랜드들을 보유하게 되는 또 다른 이유는 동일시장 내에서 브랜드들 간에 역할분담을 시키기 위해서이다. 예를 들어, 기업은 주력브랜드(flagship

표 5-1 | 브랜드의 역할

1. 기존 브랜드가 충족시키지 못하는 특정 세분시장의 고객을 유인할 수 있다.
2. 주력(flagship)브랜드들을 보호하기 위한 방패(flanker)브랜드로서의 역할을 수행할 수 있다.
3. 이윤증대를 도모하기 위한 돈줄(cash cow)브랜드로서의 역할을 수행할 수 있다.
4. 대상고객층을 늘리기 위한 염가기본형(low-end level) 브랜드로서의 역할을 수행할 수 있다.
5. 전체 브랜드포트폴리오의 이미지와 신뢰성을 제고시키기 위한 최고급형(high-end prestige) 브랜드로서의 역할을 수행할 수 있다.
6. 진열면적 확보와 소매점의 자사 의존도를 증가시키는 역할을 수행할 수 있다.
7. 다양성을 추구하는 소비자들을 자사제품에 계속해서 묶어두는 역할을 수행할 수 있다.
8. 기업 내에서의 브랜드 간 내부경쟁을 증가시키는 역할을 수행할 수 있다.
9. 광고, 판매, 제품, 유통에 있어 규모의 경제를 달성하는 역할을 수행할 수 있다.

brand)와 함께 이를 보호하기 위한 방패브랜드(flanker brand), 대상고객층을 늘리기 위한 염가기본형 브랜드(low-end brand), 전체 브랜드라인의 기대가치를 제고시키기 위한 최고급형 브랜드(high-end brand), 시장점유율은 높으나 더 이상의 성장이 기대되지 않아 비용절감을 통한 이윤증대를 도모하는 돈줄브랜드(cash cow) 등 여러 가지 역할의 브랜드들을 보유할 수 있는 것이다. 브랜드들의 차별화된 역할은 〈표 5-1〉에 요약 정리하였으며, 그에 대한 보다 구체적인 설명은 다음에서 제시하였다.

1) 방패브랜드(Flanker brand)

방패브랜드(flanker brand) 혹은 투사브랜드(fighter brand)는 주력브랜드를 보호하는 역할을 수행한다. 방패브랜드의 주요 목적은 경쟁브랜드와 매우 유사한 포지셔닝을 창출함으로써, 보다 중요한 (수익이 높은) 주력브랜드가 경쟁브랜드에 구애받지 않고 계속해서 자신의 포지셔닝을 유지할 수 있도록 보호하는 것이다. 많은 기업들이 소매업체 브랜드(private brands)에 효과적으로 맞서고 고가의 자사브랜드들을 보호하기 위해서 할인브랜드(discount brand)라는 방패브랜드를 출시하고 있다. 한 예로 과거 GE는 미국의 냉장고 시장에서 경쟁사의 저가 공세에 대응하면서 동시에 GE의 고가 라인인 Profile 브랜드를 보호하고자 Hotpoint라는 브랜드의 냉장고 라인을 판매했는데, 이는 GE가 프리미엄 가격 포지셔닝을 계속해서 유지할 수 있도록 저가 경쟁브랜드들로부터 보호하는 방패로서의 역할을 수행했다. 비슷한 예로 컴퓨터칩 제조회사인 Intel사는 과거 낮은 가격의 칩으로 시장을 침투해 들어오는 AMD사의 공세에 대해 자사의 주력브랜드인 Pentium Series의 시장가격을 같이 낮추는 대신에 Celeron이라는 저가의 방패형브랜드를 출시하였다. 이러한 투사브랜드를 설계하는 데 있어서 마케팅담당자들은 투사브랜드가 자사의 주력브랜드를 잠식할 만큼 너무 매력적으로 설계되지 않도록 주의해야 한다. 또한 투사브랜드가 브랜드확장 등을 통하여 포트폴리오 내의 다른 제품들과 연관된 것으로 인식된다면 연관제품들에 부정적인 영향을 줄 수 있으므로, 지나치게 싸구려의 이미지가

Intel Pentium Intel Celeron

Intel의 주력브랜드 Intel Pentium과 이를 보호하기 위한 방패형(투사)브랜드 Intel Celeron

형성되지 않도록 주의를 기울일 필요가 있다.

2) 돈줄브랜드(Cash Cows)

매출이 성장추세에 있지는 않지만, 별다른 마케팅지원이 없이도 많은 수의 기존고객을 보유하여 일정수준 이상의 수익을 유지하고 있는 브랜드들이 있는데, 이를 돈줄브랜드라고 부른다. 기업은 돈줄브랜드가 이미 갖고 있는 브랜드자산을 활용함으로써 특별한 마케팅비용지출 없이도 이익을 창출할 수 있다. 이를테면, LG생활건강의 화장품 부문에서 '라끄베르'라는 브랜드는 지금은 많이 약해졌으나 한때 상당한 시장점유율을 자랑하던 파워브랜드의 하나다. 그 결과 라끄베르는 어느 정도 안정적인 고객기반을 구축하게 되어, 그 이후로 오휘, 후, Belief, 수려한 등 많은 브랜드들을 출시하였음에도 불구하고 아직까지도 적극적인 마케팅활동 없이 계속해서 판매하고 있다. 그 이유는 라끄베르 브랜드를 철수시킨다고 하더라도 기존의 고객들이 반드시 LG생활건강의 다른 브랜드로 전환한다는 확신이 없기 때문에, 오히려 구 브랜드들을 포트폴리오 내에 계속해서 보유하는 것이 전체적으로 볼 때 수익성이 높을 수 있기 때문이다.

3) 염가기본형(Low-End Entry-Level) 브랜드와 최고급형(High-End Prestige) 브랜드

브랜드포트폴리오 내에서 다른 브랜드에 비해 상대적으로 저가에 책정된 브랜드는 소비자들을 그 회사의 브랜드 프랜차이즈로 유인하여, 결국은 보다 고가의 브랜드로 전환하도록 만드는 '미끼브랜드 혹은 안내자(traffic builder)'의 역할을 수행한다. 예를 들어, BMW는 새로운 고객을 자사의 브랜드 프랜차이즈로 유인하여 차후에 그들이 자동차를 바꾸고자 할 때에 보다 고가의 자사모델을 선택하게 하려는 의도로, BMW 3 시리즈, BMW Mini 뿐만 아니라 BMW 1 시리즈도 출시하여 판매하고 있다.

BMW 1 시리즈

BMW Mini

BMW의 미끼브랜드: BMW는 BMW 고급모델을 구매하고 싶지만 재정적 여력이 부족한 젊은 층을 타깃으로 BMW1과 BMW Mini라는 상대적으로 가격이 저렴한 기본모형을 출시함으로써 장기적으로 이 고객들이 수익성이 높은 고가의 모델로 전환하도록 유도한다.

한편 브랜드포트폴리오 내에서 상대적으로 고가에 책정된 브랜드는 전체 브랜드포트폴리오의 품격과 신뢰도를 제고시키기 위한 수단(image builder)으로 사용된다. 예를 들어, 한 분석가는 Chevrolet(시보레)의 고성능 스포츠 카인 Corvette의 진정한 가치를 다음과 같이 설명하였다. "…… Corvette는 호기심에 가득 찬 고객들을 전시장으로 유인시키는 동시에 Chevrolet에 대한 고객의 이미지를 향상시키는 역할을 수행한다." Corvette의 고성능·고품격 이미지는 전체 Chevrolet 계열의 자동차 모델들에게 후광효과(halo effect)를 줄 수 있는 것이다.

이상에서 살펴본 바와 같이 브랜드포트폴리오와 관련된 의사결정에서 고려해야 할 기본적인 판단기준은 각각의 브랜드는 기업목적과 관련하여 뚜렷하게 정의된 역할을 가져야 하고, 또한 표적소비자에게 제공되는 혜택에서 뚜렷하게 차별화된 포지셔닝을 가져야 한다는 것이다.

(3) 요약

브랜드자산관리의 핵심은 올바른 브랜드전략의 개발이다. 앞에서 제시된 브랜드-제품 매트릭스는 한 브랜드에 대해서 얼마나 많은 숫자의, 그리고 어떤 유형의 제품들을 연결시키는가 하는 브랜드전략의 폭과 한 제품군 내에서 얼마나 많은 숫자의, 그리고 어떤 특성의 브랜드들을 사용하는가 하는 브랜드전략의 깊이라는 두 가지 중요한 의사결정사항에 대해 체계적인 시각을 제공해 줄 수 있는 도구이다. 브랜드전략의 폭과 깊이 각각에 연결된 전략적 이슈는 브랜드확장전략과 브랜드포트폴리오전략이다. 일반적으로 한 기업이 생산하는 제품들의 브랜드체계는 하나의 브랜드만으로 구성되기보다는 여러 브랜드들로, 그리고 다양한 수준의 브랜드들로 이루어져 있다. 브랜드의 수준이란 기업브랜드(아모레퍼시픽)-공동브랜드(이니스프리)-개별브랜드(Green Therapy)-브랜드수식어(모이스처라이징 바디워시)의 네 가지 수준으로 분류되는 브랜드의 계층구조를 말한다. 이러한 브랜드계층구조에 대한 고려를 바탕으로, 또한 소비자, 기업, 그리고 경쟁자들까지 고려되었을 때, 브랜드/제품 매트릭스는 기업에서 보다 포괄적인 브랜드전략 개발을 위해 유용하게 사용될 수 있다. 따라서 다음에서는 브랜드계층구조 분석과 이를 중심으로 한 브랜드아키텍쳐의 설계와 관련된 여러 가지 의사결정사항들을 살펴보도록 하겠다.

02 브랜드계층구조 설계에 기반한 브랜드관리

(1) 브랜드계층구조의 정의

브랜드-제품 매트릭스는 한 기업이 판매하는 제품과 브랜드의 범위를 나타내 주며, 그 배경에는 각각의 제품들은 각기 하나의 브랜드명을 가지고 있다는 가정을 가지고 있다. 하지만 많은 경우 기업들은 자사의 여러 브랜드들이 어떻게 관련되어 있는지를 소비자들에게 보여주기 위해서 제품의 브랜드명을 하나로 국한하지 않고 복수의 브랜드명이 조합된 형태를 흔히 사용한다. 한 예로, LG 그램 17 노트북 컴퓨터는 'LG', '그램', '17'과 같이 서로 다른 세 가지의 브랜드명으로 구성되어 있다. 이들 중 어떤 브랜드명은 그 회사의 다른 제품들과 공유되어 사용될 수 있다. 하지만 그 적용범위는 해당 브랜드명의 계층적 수준에 따라 달라진다. LG는 자사의 모든 제품에 브랜드명으로 사용되고 있지만, 그램은 특정 종류의 컴퓨터(노트북)에만, 17은 그램 노트북 중 특정모델을 지칭하는 데만 사용된다.

브랜드계층구조(brand hierarchy)는 한 기업이 판매하는 여러 제품들에 적용되는 브랜드명 유형들 간의 서열을 보여주는 것이다. 즉, 브랜드계층구조는 기업의 브랜드전략을 도표화시켜 나타내는 매우 유용한 수단이다. Farquhar & Herr 교수는 브랜드계층구조를 **기업브랜드**(corporate brand)/**공동브랜드**(family brand)/**개별브랜드**(individual brand)/**브랜드수식어**(brand modifier)의 4단계로 구분

초경량 노트북 브랜드 LG 그램(LG gram) 17: LG 그램 17 노트북 컴퓨터는 'LG', '그램', '17'과 같이 서로 다른 세 가지의 브랜드명으로 구성되어 있다.

표 5-2 | 브랜드계층구조를 구성하는 네 가지 브랜드 수준과 그 사례

1. 기업(또는 회사)브랜드: General Motors, 아모레퍼시픽
2. 공동브랜드: Buick, 이니스프리
3. 개별브랜드: Park Avenue, Green Therapy
4. 브랜드수식어(품목 또는 모델의 표시): Ultra, 모이스처라이징 바디워시

하고 있다. 예를 들어, 미국의 자동차회사인 General Motors사가 선보인 스포츠 카 Chevrolet Camaro 3.6은 기업브랜드인 General Motors와 공동브랜드로 이용되는 Chevrolet, 개별브랜드인 Camaro와 브랜드수식어인 3.6 등으로 구성되어 있다. 〈표 5-2〉는 이들의 분류를 적용한 예이다. 이 표는 상위수준에서 하위수준으로 서열지워진 기본적인 형태의 브랜드계층구조를 나타낸다. 다른 모든 계층구조와 마찬가지로 브랜드계층구조도 상위에서 하위수준으로 내려갈수록 더 많은 브랜드들이 포함된다.

브랜드계층구조의 가장 높은 수준에는 기업브랜드가 있다. 법적인 이유로 기업브랜드는 제품이나 포장의 어딘가에 대부분 명시되어야 하는데, 때론 기업브랜드 대신에 계열회사 브랜드가 사용되는 경우도 있다. 한 예로 시리얼로 잘 알려진 Quaker Oats사는 자사가 생산하는 장난감에 Fisher-Price이라는 계열회사 브랜드를 수년간 사용하였다. 국내 대형출판사의 하나인 시공사 역시 만화 및 무협소설류의 출판에는 시공사라는 이름이 아닌 드래곤북스라는 별도의 사업부 이름을 내세우고 있다. 참존, 로케트전기, Boeing, General Electric, BMW처럼 몇몇 기업에서는 기업브랜드가 자사가 실질적으로 사용하는 유일한 브랜드명이기도 하지만, LG 디오스 매직스페이스 냉장고, 현대 쏘나타 자동차와 같이 몇몇 다른 기업에서는 기업브랜드, 공동브랜드, 개별브랜드 등을 혼합하여 사용하기도 한다. 그 외에 기업브랜드가 실질적으로 사용되지 않는 경우도 있는데, 예를 들어 Procter & Gamble사는 자사가 생산하는 많은 생활용품 브랜드(예: Whisper, SK II, Pringles, Tide, Pampers 등)에 기업브랜드를 포함시키지 않고 있다.

기업브랜드 다음으로 높은 수준인 공동브랜드는 기업브랜드가 아니면서 하나 이상의 관련 제품범주들에 함께 사용되는 브랜드로 정의될 수 있다. 그러한 예로 대상기업은 음식품 분야에선 '청정원'이란 공동브랜드를 내세우고 기업브랜드는 사용하지 않는다. 과거 삼성전자 역시 프리미엄급 몇몇 가전제품들(김치냉장고, 에어컨, 드럼세탁기)에 대해 '하우젠'이란 공동브랜드를 사용했다. 일반적으로 대부분의 기업들에서는 소수의 공동브랜드만을 활용하는데, 만일 기업브랜드가 특정 제품범주들에 사용되어 공동브랜드로서의 기능을 한다면 브랜드계층구조 상의 이 두 단계는 하나의 단계로 축소될 수 있다.

개별브랜드는 일반적으로 하나의 제품범주에 국한되어 사용되는 브랜드로 정의될 수 있다. 하지만 개별브랜드는 해당 제품범주 내에서 여러 형태의 제품모델들에 사용될 수 있다. 예를 들어, 삼성전자의 노트북PC에 대한 개별브랜드인 Sens는 한 가지 종류의 노트북PC에만 사용되는 것이 아니라 제품사양에 따라 다양한 모델들에 공통적으로 적용되고 있다.

브랜드수식어는 주로 제품의 성분이나 속성을 나타내기 위해서 추가된다. 예를 들어, 데미소다라는 탄산음료수의 브랜드에는 그 맛에 따라 '레몬', '애플' 등의 수식어가 붙는다. 오뚜기 진라면이라는 브랜드에도 그 매운 정도에 따라 '순한 맛'과 '매운 맛'이라는 수식어가 추가된다. 때로는 브랜드수식어가 기술적 수준이나 신형-구형의 의미를 갖기도 한다. 현대자동차의 쏘나타 모델은 'Ⅰ', 'Ⅱ', 'Ⅲ', 'EF', 'NF'와 같은 브랜드수식어를 사용하여 모델의 대체관계를 나타냈다.

(2) 브랜드위계도(계층구조도)

기업은 브랜드위계도 혹은 계층구조도(brand hierarchy tree)를 작성하여 브랜드 간의 논리적 구조를 파악해야 한다. 브랜드위계도의 구조는 수평차원과 수직차원으로 이루어져 있다. 수평차원은 브랜드의 적용범위를 반영하는데, 상위브랜드 아래에 위치한 하위브랜드나 보증(후원)브랜드를 나타낸다. 수직차원은 개별 제품/시장에 진출한 브랜드와 하위브랜드의 수를 나타낸다.

그림 5-2 | 콜게이트 구강위생제품들의 브랜드위계도

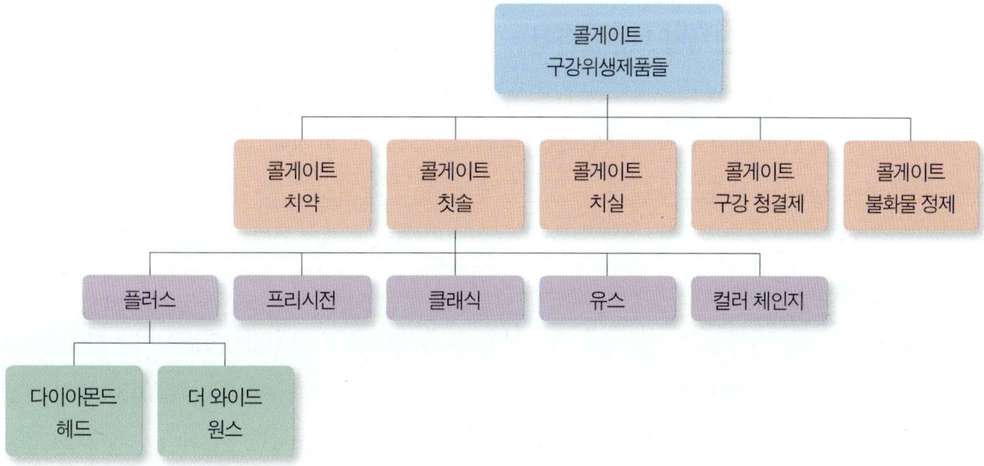

[그림 5-2]는 콜게이트(Colgate) 구강위생제품들의 브랜드위계도를 보여 주는데, 콜게이트라는 브랜드명이 치약, 칫솔, 치실을 비롯해 그 밖의 다른 구강위생제품들을 포괄하고 있다. 이 그림은 콜게이트 플러스(Colgate Plus)가 칫솔의 모양에 따라 2개의 하위브랜드를 갖고 있는 것도 보여 준다.

다수의 브랜드와 사업영역들을 거느리고 있는 기업은 각 사업(제품)별 브랜드위계도가 필요할 수 있다. 예를 들어, 콜게이트는 3개의 치약 브랜드인 콜게이트, 울트라 브라이트(Ultra Brite), 비아덴트(Viadent)뿐 아니라 수십 개의 다른 주요 브랜드들, 이를테면 멘넨(Mennen), 소프트솝(Softsoap), 파몰리브(Palmolive), 아이리시 스프링(Irish Spring), 스킨 브레이서(Skin Bracer) 등을 가지고 있다. 어떤 브랜드위계도는 너무나 광범위한 제품/시장을 포괄하고 있어, 이들을 하나의 그림으로 다 표현할 수 없기 때문에 주요 부분으로 나누어서 작성해야 하는 경우도 있다. 예를 들면, 콜게이트 구강위생제품들은 하나의 브랜드위계도 상에 모두 배열하기 어렵기 때문에 칫솔 부분만 따로 떼어서 위계도를 만드는 것도 효과적일 수 있다.

브랜드위계도를 만들어 보면 다음과 같이 브랜드아키텍처를 평가하는 데 필요한 통찰력을 얻을 수 있다. 첫째, 시장상황과 관리능력 등을 감안해 볼 때 너무 적거나 너무 많은 브랜드를 보유하고 있는 것은 아닌지를 파악할 수 있다. 둘째, 브랜드체계가 분명하고 논리적인지, 아니면 혼란스럽고 임의적인 것인지를 확인할 수 있다. 만약 브랜드체계가 논리적이지 않고 명확하지 않다면, 어떤 변화를 주는 것이 적절하고, 경제적으로 효과적이고 브랜드관리에 유용한지를 모색해야 한다. 성공적인 브랜드아키텍쳐는 고객과 조직 내부에 있는 사람들 모두에게 한 기업의 제품들이 논리적인 계층구조를 갖고 있음을 명확하게 보여 주고, 그 결과 마케팅활동의 효율을 크게 높여줄 수 있다.

(3) 브랜드계층구조 단계별 브랜드관리

이하에서는 브랜드계층구조의 개념을 이용한 브랜드전략에 대해 설명하기에 앞서 먼저 브랜드계층구조 단계별 브랜드자산의 구축방안에 대해서 살펴보도록 한다.

1) 기업브랜드(corporate brand) 수준에서의 브랜드자산구축

기업브랜드 구축의 핵심은 기업이미지의 형성이다. **기업이미지**란 어떤 제품이나 서비스를 생산하는 기업에 대해 소비자들이 갖고 있는 총체적인 연상이라고 할 수 있다. 특히 현재의 브랜드전략에 있어서 기업브랜드가 두드러진 역할을 하고 있다면, 이러한 기업이미지는 주의 깊게

표 5-3 | 기업이미지의 결정요소

1. 기업이 생산, 판매하는 제품의 특성: 제품군, 품질수준, 내구성, 스타일 등.
2. 커뮤니케이션 활동: 광고, 홍보, 판매촉진, 텔레마케팅 등.
3. 가격정책: 경쟁제품과의 상대적 가격수준, 가격할인정책 등.
4. 유통망: 점포이미지, 입지, 점포 내 서비스 등.
5. 판매원들의 특성: 판매원들의 역량, 서비스 정도, 친절도, 신뢰도, 전문성 등.
6. 제품관련 서비스: 부품구입 용이성, 제품설치관련 서비스, 수리시간, 반품수용도 등.
7. 고객지원 정도: 고객교육, 제품지침서(manual)의 질, 고객상담 등.
8. 기업경영의 내용: 기업명성, 혁신성, 재무적 안정성, 경영의 질 등.
9. 기업의 사회적 활동: 환경보호, 소비자들의 생활의 질 높이기, 지역사회에의 참여도 등.
10. 기업의 사회적 공헌도: 자선사업활동, 산학연계활동의 정도 등.
11. 종업원들의 특성: 급여수준, 응집력, 자사에의 충성도, 학력수준 등.

관리되어야 한다. 최근 들어 마케팅담당자들은 한 기업의 사회적 역할에 대한 소비자들의 인식이 그들의 구매를 결정하는 데 있어 중요한 기준이 된다고 믿고 있다. 예를 들어, 기업이 종업원들과 주주들, 지역주민들, 소비자들을 어떻게 대우하느냐에 따라서 그 기업의 제품이나 서비스에 대한 평가가 달라질 수 있다는 것이다. P&G사의 최고경영자였던 Ed Artz가 지적하듯이, 소비자들은 이제 제품뿐만 아니라 그 제품을 만드는 기업에 대해서도 알고 싶어 한다. 미국에서 실시된 한 소비자 조사에 의하면, 조사집단의 89%가 때로는 기업의 명성이 제품구매를 결정짓는 기준이 된다고 응답하였으며, 조사집단의 71%는 기업에 대해 많이 알면 알수록 기업에 대한 호감도가 증가한다고 응답하였다. 흥미로운 것은 조사집단의 80%가 기업의 자선활동을 그 기업이 고객만족을 얼마나 중요하게 생각하고 있는지에 대한 척도로 이해하였다는 사실이다. 이는 최근에 많이 거론되고 있는 '사회적 기업' 등과 같은 기업의 사회적 책임 수행이 그 기업의 고객지향적 이미지에도 긍정적인 영향을 줄 수 있다는 것을 의미한다.

소비자들이 제품특성과 관련된 연상 이외의 문제들에 대해서도 관심을 가진다는 사실은 적절한 기업이미지를 수립하기 위한 마케팅활동을 더욱 촉진시키는 계기가 되었다. 기업이미지는 (1) 기업이 판매하는 제품, (2) 기업이 수행하는 활동, (3) 기업의 소비자들과의 커뮤니케이션 방식과 같이 여러 가지 요인들에 의해 결정된다. Barich and Kotler는 기업이미지를 결정하는 주요 구성요소로 〈표 5-3〉과 같이 11가지를 제시하고 있다. Johnson & Johnson의 최고경영자 Ralph Larson은 "기업의 명성은 소비자들의 기업에 대한 아주 작은 경험들이 차곡차곡 쌓여 이루어지는 것이다. 따라서 기업의 명성을 제대로 관리하기 위해서는 끊임없이 올바른 것을 생각하고 또 실천해 나가는 것이다"라고 얘기하고 있다.

브랜드마케팅 따라잡기

미 Fortune지가 선정한 '2019년 존경받는 50대 기업'에서 50위에 오른 삼성

Fortune이 발표한 '2019년 가장 존경받는 기업(World's Most Admired Companies)' 리스트에서 삼성전자는 평점 7.15점을 받아 미국 엑손모빌과 함께 공동 50위에 랭크됐다. 이 평가는 미국을 비롯한 전 세계 30개국의 52개 업종·680개 기업을 대상으로 진행됐다. 이 조사에서는 주요 기업 임원과 애널리스트 등 3,750명에게 혁신, 인적관리, 자산 활용, 사회적 책임, 경영의 질, 재무적 건전성, 장기 투자가치, 제품·서비스 품질, 글로벌 경쟁력 등 9개 평가기준을 제시하고 가장 존경받을 만한 기업 10개를 고르게 한 뒤 그 결과를 토대로 점수를 매긴다.

미국 애플은 평점 8.40점을 받으면서 12년 연속으로 정상의 자리를 지켰다. 9개 평가항목에서 모두 업종 내 1위를 차지했다. 이어 아마존, 버크셔 해서웨이, 월트디즈니, 스타벅스, 마이크로소프트(MS), 알파벳(구글 모기업), 넷플릭스, JP모건체이스, 페덱스 등 미국기업들이 '톱 10'을 모두 차지했다. 아시아 국가의 기업으로는 싱가포르 항공이 18위로 가장 높았으며, 일본 도요타(30위)와 중국 알리바바그룹(34위), 삼성전자 등이 뒤를 이었다. 삼성전자는 이번 평가에서 혁신, 인적관리, 제품·서비스 품질, 글로벌 경쟁력 등에서 우수한 성적을 기록했다. 삼성전자는 2005년 39위로 처음 Fortune의 존경받는 기업명단에 이름을 올린 후 2006년 27위, 2007년 34위를 기록하는 등 꾸준히 순위권(상위 50위)에 들었다. 2014년에는 21위까지 올라갔으나 2017년과 2018년 2년 연속으로 50위 내에 들지 못했다.

자료원: 디지털타임즈, 2019.1.24.

기업이미지의 구축에 있어 기업브랜드는 특정 제품범주에 국한되어 사용되는 개별브랜드와는 전혀 다른 연상을 불러일으킬 수 있다. 예를 들어, 기업브랜드는 여러 소속제품들에 공통된 속성 또는 편익, 기업/종업원/고객과의 관계, 기업의 가치와 마케팅 프로그램, 기업의 신뢰도 등에서 비롯된 연상을 불러일으킬 수 있는 것이다.

기업이미지와 밀접하게 연결된 개념으로 기업명성(corporate reputation)을 생각할 수 있다. 기업명성은 어떻게 측정할 수 있는가? 바꾸어 말하면 기업명성은 어떤 요소에 의해 형성되는가? 이에 대해서 Fortune지의 예를 중심으로 알아보기로 한다.

경제전문지인 Fortune지는 해마다 기업들을 대상으로 광범위한 조사를 통해 가장 높은 명성을 가진 기업들을 선정, 발표하고 있다. 2019년에 시행된 조사는 미국을 비롯한 전 세계 30개국의 52개 업종 680개 기업을 대상으로 실시되었다. 3,750명의 주요기업 임원과 사외이

브랜드마케팅 따라잡기

공익연계 마케팅으로 기업이미지 구축과 매출증대를 동시에 실현한 아메리칸 익스프레스

공익연계 마케팅이란 기업이 특정 상품의 판매량을 기준으로 수익의 일정 부분을 특정 사회문제를 위한 기부금으로 제공하는 방식이다. 특정 상품의 판매촉진과 특정 자선단체의 기금 마련을 위해 한시적인 기간을 정해놓고 실시하는 경우가 대부분이다. 상품의 판매량과 참여사업을 연결시킨다는 점이 여타 참여유형과 구별되는 특징으로, 자선활동을 위한 기금을 마련하는 동시에 기업의 상품판매를 촉진할 수 있는 일석이조의 사회참여사업이라 할 수 있다. 기부금액은 실제 판매액 또는 판매율을 근거로 계산한다.

아메리칸 익스프레스의 '자유의 여신상 복원 캠페인'을 공익연계 마케팅의 시초로 보는 이들이 많다. 전 세계 자유의 상징으로서, 그리고 맨해튼 남부에 관광객을 유치하는 최고의 명소로서 여신상의 중요성을 인식한 아메리칸 익스프레스는 최소 300만 달러를 기부하겠다고 약속했다. 아메리칸 익스프레스의 캠페인은 공익 캠페인이 기업의 판매율과 시장점유율을 증가시키는 데 기여할 수 있음을 증명해주는 고무적인 사례였다. 아메리칸 익스프레스는 사회참여의 일환으로 간단히 수표에 서명하는 대신 새로운 방식을 시도했고, 그것은 마케팅계의 주목을 끌었다. '자유의 여신상 복원 캠페인'은 아메리칸 익스프레스 카드 소지자들이 카드를 사용할 때마다, 그리고 신규 카드를 발급할 때마다 아메리칸 익스프레스가 일정금액을 기금으로 적립하는 방식으로 진행됐는데, 이를 통해 총 170만 달러의 기금이 모아졌다. 또한 아메리칸 익스프레스 카드 사용률은 27퍼센트 증가했으며, 신규 카드 발생률은 10퍼센트나 뛰어올랐다. 이 캠페인이 거둔 놀라운 성과를 목격한 마케팅 종사자들은 큰 자극을 받았다. 치밀하게 기획한 단 하나의 사회참여사업을 통해 실질적인 이윤은 물론 자선기금까지 마련할 수 있었기 때문이다. 1999년 미국 콘 로퍼의 조사결과에 따르면 "가격과 품질이 대등한 상품들일 경우 건전한 공익사업을 펼치는 브랜드 또는 기업을 선택하겠다"는 응답이 전체의 3분의 2를 차지했고, 이후 이어진 여타 여론조사들도 유사한 결과를 내놓았다. 이는 기업의 사회참여에 대한 소비자들의 관심이야말로 공익연계 마케팅의 중요한 성공요인임을 알 수 있게 해주는 대목이다.

9·11사태 이후 아메리칸 익스프레스는 맨해튼 남부지역의 복구와 재건을 위해 적극적인 역할을 감당해야 한다는 책임감을 느꼈다. 뉴욕의 본사를 중심으로 그와 같은 재건의지와 사명감이 사내에 강하게 퍼져나갔다. 아메리칸 익스프레스의 한 임원은 뉴욕의 재건을 위한 다양한 참여활동을 소개했는데, 그 중에서도 공익연계 마케팅활동을 다음과 같이 강조해서 설명했다.

154년의 역사를 지닌 아메리칸 익스프레스의 지역사회 지원사업은 본사가 위치한 뉴욕시를 중심으로 주로 이뤄졌다. 아메리칸 익스프레스는 9·11사태 이후 강제 퇴거했던 맨해튼 남부의 본사에 4,000명의 직원들을 복귀시키는 작업에서부터, 다양한 행사와 활동을 후원 및 지원함으로써 수백만의 방문객을 뉴욕시내로 유치하는 등 적극적인 재건의지를 실천했다. 아메리칸 익스프레스는 기업, 지역사회, 정부지도자들과 연계하여 맨해튼 남부지역을 예술, 오락, 쇼핑, 외식, 비즈니스의 중심지로 재건하는 데 힘을 모으겠다고 약속했다.

아메리칸 익스프레스는 이 약속을 실천하기 위해 뉴욕에서 펼쳐지는 다양한 사회참여사업을 지원했다. 9·11사태 직후 '아메리칸 익스프레스 세계무역센터 재난구조기금(American Express World Trade Center Disaster Relief Fund)'을 설립하여, 피해지역과 피해주민들을 돕는 데 500만 달러를 지원했다. 시내의 상인들을 위해서는 아메리칸 익스프레스 직원들이 가가호호 방문해가며 9·11사태 이후의 영업재개를 위한 시스템 지원 등을 자청했고, 고객과 관광객들에게 뉴욕시내관광을 재개해달라는 광고캠페인도 펼쳤다.

많은 이들이 아직 뉴욕시내에 오는 것을 꺼리던 2002년 봄, 아메리칸 익스프레스는 '트라이베카 필름 페스티벌(Tribeca Film Festival)'의 스폰서로 나섰는데, 그 축제를 통해 일련의 영화시사회 행사, 록과 코미디를 결합한 무료콘서트를 펼침으로써 수천 명의 인파를 맨해튼 남부로 유치했다. 그해 봄 맨해튼 트라이베카 필름 페스티벌은 15만 명 이상을 맨해튼 남부로 끌어들였고, 2003년에는 30만 명, 아메리칸 익스프레스가 후원을 시작한 지 3년째 되던 2004년에는 40만 명 이상이 모여들었다. 또한 2002년에는 제1회 '뉴욕 시 리버투리버 페스티벌(Downtown NYC River to River Festival)'의 타이틀 스폰서가 됐고, 그 행사를 통해 맨해튼에서 다수의 무료공연과 무료문화행사들이 500건 이상 펼쳐졌다. 리버투리버 페스티벌은 축제를 시작한 지 1년 만에 맨해튼 남부로 100만 명의 관광객을 유치하는 성공을 거뒀다.

자료원: Philip Kotler and Nancy Lee, *Corporate Social Responsibility*, 남문희 옮김, 리더스북, 2007, pp. 139–171.

사들, 재무 분석가들에게 가장 존경받을 만하다고 생각하는 기업 10개를 선택하여 평가하도록 부탁하였다. 조사에서 사용된 평가기준은 (1) 혁신성(Innovation), (2) 인적 관리(People management): 유능한 인재를 끌어오고, 개발시키고, 잡아둘 수 있는 능력, (3) 기업자산의 적절한 활용(Use of corporate assets), (4) 사회적 책임(Social responsibility), (5) 경영의 질(Quality of management), (6) 재무적 건정성(Financial soundness), (7) 장기적인 투자가치(Long-term investment), (8) 제품/서비스의 품질(Quality of product/services), (9) 글로벌 경쟁력(Global competitiveness) 등 9가지이다. 흥미로운 사실은 중요도에 따라 9가지 평가기준들 간의 우선순위를 정하는 과정에서 응답자들이 '경영의 질'과 '제품/서비스의 질'을 다른 재무적 기준들보다 더 중요하게 여기는 것으로 나타났다.

이 잡지에서는 존경 받는 기업들의 특성을 다음과 같이 기술하고 있다. "존경 받는 기업들에게 공통된 한 가지 특성이 있다면 그것은 이들 기업들이 확고한 기업문화를 가지고 있다는 것이다. 인간의 성격에 비유할 수 있는 기업문화는 그 기업의 명성을 좌우한다고 할 수 있다.

브랜드마케팅 따라잡기

코즈(공익연계)마케팅을 통해 긍정적 기업이미지 구축/강화와 매출증대를 동시에 실현하려는 유명기업들

기업이 경영을 하는 과정에서 사회적 책임(Cooperate Social Responsibility·CSR) 활동을 하는 것은 이제 반드시 필요한 조건이 됐다. 기업과 소비자 간의 관계가 긴밀해질수록 소비자들은 기업이 사회로부터 얻는 이익 이상으로 사회, 즉 자신들에게 기여해 주기를 기대하기 때문이다. 실제로 최근 성장하는 기업들은 '코즈마케팅'을 통해 좋은 평판을 얻고 있다. 좋은 평판을 얻은 기업의 제품과 서비스는 기업을 더욱 성장시키는 촉매가 되는 선순환이 나타나고 있다. 코즈마케팅(cause marketing)은 판매·영업 등 기업의 경영활동과 사회적인 이슈를 연계시키는 마케팅 기법으로, 대의명분(Cause)과 마케팅을 전략적으로 결합한다는 의미로 코즈(공익연계)마케팅(Cause-Related Marketing)이라고도 불린다. 기업과 소비자의 관계를 통해 기업이 추구하는 사익(私益)과 사회가 추구하는 공익(公益)을 동시에 얻는 것이 목표이다.

코카콜라가 미국과 캐나다에서 선보인 한정판 흰색 콜라 캔

코카콜라는 2011년 말 미국과 캐나다에서 회사의 상징이나 다름없는 빨간색 콜라 캔 대신 북극곰이 그려진 흰색 제품을 선보여 시장의 주목을 받았다. 코카콜라가 파격적인 디자인을 내놓은 것은 세계야생동물기금협회(WWF)와 함께 북극환경 보호캠페인인 '아크틱 홈(Arctic Home)'을 진행하면서다. 온난화로 생존환경을 위협받는 북극곰을 돕자는 취지로 진행된 이 캠페인에서 코카콜라는 소비자들이 제품에 적힌 코드번호를 문자메시지로 보내거나, 아크틱 홈 캠페인 웹사이트에 입력하면 일정액을 기부할 수 있게 했다. 이 캠페인은 소비자들의 큰 호응을 끌었고, 약 5개월 만에 코카콜라는 180만 달러(약 22억 원)가량의 기부금을 모을 수 있었다. CJ제일제당은 제품판매와 기부를 직접 연계하는 코즈마케팅활동을 벌였다. CJ제일제당은 생수제품 '미네워터'를 구입하는 소비자가 제품에 따로 마련된 기부용 바코드나 QR코드를 찍으면, 100원을 아프리카 어린이들이 마시는 물을 정화하기 위한 비용으로 기부할 수 있게 했다.

의류업계에서는 기부할 수 있는 헌 옷을 가져오면 새 제품을 할인해 주는 방식의 코즈마케팅을 전개했다. 제일모직은 입던 남성복을 가져오면 같은 종류의 옷을 샀을 때 1만~5만 원가량을 할인해주는 행사를 펼치고 수집된 의류 5,000여 벌을 기아대책재단인 '행복한 나눔'에 기부했다.

코즈마케팅은 기업의 사회적 활동에 대한 패러다임이 바뀐 결과물이다. 기업이 건강한 사회를 만드는

CJ제일제당의 직원이 '미네워터'에 붙은 QR코드를 스마트폰으로 찍어보고 있다. 이 제품을 사는 소비자가 QR코드나 바코드를 찍으면 아프리카 어린이들에게 깨끗한 물을 지원하는 데 100원을 기부할 수 있도록 했다.

데 기여하는 활동이 기업 스스로를 위한 장기투자라는 인식이 확산하고 있는 것이다. 하버드대 마이클 포터 교수도 2011년 경제적 가치 창출과 사회문제 해결을 연계해야 한다는 '공유가치창출(CSV·Creating Shared Value)'이란 개념을 내놓고 사회공헌활동에 대한 기업의 관점을 바꿔야 한다고 주장했다. 코즈마케팅은 이 전략의 구체적인 실천방안인 셈이다. 특히 최근에는 소비자들이 인터넷을 통해 기업과 관련한 다양한 정보를 쉽게 얻고 사회이슈 등에 목소리를 적극적으로 내면서, 기업들은 소비자의 호응을 얻을 수 있는 다양한 아이디어를 적극적으로 내고 있다.

삼성생명은 서울시와 함께 마포대교를 '생명의 다리'로 바꾸는 프로젝트를 진행했다. 2008년 이후 5년간 85명이 자살을 시도한 이 일대를 4개 구간으로 나누고 구간마다 센서를 설치해 사람이 지나갈 때마다 '가장 빛나는 순간은 아직 오지 않았다. 아직 오지 않은 것은 너무도 많다' 등 생명의 소중함을 일깨워주는 메시지를 전달하게 했다. 생명의 전화도 설치해 상담원의 도움도 받을 수 있게 했다. 삼성생명은 자살률을 낮추는 데 기여하면서도 생명 존중이라는 가치를 강조하는 보험회사라는 인식을 높이는 효과를 기대했다.

미국 제약회사 헬프 레미디스는 반창고 신제품을 내놓으면서 피를 닦을 수 있는 면봉과 골수 기증 프로그램 가입서를 첨부했다. 면봉을 첨부함으로써 소비자가 반창고를 붙이기 전에 상처의 피를 닦을 수 있는 서비스를 제공했고, 이 혈액이 채취된 면봉을 골수 기증 프로그램 가입서와 함께 골수 기증 기관에 보내면 기증 프로그램에도 쉽게 가입할 수 있게 유도한 것이다. 골수 기증 의사를 가진 사람들을 기증 프로그램으로 끌어들이고 또 이 골수를 기증받을 수 있는 환자와 쉽게 연결시킬 수 있도록 한 이 마케팅전략은 미국의 골수 기증 가입자 수를 이전보다 3배 이상 늘리는 놀라운 효과를 발휘했다.

인간의 성격과 마찬가지로, 기업문화는 자사의 가장 중요한 영역이 무엇인지 확실히 정의 내려 줌으로써 계속 유지시켜 나가야 할 영역은 어디이며, 그리고 변화시키고 성장시켜 나가야 할 영역은 어디인지에 대한 가이드를 제시해 준다." 〈표 5-4〉는 2019년 Fortune지가 선정한 세계에서 가장 존경 받는 10대 기업과 그 순위를 보여준다.

표 5-4 | 세계에서 존경 받는 10대 기업(the World's Most Admired Companies)의 순위(2019년)

순위	기업 브랜드	혁신성	인사 관리	기업 자산의 활용	사회적 책임	경영의 질	재무적 건전성	투자 가치	제품/서비스의 품질	글로벌 경쟁력
1	Apple	1	1	1	1	1	1	1	1	1
2	Amazon	-	-	-	-	-	-	-	-	-
3	Berkshire Hathaway	3	1	1	6	1	1	1	2	3
4	Disney	2	1	1	1	1	1	1	2	1
5	Starbucks	1	1	1	1	2	1	1	1	2
6	Microsoft	1	2	1	2	1	1	1	2	1
7	Alphabet	-	-	-	-	-	-	-	-	-
8	Netflix	1	2	2	4	2	6	3	1	2
9	JPMorgan Chase	1	1	1	2	1	1	1	1	2
10	Fedex	2	2	2	2	2	2	2	2	2

* Amazon과 Alphabet은 각 평가기준에 대한 응답들의 분포가 깔끔하게 나타나지 않아 전체 순위만 공개됨.

2) 공동브랜드(family brand) 수준에서의 브랜드자산구축

기업브랜드와 마찬가지로 공동브랜드는 일반적으로 여러 제품범주들에 걸쳐 공통적으로 사용되는 브랜드로, **범위브랜드**(range brand) 또는 **우산브랜드**(umbrella brand)로 불리기도 한다. 기업브랜드와 다른 점이 있다면 공동브랜드에서는 기업과 관련된 연상이 두드러지게 나타나지 않는다는 점인데, 이는 공동브랜드와 기업브랜드가 분명히 차별화되어 있기 때문이다.

기업브랜드 대신 공동브랜드를 사용하는 이유에는 여러 가지가 있을 수 있다. 한 기업이 판매하는 제품들이 늘어나 이들 간의 유사성이 줄어들게 되면 기업브랜드만으로 어떤 제품이 갖는 의미를 나타낸다는 것은 매우 어렵다. 만일 기업브랜드가 유사성이 거의 없는 여러 다양한 제품들에 공통으로 사용된다면, 이처럼 서로 다른 제품들을 효과적으로 한데 묶어주는 역할을 하기는 힘들 것이며, 따라서 기업브랜드가 우산브랜드(umbrella brand)의 역할을 수행하기가 어려워진다. 반면에, 이 경우 별도의 공동브랜드를 개발하여 연관성이 있는 제품군들을 대상으로 적용한다면 보다 구체적이고 전문적인 연상을 창출해낼 수 있게 된다. 이러한 공동브랜드는 기업브랜드와 마찬가지로 공통된 제품속성, 편익, 소비자 태도 등에서 비롯된 연상을 갖게 되며, 기업브랜드보다는 약하겠지만 어느 정도는 기업/직원/고객과의 관계, 기업가치

와 프로그램, 기업의 신뢰성과 연관된 연상도 가질 수 있다.

공동브랜드는 복수의 제품들에 공통의 연상을 심어줄 수 있는 매우 효율적인 방법이 될 수 있다. 기존제품과 관련성이 있는 신제품에 기존의 브랜드를 브랜드확장을 통해 공동브랜드로서 도입했을 경우, 신제품의 출시비용을 낮출 수 있을 뿐만 아니라 신제품에 대한 소비자들의 수용가능성 또한 증대시킬 수 있다. 하지만 공동브랜드 하의 한 제품의 실패는, 공동브랜드를 사용하고 있는 제품들에 대한 공동체적인 인식으로 인해, 동일한 브랜드로 판매되는 다른 제품들에까지 부정적인 파급효과를 미칠 수 있다는 것이다.

공동브랜드를 구축하는 일반적인 방법은 개별브랜드로 출발하여 그 개별브랜드의 성공을 바탕으로 관련성 있는 다른 제품군으로 브랜드확장을 점진적으로 추진함으로써 자연스럽게 공동브랜드를 개발해 나가는 것이다. 예를 들어, LG전자의 '디오스' 브랜드의 경우 처음에는 냉장고의 개별브랜드로 출발하여 그 성공을 바탕으로 김치냉장고, 오븐, 식기세척기, 와인 셀러(와인 저장냉장고)와 같은 다른 관련제품군으로 브랜드확장을 추구하였으며, 이에 따라 디오스는 자연스럽게 공동브랜드로 변모되었다. P&G사의 Ivory 브랜드도 같은 경우이다. 처음에는 비누의 브랜드로 출발한 Ivory는 비누의 성공을 바탕으로 샴푸, 린스, 세제 등의 제품군으로 브랜드확장을 하면서 공동브랜드로 개발되었다. 하지만 삼성전자의 하우젠처럼 처음부터 김치냉장고, 드럼세탁기, 에어컨을 포괄하기로 계획적으로 구축된 경우도 있다. 기업이 처음부터 여러 사업영역을 동시에 전개하고자 할 경우 혹은 기존의 혼란했던 브랜드구조를 구조조정하고자 할 경우 앞에서와 같은 순차적인 확장을 통하지 않고 동시에 여러 제품군을 포괄하는 공동브랜드를 도입할 수 있다.

3) 개별브랜드(individual brand) 수준에서의 브랜드자산구축

개별브랜드는 기본적으로 하나의 제품범주(product category)에 국한된다. 하지만 그 제품군 내에서의 모델, 용량, 또는 맛의 다양성에 따라 복수의 제품형태(product type)들에 같이 사용될 수 있다.

개별브랜드가 갖는 주된 장점은 브랜드와 이를 지원하는 모든 마케팅활동이 특정 소비자집단의 욕구충족에 맞춰 이루어질 수 있다는 점이다. 따라서 제품 디자인, 마케팅커뮤니케이션 프로그램, 가격, 유통전략뿐만 아니라 브랜드명, 로고, 기타 브랜드요소들이 특정시장에 초점을 맞춰 설계될 수 있다. 또한 만일 특정브랜드가 어려움을 겪게 되거나 실패를 하더라도, 그것이 타브랜드와 모기업에 끼치게 될 부정적인 파급효과를 최소화할 수 있다. 반면, 개별브랜드의 단점으로는 개별브랜드 각각의 브랜드자산을 구축하기 위한 마케팅 프로그램을 개발함에 따른 복잡함과 고비용을 들 수 있다.

4) 브랜드수식어(brand modifier) 수준에서의 브랜드자산구축

기업, 공동, 개별 브랜드의 사용 여부와는 상관없이 품목과 모델의 종류에 따라 브랜드를 구별해야 될 필요가 종종 있다. 이 경우 브랜드수식어를 추가시킴으로써 품질(예: Jonnie Walker 스카치 위스키의 Red Label, Black Label, Gold Label, Blue Label), 속성(오뚜기 진라면의 순한 맛, 매운 맛), 기능(삼성 갤럭시 스마트폰의 수식어 Note, S) 등에서 차이가 있음을 나타낼 수 있다. 이처럼 브랜드수식어는 동일한 브랜드명을 사용하는 제품범주 내의 서로 다른 제품들이 속성이나 편익 등에서 어떻게 차이가 있는지를 나타내는 데 중요한 역할을 하는데, 실무에서는 '애칭브랜드(Pet Name)'라고 불리기도 한다. 브랜드수식어는 기업입장에서 제품군의 시장확보에 중요한 역할을 할 뿐만 아니라, 중간상이나 최종 소비자들에게 한 제품범주 내에서 기업이 제공하는 제품들 간의 체계를 이해시키는 데 도움을 준다. Farquhar & Herr 교수가 언급하듯이, 브랜드수식어는 단지 수식의 역할만을 수행하는 것이 아니라 때로는 자체적으로 강력한 연상을 형성시켜 중요한 커뮤니케이션 수단으로 활용될 수도 있다. 예를 들어, 풀무원 달걀의 경우 '목초를 먹고 자란 건강한 닭이 낳은'이라는 수식어는 그 자체로 제품의 특징을 효과적이고 설득적으로 소비자들에게 전달해 줌으로써 커뮤니케이션 효율을 높일 수 있는 역할도 하게 되는 것이다.

(4) 브랜드계층구조에 기반한 제품브랜드 결정

기업은 자사제품들에 대해 상위수준의 브랜드와 하위수준의 브랜드를 어떻게 조합해 제품브랜드명을 만들 것인지를 결정한다. 제품브랜드명 결정은 기업에 따라, 그리고 제품에 따라 다를 수 있다. LaForet and Saunders는 영국에서 가장 큰 식료품 체인점인 Tesco와 Sainsbury에 제품을 공급하고 있는 20개의 대형식료품업체들이 채택하고 있는 제품브랜드명 전략에 대한 분석을 실시하였는데, 그 결과는 〈표 5-5〉에 나타나 있다.

여기서 볼 수 있듯이, 같은 제품시장에 속하는 기업들 사이에도 다양한 제품브랜드명 전략이 사용되고 있다. 예를 들어, 제과시장에서 경쟁해 온 Cadbury, Mars, Nestle의 브랜딩전략은 서로 상당한 차이가 있다. Cadbury는 Cadbury Dairy Milk, Cadbury Milk Tray, Cadbury Flake 등과 같이 자사제품 전반에 걸쳐 Cadbury라는 이름을 사용하는 반면 Mars는 기업명이 들어가지 않는 Snickers, Twix 등의 브랜드명을 사용했다. 최근까지

표 5-5 | 제품브랜드명 전략의 유형

사용비율	브랜드전략
	Ⅰ. 기업 지배형(corporate dominant)
5	1. 기업브랜드(corporate brand) : 기업명 사용
11	2. 자회사브랜드(house brand) : 자회사명 사용
	Ⅱ. 결합형(mixed brands)
38.5	3. 이중브랜드(double brand) : 두 개 이상의 브랜드명을 똑같이 강조
13.5	4. 후원된 브랜드(endorsed brand) : 기업/자회사에 의해 후원된 브랜드
	Ⅲ. 브랜드 지배형(brand dominant)
19	5. 단일브랜드(mono brand) : 하나의 개별브랜드명 사용
13	6. 잠복브랜드(furtive brand) : 기업을 밝히지 않고 단일브랜드명 사용

Nestle는 Mars와 유사한 브랜드전략을 추구해 왔지만, 지금은 개별브랜드에 Nestle 기업브랜드를 표시하고 있다.

한 기업 내에서도 제품에 따라 서로 다른 브랜드전략이 적용될 수 있다. 예를 들어, 미국의 맥주회사인 Miller사는 Miller High Life, Miller Lite, Miller Genuine Draft와 같이 자사가 판매하는 여러 맥주들에 대해 Miller라는 기업브랜드와 다양한 하위브랜드를 결합한 형태를 수년 동안 사용하였으나, 무알코올의 맥주 대체음료인 Sharp에는 자사의 기업브랜드를 명시하지 않았다. Toyota사 역시 오랫동안 자사에서 판매하는 모든 제품들에 기업브랜드, 개별브랜드, 브랜드수식어를 복합적으로 사용하는 브랜드전략을 채택해 왔지만, Lexus와 같은 고급 자동차를 출시할 때에는 일부러 기업브랜드를 적용하지 않았다.

도요타(Toyota)사의 최고급 승용차 브랜드 렉서스(Lexus)는 기업브랜드 도요타를 브랜드명에 사용하지 않는 브랜드아키텍처를 도입해 성공을 거두었다.

브랜드마케팅 따라잡기

기업의 제품브랜드명 전략을 전면적으로 수정한 삼성전자

삼성전자가 브랜드전략을 전면 수정했다. 그동안 국내에서 사용해 온 기업브랜드와 개별 제품브랜드를 결합시킨 서브 브랜드전략(하이브리드 브랜드전략)을 정리하기로 한 것이다. 그동안 TV에는 파브, 세탁기와 에어컨은 하우젠, 데스크톱 컴퓨터는 매직스테이션, MP3플레이어는 옙, 디지털카메라는 블루를 사용해왔지만 더 이상 이들 서브 브랜드(개별 제품브랜드)를 쓰지 않고 삼성이라는 기업브랜드로 통일하기로 했다. 이에 따라 TV, 세탁기, 에어컨, MP3플레이어, 디지털카메라 등의 제품에 삼성이라는 기업브랜드만 부착된다. 다만 고객 사이에서 프리미엄 브랜드로 확고하게 자리 잡은 지펠(냉장고), 센스(노트북컴퓨터), 싱크마스터(PC용 모니터)는 그대로 사용하기로 했다. 또한 애니콜 브랜드는 스마트폰이 아닌 일반폰(피처폰)에만 붙이기로 했다.

삼성 고위 관계자는 "그동안 브랜드전략을 놓고 소비자를 대상으로 조사하고 학계와 전문가들 의견을 종합한 결과 서브 브랜드를 없애는 편이 낫다는 결론에 도달했다"고 밝혔다.

삼성전자가 이처럼 브랜드전략을 수정한 가장 중요한 배경은 브랜드 통일성이다. 그동안 제품별로 개별 브랜드를 채택하다 보니 일부 소비자 사이에서는 삼성에서 만든다는 사실을 잘 인지하지 못하는 사례가 종종 있었다.

이와 같이 제품브랜드명 전략은 기업목표, 소비자 행동, 또는 경쟁 정도에 따라 달라질 수 있으며, 또한 제품과 시장의 성격에 따라 상위수준 브랜드 혹은 하위수준 브랜드가 더 강조될 수도 덜 강조될 수도 있다. 예를 들어, 생활용품처럼 'LG생활건강'과 같은 기업명이 가치있게 여겨질 수 있는 시장에서는 하위브랜드보다는 기업브랜드를 더욱 강조해야겠지만, 반대로 화장품처럼 LG라는 기업브랜드보다는 '오휘(화장품)'와 같은 제품브랜드가 더 가치있게 여겨질 수 있는 시장에서는 기업브랜드보다는 상대적으로 제품브랜드를 더욱 강조해야 한다.

일반적으로 브랜드계층구조를 바탕으로 제품브랜드명을 개발하는 데 있어서 기업이 결정해야 할 사항들에는 다음과 같은 것들이 있다.

① 브랜드계층구조 상에서 몇 개의 수준(단계)을 결합해 하나의 제품브랜드명으로 만들 것인지에 관한 의사결정

② 한 제품에 대해 브랜드계층구조 상의 서로 다른 수준(단계)에 있는 브랜드들이 어떤 식

으로 결합되어야 하는지, 즉 어느 수준의 브랜드가 더 강조되어야 하는지와 관련된 의사결정

③ 특정의 제품브랜드명(가령, 디오스)을 복수의 제품들에 연결시킬 것인가에 관한 의사결정

④ 브랜드계층의 각 단계별로 기업이 원하는 브랜드인지도와 브랜드연상의 결정과 이를 구축하는 데 필요한 마케팅 지원활동의 결정

1) 브랜드계층구조 상에서 몇 개의 수준(단계)을 결합해 하나의 제품브랜드명으로 만들 것인가

브랜드계층구조를 설계하는 데 있어 내려야 할 첫 번째 결정은 제품브랜드명을 결정하는 데 있어 브랜드계층구조 상의 어떤 단계(혹은 브랜드수준)를 사용할 것인가이다. 일반적으로 기업들은 다음과 같은 두 가지 이유 때문에 한 개 이상의 브랜드수준을 결합하여 사용한다. 첫째, 브랜드계층구조 상에서 하위수준의 브랜드(가령, 개별브랜드)로 갈수록 제품에 대한 보다 구체적인 정보를 전달해 준다. 그러므로 기업은 하위수준의 브랜드개발을 통해서 소비자들에게 특정 제품의 독특하고 구체적인 의미를 전달할 수 있다. 둘째, 브랜드계층구조 상의 상위수준에 있는 브랜드(가령, 기업브랜드)의 개발을 통해서 기업은 다수의 제품들에 동시에 적용될 수 있는 보편적이고 공유된 의미를 소비자들에게 전달할 수 있을 뿐만 아니라, 내부적·외부적으로 기업을 경영하는 데 있어서 시너지 효과를 얻을 수 있다.

이에 따라 많은 기업들이 상위수준 브랜드와 하위수준 브랜드를 결합하여 하나의 제품브랜드명으로 사용하는 **'복합브랜드전략(hybrid-branding)'**을 활용하는데, 기업브랜드 또는 공동브랜드를 개별브랜드나 브랜드수식어와 결합해 제품브랜드명으로 사용하는 것이 대표적인 예이다. 예를 들어 LG 그램 17 노트북의 경우 '그램'이라는 개별브랜드는 기업브랜드인 LG가 할 수 없는 역할인 제품군을 전문화시키는 역할을 담당하며, '17' 수식어는 특정 모델이 가진 의미(초경량 노트북)를 좀 더 구체화시키는 역할을 담당하고 있다. 이와 같은 복합브랜드전략(hybrid-branding)의 사용은 다음과 같은 장점을 갖는다.

첫째, 제품에 상위수준인 기업브랜드 또는 공동브랜드를 사용하는 것은 기업 혹은 관련제품들에 대한 전반적인 호의적 연상과 태도 및 신뢰도를 형성하는 데 도움을 준다. 예를 들면, LG 디오스 냉장고의 경우 LG전자란 브랜드명을 통해서 소비자들은 그 기업에 대해 갖고 있던 신뢰성, 진실성, 고품질과 같은 전체적인 연상을 떠올리게 되며, 동시에 LG 디오스는 세미 빌트인, 매직 스페이스, 양문형, 4도어 등과 같은 서로 다른 수식어의 모델들을 내놓음으로써 각 제품수준에서 보다 구체적이고 독자적인 브랜드이미지를 개발할 수 있다. 다른 예로, Volvo사는 안전하고 믿을 수 있으며, 특히 어린 자녀를 둔 부모들에게 적합한 자동차라는 상당히 강력

한 브랜드연상을 가지고 있다. Volvo사는 1993년 신모델인 Volvo 850을 출시하고 브랜드수식어인 850을 통해 젊고 스포티하고 세련된 이미지를 창출하기 위해 2천만 달러 상당의 광고캠페인을 실시하였다. 이러한 캠페인을 통해 기대할 수 있는 가장 이상적인 결과는 소비자들이 Volvo에 대한 기존의 호의적인 연상들을 그대로 가지고 있으면서, 동시에 850이라는 수식어로부터 추가적인 연상들을 떠올릴 수 있게 되는 것이다. 하지만 이러한 효과는 Volvo사의 마케팅활동의 결과로 소비자들이 과연 그런 식으로 850이라는 수식어를 다른 수식어의 자동차들과 혹은 Volvo의 기존 이미지와 구분하여 기억할 것인가에 달려 있다.

이처럼 복합브랜드전략은 상위수준인 기업브랜드 또는 공동브랜드를 통해 기업 혹은 관련제품들에 대한 신뢰성 이미지 구축을 용이하게 해 준다. 예를 들어, 다른 시리얼 제조업체들(예: Post)이 기업브랜드의 역할을 개별브랜드의 후원사로서 국한시킨 **후원자형 브랜드전략**(endorsement strategy)을 사용하는 데 반해, Kellogg사는 기업브랜드를 앞에 내세운 서브브랜드전략을 채택하였다. 이러한 경쟁사와 차별화된 브랜드전략은 소비자들에게 Kellogg가 믿을 만한 시리얼 브랜드라는 연상을 확고히 하였다. 한 조사에 의하면, 소비자들에게 10개 시리얼 리스트를 주고 각각의 시리얼에 대해 제조업체를 가려내도록 했을 때, Kellogg 시리얼을 잘못 맞춘 정도는 14%에 불과했지만 Post 시리얼은 56%나 잘못 가려낸 것으로 나타났다. 또한 제조업체명이 소비자들의 시리얼 구매에 미치는 영향을 조사한 결과, 조사집단의 절반 이상이 Kellogg 브랜드가 구매를 유발시킨다고 응답한 반면에, Post브랜드가 구매를 유발시킨다고 응답한 사람은 조사집단의 1/4 정도에 불과하였다. 이처럼 Kellogg사는 서브브랜드전략을 활용한 마케팅활동을 통해서 기업브랜드와 제품을 연계시키는 동시에 기업브랜드에 대한 호의적인 연상을 창출하는 것과 같은 긍정적인 성과를 올릴 수 있었다. 그 결과, Kellogg브랜드는 개별제품들에 대한 강력한 우산형 브랜드(umbrella brand)의 역할을 수행할 수 있게 되었다.

둘째, 하위수준의 브랜드를 제품에 적용함으로써 보다 구체적이고 특정/제품과의 관련성이 깊은 전문적인 브랜드연상의 창출이 가능해 진다. 이러한 정보들은 고객이 한 기업의 여러 제품들의 특성을 보다 쉽게, 그리고 체계적으로 이해하게 도와주며, 따라서 자신에게 보다 적합한 제품을 구매할 수 있도록 해준다. 또한 판매원들의 입장에선 하위브랜드를 통하여 자사의 여러 다양한 제품들에 대한 판매노력을 보다 조직화시켜 주며, 제품라인에 대한 이해를 명확히 해준다.

일반적으로 제품브랜드명을 결정하기 위해 브랜드계층구조 상에서 기업이 선택하게 될 최적의 브랜드수준의 숫자는 제품라인이나 제품믹스의 복잡성에 의해 결정된다. 즉, 기업이 브랜드전략을 통해 자사의 제품라인이나 제품믹스 내의 특정 제품에 얼마만큼이나 다른 제품들

브랜드마케팅 따라잡기

글로벌 빌트인 가전시장을 공략하기 위해 LG라는 기업브랜드명을 뺀 '시그니처 키친 스위트'라는 럭셔리 빌트인 가전브랜드를 새로 도입한 LG전자

LG전자가 미국 나파밸리에 문을 연 '시그니처 키친 스위트' 쇼룸

2019년 LG전자는 최고급 빌트인 가전 브랜드 '시그니처 키친 스위트'의 해외 첫 전시장을 미국의 대표적 와인산지인 나파밸리에 열었다. 2018년 8월 서울 논현동에 1호점을 연 뒤 7개월여 만에 선보인 2호점이다. LG전자는 시그니처 키친 스위트라는 브랜드명으로 럭셔리 빌트인 가전의 본고장에서 정면 승부하려고 한다.

고급스러운 디자인의 단층 건물인 쇼룸에 들어서면 와인셀러, 냉동고, 냉장고 등이 눈에 들어온다. 기업브랜드인 LG 마크는 없고 시그니처 키친 스위트 브랜드만 달려 있고 가격은 총 2만3,000달러(약 2,600만 원)이다. 1만5,000달러(약 1,700만 원)짜리 신형 오븐을 추가하면 주방가전 4개 제품을 구입하는 데 4,000만 원 넘는 돈이 들어간다. 웬만한 중형 자동차보다 비싼 가격이다.

LG전자는 2016년 미국 빌트인 시장에 진출했고 아직 시장점유율은 한 자릿수에 그친다. 그런데도 전사 차원에서 인력과 자원을 공격적으로 투자하고 있다. 송대현 LG전자 H&A사업본부장은 "허름한 창고를 고급 전시장으로 꾸미는 데 1,000만 달러(약 110억 원)가량 들었다. 운영비도 매년 수백만 달러에 달한다"고 말했다.

빌트인 제품은 가전과 가구, 내부 인테리어를 한데 묶어 파는 패키지 상품이다. 일반 소비자가 아니라 건축가와 인테리어 디자이너들이 시장을 좌우한다. 이에 따라 LG전자가 나파밸리 전시장에 초청한 고객도 최종 소비자가 아니라 건축가와 디자이너들이며, 와인투어, 요리수업 등과 연계한 1박2일이나 2박3일 프로그램을 제공할 계획이다. 시그니처 키친 스위트의 주된 목표시장은 기술자(technician)와 미식가(epicure)를 의미하는 테크니큐리안(technicurean)인데, 이들은 신기술에 관심을 두면서 음식이나 요리를 즐기는 고소득층으로 50대 중반 이상의 베이비붐 세대보다 젊어 새로운 브랜드나 기술을 받아들이는 데 거부감이 적은 계층이다.

해외 첫 전시장을 세계 미식가와 와인 애호가들이 즐겨 찾는 미국의 대표 관광지인 나파밸리로 정한 것도 이들을 공략하기 위해서다. 차로 한 시간 정도 떨어진 실리콘밸리엔 구글, 애플 등 미국의 간판 테크기업이 몰려 있다.

시그니처 키친 스위트는 LG전자만의 혁신기술과 차별적 서비스를 기반으로 이런 소비자를 충성고객으로 만들 수 있다고 판단했다. 가령, 와인냉장고 문을 두 번 톡톡 치면 문이 투명한 디스플레이로 바뀌고 내부에 은은한 불이 켜져 문을 열지 않고도 냉장고 안 와인 개수나 브랜드를 확인할 수 있다. 전자제품들은 모듈방식으로 설계되었기 때문에 고장이 나면 제품 전체를 뜯어야 하는 다른 회사 제품과 달리 LG전자 제품은 고장 난 모듈만 빼서 간단히 수리할 수 있다. 그리고 24시간 상시 사후서비스도 제공한다.

브랜드전략도 장기적 관점에서 수립했다. 최고급 가전 브랜드인 LG 시그니처가 있는데도 빌트인 가전시장만을 겨냥한 시그니처 키친 스위트라는 브랜드를 새로 만들었다. 시그니처 키친 스위트는 LG라는 기업브랜드명을 떼어낸 첫 제품브랜드다.

자료원: 한국경제, 2019.1.14.

과 공유된 연상을 부여할 것인가 또는 그 제품 특유의 연상들을 부여할 것인가에 의해 결정된다. 진구, 긴진지, 껌, 치약과 같이 상대적으로 단순한 서관여제품들의 브랜드전략에서는 기업브랜드나 공동브랜드를 제품 특성의 차이를 나타내는 브랜드수식어와 조합해서 사용하는 경우가 많다. 예를 들어, 껌의 경우 롯데 자이리톨껌처럼 대부분 기업브랜드와 개별브랜드(혹은 브랜드수식어)의 두 가지 수준을 결합한 형태의 브랜드 혹은 개별브랜드 혼자만을 사용한 브랜드체계를 사용하고 있다. 치약시장 역시 페리오, 죽염 등과 같이 개별브랜드만으로 소비자들에게 소구하는 경우를 자주 볼 수 있다. 하지만 자동차, 컴퓨터 등과 같이 복잡한 제품들은 보다 많은 브랜드계층구조 상의 수준들(둘 이상의 서로 다른 수준의 브랜드들을 결합하여 사용하는 브랜드전략)이 브랜드명으로 사용된다.

일반적으로 제품의 복잡성 문제를 떠나서, 소비자들을 혼동시키지 않으면서 한 제품에 세 단계 이상의 브랜드수준들을 조합하여 사용한다는 것은 어려운 일이다. 이러한 경우 보다 좋은 방법은 계층구조 상의 동일한 수준에서 복수의 브랜드를 출시하고(예: 복수의 공동브랜드), 이들을 중심으로 해서 브랜드포트폴리오의 깊이를 확대해 나가는 것이다. 예를 들어, 패션브랜드 조르지오 아르마니는 조르지오 아르마니, 엠포리오 아르마니, 아르마니 익스체인지 등의 공동브랜드를 중심으로 해서 브랜드포트폴리오의 깊이를 증대시키는 방식의 브랜드전략을 전개하고 있다.

2) 계층구조 상의 다른 수준의 브랜드들을 어떻게 효과적으로 조합할 것인가

신제품의 브랜드로 서로 다른 수준의 브랜드들이 결합될 경우 각 수준의 브랜드를 어느 정도 강조해야 할 것인지를 결정해야 한다. 복수의 브랜드수준이 결합되어 하나의 제품에 사용될 경우, 전체 브랜드에서 차지하는 각 브랜드수준의 상대적 비중은 제품에 따라 각기 다르다. 한 수준의 브랜드를 강조한다는 것은 그 브랜드를 다른 수준의 브랜드들에 비해서 상대적으로 두드러져 보이게 한다는 것을 말한다. 특정 브랜드수준이 얼마나 두드러져 보이는가는 그 의미론적인 연상뿐만 아니라 전체 브랜드에서 차지하는 순서, 크기, 모양과 같은 여러 가지 요인들에 의해서 결정된다. 일반적으로 어떤 브랜드가 다른 브랜드보다 앞부분에 놓일 때(예: 삼성 드럼 세탁기에서 '삼성'), 글자의 크기가 클 때, 또는 모양이 독특할수록 더욱 두드러져 보인다. 예를 들어, Coca-Cola사가 비타민이 강화된 새로운 콜라제품을 출시하면서 기업브랜드명인 Coca-Cola와 Vitadrink라는 새로운 개별브랜드명을 조합하여 사용하는 복합브랜드전략을 채택하였다고 가정해 보자. 이 경우 Coca-Cola Vitadrink처럼 Coca-Cola를 앞부분에 위치시키고 더 크게 표시함으로써 기업브랜드를 강조할 수도 있고, Vitadrink by Coca-Cola처럼 개별브랜드명을 앞부분에 크게 표시함으로써 개별브랜드를 강조할 수도 있다.

Gray and Smeltzer는 기업이 고려할 수 있는 제품브랜드명 전략을 다섯 가지의 유형으로 구분하였다.

① **단일체형**(single entity): 귀뚜라미보일러, Federal Express처럼 하나의 제품라인 또는 서비스만을 제공하는 기업의 경우 기업의 이미지와 제품의 이미지가 동일하게 형성된다.

② **개별브랜드 중심형**(product dominance): 미국의 생활용품 제조회사인 Procter & Gamble이라는 기업명이 그 회사가 판매하는 Ivory비누, Tide세제, Pampers기저귀 등의 개별브랜드들과 전혀 연결되지 않는 것처럼 기업명을 제품의 브랜드에 연결시키지 않으려는 전략이다. 과거 만도위니아가 프리미엄급 김치냉장고인 딤채를 출시했을 때 기업의 이름을

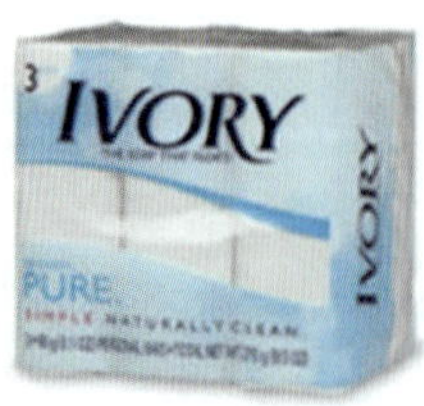

아이보리(Ivory) 비누

타이드(Tide) 세제

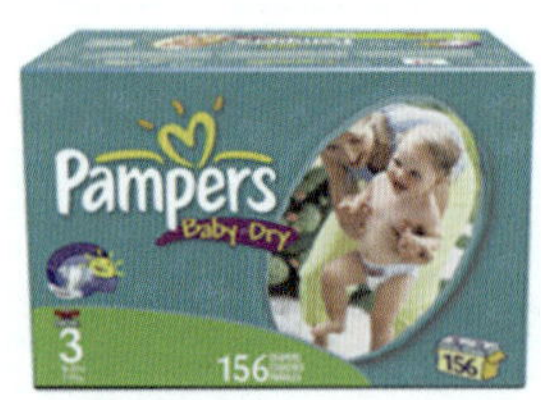

팸퍼스(Pampus) 기저귀

P&G사의 개별브랜드 중심형 브랜드아키텍쳐

현대 쏘나타 삼성지펠 LG Dios

동등형 브랜드아키텍쳐의 예

배제하고 개별브랜드를 강조하는 전략을 사용했다.

③ **동등형**(equal dominance): 현대자동차의 '현대 쏘나타', 삼성전자의 '삼성지펠', LG의 'LG Dios'에서처럼 각각의 제품에서 기업브랜드명과 개별브랜드닝은 동일한 비중을 가진다. 하지만 일반적으로 먼저 제시되는 브랜드명이 소비자들에게 보다 뚜렷하게 인식되기 때문에(예: LG 트롬 세탁기는 소비자들에게 트롬 세탁기이기에 앞서 LG 세탁기로 인식된다) 두 브랜드명의 크기나 모양이 동일하다 해도 완전한 의미에서의 동등형은 힘들며, 다른 형태에 비해 상대적으로 두 브랜드가 비슷한 영향력을 수행한다는 의미로 보아야 한다.

④ **기업브랜드 중심형**(corporate dominance): 일본의 전자제품 메이커인 SONY나 게임기의 Nintendo, 미국의 복사기 제조회사인 Xerox사처럼 기업이미지가 뛰어나고 전문성이 있는 경우, 이러한 기업명을 자사의 제품브랜드로 사용하는 것이다.

⑤ **혼합브랜드전략 추구형**(mixed dominance): 어떤 기업은 자사의 제품 중 일부는 개별브랜드형 전략을, 다른 부분에 대해선 기업브랜드형 전략을 적용하는 식의 혼합형 브랜드전략을 전개하기도 한다. 또한 어떤 경우에는 두 가지 브랜드명을 동시에 강조하기도 한다. 예를 들어, 독일의 Bosch사도 식기세척기 등 자사가 제조하는 제품들의 일부에는 Bosch라는 기업브랜드를 그대로 사용하지만 카오디오에는 Blaupunkt라는 개별브랜드를 사용한다.

제품브랜드명의 구성요소 가운데 어느 것을 상대적으로 부각시키느냐에 따라 제품브랜드명의 구성요소를 일차적 요소(primary brand elements)와 이차적 요소(secondary brand elements)로 나누어 볼 수 있다. 일차적 브랜드요소는 제품의 핵심적인 포지셔닝과 다른 제품들과의 주된 차별점을 나타내는 역할을 수행하며, 이차적 브랜드요소는 다른 제품들과의 유사점이나 또는 추가적인 차별점과 같은 비교적 제한된 정보의 전달을 통해서 일차적 브랜드구성요소를 지원하는 역할을 한다. 또한 이차적 브랜드구성요소는 브랜드에 대한 인지도를 촉진시키는 역할을 수행하기도 한다. 가령, Canon Rebel 35mm 카메라의 경우 일차적 브랜드요소는 Rebel이라는 개별브랜드명이라고 할 수 있는데, 이 브랜드는 붉은 색상과 과감하고 두드러진 디자인을 통해 제품의 주된 포지셔닝인 젊고 활기찬 라이프스타일이라는 이미지를 소비자들에게 전달해 주고 있다. 그리고 Canon이라는 기업브랜드명은 신뢰성, 고품질, 전문성의 이미지를 전달해 주는 이차적 브랜드요소라고 할 수 있다.

기업브랜드와 개별브랜드 중 어느 브랜드를 강조하느냐에 따라 제품에 대한 지각과 신제품을 통해 창출되는 이미지 유형이 달라질 수 있다. 개별브랜드에 비해서 기업브랜드나 공동브랜드가 상대적으로 강조될 경우, 이들과 관련된 연상이 제품이미지를 지배할 가능성이 크다. 반면에 개별브랜드를 상대적으로 강조할 경우에는, 독특한 제품이미지의 창출이 훨씬 용이해지며, 신제품이 자사의 다른 브랜드제품들과 관련이 크지 않음을 소비자들에게 알려주는 역할을 하게 된다. 그 결과 제품의 성공/실패가 기업브랜드 혹은 공동브랜드의 이미지에 미치게 될 영향이 적어진다. 그러나 기업브랜드 또는 공동브랜드를 상대적으로 강조할 경우에는 제품의 성공/실패에 따른 파급효과가 크게 나타나게 된다.

브랜드구성요소의 상대적인 비중이 제품이미지에 어떻게 영향을 미치는지를 앞서 언급한 Coca-Cola Vitadrink 예를 통해 살펴보자. 만일 Vitadrink보다 Coca-Cola라는 기업브랜드를 더욱 강조한다면, 신제품은 Coca-Cola 브랜드를 사용하는 많은 다른 제품들(예: 콜라)이 공유하고 있는 연상들을 가지게 될 것이다. 하지만 Vitadrink라는 개별브랜드가 더욱 강조된다면, 보다 독특한 제품이미지와 제품포지셔닝을 가지게 될 확률이 커진다. 이 경우 이차적 브랜드구성요소가 되는 Coca-Cola브랜드는 브랜드에 대한 인지도를 향상시키고, 지각된 품질이나 브랜드개성과 같은 포괄적이고 추상적인 연상들을 신제품에 전이시키는 지원적인 역할을 수행하게 된다. 또한 기존의 Coca-Cola 제품들과의 자기시장잠식효과도 줄어들 것이다.

간접적 후원브랜드전략의 예: CJ의 햇반 브랜드는 기업명 CJ를 제품브랜드명에 포함시키지 않고 용기의 구석에 별도로 작게 표시한다.

끝으로, 어떤 경우에는 일부 브랜드구성요소들이 제품브랜드와 명확하게 관련되지 않을 수도 있다. 이는 **간접적 후원브랜드**(indirect endorsed branding)전략이라고 불리는데, 간접적 후원브랜드전략이란 한 브랜드구성요소가 포장 등에 명시되어 있긴 하지만 제품브랜드의 일부로 직접 포함되지는 않는 것을 말한다. 이러한 간접적 후원 역할의 브랜드구성요소는 종종 로고 형태로 표시되기도 하는데, General Mills는 G

브랜드마케팅 따라잡기

후원(보증)브랜드의 적용범위를 확대한 크래프트(Kraft)

후원브랜드(가령, 기업브랜드)가 후원역할을 확대시켜야 하는 데는 2가지 이유가 있다. 첫째는 후원을 통해 후원된 브랜드에 신뢰성과 연상이미지를 제공하는 것이고, 둘째는 후원을 통해 후원브랜드 자체의 노출을 증대시킴으로써 자신의 브랜드이미지를 더 강화시키려는 것이다.

1990년대 후반까지 크래프트는 치즈, 바비큐 소스, 샐러드 드레싱, 마요네즈 제품영역에서 대표브랜드였고, 필라델피아(Philadelphia), 크래커 배럴(Cracker Barrel), 벨비타(Velveeta) 치즈의 후원브랜드였다. 나아가 크래프트의 브랜드포트폴리오에는 10여 개의 개별브랜드들, 이를테면 마이뉴트 라이스 앤 포스트(Minute Rice and Post) 같은 브랜드들이 포함되었는데, 이들이 브랜드구축 자원을 분산시키고 있었다. 이에 따라 크래프트가 이 브랜드들을 보증하도록 함으로써 크래프트라는 브랜드명을 레버리지화 하기로 결정했다. 즉 브랜드전략의 하나로, '매일, 준비하기 편한, 그리고 미국 가정들을 위한 훌륭한 식사해결법'이라는 크래프트의 브랜드이미지와 '건강하고, 가족지향적이며, 신뢰할 수 있는'이라는 크래프트의 브랜드개성을 개별브랜드에게도 부여하기로 했던 것이다. 크래프트라는 브랜드명을 강화시키기 위한 캠페인에 5,000만 달러를 투입함으로써 개별브랜드들을 크래프트 내에 안착시키려는 마케팅활동들을 지원했다.

그 결과로 크래프트는 스토브톱 스터핑(Stovetop Stuffing), 마이뉴트 라이스, 셰이크 앤 베이크(Shake & Bake)의 강력한 후원브랜드가 되었다. 그리고 오스카 메이어(Oscar Mayer), 톰스톤(Tombstone), 포스트(Post), 맥스웰 하우스(Maxwell House), 브레이어스 쿨휩(Breyer's Cool Whip), 젤로(Jell-O)에게는 명목상의 후원브랜드로 적용되었다. 흥미있는 것은 이 모든 브랜드들, 특히 강력한 브랜드 후원을 받은 세 브랜드들 역시 매일 전 미국인이 이용하는 제품이었으므로 크래프트를 지나치게 멀리 브랜드확장시킨 것은 아니었다.

그러나 디지오노 피자(DiGiorno pizza)나 불스 아이 바비큐 소스(Bull's Eye Barbeque Sauce) 같은 몇몇 브랜드들은 개별브랜드로 유지되었다. 왜냐하면 이 브랜드들은 고급 제품영역에 위치해 있었고, 그들의 자매브랜드인 톰스톤 피자와 크래프트 바비큐 소스가 핵심적인 크래프트 브랜드아이덴티티에 더 가까운 것으로 판단했기 때문이다. 이런 과정들을 거쳐 크래프트 브랜드와 하위브랜드들 간에 더 많은 일관성을 확보했다. 이처럼 크래프트 브랜드를 여러 개별브랜드에 포함시키는 마케팅 프로그램과 프로모션 등을 통해 브랜드 간의 시너지 효과를 더욱 효과적으로 창출하는 데 성공했다.

라는 로고를 시리얼 패키지 상에 표시하지만, Cheerios, Wheaties 등의 개별브랜드전략을 추구한다. CJ에서 개발하여 성공적으로 출시된 '햇반'이라는 전자레인지를 이용한 즉석밥의 경우에도 CJ의 이름은 용기의 구석에 작게 표시되어 있다.

간접적 후원브랜드전략은 기업 또는 공동브랜드와 개별브랜드 간의 연관성을 가능한 한 작게 함으로써 기업브랜드 및 공동브랜드는 소비자들에게 신뢰성을 제공하는 후원적 역할만 담당하고 이들 브랜드의 기타 구체적인 연상이 제품에 전이될 가능성을 최소화시킴과 동시에 기업브랜드 또는 공동브랜드에 미치는 부정적인 피드백의 가능성도 최소화시키려는 전략이다.

3) 브랜드를 여러 제품들에 어떻게 연결시킬 것인가

이상에서는 어떻게 서로 다른 수준의 브랜드들을 결합하여 하나의 제품에 적용할 것인가 하는 브랜드계층구조 상의 수직적 측면에 대해서 살펴보았다. 다음으로 어떻게 하나의 브랜드가 다수의 제품들에 적용될 수 있는가 하는 브랜드계층구조 상의 수평적인 측면에 대해 살펴보기로 한다. 하나의 브랜드를 여러 제품에 연결시키는 방법은 매우 다양하다. 가장 간단한 방법은 관련된 제품들 모두에 해당 브랜드를 있는 그대로 사용하는 것이다(예: 식물나라 비누, 로션, 샴푸, 린스 등). 그 외에 브랜드의 일부 요소를 사용하여 다수의 제품들과 연계시키는 방법도 있다. 예를 들어, 브랜드명에 들어 있는 접두사나 접미사를 여러 다양한 제품들에 공동적으로 연계시켜 사용할 수 있는데, Hewlett Packard사는 성공적이었던 LaserJet 컴퓨터 프린터의 브랜드를 활용하기 위하여 자사가 출시하는 신제품들에 DeskJet, PaintJet, ThinkJet, OfficeJet프린터와 같이 'Jet'라는 접미사를 붙여 사용하였으며, SONY사 역시 개인용 Walkman스테레오와 휴대용 Discman CD플레이어를 출시했을 때 자사가 출시하는 휴대용 오디오 제품들에 'Man'이라는 접미사를 붙여 사용하였다. McDonald's사는 McNuggets, McMuffin, McChicken처럼 자사에서 출시하는 몇몇 제품들에 'Mc'이라는 접두사를 붙여 사용하였다.

한편 하나의 브랜드와 다수의 제품들 간의 연계는 공통의 심벌에 의해서도 만들어질 수 있다. 예를 들어, 초콜릿으로 잘 알려진 Nestle는 1993년에 기업브랜드에 대한 소비자들의 인지와 이해를 증대시키기 위하여 광고캠페인을 실시하였다. 이 광고에는 "가장 좋은 초콜릿을 만듭니다"라는 기존에 잘 알려진 슬로건을 약간 수정한 "최고를 만듭니다"라는 슬로건과 함께 한 마리의 어미새와 두 마리의 아기새가 둥지를 틀고 있는 형태의 로고를 실었다. 창업자의 이름인 Nestle는 작은 둥지를 뜻하는 말이기도 했지만, Nestle가 이러한 로고를 사용한 이유는 무엇보다도 소비자들에게 따뜻함, 가족, 안식처라는 보다 추상적인 연상을 전달하기 위해서였다. Nestle는 각기 다른 브랜드를 사용하고 있는 자사의 다양한 제품들을 하나로 통합시키기 위해서 이들 제품의 포장에 그 심벌을 표시하였다. 현대자동차나 일본의 자동차회사

BMW1 BMW3 BMW5 BMW7

BMW Series의 패밀리룩(Family look): BMW의 여러 차종들은 공통된 디자인의 차 앞부분 그릴을 채택함으로써 일관된 브랜드이미지를 전달하고 있다.

그린(Green) 카드 골드(Gold) 카드 플래티늄(Platinum) 카드

아메리칸 익스프레스 카드(American Express Card)사는 아메리칸 익스프레스라는 브랜드명과 로고를 함께 공유하면서 서로 다른 색상의 신용카드를 도입함으로써 신용카드 유형을 구분했다.

인 Toyota도 공통의 심벌을 사용하여 자사가 생산하는 다양한 브랜드의 제품들을 연계시키고 있다. BMW의 경우 공통된 디자인의 (차 앞부분)그릴을 채택함으로써 여러 차종들 간의 공통분모를 마련하였다.

때로는 각기 다른 제품들이 서로 어떻게 관련이 있는지를 알려줄 목적으로, 그리고 소비자들의 의사결정을 용이하게 할 목적으로 한 제품라인에 속한 여러 브랜드들 간에 논리적인 순서 혹은 구분체계를 확립하는 것이 필요할 경우가 있다. 동일 제품라인의 브랜드들 간의 상대적인 구분은 색깔(예: American Express Card사의 그린, 골드, 플래티늄 카드; Johnnie Walker 위스키의 Red, Black, Gold, Blue), 숫자(예: 기아자동차의 K3, 5, 7, 9 자동차 시리즈) 등을 통해 소비자들에게 표현될 수 있다. 하지만 관련제품들이 동일한 목표시장을 갖는 것이 아니라 각기 다른 세분시장들을 목표로 할 경우에는(예: 현대자동차의 제네시스, 에쿠스, 그랜져, 쏘나타 등) 이러한 방식(예: 기아자동차와 같은 방식)의 브랜드계층구조

조니워커(Johnnie Walker) 위스키의 브랜드체계: 조니워커는 Red, Black, Gold 등 색깔을 사용해 동일 제품라인에 속한 여러 브랜드 간의 품질/가격 차이를 소비자들에게 전달한다.

단순화는 그 브랜드의 전반적인 이미지를 희석시킬 가능성이 많다.

한편 제품에 대한 서술어(product descriptor)는 그 자체로 브랜드의 구성요소로 간주되지는 않지만, 브랜드전략에 있어서 중요한 요소가 될 수 있다. 제품서술어는 브랜드와 함께 해당 제품에 대하여 보다 구체적으로 그 제품의 기능이나 용도 등을 설명해주고, 경쟁제품들이 무엇인지 역시 소비자들에게 알려주는 역할을 수행한다. 때론 제품의 본질을 간명하게 설명한다는 것이 어려울 수가 있는데, 특히 생소한 기능을 가지고 있는 신제품일 경우에 더욱 그러하다. 예를 들어, 과거 미국에서 소비자들로부터 상당한 호평을 받은 신제품인 Quicken이라는 소프트웨어를 제조하는 Intuit사가 직면한 문제 중의 하나는 Quicken이라는 제품의 본질을 소비자들에게 명확하게 정의해 주는 것이었다. 따라서 Quicken은 새로운 개념인 '개인용 재무관리 소프트웨어'라는 제품서술어를 이용하여 그 제품을 소비자에게 알리려고 노력하였다. 하지만 이처럼 소비자들에게 잘 알려지지 않은 제품서술어를 사용한다면 Intuit사가 Quicken이라는 명칭을 사용하여 브랜드확장을 할 경우에 원래의 제품에서 비롯되는 연상이 명확하지가 않아 소비자들에게 뚜렷한 이미지 전이가 발생하기 힘들 수 있다. 반대로 신제품에 소비자들에게 친숙한 제품서술어를 붙여 출시하게 되면 친숙도와 이해도를 증진시킬 수 있다. 하지만 이 경우 소비자들은 기존제품들과 신제품이 어떤 차이가 있는지를 이해하는 데 어려움을 겪을 수 있다.

4) 브랜드계층구조 단계별로 마케팅 지원 프로그램을 어떻게 효율적으로 설계할 것인가

브랜드요소를 특정 제품과 어떻게 연계시켜야 할지를 살펴보기 위해 브랜드아키텍쳐의 설계와 관련된 변수들을 고려함과 동시에 어떻게 브랜드계층구조의 내용과 체계를 효과적으로 반영할 수 있는 마케팅 프로그램을 설계할 것인가에 대한 결정 역시 내려야 한다. 즉, 브랜드계층구조의 각 단계에서 창출해야 할 바람직한 이미지는 무엇인지, 그러한 이미지를 형성하기 위해 필요한 마케팅 프로그램은 어떻게 설계되어야 하는지에 관한 결정을 신중히 내려야 한다.

① 브랜드계층구조의 각 단계별 브랜드인지도와 브랜드이미지의 결정

복수의 브랜드수준이 선택되고 나면, 각 수준의 브랜드구성요소들을 어떻게 소비자들에게 인지시키고, 각각에 대해 만들어 나가야 할 연상의 유형은 무엇인지에 대한 의사결정 문제가 대두된다. 브랜드인지도, 호감도, 브랜드연상의 독특성을 기대수준까지 끌어올리기 위해서는 상당한 시간이 소요될 뿐만 아니라 이와 관련한 소비자들의 지각 역시 상당한 변화가 요구된다. 둘 이상의 브랜드수준을 결합하는 서브브랜드전략을 채택할 경우, 관련성과 차별성이라는 두 가지 일반적인 원칙에 따라 소비자의 마음속에 각 브랜드수준에 대한 브랜드지식을 구축해야 한다. 다음에서 이에 대해 구체적으로 살펴보기로 한다.

첫째는 관련성의 원칙인데, 이는 경제적 효율성의 개념에 바탕을 두고 있다. 일반적으로 기업브랜드나 공동브랜드 수준에서는 가능한 그보다 하위수준에 있는 많은 개별브랜드들과 관련성이 있는 연상을 창출하는 것이 바람직하다. 이처럼 상위브랜드가 갖고 있는 연상들이 그 기업의 제품들에게 주는 가치가 크면 클수록, 그러한 연상들을 상위브랜드 수준에서 심어주고 관리하는 것이 경제적으로 보다 효율적이다. 예를 들어, Nike사의 'Just Do It'이라는 슬로건은 Nike사가 판매하는 거의 모든 제품들에 있어 의미 있는 개념인 '성과(performance)'라는 브랜드이미지를 강화시켜 줌으로써 경쟁제품과의 차별화에 큰 역할을 담당하고 있다. 대개의 경우 연상이 추상적일수록, 이 연상과 연계시킬 수 있는 제품군들이 다양해질 수 있다. 따라서 속성에 비해 편익과 관련된 연상(예: Ivory의 순함, 순수함 등의 연상)은 많은 제품범주에 걸쳐 적용될 수 있는 가치 있는 연상이라고 할 수 있다.

두 번째는 차별성의 원칙인데, 이는 중복으로 인한 비효율성을 줄이는 것이다. 브랜드계층구조 상 동일한 단계에 위치한 브랜드들끼리는 가능한 한 서로 차별화시키는 것이 바람직하다. 만일 두 개의 브랜드가 서로 차별화되지 않는다면, 소매업자나 다른 중간상들의 입장에서 이들 모두를 취급해야 할 정당한 근거를 찾기 힘들 것이며, 소비자들 또한 브랜드선택에 있어서 혼란스러울 것이다. 예를 들어, 오렌지주스로 미국 내에서 잘 알려진 Tropicana의 하위브랜드에는 Ruby Red Orange 등 몇 가지 맛의 제품을 포함하는 Pure Premium, 신선하게 짜낸 오렌지주스로 포지셔닝된 Grovestand, 비타민이 강화된 100% 순수 오렌지주스 농축액으로 만들어진 Season's Best 등이 있으며, 이들 제품들은 각기 다른 포장으로 소비자들에게 판매되고 있다. 하지만 제품명과 포지셔닝에 있어서 이들 제품들이 얼마나 다른지, 그리고 어떤 제품이 자신에게 적합한지를 소비자들이 판단하기는 쉽지 않다. 이러한 차별성의 원칙은 개별브랜드 또는 브랜드수식어 수준에서 특히 중요하지만, 공동브랜드 수준에서도 필요하다. 예를 들어 GM사는 자사자동차의 공동브랜드들인 Chevrolet, Saturn, Pontiac, Oldsmobile, Buick, Cadillac 간에 적절한 포지셔닝 차별화가 이루어지지 않았다는 측면에서 비판을 받았었다.

② 차별화된 마케팅 프로그램의 설계

기업이 '단일브랜드-단일제품'이라는 단순한 브랜드전략 차원을 벗어나 브랜드확장, 복수브랜드, 여러 단계의 브랜드계층구조와 같은 보다 복잡한 브랜드전략을 도입할 경우, 이를 지원하는 마케팅 프로그램 역시 조정이 필요하다. 앞서 언급했던 바와 같이 브랜드에 따라 그 역할이 다르기 때문에 각 브랜드에 적합한 차별화된 마케팅믹스 프로그램이 수립되어야 한다. 즉, 제품 디자인, 가격, 유통, 마케팅커뮤니케이션전략은 각 브랜드의 역할과 다른 브랜드들과의 상호 의존성에 따라 달라져야 된다. 여기서는 커뮤니케이션 전략을 중심으로 이 문제를 살펴보기로 한다.

브랜드계층구조의 단계에 따라 요구되는 브랜드인지도와 브랜드이미지는 달라진다. 따라서 하나의 마케팅커뮤니케이션 프로그램으로 각 단계별로 차별화된 목표를 모두 달성할 수는 없다. 특히 복합브랜드전략을 채택할 경우, 기업은 제품 특유의(또는 개별브랜드의) 마케팅커뮤니케이션 캠페인을 지원하기 위해 기업브랜드 또는 공동브랜드 차원에서의 또 다른 마케팅커뮤니케이션 캠페인을 병행하는 것이 바람직하다. 이러한 상위브랜드 수준의 캠페인을 위해 기업은 광고, 홍보, 촉진, 스폰서십을 포함한 모든 종류의 마케팅커뮤니케이션 수단을 활용할 수 있다. 여기서는 기업브랜드와 공동브랜드 수준에서 브랜드자산을 구축하고자 할 경우 유용한 두 가지 마케팅커뮤니케이션 방안에 대해서 살펴보기로 하겠다.

첫 번째는 기업이미지 캠페인인데, 이는 기업브랜드에 대한 전반적인 연상을 창출하기 위한 것으로 따라서 개별제품 또는 하위브랜드는 강조되지 않는다. 이러한 캠페인은 특히 기업브랜드가 제품의 브랜드전략에서 큰 비중을 차지하는 경우 필요하다. 예를 들어, Ford, 포스코, IBM, 현대자동차, 두산, 삼성, LG, CJ와 같은 회사들은 기업브랜드를 강조하기 위해서 이러한 종류의 캠페인에 엄청난 투자를 하는 대표적인 기업들이다. 주로 기업브랜드 위주의 마케팅전략을 구사하는 유통업체나 서비스업체 등을 중심으로 점점 많은 기업들이 제품과 특별히 연관성이 없는 기업광고를 시행하고 있는데, 이는 브랜드확장 등을 통해 이미 많은 제품들이 공동브랜드 또는 기업브랜드와 연계되어 있어서 광고의 효율성을 높이기 위한 목적도 있다. 국내의 경우 많은 대기업들이 기업브랜드 주도형의 브랜드전략을 전개하고 있으므로, 소비자들에게 바람직한 기업이미지를 심어주기 위한 캠페인은 매우 중요한 의미를 갖는 것이다. 예를 들어 삼성전자는 과거 몇몇 프리미엄 제품군에서 개별브랜드 중심적 브랜딩 구조를 적용하다가(예: Pavv TV) 최근 점차 기업브랜드 중심적 브랜딩 구조로 바뀌고 있으며(예: 삼성 QLED TV), 이에 따라 월드컵 후원 등 적극적인 기업이미지 캠페인은 매우 중요한 커뮤니케이션 활동이 되었다.

과거 이러한 기업이미지 캠페인은 시간과 비용을 낭비하는 의미 없는 커뮤니케이션 노력으로 몇몇 전문가들에 의해 비판받기도 하였다. 따라서 기업이미지 캠페인의 성공확률을 극대화시키기 위해서는 캠페인의 목표를 사전에 명확히 정의해야 하며, 캠페인의 결과 역시 이러한 목표에 대비해서 신중히 평가되어야 한다.

기업이미지 캠페인의 목표로는 다음과 같은 것들이 있다.

① 기업과 그 기업의 사업분야에 대한 소비자들의 인지도를 구축한다.
② 기업에 대한 신뢰와 호의적인 태도를 창출한다.
③ 제품광고에 활용될 수 있는 연상들과 기업을 연결시킨다.
④ 금융가에 긍정적인 인상을 전달한다.
⑤ 직원들에게 동기부여를 제공하고, 우수한 신입사원을 채용할 수 있게 한다.
⑥ 사회여론에 영향을 준다.

고객 중심의 브랜드자산구축이라는 면에서 볼 때 첫 번째 세 가지 목표들이 특히 중요하다. 즉 기업이미지 캠페인은 소비자들의 그 기업에 대한 인지도를 증대시키고, 호의적인 이미지를 창출하여 소비자들의 브랜드평가에 긍정적인 영향을 주고, 개별제품 및 하위브랜드와 연관된 브랜드자산을 증대시키는 것에 그 초점이 주어져야 한다. 가령, 두산은 '사람이 미래다'라는 슬로건의 캠페인을 통해 기업이 지향하는 철학과 가치를 전달함으로써 기업브랜드에 대한 공감과 진정성 이미지를 증진시키고자 했다. 또한 Dupont은 1936년 이후 지속적으로 기업광고 캠페인을 전개함으로써 사람들의 마음속에 혁신적이고 책임감 있는 산업리더라는 이미지를 심고자 했으며, 이와 함께 개별제품들을 지원하는 마케팅캠페인도 함께 벌이고 있다. 한 조사에 의하면 기업이미지 캠페인과 개별제품 광고캠페인은 시너지 효과를 갖는 것으로 나타났다. 예를 들어, Dupont에 대해 호의적 기업이미지를 갖는 소비자들은 Stainmaster카펫 제품광고에서 주장하는 내용에 더 호의적으로 반응하고, 그 제품을 구매할 가능성이 더 높은 것으로 나타났다.

때론 나머지 세 가지 목표가 보다 중요한 경우도 있지만, 첫 번째 세 가지 목표들이 고객을

두산은 '사람이 미래다' 캠페인을 통해 긍정적인 기업이미지를 구축하려고 했다.

브랜드마케팅 따라잡기

20·30대 젊은 층을 겨냥해 펀코드에 기반한 기업광고를 도입해 긍정적인 기업이미지 창출과 강화에 성공한 SK하이닉스

광고회사 이노션 월드와이드는 SK하이닉스와 협력사들이 상생을 통해 건강한 반도체 생태계를 구축해 나간다는 내용의 기업광고를 제작했다. 반도체를 의인화해 제작한 1분 분량의 광고영상은 강호의 고수(협력사)들이 SK하이닉스에게 비급(기술)을 전수받아 스스로 기술을 발전시키고 모두가 잘 사는 반도체 생태계를 만들어간다는 스토리를 담았다.

중소 협력사와의 상생을 무협영화에 빗대 재치있게 풀어낸 SK하이닉스의 기업광고는 공개 3개월 만에 유튜브 조회수 1,111만 뷰를 넘어섰다. 광고업계에선 유튜브 조회수 200만 뷰 이상을 히트작, 500만 뷰 이상을 '잘 만들어진 광고'로 부른다. 일반인이 사용하는 소비재가 아니라 완제품에 들어가는 부품을 만드는 회사의 기업광고가 이만큼 인기를 끈 것은 드문 일이다. 이번 광고까지 포함해 3편의 기업광고 모두가 유튜브 조회수 1,000만 뷰를 넘어 합계 조회수 6,500만 뷰 이상을 기록했다. 2018년 4월 공개된 '졸업식편-우주로 가라'는 2,425만 뷰, 6월 공개된 '수출편'은 3,030만뷰를 기록했다.

이노션이 제작한 SK하이닉스의 세 번째 기업광고 '무협편'

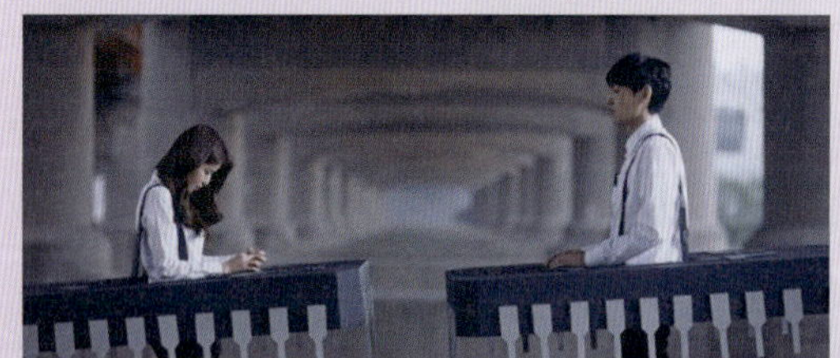

반도체를 의인화한 SK하이닉스 두 번째 광고 '수출편'에서 남녀 반도체가 한강 다리 아래에서 이별을 하고 있다.

앞선 2편의 광고가 SK하이닉스가 만드는 반도체를 의인화해 기술 우수성에 초점을 맞췄다면 3번째 광고는 협력업체와의 상생이라는 다소 딱딱한 주제를 무협영화 방식으로 알기 쉽게 다뤘다. SK하이닉스의 첨단기술을 담은 '비급'을 증착장비 협력사, 패키지 소재 협력사 등 강호의 고수 1,083개 협력사와 공유해 세상을 바꿀 반도체 기술을 만들고 연마한다는 내용이다.

반도체 기술을 '초고층 적층 진법', 'TSV 합체 신공', '패키징 금강불괴', '조미세 에칭 검법' 등에 비유한 것은 타깃층인 20·30대 젊은 소비자들의 감성을 자극했다. 3편의 기업광고는 핵심 타깃층인 20~30대 젊은 층으로부터 긍정적인 반응을 이끌어 냈다.

3편의 광고 모두 60초 영상으로 이노션 월드와이드에서 제작했는데, SK하이닉스 관계자는 "SK하이닉스가 B2B(기업간거래) 기업인 만큼 소비자들이 SK하이닉스를 잘 모른다는 게 고민이었다. 'SK하이닉스' 하면 일해보고 싶은 회사라는 기업이미지가 떠오르도록 하는 데 역점을 뒀다. SK하이닉스의 기술력과 역동성, 상생 의지 등을 젊은 세대의 펀(Fun) 코드에 담은 것"이라고 말했다.

자료원: 머니 투데이, 2019.1.13.

브랜드라인 캠페인의 예

중심으로 한 브랜드자산을 구축하는 데 더 밀접히 연관되어 있다. 기업이미지 캠페인은 전반적인 수준에서의 브랜드 특성에 초점을 맞추며, 이러한 광범위한 이미지 캠페인은 공동브랜드 단계에서도 전개될 수 있다.

두 번째로는 기업브랜드 또는 공동브랜드 수준에서 브랜드자산을 구축하기 위한 또 다른 마케팅커뮤니케이션전략으로 브랜드라인 캠페인이 있다. 브랜드라인 캠페인은 그 브랜드와 관련된 제품들의 폭을 강조한다. 제품에 대한 구체적인 언급 없이 추상적인 용어로 브랜드를 표현하는 기업이미지 캠페인과는 달리, 브랜드라인 캠페인은 하나의 브랜드와 연관된 다양한 제품들에 대해 언급한다. 동일한 브랜드를 이용하는 여러 제품들의 다양한 용도와 편익을 소비자들에게 보여줌으로써, 브랜드라인 광고는 브랜드인지도를 높이고, 브랜드가 지닌 의미를 명확히 하며, 추가적인 용도를 알려주는 역할을 수행한다. 전체 브랜드라인을 대상으로 한 다른 촉진활동 또한 이와 유사한 목표를 달성할 수 있는데, 예를 들어, 대기업들이 기업브랜드와 함께 그 기업이 진출해 있는 모든 사업분야를 한꺼번에 보여주는 식의 광고가 여기에 속한다. 심지어 개별브랜드 주도형 전략을 사용하는 기업의 경우에도 다수의 개별브랜드들을 함께 보여주는 우산형 광고(umbrella ads)를 활용할 수 있다.

참고문헌

1. 안광호 · 이진용, 브랜드의 힘을 읽는다, 더난출판, 2006.
2. Aaker, David A., *Managing Brand Equity*, New York: Free Press, 1991.
3. Barich, Howard and Philip Kotler, "A Framework for Image Management," *Sloan Management Review*(Winter 1991), pp. 94-104.
4. Barwise, Patrick and Thomas Robertson, "Brand Portfolios," *European Management Journal*, 10(3) (September 1992), pp. 277-285.
5. Dagnoli, Judann, "Consciously Green," *Advertising Age*(September 19, 1991), p. 14.
6. Demworth, Lydia, "Consumers Care About Corporate Images," *Psychology Today*(September 1989), p. 14.
7. Dowling, Grahame R., *Corporate Reputations*, Melbourne, Australia: Longman Professional, 1994.
8. Farquhar, Peter H., Julia Y. Han, Paul M. Herr, and Yuji Ijiri, "Strategies for Leveraging Master Brands," *Marketing Research*(September 1992), pp. 32-43.
9. Farris, Paul W., "The Chevrolet Corvette," Case UVA-M-320, The Darden Graduate Business School Foundation, University of Virginia, Charlottesville, Virginia, 1995.
10. Goldberg, Marvin E. and Jon Hartwick, "The Effects of Advertiser Reputation and Extremity of Advertising Claim on Advertising Effectiveness," *Journal of Consumer Research*, 17(September 1990), pp. 172-179.
11. Goldin, Greg, "Cause-Related Marketing Grows Up," *Adweek*(November 17, 1987), pp. 20-22.
12. Gray, Edmund and Larry R. Smeltzer, "Corporate Image-An Integral Prat of Strategy," *Sloan Management Review*(Summer 1985), pp. 73-78.
13. Gregory, James R., *Marketing Corporate Image*, Lincolnwood, IL: NTC Business Books, 1991.
14. Greising, David, "Major Reservations," *Business Week*(September 26, 1994), p. 66.
15. Keller, Kevin Lane and David A. Aaker, "Managing the Corporate Brand: The Effects of Corporate Marketing Activity on Consumers Evaluations of Brand Extensions," Marketing Science Institute working paper #97-106, Cambridge, MA, 1997.
16. Keller, Kevin Lane, *Building, Measuring, and Managing Brand Equity*, New Jersey, Prentice Hall(1998).
17. Kotler, Philip, *Marketing Management*, 9th ed., Upper Saddle River, NJ: Prentice Hall, 1997.
18. Kuga, Masashi, "Kao's Strategy and Marketing Intelligence System," *Journal of Advertising Research*, 30(April/May 1990), pp. 20-25.
19. LaForet, Sylvie and John Saunders, "Managing Brand Portfolios: How the Leaders Do It," *Journal of Advertising Research*(September/October 1994), pp. 64-76.
20. Lehmann, Donald R. and Russell S. Winer, "Category Attractiveness Analysis"(Chapter 4) and "Market Potential and Forecasting"(Chapter 7), *Product Management*, Burr Ridge, IL: Irwin, 1994.
21. Mason, Charlotte H. and George R. Milne, "An Approach for Identifying Cannibalization within Product Line Extensions and Multi-Brand Strategies," *Journal of Business Research*, 31(1994), pp. 163-170.
22. Mitchell, Jacqueline, "GM's New Ads Focus on Humility, Client's Importance," *Wall Street Journal*(March 10, 1994), p. B-6.
23. Murphy, John, *Brand Strategy*, Upper Saddle River, NJ: Prentice Hall, 1990, p. 54.
24. Ono, Yumiko, "Do-Good Ads Aim for Sales That Do Better," *Wall Street Journal*(September 2, 1994),

p. B-8.

25. Ono, Yumiko, "Nabisco Favors Tried and True Over New Lines," *Wall Street Journal*(June 28, 1996), pp. Bl-3.

26. Swasy, Alecia, "P&G To Tout Name Behind the Brands," *Wall Street Journal*(December 12, 1991), B1-B3.

27. Varadarajan, P. Rajan and Anil Menon, "Cause-Related Marketing: A Coalignment of Marketing Strategy and Corporate Philanthropy," *Journal of Marketing*, 52(July 1988), pp. 58-74.

28. Warner, Fara, "P&G, Breaking With Tradition Promotes Products as a Category," *Wall Street Journal*(April 25, 1995), p. B8.

PART

3

브랜드자산의 구축 및 측정

3

제 6 장

브랜드자산 구축전략(Ⅰ): 브랜드인지도관리

01 브랜드인지도의 전략적 중요성과 개념적 이해

02 브랜드인지도관리-브랜드재인 및 브랜드회상관리

〈모카우체국〉 캠페인을 통해 젊은 소비자층에게
'믹스커피=모카골드'라는 브랜드연상을 구축/강화하려고 하는 동서식품 맥심 모카골드

이 편지를 읽는 모든 분들께.

안녕하세요?

편지를 쓰는 데 정해진 형식이 있는 것은 아니겠지만, 보통 편지의 앞머리에는 안부나 날씨를 넣는 것이 자연스럽다 배웠던 것 같습니다. 요즘은 어떠세요? 잘 지내고 계신가요? 더웠다 추웠다 오락가락했던 날씨가 지나고 이른 아침의 차가운 공기가 새삼 그리워지는 계절, 여름의 문턱입니다.

지난 5월 8일, 전주 한옥마을 경기전 서문 근처에는 맥심 모카골드의 네 번째 브랜드 익스피리언스 〈모카우체국〉이 오픈했습니다. 동서식품 맥심 모카골드는 2015년 제주도에서 모카다방을, 2016년 서울 성수동에서 모카책방을, 그리고 작년에는 부산 청사포에서 모카사진관을 운영했습니다. 혹시 예전에 이곳들을 방문했던 적이 있으신가요? 행여나 방문했던 경험이 없는 분들을 위해 잠깐 소개를 드리고자 이 편지를 씁니다.

모카우체국 외관

왼쪽부터 모카다방, 모카책방, 모카사진관 프로젝트를 소개하는 안내 족자가 펼쳐져 있다.

커피, 좋아하세요? 어떤 커피를 좋아하세요? 믹스커피는 어떠세요? 젊은 분들과 이야기를 나누다 보면, 종종 이렇게 표현을 하더군요. '믹스커피=모카골드'는 엄마가 먹는 커피, 아저씨가 먹는 아재 커피, 그리고 탕비실에 있는 커피라구요. 맥심 모카골드는 동서식품의 대표 커피이고, mixed 커피라는 기가 막힌 발명품이지만, 어쩌면 시간이 갈수록 젊은 층에게는 조금씩 멀어지고 있었나 봅니다.

하지만 우린 시간이 갈수록 더 좋아지고 있었어요. 사람들의 입맛은 느리지만 분명 바뀌고 있었거든요. 꾸준히 소비자 의견에 귀를 기울였고, 원두부터 로스팅, 용해도, 배합률, 크림과 설탕의 퀄리티까지. 최고의 품질로 개선하기 위해 끊임없이 리스테이지를 거듭하고 있었거든요. 그렇게 구축된 대표 라인업은 황금비율의 모카골드 마일드, 덜 단맛의 모카골드 라이트, 설탕을 빼고 라떼크림을 넣어 고소한 모카골드

심플라떼 이렇게 세 가지가 됐습니다.

'젊은 층이 분명 한번 마셔 보면 정말 좋아할 텐데' 그런 생각이 들었어요. 마트 말고, 탕비실 말고, 부엌 찬장 말고, 새로운 장소에서 신선한 방법으로 젊은 층을 만날 수 있는 방법은 없을까 많이 고민했습니다. 그 고민의 끝에는 카페 대신 다방이, 디지털 말고 헌 책들이, 폰카 말고 사진관이, 그리고 카톡 대신 편지가 있었습니다. 다방부터 우체국까지, 조금은 오래됐지만 참 좋은 것들이라는 공통점은 우리 모카골드와도 잘 어우러지는 약간의 아날로그적 감성이었습니다.

예전에는 편지를 참 많이 썼던 것 같아요. 친구에게, 부모님에게, 그리고 초등학교 시절 국군장병 분들에게 위문 편지를 썼던 일, 기억하시나요? 받는 사람을 생각하면서 한 글자 한 글자 눌러 쓰는 편지는 편지지를 곱게 접어 봉투에 넣고 우표를 붙여 우체통에 넣을 때까지 참 설레는 일이었습니다. 때로 말로는 차마 할 수 없는 고백이나 미안한 마음을 편지에 담아 보내기도 했었죠. 그뿐인가요, 편지를 받는 일은 또 보내는 것만큼이나 즐거운 일이었죠.

그런데 마지막으로 편지를 써본 적이, 그리고 받아본 적이 언제인가요? 카드 명세서 말고, 관리비 고지서 말고, 사랑하는 사람들에게 편지를 보낸 적이, 사랑하는 사람이 보내는 편지를 받아 본 적이 언제인지 잘 기억이 나지 않는다면 우리 조금은 낯설지만, 그래도 한 번은 커피와 함께 편지를 쓰러 모카우체국으로 가 보는 거 어떨까요?

고즈넉한 한옥마을과 전동성당을 바라보면서 커피를 마십니다. 취향에 따라 모카골드 커피를 골라 주세요. 때로는 따뜻하게, 때로는 시원하게 아이스커피로도 모카골드를 즐길 수 있습니다. 어? 모카골드가 이렇게 맛있었나요? 제 입맛에도 딱 맞아요! 아이스로도 먹을 수 있었네요?! 모카우체국 1~3층 커피바에는 하루에도 많은 분들이 우리 커피에 대한 소소하지만 즐거운 이야기를 들려주신답니다.

커피 한 잔 마실 동안 편지 한 장을 써 내려갑니다. (무슨 말을 써야 할지 막막하세요? 괜찮아요. 짧게 쓸 수 있는 엽서도 준비해 뒀어요.) 다 쓴 편지는 봉투에 넣어 주세요. 아, 주소랑 우편번호 쓰는 것도 잊지 마세요. 1층 우편창구에 가져가면 친절한 우체국장이, 가져오신 편지봉투에 모카골드 3종 스틱을 하나씩 넣어 주고 우표를 붙여줄 거예요.

이제 그 편지를 모카우체국 전 층에 비치된 노란 우체통에 넣어 주세요. 편지도 부쳤으니, 이제 2층에서 영상편지도 한 번 찍어 볼까요? 전문가가 멋지게 자막도 넣어서 편집도 해 드리거든요. 3층으로 가면 예전에 우리가 모았던 크리스마스 기념 씰처럼 '나만의 모카씰'도 즉석에서 만들 수 있어요. '인생 네 컷'이 스티커 형태의 씰이 되어 즉시 출력됩니다. 물론 진짜 우표는 아니지만요.

여러분께서 보낸 편지와 엽서를 받으시는 분들도 모카우체국을 알게 되겠죠? 그분들도 이곳에 방문하셔서 좋은 추억을 만들고 갔으면 좋겠네요. 여기 이곳엔 편지와 관련된 소품들이 가득해요. 그중에서도 노란 벽 위에 또 노란 미니 우체통들이 옹기종기 모여 있는 곳, 지난 캠페인을 정리한 노란 히스토리 부스, 그리고 한옥마을의 멋진 경치를 감상할 수 있는 루프탑은 벌써 인기 좋은 포토 스팟이 됐답니다.

최초 오픈 후 15일 동안 총 1만 5천여 명이 벌써 모카우체국을 다녀갔습니다. 친구, 연인, 가족과 함께, 그리고 혼자 오셔도 어색함이 없습니다. 우리가 예상했던 대로 부모님과 자녀 간에도, 점심시간 직장상사들과의 단체방문에도, 혼자 하는 전주여행에도 커피향 솔솔 나는 따뜻한 소통이 이뤄지는 곳입니다.

오픈과 동시에 전주역과 전주 시내에는 옥외 광고를 통해 홍보를 하고 있어요. 온라인에서는 5월 초부터 오픈 안내광고를 하고 있습니다. 아, 지난주엔 모카골드 심플라떼 모델 아이유 씨의 모카우체국 광고도 온에어했답니다. 광고를 보고 또 많은 분들께서 찾아 주시길 바라는 마음에서요. 사실 방문객분들이 각종 SNS에 #모카우체국 해시태그와 함께 후기와 사진을 많이 포스팅해 주시는 덕분에 그에 따른 홍보효과도 톡톡히 보고 있어요.

이번 모카우체국을 오랫동안 준비하면서 작은 욕심이 생겼습니다. 9만여 명이 좋은 추억을 만들고 돌아갔던 모카사진관을 보면서요. 올해는 작년보다 조금 더 많은 분들이 우리 모카골드만의 감성을 느끼고 돌아가셨으면 좋겠다는 욕심 말입니다. 그래서 우리는 맛있는 커피, 가장 중요한 안전, 다채로운 콘텐츠, 그리고 밝은 미소를 준비했어요.

그럼 기다릴게요, 모카우체국에서~

*추신: 모카우체국은 7월 6일까지예요. 매일 오전 11시에 문을 열고 오후 8시에 닫습니다. 주소는 전주시 완산구 전동성당길 66입니다. 해가 뉘엿뉘엿 넘어가는 시간에는 그 어떤 조명도 필요 없을 만큼 모든 풍경이 아름다워요.

자료원: Cheil Magazine, 2018.6.

소비자의 관점에서 볼 때 강력한 브랜드자산은 높은 브랜드인지도와 호의적 브랜드태도(브랜드이미지)에 의해 형성된다. 소비자가 특정브랜드(가령, 코카콜라)를 구매하기 위해서는 구매시점에 그 브랜드를 자연스럽게 인지해야 하며 그 브랜드에 대해 강한 호의적 태도나 이미지를 가져야 한다. 브랜드의 인지도를 높이는 것은 **브랜드재인**(brand recognition)의 수준을 높이거나 **브랜드회상**(brand recall)을 높이거나 혹은 둘 모두를 높이려는 노력으로 나누어질 수 있는데, 높은 브랜드인지도는 저관여제품(구매상황)이나 고관여제품(구매상황) 모두에 중요하다. 현대카드가 출시초기에 개발했던 알파벳 카드는 현대카드 브랜드의 인지도를 높이는 데 크게 기여했다. M카드, S카드처럼 카드명을 알파벳으로 한 이유 중 하나는 같은 광고비로 브랜드인지도를 극대화할 수 있다고 판단했기 때문이다. 서로 이름은 다르지만 알파벳이라는 공통점 때문에 '알파벳 카드 = 현대카드'라는 통일된 인식을 소비자들에게 전달할 수 있었다. 소비자의 마음속에 '알파벳 카드 = 현대카드'라는 연상이 강하게 심어져 있어, X카드가 나오든 Y카드가 나오든 알파벳 카드는 모두 현대카드인 것으로 소비자들은 인식했다. 이로써 현대카드는 신제품에 대한 브랜드인지도를 구축하는 데 광고비용을 투자할 필요없이 제품의 차별적 혜택이나 이점을 알리는 데 집중할 수 있어 마케팅비용의 효율성을 높였다.

[그림 6-1]은 브랜드인지도 형성과정에 대한 개념적 틀을 보여주는데, 마케터는 이를 토대로 하여 브랜드자산을 높이는 데 효과적인 마케팅커뮤니케이션전략을 도입·실행할 수 있다. 본 장에서는 브랜드인지도가 브랜드자산의 형성에서 차지하는 역할과 브랜드인지도관리를 위해 기업이 사용할 수 있는 다양한 마케팅전략을 설명하기로 한다.

그림 6-1 | 브랜드인지도 형성과정의 개념적 틀

01 브랜드인지도의 전략적 중요성과 개념적 이해

(1) 브랜드인지도의 전략적 중요성

진로소주의 강력한 브랜드자산은 높은 브랜드인지도에서 비롯된 것이다.

높은 브랜드인지도는 구매시점에 그 브랜드를 선택대안의 하나로 고려하는 데 기여한다. 사실 기업은 자사브랜드에 대한 태도를 변화시키지 않고 단지 브랜드인지도의 변화를 통해 그 브랜드의 선택확률을 증가시킬 수 있다(즉 브랜드자산을 강화시킬 수 있다).[1] 예를 들어, 표적소비자들이 수입맥주브랜드인 하이네켄과 카스에 대해 동일한 태도를 가지고 있다고 하더라도, 각 브랜드에 대한 인지도의 차이가 두 브랜드의 상대적 선택확률을 다르게 만들 수 있는 것이다(〈표 6-1〉 참조).

레스토랑에서 마시고 싶은 맥주브랜드를 떠올려야 하는 상황에서 소비자는 보다 자주 광고에서 접한 카스맥주를 선호(혹은 선택)할 수 있다. 즉 그 소비자의 카스와 하이네켄에 대한 브랜드태도는 동일하지만 구매시점에 하이네켄 브랜드를 떠올릴 기회가 적기 때문에 하이네켄의 선택빈도가 낮아지는 것이다. 강력한 브랜드자산이 갖는 특성의 하나는 높은 브랜

표 6-1 | 브랜드인지도의 차이가 브랜드선택에 미치는 영향(〈표 6-1〉은 가상적 예로서 브랜드인지도와 브랜드태도는 0-1.0 척도를 사용하여 측정됨)

	브랜드인지도	브랜드태도	브랜드선택확률
카스 맥주	0.7	0.8	0.56
하이네켄 맥주	0.2	0.8	0.16

1) P. Nedungadi, "Recall and Consumer Consideration Sets: Influencing Choice Without Altering Brand Evaluations," *Journal of Consumer Research*, 1990, 17(3), pp. 263-276.

드인지도로서, 소비자가 구매시점에 (여러 경쟁상표들 가운데서) 특정브랜드를 쉽게 알아보거나 (high brand recognition) 기억 속에서 그 브랜드를 먼저 회상할 수 있으면(strong brand recall) 그 브랜드는 강력한 브랜드자산을 갖게 된다.

(2) 브랜드인지도의 개념적 이해

1) 브랜드재인과 브랜드회상의 구분

브랜드인지도를 높이기 위한 기업의 마케팅노력은 브랜드재인을 높이려는 경우와 브랜드회상을 높이려는 경우로 구분하여 접근할 필요가 있는데, 이는 다음과 같이 소비자가 제품을 구매하는 과정에서 두 가지 유형의 선택상황이 발생하기 때문이다.[2]

- 구매시점에 브랜드를 선택하는 경우(이 경우에는 진열된 브랜드들 가운데서 자사브랜드를 먼저 알아보아야 하므로 브랜드재인이 브랜드선택에 매우 중요함)
- 구매시점 이전에 브랜드를 선택하는 경우(이 경우에는 브랜드회상이 브랜드선택에 매우 중요함)

마케터는 자사브랜드에 대한 예상구매자들의 높은 브랜드재인이 반드시 높은 브랜드회상을 보장하거나 혹은 높은 브랜드회상이 높은 브랜드재인을 동반할 것이라고 가정해서는 안 된다(즉 점포 내에 진열된 자사브랜드를 쉽게 알아본다고 해서 필요할 경우에 그 브랜드를 기억으로부터 자연스럽게 떠올릴 수 있을 것이라고 가정해서는 안 된다). 산업용품 구매의 경우 브랜드재인과 브랜드회상 간의 상관관계는 0.5 정도에 불과한 것으로 나타났다.

일반적으로 소비자들은 시장에서 판매되는 많은 브랜드들을 재인할(알아볼) 수는 있지만 재인된 브랜드들 가운데서 극히 일부분만을 회상할 수 있을 뿐이다. 또한 소비자는 라디오광고에서 들었던 브랜드를 회상할 수 있지만 제품을 구매하기 위해 점포를 방문했을 때 이를 시각적으로 재인할 수 없는 경우를 흔히 경험할 수 있다. 브랜드재인을 토대로 브랜드를 선택하는 경우는 많은 소비재와 일부 산업재 구매상황에서 발생된다. 예를 들어 구매하려는 제품군과 브랜드에 대한 쇼핑목록없이 슈퍼마켓에서 쇼핑을 하거나(대부분의 소비자들은 완전한 쇼핑목록의 일부만을 실제로 활용하거나 혹은 쇼핑목록없이 구매한다) 정보탐색 사이트를 통해 구매

2) J. G. Lynch, Jr., and T. K. Srull, "Memory and Attention Factors in Consumer Choice: Concepts and Research Methods," *Journal of Consumer Research*, 1982, 9(1), pp. 18-37.

할 기업명(혹은 브랜드명)을 선택하거나, 직접반응광고에서 광고주의 이름을 보고 주문하거나 혹은 집이나 사무실에 놓인 제품패키지를 보고 그 브랜드를 구매하는 경우 등이 그 예이다.

한편 브랜드회상을 토대로 구매할 브랜드를 선택하는 경우는 서비스용품이나 산업재 구매 상황에서 자주 발생된다. 예를 들어 쇼핑을 하기 위해 방문해야 할 쇼핑몰이나 점포를 생각해야 하는 경우나 New York으로 여행가기 전에 항공료를 알아볼 항공사들을 기억으로부터 떠올려야 할 경우 혹은 산업재 구매자가 구매가능 공급업체들에게 연락을 취하기 위해 이들을 생각해 내야 할 경우 등이 그 예이다.

브랜드회상과 브랜드재인이 함께 요구되는 선택상황(sequential choice situation)도 있을 수 있는데, 이는 구매가능한 브랜드(들)를 먼저 회상한 다음 구매시점에 진열된 브랜드들 가운데 이를 재인하는 경우를 말한다. 예를 들어 당신은 광고를 통해 들어본 적이 있는 새로운 형태의 커피제품인 까페라떼를 마시고 싶다는 생각을 떠올린 다음 슈퍼마켓 냉동진열대에서 패키지를 재인해야(찾아내야) 하는 상황을 상정해 볼 수 있다. 구매 전 브랜드회상은 회상된 브랜드만을 중심으로 탐색이 이루어진다는 점에서 브랜드회상에 의해 유발된 브랜드재인(brand-boosted brand recognition)이라고 불리어진다.

2) 브랜드인지도의 기본적 특성—특정브랜드(들)와 제품범주에 대한 소비자 욕구 간 연상관계의 형성

브랜드인지도를 구성하는 두 요소인 브랜드재인과 브랜드회상이 이루어지기 위해서는 학습을 통해 소비자의 마음속에 자사브랜드와 제품범주에 대한 (구매)욕구 간의 연상관계를 형성시켜야 한다. 즉 한 제품범주(가령, 청량음료)를 구매하고 싶은 욕구가 발생되었을 때, 자사브랜드가 어떤 형태로든 그 제품범주에 대한 구매욕구와 강하게 연결되어 있어야 하는 것이다.

- [그림 6-1]에서 경로 1a와 1b는 브랜드재인의 발생과정을 보여주는데, 소비자는 특정 제품군을 구매하려는 욕구(category need)가 발생한 다음 한 브랜드를 재인하거나(경로 1a) 혹은 한 브랜드를 먼저 재인한(알아본) 다음 그 제품군을 구매하려는 욕구가 있는지를 자문하는 인지반응과정을 가질 수 있다.
- 경로 2는 브랜드회상의 발생과정을 보여주는데, 제품범주에 대한 욕구(가령, 커피를 구매하겠다는 생각을 함)가 먼저 발생한 다음 브랜드(가령, 맥심 화이트골드)가 회상되는 경우이다. 예를 들어 한 주부가 특정제품범주를 구매하기 위해 점포를 방문해야겠다고 생각하고, 집근처의 여러 점포들 가운데 한 점포를 가정에서 선택하는 경우가 이에 해당된다.
- 경로 3은 브랜드회상에 의해 브랜드재인이 유발되는 경우를 보여주는데, 제품범주에 대

그림 6-2 | 브랜드인지도와 제품범주에 대한 욕구 간의 관계

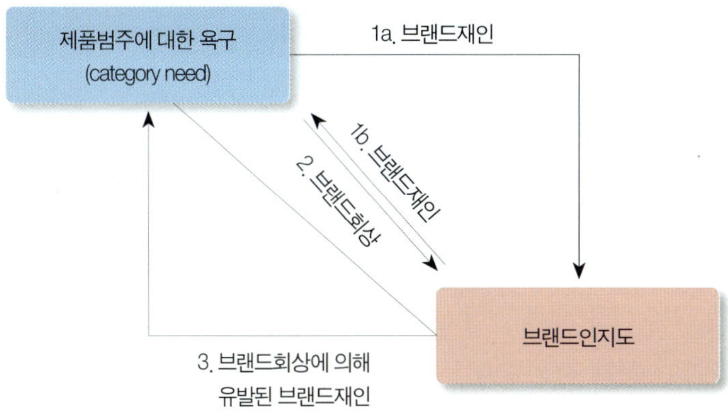

한 구매욕구가 먼저 발생한 다음 브랜드회상이 이루어지고 마지막으로 브랜드재인이 발생되는 경우이다. 예를 들어 식당에서 식사를 하기로 결정한 소비자가 방문하려고 하는 식당의 이름을 기억한 다음 식당의 정확한 위치를 몰라 운전하면서 이를 확인(재인)하는 반응과정을 거칠 수 있다. 마찬가지로 새로운 향수제품을 구매하고 싶은 소비자가 그동안 사용하지 않았던 향수브랜드를 회상한 다음 이를 백화점에서 찾아야 하는 경우도 이에 해당된다.

02 브랜드인지도관리-브랜드재인 및 브랜드회상관리

기업은 마케팅커뮤니케이션활동(가령, 광고나 판매촉진활동)을 통해 브랜드인지도를 창출하거나 증가시키거나 혹은 유지하려고 한다. 소비자들은 자사브랜드의 존재를 모르는 상태에서 그 브랜드를 선택할 가능성이 매우 낮다. 그러므로 브랜드인지도의 창출과 증대는 자사브랜드의 선택확률을 높이는 데 매우 중요하다.

브랜드인지도를 높이려는 마케팅커뮤니케이션목표는 브랜드재인을 높이거나 브랜드회상을 높이거나 혹은 브랜드재인과 브랜드회상을 모두 높이는 것으로 구체화될 수 있는데, 마케터는 브랜드재인과 브랜드회상의 창출에 대해 각기 다른 마케팅커뮤니케이션전략을 도입하여야 한다.

(1) 브랜드재인관리(Brand Recognition Management)

1) 브랜드재인이 중요한 경우

소비자들이 구매시점에서 한 브랜드를 선택하려고 할 때, 마케터는 효과적인 광고 및 판촉도구의 도입을 통해 자사브랜드를 쉽게 재인할 수 있도록 만들어야 한다. 가장 순수한 형태의 브랜드재인은 충동구매(impulse purchase) 시에 흔히 발생된다. 충동구매란 어떤 브랜드나 제품범주를 구매하려는 생각이 전혀 없었던 소비자가 어떤 브랜드(들)에 노출됨으로써 제품(브랜드)을 구매하는 경우이다. 예를 들어 캔디, 껌, 잡지 등과 같은 제품들을 계산대 앞에 진열하는 것은 브랜드재인을 통해 충동구매를 유발하려는 마케팅노력이다. 충동구매 제품군으로 간주되지 않은 제품군들의 경우에 브랜드재인이 제품구매에 어느 정도의 영향을 미치는지는 분명하지 않다. 〈표 6-2〉에 의하면 슈퍼마켓에서의 브랜드선택 중에서 47% 정도가 충동구매인 것으로 나타나는데, 이는 상당히 많은 소비자들이 특정제품범주나 브랜드를 구매하려는 의도가 없는 상태에서 제품을 구매한다는 것을 시사한다. 그러나 이러한 조사결과가 소비자들이 자신이 원하지 않은 제품(혹은 브랜드)을 구매한다는 것을 반영하기보다는 효과적인 브랜드디스플레이가 구매시점에 특정제품범주에 대한 구매욕구를 환기시킨 것으로 해석하는 것이 보다 정확할 것이다.

홈쇼핑광고나 텔레비전광고와 같은 대부분의 직접반응광고는 브랜드재인을 통해 브랜드선택(혹은 제품구매)이 이루어지는 구매과정을 거친다(즉 광고를 통해 브랜드를 먼저 본 다음 그 제품군이 필요한지를 생각하는 과정을 거친다). 〈표 6-2〉에서 볼 수 있듯이 슈퍼마켓 제품의 경우 특정제품범주를 구매하겠다는 개략적인 계획만을 가진 다음 구매시점에서 브랜드재인을 통해 브랜드선택이 이루어지는 비율이 15% 정도이다. 충동구매(제품범주와 브랜드 모두에 대한 사전구매계획이 없는 상태에서 구매되는 경우)가 이루어지거나 혹은 구매할 제품범주는 사전에 결정되고 구체적인 브랜드는 결정되지 않은 경우가 흔히 발생되는 제품군에 대해서는 기업들은 브랜드재인을 높이는 것을 브랜드인지도의 구체적 목표로 설정해야 할 것이다. 오늘날과 같이 소비자의 주의분산 정도가 높은 마케팅환경에서 효과적인 구매시점 디스플레이를 통해 브랜드재인의 수준을 높이는 것은 매우 어려운 마케팅과업이다. 관찰조사에 의하면 소비자가 슈퍼마켓에 진열된 제품범주를 보고 특정브랜드를 선택한 다음 이를 cart에 싣고 다음 진열대에 가는 데 걸리는 시간은 평균적으로 9.4초에 불과하다고 한다.[3] 이는 진열대에 전시된 한 제

3) J. Le Boutillier, S. Le Boutillier, and S. A. Neslin, "A Replication and Extension of the Dickson and Sawyer Price-Awareness Study," *Marketing Letters*, 1994, 5(1), pp.31-42.

표 6-2 | 슈퍼마켓 제품에서 구매시점에 브랜드선택이 이루어지는 각 경우의 빈도수

브랜드선택의 유형	발생빈도수(%)
전반적 조사결과	
사전계획에 의한 브랜드선택	35
구매시점에서의 브랜드선택	65
전체	100
구매시점에서의 브랜드선택의 구체적 유형	
개략적 구매계획(구매할 제품범주만 사전결정하고 브랜드는 미리 결정하지 않음)	15
대체구매(구매하려는 브랜드 대신 다른 브랜드를 구매함)	3
충동구매(구매할 제품범주와 브랜드에 대한 사전계획을 하지 않음)	47
전체	65
구매시점에 브랜드선택이 이루어지는 구체적 제품범주	
스낵제품	78
화장품	69
청량음료	67
비처방의약품	49
담배	33
술	20
처방의약품	0

자료원: Marketing News, August 6, 1982, p.5.

품범주를 눈으로 살펴보는 데 5~6초 정도만이 소요됨을 의미하므로 구매시점에 자사브랜드가 선택되도록 하기 위해 높은 수준의 브랜드재인을 성취하는 것이 매우 중요함을 시사한다.

대부분의 경우 브랜드재인은 노출된 브랜드를 소비자가 알아보는 **시각화 과정**(visual process)을 수반한다. 따라서 기업은 브랜드재인을 높이기 위해 광고 속에 제품패키지나 로고를 포함시키거나 제품 원래의 색상을 보여주는 마케팅노력을 한다. TV광고나 잡지광고에서 브랜드의 제품패키지나 로고를 클로즈업시키는 것은 브랜드재인의 수준을 높이기 위한 효과적인 커뮤니케이션 노력의 하나이다. 그러므로 브랜드재인의 수준을 높이기 위해 마케터는 시각적 매체를 이용하여 제품광고를 해야 하며, 특히 새로운 브랜드의 경우에는 제품의 원색 그대로 컬러로 보여주어야 한다(신규브랜드의 경우에 컬러로 된 전단광고를 사용하지 않거나 컬러로 광고물을 게재할 수 없는 신문은 브랜드재인을 높이는 데 도움이 되지 않으므로 제외하는 것이 바람직함). 광고

일본의 다국적 보험회사 AFLAC의 로고는 오리인데, 오리가 꽥꽥거리며 아플락을 외치는 TV광고는 브랜드인지도를 11%에서 무려 93%로 높였다.

는 브랜드재인의 수준을 현저히 높이는 데 효과적인 마케팅도구가 될 수 있는데, 일상생활용품의 경우 광고없이 유통에만 의존하는 신규브랜드가 3개월 후에 얻게 되는 브랜드재인의 수준이 18% 정도인 반면 신제품 출시에 따른 통상적인 도입광고를 사용한 경우의 브랜드재인율은 60% 정도까지 증가될 수 있는 것으로 나타났다.[4]

시각적 재인과 다른 경우가 브랜드명에 대한 청각적 재인(auditory brand name recognition)이다. 청각적인 브랜드재인이란 브랜드명을 들었을 때 그 브랜드명의 존재를 알아보는(재인하는) 경우를 말한다. 예를 들어 식당에 가서 어떤 맥주브랜드들을 판매하는지를 물어보았을 때, 당신은 웨이터가 불러주는 브랜드명을 듣고서 자신이 원하는 브랜드를 재인해야 할 것이다. 청각적 재인을 높이는 것이 중요하거나 이를 커뮤니케이션 목표로 설정할 경우 청각적 매체(가령, TV나 라디오)가 최선의 커뮤니케이션 수단이다. 매체광고 집행 시 시각적 신호인 로고에다 청각적 신호를 추가하면 청각적 신호가 없을 때보다 브랜드명에 대한 기억을 더 높일 수 있다. 가령, 일본의 다국적 보험회사 AFLAC의 로고는 오리인데, 오리가 꽥꽥거리며 아플락을 외치는 TV광고는 브랜드인지도를 11%에서 무려 93%로 높였다. 그리고 소비자가 인쇄물 광고를 주목해 보면서 브랜드명을 소리내어 읽는다면 청각적 반사작용을 통해 마음속에 기억될 수 있으므로, 인쇄매체도 어느 정도 효과적인 매체대안으로 고려될 수 있다.

4) R. M. Heeler, "Comment: on the Awareness Effect of Mere Distribution," *Marketing Science*, 1986, 5(3), p.273.

2) 브랜드재인을 높이기 위한 마케팅커뮤니케이션전략

슈퍼마켓에서 판매되는 생활용품의 경우 브랜드선택의 거의 절반 정도(47%)가 브랜드재인에 의해 이루어진다고 한다. 즉 브랜드가 진열된 것을 보고 제품범주에 대한 구매욕구가 환기된다는 것이다. 생활용품의 경우 많은 소비자들이 특정브랜드에 대한 충성도가 높지 않으므로 브랜드재인의 수준을 높이는 것은 자사브랜드의 선택가능성을 높이는 데 매우 중요하다.

브랜드재인의 수준을 높이기 위해 마케터가 사용할 수 있는 마케팅커뮤니케이션전략은 다음과 같다.

첫째, 광고를 통해 표적소비자들에게 브랜드패키지와 브랜드명을 충분히 노출시킨다. 심리학에서의 실험결과에 의하면 최소한 2초 이상 자극을 보았을 때 그 자극(가령, 패키지나 로고)에 대한 시각적 재인수준이 극대화된다고 한다.[5] 이는 자극을 본 시간이 2초 이하일 경우 동일한 자극을 다음번에 접했을 때 이를 재인할 가능성이 상당히 낮아짐을 의미한다. 그러므로 소비자의 브랜드재인 수준을 높이기 위해 마케터는 TV광고를 방영할 때마다 브랜드패키지나 로고를 최소한 2초 정도는 보여주어야 할 것이다. 이러한 마케팅커뮤니케이션노력은 특히 새로운 브랜드에게 매우 중요한데, 신규브랜드는 TV광고를 통해 충분한 브랜드재인이 이루어지지 않으면 후에 점포 내에서 그 브랜드가 재인되기 상당히 어렵다.

한편 인쇄물 광고에서는 패키지나 로고(특히 신규브랜드의 경우)가 컬러로 크게 제시되어야 하며 표적청중들이 최소한 2초 동안 광고물에 주의를 기울일 수 있도록 하기 위해서 시각적 내용이나 카피를 함께 제시하는 것이 바람직하다.[6] 독자가 잡지나 신문의 다음 페이지를 넘기는 데 0.5초 이하의 시간만이 소요되므로 독자의 시선을 패키지나 로고에 머무르게 하는 것이 매우 중요하다. 실제로 2초라는 시간은 인쇄물 광고에 주의를 기

브랜드인지도를 높이기 위해 기업은 광고 속에 실제 제품패키지, 브랜드명, 제품특성 등을 컬러로 제시하는 것이 효과적이다.

---

5) J. R. Rossiter and L. Percy, "Visual Imagery in Advertising," in R. J. Harris, ed., *Information Processing Research in Advertising*, New York: Erlbaum, 1983, chapter 4.

6) K. Mumane and M. P. Phelps, "Effect of Change in Relative Cue Strength on Context-Dependent Recognition," *Journal of Experimental Psychology: Learning, Memory, and Cognition*, 1995, 21(1), pp. 15-172.

울이게 하는 데 있어 상당히 길 수 있으므로, 소비자의 브랜드재인을 계속 누적시키기 위해 반복적 광고가 필요하다.

마케터는 광고캠페인이 실시되는 전 기간에 걸쳐 패키지나 로고를 계속 시각적으로 강조할 필요는 없다. 신규브랜드의 경우 특히 시장도입초기에 브랜드패키지나 로고를 충분히 부각시키는 것은 브랜드재인의 수준을 높이는 데 매우 중요하며, 그 이후에는 간헐적으로 이들을 재차 강조하는 정도면 충분하다. 또 마케터가 브랜드재인을 높이는 데 있어 고려해야 할 또 다른 측면은 패키지에 표시된 브랜드명을 광고 속에서 보여주는 것인데, 이는 브랜드회상에 의해 브랜드재인이 유발될 경우(즉 브랜드명을 먼저 기억한 다음 점포에서 그 브랜드를 찾아내는 경우)에 상당히 중요할 수 있다.

둘째, 광고 속에서 제품범주에 대한 (구매)욕구(즉 어떤 용도로 자사브랜드가 구매되어야 하는지)가 반드시 언급되거나 혹은 묘사되어야 한다. 새로운 브랜드의 경우, 기업은 표적소비자들에게 자사브랜드가 특정제품범주에 속한다는 것을 학습시키고 자사브랜드와 특정제품범주에 대한 소비자 욕구 간에 연상관계가 형성되도록 만들어야 한다. 그러므로 자사브랜드가 어떤 제품범주이며 어떤 용도로 사용될 수 있는지를(즉 제품범주에 대한 욕구) 소비자들에게 분명히 인식시키기 위해 광고 속에 제품패키지가 반드시 포함되어야 한다. 흔히 제품에 대한 사진이 패키지 위에 부착되는 것도 이러한 이유에서이다. 예를 들어 제크의 패키지에는 크래커(즉 제품범주)의 사진이 부착되어 있다. 아이오페 광고는 아이오페(브랜드로고)가 기능성 화장품(제품범주)으로 중년여성층의 주름제거용(제품범주욕구)으로 적절함을 보여준다. 그러나 제품범주에 대한 욕구를 광고 속에서 구체적으로 표현하는 것은 쉽지 않다. 새로운 브랜드의 경우 광고를 통해 그 제품이 어떤 용도로 사용되는지를 보여주는 것이 가장 효과적인데, 그 이유는 다음과 같다. 첫 번째 이유는 백화점이나 화장품전문점에는 각기 다른 용도의 많은 화장품들이 진열되어 있으므로, 제품지식이 없는 소비자들은 새로운 브랜드(가령, 아이오페)가 어떤 제품범주에 속하며 그 제품의 구체적 용도는 무엇인지를 즉각적으로 파악하기 어렵다는 것이다. 그러므로 마케터는 광고를 통해 새로운 브랜드가 어떤 용도의 제품인지를 보여주어야 한다. 두 번째 이유는 브랜드재인에 의해 구매의사결정이 이루어지는 경우 소비자는 진열된 브랜드를 알아본 다음 그 제품이 필요한지를 생각하는 반응과정을 거친다. 그러므로 소비자가 특정브랜드가 어떤 용도의 제품인지를 모른다면, 이러한 인지적 반응이 발생되지 않으며 그 브랜드는 무시될 것이다.

가령, 남양유업은 커피믹스시장에서 후발브랜드 프렌치카페를 출시하면서 브랜드재인 수준을 높이기 위한 마케팅커뮤니케이션활동을 실시했다. 국내 커피믹스시장을 개척한 동서식품은 '커피믹스 = 맥심 모카골드'라는 강력한 브랜드연상을 구축함으로써 오랜 기간 동안 이 시장에서 독점적 지위를 유지했다. 이러한 시장상황에서 남양유업은 후발주자로서 '프렌치카페 카페믹스'를 출시했다. 프렌치카페 카페믹스는 프림의 차별화를 토대로 브랜드차별화를 추구했는데, 유제품 전문업체로서의 강점을 살려 프림 원액에 무지방 생우유를 넣어 부드러운 맛을 극대화했다. 남양유업은 '프렌치카페 = 화학적 합성품 카제인나트륨 대신 무지방 우유를 넣은 커피믹스'라는 차별적 브랜드연상을 구축하기 위해 간접 비교광고를 실시했다. 이는 소비자들에게 자사제품이 경쟁제품인 동서식품 맥심보다 몸에 더 좋다는 인식을 심어주려는 데 그 목적이 있었다. 그리고 배우 김태희를 제품포장과 제품광고에 활용해 브랜드인지도와 호감도를 높였다. 후발주자인 프렌치카페 커피믹스는 젊은 소비자층을 표적으로 한 효과적인 마케팅커뮤니케이션활동을 통해 비교적 짧은 시간 안에 높은 브랜드인지도와 시장점유율을 구축하는 데 성공했다.

브랜드재인 수준을 높이기 위해 제품패키지에 광고모델 김태희의 사진을 부착한 프렌치카페

이러한 이유들로 인해 광고의 반복을 통해 브랜드패키지와 제품범주에 대한 욕구(제품의 용도) 간의 연상관계를 형성하는 것이 중요하다. 옷장, 이불장 속에서 습기를 빨아들이고 있는 제습제 「물먹는 하마」는 이제 생활필수품이 될 만큼 높은 브랜드인지도를 갖고 있지만, 1986년 옥시(당시 동양화학)가 습기를 빨아들이는 제습제 「물먹는 하마」를 처음 출시했을 때 제습제라는 제품범주가 존재하지 않았다. 옥시는 제품의 특성을 잘 나타낸 브랜드명을 도입해 고객의 잠재된 제품범주욕구와 연결시켰다. 옥시의 물먹는 하마는 주부들에게 습기로 인한 피해를 알리고 이를 해결하는 데 자사브랜드가 효과적임을 보여 주기로 했다. 고객의 잠재된 욕구를 자극하기 위해 옥시는 「물먹는 하마」광고에서 하마가 옷장 속에서 큼직한 맥주컵 분량의 물을 토해내는 장면을 보여주었다. 옥시는 「물먹는 하마」의 성공과 높은 브랜드인지도를 기반으로 탈취제 「냄새 먹는 하마」, 곰팡이 제거제 「곰팡이 먹는 하마」, 손난로 「열 내는 하마」 등 다양한 확장제품들을 선보였다.

셋째, 신규브랜드의 도입초기에는 브랜드재인을 위해 충분한 노출을 제공한 다음, 점차 매체노출의 빈도를 줄이는 것이 좋다. 브랜드재인의 수준은 두 번의 광고노출이 이루어졌을 때 최고수준에 오른 다음 점차 감소한다. 그러므로 두 번의 실제적 광고노출이 이루어진 다음에는 점차 매체노출의 빈도를 줄이더라도 처음에 달성된 브랜드재인의 수준을 유지할 수 있다.[7]

마케터는 새로운 브랜드의 시장도입초기에 광고를 집중적으로 실행함으로써 가능하면 빨리 두 번의 실제적 노출이 성취되도록 하고, 그 이후에는 브랜드재인을 유지하는 수준에서 노출빈도의 수를 줄여나간다. 그러나 마케터가 명심해야 할 사실은 높은 브랜드인지도와 강한 호의적 브랜드태도를 함께 성취하는 것이 마케팅커뮤니케이션의 목표라면, 매체에 대한 높은 노출빈도를 계속 유지해야 한다는 점이다.

(2) 브랜드회상관리(Brand Recall Management)

1) 브랜드회상이 중요한 경우

제품범주에 대한 구매욕구가 이미 발생된 소비자가 구매시점 이전에 자신이 선택해야 할 브랜드(들)를 생각해 내야 할 때, 브랜드회상률이 높은 브랜드가 선택되거나 고려상표군(consideration set)에 포함될 가능성이 높다. 높은 회상률을 가진 브랜드는 제품범주에 대한 구매욕구가 발생되었을 때 그 브랜드가 즉각적으로 떠올려지는 경우를 말한다. 자사브랜드에 대한 높은 수준의 브랜드회상을 획득하거나 혹은 이를 유지하는 것이 매우 어려운 마케팅커뮤니케이션과업인 이유는 특정제품범주에 대한 구매욕구가 환기되었을 때 대체로 하나 이상의 브랜드들이 함께 떠오를 가능성이 높기 때문이다.

[그림 6-3]은 청량음료에서의 브랜드회상에 대한 연구에서 소비자가 2분 동안 회상할 수 있는 브랜드의 수를 보여준다.[8] 가령, 당신이 Diet Coke와 Sprite의 마케팅관리자라고 가정하면 상당히 실망스러울 것이다. Diet Coke는 전혀 회상되지 않으며, Sprite의 회상에는 1분 이상의 시간이 걸리는데 이는 구매의사결정에 영향을 미치기에 너무 긴 시간일 것이다. 그러므로 특정브랜드는 소비자가 처음으로 떠올리는 한두 개의 브랜드에 포함되지 않을 수 있고 극단적으로는 구매자의 브랜드회상집합에 전혀 포함되지 않을 수 있다. 대체로 소비자들은 구매욕구가 발생할 때, 3~4개 정도의 브랜드만을 떠올릴 가능성이 높다.

브랜드회상은 거의 대부분 말로 표현되는 반응과정(verbal process)을 수반한다. 즉 특정의 제품범주가 주어졌을 때(특정제품범주에 대한 구매욕구가 환기되었을 때), 말로 브랜드명을 표현하는 경우를 말한다. 그러므로 브랜드회상이 이루어지기 위해서는 광고나 다른 촉진활동을 통해 제품범주에 대한 욕구와 광고주의 브랜드명 간의 연상관계를 형성시키는 학습(paired-

7) R. P. Bagozzi and A. J. Silk, "Recall, Recognition, and Measurement of Memory for Print Advertisements," *Marketing Science*, 1983, 2(2), pp. 95-134.

8) J. W. Alba, J. W. Hutchinson, and J. G. Lynch, "Memory and Decision Making," in T. S. Robertson and H. H. Kassarjian, eds., *Handbook of Consumer Behavior*, Prentice-Hall, 1991, chapter 1.

그림 6-3 | 청량음료라는 제품범주를 언급했을 때 한 소비자가 보인 청량브랜드에 대한 회상 정도

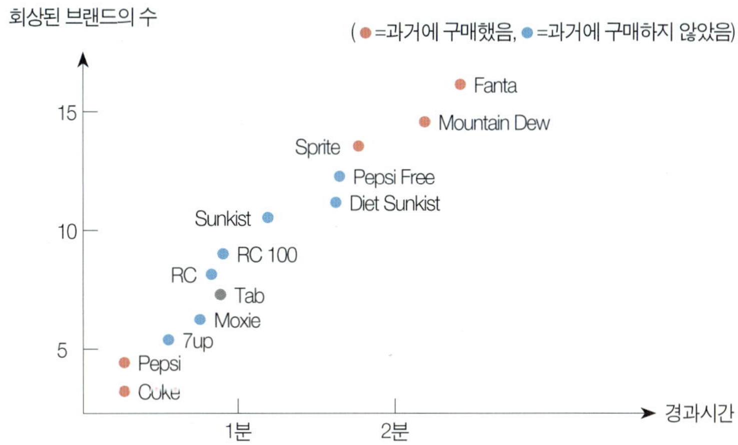

associates learning)이 요구된다. 가령, 커피를 마시고 싶을 때 자연스럽게 이디야를 떠올리도록 하기 위한 커뮤니케이션 노력이 필요한 것이다. 브랜드회상의 이러한 특징을 고려해 기업들은 소비자들이 주요 제품정보를 소리로 기억하도록 하는 노력을 기울여야 한다. 새로운 영어단어를 외울 때 그냥 눈으로 보면서 외우는 것보다 소리내어 읽으면서 외우는 것이 훨씬 더 학습효과가 높다. 따라서 많은 광고들이 브랜드명과 같은 주요 제품정보를 소리의 형태로 기억시키려고 한다. '참지말고 캐내자'라는 광고문구와 함께 탤런트 고두심 씨가 케·토·톱 브랜드명을 큰 소리로 부르는 케토톱 관절염 치료제 광고가 그 한 예이다.

브랜드회상을 높이기 위한 광고의 예: '참지말고 캐내자'라는 광고문구와 함께 탤런트 고두심 씨가 케 · 토 · 톱 브랜드명을 큰 소리로 부르는 케토톱 관절염 치료제 광고는 브랜드명을 소리로 기억시켜 브랜드회상력을 높이려고 한다.

표 6-3 | 브랜드명(BN: brand name)과 제품범주욕구(CN: category need) 간의 연상관계 형성에 효과적인 광고슬로건과 비효과적인 광고슬로건

브랜드회상에 효과적인 광고슬로건의 예[a]	브랜드회상에 비효과적인 광고슬로건의 예[b]
• The most famous piano(CN) is Steinway(BN)	• Avis, We try harder.
• Best selling Luxury Car 렉서스	• Your safety is our promise, 넥센타이어.
• 자동차보험의 대표브랜드 애니카	• Just for the taste of it, Diet Coke.
• 위산에 강한 보호막 요구르트-네버다이 칸	

a: 보다 바람직한 광고슬로건은 제품범주욕구를 먼저 불러일으킨 다음 브랜드명을 언급하는 것이다(CN→BN).

b: 이러한 슬로건들의 예는 브랜드를 제품편익과 연계시키고 있어 브랜드포지셔닝전략에는 별 문제가 없지만 소비자들이 스스로 제품범주에 대한 욕구를 환기시켜 이를 브랜드명과 연계시킬 것이라는 가정을 하고 있다. 그러나 이러한 가정은 항상 적용되는 것은 아니다. Avis나 Diet Coke와 같이 회상률이 매우 높은 브랜드에는 적용될 수 있지만 넥센타이어에는 적용되지 않을 수 있다.

브랜드회상을 위한 마케팅커뮤니케이션노력의 핵심은 단순히 브랜드명을 반복하는 것이 아니라 제품범주에 대한 구매욕구와 브랜드명 간의 연상관계를 반복하는 것이어야 한다. 많은 광고슬로건이나 징글들이 단순히 브랜드명만을 언급하고 이를 제품범주에 대한 구매욕구와 연결시키지 못함으로써 브랜드회상률을 높이는 데 별로 기여하지 못하고 있다. 가령, 비타 500 광고는 '착한 드링크, 마시는 비타민 C - 비타 500'이라는 슬로건을 통해 제품범주에 대한 구매욕구(안심하고 마실 수 있도록 착하게 만든 비타민 C 드링크를 마시고 싶을 때)를 브랜드명(비타 500)과 연결시킴으로써 브랜드회상률을 높이려고 한다. '국가대표 보일러 - 경동 나비엔'이라는 슬로건도 그 한 예이다. 〈표 6-3〉은 이러한 몇 가지 예를 보여주는데, 이들은 브랜드연상의 형성에는 효과적이지 못한 광고슬로건이지만 브랜드포지션은 효과적으로 전달하고 있음에 유의할 필요가 있다.

높은 브랜드회상은 모든 유형의 광고커뮤니케이션매체나 판촉도구를 통해 제품범주에 대한 욕구와 브랜드명 간의 연상관계를 형성시킴으로써 창출될 수 있는데, 이는 브랜드회상이 본질적으로 언어적으로 표현되는 현상(verbal phenomenon)이며 모든 유형의 매체들이 광고를 보거나 듣는 소비자들에게 단어를 전달할 수 있는 능력을 가지고 있기 때문이다. 브랜드회상의 증대에 가장 중요한 것은 제품범주에 대한 욕구와 브랜드명 간의 연상관계를 자주 반복하는 것이다. 그러므로 표적소비자에게 노출의 빈도를 더 높일 수 있는 매체가 브랜드회상에 보다 효과적일 것이다.

2) 브랜드회상을 높이기 위한 마케팅커뮤니케이션전략

소비자들이 구매시점 이전에 브랜드대안들을 생각해 내야 할 때 브랜드회상력은 특정브랜드의 선택에 큰 영향을 미친다. 가령, 세제가 얼마 남지 않았음을 발견한 소비자가 이를 구매해야겠다고 생각을 한 다음 구매 가능한 브랜드대안들을 떠올리는 경우를 말한다. 강한 브랜드회상이 이루어지기 위해서는 마케터는 소비자들에게 제품범주에 대한 욕구와 (자사)브랜드명 간의 연상관계를 학습시켜야 한다(즉 잇몸에 효과적인 치약을 구매하려고 할 때 죽염치약이 바로 떠오르게 만든다). 그러므로 기업은 이러한 연상이 쉽게 떠오를 수 있도록 광고를 제작해야 한다.

다음은 브랜드회상을 높이는 데 유용한 마케팅커뮤니케이션방법들이다.

첫째, 광고 카피내용 중에 제품범주에 대한 욕구와 브랜드명 간의 관계를 반드시 언급해야 한다. 마케터는 TV광고나 인쇄물 광고 속에서 제품범주에 대한 욕구를 시각적으로 표현함으로써 브랜드명과의 연상관계를 형성시킬 수 있을 것이다. 그러나 브랜드회상은 구체적으로 브랜드명을 말로 표현해야 하는 언어적 현상이므로(즉 구취제거에 효과적인 치약이 필요할 때(제품범주에 대한 욕구가 발생할 때), 페리오46cm라는 단어가 떠올라야 함), 마케터는 제품범주에 대한 욕구를 단지 시각적으로 나타내는 것뿐만 아니라 주요한 카피문구(가령, 헤드라인이나 슬로건) 중에 제품범주에 대한 욕구를 자사브랜드와 관련시켜 구체적으로 언급하는 보다 적극적인 방법을 도입해야 한다.

실제로 소비자가 광고물을 본 다음 광고카피의 주요문구를 그대로 기억하는 것은 상당히 힘들지만, 많은 소비자들은 최소한도 광고카피의 개괄적인 내용(즉 구강청정제가 필요하면 가그린이 먼저 생각된다는 식의 제품범주에 대한 욕구와 브랜드명 간의 연상관계)은 기억할 것이다. 특히 고관여제품에서의 신규브랜드는 제품범주에 대한 욕구를 헤드라인에 먼저 제시하는 경우가 있는데, 이는 헤드라인에 노출된 소비자가 제품범주에 대한 욕구를 강하게 갖게 되고 계속해서 광고카피를 읽고 로고를 본 다음 브랜드명을 제품범주에 대한 욕구와 연계시킬 것이라는 마케터의 기대에서 비롯된다.

신규브랜드에 대한 브랜드회상을 창출하는 데 있어 **미스테리형의 광고실행방식**(mystery ad format)이 상당히 효과적이다. 이러한 유형의 광고에서는 초반부에 어떤 제품범주의 광고인지만을 보여주어 소비자들의 주의를 유발한 다음 구체적인 브랜드명은 광고나 광고캠페인의 끝부분에서 비로소 언급된다. 신제품 도입광고에서 종종 활용되는 티저광고(teaser ad)도 미스테리형 광고의 한 형태로 볼 수 있다. 미스테리형의 광고는 표적청중들로 하여금 어떤 제품에 대한 광고인가에 대한 궁금증을 유발한 다음 후반부에 이에 대한 해답(즉 브랜드명)을 학습하도록 동기부여를 시킬 수 있다. 이러한 형식의 광고에서 중요한 점은 제품범주에 대한 욕구를 환기시키는 역할을 하는 미스테리가 소비자의 흥미를 충분히 유발시킬 수 있는 것이어야 한다

유튜브 티저광고 시리즈를 통해 갤럭시 신제품에 대한 소비자의 관심을 증폭시킨 삼성전자

는 것이다. Fazio, Herr, and Dowell은 신규브랜드의 시장도입초기에 미스테리형의 광고가 전형적인 광고양식과 비교하여 10~25% 정도의 브랜드회상이 증가함을 발견하였다.[9] 예를 들어, 삼성전자는 갤럭시 신제품을 출시하기 전에 유튜브에서 티저광고들을 연달아 내놓아 신제품에 대한 소비자들의 관심을 유발했다. 삼성전자는 유튜브에 '차세대 갤럭시 신제품이 준비됐다'는 메시지와 에피소드를 공개했다. 이 영상은 '다음 편에 계속'이라는 자막과 함께 끝나 다음번 에피소드를 예고한다. 가령, 갤럭시S 신제품의 비밀을 지키려는 한 소년의 이야기를 담고 있는 티저영상에서는 신제품이 흰색과 검정색으로 출시된다는 힌트가 등장한다. 검정색 쿠키 사이에 흰 크림이 들어있는 오레오 과자를 양손에 들고 있는 소년이 갤럭시 신제품이 담긴 상자를 들여다보며 "내가 제일 좋아하는 색이야. 정말 놀랍다"고 감탄하는 장면을 통해 소비자들이 이를 유추할 수 있도록 했다. 갤럭시 신제품이 담긴 상자, 소년이 입고 있는 재킷, 셔츠, 타이도 모두 검정색과 흰색으로 구성했다. 삼성전자는 또 트위터를 통해 갤럭시 신제품 이미지의 일부를 공개했다. 흐릿한 이미지이긴 하지만 휴대폰 상단 모서리가 둥글게 디자인된 것을 확인할 수 있도록 했다.

그러나 미스테리형 광고는 소비자에게 친숙한 브랜드의 경우에는 브랜드회상을 높이는 데 효과적이지 않다. 소비자들은 미스테리형 광고의 결론이 자신들에게 친숙한 브랜드명이라는 것에 대해 실망할 것이기 때문이다. 그러므로 소비자에게 친숙한 기존브랜드의 경우에는 광고의 처음과 후반부에 브랜드를 제시하는 전형적인 광고실행방식이 사용되어야 한다.

9) R. H. Fazio, P. M. Herr, and M. C. Powell, "On the Development and Strength of Category-Brand Association in Memory The Case of Mystery Ads," *Journal of Consumer Psychology*, 1992, 1(1), pp. 1-13.

브랜드회상력을 높이기 위해 브랜드명(불가리스)과 제품범주욕구(변비, 설사에 효과적인 제품) 간의 연상관계를 반복하여 언급해야 한다.

둘째, 광고 속에서 단순히 브랜드명을 언급하는 것보다는 브랜드명과 제품범주욕구 간의 연상관계에 대해 반복적으로 언급되어야 한다. 마케터는 광고 속에서 제품범주욕구와 브랜드명 간의 연상관계를 반복하여 언급할 필요가 있는데, 이는 모든 매체광고에서 주요카피문구를 말로 반복하거나 혹은 TV 및 인쇄물 광고와 같은 시각적 매체의 경우에는 제품범주욕구를 불러일으키는 장면과 함께 브랜드명을 여러 번 보여줌으로써 실현될 수 있다. 이러한 노력의 목적은 광고에 노출된 소비자들로 하여금 제품범주와 브랜드명 간의 연상관계에 대한 학습을 촉진하기 위해서다. 그러므로 브랜드명만을 단순히 반복하는 것은 별로 효과적이지 못하다. 기껏해야 브랜드명의 단순반복은 브랜드명과 광고 간의 연결관계만을 구축할 뿐이지, 브랜드회상의 주요목적인 제품범주욕구와 브랜드명 간의 연상관계를 형성하는 데 별 도움을 주지 못하기 때문이다.

광고가 구매시점에서 소비자가 자사브랜드를 선택하는 데 기여하기 위해서는 자사브랜드명과 제품범주에 대한 욕구가 강하게 연계되도록 학습시켜야 한다. 그러므로 마케터는 제품범주욕구와 브랜드명 간의 연상관계를 광고의 도입부와 후반부에서 반복하여 제시할 필요가 있는데, 이는 연속적으로 제시된 메시지들 가운데 초반과 후반에 제시된 메시지들을 더 잘 회상한다는 **초기효과**(primacy effect)와 **최근효과**(recency effect)를 활용한 것이다. 지금까지는 광고 내에서의 반복만을 설명하였지만 제품범주욕구와 브랜드명 간의 연상관계는 광고물 자체를 반복적으로 실행함으로써 성취될 수도 있다. 에쓰-오일은 '좋은 기름'이라는 차별적 제품특성을 브랜드컨셉으로 한 마케팅커뮤니케이션을 지속적으로 전개해 '에쓰-오일 = 좋은 기름'이라는 브랜드연상을 형성함으로써 브랜드회상을 높이는 데 성공했다.

셋째, 마케팅커뮤니케이션을 통해 브랜드의 개인적 관련성을 높인다. 광고에 노출된 표적청중이 그 광고를 개인적으로 관련된 것으로 지각한다면, 광고된 브랜드를 기억하기 위해 보다 많은 인지적 노력을 기울일 것이다. 대중매체를 통해 개인적 관련성을 높이는 것은 실제로

브랜드마케팅 따라잡기

일관성 있는 통합적 마케팅커뮤니케이션 캠페인으로 높은 브랜드인지도를 구축한 에쓰-오일

에쓰-오일은 대기업 계열사인 GS칼텍스, SK에너지와 같은 경쟁사에 비해 주유소 네트워크의 열세뿐 아니라 브랜드인지도 및 브랜드이미지 측면에서 많은 어려움을 겪고 있었다. 에쓰-오일은 '좋은 기름'이라는 차별적 제품특성을 브랜드컨셉으로 한 마케팅커뮤니케이션을 전개해 '에쓰-오일 = 좋은 기름'이라는 브랜드연상을 구축했다. 그리고 '에쓰-오일 = 좋은 기름'이라는 연상을 더욱 강화하기 위해 좋은 기름(Good Oil)을 상징하는 캐릭터인 구도일을 개발해 광고에 활용했다. 구도일 캐릭터는 에쓰-오일의 CI 컬러인 노란색 몸체에 초록색 의상을 입히고 기름을 형상화해 머리끝을 뾰족하게 디자인하였다. 그리고 좋은 기름이라는 메시지의 전달효과를 극대화하기 위해 스토리도 부여했다. 구도일은 기름의 고장 중동에서 사람과 자동차를 이롭게 하기 위해 먼 길을 달려온, 항상 긍정적인 사고와 따뜻한 감성을 가진 12살 사춘기 소년으로 설정되었다.

브랜드인지도 상승과 브랜드강화와 직결된다.

빅 모델 간의 경쟁이 치열한 광고시장에서 캐릭터를 광고모델로 등장시키는 것이 새로움을 부여하기도 하지만, 상대적으로 빅 모델에 비해 소비자의 관심을 받을 수 있는 가능성이 적을 수 있다. 이러한 문제점을 극복하기 위해 CF론칭과 더불어 다양한 고객접촉점을 통해 소비자와 캐릭터가 만날 수 있는 방법들을 개발해 실행에 옮겼다. 공덕동 에쓰-오일 본사 앞에서 시민들에게 식수를 제공하는 구도일 식수대는 무더웠던 2012년 여름 사회에서 큰 화제가 되었으며, 에쓰-오일이 후원하는 골프대회에 커다란 구도일이 등장해서 즐거운 경험을 제공하고, SBS 간판 예능 프로그램인 런닝맨에도 등장해서 시청자들로부터 큰 관심을 받았다. 언론의 관심 역시 뜨거웠다. 기존에 인기 걸그룹 소녀시대의 윤아, 가수 아이유와 같은 쟁쟁한 톱 모델을 광고에 기용하던 에쓰-오일이 2012년 캠페인부터 캐릭터를 모델로 등장시킨 것부터 이목을 끌만한 일이었고, 주요 일간지와 공중파 보도 프로그램을 비롯한 여러 온·오프라인 매체에서 구도일을 필두로 한 캐릭터

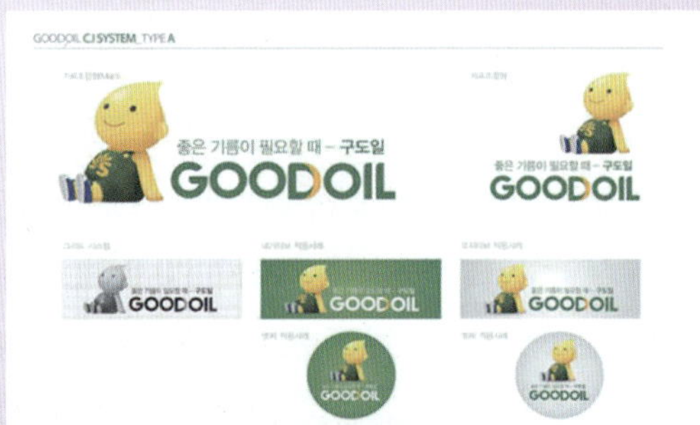

에쓰-오일은 지속적인 마케팅커뮤니케이션활동을 통해 '에쓰-오일 = 좋은 기름, 좋은 기름 = 구도일, 구도일 = 에쓰-오일'이라는 브랜드연상 형성을 토대로 높은 브랜드인지도를 구축하는 데 성공했다.

구도일 캐릭터

마케팅의 부활에 대해 심도 있게 다루기도 했다.

에쓰-오일은 지속적인 마케팅커뮤니케이션활동을 통해 '에쓰-오일 = 좋은 기름, 좋은 기름 = 구도일, 구도일 = 에쓰-오일'이라는 브랜드연상을 강화함으로써 높은 브랜드인지도를 구축하는 데 성공했다. 에쓰-오일은 브랜드 친숙성에 따른 브랜드호감을 증대시키기 위해 다양한 상황과 접점에서 구도일 캐릭터를 경험할 수 있도록 했다. 캐릭터를 다양한 판촉물(구도일 인형, 구도일 생활용품 등)로 활용한 경우가 한 예이다.

성취하기 쉽지 않다. 마케터는 제품의 개인적 관련성을 높이기 위해 광고 속에 '나', '당신' 같은 1인칭~2인칭 대명사를 흔히 사용하는데, 이러한 인칭대명사의 사용은 광고가 소비자 자신과 관련되어 있다는 생각을 갖게 한다. 가령, 현대자는 i30, i40, Veloster 모델을 출시하면서 젊은 소비자층을 표적으로 그들의 개성적 특성을 표현한 라이프스타일 브랜드 PYL(Premium Younique Lifestyle)로 포지셔닝했었는데, PYL에 대한 광고캠페인에서 "차가 당신처럼 유니크해지면 유니크한 라이프스타일은 시작된다"라는 헤드라인을 통해 이 승용차브랜드들이 타깃층의 라이프스타일과 관련된다는 것을 부각시켰다. 그러나 브랜드광고 카피 중에 인칭대명사가

브랜드가 타깃고객과 관련성이 있음을 부각시키는 광고의 예: 현대차는 i30, i40, Veloster 모델을 출시하면서 젊은 층을 겨냥한 라이프스타일 브랜드 PYL(Premium Younique Lifestyle)로 포지셔닝했는데, PYL에 대한 광고캠페인에서 "차가 당신처럼 유니크해지면 유니크한 라이프스타일은 시작된다"라는 헤드라인을 사용해 PYL이 타깃층의 라이프스타일과 관련된다는 것을 부각시켰다.

직접적으로 언급되기보다는 이를 암시하는 표현이 보다 일반적인데, "(당신은) 충치예방을 위해 페리오치약을 꼭 사용하세요"가 그 예이다. 또한 광고된 브랜드의 개인적 관련성을 높이기 위해 소유대명사가 사용되기도 하는데, "피로에 지친 당신의 남편을 위해 아로나민골드를 선물하세요"가 그 예이다. LG전자의 "제 꿈에 날개를 달아 주세요"와 같은 광고카피는 1인칭 대명사를 사용하고 있는데, 이는 소비자 자신과의 직접적인 관련성을 높임으로써 2인칭 대명사를 사용하는 경우보다 광고에 담긴 메시지를 처리하려는 노력을 더 높일 수 있다.

넷째, 특별한 메시지 원천을 광고에 사용한다. 유명인과 같은 특별한 광고모델은 브랜드회상을 현저히 증가시킬 수 있다. 가시성이 높은(인기 있는) 광고모델은 소비자로 하여금 광고에 주의를 기울이게 하고 그 결과 브랜드명을 보다 잘 기억하게 만들 가능성이 높다. 그러나 소비자가 브랜드명 대신 유명광고모델만을 기억하는 상황이 발생되지 않도록 광고실행에 신중을 기해야 할 것이다. 대다수 소비자들이 좋아하고 제품광고모델로 인기를 끄는 유명인 가운데 한 사람이 피겨여왕 김연아 선수다. 따라서 많은 기업들이 그녀를 광고모델로 이용한다. 그런데 문제는 김연아를 모델로 한 제품광고가 커피, 우유, 운동화, 의류, 생리대, 휴대폰, 자동차, 에어컨 등 지나치게 많아 그녀가 출연한 제품광고에서 브랜드명이나 그 브랜드의 제품특성을 기억해낼 수 있는 소비자가 별로 없을 수 있다는 것이다. 즉 광고모델의 높은 인지도가 브랜드인지도를 구축하는 데는 별 도움을 주지 못할 수 있다.

다섯째, 브랜드회상을 높이기 위해 **기억증대기법**(mnemonic device)이나 **징글**을 사용한다. 기억증대기법은 단어의 리듬을 이용하여 소비자의 브랜드명에 대한 회상을 돕는다. 기업은 광고에서 자사의 브랜드명을 이와 관련된 어구나 시각적 보조장치와 연결시키는 방법을 자주 사용하는데, "팍팍 캐내십시요-케토톱", "잇몸튼튼 이가탄탄-이가탄", "시리다 싫으면-시린메드 F 치약" 등이 그 예이다. 광고에 사용되는 관련어구로는 시각적 연상을

브랜드회상을 높이기 위한 기억증대기법의 예

브랜드마케팅 따라잡기

징글을 통한 브랜드인지도 구축

'손이 가요 손이 가~(농심 새우깡)'
'말하지 않아도 알아요~(오리온 초코파이)'
'간 때문이야~(대웅제약 우루사)'….

광고음악은 소비자에게 브랜드를 친숙하게 만들어 브랜드에 대한 기억을 높이는 데 도움을 준다. 어려운 기술용어를 가사로 풀어내 쉽게 이해할 수 있게 하거나 향기와 같은 다른 요소와 결합해 시너지를 낼 수도 있다. 소리나 음악 같은 청각적 요소를 브랜드마케팅에 활용하는 것을 소닉브랜딩(Sonic Branding)이라고 한다. 제품이나 브랜드의 이미지에 맞게 쉽게 따라 부를 수 있도록 만들어진 CM송(Commercial Song)이나 단순한 멜로디 형태의 징글(jingle)이 대표적이다. 기업들은 자사브랜드 이미지에 맞는 음악이나 멜로디를 제작해 활용한다. 종근당은 1960년 종(鐘)을 기업의 심벌로 삼고, 이듬해부터 모든 광고의 마지막에 종소리 효과음을 넣었다. 인기음악을 일부 변형해 브랜드구축에 이용하기도 한다. 싸이의 '강남스타일'을 리메이크했던 LG유플러스의 U⁺스타일, 농심의 신라면스타일 등이 이에 해당한다. 던킨도너츠는 음악과 향기를 결합한 마케팅커뮤니케이션 기법을 선보였다. 칸국제광고제에서 동상을 받은 '향기 라디오' 마케팅이 바로 그것이다. 던킨도너츠는 일부 서울 시내버스에 던킨의 징글을 내보내고, 해당음악을 인식하는 커피향 분사기를 설치했다. 버스가 던킨도너츠 매장이 위치한 정류장에 닿으면, 던킨의 징글과 함께 커피향 분사기를 통해 향기로운 커피향을 뿌린 것이다. 소닉브랜딩은 구전효과가 높고 벨소리나 통화연결음 등 신규수익을 창출할 수 있지만, 과도하게 반복되는 징글은 소비자들을 짜증나게 할 수 있다.

높이거나 구체적인 단어를 사용하는 것이 브랜드회상에 효과적이며, 제품범주에 대한 욕구와 브랜드명 간의 연상관계를 형성하는 데 도움이 되는 단어가 사용되는 것이 바람직하다. 예를 들어, 매일유업이 어린이를 표적으로 한 요구르트브랜드인 엔요를 출시하면서 「우리 앤요-엔요」라는 광고문구의 반복제시를 통해 목표고객의 제품범주욕구와 브랜드명을 효과적으로 연결시켰다.

징글은 TV와 라디오 광고에서 브랜드회상력을 높이기 위해 흔히 사용되는 광고실행기법인데, "12시에 만나요 브라보콘"이 한 예이다. 브랜드명과 제품범주에 대한 욕구를 연결시키는 문구(가령, 헤드라인)를 음악으로 전달하는 징글은 브랜드명의 회상을 높이는 데 효과적이다. 징글은 단순히 말로 전달하는 광고보다 브랜드회상에 훨씬 효과적일 수 있는데, 이는 음악이 말

브랜드마케팅 따라잡기

경기·소비자 관여도에 상관없이 파워브랜드는 항상 높은 매출을 유지한다.

흔히 불황기에는 모든 제품이 잘 안 팔린다고 생각하기 쉽지만 오히려 불황기에 판매가 늘어나는 제품이 있다. 대체로 그런 제품들은 강력한 브랜드파워를 가진 것들이다. 일반적으로 불황기에는 소비자들의 구매행동은 보다 신중해 진다. 충동구매를 억제하고 모험심이 없어진다. 따라서 평소에 잘 알고 있던가 또는 확실한 신뢰성을 가진 브랜드만을 선택한다. 그러다 보니 불황기에는 동종의 제품군 중에서 가장 잘 알려졌거나 신뢰를 받고 있는 브랜드에 매출이 집중되는 것이다. 경기에 상관없이 오랫동안 높은 매출을 유지하고 있는 대표적인 파워브랜드의 하나가 오리온 초코파이인데 1974년 출하된 제품으로 일반적으로 제과제품의 수명이 짧게는 3개월, 길어야 3년에서 5년이라는 점을 감안할 때 매우 성공적인 케이스라고 할 수 있다.

이러한 현상은 소비자들이 확실하게 우리온 초코파이라는 제품을 신뢰해 주었기 때문이다. 이러한 높은 소비자신뢰도의 가장 큰 이유는 제품 자체의 상대적인 경쟁력에 있다. 이와 함께 마케팅커뮤니케이션전략도 오리온 초코파이의 브랜드자산형성에 기여하였다. 오리온 초코파이는 「情」이라는 주제를 가지고 일관성 있는 광고캠페인을 전개해왔다. 오리온초코파이의 「情」캠페인은 1988년 11월 선생님편이 방영되면서 시작되었다. 그 이전까지의 광고는 일반적인 제과광고와 다른 것이 없었으나 「情」캠페인광고가 집행된 이후 오리온 초코파이는 경쟁제품과 차별화된 브랜드이미지를 누적시켜 왔다. 그러한 일관성 있는 광고캠페인의 결과로서 초코파이라면 자연스럽게 오리온이 연상이 될 정도로 강력한 브랜드이미지를 소비자들의 마음속에 심어 주었다. 불황이라고 해서 소비가 전혀 이루어지지 않는 것은 아니며 오리온 초코파이같이 불황에도 잘 팔리는 상품이 있다. 다만 소비자들이 신중해지기 때문에 구매를 할 때 무엇인가 분명한 이유를 찾으려고 한다. 따라서 이미지적 요소보다는 실질적 가치에 더욱 비중을 두게 된다. 상품의 가격, 원료, 실제적인 효용성 등이 중요시되는 것이다. 소비자들의 이러한 태도변화에 따라 불황기에는 광고의 내용과 표현을 가치지향적인 것으로 바꾸지 않으면 안 될 것이다.

불황기의 광고는 추상적인 이미지만을 추구해서는 곤란하다. 소비자의 구매동기를 찾아내고 그것에 직접적으로 호소함으로써 상품의 판매를 촉진시키는 실질적인 도구가 되어야 할 것이다. 기능성 화장품에서 발견되는 새로운 크리에이티브 경향이 흥미롭다. 전통적으로 화장품 광고는 구체적인 제품정보보다는 이미지를 강조하는 방향으로 제작되었다. 물론 그런 광고가 효과가 있었던 것은 제품의 구성이 단순하고, 방문판매라는 유통시스템이 있었기 때문에 가능했다. 그러나 이제는 유통구조도 바뀌고 제품의 구성도 다양해졌다. 제품이 다양하고 경쟁이 치열한 상황에서 소비자가 직접 브랜드를 선택하는 시대가 되었다. 이제는 화장품의 광고가 모델의 얼굴이나 팔고 분위기만 내세워서는 소비자를 설득할 수 없게 되었다. 아모레퍼시픽의 「아이오페 레티놀 2500」이 큰 성공을 거둔 것은 브랜드가 소비자의 구매욕구를 직접적으로 자극할 수 있는 구체적인 가치를 가지고 있었기 때문이다.

광고의 이상적인 목표는 광고를 보고 소비자들이 의도적으로 매장을 찾아와 광고된 브랜드를 구매하도록 하는 것이다. 그러나 그것은 현실적으로 매우 어려운 일이다. 오히려 그런 경우보다는 우연히 상품과 접촉했을 때 『아! 이것이 광고를 통해 좋은 느낌을 받았던 바로 그 제품이로구나』라고 생각이 나서 구매를 하는 경우가 더욱 많다.

광고의 내용은 훤히 기억을 하면서도 막상 그것이 무슨 제품의 광고였던지를 기억하지 못하는 경우가 많다. 소비자의 머릿속에 브랜드가 존재하지 않거나 아니면 떠오르지 않는 것이다. 광고는 소비자들에게 재미나 즐거움만을 주기 위해서 만들어지지 않는다. 매장은 치열한 경쟁이 존재하고 있는 현장이다. 그리고 매장에는 TV광고가 존재하는 것이 아니라 상품의 브랜드와 패키지만이 존재한다.

일반적으로 TV나 자동차 같은 고관여제품의 경우에는 구매를 결심하기 훨씬 전에 이미 브랜드가 결정된다. 그러나 비누, 치약과 같은 저관여제품일 때는 구매의사결정과 브랜드선택이 상품이 놓여 있는 매장에서 이루어지는 경우가 많다. 그런 경우에 결국 경쟁을 이겨내는 것은 브랜드의 파워이다. 매장에 있어서 브랜드는 단순히 상품의 이름만이 아니며 광고의 내용을 생각나게 하는 일종의 시그널이기도 하다. 브랜드를 접촉하는 순간 소비자들은 광고를 통해 얻을 수 있었던 모든 제품정보를 회상하게 된다.

그럼에도 불구하고 실제 TV광고를 제작하는 과정 중에서 종종 브랜드의 중요성이 잊혀지는 경우가 있다. TV광고들은 브랜드가 자주 등장하게 되면 광고의 품질이 떨어질 수 있다는 이유로 브랜드의 지나친 노출을 의도적으로 통제한다. 그러다 보니 심한 경우에는 광고를 보고 있는 동안에도 그 광고가 도대체 무슨 제품의 광고인지를 모르는 경우도 있다.

배스킨 라빈스는 브랜드가 가지고 있는 제품특성을 광고에 효율적으로 활용한 성공적 사례라고 할 수 있다. 배스킨 라빈스의 TV광고는 일체의 장식적인 요소가 배제된 채 모든 메시지가 브랜드와 제품의 특징 쪽에만 집중되었다. 그렇기 때문에 소비자는 거리에서 배스킨 라빈스의 브랜드를 발견할 때마다 이미지의 혼란이 없이 곧바로 다양한 제품들을 떠올리고 구매욕구와 연결된다. 그런 점에서 제품의 브랜드와 패키징은 광고시점과 매장에서의 구매시점 사이에 존재하는 시간과 공간의 차이를 극복하는 데 기여하는 마케팅 요소라고 할 수 있다. '광고 따로, 매장에서의 판매 따로' 방식의 마케팅 접근은 광고비 낭비를 초래한다. 브랜드인지도 구축은 마케팅커뮤니케이션의 출발이며 궁극적인 목적지라고 할 수 있다

보다 소비자의 광고에 대한 관심 정도를 높이며 징글에 담겨진 노래가사를 (마음속으로 혹은 소리내어) 반복 연습하게 만들 수 있기 때문이다. 그러나 널리 알려진 음악에 브랜드와 관련한 새로운 가사를 붙인 징글은 브랜드회상에 별로 도움이 되지 않는다.[10]

여섯째, 경쟁제품들보다 광고의 빈도를 높인다. 마케터들은 자사브랜드를 제품범주(혹은 제

10) R. F. Yalch, "Memory in a Jingle Jungle: Music As a Mnemonic Device in Communicating Advertising Slogans," *Journal of Applied Psychology*, 1991, 76(2), pp. 268-275.

품범주에 대한 욕구)와 강하게 연계시켜 제품범주에 대한 욕구가 발생될 때 자사브랜드가 즉각적으로 회상되도록 만들고 싶어 한다. 반복광고는 자사브랜드에 대한 회상을 높이는 데 효과적인 방법이다. 그러나 많은 브랜드들이 경쟁적으로 광고를 집행하기 때문에 자사브랜드에 대한 광고의 빈도가 경쟁브랜드들보다 상대적으로 높아야 할 것이다. 어느 정도의 브랜드회상 수준이 바람직한지는 제품의 관여수준에 달려 있다. 일반적으로 고관여제품의 경우에는 소비자들은 브랜드회상에 보다 많은 노력을 기울이므로 고려대상 상표군에 포함되는 브랜드의 수가 대체로 많을 것이다(즉 5개에서 6개 정도의 브랜드를 떠올릴 수 있음). 그러나 고관여제품의 경우에도 자사브랜드가 떠오른 순서에서 상위를 차지하는 것이 브랜드선택에 유리할 것이다. 저관여제품의 경우에는 회상되는 브랜드의 수가 고관여제품에 비해 훨씬 적으며, 브랜드회상에 소요되는 시간이 짧고 소비자는 어떤 브랜드가 떠오르더라도 별 상관이 없다고 생각한다.[11] 저관여제품의 경우에는 가장 먼저 회상되는 브랜드가 선택될 가능성이 매우 높다.[12] 그러므로 마케터는 자사브랜드가 소비자의 쇼핑리스트(혹은 고려상표군)에 포함되도록 해야 하며 가능하면 고려상표군 내에서 상위를 차지하도록 만들기 위해 높은 수준의 반복광고를 실시해야 한다. 마케터는 높은 브랜드회상력을 달성하고 이를 유지하기 위해 선도적 경쟁업체의 광고빈도를 자사브랜드에 대한 반복광고의 수준을 결정하는 데 있어 지침으로 고려할 필요가 있다.

(3) 브랜드회상 및 브랜드재인의 동시 관리

1) 브랜드회상-브랜드재인 모두가 중요한 경우

마케터는 브랜드회상과 브랜드인지도를 모두 높임으로써 강한 브랜드인지도를 형성하려고 할 수도 있다. 브랜드회상이 먼저 이루어지고 브랜드재인이 유발되는 것은 브랜드재인만을 높이려는 마케팅노력의 대안으로 볼 수 있다. 즉 마케터는 소비자들이 구매시점에 우연하게 자사브랜드를 알아보게 되기를 기대하기보다는 보다 적극적으로 소비자들로 하여금 자사브랜드명을 먼저 회상하도록 만든 다음 구매시점에 자사브랜드를 찾아서 이를 재인하도록 하는 것을 마케팅커뮤니케이션노력의 목표로 삼을 수 있다.

브랜드회상과 브랜드재인을 모두 높이려는 노력은 성취하기 매우 어려우며 이를 위해 광고와 촉진에서 추가적인 메시지를 제공해야 한다는 점에서 높은 커뮤니케이션 비용이 소요된다.

11) J. R. Hauser and B. Wernerfelt, "An Evaluation Cost Model of Consideration Sets," *Journal of Consumer Research*, 1990, 16(4), pp. 393-409.

12) F. R. Kardes, G. Kalyanarum, M. Chandrashakaran, and R. J. Domoff, "Brand Retrieval, Consideration Set Composition, Consumer Choice, and the Pioneering Advantage," *Journal of Consumer Research*, 1993, 20(1), pp. 62-75.

그러나 오늘날과 같이 슈퍼마켓을 포함한 대규모 소매점들이 각 제품범주에서 수많은 경쟁브랜드들을 진열하는 상황에서 브랜드회상과 브랜드재인을 모두 높이려는 마케팅커뮤니케이션 노력은 갈수록 매력적인 대안으로 인식되고 있다. 전형적인 대형슈퍼마켓은 18,000개 정도의 품목들을 진열하고 있다. 주말에 정기적으로 슈퍼마켓에서 쇼핑을 하는 소비자가 평균 45분 동안의 쇼핑시간에 60개 정도의 제품범주를 구매한다고 가정한다면, 진열된 18,000개 품목을 모두 살펴보는 경우에 그 소비자는 1초에 6.7개의 품목을 훑어보아야 한다는 추정이 나온다. 그러나 이는 소비자의 제한된 정보처리능력으로 인해 실행하기 불가능하다(만약 1품목을 훑어보는 데 1초를 소요한다면 그 소비자는 쇼핑에 5시간을 투자해야 할 것이다). 이러한 쇼핑과업의 부담을 덜기 위해 소비자들은 많은 제품범주들에서 높은 브랜드충성도를 가진 품목을 찾아 이를 바로 구매하는 쇼핑행위(simple locating behavior)를 보이는 경향이 있다. 이 경우 소비자들은 구매해야 할 제품범주에서 브랜드명을 먼저 회상하고 진열된 경쟁브랜드들 가운데 단순히 그 브랜드를 찾아내는 반응과정을 갖게 된다.[13]

슈퍼마켓 제품에 대한 구매에서 사전에 결정된 브랜드를 찾아서 선택하는 행위가 차지하는 비율이 35% 정도 된다고 하였다(〈표 6-2〉를 참조). 〈표 6-2〉에서 술과 담배의 경우 점포방문 전에 이미 결정된(회상된) 특정브랜드를 구매하는 행위를 보이는 쇼핑객이 전체에서 각각 80%와 67%를 차지할 정도로 높은 비율을 보이고 있다.

다점포로 구성된 쇼핑몰에 입주해 있는 소매업자들은 브랜드회상과 브랜드재인을 함께 높임으로써 자점포의 방문확률을 높일 수 있다. 예를 들어, 새로 입점한 Levi's의류점은 쇼핑객들에게 Levi's전문점이 생겼다는 것을 회상시켜서 쇼핑몰 내의 자점포를 찾아보도록 유도할 수 있다면 매출증대에 효과적일 수 있다. 브랜드회상에 의해 브랜드재인을 유발하려는 마케팅 노력은 매우 성취하기 어려운 브랜드인지도 목표이다. 즉 이는 브랜드회상과 브랜드재인을 모두 높이는 광고실행방식이 광고 속에 포함되어야 하므로 장시간의 방송매체광고나 넓은 지면의 인쇄매체광고를 필요로 한다.

브랜드회상에 의해 브랜드재인을 유발하는 데 있어 가장 효과적인 방법은 호의적 태도형성에 효과적인 광고메시지에 보다 많은 광고시간이나 공간을 할애하여(즉 보다 긴 광고물을 사용하여) 강력한 호의적 브랜드태도가 형성되도록 만드는 것이다. 강한 호의적 브랜드태도를 유발하는 광고에 노출된 소비자들은 광고를 보는 동안 마음속으로 브랜드명을 반복함으로써 차후에 브랜드회상을 용이하게 하는 인지적 노력을 할 수 있다. 소비자들은 매우 강한 호의적 태도

13) S. K. Wenger, C. P. Thompson, and C. A. Bartling, "Recall Facilitates Subsequent Recognition," *Journal of Experimental Psychology: Human Learning and Memory*, 1980, 6(2), pp. 135-144.

를 가진 브랜드를 가장 먼저 회상하고(top of mind) 그 브랜드가 진열된 장소를 찾아 이를 구매할 수 있을 것이다.

브랜드회상과 브랜드재인을 모두 높이려는 노력은 다음과 같은 상황에서 효과적이다.

① 자사브랜드를 사용해 본 적이 없는 고객들을 표적으로 하는 신규브랜드 혹은 기존브랜드 - 이 경우 마케터는 소비자가 신중한 브랜드선택이 이루어지도록 하기 위해 긴 시간 혹은 대형의 광고를 사용하는 것이 효과적이다.

② 경쟁브랜드에 대해 높은 충성도를 보이는 고객들을 표적으로 하는 신규 혹은 기존브랜드 - 이 경우 마케터는 점포 내에서 고객들이 단순히 경쟁브랜드가 진열된 위치를 찾는 행위에서 벗어나 자사브랜드로 유인하려는 노력을 기울여야 한다.

2) 브랜드회상-브랜드재인을 함께 높이기 위한 마케팅커뮤니케이션전략

브랜드회상과 브랜드재인을 함께 높이는 것은 달성하기 매우 어려운 마케팅커뮤니케이션 목표이지만, 슈퍼마켓이나 백화점 내에서 브랜드들 간의 경쟁적인 디스플레이로 인한 혼잡상태가 갈수록 증가하는 소매환경을 극복하기 위해 적극적으로 고려되어야 한다.

브랜드회상과 브랜드재인을 함께 높이는 것은 구매 전에 자사브랜드가 고려대상상표로 먼저 회상되어야 하며 구매시점에 이를 쉽게 알아볼 수 있도록 만들어야 함을 의미하므로, 앞에서 설명된 브랜드회상과 재인을 높이는 마케팅커뮤니케이션이 함께 사용되어야 한다. 즉 광고 속에서 브랜드명에 대한 회상을 높이는 실행기법이 활용되어야 하며 이와 함께 패키지나 로고를 보여줌으로써 브랜드재인도 증대시켜야 할 것이다. 먼저 구매시점 전에 브랜드회상의 수준을 높이기 위해서는 앞에서 설명된 여섯 가지 실행기법들이 고려되어야 된다. 그리고 구

감기약 브랜드 판피린 Q는 광고 속에 브랜드패키지와 로고, 광고모델을 보여주고 주요 카피문구 및 슬로건과 브랜드명을 연결시킴으로써 브랜드재인-브랜드회상을 함께 높이기 위한 마케팅커뮤니케이션전략을 수행했다.

표 6-4 | 브랜드회상-브랜드재인을 함께 높이기 위한 마케팅커뮤니케이션전략

1. 광고 중에 브랜드명을 선명하게 보이도록 해야 하며 브랜드패키지와 기업로고를 보여준다.
2. 주요카피문구(가령, 헤드라인이나 슬로건) 중에 제품범주에 대한 욕구와 브랜드명 간의 연상관계를 포함시킨다.
3. 단순히 브랜드명을 반복하기보다는 제품범주에 대한 욕구와 브랜드명 간의 연상관계를 반복적으로 제시한다.
4. 자사브랜드의 개인적 관련성을 높이도록 한다.
5. 특별한 메시지 원천(광고모델)을 활용한다.
6. 기억증대법이나 징글은 브랜드회상능력을 증가시킬 수 있다.
7. 경쟁브랜드들보다 광고의 빈도를 상대적으로 높인다.

매시점에 재인을 높이기 위해서는 광고 속에서 브랜드패키지, 로고, 브랜드명을 선명하게 부각시키고 이들에 대한 충분한 노출이 이루어질 수 있도록 해야 한다. 가령, 감기약 브랜드 판피린 Q는 광고 속에 브랜드패키지와 로고, 광고모델을 보여주고 주요 카피문구 및 슬로건과 브랜드명을 연결시킴으로써 브랜드재인-브랜드회상을 함께 높이기 위한 마케팅커뮤니케이션전략을 수행했다.

〈표 6-4〉는 브랜드회상-브랜드재인을 함께 높이기 위한 마케팅커뮤니케이션전략을 보여준다.

참고문헌

1. 안광호 · 이진용, 브랜드의 힘을 읽는다, 더난출판, 2006.
2. Alba, J. W., J. W. Hutchinson, and J. G. Lynch, "Memory and Decision Making," in T. S. Robertson and H. H. Kassarjian, eds., *Handbook of Consumer Behavior*, Prentice-Hall, 1991, chapter 1.
3. Bagozzi, R. P., and A. J. Silk, "Recall, Recognition, and the Measurement of Memory for Print Advertisements," *Marketing Science*, 1993, 2(2), pp. 95-134.
4. Fazio, R. H., P. M. Herr, and M. C. Powell, "On the Development and Strength of Category-Brand Association in Memory: The Case of Mystery Ads," *Journal of Consumer Psychology*, 1992, 1(1), pp. 1-13.
5. Hauser, J. R., and B. Wernerfelt, "An Evaluation Cost Model of Consideration Sets," *Journal of Consumer Research*, 1990, 16(4), pp. 393-409.
6. Heeler, R. M., "Comment: on the Awareness Effects of Mere Distribution," *Marketing Science*, 1986, 5(3), p. 273.

7. Kardes, F. R., G. Kalyanarum, M. Chandrashakaran, and R. J. Dornoff, "Brand Retrieval, Consideration Set Composition, Consumer Choice, and the Pioneering Advantage," *Journal of Consumer Research*, 1993, 20(1), pp. 62-75.
8. Le Boutillier, J., S. Le Boutillier, and S. A. Neslin, "A Replication and Extension of the Dickson and Sawyer Price-Awareness Study," *Marketing Letters*, 1994, 5(1), pp. 31-42.
9. Lynch, J. G., Jr., and T. K. Srull, "Memory and Attention Factors in Consumer Choice: Concepts and Research Methods," *Journal of Consumer Research*, 1982, 9(1), pp. 18-37.
10. Murnane, K., and M. P. Phelps, "Effect of Change in Relative Cue Strength on Context-Dependent Recognition," *Journal of Experimental Psychology: Learning, Memory, and Cognition*, 1995, 21(1), pp. 15-172.
11. Nedungadi, "Recall and Consumer Consideration Sets: Influencing Choice Without Altering Brand Evaluation," *Journal of Consumer Research*, 1990, 17(3), pp. 263-276.
12. Rossiter, J. R., and L. Percy, "Visual Imagery in Advertising," in R. J. Harris, ed., *Information Processing Research in Advertising*, New York: Erlbaum, 1983, chapter 4.
13. Wenger, S. K., C. P. Thompson, and C. A. Bartling, "Recall Facilitates Subsequent Recognition," *Journal of Experimental Psychology: Human Learning and Memory*, 1980, 6(2), pp. 135-144.
14. Yalch, R. F., "Memory in a Jingle Jungle: Music As a Mnemonic Device in Communicating Advertising Slogans," *Journal of Applied Psychology*, 1991, 76(2), pp. 268-275.

3

제 7 장

브랜드자산 구축전략(II): 브랜드이미지관리

실용적 브랜드컨셉을 토대로 브랜드자산을 구축한 캐주얼 의류 브랜드 갭의 실적부진: 지루한 브랜드라는 소비자 인식이 실용적 브랜드이미지에 미친 부정적 영향

합리적인 가격에 비교적 좋은 품질의 의류를 판매해 소비자들로부터 사랑받던 미국의 대표 캐주얼 의류브랜드 갭이 최근 부진을 보이고 있다. 회사명과 이름이 동일한 대표 패션브랜드 갭의 부진이 이어지는 동안 이 회사의 저가 의류 브랜드 올드 네이비는 약진하고 있다. 갭이 부진한 마케팅성과를 보이는 원인을 정리하면 다음과 같다.

실패요인 1: 다양성 추구 트렌드를 고려하지 않고 청바지 등 주력제품의 고수

유행이 빠르게 변하는 패션업계에서 고객들은 갭에 대해 가격이 지나치게 비싸고 매번 똑같은 옷을 판매하는 지루한 브랜드로 인식한다. 전문가들은 다양한 상품을 구매하고 싶어 하는 소비자들의 욕구를 고려하지 않고 갭 브랜드가 예전부터 판매해왔던 청바지 등 데님소재의 의류만을 고수하고 있다고 지적한다. 영국의 경제매체 파이낸셜타임스(FT)는 갭 브랜드의 부진에 대해 "최근 티셔츠, 데님 같은 기본적인 의류를 파는 회사들이 스포츠 의류 회사와의 경쟁에서 밀리고 있다. 소비자들은 애슬레저(운동과 여가의 합성어로, 일상에서도 입을 수 있는 스포츠웨어) 트렌드에 따라 데님을 요가 바지나 타이즈로 대체하고 있다"고 분석했다.

실패요인 2: 대체 가능한 SPA 브랜드의 부상

갭은 H&M, 자라, 유니클로 등 의류의 기획부터 생산·유통·판매까지 직접 관리하는 스파(SPA) 브랜드의 빠른 성장세에 대응하지 못했다. 스페인 SPA 브랜드 자라는 일주일에 두 번씩 신상품을 입고한다. 이처럼 저렴한 가격으로, 다양한 디자인의 상품을, 빠른 주기로 공급하는 SPA 브랜드에 대항할 만한 경쟁력을 갭 브랜드가 갖추지 못하고 있는 것이다. SPA 브랜드에 대응하기 위해 갭은 제품가격을 내리고 더 스타일리시한 옷을 개발할 필요가 있다. 갭에서 판매되는 옷들은 SPA 브랜드들에서 판매되는 저렴한 상품으로 대체될 수 있기 때문이다. 가성비 좋은 캐시미어 점퍼, 운동용 셔츠, 패딩 재킷을 구매하기 위해 갭 대신 일본 SPA 브랜드 유니클로를 찾는 소비자들이 늘어나고 있다. 이에 대응해 갭 브랜드와 바나나 리퍼블릭 브랜드 매장을 향후 3년간 200개 축소하고, 올드 네이비와 애슬레타 매장의 수를 확대하기로 했다. 주력브랜드인 갭 대신 자사의 저가형 브랜드 올드 네이비로 SPA 브랜드와 경쟁하려고 한다.

실패요인 3: 온라인 전자상거래 업체들의 의류판매 강화에 대한 부적절한 대응

의류판매에서 온라인 전자상거래 공룡 아마존의 급부상은 갭 브랜드를 비롯한 기존 패션 브랜드들의 마케팅성과에 부정적 영향을 미치고 있다. 최근 아마존은 의류 소매판매 분야를 강화하고 있다. 이는 아마존이 홈페이지에서 자사 의류 브랜드인 라크앤드로, 코어10 등의 제품들을 고객들의 눈에 띄는 곳에 배치하는 경향이 뚜렷한 데서 나타난다. 나아가 아마존 유료회원 대상의 세일행사인 프라임데이(Prime Day) 때도 의류상품에 파격적인 할인율을 적용한다. 또한 아마존은 유료회원들에게는 '프라임 워드로브' 서비스를 제공해 온라인에서 선택한 의류와 신발, 액세서리 등을 집에서 사용해보고 마음에 들지 않으면 무료로 반품할 수 있는 혜택을 준다. 전문가들은 조만간 아마존이 다른 패션회사들의 고객들을 빼앗아 미국 내 1위 의류 소매업체가 될 것으로 내다본다.

그러나 갭은 아마존의 이같은 위협에도 불구하고 오프라인 매장의 판매에 집중하고 있다. 아트 펙 갭 최고경영자(CEO)는 "옷은 대부분 매장에서 판매되며, 앞으로도 그럴 것이다. 매장은 가장 깊은 형태의 사용자 참여 공간이다"라고 말한다. 갭 브랜드처럼 중저가에 질 좋은 의류를 판매해 인기를 끌다가 최근 침체의 늪에 빠진 미국 의류브랜드 제이크루가 9월부터 아마존을 통해 일부 상품을 판매하기로 한 것과 대조되는 전략적 대응이다.

자료원: 이코노미조선, 266호, 2018.9.10.

높은 브랜드인지도는 브랜드자산의 구축에 필요한 선행단계이지만, 이것만으로는 충분하지 않다. 보다 강력한 브랜드자산이 구축되기 위해서는 긍정적인 브랜드이미지의 형성도 함께 요구된다. 브랜드이미지는 브랜드에 대한 지각(혹은 전반적 인상)으로 정의되며, 이는 기억 속에 저장되어 있는 다양한 브랜드관련 연상들의 결합으로 형성된다.

강력한 브랜드이미지는 바람직한 브랜드아이덴티티를 개발한 다음 통합적인 마케팅커뮤니케이션 캠페인을 통해 이를 효과적·효율적으로 전달함으로써 목표소비자의 마음속에 강력하고 호의적이면서 독특한 브랜드연상들을 심어줌으로써 창출된다. 이처럼 특정브랜드의 브랜드자산은 경쟁브랜드들과 차별화된 좋은 이미지를 가졌기 때문에 형성되지만, 실제에 있어 소비자는 기업의 계획된 마케팅노력이 있든 없든 간에 자기 나름대로의 경험을 토대로 브랜드이미지를 만들어 낸다. 그러나 소비자들이 인식하고 있는 자사브랜드에 대한 이미지는 기업이 의도한 바와 다를 수 있다. 가령, 일류기업이라는 아이덴티티를 추구하는 삼성브랜드에 대해 소비자들은 '냉정한', '얄미운' 등의 부정적 연상(이미지)을 갖게 될 수도 있는 것이다. 때문에 기업은 브랜드이미지의 형성을 소비자들에게 맡겨두고 행운만을 기대해서는 안 된다. 기업이 브랜드이미지를 심어주기 위해서는 체계적이면서 장기적인 브랜드이미지의 개발과 이의 관리가 요구된다. 기업이 원하는 바람직한 브랜드이미지는 브랜드컨셉의 개발을 통해 구체적으로 목표소비자들에게 전달된다. 이하에서는 브랜드이미지(혹은 브랜드컨셉)의 개발과 이의 체계적 관리과정에 대해 살펴보기로 한다.

01 브랜드컨셉관리의 의의와 브랜드컨셉의 유형

브랜드는 단순히 브랜드명이나 로고, 패키지 디자인을 일컫는 것이 아니라, 제품과 관련된 컨셉을 전달하는 것이다. **브랜드컨셉**(brand concept)이란 기업이 개발하여 표적고객의 마음속에 심어주고 싶은 구체적 의미를 말한다. 잘 정의된 브랜드컨셉은 특정제품범주에서 소비자의 마음을 장악할 수 있다. 그러므로 브랜드를 관리한다는 것은 단순히 브랜드명을 관리하는 것이 아니라 브랜드컨셉을 전략적으로 관리하여 브랜드자산을 강화하고 소비자 충성도를 증대시키려는 기업의 지속적 노력이다. **브랜드컨셉관리**(brand concept management)란 브랜드의 수명주기에 맞추어 브랜드컨셉을 계획·실행·통제하는 과정으로 정의될 수 있다.

소비자는 브랜드의 구매를 통해 자신이 추구하는 욕구를 충족시키고 싶어 하므로 기업은 각기 다른 소비자 욕구를 겨냥하여 브랜드컨셉을 개발한다. 소비자가 추구하는 욕구는 크게 실용성추구 욕구, 긍지(상징)추구 욕구, 경험추구 욕구로 나누어진다. 구체적인 브랜드컨셉(의미)의 개발과 이의 관리는 세 가지 유형의 기본적 소비자 욕구 중의 하나에 초점을 맞춤으로써 실현될 수 있다. 기업이 어떤 유형의 소비자 욕구를 강조하느냐에 따라, 브랜드컨셉은 기능적 브랜드컨셉, 상징적 브랜드컨셉, 경험적 브랜드컨셉으로 나누어 볼 수 있다. 기업은 표적소비자의 욕구에 가장 부합되는 브랜드컨셉을 선택하게 된다.

기능적 브랜드컨셉(functional brand concept)은 제품(브랜드)의 구매를 통해 소비자가 실제로 당면한 문제를 해결할 수 있음을 강조하는 것이다. 가령, 승용차 모델이 안전성이나 경제성을 강조하면 기능적 브랜드컨셉이 된다. **상징적 브랜드컨셉**(symbolic brand concept)은 특정집단의 구성원들로부터 인정을 받으려는, 자기의 지위를 과시하려는, 혹은 자아이미지를 표현하려는 소비자의 욕구를 강조하는 것이다. 제네시스, 벤츠 등은 품위를 강조하는데, 이러한 브랜드들은 자신에 대한 긍지를 높이고자 하는 소비자 욕구의 충족에 초점을 맞춘다. **경험적 브랜드컨셉**(experiential brand concept)은 제품을 사용하는 동안에 감각적 즐거움을 경험하고 싶은 소비자 욕구를 강조하는 것을 말한다. 승용차 모델이 안락한 승차감을 강조하거나 포르셰와 같은 스포츠카를 운전하면서 감각적 자극을 즐기고 싶은 소비자 욕구를 강조하는 것은 경험적 브랜드컨셉의 한 예가 될 수 있다.

02 브랜드컨셉관리

Park, Jaworski, and MacInnis는 브랜드컨셉관리(brand concept management: BCM)라는 전략적 브랜드이미지관리의 틀을 제시했다. 이 모델에 따르면 브랜드이미지관리는 브랜드컨셉의 도입(introduction), 정교화(elaboration), 강화(fortification)의 세 단계로 이루어진다. 먼저 기업은 세 가지 유형의 기본적 소비자 욕구를 토대로 개괄적인 브랜드컨셉을 선택하게 되는데, 이는 브랜드포지셔닝 전략과 마케팅믹스 프로그램 수립의 근간이 된다. 선택된 브랜드컨셉은 컨셉도입기, 컨셉정교화기, 컨셉강화기에 맞추어 차별적으로 관리된다. 컨셉도입기에서는 기업이 선택한 브랜드컨셉을 소비자들이 잘 이해하도록 함으로써 기업이 원하는 브랜드이미지가 소비자 마음속에 형성되도록 만든다. 다음으로 개념정교화기에서는 브랜드이미지의 가치를 증대시키고 경쟁사 대비 자사브랜드 가치의 상대적 우수성을 확보·유지시키고, 브랜드에 대해 보

브랜드마케팅 따라잡기

동원참치의 성공적인 기능적 브랜드컨셉관리

동원참치는 체계적인 브랜드컨셉관리(BCM: Brand Concept Management)를 통해 브랜드자산을 구축/강화하는 데 성공했다. 브랜드이미지관리는 브랜드 컨셉의 도입(Introduction), 정교화(Elaboration), 강화(Fortification)의 세 단계로 이루어진다. 이하에서는 동원참치가 브랜드컨셉을 장기적으로 관리하고 발전시켜온 과정을 살펴보기로 한다.

브랜드컨셉 도입기: 참치캔의 기능을 심다

동원참치는 기능적 컨셉의 브랜드이다. 브랜드 도입초기 '원양에서 직접 잡은 참치로 만든 선진국형 고급 참치통조림'이라는 컨셉으로 참치캔을 국내시장에 처음으로 소개한 동원참치는 이후 1990년대에 들어서면서 사조참치, 오양참치, 한성참치 등과 치열한 시장경쟁을 벌이게 된다. 이러한 경쟁에서 동원참치는 적극적인 신제품 출시를 통해 기능적 브랜드이미지를 구축하는 데 성공한다. 동원참치는 살코기 캔 위주의 단조로운 제품개발에서 벗어나 고추참치, 야채참치, 짜장참치 등 다양한 제품을 선보임으로써 지속적인 기술/제품개발을 통해 영양가 있는 제품들을 공급하는 브랜드라는 이미지를 소비자 마음속에 구축하게 된다.

브랜드컨셉 정교화기: 세분시장별로 동원참치의 브랜드가치를 심다

2000년 들어 동원F&B로 기업브랜드명을 바꾼 동원참치는 2000년대 중반까지 참치캔에 대한 새로운 소비자 조사를 통해 시장세분화 전략을 구사하기 시작한다. 브랜드컨셉 정교화기의 과제는 제품브랜드를 다양한 사용상황에서 유용하게 만들거나 혹은 특정 고객욕구에 더욱 적합하도록 만들면서 브랜드의 가치를 심화시키는 것이다.

동원참치는 고객분석을 통해 주 구매고객층인 여성소비자를 세 개의 세분시장으로 나누었다. 세분시장 1은 '가족에 대한 헌신형', 세분시장 2는 '패션·미용·개성중시형', 세분시장 3은 '자신의 건강 중시형'이다. 동원참치는 세분시장 별로 각기 다른 접근전략을 취하게 된다. 세분시장 1에 대해서는 참치가 DHA 등 두뇌활동을 활발하게 하는 성분을 포함하고 있음을 강조하고, 세분시장 2에 대해서는 저지방, 저칼로리와 연관된 제품특성을 부각시키고 세분시장 3에서는 오메가3를 부각시킴으로써 차별화된 특성을 각각의 세분시장 고객층에 전달하는 데 성공하였다. 각 타깃소비자가 당면한 문제에 대한 해결책을 제공하는 특화전략

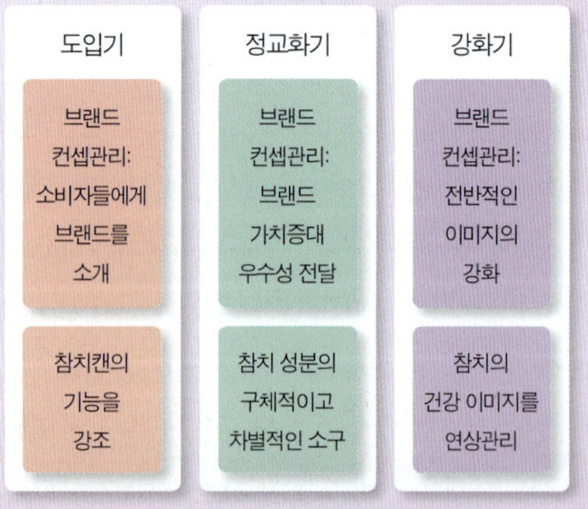

[그림] 동원참치의 기능적 브랜드컨셉 관리과정

에 초점을 맞춤으로써 참치브랜드의 기능적인 컨셉을 정교화시켜 나갔다.

브랜드컨셉 강화기: 참치캔 기능을 넘어 건강브랜드로

2010년대 들어 동원참치는 브랜드컨셉관리의 강화기로 들어서면서 전반적인 제품이미지를 강화하고 목표시장 고객들의 라이프스타일과 연결시키는 전략을 추구하고 있다. 참치제품의 기능적 유용성에서 한걸음 나아가 건강식품임을 부각시키면서 웰빙 라이프스타일에 대한 연상을 만들어내는 데 주력하고 있다. 이 과정에서 동원참치가 갖고 있는 건강식품이라는 브랜드 연상을 기업 내 다른 제품들과 연계시키는 전략을 추구하는데, 동원 닭가슴살 캔 출시가 대표적인 예이다. 즉 기업 내의 다른 기능적 제품브랜드들과 연계함으로써 동원참치의 건강이라는 핵심 브랜드컨셉을 더욱 강화하고 있는 것이다. 건강을 추구하는 라이프스타일에 맞는 건강식품이라는 동원참치의 브랜드이미지는 건강식품기업이라는 동원F&B 기업이미지를 구축하고 다양한 건강식품 영역으로 사업을 확장하는 데 단단한 밑거름이 될 수 있다.

체계적인 기능적 브랜드컨셉관리를 통해 과거 편의식품, 캔 식품 정도로만 여겨졌던 동원참치제품에 대한 소비자들의 부정적 이미지를 효과적으로 극복한 동원참치는 지금도 '바다에서 온 건강'이라는 기능적 컨셉을 통해 참치제품의 건강성을 부각시키고 있다. 동원참치는 현재도 참치제품 혁신을 지속적으로 추구하고 있는데, 기존의 스탠다드참치 외에 올리브유참치, 포도씨유참치 등 다양한 프리미엄 참치를 내놓고 있다.

참치부문에의 경쟁우위를 토대로 성장해온 동원그룹은 한때 기업규모 확대전략의 일환으로 유통, 건설, 음료사업 등의 진출을 통해 역량을 강화했다가 실패를 경험하기도 했다. 실제로 최근 동원그룹은 해태음료 인수 등 여러 M&A에서 실패를 경험하였다. 이에 동원그룹은 핵심사업역량인 참치사업을 다시 강화하고 있다. 미국 최대의 참치 캔 회사인 스타키스트를 인수하고, 아프리카 최대 수산캔 회사인 'SNCDS'를 인수해 아프리카와 유럽시장 공략의 교두보로 삼음으로써 동원참치 브랜드력의 글로벌화를 추구하고 있다.

자료원: 김해룡, Brand Rules, kmac, 2012.

다 구체적인 지식구조(brand knowledge structure)를 형성하도록 한다. 마지막으로 컨셉강화기에서는 구축된 브랜드이미지(브랜드자산)를 기업이 생산·판매하는 다른 제품들로 일반화시켜 기업의 전반적인 브랜드이미지를 더욱 강화시켜 나간다.

이하에서는 브랜드컨셉관리의 각 단계별로 브랜드이미지를 관리하기 위해 어떠한 마케팅전략을 사용해야 하는지에 대해 자세히 살펴보기로 한다.

03 브랜드컨셉(브랜드이미지)의 단계별 관리

(1) 컨셉도입기의 브랜드이미지관리

브랜드컨셉의 도입기에서는 처음으로 시장에 진입한 브랜드의 이미지를 구축하는 마케팅활동이 수행된다. 컨셉도입기에 마케팅활동이 수행해야 할 임무(과업)에는 마케팅커뮤니케이션 임무와 운영의 임무가 있다. 마케팅커뮤니케이션 임무(marketing communication task)는 광고, 홍보, 이벤트마케팅, 판촉 등을 통해 선택된 브랜드컨셉을 목표소비자들에게 정확히 전달하는 것을 말한다. 운용의 임무(operation task)는 거래를 활성화시키는 활동을 말하는데, 이는 거래장벽(transaction barrier)을 해소시키는 데 초점을 맞춘다. 예를 들어, 소비자가 원하는 시간과 장소에서 손쉽게 브랜드를 구매할 수 있도록 하거나(시간·장소 장벽의 해소), 목표소비자들이 브랜드의 가치를 인정하여 제시된 가격을 기꺼이 지불하려고 하거나(가치장벽의 제거), 브랜드의 차별적 제품특성에 대한 정보를 충분히 제공하는 것(정보장벽의 제거) 등이 이에 해당된다.

이하에서는 컨셉도입기에 커뮤니케이션 임무와 운용의 임무를 수행하기 위한 구체적 마케팅활동에 대해 브랜드컨셉 유형별로 자세히 설명하기로 한다.

1) 기능적 브랜드컨셉의 구축

제품의 기능성(실용성)을 강조하는 브랜드는 마케팅커뮤니케이션활동을 통해 소비자가 일상생활에서 부딪치게 되는 실제적인 문제를 자사브랜드가 해결해 줄 수 있음을 알려주어야 한다. 기능적 브랜드컨셉을 지향하는 브랜드는 경쟁브랜드들보다 특정의 제품속성에서 상대적 이점이 있음을 강조한다. 운동 후 갈증을 해소하는 음료라는 브랜드컨셉을 가진 게토레이는 다른 음료들에 비해 흡수가 빠르다는 제품특성을 강조함으로써 청량음료시장에 성공적으로 진입하였다. 1913년에 처음으로 출시된 Clorox(클로락스)표백제는 '옷을 더 하얗고 더 밝게(whiter and brighter clothes)'를 브랜드컨셉으로 정한 다음 이를 성공적으로 전달하였다. 1869년에 처음으로 나온 Vaseline(바셀린)은 다목적 약용크림(general purpose medicinal cream)이라는 브랜드컨셉을 도입하여 시장에서 성공을 거두었다.

기업이 기능적 브랜드컨셉을 마케팅커뮤니케이션활동을 통해 정확히 전달하여 소비자 욕구를 유발시키더라도 소비자들이 실제로 그 제품을 구매함에 있어 여러 가지 거래장벽이 발생

브랜드마케팅 따라잡기

뛰어난 제품성능과 지속적인 기술개발 노력을 통해 명품 쌍둥이 칼 '츠빌링(Zwilling)'을 만든 독일 J A 헨켈

70여년 전 한 회사가 오랫동안 식칼을 쓰더라도 쉽게 칼날이 무뎌지지 않는 기술을 개발했다. 섭씨 1,000도의 고온과 영하 80도의 극저온을 오가는 특수 단조 공법을 사용한 것이다. 이 회사는 30여년 전에는 '칼은 한 종류의 쇠로 만든다'는 상식을 깨고 각기 다른 성질의 쇠를 이어붙인 주방용 칼을 선보이며 시장의 판도를 흔들었다.

칼 하나에 집착한 이 회사의 혁신은 지금까지도 이어지고 있다. 주부들이 식칼 특유의 금속냄새를 꺼려한다는 분석이 나오자 이 냄새를 없앤 칼을 선보이기도 했다. 고급 주방용 칼의 대명사격인 '쌍둥이 칼'을 만드는 독일 J A 헨켈에 대한 얘기다. 이 회사는 280년간 '칼'과 관련한 기술개발에 집중해 왔다. 단순히 잘 드는 칼이 아니라 소비자가 원하는 칼을 만들자는 것이 회사의 목표다.

헨켈은 소비자가 원하는 칼을 만들기 위해 최선의 노력을 기울인다. 국내에서도 전문 요리사나 가정주부들이 가장 갖고 싶어하는 도구 중 하나로 꼽히는 것이 '쌍둥이 칼'이다. 독일어로 쌍둥이를 뜻하는 '츠빌링(Zwilling)'이라는 브랜드가 붙어 있는 제품이다. 헨켈이 생산하는 이 칼은 우수한 품질의 주방용 칼을 뜻하는 대명사가 됐다.

헨켈은 1731년 설립되었고, 본사는 독일 베스트팔렌주의 소도시 졸링겐에 위치해 있다. 헨켈은 창립 이래 쓰기 쉽고 오래가는 칼을 만드는 데만 회사의 노력을 집중해 왔다. 처음에는 기사들이 쓰는 검을 만드는 것에서 시작했다. 세상이 바뀌어 기사들의 검이 필요 없어졌지만 칼 생산을 놓지 않았고, 주방용 칼과 가위, 손톱 손질기구, 이발소용 면도기 등 칼의 범주를 벗어나지 않았다. 그 결과 칼 하나로 세계 일류기업 대열에 올랐다.

헨켈이 주방용 칼의 명품으로 자리잡은 비결은 소박하다. 변화하는 소비자의 요구를 따라잡은 것이다. 위생적이며 자르는 성능이 좋은 칼을 원하는 소비자들이 늘어나자 헨켈은 배합을 통해 문제를 해결했다. 물건을 자르는 성능은 좋지만 위생적이지 않은 무쇠칼과 위생적이지만 절삭력이 약한 스테인리스칼을 배합하는 기술을 최초로 상용화했다. 위생을 고려해 세균이 번식할 틈이 없도록 칼자루와 손잡이의 접합면을 처음으로 제거한 것도 헨켈이다. 또 장기간 칼을 쓰더라도 몸에 무리가 가지 않고 피로를 느끼지 않도록 주방용 칼에 인체공학 디자인을 적극 접목했다. 1995년에는 따로 갈지 않아도 되는 칼인 트윈스타 시리즈를 발매했다. 이 칼은 발매 후 독일 등 유럽의 고급 주방용 칼 시장의 40%, 캐나다 시장의 50%를 차지하며 헨켈의 대표모델이 됐다.

쌍둥이 칼의 명성은 끝없는 기술혁신에 바탕을 두고 있다. 외형상으론 그저 하나의 쇳덩이처럼 보이는 칼은 디자인이 아니라 철저히 성능으로 승부를 봐야 하는 제품이다. 소비자들의 신뢰를 얻기 위해선 높은 기술력에 집중하는 것 외엔 다른 방법이 없었다. 이에 따라 헨켈은 매년 매출의 6% 이상을 신제품 개발과 기술혁신을 위해 투자하고 있다.

사람들이 '쌍둥이 칼'하면 떠올리는 이미지는 날카

롭고 무뎌지지 않는 칼날, 편안하게 손에 쥘 수 있는 인체공학적 디자인, 힘들이지 않고 요리재료를 자를 수 있는 적절한 무게와 질감 등이다.

헨켈은 칼에 쓰이는 재료와 칼을 만드는 제조공법 두 가지 측면에서 기술혁신을 이뤄냈다. 명품 칼을 만들기 위한 재료부터 다르다. 일반적으로 주방용 칼은 한 가지 종류의 철로 제작한다. 그러나 헨켈은 에스체테(SCT) 공법이라는 독특한 방식을 고집하고 있다. 칼을 세 부분으로 나눠 각 부분에 적절한 세 가지 종류의 철을 접합하는 것이다. 강한 강도와 절삭력을 가져야 하는 칼날에는 특수 강철을 사용하고, 칼의 목 부분은 녹이 슬지 않는 철을 사용한다. 부식이 가장 잘 일어나 칼의 '아킬레스건'으로 불리는 칼자루는 부식하지 않는 특성을 가진 쇠를 사용하는 방법이다. 헨켈은 각기 다른 세 부분의 접합 이음새를 최첨단 레이저 기술로 봉합한다. 1992년 이 기술을 도입한 이래 주방용 칼 시장의 판도를 바꿨다는 평을 듣고 있다.

앞서 이 회사는 2차세계대전 이전부터 고온과 저온을 오가는 프리오두르(Friodur) 공법을 선보였다. 칼날의 예리함이 오래 유지되는 비법으로 알려진 이 공법은 섭씨 1,060~1,080도에서 철을 가열한 뒤 실온에서 식히고, 이를 다시 영하 70도에서 냉각한다. 그리고 다시 80~310도에서 두 차례 가열하는 칼 제작법이다. 독특한 열처리는 칼의 강도를 높이고, 냉각과정은 칼의 신축성을 크게 개선하는 효과가 있다.

시장에선 이미 명품 칼의 이미지를 확고히 굳혔지만, 헨켈은 시장변화에 적응하기 위해 다양한 노력을 하고 있다. 전 세계 주요매장의 각종 판매동향을 파악하기 위한 전산 시스템을 구축했다. 시장의 분위기를 실시간 파악하기 위해서다. 시장 다변화를 위한 노력

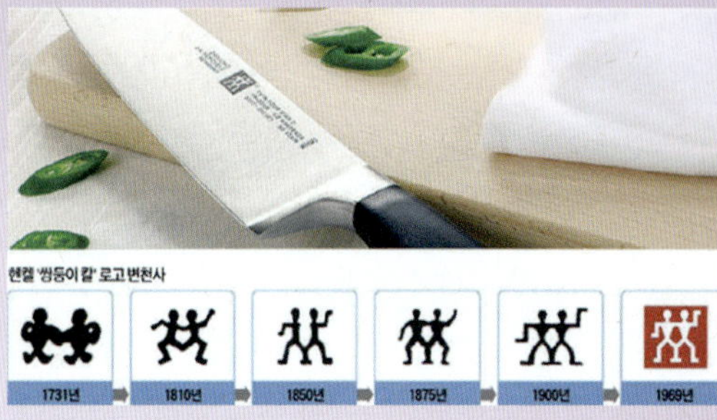

쌍둥이 칼이라는 애칭으로 널리 알려진 J A 헨켈 고급 주방용 칼은 제품의 기능성을 강조하는 브랜드컨셉을 토대로 차별적 브랜드이미지를 구축했다.

도 하고 있다. 유럽과 미국에서 독보적인 입지를 굳힌 다음 고속 성장하고 있는 시장인 아시아로 눈을 돌리고 있는 것이다. 이를 위해 아시아인들의 식생활에 맞춘 맞춤형 제품 수도 늘리고 있다.

유통혁신에도 나서고 있다. 고소득자들을 중심으로 고급제품 수요가 증가하자 미국 애틀랜타 등에 2,000여 종의 제품을 갖춘 종합매장을 설치하는 등 고급매장 확대전략을 펴고 있다. 메이시 백화점과 윌리엄스 소노미 같은 미국 내 유행을 선도하는 대형 유통점을 통해 지속적으로 소비자들의 취향변화를 체크하고 있다. 최근에는 트위터를 통해 소비자 반응을 분석해 헨켈 식칼 특유의 냄새를 주부들이 꺼린다는 것을 찾아내기도 했다. 식칼의 구성성분을 바꿔 이 문제를 해결하는 모험을 하기도 했다.

헨켈은 다양한 기록도 갖고 있다. 1731년 요한 페터 헨켈이 졸링겐 길드에 쌍둥이 대장장이 마크를 등록했다. 이는 세계 최초의 등록상표(현재의 로고는 1969년에 등록된 것)로 기록됐다. 1851년 런던 세계박람회에서는 금메달을 수상하기도 했다.

될 수 있다. 가령, 운동 후 게토레이를 마시고 싶지만 근처의 편의점에서 그 제품을 판매하지 않을 수 있다. 또한 다른 청량음료보다 가격이 비싸 구매를 주저할 수도 있다. 따라서 기업은 가능한 한 거래장벽을 낮추는 마케팅믹스활동을 수행해야 한다. 기능적 브랜드컨셉의 브랜드에 대해서는 가능한 한 많은 목표소비자들에게 브랜드컨셉을 정확히 알리고, 거래장벽의 해소를 통해 되도록 많은 소비자들이 자사브랜드를 구매할 수 있도록 해야 한다.

2) 상징적 브랜드컨셉의 구축

소비자는 모든 경우에 있어서 기능적 이점만을 추구하여 어떤 제품을 구매하는 것은 아니다. 그들은 흔히 특정의 브랜드를 구매·소비함으로써 자신에 관한 것을 다른 사람들에게 표현하고자 하는 욕구를 충족시키고 싶어 한다. 즉 소비자는 자신의 이미지를 다른 사람들에게 전달하는 데 있어 브랜드의 상징적 이미지를 수단으로 이용하는 것이다.

상징적 브랜드컨셉을 추구하는 브랜드는 소비자의 자아이미지를 강화시켜 주기 위해 일부 소비계층으로 구매를 제한하는 마케팅전략을 흔히 사용한다. 가령, 레녹스 차이나(Lenox China) 도자기, 최고급 시계인 피아제(Piaget)와 파텍(Patek), 조르지오 아르마니(Giorgio Armani) 향수 및 의상 등의 프리미엄 브랜드들은 소수의 상류지향적 소비자 계층을 표적으로 하여, 이들의 특정집단에 대한 소속욕구와 자아이미지를 강화시키려는 욕구를 충족시키는 데 성공하였다. 상징적 브랜드컨셉을 강조하는 브랜드들은 비표적고객과 표적고객을 구별하지 않고 자사제품의 고품질이미지를 널리 알려야 하지만, 실제의 구매에서는 비표적고객에게 거래장벽을 높임으로써 구매를 제한하는 방법을 사용한다. 즉 누구나 구매하고 싶은 제품이지만 실제로는 선택된 소수의 소비자층만이 구매하도록 제한함으로써 브랜드소유자의 긍지를 높이는 것이다. 예를 들어, 가격이 매우 비싼 메르세데스 벤츠는 이를 구매할 수 있는 소비자들이 극히 제한되어 있지만, 이들 브랜드가 최고급승용차임을 누구나 인식할 수 있도록 대중시사지인 「타임」, 「뉴스위크」, 「월간조선」 등에 지속적인 광고를 한다. 누구나가 최고급승용차임을 알아주어야 벤츠를 구매한 소비자의 긍지가 더 높아지기 때문이다. 가령, 스위스 시계 브랜드 롤렉스의 광고에서는 백발이 트레이드 마크인 모델 카르멘 델로피체(Carmen DellOrefice)가 롤렉스 시계를 차고 등장한다. 그의 어깨엔 롤렉스의 대표 슬로건 '클래스는 영원하다(Class is forever)'가 쓰여 있다. 1931년생인 델로피체는 현존하는 최고령 모델로, 활동을 시작한 1947년부터 정상의 자리를 지키고 있다. 광고모델 델로피체와 슬로건을 통해 롤렉스 시계는 시간이 아무리 많이 지나도 물질적인 가치 그 이상의 역할을 한다는 점, 각 분야에서 성공을 거둔 이들만 구매할 수 있는 특별한 시계라는 점을 상징적으로 표현하고 있다.

롤렉스 광고는 '클래스는 영원하다(Class is forever)'라는 슬로건을 통해 롤렉스의 최고급 이미지를 부각하고 있다.

브랜드소유자의 긍지를 높이기 위해 비표적고객에 대한 거래장벽을 높이는 방법에는 여러 가지가 있다. 첫째, 거래장벽을 높이는 가장 일반적인 방법은 브랜드를 구매할 능력이 있는 소비자들만을 표적으로 프리미엄 가격을 책정하는 것이다. 구매하고 싶지만 고가격으로 인해 구매할 수 없는 소비자들이 많을수록 그 브랜드의 소유자가 갖는 긍지가 더욱 높아지게 된다. 벤츠나 BMW의 고급모델은 2억 원대를 호가하는데, 너무 비싸 동경의 대상이 되는 브랜드이다. 영국 자동차 제조업체 애스턴 마틴은 자사 최상급 수퍼카 원(One)-77을 출시하면서 '예술작품을 통해 삶에 가치를 더한다(Adding a piece of art adds value to life)'는 슬로건을 내세웠다. 원-77은 총 77대만 한정 생산된 차로, 당시 약 21억 원에 달하는 판매가격이 책정되었다. 백여 년 전에 나온 Lenox(레녹스) 도자기는 "동떨어진 세계. 레녹스 그릇이 당신의 세계를 표현하게 해주세요(A World Apart. Let It Express Your World)"라는 제품의 고급성을 강조하는 메시지와 매우 비싼 제품가격을 통해 제품소유자의 긍지를 높였다. 둘째, 특정의 표적고객들만이 접근 가능하도록 유통망을 제한한다. 가령, 최고급 남성복 디자이너샵인 Bijan(비잔)의 출입문에는 "예약손님에 한해 방문이 가능합니다(By Appointments only)"라고 적혀 있는데, 이것도 기존의 고객이 직접 소개한 사람들에 대해서만 예약이 가능하다고 한다. 소수의 상류층 고객들만을 표적으로 거래장벽을 높임으로써 Bijan의 브랜드가치가 높아지는 것이다. 마찬가지로 하이얏트, 리츠칼튼, 신라호텔과 같은 최고급 호텔 내의 피트니스 클럽(fitness club)도 선택된 소수의 회원들에게만 입장이 허용된다. 셋째, 한정판 생산과 같이 소수의 고객층만이 소유하도록

소수의 고객층만을 표적으로 하는 마케팅을 통해 브랜드의 희소성을 구축/강화하는 루이뷔통

브랜드의 희소성을 높인다. 예를 들어, 명품브랜드 루이뷔통은 뉴욕 5번가 매장에서만 구입이 가능한 5,550달러짜리 가방을 출시하는 '일부러 애태우는 전략'(play hard to get)을 사용한다. 또 팝 아티스트, 무라카미의 만화 캐릭터 등을 그려 넣은 무라카미 백을 한정 생산해, 전 세계 고객들을 모두 몇 달씩 대기자 명단 위에 이름을 올려놓고 기다리게 하기도 한다. 여기서 한 발 더 나아가 세계유일의 제품을 갖고 싶어 하는 고객들의 심리를 이용해 100% 자신만을 위한 맞춤형 주문 서비스도 제공한다. 이를 위해 본사 내에 스페셜 오더부서를 따로 두고 각 고객이 원하는 특성이나 디자인을 반영한 제품을 만든다.

브랜드마케팅 따라잡기

제품의 고급성, 판매수량의 제한, 차별적인 제품특성 등 상징적 컨셉의 브랜드가 갖추어야 할 조건들을 갖추어 성공을 거둔 미국 길거리 패션 브랜드 슈프림

슈프림 2018 봄 · 여름 컬렉션(왼쪽)과 가을 · 겨울 컬렉션. 슈프림은 1994년 미국 뉴욕에서 스케이트보더를 위한 보드와 옷, 액세서리를 파는 매장으로 시작한 패션 브랜드다.

8월 13일(현지 시각) 아침, 미국 뉴욕 가판대는 뉴욕포스트를 사려는 사람들로 장사진을 이뤘다. 번화가에선 오전 7시 30분쯤 신문이 다 팔렸고, 9시 30분엔 뉴욕 전역에서 신문을 찾아볼 수 없었다. 하루 23만 부 인쇄되는 신문이 출근길에 완판된 것이다. 한 청년은 7시 15분쯤 41번가 신문 가판대를 찾아 뉴욕포스트 50부를 한 번에 사 갔다. 이날 뉴욕포스트가 동난 이유는 슈프림(Supreme)이라는 패션 브랜드 때문이다. 이 신문 1면에는 헤드라인과 주요 기사 대신 빨간 직사각형 모양의 슈프림 로고가 덩그러니 실렸다. 1.5달러인 이 신문은 이날 중고 거래 사이트 이베이에서 12~20달러에 거래됐다.

품귀 현상을 빚은 13일 자 신문은 슈프림과 뉴욕포스트의 협업제품이다. 슈프림은 올해 가을·겨울 컬렉션 홍보를 위해 뉴욕포스트 1면에 브랜드 광고를 실었다. 슈프림은 공식 인스타그램에 신문이 인쇄되는 동영상을 올렸고, 이 게시글엔 18만2,000개의 '좋아요'와 1,700여 개의 댓글이 달렸다.

슈프림이 도대체 뭐기에 하루 23만 부 인쇄되는 신문이 출근길에 완판된 것일까. 슈프림은 1994년 미국 뉴욕에서 스케이트보더를 위한 보드와 옷, 액세서리를 파는 매장으로 시작한 스트리트 패션(길거리 패션) 브랜드다. 뉴욕포스트 완판사태에서 보듯, 슈프림은 품절신화로 유명하다. 2016년 슈프림이 벽돌에 로고를 찍어 30달러에 내놓자 품절됐고, 온라인 중고 시장에서 1,000~2,000달러에 팔렸다. 지난해엔 뉴욕 교통국과 협업해 지하철표에 슈프림 로고를 새겼는데, 이를 사려는 사람들이 지하철역으로 몰려 경찰이 출동했다.

슈프림은 루이뷔통, 꼼 데 가르송, 톰 브라운, 나이키, 노스페이스 같은 유명 브랜드와 협업해 제품을 출시하기도 했는데, 지금까지 700건 이상의 협업을 진행했다. 2017년 슈프림과 루이뷔통이 협업해 만든 트

슈프림 로고가 들어간 뉴욕포스트 신문

렁크가 지난 5월 프랑스 미술 경매회사 아트큐리얼이 진행한 경매에서 1억1,280만 원에 팔렸다. 슈프림의 매출은 외부에 드러나지 않는다. 하지만 매주 목요일 슈프림 매장에 줄지어 늘어선 행렬과 몇 배의 마진이 붙어 슈프림 제품이 재판매되는 현상 등을 보면 슈프림의 위상이 어느 정도인지 짐작할 수 있다. 글로벌 투자그룹 칼라일은 지난해 슈프림의 브랜드가치를 약 10억 달러(1조1,000억 원)로 평가하며, 지분 50%를 사들였다.

슈프림의 핵심성공요인은 무엇일까?

핵심성공요인 1: 극소량 생산을 통한 제품가치 제고

특별할 것 없어 보이는 이 패션 브랜드가 매번 품절대란을 일으키는 이유는 무엇일까. 한정된 수량으로 제품의 희소성과 가치를 높이는 한정판 마케팅을 펼치기 때문이다. 슈프림은 거의 모든 제품을 극소량만 생산한다. 적은 수량만 팔고, 한 번 판매한 것은 아무리 인기가 많아도 원칙적으로 다시 만들지 않는다. 신제품 출시시점도 철저하게 지킨다. 매주 목요일 오전 11시에 온·오프라인에 신제품을 내놓는다. 매주 목요일 뉴욕 맨해튼 라파예트 거리 슈프림 매장 앞은 한정판 제품을 사려는 사람들로 붐빈다. 전날 밤부터 노숙하는 사람도 상당하다.

슈프림 온라인 매장에서도 치열한 구매경쟁이 벌어진다. 출시와 동시에 매진되다 보니, 유튜브와 블로그를 통해 카드결제 빨리하는 법과 같은 팁이 공유되고, 자동으로 물건을 구매할 수 있는 매크로 프로그램이 거래되기도 한다. 이날 팔린 제품들은 몇 시간도 안 돼 비싼 값이 매겨져 이베이에 올라온다. 가령, 18만 원에 출시된 '박스 로고 후드 티셔츠' 가격이 120만 원까지 뛰기도 한다. 슈프림 한정판 제품의 재판매로 수익을 보는 '슈프림 테크'란 말까지 생길 정도다. 이런 이유로 사람들은 당장 필요하지 않아도 슈프림 제품을 산다. 일단 사면 이베이에서 더 비싸게 팔 수 있기 때문이다.

판매수량과 시간의 제약뿐 아니라 판매장소도 제한했다. 슈프림은 전 세계적인 인기에도 미국, 일본, 영국, 프랑스 등 4개국에서만 공식매장을 운영하고 있다. 본진인 미국에도 매장이 뉴욕과 로스앤젤레스 단 두 곳뿐이며, 유럽에도 런던과 파리에 각각 1개 매장만 두고 있다. 파트너가 운영하는 일본에만 도쿄, 나고야 등 6개의 매장이 있다. 사정이 이렇다 보니 슈프림과 다양한 브랜드가 협업해 만든 제품의 가치는 천정부지로 치솟는다. 아트큐리얼이 지난 5월 슈프림의 한정판 제품들로 진행한 경매에서 피규어 브랜드 카우스와 협업한 피규어 제품이 1억284만 원, 루이뷔통과 협업한 스케이트보드 트렁크는 약 8,000만 원에 팔렸다. 2016년 파리 매장 개장을 기념해 만든 박스 로고 티셔츠는 약 725만 원에 낙찰됐다. 슈프림 창업자 제임스 제비아는 여러 매체와의 인터뷰에서 "제품 600개를 팔 수 있다고 해도 400개만 만들 것"이라고 말해왔다. 희소성에 기반한 슈프림의 유통 모델을 잘 알 수 있는 대목이다.

핵심성공요인 2: 스케이트보더 문화를 토대로 한 충성 팬 확보

슈프림은 원래 스케이트보더를 위한 브랜드로 시작했다. 제비아는 1990년대 후반 뉴욕에서 스케이트를 타고 놀던 10대 후반~20대 초반 젊은층이 이용할 만한 패션매장이 없다는 데 주목했다. 이들은 멋을 내고 싶었지만 당시 스케이트보더용 의류가 많지 않아 볼품없는 옷을 입고 다닐 수밖에 없었다. 제비아는 보더들을 위한 패션을 만들기로 했다. 스케이트보드를 탄 채 매장에 들어올 수 있도록 매장문턱을 없앴다. 또 중앙에 움푹 파인 볼(bowl)을 설치해 실내에서도 스케이트보드를 탈 수 있도록 했다.

자신은 보드를 탈 줄 몰랐기 때문에 뉴욕 뒷골목의 스케이트보더를 매장직원으로 채용했다. 뉴욕 매장 개점 첫날부터 스케이트보더들이 몰려왔고, 매장은 곧 뉴욕 스케이트보더들의 아지트가 됐다. 직원들은 보드를 탄 채 매장을 돌아다녔고, 특유의 자유분방함으로 고객을 대했다. 이런 직원들이 다소 불친절하게 느껴질 수 있었지만, 이는 불편함보다는 스케이트보드를 즐기는 이들의 문화로 받아들여졌다. 직원과 고객이 보드 기술을 공유하며 문화를 만들어 갔고, '슈프림'이라는 이름으로 스케이트보드팀을 결성하기도 했다. 그러는 사이 자연스럽게 데크(스케이트보드 판), 티셔츠 등 보더를 위한 패션 아이템 판매가 늘어났다.

핵심성공요인 3: 판매수량을 줄이는 대신 품질에 주력

슈프림이 지금의 명성을 얻게 된 것이 단지 한정판매전략이나 스케이트보더를 중심으로 한 문화마케팅 때문만은 아니다. 슈프림은 차별화된 브랜드이미지뿐 아니라 높은 품질의 제품을 만드는데도 노력했다. 고객은 슈프림의 장점으로 품질을 꼽는다. 제비아는 '스트리트 패션 아이템은 질이 떨어진다'는 고정관념을 깨기 위해 판매수량을 줄이는 대신 품질을 높이는 데 주력했다. 동시에 가격은 합리적인 수준을 유지하려 애썼다. 이런 원칙을 바탕으로 슈프림은 스웨트셔츠(땀을 발산하기 쉽게 만든 셔츠) 한 장을 만들어도 두툼하고 좋은 품질의 원단에 로고를 튼튼하게 박아 제대로 만든다. 그리고 경쟁브랜드보다는 조금 더 비싼 가격에 판매한다. 고객은 품질에 만족하고 그 가격을 받아들인다. 제비아는 뉴욕타임스와의 인터뷰에서 성공비결을 묻는 말에 "딱히 비결이랄 것은 없다. 좋은 제품을 만들어 팔기 때문에 비즈니스가 잘되는 것"이라고 말했다.

자료원: 이코노미조선, 264호, 2018.8.27.

3) 경험적 브랜드컨셉의 구축

경험적 브랜드컨셉을 선택한 브랜드는 제품의 사용경험을 통해 감각적인 즐거움이나 판타지를 얻을 수 있다는 것을 목표소비자들에게 강조한다고 설명했다. 공연예술, 팝앨범, 팬티스타킹, 브래지어, 내의, 장난감 등은 제품소비과정에서 경험하게 되는 감각적이고도 즐거운 느낌이 주요한 구매동기가 된다. 예를 들어, 1959년에 출시되어 지금까지 지속적인 인기를 누리고 있는 장난감 제품으로 마텔(Mattel)사의 Barbie(바비)인형이 있다. Barbie인형의 브랜드컨셉은 세련된 십대(sophisticated teenager)이다. Barbie인형은 통통한 어린애 모습의 통상적인 봉제인형과 달리 늘씬하고 매력적인 십대소녀의 모습을 가졌다. 또한 옷을 갈아입히고 머리도 빗질할 수 있어 여자애들이 가지고 노는 동안에 감각적인 즐거움을 경험할 수 있도록 함으로써 장난감시장에서 장수히트브랜드가 되었던 것이다. 그러므로 경험적 브랜드컨셉을 선택한 브랜드는 구매·소비과정에서 감각적인 자극과 판타지를 경험할 수 있음을 보여주는 광고를 사

제품 대신 경험을 판매함으로써 오랜 기간 강력한 브랜드파워를 유지하고 있는 마텔사의 바비인형

포르쉐 스포츠카는 제품의 사용경험을 통한 감각적 즐거움을 강조함으로써 경험적 브랜드이미지를 구축하였다.

용해야 한다.

또한 사용경험을 실제로 해 볼 수 있도록 시용(trial)을 유도해야 하는데, 예를 들어 백화점에서 전자오락기를 아동들이 직접 조작해 볼 수 있도록 하는 것이 이에 해당된다. Lego는 1960년대에 창조성과 상상력을 키우는 부서지지 않는 장난감이라는 브랜드컨셉으로 크게 성공하였다. Lego는 신제품을 출시할 때마다 싼 가격으로 구매할 수 있는 시용크기(trial site)의 레고제품을 만들어 판매하였는데, 이는 간단한 사용경험을 통해 아이들의 구매욕구를 자극시켰다. 즉 시용크기의 레고제품을 구매한 아이들이 이를 가지고 놀면서 재미를 붙이게 되면 부모를 졸라 더 큰 사이즈의 Lego제품을 구매하도록 유도한 것이다. 프리미엄 캡슐커피 브랜드 네스프레소(Nespresso)는 신제품 캡슐커피 머신 '라티시마 플러스'를 출시하면서 호의적인 소비자 반응과 입소문 효과를 창출하기 위해 직접 제품을 체험할 기회를 제

브랜드 사용경험을 통해 신제품의 브랜드이미지를 창출하고 구매를 유도한 네스프레소

브랜드마케팅 따라잡기

경험적 브랜드컨셉을 기반으로 충성고객층을 창출하는 데 성공한 웨어러블 HD 동영상 카메라 브랜드 GoPro

여러분은 GoPro에 대해 들어본 적이 없을 수 있다. 이 제품브랜드는 매우 작은 웨어러블 HD 동영상 카메라를 만드는데, 규모가 작지만 빠르게 성장하고 있다. 그러나 GoPro가 고객의 마음속에 심어놓은 열정과 강한 충성심에 대적할 경쟁브랜드는 별로 없다. GoPro는 자사제품이 고객들에게 내구성이 있는 작은 동영상 카메라 그 이상의 것임을 알고 있다. 이 제품브랜드는 고객들에게 액션으로 충만한 순간과 정서적 경험을 친구들과 공유할 수 있는 방안을 제공한다.

늘어나는 GoPro 고객들(이들 중 상당수가 익스트림 스포츠 애호가임)은 이제 자신의 삶과 라이프스타일에서 극적 순간을 담기 위해 GoPro 카메라를 자신의 몸에 부착하거나 레이스카의 앞범퍼나 스카이다이빙 부츠의 뒷부분 등에 장착하고 있다. 그런 다음 곧바로 정서유발로 가득한 이 순간을 친구들과 공유한다. 실제로 여러분은 GoPro로 찍은 동영상을 YouTube, Facebook 혹은 TV에서 종종 볼 수 있을 것이다. 이러한 동영상은 한 스키 타는 사람이 스위스 알프스 산에서 눈사태를 뒤로하고 절벽에서 낙하산 강하로 탈출하는 장면을 담은 것일 수 있는데, 이 아마추어 고객이 찍은 동영상은 9개월 동안 YouTube에서 260만 뷰를 얻었다. 아니면 산악자전거 애호가가 아프리카에서 완전히 성장한 가젤(북아프리카 영양)의 습격을 받는 동영상을 봤을 수도 있다(이 동영상은 4개월 동안 1,300만 이상의 뷰를 기록함).

GoPro의 충성고객들은 브랜드전도사 역할을 하고 있다. 평균적으로 그들은 2분 당 YouTube에 3개의 새로운 동영상을 업로드 한다. 이러한 동영상들은 새로운 GoPro 고객들을 분발하게 하고 더 많은 동영상 공유를 촉발시킨다. 그 결과 GoPro는 폭발적인 성장을 보이고 있다. GoPro는 디지털 캠코더 시장에서 21.5퍼센트의 점유를 갖고 있고 웨어러블 카메라 시장에서 90퍼센트의 점유율을 차지했다.

GoPro의 성공요인은 무엇일까? 그중 하나는 카메라 자체이다. GoPro는 현대기술의 정수인데, 기본가격이 부담 없는 가격대인 200달러에서 400달러 대 임을 고려할 때 특히 그러하다. GoPro HD 비디오카메라는 너비가 2인치에 불과하다. 그러나 무게가 매우 가볍고 부착/장착이 가능한 GoPro는 용도가 매우 다양하고 HD 품질수준의 동영상을 찍을 수 있는 등 매우 우수한 성능을 갖추고 있다. 탈부착이 가능한 덮개는 180피트 깊이에서도 빙수가 가능하게 만든다. GoPro 카메라는 3,000피트 높이에서 떨어져도 안전하다(한 스카이다이버가 그렇게 주장함).

그러나 GoPro는 소비자행동이 혁신적 특성을 갖춘 고품질의 제품 이외의 여러 요인들에 의해서도 영향을 받는다는 것을 알고 있다. 브랜드는 고객들이 이 카메라를 갖고 하는 여러 일들을 대변한다. GoPro 사용자들은 단순히 동영상을 찍는 것 그 이상을 원한다. 그들은 이야기를 전하고 라이프스타일을 추구하는 과정에서 극적 순간에 느낀 벅찬 감정을 공유하고 싶어 한다. 이에 따라 GoPro는 고객들이 사진과 동영상을 통해 자신의 삶을 다른 사람들과 공유할 수 있도록 돕는 것을 목표로 한다. GoPro 브랜드는 사람들이 자신의 삶에서 가장 의미심장한 경험을 하는 순간을 포착해 다른 사람들과 공유하고 함께 즐기는 데 도움을 주려고 하는 것이다. 뉴질랜드 출신 Jed Mildon이 BMX(프리스타일 자전거 묘기 혹은 자전거 경주대회)에서 자전거로 공중 3회전하는 장면을 헬멧에 장착한 카메라로 찍은 동영상처럼 깜짝 놀랄 만한 GoPro 동영상을 보았을 때 사람들은 마치 자신이 경험한 듯한 느낌을 받는다. 그들은 열정과 아드레날린이 분비되는 듯한 느낌을 경험한다. 이러한 경험을 갖게 함으로써 GoPro는 GoPro 스토리 전달자와 청중들 사이에 정서적 공감대를 창출한다.

따라서 좋은 카메라를 만드는 것은 GoPro 성공의 일부분에 불과하다. 그 자신이 익스트림 스포츠 마니아인 GoPro 창업자 Nick Woodman은 고객들이 스토리텔링과 정서공유라는 여정을 경험하는 데 거치는 4개의 핵심단계에서 그들을 돕는다고 이야기한다. 4개의 핵심 단계는 포착, 창조, 방송, 그리고 인정으로 구성된다. 포착(capture)은 카메라가 하는 일로서, 사진과 동영상을 찍는 것이다. 창조(creation)는 원래 사진과 동영상을 사람들의 마음을 끌게 하는 동영상으로 전환시키기 위해 편집과 제작 과정을 거치는 것이다. 방송(broadcast)은 동영상을 청중에게 유통시키는 것이다. 인정(recognition)은 콘텐츠개발자에 대한 보상이다. 인정은 YouTube 뷰 혹은 Facebook에서의 LIKES와 SHARES 등의 형태로 나타날 수 있다. 더 가능성이 높은 인정은 친구와 가족이 그 동영상을 보고 난 후 보이는 감탄사이다. 이 회사의 슬로건은 소비자의 마음 깊이 자리 잡은 동기를 포착하고 있는데, 그것은 바로 'GoPro—이를 통해 주인공이 되세요(Be a HERO)'이다.

지금까지 GoPro는 주로 고객의 전체 스토리텔링 경험 중에서 포착단계에 초점을 맞추었다. GoPro는 '세계에서 가장 용도가 다양한 카메라입니다. 부착·장착하세요. 그리고 즐기세요'라고 광고한다. GoPro는 장소에 상관없이 카메라를 부착·장착할 수 있도록 고리, 장비, 끈, 기타 액세서리 등을 끊임없이 개발·공급했다. 사용자들은 작은 카메라를 허리에 차거나 헬멧에 부착할 수 있다. 또한 스키의 끝이나 스케이트보드의 밑부분에 부착할 수도 있다.

그러나 Woodman은 지속적인 성장을 하기 위해서는 GoPro브랜드가 단순히 포착단계에 그칠 것이 아니라 창조, 방송, 그리고 인정 단계로 제공물의 경험범위를 넓혀 모든 유형의 고객욕구와 동기를 충족시켜야 한다는 것을 인식하고 있다. 예를 들어, 고객들을 창조단계로 인도하기 위해 GoPro는 디지털동영상 소프트웨어 기업 CineForm을 인수해 3D 동영상을 만들 수 있는 무료 소프트웨어를 고객들에게 제공하고 있다. 이 소프트웨어를 이용해 고객들은 GoPro 카메라로 찍은 특정 장면들을 조작해 연속적인 장면으로 전환시킬 수 있다. 방송단계에서 고객들을 돕기 위해 GoPro는 YouTube와 제휴해 GoPro YouTube 네트워크를 만들려고 하고 있으며, GoPro 고객들이 카메라에서 곧바로 혹은 모바일 앱을 이용해 동영상을 업로드할 수 있는 Wi-Fi 플러그인을 제공하려고 한다. 고객들의 브랜드 사용경험이 인정단계로 이어지도록 하기 위해 GoPro는 현재 자사 웹사이트에 올린 동영상 중에서 최고의 동영상들로 만들어진 TV 광고물을 방영하고 있다.

GoPro의 미래는 동영상의 포착에서부터 스토리 및 삶에서 느낀 감정을 다른 사람들과 공유하는 것에 이르기까지 전체 사용자 경험을 가능하게 하고 통합할 수 있는지 여부에 달려 있다. 왜 고객이 그런 식으로 행동하는지에 대한 GoPro의 풍부한 이해는 신생기업이 브랜드를 구축하는 데 기여했다. 열성적 고객은 그 어떤 브랜드보다 더 충성적이고 몰입수준이 높다. 가령 GoPro의 Facebook팬은 660만 명 이상이며 빠르게 그 수가 늘어나고 있다. 경쟁사와 비교해 보면 훨씬 규모가 큰 Canon은 120만 명의 Facebook 팔로어를, Panasonic은 253,000명의 팔로어만을 갖고 있을 뿐이다. GoPro팬은 연 50만 개 정도의 동영상을 업로드할 뿐 아니라 다양한 소셜 미디어를 통해 상호작용한다.

높은 고객 몰입과 열정이 GoPro를 전 세계에서 가장 빠르게 성장하는 카메라 브랜드로 만들었다. 현재 GoPro 카메라는 전 세계 100개국 이상에서 소규모 스포츠전문 소매점, REI, BestBuy, Amazon.com 등 35,000개 이상의 점포에서 취급되고 있다. 놀랄 만큼 소형의 GoPro 카메라는 아마추어 사용자를 넘어 고객범위를 확대했다. 이 카메라는 구조, 야생, 폭풍우 장면 등을 촬영하는 Discovery Channel이나 뉴스쇼 팀이든 혹은 바다 밑 게를 잡는 통발사진 등을 찍는 리얼리티 TV쇼의 제작팀이든 많은 프로 영상제작자의 필수장비로 자리 잡았다. 전문가들이 GoPro 제품을 사용한다는 사실은 제품에 대한 신뢰성을 높여 더 큰 소비자 수요를 일으켰다.

작지만 성능이 매우 우수한 GoPro카메라는 동영상 아마추어 소비자들이 놀랄 만한 동영상을 찍을 수 있게 하고, 액션으로 넘쳐나는 순간과 그때 느꼈던 감정을 다른 사람들과 함께 기념할 수 있는 수단을 제공한다.

자료원: Kotler & Armstrong, 마케팅입문 13판, 안광호, 유창조, 전승우 역, 경문사, 2019.

공하는 시음행사를 실시했다. 특수 제작된 차량에서 바리스타들이 소비자들에게 커피를 무료로 제공함으로써 시원한 아이스 커피를 즐기며 새로 출시된 캡슐커피머신도 직접 체험해 볼 기회를 제공했다. 네스프 라티시마 플러스 이벤트 페이지에 네스프레소 커피를 즐기고 싶은 이유 또는 라티시마 플러스를 체험하고 싶은 사연을 올리면, 사연을 선정하여 네스프레소 윙카가 출동하는 이벤트도 실시했다.

(2) 컨셉정교화기(concept elaboration stage)의 브랜드이미지관리

마케터는 성공적으로 목표시장에 도입된 브랜드컨셉을 더욱 심도있고 정교하게 다듬어 브랜드의 가치를 강화시켜야 한다. 정교화기 동안에는 경쟁브랜드에 비해 자사브랜드가 상대적으로 우수하게 인식되도록 함으로써 브랜드이미지의 가치를 더욱 높여야 한다.

브랜드의 인식된 가치를 강화시키는 마케팅노력은 경쟁환경이 점점 복잡해지는 시장상황하에서 매우 중요하다. 예를 들어, 자사브랜드의 포지션(컨셉)을 모방하는 경쟁사의 수가 늘어난다면 소비자들은 여러 브랜드 간의 차이를 구분하는 데 어려움을 겪을 것이다. 뿐만 아니라 고객의 제품지식 수준이 높아지고 보다 나은 제품을 원하는 (가령, 서로 다른 사용상황에 보다 적합한 제품을 원함) 등의 요인들에 영향을 받아 고객욕구가 변하게 되면, 기업은 브랜드의 가치를 높이기 위한 구체적 마케팅전략(혹은 포지셔닝전략)을 도입해야 할 필요성을 갖게 된다.

컨셉정교화 시점에서 브랜드이미지의 가치를 높이기 위해 기업은 다양한 전략을 사용할 수 있다. 첫째, 브랜드를 다양한 사용상황에 유용하게 사용될 수 있도록 만들거나(가령, Arm and Hammer 베이킹소다) 혹은 특정의 고객욕구에 더 적합하도록 만들 수 있다(가령, converse 운동화를 converse 러닝화, 라켓볼 전용화, 테니스화 등으로 특화시킴). 둘째, 새로운 특징을 추가하거나(예를 들어, tartar예방 perio치약) 특정의 제품속성을 더욱 더 향상시킨다(가령, 표백성분이 더 강화된 클로락스). 셋째, 브랜드의 희소성을 유지함으로써 지각된 브랜드가치를 더욱 높인다(예를 들어, cabbage patch 인형).

자사 브랜드이미지의 가치를 높이는 데 가장 적절한 전략의 선택은 기업이 브랜드컨셉 도입기에 어떤 유형의 브랜드컨셉(즉, 기능적 브랜드컨셉, 상징적 브랜드컨셉, 혹은 경험적 브랜드컨셉)을 선택했는지에 의해 결정된다. 컨셉도입기에 정립된 브랜드이미지를 더욱 정교화시키는 작업은 초기의 브랜드이미지에 대한 어느 정도의 조정을 필요로 하지만, 도입기에 선택된 브랜드컨셉에서 벗어나서는 안 된다. 정교화 단계에서의 브랜드이미지확립 전략은 도입기에 실행된 이미지 구축 노력의 연장이다. 그러나 정교화 단계에서 시장여건의 변화에 맞추어 구체적인 마케팅믹스 요소들에 대한 조정작업이 이루어져야 한다. 이하에서는 각 브랜드컨셉별로 정교화 단계에서 사용될 구체적 전략에 대해 알아보기로 한다.

1) 기능적 브랜드컨셉의 정교화

정교화 단계에서 기업이 고려할 수 있는 기능적 브랜드컨셉에 대한 두 가지 기본적인 포지셔닝 전략은 ① 문제해결을 사안별로 특화시키거나(problem-solving specialization) ② 문제해결을 일반화시키는 것이다(problem-solving generalization). **문제해결 특화전략**(problem-solving specialization)은 소비자가 갖고 있는 구체적 욕구나 문제들을 파악해 각각의 욕구(문제)를 해결해주는 기능을 가진 제품을 개발/제공하는 것이다. 예를 들어, 운동화를 성공적으로 도입한 Converse는 다양한 사용상황에 맞는 특화된 운동화를 제공함으로써 기능적 브랜드컨셉을 정교화시켰다. 즉 테니스화, 조깅화, 농구화 등 서로 다른 용도의 다양한 신발들을 만들어 소

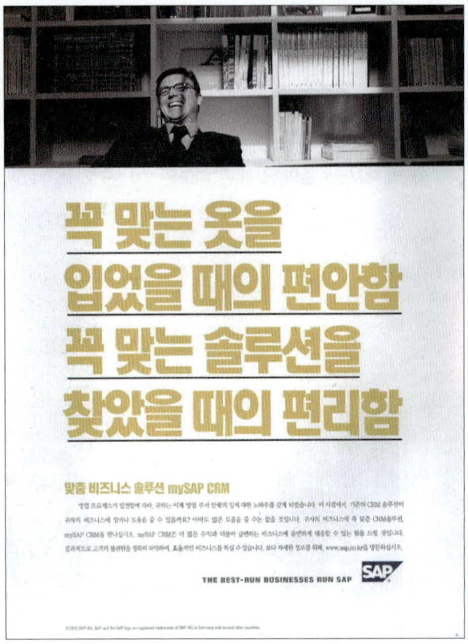

문제해결 특화전략의 예: SAP은 다양한 솔루션프로그램을 개발하여 각 기업의 욕구에 맞는 솔루션을 제공한다.

비자들이 운동상황에서 부딪치는 특정의 문제들을 해결해 주었던 것이다. 운동화/아웃도어 전문브랜드 프로스펙스는 힐링 트렌드로 워킹이 각광을 받음에 따라 제품컨셉을 운동화에서 워킹화로 바꾸고 목표소비자의 특성과 용도에 맞는 다양한 워킹화(WCool(연아라인), WPower(수현라인), W라이트레이어, W레이어키즈 등)를 출시함으로써 워킹에 가장 적합한 아웃도어브랜드라는 브랜드이미지를 구축했다.

문제해결 특화전략은 제품이 기술적으로 복잡하거나, 고객들이 제품에 대해 많은 지식을 갖고 있거나, 사용경험의 특화에 따라 시장이 세분화되어 있는(more fragmented) 경우에 효과적이다. 그러나 문제해결 특화전략은 각 품목을 생산, 광고해야 하므로 많은 마케팅비용이 소요되며, 경쟁사들이 다양한 용도를 동시에 충족시키는 단일의 브랜드를 도입할 경우 경쟁적으로 불리하게 될 수 있다는 단점이 있다. 가령, Arm and Hammer가 각 용도에 따라 서로 다른 베이킹 소다 브랜드를 도입하기로 결정한다면, 각 브랜드들은 이러한 기능을 동시에 수행할 수 있는 단일의 브랜드에 비해 마케팅비용 상에서 불리하게 될 것이다. 마찬가지로 LG생활건강은 충치예방, 입냄새 제거, 치석억제 및 제거, 미백효과 등 각각의 제품편익에 효과적인 복수의 치약브랜드를 출시했는데, 경쟁사가 복수의 제품편익을 동시에 충족시켜주는 치약브랜드를 개발해 자사의 각 브랜드의 수익성을 악화시킬 가능성을 막기 위해 고객이 원하는 여러 제품편익을 모두 충족시키는 치약제품인 페리오 토탈7을 출시했다. 따라서 특화전략은 기능적 컨셉의 브랜드를 장기적으로 관리함에 있어 중간단계에서 고려되어야 할 대안이며, 다양한 사용상황에서 고객들이 추구하는 복수의 편익(효능)을 동시에 해결해 주는 전략으로 대체되어야 할 것이다.

기능적 컨셉을 가진 브랜드의 가치를 높이기 위한 다른 전략대안으로는 **문제해결의 일반화 전략**(problem-solving generalization)을 고려해 볼 수 있다. 이 전략은 한 가지 제품이 여러 가지 소비자 편익을 충족시키도록(즉, 한 가지 제품이 여러 용도로 사용되도록) 하는 것이다. Vaseline(바셀린), Arm and Hammer 베이킹 소다와 같은 브랜드는 기존의 제품을 다양한 용도에 사용될

브랜드마케팅 따라잡기

끊임없는 용도개발을 통해 성장을 추구하는 Arm and Hammer

소비자들이 제조업자보다 제품에 대해 더 많이 아는 경우가 드물지 않다. 소비자의 제품사용행동을 유심히 관찰함으로써 단순한 제품에서 새로운 용도를 끊임없이 개발한 암 앤 햄머(Arm & Hammer: 이하 A&H)의 사례를 살펴보자.

A&H는 베이킹 소다의 상표로서 시장을 독점하다시피 장악하고 있었다. 사실상 베이킹 소다는 중탄산나트륨(NaHCO3)이며, 이것은 빵·케이크·과자 등을 만들 때 밀가루를 발효시키는 중요한 역할을 한다. 그런데 사회가 부유해짐에 따라 고기와 같은 단백질을 더 많이 소비하고, 빵과 같은 탄수화물은 소비가 줄었다. 그 결과, 빵 굽는 데 이용되는 효소로서 베이킹 소다의 수요는 점차 감소하기 시작했다.

어찌할 바 없이 매출의 하락을 지켜보던 A&H는 일부 소비자들이 베이킹 소다를 다른 용도로서 이용하고 있음을 알았다. 즉, 냉장고 탈취제로 사용하는 것이었다. 베이킹 소다는 습기를 빨아들이는 특성이 있어서, 이것을 냉장고 속에 놓아두면, 나쁜 냄새를 없애주는 작용을 하게 된다. A&H는 소비자가 베이킹 소다에 대해 인식한 기본 특성을 이용하여 '천연'의 방취제로 판매하기로 하였다. 탈취제로서의 A&H는 음식이 들어 있는 냉장고에 넣는 것이기 때문에, 기본적으로 포장은 변경되지 않았다. 즉, 먹어도 되는 베이킹 소다의 특징을 그대로 이용하여, 소비자들이 거부감을 갖지 않도록 유도한 것이다. 다만 포장에 1~12월까지 표시 칸을 인쇄해 소비자가 새 곽을 냉장고에 넣은 시점을 체크하게 함으로써 3개월마다 잊지 않고 갈아주도록 하였다.

또 어떤 광고에서는 냉장고에서 쓰고 난 베이킹 소다를 싱크대 배수구에 버리면 아직 남아 있는 세척 및 방취 성분이 배수구 안의 미생물을 분해할 수 있다고 광고하였다. 때때로 베이킹 소다 상자를 화장실, 지하실, 차고 등에도 놓아두는 모습도 보여 주었다. 습한 냄새가 나는 곳이면 어디에는 다양하게 쓸 수 있음을 알리려는 것이다. 이러한 새로운 용도 덕분에 베이킹 소다의 판매는 20배나 증가되었다. 그러나 여기에서 그치지 않았다.

베이킹 소다가 습기를 흡수한다는 사실은 새로운 아이디어를 샘솟게 하였다. A&H는 탈취제로서의 용도 확산이 성공하자 본격적으로 베이킹 소다의 특성을 검토하여, 새로운 용도개발에 박차를 가한다. 베이킹 소다의 중요한 특성은 다음과 같다.

- 습기와 냄새를 흡수한다.
- 연마기능이 있기 때문에 부드러운 세척제의 역할을 한다.
- 피부에 닿거나 삼켜도 안전하다.

미국 가정에는 대개 카페트를 깐다. 그런데 습기가 많은 여름에는 아무리 진공청소를 자주 하여도 카페트가 끈적거리며 꿉꿉한 느낌이 들기 마련이다. 이에 A&H는 진공청소기 사용 전에 베이킹 소다를 뿌리도록 권한다. 소다를 뿌리고 약 15분쯤 기다렸다 청소를 하면, 소다가 카페트의 습기를 빨아들여 진공청소기가 먼지를 흡수하는 데 도움이 된다. 실제 A&H의 광고에서는 카페트를 확대하여 그 위에 뿌려진 소다가 습기를 빨아들이는 모습과 먼지가 제거되는 모습을 애니메이션으로 보여준다.

카페트용으로는 포장과 용기를 변경하였다. 집안 전체를 청소하려면 많은 양이 필요하므로 용기를 크게 만들고 가루를 뿌리기에 편리하도록 박스의 윗부분에 플라스틱 덮개도 달았다. 가격은 카페트 탈취제에 맞게 적절히 인상하였다. 하얀 가루를 뿌린 뒤 이를 진공청소기로 흡수해 나아가면 시각적으로도 청소되는 모습을 볼 수 있어 매우 깨끗해지는 느낌을 받는다. 또한 파인 향이나 레몬 향 등을 첨가하여, 청소 후에 집안에서 상큼한 냄새가 나도록 한 제품도 있다. 그리하여 무더운 여름에 상쾌한 기분을 가져다주는 것이다.

판매의 활기를 되찾은 A&H는 소비자들을 더욱 면밀히 관찰하여, 이번에는 소다가 세척제로도 이용되고 있음을 발견한다. 소다에는 연마성이 있기 때문이다. 그리하여 오븐 세척제, 냄비와 후라이팬을 위한 세척제 등 베이킹 소다의 연마성을 이용한 다양한 제품들이 고안되었다. 각 제품은 용도에 맞도록 적절히 수정하고, 포장은 기능에 맞게 변화시켰다. 먹어도 된다는 점과 연마성을 활용하여 치약도 만들었다. 치약은 맛이 달아 어떤 때는 사레가 들리기도 한다. 그러나 이 치약은 달지 않고 연마성을 느낄 수 있는 데다 습기가 제거되는 느낌이어서 이를 닦은 후 매우 상쾌한 기분이 든다.

자료원: 홍성태, 보이지 않는 뿌리, 박영사.

수 있도록 함으로써 기능적 브랜드이미지를 더욱 정교화시키는 데 성공하였다. 다목적 약용크림이라는 기능적 브랜드컨셉을 가진 Vaseline은 아기들이 기저귀를 오래 차 빨갛게 짓무른 부분이나 화상을 치료하는데, 여성들의 눈화장을 깨끗하게 지우는데, 그리고 입술이 트는 것을 방지하는 데 효과적이라는 것을 고객들에게 알려줌으로써 기능적 브랜드컨셉을 더욱 구체화·정교화시켜 나갔다.

Clorox는 면직물, 화학섬유 등 다양한 섬유제품들에 표백될 수 있음을 구체적으로 알려줌으로써 브랜드컨셉을 더욱 심화시켰다. 마찬가지로 Arm and Hammer라는 베이킹 소다(빵 구울 때 사용되는 재료) 브랜드는 동일제품의 새로운 용도(냉장고 탈취용, 카페트 습기 제거용, 치약, 땀 냄새 제거용 등)를 끊임없이 개발해 나감으로써 기능적 브랜드이미지를 더욱 정교화시켰다. P&G의 섬유탈취제 브랜드 페브리즈는 빨기 힘든 섬유제품의 향균 및 악취제거에 효과적이라는 기능적 제품컨셉을 기반으로 의류, 신발, 가방, 침구류, 모자, 소파, 인형, 화장실, 부엌 등 다양한 사용상황을 계속 개발함으로써 기능적 브랜드이미지를 더욱 공고히 했다.

정교화 단계에서 기업은 기능적 컨셉의 제품브랜드에 대해 다양한 사용상황에 맞도록 복수

브랜드전략을 도입하려는 유혹을 받을 수 있는데, 이는 다음과 같은 이유에서 적절하지 않다.

첫째, 제품의 기본기능은 동일하지만 각기 다른 사용상황에서 사용되는 서너 개의 브랜드를 도입하는 것은 여러 사용상황에서 함께 사용되는 단일의 브랜드를 도입하는 것에 비해 소비자에게 제공되는 가치가 별로 높지 않다. 둘째, 복수브랜드전략이 도입될 경우 소비자들은 각 브랜드의 차별점을 구분하는 데 어려움을 겪게 될 수도 있다. 셋째, 복수브랜드전략은 기업의 마케팅비용과 인적자원의 투입을 증가시킨다.

복수브랜드전략은 상호 간의 경쟁유발을 통해 단기적으로 매출을 증대시키는 효과를 가질 수 있지만, 위에서 언급한 이유들로 인해 장기적으로 각 브랜드의 시장포지션(가치)을 약화시키는 결과를 초래할 수 있다. 지속적인 점유율 하락은 복수브랜드전략의 도입에 그 한 원인이 있을 수 있는 것이다. P&G는 세제시장에서 선도적 점유율을 유지/강화하기 위해 Tide, Ivory Snow, Dreft, Cheer, Oxydol, Dash, Solo, Era 등 제품기능(효능)이 조금씩 다른 여러 브랜드들을 도입하는데, 각 브랜드의 인지도와 매출을 확보하는 데 있어 너무 많은 마케팅비용을 투입해야 하는 문제에 직면하였다.

2) 상징적 브랜드컨셉의 정교화

상징적 브랜드컨셉을 가진 제품의 경우, 컨셉을 정교화하기 위한 마케팅전략은 도입기와 마찬가지로 소비자의 자아이미지(혹은 자신에 대한 긍지)를 계속 높이는 데 주력하는 것이다. 즉 소비자의 자아실현 욕구나 자신에 대한 긍지를 높이고자 하는 욕구를 충족시키는 데 도움을 준다는 확신을 갖게 하는 마케팅노력이 요구된다.

정교화 단계에서의 기본적 전략은 비표적고객들이 구매하기 힘들도록 거래장벽을 계속 높임으로써 브랜드소유에 대한 표적고객의 긍지를 보호·강화시켜 주는 것이다. 또한 도입기와 유사하게 비표적고객과 표적고객 모두에게 브랜드의 고품질이미지를 전달하는 마케팅커뮤니케이션 노력을 유지하면서, 유통측면에서 비표적고객의 구매를 어렵게 만드는 것이다. 즉 비표적고객에게 여전히 동경의 대상이지만 실제에 있어 구매하기 어려운 제품이 되도록 유지하는 것이다.

고급식기로 지명도를 구축한 Lenox는 접시의 가장자리에 금줄을 두른 접시세트를 도입하고 가격을 인상함으로써 제품의 가치를 더욱 높이고자 하였다. 최고급 남성복 디자이너 상점인 Bijan(비잔)은 점포의 수를 LA와 뉴욕의 두 곳으로 제한함으로써 제품의 고급이미지를 더욱 공고히 하였다. 1818년에 보수적이면서 전문직종에 종사하는 점잖은 신사를 위한 양복이라는 컨셉으로 출발한 Brooks Brothers는 미국 내 점포수를 제한하고 브랜드컨셉에 맞도록

브랜드마케팅 따라잡기

표적고객의 긍지를 높여주는 브랜드이미지 전략으로 성공한 비스콘티

컴퓨터와 전자수첩이 필수품인 21세기에 잉크가 뚝뚝 떨어지고 수시로 뚜껑을 잃어버리는 만년필을 쓸 사람이 있을까 하는 생각이 들겠지만, 명품 만년필들은 해마다 20~30% 이상의 수익증가를 보이며 성장하고 있고 자동차, 고급 옷들과 함께 패션지 광고에까지 등장한다.

이탈리아 플로렌스에는 비스콘티(Visconti)라는 만년필 회사가 있다. 1988년에 문을 연 이 회사는 한 해 200만 불 정도의 수익을 올리고 있는데, 만년필 한 개에 6,500만 원짜리 고가품도 있고 유명인사들이 단골인 특이한 회사다. 물론 커리어 우먼들도 만년필의 주요고객이지만 이 회사의 경우는 젊고, 경제력과 세련된 감각을 지닌 남자들을 타깃으로 한다. 남자들이 자신의 신분이나 개성, 취향을 보여줄 수 있는 액세서리는 넥타이, 명함케이스, 안경, 시계 정도로 제한되어 있다는 가정에서 출발한 것이다.

타지마할, 알함브라, 카사노바 에로틱, 타이타닉 등 역사와 신화, 예술품에서 영감을 얻어 디자인한 만년필마다 이름과 특징이 다른 고급제품들로 승부하는데, 디자인만큼이나 기능적인 면에도 신경을 쓴다. 손에 쥘 때 불편하지는 않는지, 주머니에 끼웠을 때 클립이 옷감을 짓눌러 흔적이 생기지는 않는지, 뚜껑을 열고 닫기가 편한지를 매일매일 실험하고 연구한다. 제품 중 가장 비싼 것은 타지마할로 가격은 5만 불이다. 우리나라 돈으로 약 6,500만 원. 그것도 이 회사에서 직접 사는 가격이고 중간상에 팔면 더 올라간다. 상아몸체에 26개의 다이아몬드가 장식되어 있다. 한 개 만드는 데 두 달이 걸린다. 두 개를 만들었는데 하나는 브루나이 왕이 사갔고 하나는 비스콘티社 사장이 소장하고 있다. 비스콘티 만년필의 특징은 세계 어디에서 구입하거나 똑같은 가격이라는 것과 또 판매사원들에게 많이 팔라고 요구하지 않는다는 것이다. 실제로 두 명의 디자이너와 50여 명의 공원들이 만들고 있는 비스콘티 만년필은 주문이 많아지면 감당을 하지 못한다. 사장은 다음과 같이 말한다. "우리는 비싼 제품을 파는 게 아닙니다. 그 가격의 진정한 가치를 고객에게 주려고 합니다. 숱한 만년필이 있지만 우리 제품은 만년필界의 롤스 로이스라고나 할까요. 대머리에게 빗을 팔거나 선물할 이유가 없는 것처럼 우리 역시 필요 없는 사람들에겐 만년필을 팔지 않습니다. 진심으로 우리 제품의 가치를 알아주고, 또 즐겁게 사용할 사람들을 위해서 제품을 만들고 팝니다."

점포 내 머천다이징을 철저히 관리하는 등 마케팅믹스프로그램을 엄격히 통제·관리함으로써 브랜드이미지를 유지·강화시켜 나간다. 그리고 명품 패션브랜드들은 브랜드이미지와 제품의 희소성을 유지하기 위해 재고를 엄격하게 관리한다. 이를 위해 그들은 판매되고 재고로 남은 의류들을 재고처리 전문업체에 넘기는 대신 소각하기도 한다. 가령, 2017년 영국의 고급 패

브랜드마케팅 따라잡기

희소성을 추구하는 밀레니얼 세대를 겨냥해 한정판 판매를 통해 상징적 브랜드컨셉을 더욱 강화시키는 유명 패션브랜드

나이키 운동화에 '가격표를 미처 떼지 못한 건가' 싶은 케이블 타이가 달려 있다면, 그 신발은 일반적인 나이키 운동화가 아니다. 케이블 타이를 잘라버리면 운동화의 가치는 떨어진다. 이 운동화는 나이키와 고급 스트리트(길거리) 패션 브랜드 '오프화이트'가 협업으로 만들어 낸 한정판 제품이기 때문이다. 나이키는 2017년부터 미국의 DJ이자 오프화이트의 디자이너인 버질 아블로와 협력해 30여 종의 한정판 운동화를 출시해 잇달아 매진시켰다. 이후 아블로는 카니예 웨스트와 함께 '스니커즈 전설'의 양대산맥으로 불리게 됐다. 미국의 래퍼인 웨스트는 아디다스와 협업을 통해 '이지(Yeezy) 부스트'라는 한정판 운동화를 내놓아 크게 인기를 끌었다. 아블로가 디자인한 나이키 운동화 가격은 30만~40만 원대로서 기존의 나이키 운동화보다 2~3배 비싸다. 하지만 이 운동화의 주 고객층인 밀레니얼 세대는 이에 아랑곳하지 않는다. 오히려 매진되어 구입하지 못한 것을 아쉬워하고, 미리 공개된 제품 사진을 보면서 발매일을 손꼽아 기다린다. 중고시장에서는 오프화이트와 나이키가 협업해 만든 운동화가 정가의 2~3배에 팔린다. 웃돈을 얹어서라도 사고 싶어 하는 젊은층의 수요가 많기 때문이다.

밀레니얼 세대는 이런 희소성을 가진 제품에 열광한다. 비싸더라도 돈만 있으면 살 수 있는 사치품을 좇기보다는 희소성을 가진 제품브랜드를 추구한다. 뛰어난 기능, 경제적 효용에 대한 추구보다 소비를 통해 자기 자신의 정체성을 나타내려는, 즉 상징적 가치를 추구하는 경향이 짙다. 공장에서 품질 좋은 제품을 저렴하게 대량생산하던 기업의 '베이비 부머 공략법'이 더 이상 먹히지 않는 시대가 됐다는 의미다. 어릴 때부터 풍요로움을 경험하고 자란 밀레니얼 세대는 필요에 의

밀레니얼 세대는 못생기고 낡은 제품이라도 '다른 사람들과 다르다'는 인식을 줄 수 있는 것이라면 열광적으로 반응한다. 얼룩이 묻고 찢어져 낡은 느낌을 주는 골든구스 운동화, 케이블 타이를 운동화 끈에 묶어 가격표를 떼지 않은 듯한 나이키 운동화 등이 그 사례다.

한 소비보다는 감성적인 가치를 얻을 수 있는 소비에 더 많은 관심을 가지며 자신의 가치와 정체성에 부합되는 브랜드를 선호한다.

밀레니얼 세대의 마음을 사로잡은 제품들의 특징은 "못생기고 낡았다"는 점이다. 보기에 별로 아름답지 않기 때문에 '누가 저런 걸 살까' 싶은 공통점이 있다는 것이다. 2018년 패션업계를 강타한 제품은 '쓰레기통을 뒤져서 나온 것 같은 50만 원짜리 운동화'로 이름을 알린 패션브랜드 골든구스 운동화였다. 골든구스에서 가장 유명한 제품은 얼룩이 묻은 별 모양 무늬가 있는 운동화로, 마치 누군가 오랫동안 신었던 것 같은 느낌을 준다. 특히 한정판 운동화의 경우 신다가 신발 뒤꿈치 부분이 헤진 것처럼 테이프를 덧댄 모양을 추가해 더욱 낡아 보이도록 했다. 전 세계에서 "골든구스는 가난을 조롱하고 있다"는 비판이 쇄도했다. 139만 명의 구독자를 보유한 미국의 유명 유튜버 크리스틴 시델코는 2018년 9월 자신의 트위터에 "이 세상엔 돈이 없어서 신발 대신 비닐봉지를 신는 사람이 있는데 이런 '흉물스러운(hideous)' 신발을 500달러(실제 가격은 530달러 · 약 59만 원)에 팔고 있냐"고 비난하기도 했다. 이러한 논란에도 불구하고, 골든구스는 이미 밀레니얼 세대에는 사고 싶어도 돈이 없어 못 사는 아이템이 된 지 오래다. 2018년 어글리 슈즈(ugly shoes · 못생긴 신발)라는 개념을 유행시키며 명품 운동화의 트렌드를 이끌었던 패션브랜드 '발렌시아가'의 트리플S도 마찬가지다. 트리플S는 전체적으로 울퉁불퉁한 겉모양 탓에 발이 한층 커 보인다. 하지만 유명 연예인들이 발렌시아가의 트리플S를 앞다퉈 착용하면서 큰 인기를 누렸다. 100만 원대를 훌쩍 넘는 가격에도 20 · 30대 사이에서는 없어서 못 사는 신발이 됐다.

한 패션전문가는 "최근 트렌드를 보면 아무리 디자인이 예쁘더라도 너도나도 가지고 있을 만한 제품은 젊은 소비자에게 외면당하고, 못생겼을지라도 '다른 사람은 안 신을 것 같은' 개성 있는 제품이 주목받는다"고 설명했다.

명품 브랜드들도 밀레니얼 세대를 공략하기 위해 희소성을 가진 한정판 제품을 출시한다. 이들이 한정판 제품을 만들 때 사용하는 전략은 20 · 30대에서 인기를 얻는 스포츠 캐주얼, 또는 스트리트 패션 브랜드와 손을 잡는 것이다. 주로 명품 브랜드의 가방, 옷 등 다양한 제품에 밀레니얼 세대가 친숙하게 느낄 만한 브랜드를 접목한다. 이는 아직 명품을 구매할 만한 경제력이 되지 않는 밀레니얼 세대에게 미리 친근하게 다가가려는 노력의 일환이며, 그들이 향후 나이가 들면서 지갑 사정이 나아지고 소비시장의 핵심으로 떠오르기 전에 선점하려는 의도이다. 루이뷔통은 2019년 1월 오프화이트의 디자이너 아블로와 협업해 출시한 남성복 제품군에서 대박을 터뜨리며 밀레니얼스 공략의 실마리를 잡았다. 루이뷔통 · 아블로 협업 제품군은 일본 도쿄의 팝업 스토어에 시험적으로 먼저 출시됐다. 마이클 부르케 루이뷔통 CEO에 따르면, 도쿄 출시 이후 48시간 동안의 매출이 2017년 루이뷔통 · 슈프림 협업 제품군의 같은 기간 매출보다 30% 많았다. 미국의 스트리트 패션 브랜드 슈프림은 제품을 소량만 생산하며, 다양한 명품 브랜드들과 협업을 통해 견고한 마니아층을 확보한 브랜드다. 루이뷔통 · 슈프림 협업 제품군이 처음 출시됐을 때는 전 세계에서 마니아들이 제품을 사기 위해 줄을 서는 광경이 연출됐다.

자료원: 이코노미조선, 284호, 2019.1.21.

브랜드마케팅 따라잡기

우수한 성능의 모터사이클이 아니라 자유, 독립, 파워, 진정성 등의 상징적 의미를 판매하는 Harley-Davidson

미국 내 대형모터사이클 시장에서 가장 많이 판매되는 브랜드는 Harley-Davidson이다. 누가 대형 Harley를 타는가? 몸에다 Harley로고를 문신하고 집을 떠나 광활한 길을 따라 운전을 하고 Harley경주대회들을 보기 위해 수십만 명이 몰려드는 동기는 무엇일까? 열렬한 Harley-Davidson 충성고객들은 우수한 성능의 모터사이클이 아니라 자유, 독립, 파워, 진정성 등의 상징적 의미를 구매한다.

Harley-Davidson 소유자만큼 충성심이 높은 고객을 거느린 브랜드도 별로 없을 것이다. Harley 구매자는 브랜드에 진정으로 헌신한다. 당신은 신체에다 Yamaha, Kawasaki, Honda라고 문신을 새긴 사람들을 보지는 못했을 것이다. Harley-Davidson 운전자들은 단순히 모터사이클을 원하는 것이 아니라 Harley의 일원이 되고 싶어 한다. 아이콘브랜드 Harley-Davidson은 그만큼 강력하다.

2013년 8월 10~20만 명의 사람들이 Harley-Davidson의 탄생 110주년을 기념하기 위해 사업을 시작한 곳인 밀워키에 모였다. 어떤 기자는 이 장대한 행사의 오프닝 퍼레이드를 '거의 7,000명에 달하는 운전자들이 밀워키 다운타운을 우르릉거리며 질주하면서 Harley-Davidson에 대한 자긍심을 만끽하는, 그야말로 미국에서 최고의 장관 중 하나' 이었다고 묘사했다. 3일간의 행사기간 동안 운전자들은 다른 운전자들과 얘기를 나누고 'Screw it, let's ride!', 'I'd rather push a Harley than ride a Yamaha(Yamaha를 타느니 차라리 Harley를 뒤에서 밀겠다)' 등의 글이 적힌 T셔츠를 입고 있었다.

이 같은 강렬한 정서를 토대로 Harley-Davidson은 오랫동안 미국 모터사이클 시장을 지배해왔다. 이 브랜드는 미국 전체 바이크 매출의 30퍼센트를, 그리고 대형 바이크 세분시장의 55퍼센트 정도를 차지하고 있다.

Harley-Davidson 마케터들은 고객들과 그들의 구매행동에 대해 생각하는 데 상당한 시간을 보낸다. 그들은 자신들의 고객이 누구이며, 고객들이 무엇을 생각하고 어떻게 느끼는지, 그리고 Yamaha, Kawasaki, Honda Gold Wing 대신 Harley-Davidson Softail을 구매하는 이유는 무엇인지에 대해 알고 싶어 한다. Harley 구매자를 그토록 충성스럽게 만드는 것은 무엇일까? 매우 어려운 질문이다. 왜냐하면 Harley 소유자 자신들도 구매동기를 정확하게 모르기 때문이다. 그러나 Harley-Davidson 경영자들은 고객들을 이해하는 데 최우선 순위를 둔다.

누가 Harley-Davidson을 탈까? 당신은 놀랄 수 있다. 어떤 사람들은 여전히 무법자인 불량소년을 Harley와 연관시킨다. 당신의 예상과는 달리 이 브랜드의 모터사이클은 다른 유형의 운전자들을 끌어들이고 있는데, 바로 나이가 들고, 재정적인 여유가 있으며, 교육수준이 높은 사람들이다. Harley 열성고객의 헬멧과 가죽자켓을 벗겨보라. 아마도 그가 누구인지를 구분하기 어려울 것이다. 그는 문신과 손질하기 힘든 머리를 하고 있을 수 있지만, CEO, 투자은행가, 혹은 고급요리사일 수도 있다.

평균적인 Harley 고객은 87,000달러 정도의 가구소득을 가진 50대 남성이다. 현재 Harley 구매의 12퍼센트 이상이 여성들에 의해 이루어진다. Harley 고객들은 다양한 직업을 가진 사람들이다. 그들은 Harley를 중심으로 대가족이다. 전 세계 Harley 소유자들의 공식적인 클럽인 Harley Owners Group(H.O.G)은 100만 명 이상의 회원을 갖고 있다. 이 브랜드의 Facebook 사이트는 700만 개 이상의 '좋아요'를 기록하고 있다.

최근 들어 회사는 구매자의 2/3 정도를 차지하는 나이든 백인남성들로 구성된 핵심 세분시장에서 한걸음 더 나아가 Harley-Davidson 가족의 구성을 확대하고 있다. Harley는 18~34세의 젊은 성인층, 여성, 아프리카계 미국인, 히스패닉 등 그동안 끌어들이지 못했던 고객들을 유인하기 위해 특별하게 설계된 제품과 프로그램을 도입하고 있다. 지난해 이들 집단에 대한 매출이 전통적인 핵심고객에 대한 매출의 증가율에 비해 2배 이상 증가했다. 가령, 도달범위를 넓히기 위해 Harley-Davidson은 최근 13년 만에 완전히 새로운 모터사이클 플랫폼인 Street 모델을 처음으로 출시했는데, 이 모델은 젊은 도시운전자들의 운전욕구를 겨냥해 설계된 보다 작은 사이즈의, 보다 가볍고 민첩하고 효율적인 모터사이클이다. 사이즈가 상대적으로 작고 날씬하지만, 새로운 모터사이클은 Harley 고유의 성격을 여전히 갖고 있다.

Harley-Davidson은 좋은 모터사이클을 생산하며, 시장의 변화에 보조를 맞추기 위해 회사는 쇼룸과 영업 접근방식을 개선했다. 그러나 Harley의 고객들은 고품질 바이크와 부드러운 판매화술 그 이상의 것을 구매하고 있다. 고객의 마음깊이 내재된 동기를 더 잘 이해하기 위해 Harley-Davidson은 수많은 서베이, 표적집단 면접, 해석적 연구를 실시했고, 이를 통해 Harley에 대한 고객들의 느낌의 깊이를 파악하려고 했다. 마케팅 조사에서 한걸음 더 나아가 CEO에서부터 CMO, 광고회사 카피라이터에 이르기까지 Harley-Davidson 브랜드와 관련된 모든 사람들은 Harley 운전자 행사에 참가해서 그들의 문화에 자신들을 깊게 감정이입시킨다. 그들은 무엇이 핵심고객들에게 동기부여를 제공하는지를 직접경험을 통해 이해하기 위해 수많은 시간을 보낸다.

모든 조사는 강력하면서 일관성 있는 결과를 보여준다. 그들이 누구이고 무슨 일을 하고 어디 출신인지에 상관없이 Harley-Davidson 신봉자들은 가슴깊이 자리 잡은 브랜드정체성을 함께 공유한다. Harley 브랜드는 바로 자유, 독립, 파워, 진정성을 상징한다. Harley-Davidson은 모터사이클을 판매하는 것이 아니라 자기표현, 라이프스타일, 열망, 꿈을 판매한다. 'Harley-Davidson은 바로 경험 자체이다. 이는 중년의 회계사가 장식용 금속단추를 단 검정 가죽자켓을 입고 잠시 동안 회계업무에서 벗어나 자유를 만끽하는 경험이다'고 한 전문가는 말한다.

충성고객들에게 있어 Harley는 성능이 뛰어난 모터사이클 그 이상의 의미를 갖는다. 이는 자신의 정체성과 삶의 방향의 일부분이다. Harley는 당신의 영혼을 새롭게 하고 자유와 독립을 선언한다. 클래식한 외양, 거친 사운드, 그리고 Harley의 신념 그 자체 등 모든 것이 Harley의 신비로움에 기여한다. 미국의 전설적인 브랜드를 소유하는 것은 당신으로 하여금 더 큰 어떤 것, 즉 Harley-Davidson 가족의 일원이 되도록 만든다.

Harley 소비자행동의 밑에 있는 강력한 정서와 동기부여는 고전적인 Harley-Davidson 인쇄물 광고에 잘 나타나 있다. 그 광고물은 팔뚝에 새겨진 Harley-Davidson 문신을 클로즈업해 보여준다. 헤드라인은

'당신이 어떤 일을 하면서 이처럼 강렬한 기분을 느껴 본 적이 언제이었습니까'라고 질문한다. 광고카피는 다음과 같이 당면한 문제점을 나열하고 해결방안을 제시한다. "아침에 눈을 뜨면 중단했던 부분에서 일을 다시 시작합니다. 한때 흥분을 가져다주었던 일도 이제 무료한 일상의 한부분이 되었습니다. 모든 것이 같은 기분으로 시작됩니다. 그러나 Harley-Davidson을 탈 때만은 예외입니다. 어떤 것이 신경을 건드립니다. 가슴이 뛰기 시작하면서 배경의 일부분이 되는 것을 거부합니다. 갑자기 모든 것이 다르게 보입니다. 과거에도 계속 그래야 했었듯이 말입니다. Harley를 타면 안에서부터 당신을 변화시킵니다. 그 효과는 영원합니다. 이제 이처럼 강렬한 기분을 느껴볼 시간입니다. Harley를 타면 모든 것이 달라집니다"

Harley-Davidson 충성고객에게 있어 Harley는 경험 그 자체이다. 이 아이콘 브랜드는 단순히 모터 사이클을 판매하는 것이 아니라 자기표현, 라이프스타일, 열망, 꿈을 판매하고 있다.

자료원: Kotler & Armstrong, 마케팅입문 13판, 안광호, 유창조, 전승우 역, 경문사, 2019.

션브랜드 버버리는 재고로 남은 의류, 액세서리, 향수 등 430억 원 가량의 제품을 소각했는데, 이는 버버리의 대표제품인 트렌치코트 2만 벌의 가치에 해당하는 것이다.

3) 경험적 브랜드컨셉의 정교화

경험적 컨셉의 브랜드는 감각적 혹은 인지적 자극을 통해 제품의 사용경험과정에서 즐거움을 얻게 된다는 것을 강조한다고 설명하였다. 정교화 단계에서 경험적 컨셉의 제품이 추구해야 할 기본적 과제는 감각적 혹은 인지적 자극에 의한 즐거움(만족감)을 강조함으로써 높은 수준의 소비가 이루어지도록 하는 것이다. 그러나 너무 지나친 소비수준의 조장은 소비자의 싫증(satiation)을 유발시켜 경험적 이미지를 약화시킬 수도 있으므로 마케터는 적정수준에서 소비수준을 통제함으로써 감각적 또는 인지적 자극에 대한 만족감을 계속 유지하도록 할 필요가 있다.

경험적 브랜드컨셉을 더욱 정교화하기 위한 전략으로 두 가지 대안을 생각해 볼 수 있다. 소비자의 싫증을 방지하면서 원하는 수준의 자극을 유지하는 방법의 하나는 **종속제품전략**(brand

디지털 카메라 바비인형은 등에 카메라 렌즈가 부착돼 있으며 벨트의 단추를 누르면 티셔츠 앞쪽에 피사체를 볼 수 있는 뷰파인더가 나타난다.

accessory strategy)인데, 이는 주제품과 연관하여 사용될 수 있는 액세서리 제품들을 도입하는 것이다. 예를 들어, Barbie인형의 경우 드레스 등의 인형옷, 바비가 사용하는 가구, 바비가 사는 집, 바비가 타는 차, 그리고 바비의 남자친구 Ken 등의 액세서리를 계속 개발해 나감으로써 매출증대와 함께 어린이들의 자극수준을 계속 유지해 나가고 있다. 최근 들어 아이패드나 스마트폰 등 디지털 기기를 갖고 놀면서 시간을 보내는 어린이들이 늘어남에 따라 마텔사는 디지털 카메라 바비인형을 출시했다. 이 인형의 등에는 렌즈가 부착돼 있는데, 벨트의 버튼을 누르면 사진이 찍히고 이 사진은 바비 티셔츠 앞쪽에 나타난다. 이 사진은 컴퓨터로 내려받기할 수도 있다. 종속제품전략은 주력제품을 보완해 주는 종속제품들을 계속 개발함으로써 경험적 브랜드 컨셉의 가치를 강화시키는 데 기여한다. 종속제품전략은 정교화 다음 단계인 컨셉강화기에서의 강화전략(general fortification strategy)과는 차이가 있는데, 종속제품전략은 주력제품에 새로운 제품속성이 추가되는 것임에 반해 강화전략은 브랜드의 의미를 다른 제품군(가령, 바비 잡지)으로 확대시켜 나가는 것을 의미한다.

소비자들의 자극수준을 계속 유지하는 데 효과적인 다른 방법은 **연결제품전략**(brand network strategy)인데, 이는 여러 제품브랜드들을 연결시켜 하나의 제품망을 형성함으로써 특정제품에 대한 소비자의 싫증을 줄여주는 방법이다. 제품망을 형성하는 각 제품브랜드는 서로 다른 자극수준을 제공한다. 따라서 한 제품군(product class)에서 복수의 제공물(즉, 복수의 브랜드나 제품들)을 개발하는 것은 특정의 브랜드에 대해 소비자들이 가질 수 있는 싫증(satiation)을 줄여주는 데 효과적이다. 예를 들어, Kellogg는 여러 종류의 시리얼 제품들을 개발하고 이들을 묶어(즉, 제품망을 형성하여) 1회용 포장으로 만들어 판매하였다. 즉 콘 후레이크(Corn Flake), 후룻룹스(Froot Loops), 넛 앤 하니(Nut & Honey), 레이신 브랜(Raisin Bran), 라이스 크리스피스(Rice Krispies) 등 다양한 브랜드제품들을 서로 다르게 묶어서 판매함으로써 소비자의 싫증도 방지하면서 감각적·인지적 경험을 계속 즐길 수 있도록 한 것이다.

브랜드마케팅 따라잡기

애니메이션과의 제휴와 성인으로의 고객확대를 통해 경험적 브랜드이미지를 더욱 강화하고 있는 레고

미국 플로리다주 올랜도 월트디즈니 센터 내 레고 AS센터에서 한 어린이가 레고를 가지고 놀고 있다.

"볼트론 볼트론 볼트론 볼트론 오색 빛깔 다섯 사자 용감한 아이들, 우리는 하나, 뭉치면 평화의 사자."

1990년대에 유년시절을 보낸 3040세대 중 많은 사람이 1993년 MBC(문화방송)에서 방영된 애니메이션 '미래 용사 볼트론'의 주제곡을 기억한다. '용감한 다섯 사자'가 합체하며 정의를 위해 싸우는 이 만화영화가 레고(LEGO) 상품으로 출시됐다. 볼트론은 일본 도에이 애니메이션이 원작인 '백수왕 고라이온'을 미국 프로덕션에서 1984년 리메이크해 세계적 흥행을 거둔 애니메이션이다. 레고그룹은 "1980년대 인기를 끌었던 변신 로봇 캐릭터를 소재로 한 '레고 아이디어 볼트론(LEGO® Ideas 21311 Voltron)'을 8월 1일 출시했다"고 밝혔다. 레고는 또 9월 '해리포터 호그와트 성(LEGO® Harry Potter™ 71043 Hogwarts™ Castle)'을 출시하는데, '해리포터' 영화에 나오는 호그와트(마법학교) 모습을 그대로 보여주는 타워, 포탑, 마법의 방 등을 레고 블록으로 구현한 것이다.

1932년 덴마크에서 문을 연 유명 장난감 회사 레고가 세계적으로 인기를 끌었던 애니메이션 캐릭터를 활용한 제품을 연달아 출시하는 것은 더 이상 어린이 고객만을 대상으로 한 영업은 한계에 왔다는 자체 판단 때문이다. 길게는 30년 이상 전부터 검증된 애니메이션 캐릭터를 빌려 당시 어린이였던 지금의 성인고객들을 공략하려는 전략인 것이다. 이 회사의 주 고객층인 어린이들이 스마트폰과 태블릿PC, 각종 테마파크 등 다양한 오락대안들로 분산된 데다 차별점이 없는 레고블록으로는 더 이상 수익성을 확보하기가 쉽지 않아진 것이다.

레고그룹은 교육시장, 영화산업 등으로의 사업확장의 실패와 비디오·PC 게임의 등장과 맞물리면서 1998년 역사상 처음 적자를 기록한 후 2004년에는 파산위기까지 몰렸었다. 이후 무리하게 확장한 사업들을 정리하고 기존 블록 장난감에 스토리를 입히는 방식으로 위기를 극복했지만 또다시 스마트폰과 태블릿PC 등 장난감 산업을 위협하는 새로운 플랫폼의 등장으로 위기에 직면했다. 레고그룹의 지난해 매출은 350억 크로네로 전년보다 8%(29억 크로네) 줄었고, 당기순이익은 전년보다 16억 크로네(17.02%) 감소한 78억 크로네에 그쳤다.

레고는 차별적 우위 구축의 실패에 따른 브랜드성과 하락을 극복하기 위해 다음과 같은 마케팅전략을 도입했는데, 성인고객들의 동심(童心)을 잡는 데 초점을 맞추고 있다.

첫째, 히트 캐릭터를 활용한 상품을 지속적으로 개발했다. 레고는 고객층을 성인소비자로 넓히기 위해 기존에 세계적으로 인기를 얻은 애니메이션 캐릭터들과 제휴했다.

과거 1999년 레고는 루카스필름과 라이선스를 맺고 '레고 스타워즈'를 출시했는데, 스타워즈 영화에 나온 함선, 전투기 등을 레고 제품으로 만들어 인기를 끌었다. '스타워즈' 시리즈의 초흥행작 '스타워즈: 에피소드 1-보이지 않는 위험'과 함께 출시된 레고 스타워즈는 그해 매출의 6분의 1을 차지할 정도였다. 1998년 1억 9,400만 크로네의 순손실을 겪은 상황에서도 '공격형 군함 등 전쟁을 소재로 한 애니메이션을 레고에 도입할 수 없다', '40년간 라이선스 없이 우리가 직접 제품을 개발해왔다'고 주장하며 라이센스제품의 도입을 반대해왔던 레고 임원들은 스타워즈 시리즈의 성공으로 새로운 경험을 축적하게 됐다.

이후 레고는 배트맨, 인디애나 존스, 반지의 제왕 등 히트 콘텐츠와의 제휴로 블록에 스토리를 입히는 전략을 이어가고 있다. 최근 레고는 볼트론과 해리포터 등 다른 성공한 콘텐츠(애니메이션)과의 제휴를 통해 이를 활용한 레고제품을 출시했다.

2018년 8월 출시된 레고 아이디어 볼트론

둘째, 외부고객을 포함한 다양한 원천으로부터 신제품 아이디어를 수집하고 이를 기반으로 한 신제품을 개발했다. 최근에 레고가 출시한 볼트론은 레고 팬들과 소통을 통해 얻은 결과물이다. 레고 볼트론은 2016년 필리핀의 레고 팬 레안드로 타약이 '레고 아이디어'에 출품한 제품이다. 레고 아이디어는 레고그룹이 2009년부터 그룹 소속 디자이너가 아니더라도 만 13세 이상 고객이면 누구나 창작물을 출품하고 이 창작물이 실제제품으로 사용되면 해당제품 순매출액의 1%를 출품자와 나누도록 한 플랫폼이다. 볼트론은 일반 레고 팬의 투표 결과 1만 명 이상의 지지를 얻어 상품화가 결정됐다.

레고그룹은 한때 폐쇄적인 조직문화로 유명했는데, 모든 신제품을 외부 콘텐츠의 도움 없이 직접 만들어 낸 것이다. 1997년 초 루카스 필름과 손잡고 레고 스타워즈 제품라인을 개발/출시할지를 결정하는 과정에서 레고그룹 고위 경영진들은 외부 협력업체를 신뢰하지 않고 우리가 직접 해야 더 잘할 수 있다며 격렬하게 반대했다. 창립 당시부터 늘 내부 인력들의 아이디어로 신제품을 출시해 성공해왔던 자부심과 자긍심 때문이었다.

하지만 적자(1998년)와 파산 직전(2004년)까지 몰렸던 이 장난감 제국은 더 이상 내부인력의 아이디어에만 의존하지 않았다. 대표적 예는 2005년 레고 마인드스톰 해킹 사건을 처리하는 과정에서 드러났다. 마인드스톰은 제어·동력 모듈과 센서, 스마트폰 애플리케이션을 이용해 조립된 레고제품을 원격 조종해 움직일 수 있도록 한 제품이었다. 마인드스톰 제어 프로그램을 한 해커가 해킹해 인터넷상에 유포하자 레고는 법적 조치를 하지 않고 소스코드를 무료로 공개했다. 이런 조치를 취하자 전 세계 해커와 프로그래머들이 자신들의 방식으로 여러 가지 마인드스톰 프로그램을 내놓으면서 마인드스톰은 다양한 모습으로 공유됐고 큰 인기를 끌었다. 회사를 공격한 해커들에게까지 신제품과 새로운 콘텐츠 아이디어 창출기회를 제공함으로써 혁신의 주요원천으로 이용하고 있다.

셋째, 중국 텐센트와의 제휴를 통해 새로운 고객시장 확대와 엔터테인먼트 콘텐츠 강화를 추구하고 있다.

레고그룹은 중국기업과의 제휴를 통해 콘텐츠를 강화하고 있다. 구매력이 빠르게 증가하고 있는 중국고객들을 공략하는 동시에 엔터테인먼트 콘텐츠를 더욱 강화하기 위한 노력의 일환이다. 레고그룹은 모바일 메신저, 포털, 게임 등의 서비스를 제공하고 있는 중국 콘텐츠 기업 텐센트(Tencent)와 파트너십을 맺고 게임, 온라인 비디오, 소셜 미디어 네트워크 등을 함께 개발하려고 한다. 특히 어린이를 위한 소셜 미디어 네트워크인 '레고 라이프(Lego Life)'와 컴퓨터 코딩과 실물 레고를 통합한 온라인 플랫폼인 '레고 부스트(Lego Boost)'를 중국에서 출시할 예정인데, 레고 부스트는 기존 레고에 모터와 센서를 탑재하고 태블릿PC용 앱과 연동하는 상품이다.

이러한 신상품 출시전략은 성인고객(키덜트)을 타깃으로 하는 기존전략의 연장선으로 볼 수 있다. 강력한 콘텐츠를 레고 브랜드제품과 연동해 키즈(어린이)가 키덜트(성인)가 될 때까지 레고 생태계(에코 시스템)에서 빠져나가지 못하게 하려고 한다. 증강현실(AR)·가상현실(VR) 기술을 활용해 가상세계와 현실의 레고블록을 연결하고, 거기에 게임이나 스토리 등 콘텐츠를 집어넣는 등의 노력은 고객들과 레고 브랜드 간의 연결성을 더욱 공고히 할 수 있다.

자료원: 이코노미조선, 261호, 2018.8.6.

연결제품전략의 일환으로 사용되는 이러한 **복수브랜드전략**(multibrand strategy)은 동일제품군 내에서 다양한 브랜드선택을 가능하게 함으로써 소비자의 싫증을 방지하고 새로운 자극을 경험할 수 있게 하는 효과를 가져다준다. 복수브랜드전략은 동일한 자사고객을 대상으로 회사 내의 서로 다른 브랜드들끼리 경쟁함으로써 자기 살을 깎아먹는 자기시장 잠식효과(cannibalization)를 낳게 되는 문제점을 가질 수 있다. 그러나 경험적 브랜드컨셉을 가진 제품의 경우, 자기시장 잠식효과는 오히려 바람직한(수용할 만한) 현상일 수 있는데, 그 이유는 표적고객들을 경쟁브랜드에 빼앗기지 않고 계속 유지하면서 자사 내의 특정브랜드에 대한 소비자 싫증을 줄여주는 데도 기여하기 때문이다. 또한 복수브랜드전략은 소비자들에게 새로운 자극을 제공함으로써 새로운 시장을 창출하는 효과를 갖기도 한다. 비열처리 맥주브랜드 카스는 출시초기부터 20대 소비자층을 주력시장으로 하면서 톡 쏘는 맛이라는 차별점을 부각시켜 브랜드력을 구축했다. 카스맥주는 이러한 브랜드자산을 토대로 저칼로리 맥주제품인 카스 라이트, 청량감을 강조한 카스 후레쉬, 고알코올 맥주제품 카스 레드 등을 개발해 다양한 고객집단의 욕구를 충족시키고 한 제품의 반복소비에 따른 소비자 싫증을 줄일 수 있었다.

브랜드마케팅 따라잡기

경험적 브랜드컨셉의 구축을 통해 성공했지만 저출산과 아마존의 장난감 시장 진출에 적절히 대응하지 못해 몰락한 토이저러스

세계 최대 장난감 유통업체였던 토이저러스가 막대한 부채와 실적 부진을 견디지 못하고 몰락했다.

"나는 어른이 되고 싶지 않아요. 나는 토이저러스 키드예요(I don't want to grow up, I'm a Toys R Us kid)."

세계 최대 장난감 유통업체였던 토이저러스가 몰락했다. 미국의 모든 아이들이 따라불렀던 토이저러스의 테마송은 20세기의 추억이 됐다. 토이저러스는 미국 내 모든 점포를 폐쇄하기로 했지만, 토이저러스와의 추억만큼은 한동안 많은 미국인들의 마음속에 남아 있을 것 같다.

토이저러스는 1948년 당시 25세의 찰스 라자러스(Lazarus)가 만들었다. 원래는 워싱턴주에 있던 유아용 가구점으로 전후 베이비붐 세대를 타깃으로 연 것이었다. 라자러스는 고객 니즈를 만족시킬 새로운 방법들을 찾고 있었다. 그래서 유아용 제품과 아동용 완구류도 팔기 시작했다. 가구와 달리 장난감은 부러지기도 하고 유행을 타 부모들을 더 자주 매장으로 끌어들이기 때문이다. 약 10년 후 라자러스는 매장을 슈퍼마켓 형태로 전환시켜 두 번째 상점을 열었는데 그때 '토이저러스'라는 이름을 붙였다. are를 R이라고 했기 때문에 당시 교사·학부모들이 '잘못된 철자법을 유행시킨다'고 비난을 받기도 했지만, 라자러스는 그런 비난을 듣고 오히려 네이밍이 성공했다고 봤다. 그가 지은 이름이 주의를 끈 것이다. 그는 상점 이름은 심플하고 주의를 끌고(catchy), 고객들에게 무엇을 팔려 하는지를 나타내야 한다고 믿었다. 당시만 해도 카테고리 킬러, 즉 특화된 소매상 개념은 혁명과도 같은 것이었다. 1960년에 이미 토이저러스의 아이콘인 기린 제프리(Geoffrey, the Giraffe)도 생겨났는데, 브랜드가 성공하려면 먼저 고객들(아이들)의 사랑을 받아야 한다는 점을 라자러스는 알았던 것이다. 토이저러스는 아이들에게 단순히 장난감 쇼핑이 아니라 매장에서 다양한 체험을 즐길 수 있도록 하고 장난감을 식섭 조작해보면서 정보를 얻도록 했다. 토이저러스는 365일 장난감만 파는 곳이기 때문에 직원들은 장난감 전문가고 누구보다 아이들의 욕구를 알고 있다. 직접 시연을 하는 걸 넘어 아이 개개인에게 맞는 장난감을 추천해 주기도 했다

이렇게나 많은 사랑을 받은 유통업체가 어떻게 파산까지 이르게 된 걸까. 왜 많은 미국인이 토이저러스에서의 추억을 떠올리면서도 더 이상 장난감을 사러 가지 않는 걸까. 토이저러스 몰락의 주요원인은 다음과 같다.

첫 번째는 아이의 수가 예전만큼 많지 않다는 것이다. 스스로를 '토이저러스 키드'라고 부르며 매장을 뛰어다닐 아이가 미국에는 예전만큼 충분하지 않은 것이

다. 미국의 신생아 수는 매년 사상 최저를 기록하고 있다. 미국 질병통제예방센터(CDC)에 따르면 2016년 태어난 신생아는 395만 명에 불과했고, 지난해에는 384만 명으로 더 줄어든 것으로 집계됐다. CDC에 따르면 인구 1,000명당 출생아 수가 1909년 30명에서 2016년 12.2명으로 줄었다. 워싱턴포스트(WP)는 토이저러스 몰락의 주요원인을 분석한 기사에서 출생률을 가장 중요한 이유로 꼽았다. WP는 "토이저러스 매출은 결국 신생아 수가 얼마나 많이 유지되느냐에 달려 있는데, 미국의 출산율은 꾸준히 하락해 왔다. 제프리 기린(토이저러스 마스코트)이 직면한 실존적 위협 중 하나가 낮은 출생률이다"고 지적했다.

실제로 토이저러스 연간 매출은 미국의 12세 이하 아동의 숫자와 밀접한 상관관계를 보였다. 12세 이하 아동의 수가 증가했던 1991년부터 1999년까지는 토이저러스 연간 매출액도 매년 늘었다. 반면 아동 수가 감소했던 2000년대 초반의 몇 년 동안 토이저러스 실적도 주춤했다. 2000년대 후반 아동 수가 늘면서 토이저러스 매출이 회복하는 기미를 보였지만, 2010년대 들어 아동 수와 토이저러스 매출 모두 감소하고 있다.

토이저러스의 몰락은 저출산으로 산업 구조조정이 일어날 수 있다는 걸 보여주는 가장 분명한 사례다. 여기서 중요한 건 저출산이라는 요인이 토이저러스에만 부정적 영향을 미치는 것이 아니라는 점이다. 아이를 고객으로 한 산업이 제일 먼저 타격을 입고 있을 뿐이다. 하기스 기저귀, 세계적인 완구업체인 레고, 바비인형으로 유명한 마텔 등도 지난 몇 년간 실적부진으로 어려움을 겪고 있다.

둘째, 토이저러스 몰락의 또다른 원인은 아마존의 장난감 시장 진출이다. 글로벌 신용평가사인 피치는 지난해 발표한 보고서에서 "토이저러스가 아마존이나 월마트, 타깃 같은 대형 유통업체에 점유율을 계속 뺏기고 있다"고 경고했다. 미국 시장조사기관인 리오그퍼스트데이는 "토이저러스는 아마존 때문에 망한 27번째 대기업"이라고 했다.

처음부터 토이저러스와 아마존이 경쟁자였던 건 아니다. 1948년 설립된 토이저러스는 베이비붐을 타고 미국 전역으로 사업을 확장했고, 20세기 말에는 세계 최대 장난감 유통업체의 지위에 올랐다. 1990년대 아마존 같은 온라인 유통업체가 등장했지만, 그때만 해도 토이저러스가 경쟁우위에 있었다. 아마존은 장난감 시장에서 다른 온라인 유통업체들을 누르기 위해 2000년 토이저러스와 독점판매 계약을 했다. 토이저러스가 10년 동안 아마존에서 장난감과 어린이 용품을 독점적으로 판매하고, 그 대신 아마존은 매년 5,000만 달러의 수수료를 받는 조건이었다. 10년 동안 토이저러스는 별도의 온라인 쇼핑몰을 만들지 못한다는 조건도 함께였다. 토이저러스의 브랜드인지도에 아마존의 온라인 쇼핑 플랫폼이 더해지면서 많은 소비자가 아마존으로 몰렸다. 시간이 지나자 아마존은 독점판매 계약을 무시하고 다른 장난감 판매업체들에 온라인 쇼핑공간을 열기 시작했다.

토이저러스는 이에 반발해 2004년 소송을 제기했고, 결국 승소했다. 토이저러스는 2006년 독자적인 온라인 쇼핑몰을 만들었지만 결과는 참담했다. 이미 아마존에 익숙해진 소비자들은 토이저러스의 쇼핑몰에 관심을 기울이지 않았다. 미국의 정보기술(IT) 전문 매체인 쿼츠는 "10년 독점 계약이 토이저러스의 디지털 전환을 힘들게 했다"고 분석했다.

물론 토이저러스가 아무것도 안 한 건 아니었다. 그저 너무 늦었을 뿐이었다. 토이저러스는 2015년 도미노피자를 이끌었던 기업 회생 전문가 데이브 브랜던을 새 CEO로 선임했다. 브랜던은 취임한 이듬해 랜스 윌스를 최고기술책임자(CTO)로 영입했다. 70년 가까운 회사 역사에서 첫 CTO였다. 윌스는 취임 직후 인터뷰에서 "토이저러스의 혁신이 경쟁사보다 10년 정도 뒤처져 있다"고 인정했고, 토이저러스 자체 온라인 쇼핑몰의 경쟁력을 높이기 위해 노력했지만 결국 실패로 끝났다.

토이저러스의 몰락은 오프라인에 기반한 대형 유통업체가 온라인 유통업체와의 경쟁에서 이기기 쉽지 않다는 사실을 보여준다. 아마존 같은 온라인 유통업체는 임대료나 인건비를 아낄 수 있기 때문에 가격경쟁에서 오프라인 유통업체를 압도한다. 페이리스·짐보리·라디오섁·HH그레그 등 아마존과의 경쟁에서 밀려난 오프라인 유통업체의 명단은 끝도 없다.

토이저러스 몰락의 세 번째 요인은 사모펀드다. 토이저러스가 미국 버지니아주 리치먼드 파산법원에 파산보호를 신청한 지난해 11월 당시 부채규모는 50억 달러(약 5조3,500억 원)에 달했다. 막대한 부채의 시작은 2005년으로 거슬러 올라간다. 2000년대 초반 토이저러스는 월마트와 치열한 경쟁을 펼치고 있었다. 월마트는 오프라인 장난감 시장을 장악하기 위해 가격인하 공세를 펼쳤고, 2004년 말에는 시장 점유율을 25%까지 끌어올렸다. 토이저러스의 점유율은 17%에 그쳤다. 토이저러스의 경영사정이 악화되자 사모펀드들의 공격이 시작됐다. 결국 2005년 3월 미국의 유명 사모펀드인 베인캐피털과 콜버그크라비스로버츠(KKR) 컨소시엄이 부동산 신탁 회사인 보나도와 손잡고 66억 달러에 토이저러스를 인수했다.

문제는 사모펀드가 토이저러스를 인수한 방식이다. 사모펀드 컨소시엄은 66억 달러에 달하는 인수자금 중 50억 달러를 차입매수(LBO·인수 대상 기업의 자산을 담보로 빌린 자금으로 기업을 인수하는 방식)로 마련했다. 차입금 50억 달러에서 발생하는 이자비용만 연간 4억 달러에 달했다. 디지털 전환에 투자해야 할 돈이 그만큼 줄어들 수밖에 없었다. 이익을 낼 때는 이런 방식이 문제되지 않지만 이익을 내지 못하면 문제가 커진다. 가뜩이나 손해 보는 상황에서 막대한 이자비용을 지출해야 하기 때문이다. 블룸버그는 "토이저러스가 사내 보유금의 절반을 이자비용에 써야 했다. 디지털 부문의 성장을 위한 새로운 시도를 할 여력이 부족할 수밖에 없었다"고 지적했다.

자료원: 이코노미조선, 243호, 2018.3.26.

이에 반해 기능적 브랜드컨셉을 가진 제품의 경우에는 복수브랜드전략에 의한 자기시장 잠식효과가 바람직하지 않을 수(즉, 기업에게 부정적일 수) 있는데, 그 이유는 고객들이 브랜드 간의 차이를 구별하기 어려워(즉, 브랜드 간에 차별성이 별로 없어) 장기적으로 각 브랜드의 가치가 감소할 수 있기 때문이다. 또한 다양한 기능의 제품에 대해 각기 다른 브랜드(가령, 면제품에 효과적인 세제브랜드, 실크에 효과적인 세제브랜드, 기름때를 빼는 데 효과적인 세제브랜드 등)를 도입한다고 해서 새로운 시장이 창출되는 것은 아니며 각 브랜드별로 마케팅활동을 수행하는 데 많은 마케팅비용이 소요되어 기업의 성과를 악화시킬 수 있다.

(3) 컨셉강화기의 브랜드이미지관리

브랜드컨셉관리의 마지막 단계인 컨셉강화기(concept fortification strategy)에서의 목표는 정교하게 다듬어진 브랜드이미지를 기업 내의 다른 제품들에 연결시켜 하나의 이미지 다발(image bundling)을 형성시키는 것이다. 이 전략은 기업 내 각 제품의 개별적 브랜드이미지를 유지하면서 이들을 서로 연결할 수 있는 단일의 통합된 (즉, 도입기에 선택된 브랜드컨셉과 일관성을 유지하는) 이미지를 창출하는 데 그 목적을 둔다. 이와 같은 통합적 이미지는 기업이미지에 그 토대를 둘 수도 있고, 한 제품계열이나 제품범주 내의 모든 제품들에 적용되는 전반적 이미지(가령, 청정원의 이미지)에 그 토대를 둘 수도 있다.

애경은 강력한 브랜드파워를 가진 치약브랜드 2080브랜드를 토털 구강관리 제품브랜드로 키움으로써 2080의 브랜드이미지를 강화/확대하고 있다.

제일제당(현 CJ라이온)의 식물나라비누는 도입기에 '깨끗하고 순수함'이라는 브랜드컨셉을 소비자 마음속에 심는 데 성공하였다. 이어서 제일제당은 샴푸, 린스, 바디클렌저, 바디로션, 기초화장품 등 기능적으로 연관된 제품들에도 식물나라브랜드를 부착함으로써, 이들 제품 상호간의 지지를 통해 '깨끗하고 순수함'이라는 브랜드이미지를 더욱 강화시켜 나갔다([그림 7-1] 참조). 애경은 '20개의 건강한 치아를 80세까지 유지하자'는 캐치프레이즈를 토대로 치약시장에서 선도적 브랜드가 된 2080을 관련 제품군으로 확장함으로써 구강관리 종합 브랜드로 그 이미지를 확대/강화하고 있다. 이에 따라 애경은 기존에 출시되었던 치약과 칫솔 제품을 나이, 목적(용도)에 따라 세분화하고, 치간칫솔, 회전치실 같은 구강관리 특수제품, 미백 등 특수 목적용 구강관리 제품으로 제품군을 확대함으로써 기능적 브랜드이미지를 더욱 강화하고 있다. 임플란트 치아를 위한 전용치약과 칫솔, 40대 이상 성인을 위한 구강제품 2080 액티브 40+ 라인, 360도 회전치실, 세계특허를 받은 저자극 실리콘 타입 치간칫솔, 불소 치실과 민트 치실 등의 출시가 그 한 예이다. 그리고 마트, 온라인 등 기존 판매처에서 치과, 약국 등으로 유통망을 확대하고 있다.

이하에서는 브랜드컨셉의 유형별로 강화기에서 고려될 수 있는 구체적인 브랜드이미지 관리방안에 대해 살펴보기로 한다.

그림 7-1 | 식물나라의 브랜드컨셉관리

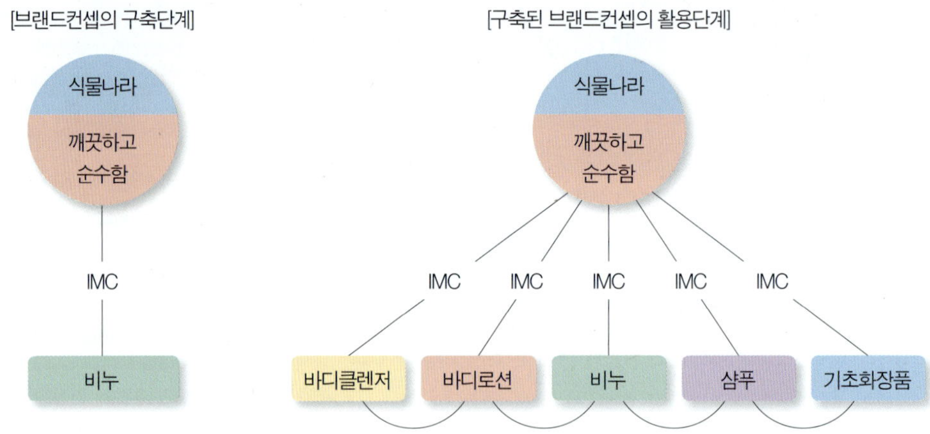

1) 기능적 브랜드컨셉의 강화

기능적 컨셉을 가진 제품의 경우, 성능(기능)면에서 서로 관련된 제품들에 대해 동일한 브랜드(컨셉)를 적용함으로써 기능적 브랜드이미지를 확대시켜 나아가야 한다. 예를 들어, 바셀린은 미용제품(가령, Vaseline Intensive Care Bath Beads)과 유아용품(가령, Vaseline Baby Powder) 등 다양한 관련제품들에 기존의 브랜드명을 사용함으로써 다목적 약용크림이라는 기능적 브랜드이미지를 강화시켜 나갔다. 마찬가지로 '더 하얗고 더 밝게'라는 컨셉을 가진 클로락스는 세탁하기 전에 와이셔츠 손목 등에 묻은 얼룩이나 때를 제거하는 제품, 화장실 청소제 등 관련제품을 만들어 클로락스의 전반적 이미지를 강화시켜 나간다. 또한 빵을 구울 때 사용되는 베이킹 소다 브랜드인 Arm & Hammer는 베이킹 소다의 기능적 특성을 이용하여, 탈취제, 세척제, 치약 등 다양한 관련제품을 만들어 전반적인 브랜드이미지를 더욱 강화시켜 나가고 있다. P&G의 섬유탈취제 브랜드 페브리즈는 향균 및 악취제거와 관련된 사용상황 및 이에 적합한 제품의 지속적 개발을 통해 기능적 브랜드컨셉을 더욱 확대/강화시키고 있다. 페브리즈는 섬유탈취제라는 고유의 제품이미지를 더욱 강화시키기 위해 P&G의 세계판매 1위 섬유유연제 다우니의 향기를 담은 섬유탈취제 '페브리즈 다우니 향기', 기존제품보다 향이 3배 강화된 프리미엄 섬유탈취제 '페브리즈 엑스트라 스트렝스'를 출시했다. 나아가 향균과 악취제거에 효과적이라는 기능적 브랜드이미지를 섬유제품 이외의 영역으로 확대시켰다. 이에 따라 공기 속에 포함된 세균과 악취(가령, 청국장 등 냄새가 강한 음식을 준비하는 과정에서 거실에 배인 악취 등)를 제거하는 데 효과적인 공기탈취제 페브리즈 에어를 출시하고, 페브리즈 실내 비치형, 페

브랜드마케팅 따라잡기

통합적 브랜드이미지 관리에 실패한 Bic

마케터는 자사브랜드의 전반적 이미지를 정확히 이해해야 한다. 즉 고객이 그 브랜드의 어떤 점을 좋아하고 싫어하는지를, 브랜드와 고객이 어떤 관련성을 갖는지를 잘 알아야 브랜이미지와 부합되는 마케팅활동을 수행할 수 있는 것이다. 브랜드관리자가 브랜드의 전반적 의미를 잘 이해하지 못해서 발생할 수 있는 문제점을 잘 보여주는 예로 빅(Bic) 브랜드를 들 수 있다. 프랑스 회사인 소시에떼 빅(Societe Bic)은 값싸고, 다 쓴 뒤 버릴 수 있는 제품편리성을 강조하면서 1950년대 후반 재충전되지 않은 볼펜, 1970년대 초에는 일회용 가스 라이터, 1980년대 초에는 일회용 면도기를 만들어 성공을 거두었다. 그러나 1989년 미국과 유럽 시장에서 같은 브랜드 마케팅전략으로 향수를 출시했다가 실패를 하고 말았다. 왜 실패를 하였을까? 비록 기존의 빅 제품이 편리성, 낮은 가격, 적절한 제품품질 등의 연상을 토대로 기능적 이미지를 공유하고 있었지만, 향수 같이 감정과 연관된 제품에는 그 이미지가 적합하지 않다는 것을 이해하지 못했다. 고객들은 기존의 빅 제품들이 갖고 있는 실용적 이미지가 향수와 맞지 않다고 느꼈던 것이다.

이와는 대조적으로 질레트사는 빅 브랜드가 저지른 실수를 반복하지 않도록 유의했는데, 질레트라는 브랜드명은 면도기, 면도날, 그리고 욕실용품에만 한정하여 사용하였으며, 전기면도기는 별도로 브라운(Braun)이라는 브랜드명을 사용했고, 구강관련 제품은 오랄 비(Oral B)라는 브랜드명으로 판매를 하였다.

브리즈 차량용 등 다양한 사용상황에 맞는 제품을 제공함으로써 기존의 기능적 브랜드이미지를 더욱 강화시켰다.

2) 상징적 브랜드컨셉의 강화

상징적 컨셉을 가진 브랜드의 경우에는 소비자의 라이프스타일과 자아이미지를 표현해 주는 제품들을 계속 개발하여 통일된 이미지 다발을 형성시켜 나간다. 예를 들어, Lenox(르녹스)는 크리스탈 물컵, 은제 그릇, 촛대, 보석류 등을 개발하여 동일한 브랜드명을 사용함으로써 도자기로 만든 최고급 식기라는 명성을 이용하여 자신의 라이프스타일(혹은 자아)을 과시하고 싶은 고객의 욕구를 강화시켜 나갔다. Brooks Brothers도 양복, 모자, 와이셔츠, 우산 등 관련 제품을 개발하여 Brooks Brothers 브랜드 아래 통합함으로써 점잖은 신사를 위한 정장의류라는 브랜드컨셉을 더욱 강화시켰다.

3) 경험적 브랜드컨셉의 강화

경험적 컨셉을 가진 브랜드의 경우에도 다른 브랜드컨셉의 유형과 마찬가지로 통합된 이미지전략(image bundling strategy)에 근거하여 경험적 브랜드이미지를 다양한 경험관련 제품들에게로 연결시킴으로써 전반적인 이미지를 강화시켜 나간다. 예를 들어, Lego는 좀 더 나이 든 어린이를 대상으로 스스로 조립해 볼 수 있는(do-it-yourself) 책상, 의자, 책꽂이를 도입함으로써 유아를 위한 플라스틱 조립 장난감(building blocks)에 의해 구축된 경험적 이미지를 더욱 강화시킬 수 있을 것이다. 마찬가지로 Barbie인형의 경우 아이들 간의 루머를 모은 책인 바비잡지, 주사위놀이 게임인 바비게임 등과 같이 사용경험을 통해 즐거움을 얻을 수 있는 제품들을 바비브랜드 아래 묶어 전반적인 브랜드이미지를 강화시켜 나갔다.

지금까지 브랜드이미지의 관리에 대해 살펴보았다. 〈표 7-1〉은 앞에서 설명된 브랜드컨셉별 이미지의 단계적 관리에 대해 정리한 것이다. 브랜드이미지관리란 전반적인 브랜드컨셉(즉, 기능적, 상징적, 혹은 경험적 컨셉) 중 하나를 선택하여 이를 시장에 도입하고, 정교하게 다듬고, 강화시켜 나가는 과정이다. 브랜드컨셉에 기반한 브랜드이미지관리는 시장에서 브랜드를 오랜 기간 살아남게 하는 데 유용한 개념적 틀이지만, 이러한 접근방법이 브랜드의 수명을 영속적으로 보장해 주는 것은 아니다. 브랜드이미지를 성공적으로 관리했다고 하더라도 표적고객들이 특정의 브랜드컨셉에 대해 더 이상 가치를 부여하지 않는다면 그 브랜드의 시장성과는 하락할 수 있다. 예를 들어 표적고객의 선호도가 기능적 욕구를 충족시켜 주는 제품으로부터 상징적 욕구를 충족시켜 주는 제품으로 바뀌었다면, 기능적 컨셉을 기반으로 성공한 청바지 브

표 7-1 | 브랜드컨셉별 이미지관리

	기능적 브랜드컨셉	상징적 브랜드컨셉	경험적 브랜드컨셉
도입기	소비자의 기능적 문제에 대한 해결을 강조	자아이미지 강화 실현을 위해 제품 서비스에의 접근을 제안함	감각적 · 인지적 자극을 통한 소비경험의 만족을 강조함
정교화기	특정문제의 해결이나 여러 문제의 일반화된 해결을 제시	접근의 제한성을 계속 유지하여 표적고객을 보호함	자극수준(사용만족감)의 지속적 유지를 위해 종속제품 또는 연결제품의 개발
강화기	기능(성능)적으로 관련된 제품으로서의 확대를 통한 전반적인 이미지의 강화	표적고객의 라이프스타일을 보여줄 수 있는 관련제품들의 개발을 통해 전반적 이미지의 강화	경험과 관련된 다른 제품들의 개발을 통한 전반적 이미지의 강화

랜드는 어려움에 봉착할 수 있다. 이와 같이 특정의 브랜드컨셉에 대해 표적고객이 부여하는 가치가 변하였을 때, 기업은 두 가지 대안 중에서 하나를 선택할 수 있다.

첫 번째 방법은 브랜드컨셉을 변경시켜 브랜드를 재포지션하는 것이다. 브랜드컨셉의 변경은 엄청난 마케팅비용의 투입을 요구하는데, 이는 자사브랜드에 대해 이미 형성된 소비자 인식을 변경시키는 것이 쉽지 않기 때문이다. 다른 방법은 시장에서 기존브랜드를 철수시키고 시장트렌드에 부합하는 컨셉을 가진 새로운 브랜드를 도입하는 것이다.

참고문헌

1. 안광호 · 이유재 · 유창조, 광고관리, 학현사, 2010.
2. 안광호 · 이진용, 브랜드의 힘을 읽는다, 더난출판, 2006.
3. 홍성태, 보이지 않는 뿌리, 박영사, 1999, pp. 166~195.
4. Aaker, David A., *Building Strong Brands*, New York: Free Press, 1996.
5. Joachimsthaler, Erich and David A. Aaker, "Building Brands Without Mass Media," *Harvard Business Review*, January/February 1997, pp. 39~50.
6. Keller, Kevin Lane, "Conceptualizing, Measuring, and Managing Customer-Based Brand Equity," *Journal of Marketing*, January 1993, pp. 1~23.
7. Park, C. Whan, Bernard J. Jaworski, and Deborah J. MacInnis, "Strategic Brand Concept-Image Management," *Journal of Marketing*, October 1986, pp. 135~146.

3

제8장

브랜드자산의 측정

01 브랜드자산 형성 원천의 측정

02 시장성과에 기반한 브랜드자산 측정

03 브랜드자산 관리시스템

04 브랜드가치체인 모형에 기반한 브랜드가치의 창출, 측정 및 관리

글로벌 브랜드가치를 키우기 위해 장기적인 투자를 한 삼성

삼성은 2018년 인터브랜드사에서 선정하는 세계 브랜드가치에서 600억 달러 정도의 가치로 6위를 차지했다. 1996년 5월. 이건희 삼성그룹 회장은 그룹 임원들을 서울 한남동 승지원으로 불렀다. 여기서 이 회장은 "C급인 삼성의 이미지를 A급까지 끌어올리는 방안을 강구하라"고 지시했다. 삼성이 체계적인 전략을 통해 브랜드 경쟁력을 끌어올린 출발점이다.

글로벌 브랜드전략업체 인터브랜드는 삼성의 브랜드전략 추진 만 20년을 맞아 "일관된 브랜드전략을 통해 중저가 제품을 파는 회사라는 이미지를 벗고 고급 브랜드로 올라섰다"는 평가를 내렸다. 지역에 상관 없이 일관된 브랜드전략, 브랜드가치를 높이기 위한 다양하고 끊임없는 시도, 경영진 이하 임직원의 브랜드전략에 대한 이해 등이 비결이라고 봤다. 인터브랜드가 글로벌 기업의 브랜드가치를 산정하기 시작한 2000년 이후 삼성전자의 브랜드가치는 2000년 52억 달러에서 2016년 453억 달러로 8배 이상으로 뛰었다. 순위도 43위에서 7위로 올라섰다. 인터브랜드는 "1996년 이후 가치를 환산하면 10배 늘었을 수 있다. 15년간 꾸준히 브랜드가치가 상승한 곳은 세계 100대 기업 중 삼성이 유일하다"고 언급했다.

이건희 회장이 지시한 이듬해 삼성은 브랜드전략을 전반적으로 정비했다. 글로벌 마케팅 조직을 신설하고 선진 마케팅기법을 도입하기 시작했다. 해외법인별로 제각각 활용하던 광고대행사도 하나로 통합해 세계 소비자에게 동일한 이미지와 메시지를 전달하도록 했다. 1998년 나가노 동계올림픽에서는 올림픽 파트너십을 맺고 휴대폰 등 첨단 무선기기에 강점을 가진 회사라는 것을 세계 소비자에게 인식시켰다.

브랜드구축 작업을 주도할 핵심인재를 영입하고 관련투자에도 적극 나섰다. S급 인재로 영입돼 1999년부터 5년간 해외 마케팅을 담당한 김병국 전 부시장이 대표적이다. 김 전 부사상은 윤종용 당시 부회장 등 그룹 수뇌부의 전폭적인 지지 속에 200여 개 국가에서 100억 달러를 들여 브랜드 영향력 제고 및 브랜드마케팅 활동을 벌였다.

최근 가장 큰 변화로는 2011년 TV의 파브, 에어컨의 하우젠 등 제품 브랜드를 없애고 기업브랜드인 삼성 브랜드로 통합한 것이다. 인터브랜드는 "삼성이라는 마스터브랜드에 누적되는 자산을 늘리고 삼성제품에 대해 소비자들이 각기 다른 이미지를 연상할 가능성을 줄였다"고 평가했다.

국내 직원만 20만 명이 넘는 삼성직원들이 일관성 있는 방침에 따라 브랜드를 사용하도록 하고 틈날 때마다 브랜드전략의 중요성을 환기시키는 것도 중요한 강점이다. 삼성이 직원들에게 교육하는 브랜드 사용 가이드라인에는 광고 등에서 삼성 브랜드가 언급되는 횟수와 삼성로고의 크기 및 위치까지 구체적으로 규정하고 있다. 인터브랜드는 "브랜드 가이드라인이 세계 어느 기업보다 자세하다"며 "직원들을 브랜드 홍보대사로 선정해 브랜드 관련 소식을 내부에 효과적으로 전파하는 인프라도 구축했다"고 했다.

삼성의 브랜드가치는 제품단위 수준에서의 우수한 성과에서 비롯된 것은 아니다. 삼성은 인터넷이 가능한 가전제품들을 바탕으로 통합된 사용환경들을 만들어 내었고 스마트폰의 성공을 통하여 가전제품과 연결된 일관된 소비자 경험을 이루어 내기 위해 노력하고 있다. 나아가 삼성은 사회적 활동과 친환경적 활동을 통해 좋은 제품을 넘어선 그 이상의 가치창출을 위해 노력하고 있다. 글로벌 브랜드가치를 창출하기 위한 삼성의 지속적인 노력이 시사하는 바는 브랜드가치는 단순히 좋은 제품과 많은 매출만으로 평가되는 것이 아니다. 브랜드의 사회적 의미, 그리고 이를 통해 이루어지는 브랜드철학까지 모든 것이 가치로 평가되는 것이다.

자료원: 한국경제, 2016.5.30; 인터브랜드의 2018 세계 20대 브랜드.

브랜드자산(brand equity)이란 한 제품에 브랜드를 붙임으로써 추가되는 가치로서, 브랜드자산의 효과는 높은 브랜드충성도, 시장점유율 또는 수익의 증가로 나타난다. 브랜드자산이 갖는 긍정적 효과는 우리 일상생활에서 쉽게 찾아볼 수 있다. 탄산음료를 마시고자 할 때 우리는 코카콜라를 먼저 떠올리는 것을 경험해 보았을 것이다. 이러한 브랜드자산은 고객의 관점과 기업의 관점에서 설명될 수 있다([그림 8-1] 참조). 먼저 고객의 관점에서 본 브랜드자산은 브랜드를 부착함으로써 브랜드가 없을 때보다 고객의 선호도가 증가된 것을 의미한다. 한편 기업의 관점에서 본 브랜드자산은 브랜드의 부착으로 인해 브랜드가 없을 때보다 매출액과 이익이 증가된 것으로 볼 수 있다.

그러면 강력한 브랜드자산은 어떻게 형성되는가? 브랜드자산은 소비자의 브랜드인지도(brand awareness)와 브랜드연상(brand association) 혹은 브랜드이미지(brand image)로부터 형성된다. 다시 말해서 소비자 입장에서 보면, 브랜드자산은 고객이 한 브랜드에 대해 잘 알고 있고, 그 브랜드와 관련하여 호의적이며(favorable), 강력하고(strong), 독특한(unique) 연상들을 기억 속에 갖고 있을 때 형성된다. 따라서 브랜드자산을 형성하는 브랜드인지도와 브랜드연상을 어떻게 측정하고, 평가할 것인가는 브랜드를 전략적으로 관리하는 데 도움을 주게 된다. 한편 기업은 바람직한 브랜드자산의 구축으로 인해 마케팅프로그램 효과의 증대, 브랜드충성도 증대, 선호도 증가 등을 얻음으로써 수익 및 매출의 증대를 가지게 된다. 따라서 브랜드자산의 효과를 정기적으로 측정하고 모니터링함으로써 기업은 브랜드자산이 매출이나 이익에 기여하는 실제적 가치를 알 수 있다.

브랜드자산의 형성 원천과 브랜드자산이 주는 긍정적 효과는 밀접한 상관관계를 갖고 있

그림 8-1 | 브랜드자산 구축의 긍정적 효과

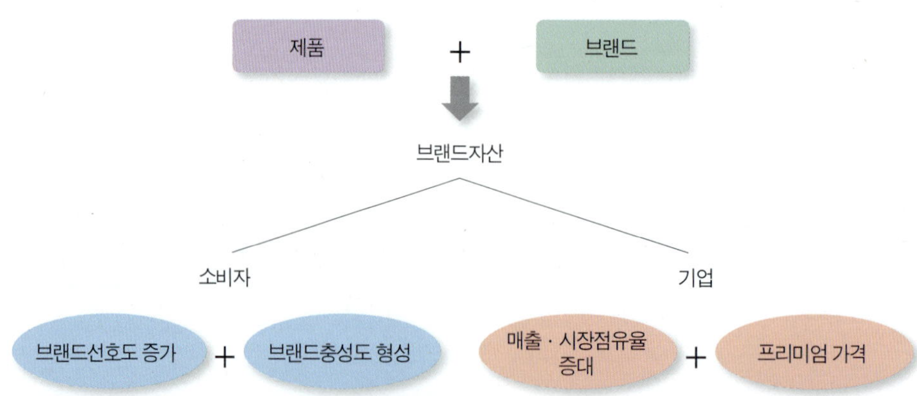

그림 8-2 | 브랜드자산 측정과 브랜드자산 관리시스템

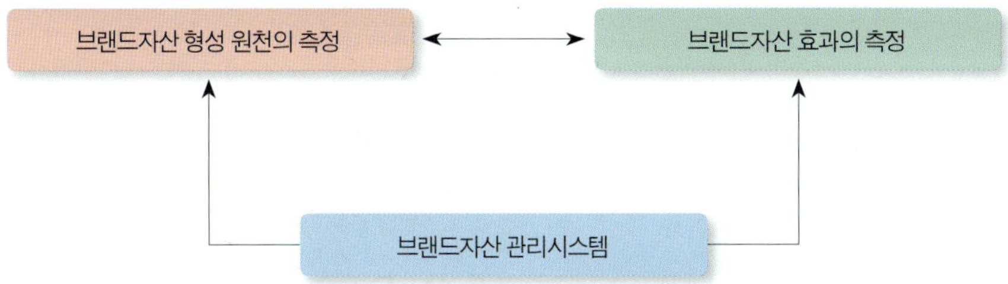

고, 마케터로 하여금 어떻게 브랜드자산을 형성시키는 것이 더 긍정적인 시장성과로 연결되는지에 대한 가이드라인을 제시하기 때문에, 마케터는 브랜드자산 형성의 원천과 브랜드자산의 효과 두 가지를 체계적으로 측정·관리해야 한다.

이 장에서는 먼저 브랜드자산 형성의 원천인 브랜드인지도와 브랜드연상을 어떻게 측정할지를 설명하고, 다음으로 이러한 브랜드자산의 효과를 토대로 브랜드가치를 평가하는 방법을 논의하기로 한다. 끝으로 브랜드자산의 형성 원천과 효과를 체계적으로 측정·분석·관리하는 브랜드자산 관리시스템의 틀을 제시하고자 한다. [그림 8-2]는 브랜드자산 형성의 원천, 효과, 그리고 관리시스템 간의 관계를 보여준다.

01 브랜드자산 형성 원천의 측정

한 브랜드가 속한 제품군에서, 그리고 여러 제품군에 걸쳐 강력한 브랜드란 무엇인가? 무엇이 브랜드를 강력하게 만드는가? 이것은 매우 기본적인 질문이지만 대답하기란 그리 쉽지 않다. 이런 질문에 대답하기 위해서는 먼저 소비자들이 브랜드에 대해 어떻게 생각하고 있는지를 살펴보아야 한다. 브랜드자산이 무엇으로부터 형성되는지를 파악하기 위해 마케터(marketer)들은 브랜드에 대한 소비자들의 의견, 느낌, 태도 등으로 표현되는 소비자들의 심리적 지각도를 정확히 알아야 한다. 특정브랜드에 대해 소비자가 갖고 있는 심리적 지각도는 브랜드자산의 원천 혹은 구성요소의 측정을 통해 파악되는데, 브랜드에 대한 심리적 지각도의 파악은 정성적 및 정량적 조사방법을 적용하여, 브랜드인지도와 브랜드연상(이미지) 등을 측정함으로써 이루어진다.

그림 8-3 | 브랜드자산 형성의 주요원천

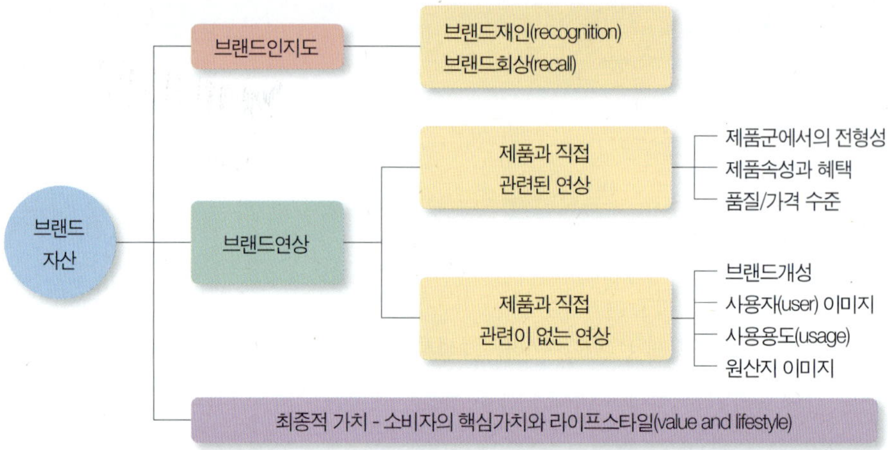

브랜드자산 형성의 원천은 크게 3가지로 나눌 수 있는데, 그것은 브랜드인지도, 브랜드연상, 최종적 가치이다. 먼저 브랜드인지도는 브랜드자산을 형성하는 데 가장 필수적인 요소로서 브랜드자산을 담기 위한 그릇과도 같은 것이다. 따라서 큰 브랜드자산을 갖기 위해서는 큰 그릇이 필요하다. 즉 높은 브랜드인지도가 필수적인 것이다. 둘째로, 브랜드연상은 브랜드와 관련하여 떠오르는 여러 가지 생각과 느낌, 이미지를 가리킨다. 브랜드연상은 크게 제품과 직접적인 관련이 있는 연상들과 제품과 직접적인 관련이 없는 연상들로 구분할 수 있다. 제품과 직접적인 관련이 있는 연상들에는 제품군에서의 전형성, 제품속성과 혜택, 품질/가격 수준이 있다. 제품과 직접적인 관련이 없는 연상에는 브랜드개성, 사용자 이미지, 사용용도, 원산지 이미지가 있다. 셋째로, 최종적 가치는 나이키의 전문가 정신(professionalism)이나 맥도날드의 즐거움, 삼성의 제일주의와 같이 제품이나 서비스를 통하여 고객이 이루고자 하는 근원적이면서도 궁극적인 목표라고 할 수 있다([그림 8-3] 참조).

브랜드연상과 최종적 가치는 브랜드자산 원천의 계층적 구조(structure) 상에서 일관성을 유지하는 것이 중요하다. 즉, 브랜드자산 형성의 원천들은 [그림 8-4]와 같이 제품속성/혜택-브랜드이미지(개성, 사용자, 사용용도, 원산지)-최종적 가치의 계층구조를 갖는데, 이들 간에 일관성을 유지하도록 브랜드관리가 이루어져야 할 것이다. 이를 위해서는 제품범주별 주요 제품속성/혜택과 특정 제품범주에 적합한 연상이미지들을 파악하고, 이들이 어떤 최종적 가치와 관련되는지를 알아내야 한다. 하나의 제품은 제품속성과 혜택의 결합(bundle)으로 볼 수 있는데,

브랜드마케팅 따라잡기

IPS 브랜드자산가치 평가모델

브랜드를 평가하는 단순한 공식이나 절대적인 평가방법은 존재하지 않으며, 학계 및 실무에서는 다양한 방법으로 브랜드자산가치를 평가하고 있다. 다음에서는 산업정책연구원(IPS)의 브랜드자산가치 평가(IPS Brand Asset Evaluator)모델을 소개하기로 한다.

1) 재무적 접근법에 기반한 브랜드수익(Brand Income) 산출

우선, 브랜드수익을 산출하기 위해 기업의 매출액을 기본 데이터로 활용한다. 매출액은 조사시점을 기준으로 '과거 3개년' 자료를 활용한다. 각 연도별 물가상승률을 적용해 3개년 가중평균 매출액을 도출한다. 가중평균한 매출액에다 각 산업별로 브랜드 의존도를 나타내는 산업지수(Industry Index)를 적용해 1차적으로 브랜드수익을 산출한다. 산업지수는 전문가 패널, 설문조사와 FGI(표적집단인터뷰)를 통해 제품이나 서비스 구매의사결정 시 브랜드가 산업별로 어느 정도 영향을 주는지를 평가해 지수화한다. 산업지수 최하점은 0점, 최고점은 1점으로 만약 특정 산업의 지수가 1점이라면 그 산업에 속한 기업의 수익은 모두 브랜드로 인해 발생한 것이라고 가정할 수 있다.

2) 마케팅적 접근법에 의한 브랜드 파워지수(Brand Power Index) 산출

브랜드 파워지수는 해당 브랜드가 현재 시장 내에서 지니고 있는 마케팅 수준과 소비자들에게 형성돼 있는 이미지, 그리고 향후 구매로 연결될 수 있는 브랜드의 잠재적 능력까지를 포함하는 개념이다.

각 브랜드의 지속성 정도를 나타내는 브랜드 파워지수는 소비자 설문조사를 통해 산출된다. 조사항목 구성은 Aaker 교수의 브랜드자산 모형을 기반으로 했다. 즉, 브랜드자산을 구성하는 요소로 브랜드인지(Brand awareness), 브랜드연상(Brand association), 지각된 품질(Perceived quality), 기타 독점적 자산(Exclusive asset) 등 네 가지를 사용하며, 각 요소별로 타당성 있는 측정변수를 개발하고 이를 토대로 설문조사를 실시한다.

3) 브랜드자산가치 산출

위 1)에서 1차적으로 도출된 브랜드수익을 기반으로 향후 3년간의 브랜드수익을 추정한 후 3년 만기 국채이자율을 적용, 현가화시킨다. 여기에다 2)에서 도출된 브랜드 파워지수를 적용해 최종적으로 브랜드자산가치를 산출한다.

이러한 제품속성과 혜택의 결합이 어떤 이미지를 갖는 브랜드로서 정립되기 위해서는 그러한 제품을 사용하는 소비자 집단의 가치, 라이프스타일과 연결되어야 한다. 다시 말해서, 브랜드 이미지는 제품속성과 혜택으로 구성되는 물리적 제품과 이 제품에 생명력을 불어 넣는 가치

그림 8-4 | 브랜드자산 원천의 계층적 구조

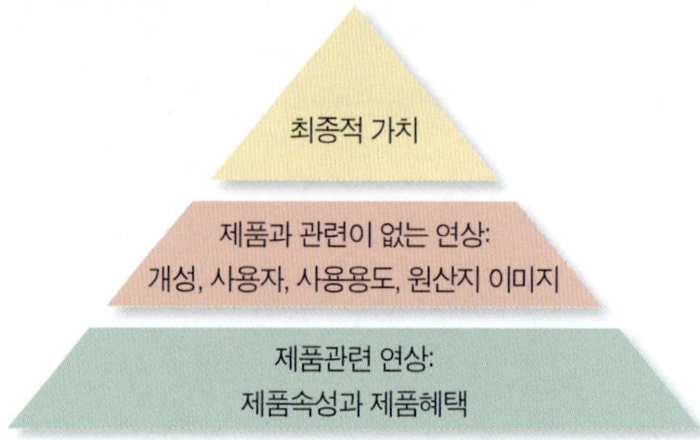

와 라이프스타일을 연결시켜주는 고리와도 같은 것이다.

일단 특정 제품범주에 있어서의 브랜드자산 원천들의 계층적 구조를 밝혀내면, 기업은 자사의 브랜드아이덴티티와 일관성이 있고 이를 더욱 강화시켜줄 수 있는 제품속성/혜택-브랜드이미지-최종적 가치의 특정한 조합을 선택하는 작업을 하여야 한다. 본 절에서는 이러한 브랜드자산 원천들의 계층적 구조에 따라 브랜드자산을 어떻게 측정할 것인지를 자세히 살펴보기로 한다.

(1) 브랜드인지도(Brand Awareness) 측정

브랜드인지도란 소비자가 한 제품범주에 속한 특정브랜드를 재인(recognition)하거나 회상(recall)할 수 있는 능력을 말한다. 특히 소비자의 제품관여도가 낮은 경우에 있어 높은 브랜드

강력한 브랜드인지도를 기반으로 높은 브랜드충성도를 유지하고 있는 칠성사이다

인지도는 소비자의 친밀감을 불러일으켜 바로 구매로 연결시키는 효과를 갖기 때문에 강력한 경쟁우위의 요소가 되기도 한다. 브랜드인지도와 친숙도 간의 높은 상관관계는 우리 일상생활에서 쉽게 찾아볼 수 있다. 우리는 잘 모르는 사람도 자주 만나게 되면 왠지 친밀하게 느껴지는 것을 경험하게 된다. 따라서 높은 브랜드인지도는 브랜드친숙성을 형성하여 그 브랜드에 대한 선호도와 선택가능성을 증가시키는 것이다. 이러한 예로는 삼성 갤럭시, 하이트맥주, 신라면, 다시다 등을 들 수 있다.

또한 브랜드인지도는 브랜드연상을 담아 두는 그릇의 역할도 하게 된다. 브랜드인지도를 과일그릇으로, 브랜드연상들을 과일로 비유한다면, 큰 과일그릇에 다양한 종류의 탐스러운 과일들을 듬뿍 담아놓을 수 있듯이, 브랜드인지도가 높은 브랜드가 강력하고 호의적이며 독특한 브랜드연상들을 더 많이 가질 수 있다는 것이다.

브랜드인지도의 측정은 브랜드재인의 측정과 브랜드회상의 측정으로 나누어진다.

1) 브랜드재인(brand recognition)의 측정

브랜드자산은 소비자가 이전에 그 브랜드를 보았거나 들었는지를 구별하는 것에서 출발한다. 브랜드재인은 다양한 상황에서 특정 브랜드를 확인할 수 있는 능력으로서, 이는 한 브랜드에 대한 제품정보가 기억 속에 있는지의 여부를 의미한다. 특히, 브랜드명이나 로고, 패키지 등이 구체적으로 보여지는 구매시점에서 구매의사결정이 이루어진다면 브랜드재인이 중요한 역할을 하게 된다. 브랜드재인을 측정하는 가장 기본적인 방법은 소비자에게 어떤 대상을 보여주거나 말해주고 나서, 이를 과거에 보았거나 들은 적이 있는지를 예, 아니오로 답하게 하는 것이다.

보다 정교한 측정방법으로는 소비자들이 보았을 가능성이 없는 브랜드, 즉 미끼(decoy)브랜드들을 포함시켜, 자신이 본 적이 있는 브랜드인지 여부를 측정하거나, 예, 아니오라는 대답에 얼마나 확신을 가지는지를 측정하는 것 등이 있을 수 있다. 이보다 정교한 측정방법으로는 브랜드의 일부 구성요소를 가리거나 혹은 극히 짧은 시간 동안에 보여주고 브랜드에 대한 재인수준을 측정하는 방법을 들 수 있다. 가령, 브랜드명을 응답자에게 모두 보여주지 않고 브랜드의 재인 여부를 테스트하는 방법이 이에 해당된다. 예를 들면, 소비자에게 S_SU_G, HY_T_, N_K_의 문자들을 보여주고 그 문자를 완성하도록 하는 것이다.

브랜드요소들 중 특히 패키지에서 브랜드재인이 중요한데, 일부 마케팅조사자들은 패키지 디자인의 가시성(visibility)을 측정하기 위해 독창적인 방법을 사용해왔다. 가시성 측정의 출발점으로 조사자들은 소비자들이 다음과 같은 조건들을 충족시킬 때 패키지의 가시성이 가장

브랜드마케팅 따라잡기

인피니티(Infiniti) 사례: 브랜드자산구축에서 브랜드인지도의 한계

브랜드인지도는 중요한 브랜드자산임에 틀림없지만 브랜드인지도만으로는 매출창출에 한계가 있다. 신상품일 경우 특히 그러한데, 과거 많은 화제와 논쟁을 불러일으켰던 닛산 자동차의 신모델인 인피니티의 미국광고를 예로 들어 생각해 보자. 인피니티 광고에서는 실제 제품은 보이지 않고 새, 들판, 호수 등의 자연경치만을 보여 주었는데, 그 결과 브랜드인지도가 90%까지 높아지고 인피니티만의 독특한 브랜드이미지를 형성하게 되었다. 하지만 높은 브랜드인지도에도 불구하고 인피니티의 판매는 매우 부진하였는데, 그것은 광고에서 제품의 우수성에 대한 직접적인 소구가 전혀 없었기 때문이었다. 인피니티 광고를 소재로 한 풍자만화에서는 인피니티의 광고로 인하여 돌과 나무의 판매가 300% 증가하였으므로, 인피니티 광고의 효과는 그런대로 괜찮았다고 비꼬는 풍자를 하기도 하였다.

높다고 가정한다. ① 좌우 2.0의 시력을 갖고 있다. ② 패키지를 맞대어 보고 있다. ③ 약 150센티미터 이내 거리에 있다. ④ 이상적인 조명상태이다. 그 다음에서 핵심적인 질문은 이러한 네 가지 조건 중 하나 이상이 충족되지 않을 경우에도 패키지 디자인이 눈에 띌 만큼 강렬한가 하는 것이다. 소비자의 점포 내 쇼핑은 종종 이상적인 조건이 아닌 상황에서 이루어지기 때문에 이러한 통찰은 중요하다. 가령, 한 연구조사에 의하면 안경을 쓰는 사람 여섯 명 중 한 명 꼴로 슈퍼마켓 쇼핑 시에 안경을 쓰지 않는 것으로 나타났다. 그렇다면 중요한 질문은 이런 조건에서도 패키지가 소비자들에게 효과적으로 의사소통될 수 있는가 하는 것이다.

타키스토스코프스(Tachistoscopes; T-Scopes)와 시선 트래킹 기법(eye tracking techniques)은 다음과 같은 평가기준들을 토대로 패키지 디자인 후보들의 효과성을 측정한다.

- 진열효과의 정도
- 특정 디자인 요소들의 영향과 이에 대한 회상
- 패키지가 처음 식별되는 거리
- 패키지가 처음 식별되는 각도
- 패키지가 식별될 수 있는 속도
- 지각된 패키지 크기

• 문구의 가시성과 가독성

이러한 추가적인 측정법은 단순히 예, 아니오에 기반한 평가방법에 비해 브랜드재인 수준을 보다 정교하게 측정할 수 있게 한다.

그렇지만 브랜드재인은 단지 잠재적 회상능력에 대한 근사치만을 제공하기 때문에, 실제구매상황에서 브랜드(브랜드명, 로고, 심벌, 슬로건 등)가 떠오르는지를 알아내기 위해서는 브랜드회상에 대한 측정이 추가적으로 요구된다.

2) **브랜드회상**(brand recall)의 **측정**

브랜드회상은 소비자들이 자신의 기억 속에 이미 저장되어 있는 특정브랜드에 대한 정보를 인출할 수 있는 능력을 말한다. 많은 연구자들은 브랜드재인만으로는 구매에까지 이르기에 충분하지 못하며, 구매결정으로 연결되기 위해서는 브랜드회상이 이루어져야 한다고 주장한다. 그러나 브랜드결정이 구매시점에서보다는 점포에 도착하기 전에 이루어진다면, 브랜드를 보지 않은 상태에서 결정되므로 브랜드회상이 중요하지만, 점포 내의 구매시점에서 브랜드결정이 이루어질 경우에는, 브랜드재인만으로도 충분할 수 있다.

브랜드회상은 이에 필요한 단서(cues)를 제공하는 방법에 따라 두 가지 유형이 가능하다. 하나는 **비보조회상**(unaided recall)으로, 이는 단지 제품범주만이 주어진 상태에서 떠오르는 모든 브랜드들을 회상하도록 하는 것이다. 다른 하나는 **보조회상**(aided recall)으로, 이는 소비자들의 브랜드회상을 도와줄 수 있는 다양한 단서를 주는 것이다. 보조회상 방법에서는 단서를 제품군, 제품계열, 그리고 제품형태 등으로 점차적으로 좁혀서 제공하는 방법이 있을 수 있다. 브랜드회상은 소비자 마음속에 형성된 제품계열 내 브랜드들 간의 경쟁구조나 브랜드포지셔닝에 대한 통찰력과 어떻게 브랜드연상들이 기억 속에 구성되어 있는지와 기억으로부터 특정브랜드를 인출하기 위하여 어떠한 종류의 단서가 필요한지에 대한 통찰력을 제공해준다. 특히, 제품계열을 단서로 제공한 후 브랜드회상을 측정하는 것은 고려상표군이 어떻게 형성되며 어떻게 제품선택이 이루어지는지를 파악하는 데 중요하다.

예를 들어, 포르쉐(Porche) 911이라는 자동차를 생각해 보자. 소비자들에게 모든 자동차를 고려하도록 했을 때, 포르쉐 911이라는 자동차 브랜드에 대한 회상은 매우 낮을 것이다. 그러나 스포츠카를 고려하도록 했을 때에는 이 브랜드에 대한 회상은 매우 높아지게 된다. 다시 말하면, 소비자들은 포르쉐 911을 전형적인 스포츠카로 강하게 인식하고 있는 것이다. 따라서 이 브랜드에 대한 구매가능성을 높이기 위해서는 스포츠카보다 더 광범위한 연상을 가질 수

브랜드마케팅 따라잡기

Young & Rubicam의 브랜드자산 평가

여러 제품군에 걸쳐 브랜드자산을 평가해 온 세계적인 광고대행사 Young & Rubicam(Y & R)은 49개 국가의 4만4천 개가 넘는 지역브랜드의 브랜드자산을 평가했는데, 다음과 같은 4가지 차원을 사용해 브랜드강도(차별성과 관련성)와 브랜드지위(지식과 존경)를 측정하고 이를 토대로 브랜드자산가치를 평가하였다.

브랜드자산 평가모형(Brand Asset Valuator)은 다음의 4가지 소비자 지각 차원을 토대로 브랜드자산을 측정하는데, 차별성(differentiation: 브랜드를 다른 제품에 비해 두드러져 보이게 하는 것), 관련성(relevance: 브랜드가 자신의 욕구를 얼마나 잘 충족시킨다고 느끼는가), 지식(knowledge: 소비자들이 브랜드에 대해 얼마나 많이 알고 있는가), 존경(esteem: 소비자들은 브랜드를 어느 정도 존중하는가)이 그것이다. 강력한 브랜드자산을 가진 브랜드는 4가지 차원 모두에서 높은 평가를 받는다. 브랜드가 파워를 갖기 위해서는 다른 브랜드와 달라야 한다. 그렇지 않다면 소비자들이 그 브랜드를 굳이 선택해야 할 이유가 없을 것이다. 그러나 브랜드가 높은 차별성을 갖고 있다고 해서 소비자들이 반드시 그 브랜드를 구매하는 것은 아니다. 브랜드는 타깃소비자의 욕구와 관련되면서 차별화되어야 한다. 그러나 차별화되고, 관련성이 높은 브랜드라고 해서 구매가 보장되는 것은 아니다. 브랜드에 대한 행동반응을 보이기 앞서, 소비자들은 그 브랜드를 먼저 알고 이해해야 한다. 그리고 그러한 브랜드친숙성이 강력하고, 긍정적인 소비자-브랜드 관계(connection)로 이어져 소비자들이 그 브랜드에 대해 존중과 존경심을 가져야 한다. 소비자들이 Apple의 아이폰에 열광하는 이유는 차별성, 관련성, 지식, 그리고 존경이라는 네 가지 차원을 모두 잘 충족시키기 때문일 것이다.

1) 브랜드강도(차별성과 관련성)

Y & R모델은 강력한 브랜드가 되고자 하는 브랜드는 실질적인 차별성을 개발하는 노력에서 시작되어야 한다고 주장한다. 역으로 차별성을 잃는 것은 강한 브랜드가 그 힘을 잃어간다는 신호이다. 관련성 또한 강

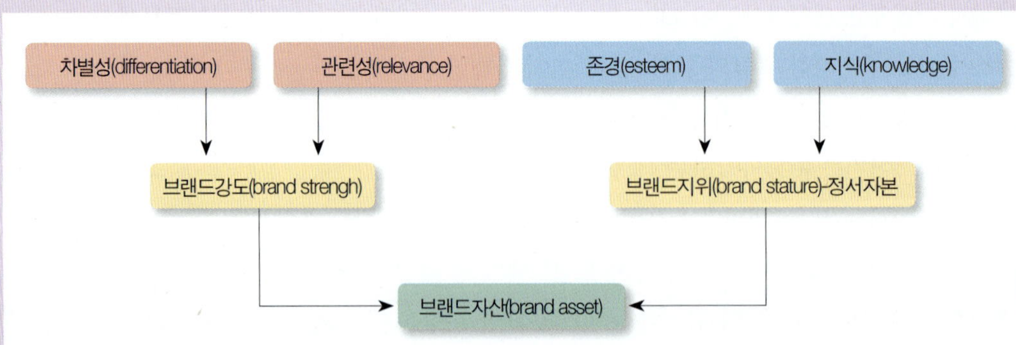

력한 브랜드가 되기 위해 매우 중요한 요소이다. 어떤 브랜드가 표적시장 고객의 욕구에 적합하다는 인식을 형성하지 못한다면 대부분의 고객집단을 매료시키지 못할 것이다. 예를 들어, Ferrari와 Jaguar는 차별성은 매우 높지만 관련성은 극도로 낮다. 이 자동차들은 일상적으로 사용하기에는 실용적이지 못하고 또한 너무 비싸기 때문에 소수의 사람들만이 신중하게 구매를 고려하기 때문이다.

2) 브랜드지위(존경과 지식)

특정브랜드에 대한 존경(품격)과 지식은 브랜드지위 구축에 영향을 미친다. 존경은 소비자들이 지각하고 있는 제품의 질과 인기도를 합한 것이다. 지식이란 소비자들이 그 브랜드를 알고 있는, 그리고 그 브랜드가 무엇을 나타내는지를 이해하는 정도를 말한다. Y & R은 브랜드에 대한 진정한 이해, 즉 지식이 브랜드구축 노력의 완성이라고 단정한다.

자료원: Young & Rubicam 홈페이지; D. A. Aaker, *Building Strong Brands*, Free Press, 1996.

있도록 포르쉐의 브랜드의미를 확장시키는 것이 필요할지 모른다. 이러한 전략은 포르쉐 911을 스포츠카로 강력하게 인식하고 있는 기존의 소비자들을 멀리하게 할 위험성도 있다. 따라서 이 브랜드에 대한 적합한 브랜드인지도전략은 이들 두 세분시장의 상대적 비용과 이점에 달려 있을 것이다.

소비자들은 포르쉐 911을 전형적인 스포츠카로 강하게 인식하고 있기 때문에 그들에게 모든 자동차를 선택대안으로 고려하도록 했을 경우 이 자동차 브랜드에 대한 회상은 매우 낮을 것이다.

(2) 브랜드연상(Brand Association) 측정

코카콜라는 여러분에게 어떤 의미로 다가오는가? 맥도날드는? OB라거, 그리고 카스맥주는? 여러분은 각 브랜드들로부터 여러 가지 연상들을 떠올릴 수 있을 것이다. 브랜드연상은 브랜드와 관련된 모든 생각, 느낌과 연상이미지를 총칭하는 말이다.

한편 브랜드이미지는 소비자가 그 브랜드에 대해 갖는 전체적인 인상을 말하는데, 이러한 브랜드이미지는 브랜드와 관련된 여러 연상들이 결합되어 형성된다. 그러면 브랜드자산의 원천이 되는 브랜드연상들의 종류에는 어떠한 것이 있을까? 그리고 이러한 브랜드연상들을 어떻게 발견할 수 있을까? 마케터는 어떤 연상들이 브랜드이미지나 브랜드태도에 영향을 미치는지를 밝혀내고, 그러한 연상의 강도, 호의도, 독특함을 측정해야 한다.

브랜드연상의 종류를 파악하는 데 있어서 가장 단순하면서도 강력한 방법 중의 하나는 자유연상법이다. 이 방법은 브랜드와 관련되어 제품군 이외의 특정한 실마리를 주지 않고, 소비자로 하여금 브랜드를 생각할 때 마음속에 떠오르는 것을 답하게 하는 것이다. 예를 들면, '코카콜라가 당신에게 의미하고 있는 것은 무엇입니까?' 또는 '코카콜라를 생각할 때 떠오르는 것은 무엇입니까?'라는 질문으로 소비자의 마음속에 있는 브랜드에 대한 느낌이나 생각 등을 얻을 수 있다. 자유연상법의 일차적인 목적은 소비자의 마음속에 있을 수 있는 가능한 브랜드 연상의 범위를 확인하는 것이다. 이와 같은 단순한 자유연상질문 이외에 먼저 연상되는 것과 나중에 연상되는 것과 같이 연상되는 것들의 순서에 근거해 브랜드연상들의 상대적 강도를 측정할 수 있다. 가령, 소비자들이 맥도날드에 대한 첫 번째 연상으로 '빠르고 편리함'을 떠올린

OB라거 광고는 브랜드로부터 여러 가지 바람직한 연상을 떠올릴 수 있게 하는 데 도움을 준다.

브랜드마케팅 따라잡기

브랜드컨셉과 일관성을 유지하는 브랜드연상들을 창출·관리하는 The Body Shop

The Body Shop은 합리적인 가격을 가진 대표적인 고품질 자연주의 화장품 브랜드이다. The Body Shop은 제품생산과 제품원료, 판매처 등에 있어 일관된 브랜드컨셉을 유지함으로써 브랜드연상을 효과적으로 관리하고 있나. 세부적으로 살펴보면, The Body Shop은 제품생산과정에서 생산자와 공급자 간에 이윤을 공정하게 배분하고 있다. 그리고 제품의 원료에 있어서는 천연원료를 사용하고 retail shop의 경우, FSC가 새겨진 목재를 이용하여 매장을 인테리어 함으로써 자연주의 화장품의 브랜드이미지를 갖도록 해주고 있다. FSC마크는 지구환경을 훼손하지 않고 나무의 벌목이 환경에 미치는 영향이 적은 보호된 산림 내에서 길러진 나무를 사용한 제품에만 붙는 마크이다. 더불어 동물실험 반대 등의 사회적 활동을 통해 이러한 이미지를 더욱 강화시키고 있다.

다면, 이 연상이 소비자 의사결정에 비교적 큰 영향을 미칠 것이다. 그리고 특정 브랜드에서 가장 좋은 점이 무엇인지, 그리고 이 브랜드에서 독특한 것은 무엇인지에 대한 질문을 추가함으로써 브랜드연상의 호의성과 독특성을 어느 정도 확인할 수도 있다. 가령, 소비자들에게 ① 그 브랜드에 대해 가장 좋아하는 것이 무엇입니까? 그 제품의 긍정적인 측면은? 싫어하는 것은? ② 그 브랜드가 어떤 점에서 독특하다고 생각하십니까? 다른 브랜드와 어떻게 다릅니까? 다른 브랜드와 비슷한 점은? 등의 질문을 할 수 있다.

1) 제품과 관련된 연상의 측정방법

제품과 관련된 연상으로는 크게 특정브랜드가 갖는 제품군의 전형성(typicality), 제품속성과 혜택, 그리고 품질/가격계층을 들 수 있다. 제품군의 전형성(제품군 내에서 한 브랜드가 차지하는 대표성의 정도)은 브랜드회상을 통하여 측정될 수 있다. 제품군이 주어졌을 때, 특정브랜드가 어느 정도나 최초로 상기되는가를 분석하면 그 브랜드의 제품군의 전형성에 대한 연상

강도를 측정할 수 있다.

제품속성과 혜택에 관한 연상은 결국 품질의 구성요소 및 가격에 대한 연상과 밀접한 관련을 갖는다. 품질은 8가지 제품속성 관련 차원으로 구성되는데, 품질의 8가지 차원은 신뢰성(reliability), 내구성(durability), 적합성(conformance), 성능(performance), 기능(feature), 서비스력(serviceability), 디자인(design), 그리고 미학(aesthetics)으로 구성된다. 제품속성과 혜택에 대한 브랜드연상을 발견하기 위해서는 결국 가격과 위에서 설명한 8가지 품질차원을 구성하는 제품속성들을 제품군의 특성에 맞추어 찾아내는 것이 필요하다. 예를 들어 냉장고의 경우에는 신뢰성, 내구성, 일치성의 품질에 해당하는 것으로 냉각기와 모터의 성능을 들 수 있고, 성능, 기능, 서비스에 해당하는 것으로는 크기, 냉각속도, 신선도 유지능력, 디스펜서, 전력소비량, 소음, A/S 등을 들 수 있으며, 디자인과 미학에 해당하는 것으로서는 제품디자인, 색상, 스타일, 내부디자인 등을 들 수 있다. 이러한 구체적인 속성들은 FGI(Focus Group Interview: 표적집단면접법)나 소비자 인터뷰 등의 탐색적 조사방법을 통하여 소비자들로부터 직접 찾아야 한다.

2) 제품과 직접 관련이 없는 연상의 측정

① 사용자와 관련된 연상의 측정

어떤 기업들은 브랜드연상 전략의 하나로 브랜드를 제품속성 혹은 제품성능과는 직접관련이 없는 제품의 사용용도를 강하게 연관시킴으로써 강력한 브랜드자산을 구축하는 데 성공하였다.

고객들이 특정브랜드와 관련하여 떠올리는 제품사용자의 유형은 일반소비자일 수도 있고 유명인일 수도 있다. 특정브랜드의 사용자 이미지를 측정할 수 있는 방법으로는 **투사법**(projective technique)이 있다. 이는 임상심리학에서 많이 활용되는 기법으로 단어연상법, 문장완성법, 그림묘사법 등이 흔히 사용되는 유형들이다. 소비자들의 브랜드구매동기가 잠재의식 속에 깊이 감춰져 있어 정확한 이유를 대지 못하거나, 아니면 그 이유가 사적이거나(생리대 구매시), 사회적으로 민감한 주제일 경우(수입담배 브랜드나 외제승용차 구매의 경우) 이에 대한 답변을 주저하거나 사회적으로 받아 들여질 만한 대답만을 할 수 있다. 이러한 경우에 투사법이라는 간접적인 측정방법을 이용하여 소비자들에게 브랜드가 어떠한 의미를 갖는지를 추정해 볼 수 있다. 투사법은 소비자들이 응답하기 내키지 않거나 정확하게 표현하기 어려운 주제 혹은 질문에 대해 자신의 실제 감정과 의견을 드러낼 수 있게 하는 진단도구이다.

제품속성과 직접 관련이 없는 연상으로서 사용용도나 사용자 이미지를 파악하기 위하여

브랜드마케팅 따라잡기

사용자 이미지: 투사법의 활용

미국에서 인스턴트커피가 처음 나왔을 당시 맛 테스트에서 주부들이 신제품과 기존의 그라운드 커피(ground coffee: 갈아서 마시는 커피)와의 차이를 구분하지 못했음에도 불구하고 인스턴트커피의 판매가 매우 부진하였다. 소비자들을 대상으로 한 수차례에 걸친 설문조사에서도 그 원인을 파악하지 못한 상태에서 투사법을 이용하여 그 원인을 밝혀내기로 하였다. 이를 위해 주부들에게 다음과 같은 두 종류의 쇼핑목록을 보여주고 각 쇼핑목록으로 쇼핑을 하는 가상의 주부에 대해 평가하도록 요구했다.

쇼핑리스트 A	쇼핑리스트 B
햄버거 1.5파운드	햄버거 1.5파운드
식빵 2개	식빵 2개
당근 1봉지	당근 1봉지
베이킹파우더	베이킹파우더
기존의 ground 커피	인스턴트커피
복숭아 캔 2개	복숭아 캔 2개
감자 5파운드	감자 5파운드

이에 대한 응답자들의 평가는 다음과 같았다.

	쇼핑리스트 A	쇼핑리스트 B
게으른	4%	48%
살림을 규모있게 잘하지 못하는	12%	48%
검소한	16%	4%
좋은 주부가 아닌	0%	16%

투사법을 실시한 결과, 그 당시 주부들은 인스턴트커피는 게으르고 살림을 잘 못하는 주부들이 구매하는 제품이라는 부정적인 생각을 갖고 있음이 밝혀졌다.

이러한 결과에 기초하여 인스턴트커피를 '맛'에 뒤떨어지지 않으면서도, '편리한' 것으로 포지셔닝하고, 사용자 이미지로는 '더 중요한 가사활동에 시간을 투자할 수 있도록 시간을 활용하는 주부'로 표현하였다.

투사법을 사용한 예로는 아메리칸 익스프레스(American Express)를 들 수 있다. 아메리칸 익스프레스의 한 조사자는 표적집단면접에서 골드카드와 그린카드 소지자들에 대한 인식에서 별 차이가 없다는 사실을 발견하였다. 그러나 두 카드사용자의 특징을 그림으로 그려보도록 한 그림묘사법을 사용한 추가조사에서 재미있는 것을 알게 되었는데, 소비자는 골드카드 사용자를 '활동적이고 책임감 있는 남자'로 묘사한 반면에 그린카드 사용자를 '쇼파에 앉아 TV만을 보며 시간을 보내는 사람'으로 그렸다. 이러한 조사결과에 기초하여, 광고회사는 골드카드를 자신의 생활과 재정상태를 잘 통제하는 '책임감 있는 사람의 상징'으로 제시하는 마케팅

아메리칸 익스프레스 카드는 제품속성과 직접적인 관련이 없는 연상인 사용용도나 사용자 이미지 측면에서 자사브랜드가 고객의 마음속에 어떻게 자리 잡고 있는지를 파악하기 위해 투사법을 사용했다.

커뮤니케이션활동을 수행했다.

② 브랜드개성의 측정방법

브랜드개성은 특정브랜드에서 나타나는 인간적 성격 특성 혹은 기질(trait)을 말하며, 이를 측정하는 가장 단순하고 직접적인 방법은 '만약 이 브랜드가 사람으로 표현된다면, 이 사람은 무엇을 좋아할 것 같은지, 무엇을 할 것인지, 어디에서 거주할 것인지, 그리고 파티에 간다면 누구와 어떤 이야기를 할 것인지'에 대해서 자유롭게 응답하도록 하는 것이다. 예를 들어, 오뚜기 브랜드가 어떤 사람으로 표현될 수 있는지를 소비자들에게 물어본다면, 따뜻하고 안락한 집에 살고 있으며 항상 앞치마를 두르고 손자, 손녀들에게 맛있는 음식을 해주는 마음씨 좋은 할머니로 표현될 수 있을 것이다. 이와 같이 브랜드개성은 인간의 특성을 묘사하는 단어들을 그대로 사용하여 표현될 수 있다.

Jennifer Aaker는 잘 알려진 브랜드들의 개성들을 측정하기 위해 브랜드개성 척도를 개발하였는데, 이를 위해 다양한 제품군의 37개 브랜드들을 114개의 개성특성(trait)들에 대해 평가한 자료를 수집했다. 이 연구는 114개의 개성특성들을 5개의 주요 브랜드개성요인-진실(sincerity), 흥미로움(excitement), 능력(competence), 세련됨(sophistication), 활동적임(ruggedness)-으로 요약하였다. 이 연구에서 응답자들은 7점 척도(1=전혀 잘 묘사하지 않음, 7=아주 잘 묘사함)로 브랜드에 대해 각 개성특성이 얼마나 해당 브랜드를 잘 묘사하고 있는지를 평가하게 된다. 이 연구결과에서 캠벨, 홀마크는 진지함이라는 개성에 높은 점수를 얻었으며, 렉서스, 메르세데스, 레브론 등은 세련됨이라는 개성에서 높은 점수를 얻었다. [그림 8-5]는 5개의 브랜드개성요인들과 각 요인들과 잘 부합되는 유명브랜드들을 보여주고 있다.

이러한 브랜드개성 척도(brand personality scale)가 미국이 아닌 다른 국가에서도 일반화될 수 있는지를 조사한 한 비교문화 연구에 의하면, 일본과 스페인에서는 다섯 가지 요소들 중 진실함, 흥미로움, 세련됨 등 세 개는 적용되었다. 그러나 일본과 스페인 모두에서 '활동적임/강건함' 요인은 '평화로움(peacefulness)'으로 대체되었고, 스페인에서는 '능력' 대신 '열정(passion)'이라는 요인이 새로 발견되었다.

그림 8-5 | 브랜드개성의 주요유형

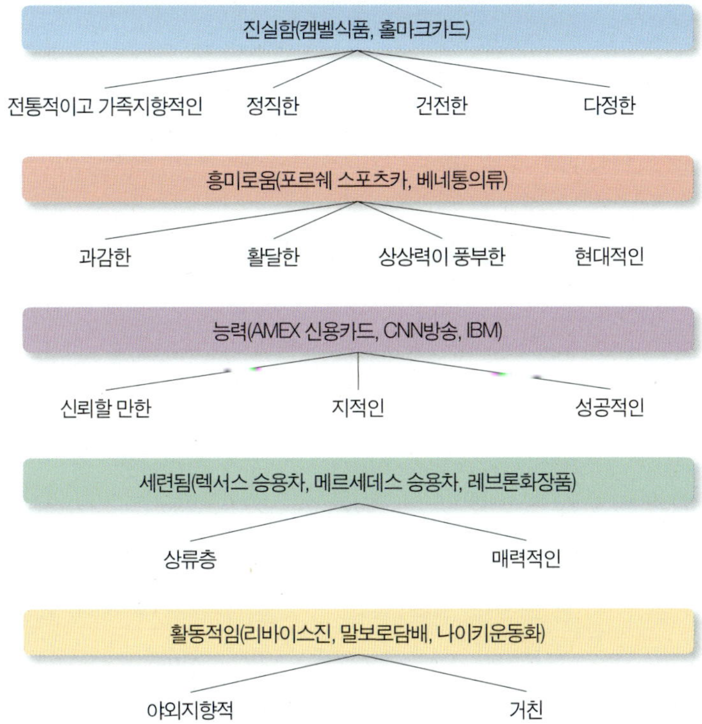

소비자들은 자신의 자아이미지와 부합되는 브랜드개성을 가진 브랜드와 다양한 유형의 소비자-브랜드 정서적 유대관계를 가질 수 있으므로, 브랜드마케터들은 이러한 소비자-브랜드 관계유형을 정기적으로 측정하고 이를 관리할 필요가 있다. 하버드의 Susan Fournier(1998)는 소비자와 브랜드의 관계에 대해 흥미 있는 연구들을 하였는데, 심층면접방법을 통해 [그림 8-6]과 같이 6개의 소비자-브랜드 관계유형을 발견했다.

첫 번째는 애정과 열정(Love and Passion)단계로 소비자가 한 브랜드에 대해 애정을 가지고 관계를 형성하는 것이다. 이렇게 브랜드와 소비자가 관계를 맺기 시작하여 관계가 심화되면 두 번째 단계인 자아연관(Self-connection)단계로 넘어 가는데, 이는 소비자가 애정을 가지고 있는 브랜드에 대하여 자아를 연관시키는 것이다. 이러한 유형의 관계는 브랜드의 아이덴티티나 테마가 자아를 얼마나 잘 표현하는가에 의해 달라질 수 있다. 여기서의 자아는 현재의 자아뿐만 아니라 과거와 미래의 자아도 같이 포함된다.

좀 더 높은 단계의 관계유형은 브랜드와 소비자가 상호의존(Interdependence)하는 단계이

그림 8-6 | 소비자-브랜드 관계유형(Fournier, 1998)

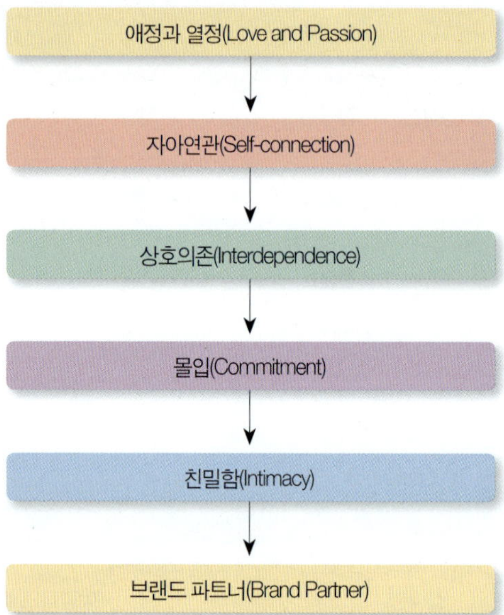

다. 이 단계에서는 브랜드와 소비자 사이의 상호작용이 증대되어 그 브랜드를 사용한 행동이 늘어나거나 행동의 강도가 증가하게 된다. 예를 들어, 자신이 좋아하는 비누로 아침과 저녁에 샤워하는 것을 자신만의 의식(ritual)으로 여긴다면 상호의존적이라고 할 수 있다.

브랜드와 장기적인 관계를 유지하게 되면 소비자는 그 브랜드에 대해 몰입(Commitment)하는 단계에 이르게 되는데, 브랜드에 대한 높은 몰입 수준은 브랜드와의 관계형성을 더욱 강화시키며 높은 브랜드충성도로 연결된다. 예를 들어, 어떤 소비자가 어떤 제품을 구매할 때 "나는 이 브랜드 외에는 절대 구매하지 않아!"라고 말하는 것은 그 브랜드에 대한 강한 몰입도를 나타내는 것이다.

다섯 번째 단계는 친밀함(Intimacy)의 형성이다. 이 단계에서는 브랜드와의 관계가 더욱 강화됨에 따라, 종종 그 브랜드를 친구처럼 여기게 된다. 이 단계의 소비자들은 자신이 사용하는 브랜드에 별명을 붙여주거나, 광고에서 사용되는 캐릭터 혹은 슬로건 등을 이용하여 그 브랜드가 지니고 있는 의미를 다소 과장하거나 미화시키기도 한다.

브랜드와 소비자 간에 형성될 수 있는 가장 심화된 관계는 브랜드-소비자 간에 동반자 관계를 형성하는 단계로서, 자신이 사용하는 브랜드를 마치 자신의 삶의 동반자로서 인식하는 것이다. 이 단계에서는 브랜드에 대하여 어떤 믿음이나 신념이 확고해지는데 만약 소비자들이 자신의 동반자로서 생각하는 브랜드가 원하는 수준의 가치를 전달해 주지 않는다면 일종의 배신감을 느낄 수도 있다. 예를 들어, 메리 케이(Mary Kay) 립스틱의 사용자가 "메리 케이가 내가 쓰는 립스틱 색깔을 바꿨을 때 난 정말 미칠 것만 같았어. 난 정말 그럴 줄은 몰랐거든"이라고 말했다면 그 사용자는 메리 케이를 동반자로 인식하고 있었지만 자신의 기대와는 반대되는 상황을 겪음으로써 실망감이 커졌다고 볼 수 있다.

3) 브랜드연상의 강력함·호의성·독특성에 대한 측정방법

위에서 우리는 브랜드연상을 측정하기 위한 방법들을 사례를 들어가며 설명하였다. 제품규에 적합한 브랜드연상들이 파악된 후에는 이러한 브랜드연상들의 강력함(strength), 호의성(favorability), 그리고 독특성(uniqueness)을 측정하여야 한다. 먼저 강력한 연상이란 고객이 어떤 브랜드를 접했을 때, 그 브랜드와 관련된 연상들이 즉각적으로 떠오른다는 것을 의미한다. 특정브랜드와 관련된 연상들은 소비자의 기억 속에 그물처럼 연결되어 있어 하나의 연상이 활성화되면 그와 관련된 다른 연상들이 연속적으로 떠오른다.

예를 들면, '맥심'하면 커피믹스가 떠오르고, 이는 다시 부드러운 맛의 이미지와 연결된다. 이와 같이 특정브랜드와 이와 관련된 연상들이 강력하게 연결되어 있을수록, 그 브랜드의 자산가치가 강력해질 것이다. 그 다음으로 소비자의 마음속에 호의적인 브랜드연상이 형성되어야 한다. 높은 브랜드자산이 형성되기 위해서는 소비자들이 그 브랜드연상에 대해 호의적인 태도를 가져야 하는 것이다. 마지막으로 소비자의 마음속에 독특한 브랜드연상이 형성되어야 한다. 소비자의 마음속에 호의적이고 강력한 연상들이 형성되어 있다고 하더라도 이러한 브랜드연상들이 경쟁브랜드와 차별화되지 않는다면, 브랜드자산을 형성하는 데 도움이 되지 않을 것이다. 주요 브랜드연상의 강력함, 호의성 및 독특성에 대한 측정방법은 〈브랜드마케팅 따라잡기〉에 제시된 립톤 아이스티의 사례를 참조하기 바란다.

맥심하면 맥심모카골드, 부드러운 맛 등이 자연스럽게 연상된다.

브랜드마케팅 따라잡기

브랜드연상의 강력함·호의성·독특성에 대한 측정방법-립톤(lipton) 아이스티(iced tea) 사례

1. 다음 제품특성들이 립톤 아이스티에 대한 당신의 느낌을 잘 표현하고 있는가? (1=강하게 동의안함, 7=강하게 동의함)

_______________ 편리한
_______________ 갈증을 해소시키는
_______________ 자연적인
_______________ 좋은 맛을 가진
_______________ 현대적인
_______________ 젊은 계층이 애용하는

2. 아이스티가 다음과 같은 제품특성들을 가지는 것이 어느 정도로 좋은가?(1=매우 나쁜, 7=매우 좋은)

_______________ 편리한
_______________ 갈증을 해소시키는
_______________ 자연적인
_______________ 좋은 맛을 가진
_______________ 현대적인
_______________ 젊은 계층이 애용하는

3. 립톤 아이스티는 다음과 같은 제품특성들에서 얼마나 독특한가? (1=전혀 독특하지 않은, 7=상당히 독특한)

_______________ 편리한
_______________ 갈증을 해소시키는
_______________ 자연적인
_______________ 좋은 맛을 가진
_______________ 현대적인
_______________ 젊은 계층이 애용하는

자료원: Kevin Lane Keller, *Strategic Brand Management*, 1997.

(3) 개인적 가치의 측정

개인적 가치에 관한 브랜드연상은 그 브랜드와 직접적으로 관련된 연상들을 포괄적으로 감싸주는 우산과 같은 역할을 하는 추상적인 개념이다. Rokeach는 인간이 추구하는 개인적 가치를 최종적 가치와 수단적 가치로 나누었으며, 최종적 가치를 인간이 궁극적으로 추구하는 가치로 보았다.

특정 제품군으로부터 소비자들이 실현시키고 싶은 최종적 가치는 제품범주(category)에 따

브랜드마케팅 따라잡기

한국능률협회 컨설팅의 브랜드자산가치 측정방법

K-BPI(Korean-Brand Power Index)는 국내에서 유통되는 브랜드가 소비자의 구매행동에 미치는 영향력을 나타내는 지수이다. 한국능률협회 컨설팅에서는 1999년부터 K-BPI를 발표해왔다. K-BPI 측정모델은 브랜드인지도와 브랜드로열티를 중심으로 측정하며, 사후적인 관점에서 브랜드를 측정하는 재무적 관점보다 향후 시장에서의 성장성을 예측할 수 있는 장점을 가지고 있다.

K-BPI는 2012년 10월부터 2013년 1월까지 약 3개월간 면접원이 조사대상자를 직접 방문하여 조사하는 일대일 개별면접법(Face to Face Interview)을 사용해 측정되었으며, 연령별·지역별 인구비례에 의한 무작위 추출법(Random Sampling)에 의해 표본으로 선정된 서울 및 6개 광역시에 거주하고 있는 15세 이상 60세 미만의 남녀 총 11,000명을 대상으로 면접이 실시되었다. 조사대상산업은 200개 산업군 브랜드였다.

K-BPI는 브랜드인지도와 브랜드충성도에 대한 측정항목들을 개발하고 이를 결합해 산정된다. 구체적으로 K-BPI는 소비자 인지구조 관점에서 브랜드인지도(Brand Awareness)와 브랜드로열티(Brand Loyalty)를 결합한 것으로, 브랜드인지도에 70%의 가중치(최초인지 40%, 비보조인지 20%, 보조인지 10%)를, 브랜드로열티에 30%로 가중치를 부여하며, 1,000점 만점 기준으로 각 브랜드의 K-BPI를 산출한다.

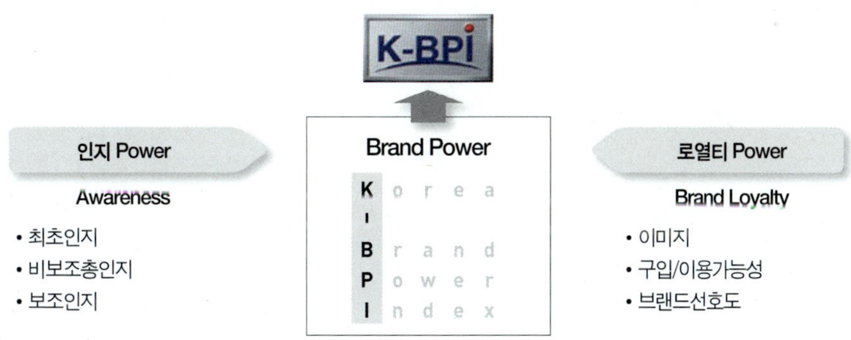

K-BPI = 1,000 × (0.4X1 + 0.2X2 + 0.1X3 + 0.3X4)

X1=최초인지도
X2=비보조총인지도
X3=보조인지도
X4=브랜드로열티

X4 = 이미지, 구입 가능성, 선호도 항목에 대해 3:4:3의 가중치를 두어 평균치를 구하고, 이를 해당 부문 내에서 표준화된 점수(Z-Score)로 변환하여 표준정규분포상의 누적분포값으로 환산할 수치임

브랜드마케팅 따라잡기

Rokeach의 최종가치와 수단적 가치

최종가치	수단적 가치
편안한 생활(풍요로운 생활)	야심이 있는(열심히 일하는)
신나는 생활(자극적이고 능동적인 생활)	관대한(마음이 개방적인)
세계평화(전쟁과 분쟁으로부터의 해방)	유능한(능력있는, 효과적인)
평등(형제애, 모든 사람의 동등한 기회)	쾌활한(마음이 가벼운, 즐거운)
자유(독립, 자유로운 선택)	깨끗한(단정한, 말끔한)
행복(만족)	용기있는(신념에 따르는)
국가안보(외적으로부터의 보호)	용서하는(타인들의 잘못을 용서하는)
즐거움(즐길 수 있는 인생)	남을 돕는(타인을 위해 일하는)
구제(구원받은 영생)	정직한(신실한, 진실한)
사회적 인정(존경, 칭송)	상상력이 풍부한(과감한, 창조적인)
진실한 우정(친밀한 교제)	독립적인(자기의존적, 자기충족적)
현명(인생에 대한 성숙한 이해)	지적인(이해력있는, 사려깊은)
아름다운 세계(자연미와 예술)	논리적인(일관성있는, 이성적)
가족안전(사랑하는 사람을 돌봄)	사랑하는(애정이 깊은, 상냥한)
성숙한 사랑(성적·정신적 친교)	복종적인(의무감 있는, 존경하는)
자존(자부심)	공손한(예의바른, 매너가 좋은)
성취감(지속적 공헌)	책임있는(의존할 만한, 신뢰할 수 있는)
내적조화(내적갈등에서의 해방)	자기통제적인(자제적인, 자율적인)

라서 다를 수 있다. 어떤 최종적 가치가 어떤 제품범주에 적합한지를 알기 위해서는 소비자들에게 직접적으로 그 관련성을 질문하거나 심층면접법(depth interview)을 이용하여 특정 제품범주에서 소비자들이 추구하는 가치를 찾아내는 방법을 사용할 수 있다. 이러한 심층면접방법은 **수단-목적 체인모델**(means-end chain model)을 활용하여 진행될 수 있는데, 이 모델에서는 소비자가 특정 제품속성이나 혜택을 중요시 여기는 이유는 이러한 속성이나 혜택들이 결국은

그림 8-7 | 수단-목적 체인모델

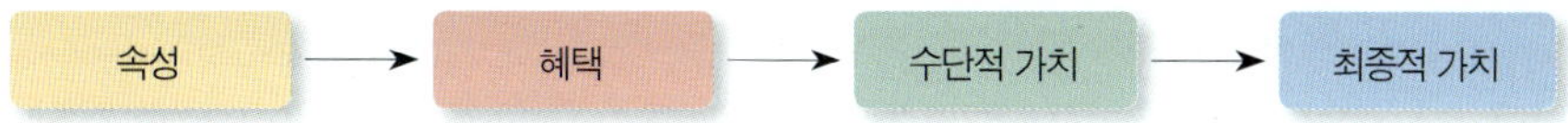

그림 8-8 | 하겐다즈 구매자들에게 적용된 수단-목적 체인모델

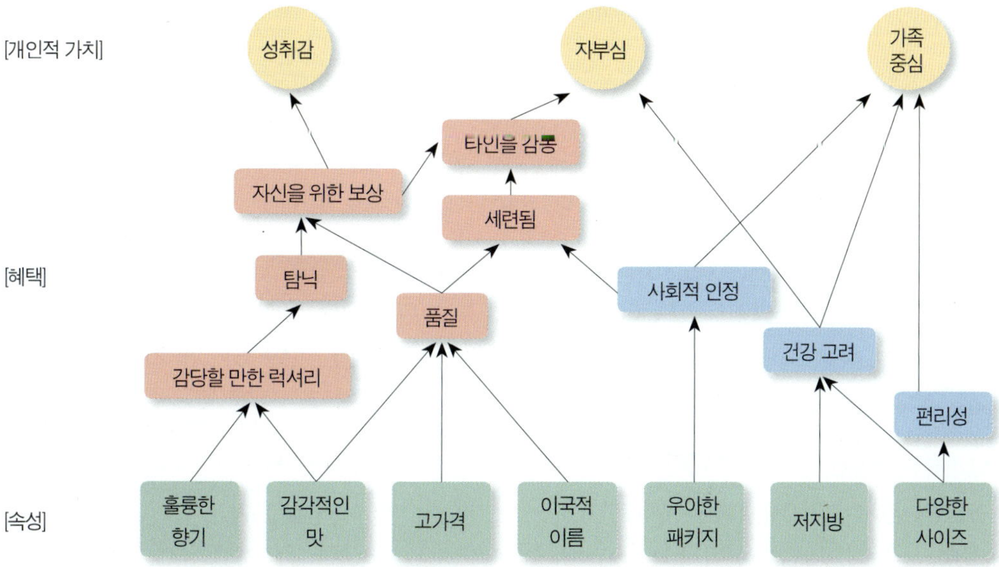

소비자가 원하는 최종목적인 개인적 가치를 실현하기 위한 수단으로 사용되기 때문이라고 보고 있다. [그림 8-7]은 수단-목적 체인모델의 각 단계를 보여주고 있다.

하겐다즈는 자사브랜드에 대해 소비자들이 추구하는 개인적 가치를 파악하기 위해 심층면접을 실시하였는데, [그림 8-8]은 수단-목적 체인모델을 이용하여 구체적 제품속성이 성취감, 자부심, 가족중심 등의 개인적 가치와 어떻게 연결되는지를 보여준다.

02 시장성과에 기반한 브랜드자산 측정

어느 제품에 특정한 브랜드이름이 주어졌을 때가 그렇지 않은 경우에 비하여, 그 제품이나

그림 8-9 | 시장성과에 의한 브랜드자산의 측정

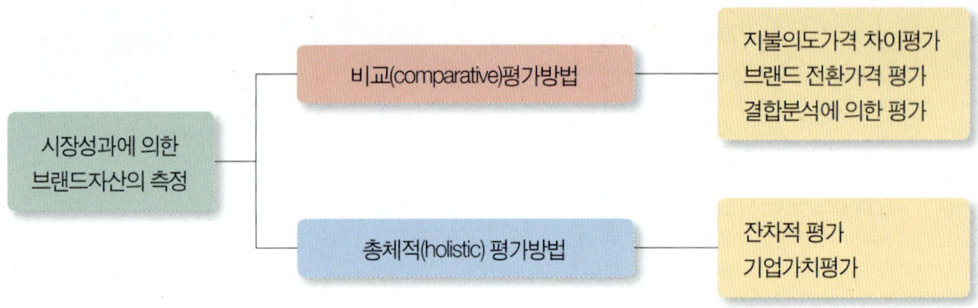

마케팅활동에 대해 소비자가 더 호의적으로 반응하게 되면, 그 브랜드는 긍정적인 브랜드자산을 가지고 있다고 할 수 있다. 그러면 긍정적 브랜드자산을 가진 제품은 어떠한 잠재적 이점들을 누릴 수 있을까? 긍정적인 브랜드자산을 가진 제품은 다른 제품과는 차별적으로 인식되어 소비자들은 제품에 대하여 더 높은 선호도를 느끼게 된다. 그것은 다시 보다 높은 브랜드충성도로 연결되어, 가격프리미엄을 가능하게 하고 기업에 더 많은 이익을 실현할 수 있게 해준다. 또한 긍정적인 브랜드자산은 유통경로 상에서 더 많은 협조와 지원을 유도하고, 마케팅커뮤니케이션 효과를 증대시키며, 브랜드확장을 가능하게 하는 원천이 된다. 이와 같은 이점들은 브랜드에 대해 소비자가 가지고 있는 브랜드자산의 구성요소(브랜드인지도와 브랜드연상)들로부터 발생하게 된다. 따라서 브랜드자산을 이루는 원천들로부터 발생하는 이점, 즉 브랜드자산의 시장성과를 측정함으로써, 마케터들은 브랜드가 가지는 가치를 보다 실제적으로 알 수 있게 된다. 이 절에서는 시장성과에 의한 브랜드자산의 가치를 측정하는 방법들에 대해서 알아보기로 하자.

Kevin Keller(1997)는 시장성과에 의한 브랜드자산의 측정방법을 크게 비교평가방법(comparative methods)과 총체적 평가방법(holistic methods)으로 분류하였다. 비교평가방법은 제품에 특정 브랜드명이 제시된 경우 소비자가 얼마나 더 호의적으로 반응하는지를 소비자의 지불의도가격의 차이나 브랜드전환을 일으키는 가격의 차이 정도를 측정하거나 혹은 결합분석에 기초하여 브랜드명의 상대적 효용가치를 측정함으로써 브랜드자산가치를 평가하는 것이다. 한편 총체적 평가방법은 특정한 브랜드가 가지는 가치를 전반적인 시장성과에 근거하여 평가하는 것으로서, 시장점유율이나 주식시장에서의 기업평가를 기초로 브랜드자산의 가치를 측정한다.

(1) 비교평가방법

비교평가방법은 높은 인지도와 강하고, 호의적이고, 독특한 브랜드자산을 가짐으로써 얻을 수 있는 이점들을 보다 직접적으로 측정하기 위해 브랜드에 대한 소비자 행동과 태도를 조사하는 것이다. 비교평가방법에서는 다른 브랜드(혹은 브랜드명이 부착되지 않은 제품)와 비교하여 특정 브랜드에 대하여 소비자가 느끼는 추가적인 가치를 대표성 있는 표본을 이용하여 평가하는데, 지불의도가격에서의 차이와 브랜드전환에 필요한 가격차이 등을 이용해 측정된다.

1) 지불의도가격 차이의 평가

이 방법은 두 집단의 소비자들을 대상으로 한 집단에게는 해당 브랜드가 붙은 제품을, 그리고 다른 집단에게는 가상의 브랜드명이나 경쟁브랜드명을 가지거나 혹은 브랜드명이 없는 제품을 제시하고, 각각의 집단으로부터 제품에 대한 지불의도가격을 측정하는 것이다. 지불의도가격에서의 차이를 측정하는 방법은 가격프리미엄을 결정하는 데 유용하게 사용될 수 있다. 가격프리미엄의 결정에 지불의도가격의 차이를 적용한 사례로 아메리칸 모터스(American Motors)의 예를 들 수 있다.

아메리칸 모터스는 Renault Premier 자동차의 시장테스트에서 브랜드명이 주는 자산가치를 찾기 위해 다음과 같은 실험을 고안해냈다. 먼저 한 소비자 집단에게는 브랜드명이 없는 자동차를 제시하고, 이들 소비자들로 하여금 이 자동차를 자세히 살펴보게 한 후 얼마의 가격을 지불할 것인지를 질문하였다. 브랜드명이 없는 자동차에 대해서 소비자들은 평균적으로 10,000달러를 지불할 수 있다고 하였다. 한편 다른 소비자 집단에게는 브랜드명이 주어진 동일한 자동차를 제시한 후, 이들 소비자들도 동일한 과정을 거치게 하였다. Renault Premier란 브랜드를 붙였을 때, 소비자들은 13,000달러의 가격을 지불할 의도가 있는 것으로 나타났다. 크라이슬러가 나중에 아메리칸 모터스를 인수한 후에 이 자동차는 Chrysler Eagle Premier로 출시되었는데, Chrysler에 대해서는 이보다 약간 높은 지불의도가격을 가지고 있는 것으로 나타나 Chrysler Eagle Premier는 $14,100로 판매되었다. 따라서 Renault 브랜드는 약 $3,000의 브랜드가치를 가졌으며, Chrysler 브랜드는 이보다 좀 더 높은 약 $4,000의 브랜드가치를 가진 것이다.

2) 브랜드 전환가격 평가

브랜드 전환가격을 이용한 평가방법은 특정브랜드에서 대체브랜드로 전환하는 데 필요한 두 브랜드 간의 가격차이(가령, 원래 구매(선호)하던 브랜드에서 다른 브랜드로 전환하기 위해 지불해야 하는 추가적인 가격)를 기준으로 하여 그 브랜드의 상대적 가치를 측정하는 것이다.

브랜드 전환가격 평가방법은 Pessemier의 달러메트릭(dollar-metric) 측정방법에 기초하고 있다. 달러메트릭 측정방법이란 소비자가 구매를 원하는 브랜드에서 다른 대체브랜드로 전환시키기 위해 그 소비자에게 제공해야 할 가격적 인센티브를 측정하여, 이 가격차이로 브랜드의 상대적 가치를 측정하는 방법이다. 이 방법에서는 소비자들로 하여금 먼저 원하는 브랜드를 선택하게 한 후, 표적브랜드에 어느 정도의 가격할인을 해 주었을 때 소비자들이 원하는 브랜드로부터 표적브랜드로 바꾸는지를 측정함으로써 브랜드들 간의 상대적 자산가치를 평가한다. 달러메트릭 측정방법(혹은 브랜드 전환가격 평가방법)은 비교평가란 면에서 지불의도가격에서의 차이를 평가하는 방법과 유사한 평가방법이라고 할 수 있다.

브랜드가치를 평가하는 데 있어서 달러메트릭 측정방법을 이용한 예로는 인텔(Intel)사를 들 수 있는데, 이 회사는 소비자들이 인텔칩이 들어 있는 PC브랜드에서 인텔칩이 들어 있지 않은 PC브랜드로 전환하는 데 필요한 가격할인 폭을 찾기 위해 컴퓨터 사용자를 대상으로 하는 서베이를 정기적으로 수행하고 있다.

3) 결합분석(conjoint analysis)에 의한 평가

결합분석은 특정 제품의 속성, 가격, 브랜드 등의 결합에 의해 만들어진 제품대안들에 대한 소비자들의 선호도를 측정하여 각 제품속성별 효용치를 추정하는 방법이다. 이를 통해 제품속성의 하나인 브랜드명의 효용값을 알 수 있으며, 이러한 브랜드명에 대한 효용값을 토대로 브랜드의 자산가치를 측정할 수 있다.

결합분석의 절차는 다음과 같다. 먼저 브랜드명, 가격 및 다른 제품속성들을 각각 몇 가지 속성수준으로 나눈 다음, 속성수준별 결합에 의해 만들어진 다양한 제품 프로파일(profile)을 개발한다. 가령, 비누 신제품 개발을 담당하는 마케터는 소비자들이 선호하는 속성조합의 제품개념을 찾기 위해 주요 속성인 브랜드명, 가격, 제품의향을 각각 (pure, silk), (3,000원, 3,500원), (장미향, 레몬향)의 두 가지 속성수준으로 나누고, (pure, 3,000원, 장미향), (pure, 3,500원, 레몬향), (silk, 3,000원, 장미향) 등의 다양한 제품 프로파일을 만들 수 있다. 다음으로 응답자들로 하여금 다양한 제품 프로파일들에 대하여 자신이 느끼는 선호도의 순위(ranking)나 점수(rating)를 표시하도록 하는데, 각 제품 프로파일에 대한 선호도 순위나 점수는 제품 프로파일을 구성하는 각 속성수준별 효용치를 추정하는 데 사용된다. 마케터는 결합분석을 통하여 추정된 특정브랜드명 대안의 효용치를 토대로 그 브랜드명의 시장가치를 측정할 수 있다.

브랜드마케팅 따라잡기

컨조인트(결합)분석을 통한 브랜드자산 평가

마케터는 결합분석을 이용해 브랜드가치를 추정할 수 있다. 소비자 조사를 통해서 소비자들이 자동차를 구입할 때 다음 표에서 보는 바와 같은 제품속성을 고려하고 각 속성의 수준도 3개로 나눌 수 있다는 것을 알아냈다고 하자. 5가지 속성과 각 속성의 수준을 결합하여 우리는 2,433가지의 자동차 대안을 만들어낼 수 있다. 소비자들에게 이러한 여러 종류의 자동차 대안에 대해 자신의 선호도를 표시하도록 한다.

이러한 소비자의 선호도 자료를 가지고 컨조인트 분석을 실시하면, 각 속성수준에 대해 소비자들이 부여하는 효용치를 얻을 수 있는데, 추정된 효용치는 그림과 같이 나타났다. 여기서 속성에 대해 부여하는 소

속성	속성의 기준		
상표	가	나	다
엔진의 힘(마력)	150	200	250
휘발유소비량(리터/100km)	12	14	16
가격(만 원)	500	600	700
환경친화	최소한의 환경기준을 만족시킨다.	환경기준을 능가한다.	환경친화면에서 새로운 본보기를 보여준다.

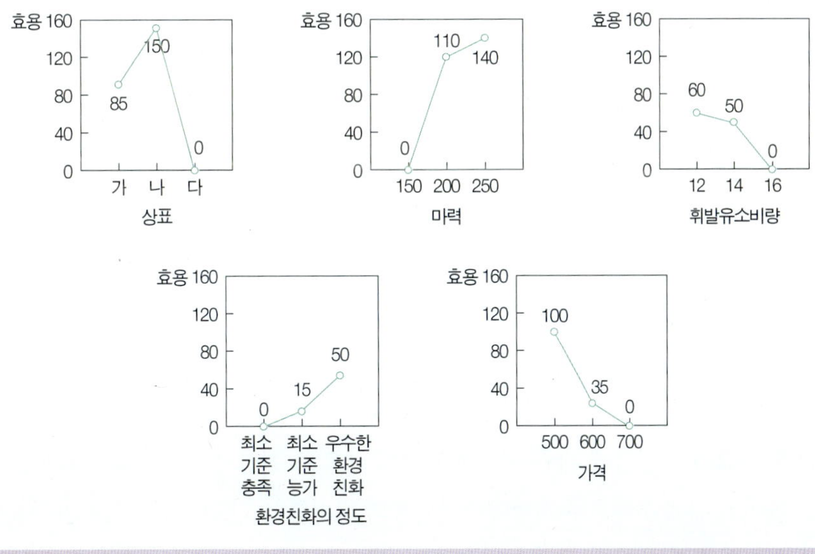

비자들의 상대적 중요도는 최고 효용값을 얻은 속성 수준에서 최소 효용값을 얻은 속성수준을 뺀 값으로 (가령, 상표의 상대적 중요성은 150-0=150), 상표가 가장 중요하고(상대적 중요도 150), 환경친화의 정도(상대적 중요도 50)는 중요성이 가장 떨어진다. 즉 그들은 실제로 자동차를 사는 데 있어서 상표, 마력과 가격, 휘발유소비량 등을 환경친화의 정도보다 더 중요시하고 있는 것이다.

한편 각 속성의 수준이 변함에 따라 소비자가 얻는 효용이 어떻게 달라지는가를 살펴봄으로써 브랜드자산의 가치를 측정할 수 있다. 각 속성의 효용에서 보듯 소비자들은 가격이 5백만 원에서 6백만 원으로 오르면 매우 민감한 반응을 보인다. 즉, 효용이 100에서 35로 65나 떨어진다. 따라서 이 가격대에서는 1백만 원의 효용이 65라는 것을 알 수 있다. 그리고 6백만 원이 넘으면 효용이 매우 낮기 때문에, 이 경우 합을 6백만 원 이상으로 책정하는 것은 아마 위험할 것이다. 그러므로 우리가 6백만 원 이하의 가격대만 고려한다면, 다른 속성의 가치를 가격으로 표시할 수 있다. 예를 들어 상표 가와 나의 효용차이도 65이므로, 이 차이를 화폐단위로 나타내면 역시 1백만 원이다. 또 상표 가와 다의 차이는 85이다. 따라서 이것의 화폐가치는 약 1백30만 원(1백만 원×85/65)으로 측정되었다.

자료원: 유필화, 로버트 돌란 & 헤르만 지몬, 가격경쟁전략, 한언.

Ogilvy & Mather에서 개발한 BPTO(Brand Price Trade Off)는 결합분석의 단순한 형태로서, 제품 프로파일 중에서 오직 가격과 브랜드명만을 변화시키고 다른 제품속성들은 각 제품대안별로 고정시키는 것이다. 우리나라 삼성전자에서도 1990년대 후반과 2000년대 초반에 걸쳐 다양한 제품범주에서 외국 경쟁브랜드와 비교된 삼성(SAMSUNG)의 브랜드가치를 측정하기 위하여 BPTO 평가방법을 사용하였다. 삼성전자는 이건희 회장의 주도로 자사제품이 품질에 대한 인식에 비해 낮은 가격으로 글로벌시장에서 판매되는 문제를 해결하기 위하여 '제값받기운동'이라는 슬로건을 전개했고 제값받기운동의 효과를 파악하기 위해 결합분석조사를 실시하였다. 실제로 삼성전자는 이러한 조사를 통해서 가격을 올렸을 때 단기적으로 판매량 손실을 감수하더라도 판매이익은 오히려 올라갈 수 있음을 알게 되었다. 이에 따라 당시 같은 품질의 경쟁제품에 비해서 10~15% 낮은 가격에 팔리던 삼성전자의 제품가격을 신형 모델을 출시할 때 함께 인상하는 전략을 펼쳐 나갔다. 이러한 삼성전자의 '제값받기운동'으로 삼성제품의 가격대가 경쟁사 제품들과 유사한 수준으로 형성된 것은 2000년대 삼성이 브랜드가치를 높이기 위해 수행한 글로벌마케팅활동의 밑거름이 되었다. 삼성전자의 '제값받기운동' 사례는 결합분석의 유용한 사례로도 의미가 있을 뿐 아니라 어떤 기업이 브랜드가치를 증대시키고자 할 때 브랜드요소 중 어디에 역점을 두어야 할지에 대해 좋은 전략적 통찰력을 제공한다.

(2) 총체적 평가방법

총체적(holistic) 평가방법은 브랜드의 전반적인 가치를 재무적 수치로 파악하려는 것이다. 브랜드자산에 대한 가치평가는 재무적 관점에서 브랜드에 가격을 매기는 것으로, 이는 인수·합병, 브랜드 라이센싱, 자금차입 등에 보다 유용하게 사용될 수 있다. 최근 많은 기업들이 인수·합병의 대상으로 떠오르고 있는 것을 볼 수 있다. 가령, 코카콜라의 자산가치가 180억 달러로 나타났지만, 25억 주의 주식을 주당 70달러로 평가함으로써 브랜드가치를 장부상 자산규모의 9배 이상으로 평가할 수 있다. 그러나 무형자산인 브랜드가치의 중요성에도 불구하고 기업들은 브랜드자산의 가치를 대차대조표 상에 반영하지 않고, 기업가치를 결정하는 데 이용하지 않고 있다.

일반적으로 재무적 관점에서 브랜드가치를 평가하는 방법들은 크게 시장관점과 수익관점으로 나누어 살펴볼 수 있다.

1) 시장관점의 브랜드가치 평가

시장관점에서 보면, 브랜드자산은 그 브랜드를 소유함으로써 미래에 발생할 수 있는 경제적 가치를 현재가치로 평가한 것이라 할 수 있다. 이와 같은 접근방법으로 가장 대표적인 것이 Simon and Sullivan의 연구이다.

Simon and Sullivan의 연구에서는 주가를 브랜드자산 평가의 기준으로 이용하였다. 주가를 평가기준으로 이용하는 근거는 한 기업의 주가는 그 기업이 갖고 있는 브랜드의 향후 전망까지 반영되어 정해진다고 보기 때문이다. 이 방법에서는 먼저 기업의 주식시장 가치를 계산한다. 여기에서 공장과 설비, 재고와 현금 등 유형자산의 대체비용을 빼면 무형자산 부분이 남게 되는데, 무형자산은 브랜드자산의 가치, R&D나 특허와 같은 브랜드 외적요소의 가치, 그리고 정부규제나 기업집중 같은 산업요소의 가치 등 세 부분으로 나누어진다.

브랜드자산의 크기는 브랜드의 연한과 시장진입순서(일반적으로 먼저 진입한 브랜드일수록 후발브랜드에 비해 가치가 크다), 지금까지의 누적 광고량, 해당 브랜드가 속한 산업의 전체 광고량에서 그 브랜드 광고가 차지하는 비율(이것은 포지셔닝 우위에 영향을 미친다) 등에 영향을 받는다.

Simon and Sullivan은 이 접근방법을 토대로 브랜드자산을 추정했다. 그들은 638개 기업의 주식시장에서의 가치(유형자산을 뺀 가치)를 각 기업이 갖고 있는 브랜드의 자산적 가치를 포함한 세 가지 유형의 무형자산의 가치를 추정하기 위한 지표로 이용하였다. 이 방법은 주력

표 8-1 | 산업별과 기업별로 유형자산 대비 브랜드가치가 차지하는 비중에 대한 분석

유형자산 대비 백분율로 나타낸 브랜드가치			
산업	브랜드자산	기업	브랜드자산
의류	61	Dreyers	151
담배	46	Smucker	126
식품	37	Brown-Foman	82
화학	34	Kellogg's	61
전기 기기류	22	Sara Lee	57
운송장비	20	General Mills	52
기초금속류	1	Pillsbury	30
세제, 유리, 흙	0		

브랜드를 소유한 상장기업에 한해 활용 가능하다는 한계가 있다. 그러나 과거수익보다는 미래수익이 반영되어 있는 주가를 이용한다는 장점이 있다. 〈표 8-1〉은 638개 기업에 대한 1985년도 자료를 기초로 산출한 것으로, 산업별 브랜드가치는 해당산업 기업들의 '유형자산가치 대비 브랜드자산가치' 백분율을 평균한 것이다. 가령, 의류산업은 기초금속류 산업에 비해 주가에서 브랜드가치가 차지하는 비중이 매우 높은 것으로 나타난다. 그리고 Smucker 기업이 소유하고 있는 브랜드들의 가치가 주가에서 차지하는 비중이 유형자산의 가치에 비해 훨씬 높다는 것을 보여준다.

2) 수익관점의 브랜드가치 평가

수익관점(income approach)에서 브랜드자산을 평가하는 방법은 기업이 얻은 수익 중에서 브랜드가 기여한 부분을 브랜드의 자산적 가치로 본다. 이하에서는 수익관점의 브랜드가치 평가방법의 예로서 Interbrand사의 브랜드가치 평가방법과 Park, MacInnis, Eisingerich의 브랜드자산 측정모형에 대해 살펴보기로 한다.

① Interbrand사의 브랜드가치 평가방법

영국의 브랜드컨설팅 회사인 Interbrand는 매년 글로벌기업 브랜드가치를 금전적 가치로 환산하여 측정하고 있다. 세계적인 금융회사인 JP Morgan Chase와 경영·경제관련 전문주간지인 Business Week와 공동으로 실시하는 이 조사는 가치가 높은 100대 기업을 선정하여 발표한다. Interbrand는 브랜드가치를 브랜드가 미래에 발생시킬 것으로 기대되는 수익

(earnings)을 현재가치로 평가한 것을 토대로 측정한다. Interbrand는 브랜드가치를 계산하기 위하여 브랜드수익(earnings)과 브랜드승수(strength)를 측정하고 이 두 가지의 곱으로 브랜드 자산가치를 평가한다.

브랜드수익(brand earnings): 브랜드수익의 측정은 단순히 세후 이익에 할인율을 곱하는 것보다 복잡하다. 즉 한 브랜드의 이익 전체를 그 브랜드의 가치를 계산하는 데 바로 적용할 수 없는데, 이는 브랜드 자체가 표준화된 상품이거나 브랜드의 이익이 유통업체 납품과 같이 브랜드가 없는 제품의 공급으로부터 발생할 수 있기 때문이다. 또한 브랜드가치는 특정 연도의 (비정상적일 수 있는) 이익에 의해 크게 영향을 받을 수 있다. 따라서 Interbrand는 과거 3년간의 이익의 가중평균치를 사용하고 있다. 브랜드수익은 브랜드매출로부터 브랜드매출 원가, 마케팅 비용, 간접비용, 자본비용, 그리고 세금 등을 차감하여 계산된다. 구체적으로 회사에서 벌어들이는 영업이익을 측정하여 그 영업이익에서 브랜드가 차지하는 비중을 곱하여 브랜드로 인한 영업이익을 측정하고 자본비용과 세금을 제외한 나머지 부분을 브랜드수익으로 간주한다. 브랜드수익 산정과정은 한 회사의 영업이익에서 브랜드로 인해 발생하는 비중을 찾아내는 것이 첫 번째이고 거기에서 여러 가지 자본비용이나 세금을 뺀 나머지가 브랜드수익이 되는 것이다.

브랜드승수(brand strength): 브랜드승수는 브랜드자산의 미래가치를 계산하는 방식이다. 브랜드승수는 브랜드자산이 얼마나 오랫동안 지속될 수 있는가를 측정하고자 한다. Interbrand는 특히 [그림 8-10]과 같은 7가지 요인들에 근거하여 브랜드승수를 평가한다. 이러한 평가에 의해 브랜드승수는 1에서 20 사이의 값을 갖게 된다. 브랜드승수의 일곱 가지 요인은 다음과 같다. 시장(Market)은 시장의 크기, 성장 가능성, 진입장벽 등으로 브랜드의 환경을 측정한다. 안정성(Stability)은 브랜드가 얼마나 오래되고 브랜드충성도가 얼마나 높은가를 측정하는 것이다. 리더십(Leadership)은 시장점유율과 시장에서 차별화된 인지도 크기 등을 측정한다. 지원(Support)은 광고나 마케팅커뮤니케이션활동의 양과 일관성을 측정한다. 추세(Trend)는 점유율의 성장률, 시장 자체의 장기적인 성장추세를 측정하는 것이다. 국제성(Geography)은 지역적 경계를 넘나드는 능력으로 국제시장에서 얼마나 넓게 시장을 확보하고 있는지를 측정하는 것이다. 마지막으로 보호(Protection)는 브랜드에 대한 법적인 보호의 정도이다. 이러한 요인들은 서로 다른 가중치를 가지고 있으며, 브랜드승수 점수는 브랜드수익과 곱하여져 브랜드

그림 8-10 | Interbrand의 브랜드승수 평가요인

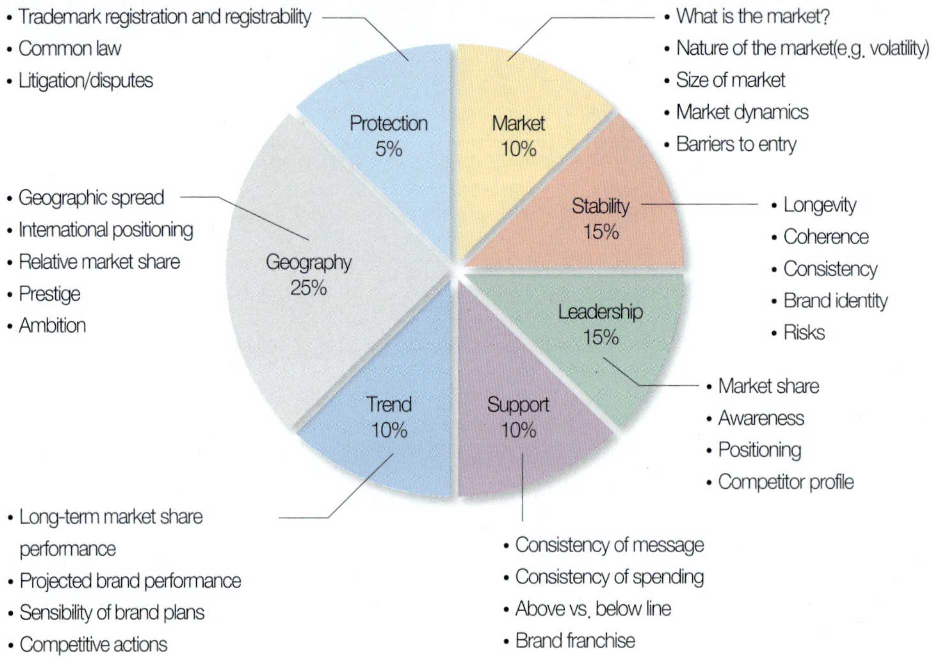

자산을 측정하는 데 사용된다.

② Park, MacInnis, Eisingerich의 브랜드자산 측정모형

C. Whan Park, D. J. MacInnis, A. B. Eisingerich는 브랜드의 재무적 가치를 브랜드가 매출을 창출하는 정도(즉, 단위당 판매가격(p) ×판매량(q))와 브랜드가 마케팅비용의 효율성을 제공하는 정도를 토대로 측정하였다.

그들은 이 두 가지 핵심구성요소를 토대로 다음과 같은 브랜드자산 측정공식을 제안했다.

$$BE_t = (p_t - mc_t)q_t \left[1 - \frac{mc_t\, q_t}{p_t\, q_t}\right]$$

여기서 BE_t = t시점에서의 브랜드의 재무적 가치

p_t = t시점에서의 브랜드 판매단가

mc_t = t시점에서의 브랜드제품 단위당 마케팅비용

$$q_t = t\text{시점에서의 브랜드의 판매량}$$
$$p_t\, q_t = t\text{시점에서의 총매출}$$
$$mc_t\, q_t = t\text{시점에서의 총마케팅비용}$$

이 등식에서 브랜드의 재무적 가치는 마케팅 잉여가치(marketing surplus)를 나타내는 $(p_t - mc_t)q_t$와 마케팅효율성을 반영하는 $\left[1 - \dfrac{mc_t\, q_t}{p_t\, q_t}\right]$을 곱해 얻어진다.

마케팅 잉여가치는 일정 시점에서 브랜드를 구매하기 위해 고객이 지불한 비용(즉, t시점의 브랜드 판매가격)과 동일 시점에서 브랜드가 지출한 단위당 마케팅비용의 차이를 판매량으로 곱한 값이다. 마케팅 잉여가치가 있다는 것은 고객이 브랜드를 구매하기 위해 지불하는 가격보다 낮은 비용으로 브랜드혜택을 만들어내고, 커뮤니케이션하고, 전달했다는 의미이다. 따라서 마케팅 잉여가치가 클수록 브랜드는 기업에게 더 많은 재무적 가치를 제공한다.

마케팅 효율성은 브랜드가 마케팅 잉여가치를 창출하는 과정에서 지출한 마케팅비용의 효율성 정도를 측정하는 것으로서 1에서 총마케팅비용과 총매출의 비율을 뺀 값이다. 매출 대비 총마케팅비용이 낮을수록, 즉 $\dfrac{mc_t\, q_t}{p_t\, q_t}$ 값이 작을수록 마케팅비용의 효율성은 더 높다. 따라서 특정의 매출수준을 달성하는 데 지출된 마케팅비용이 적을수록 브랜드의 자산가치는 더 커진다.

요약하면 마케팅 효율성은 실현된 마케팅 잉여가치의 가중치 역할을 한다. 즉 마케팅 잉여가치를 창출하는 데 지출된 비용으로 마케팅 잉여가치를 조정한 것이 브랜드자산의 재무적 가치가 되는 것이다. 따라서 브랜드 A와 브랜드 B가 동일한 마케팅 잉여가치($(p_t - mc_t)q_t$)를 산출하더라도 브랜드 A가 브랜드 B에 비해 비용을 더 효율적으로 사용해 이를 달성했다면 브랜드 A의 재무적 가치가 브랜드 B보다 높다.

03 브랜드자산 관리시스템

브랜드자산 관리시스템은 브랜드관리의 단기적이고 전술적인 측면뿐 아니라 브랜드의 장기적인 전략적 관리를 위하여 기업에서 이용하여야 하는 필수적인 마케팅활동이라고 하겠다. 브

그림 8-11 | 브랜드자산 관리시스템

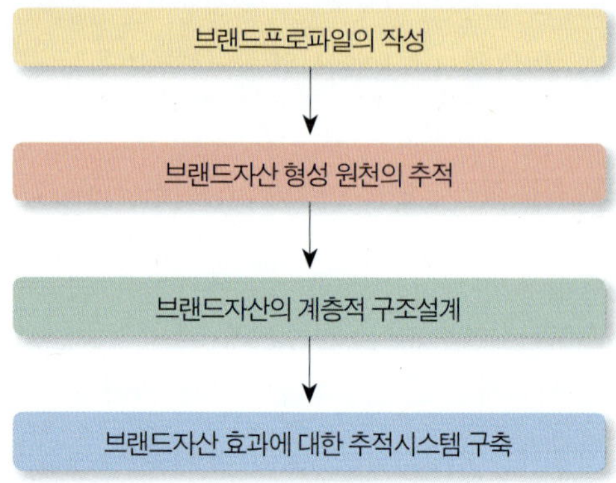

랜드자산 관리시스템은 크게 두 부분으로 구성되는데 이는 브랜드자산 형성 원천의 추적과 브랜드자산 효과의 측정이다. 구체적으로는 [그림 8-11]에 나와 있듯이 브랜드프로파일의 작성, 브랜드자산 형성 원천의 추적, 브랜드자산의 계층적 구조설정, 그리고 브랜드자산 효과에 대한 추적시스템 구축의 4단계로 구성된다.

(1) 브랜드프로파일의 작성

브랜드자산을 효과적으로 관리하기 위한 첫 단계로서 브랜드관리자는 먼저 현재 판매된 모든 제품과 서비스에 대하여 프로파일을 작성할 필요가 있다. 이러한 프로파일을 작성하기 위해서는 모든 브랜드구성요소들을 확인하여야 한다. 그렇게 하기 위해 마케터는 자사가 취급하는 모든 제품들에 대해 사용하는 상표명, 로고, 심벌, 패키징, 슬로건, 트레이드마크, 그리고 제품속성, 가격, 커뮤니케이션, 유통정책 등 관련된 마케팅활동 등을 정리해 문서화하는 작업이 필요하다. 이러한 작업은 제품과 서비스가 어떻게 브랜드화 되는지를 실제로 살펴볼 기회를 제공하며 주요 브랜드연상들(association)이 어디에서 비롯되었는지를 파악할 수 있게 해준다. 또한 브랜드자산을 보다 잘 관리할 수 있는 방안에 대한 통찰력을 제공한다.

(2) 브랜드자산 형성 원천의 추적

브랜드자산 형성의 원천을 추적하기 위해서는 먼저 소비자들의 자사상표와 제품에 대한 지식, 즉 브랜드와 제품에 대한 소비자의 지각을 조사해야 한다. 따라서 브랜드관리자는 브랜드와 제품이 갖는 의미를 파악하기 위하여 소비자의 마음속 깊이 들어가야 할 필요가 있으며, 소비자의 관점에서 다음과 같은 질문에 답할 수 있어야 한다. 브랜드자산 형성 원천들은 만족할 만한 수준인가? 어떤 브랜드연상이 강화될 필요가 있는가? 브랜드자산을 형성하는 데 있어서 어떤 시장기회와 위협요소가 있는가? 이와 관련된 정성적 및 정량적 조사의 실시는 브랜드자산의 형성 원천들이 브랜드가치 제고에 미치는 상대적 영향을 파악하는 데 도움을 준다.

이러한 질문에 대한 분석을 토대로 브랜드관리자는 브랜드자산을 강화하기 위한 통합적 마케팅프로그램을 계획하고, 브랜드마케팅에 대한 전략적 변화(가령, 브랜드포지션의 변경)가 필요한지를 검토해야 한다.

(3) 브랜드자산의 계층적 구조설정

브랜드자산의 구조를 설계한다는 것은 브랜드자산의 주요원천들을 어떻게 계층적으로 구조화하고 상표명, 로고, 심벌, 슬로건 등 브랜드요소를 활용하여 이들을 어떻게 연결시킬지를 계획하는 것이다. [그림 8-12]는 브랜드자산을 계층적으로 구축하기 위한 틀을 제시하고 있다. 즉, 먼저 제품속성과 혜택수준에서, 다음 단계로 사용자 이미지 혹은 브랜드개성 수준에서, 최종적으로 소비자가 추구하는 최종적 가치수준에서 브랜드연상들을 구축하고 소비자 마음속에 포지션하는 것을 의미한다. 즉, 브랜드자산의 계층적 구조를 토대로 하여 브랜드관리자는 제품속성·혜택에 근거한 포지셔닝을 개성과 사용자 이미지에 근거한 포지셔닝, 그리고

그림 8-12 | 브랜드자산의 계층적 구조

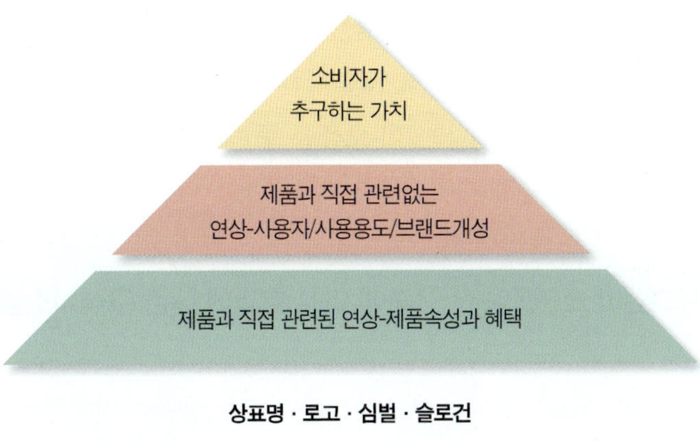

최종적 가치에 근거한 포지셔닝과 어떻게 연결시킬 것인지를 결정하여야 한다. 이를 위해 브랜드관리자는 각 계층별 포지셔닝이 공유할 테마와 상표명, 로고, 슬로건, 심벌, 패키징, 제품속성을 기반으로 이러한 테마를 지원할 표현스타일을 개발해야 한다. 나이키를 예로 들어 브랜드자산의 계층적 구조를 구축하는 방법에 대해 살펴보자.

첫 단계로 나이키는 뛰어난 제품속성과 혜택을 기반으로 제품과 관련된 차별적 브랜드연상을 먼저 구축했다. 혜택(benefit)이란 소비자가 제품을 소비함으로써 충족시키고자 하는 구체적인 욕구이다. 혜택관련 브랜드연상을 구축하기 위해서는 특정의 제품속성이 소비자 혜택과 관련되며 소비자의 구매결정에 매우 중요한 요인임을 알리고 이를 입증해야 한다. 나이키(Nike)의 프리런 시리즈는 '신발의 높은 유연성'이 맨발과 같은 편안함이라는 혜택을 충족시킴을 강조한다. 즉 특정의 제품속성이 소비자가 원하는 주요혜택으로 연결된다는 것을 보여줌으로써 제품관련 연상을 구축했다 .

다음 단계로 나이키는 제품속성과 혜택에 기반한 브랜드연상에다 브랜드 고유의 개성적인 색채를 입힘으로써 제품과 관련된 브랜드연상을 제품과 직접 관련이 없는 브랜드연상과 연결시킴으로써 더욱 풍부한 브랜드연상을 구축했다. 나이키는 에어 조던(Air Jordan)이라는 하위브랜드를 도입하고 불세출의 농구스타 마이클 조던(Michael Jordan)을 후원자로 이용함으로써 성능이 뛰어난 제품속성을 최고의 경기력을 보이는 운동선수들이 애용하는 브랜드라는 개성적 이미지와 연결시켰다.

마지막으로 나이키는 뛰어난 제품성능에 기반한 제품관련 브랜드연상 및 최고의 운동선수가 애용하는 브랜드라는 제품과 직접적인 관련이 없는 브랜드연상을 소비자가 추구하는 주요가치와 라이프스타일과 연결시킴으로써 궁극적으로 나이키를 라이프스타일 브랜드로 정립하려고 했다. 가치란 '인생에서 무엇을 얻으려 하는가?'와 같은 질문에 관련된 것으로 가장 근본적인 개인적 욕구의 표현이다. 즉 가치란 개인이 인생에서 도달하고자 하는 궁극적인 지향점이다. 소비자들은 제품의 혜택뿐 아니라 그 제품이 나타내는 가치, 상징적 의미, 생활양식을 구매한다. 나이키는 '최고의 성과를 달성하기 위해 자신의 모든 것을 바쳐 땀 흘리는 전문가 정신의 추구'라는 근본적인 가치를 성취하는 데 도움을 주는 브랜드임을 부각시킴으로써 소비자들이 나이키브랜드의 소유를 통해 자기실현의 만족감을 느끼도록 했다.

(4) 마케팅프로그램이 브랜드자산 구축에 미친 효과에 대한 추적시스템 구축

기업은 자사의 마케팅프로그램이 브랜드자산에 어떠한 영향을 미치는지를 정기적으로 추적해야 한다. 브랜드자산 구축효과에 대한 추적시스템은 마케팅프로그램의 브랜드자산에 대한 영향력을 브랜드인지도, 브랜드연상, 브랜드선호도, 구매의도 및 시장점유율 등의 측정을 통해서 파악하는 것이다. 브랜드관리자는 브랜드인지도, 브랜드연상과 같은 브랜드자산의 형성원천과 브랜드태도, 구매의도, 시장점유율 등 브랜드자산의 효과를 함께 측정함으로써 브랜드자산을 관리하고 보다 효과적인 마케팅활동을 수행하는 데 필요한 진단적 정보를 얻는다.

브랜드자산에 대한 추적조사는 브랜드 사용고객뿐만 아니라 자사브랜드 혹은 그 제품군을 이용하지 않는 비사용 고객을 대상으로도 이루어져야 한다. 그리고 자사브랜드에 충성도가 높은 고객, 그리고 타브랜드에 충성도가 높은 고객, 그리고 상표전환 고객별로 추적조사가 수행될 수 있다. 나아가 자사브랜드의 다량사용자와 소량사용자, 중간상, 그리고 자사의 종업원을 대상으로 브랜드인지도와 이미지 조사를 실시함으로써 브랜드자산에 대해 보다 폭넓은 이해를 얻을 수 있다.

한편 브랜드자산에 대한 추적조사는 지속적으로 이루어져야 한다. 그러나 추적조사의 빈도는 제품에 따라 달라질 수 있다. 구입빈도가 낮은 내구재보다 구입빈도가 높은 제품에서 더 자주 수행되어야 한다. 또한 제품 혹은 브랜드 수명주기도 추적조사 빈도의 결정요인이다. 성숙기에서의 소비자 의견은 도입기보다 안정적일 수 있다. 따라서 도입기에서 보다 빈번한 추적조사가 이루어질 필요가 있다. 한편 브랜드인지도의 변화를 보다 정교하게 추적할 수 있는 측정방법을 사용하는 것이 바람직하다. 가령, 단순히 한 시점만을 측정하기보다는 '다른 브랜드와 비교하여 얼마나 또는 일 년 전이나 한 달 전과 비교하여 얼마나 인지도가 변하였는가?' 하는 비교질문으로 측정하는 것이 보다 효과적일 수 있다.

결론적으로 기업은 각 마케팅활동(신제품 출시, 가격변화, 브랜드포지셔닝의 변화 등)이 브랜드자산 형성 원천인 브랜드인지도와 브랜드연상에 미친 영향, 그리고 브랜드선호도, 구매의도, 시장점유율, 그리고 브랜드로열티 창출에 미친 영향을 조사함으로써 브랜드자산 구축에 가장 효과적인 주요 마케팅활동을 파악해야 한다.

04 브랜드가치체인 모형에 기반한 브랜드가치의 창출, 측정 및 관리

브랜드에 의해 창출된 무형의 자산은 가장 중요한 기업자산의 하나이다. 따라서 최고의 브랜드가치를 만들기 위해 기업은 브랜드를 체계적으로 관리해야 한다. 애플, IBM, 엑센츄어

그림 8-13 | 브랜드가치체인

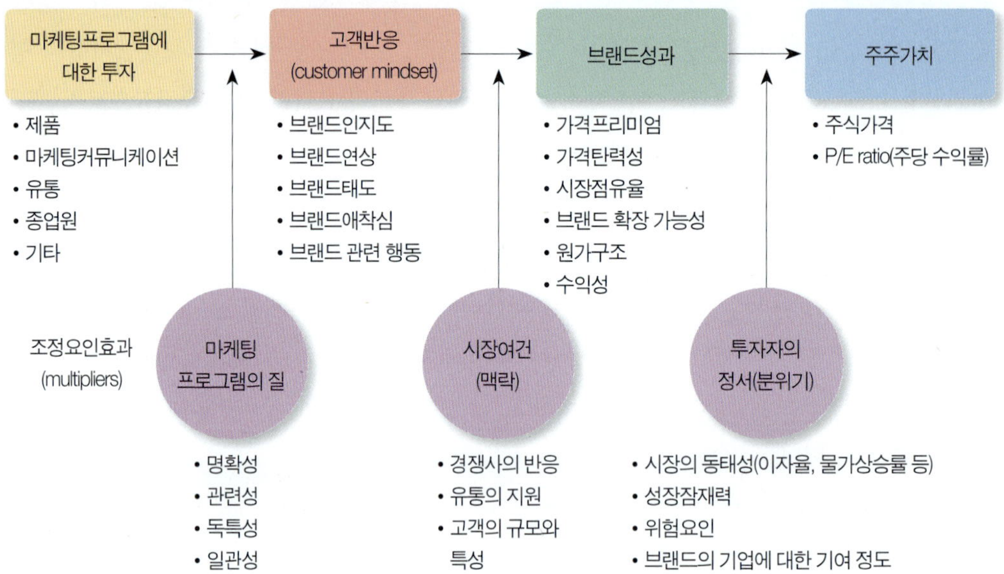

(Accenture) 등의 글로벌 기업들은 브랜드의사결정 및 투자를 위한 전략적 관리도구로 브랜드가치를 적극적으로 활용하고 있다. 높은 브랜드성과를 낳게 하는 브랜드관리가 이루어지기 위해서는 브랜드자산 측정시스템을 잘 설계하고 실행해야 한다. 브랜드자산 측정시스템을 개발하는 데 필요한 핵심요소의 하나는 브랜드가치의 창출과정을 이해하는 것이다. 브랜드가치 체인(연쇄) 모형은 브랜드가치의 창출과정을 추적하고, 마케팅에 대한 투자가 기업의 재무성과에 미치는 영향을 이해하는 데 도움을 주는 개념적인 틀을 제공한다([그림 8-13] 참고).

브랜드가치 창출과정의 첫 번째 단계는 목표고객을 겨냥한 마케팅프로그램을 개발·실행하는 것이다. 두 번째 단계는 마케팅프로그램에 접한 고객들이 브랜드에 대해 보이는 반응(customer mindset)이다. 브랜드가치 창출과정의 세 번째 단계는 고객반응에 근거하여 실현되는 브랜드의 시장성과(구매량, 지불가격)이다. 브랜드가치 창출과정의 마지막 단계는 브랜드성과에 대한 자본시장의 평가인데, 이는 브랜드의 미래성장 가능성에 대한 투자자의 판단을 반영한 기업 및 브랜드의 주식가치로 나타난다.

브랜드가치체인 모형을 보면 브랜드가치 창출의 한 단계에서 다음 단계로 이전되는 과정에서 이를 조정하는 여러 요인(multipliers)들이 존재한다. 이러한 조정요인들은 한 단계에서 창출된 브랜드가치가 다음 단계의 브랜드가치 창출에 미치는 영향을 촉진하거나 억제하는 역할을 한다.

이하에서는 브랜드가치 창출의 각 단계와 브랜드가치 창출과정에 영향을 미치는 각 조정요인에 대해 자세히 설명하기로 한다.

(1) 브랜드가치체인의 구성요소

1) 마케팅프로그램에 대한 투자

브랜드가치의 창출은 마케팅프로그램에 대한 투자로부터 시작된다. 마케팅프로그램을 구성하는 여러 마케팅변수들 가운데 상대적으로 마케팅비용이 많이 지출되는 마케팅변수들로는 제품연구·개발, 제품설계, 유통채널에 대한 지원, 마케팅커뮤니케이션(광고, 판촉, 스폰서십, 다이렉트마케팅, 인적판매, 홍보 등), 종업원 선발·교육·지원 등을 들 수 있다.

2) 마케팅프로그램의 질

마케팅프로그램에 많은 비용을 투자하는 것만으로 브랜드가치 창출의 성공이 보장되는 것은 아니다. 마케팅프로그램에 대한 투자효과가 브랜드가치 창출과정의 다음 단계로 성공적으로 이전되기 위해서는 마케팅프로그램의 질적 측면이 우수해야 한다. 기업이 마케팅프로그램의 질적 우수성을 판단하는 데 사용될 수 있는 기준들에는 다음과 같은 것들이 있다.

첫째는 마케팅프로그램의 명확성(clarity)이다. 이는 브랜드마케팅을 통해 전달하려는 브랜드의 의미를 목표소비자들이 제대로 이해하고 평가하는지를 측정하는 것이다. 두 번째는 고객이 지각하는 마케팅프로그램의 관련성(relevance)이다. 이는 자사브랜드의 마케팅프로그램에 접한 소비자가 이에 영향을 받아 구매를 심각하게 고려해야 할 것으로 지각하는지를 평가하는 것이다. 세 번째는 경쟁사들과 비교된 자사브랜드 마케팅프로그램의 독특성(uniqueness)이다. 이는 마케팅프로그램이 얼마나 창의적이고 차별적 우위를 창출하는 데 기여했는지를 평가하는 것이다. 네 번째는 마케팅프로그램의 일관성(consistency)과 통합성(integration)이다. 마케터는 마케팅프로그램을 구성하는 모든 요소들이 잘 결합되어 고객에게 최대의 효과를 주는가, 과거에 실행된 마케팅프로그램과 효과적으로 연계되어 프로그램의 지속성과 시장상황 변화에 따르는 프로그램의 조정 사이에서 적절한 균형을 유지하고 있는가(즉, 브랜드컨셉을 유지하면서 시장변화에 맞추어 브랜드를 올바른 방향으로 끌어가고 있는가) 등을 평가해야 한다.

목표고객의 욕구와 직접적으로 관련되고 경쟁자와 차별화된 통합적 마케팅프로그램을 설계·실행하는 기업들은 마케팅프로그램 비용의 지출로부터 높은 투자수익률을 올릴 가능성이 높아진다. California Milk Processor Board(캘리포니아 밀크 가공조합)는 마케팅프로그램에 적정수준의 마케팅비용만을 지출했음에도 불구하고 잘 설계된 "Got Milk?(우유 드셨어요?)" 광고캠페인을 통해 수십년간 계속 하락세를 보여준 우유 소비를 반전시키는 데 성공하였다. 이에 반해 마케팅프로그램에 많은 비용을 지출했음에도 불구하고 마케팅프로그램의 질이 우수하지 않아 매출을 높이는 데 실패한 사례들도 자주 볼 수 있다. 예를 들어, 음료시장에서 Michelob(미켈롭)맥주, Miller Lite맥주, 7UP 등의 브랜드들은 상당한 규모의 마케팅비용을 투입했음에도 불구하고 잘못 선정된 목표소비자를 상대로 잘못된 마케팅프로그램을 개발·실행함으로써 지속적으로 매출이 하락했다. Michelob맥주는 상류지향적 슈퍼프리미엄 맥주로 포지션되었지만, 브랜드포지션을 끊임없이 바꾸고 광고대행사를 계속 교체하는 등 마케팅프로그램의 일관성을 유지하는 데 실패함으로써 1980년 8백10만 배럴에 달했던 판매량이 1994년 들어 230만 배럴로 크게 감소하였다.

3) 고객반응(customer mindset)

고객반응은 브랜드와 관련하여 고객의 기억 속에 저장되어 있는 모든 것(즉, 생각, 느낌, 경험, 이미지, 지각, 신념, 태도 등)을 말한다. 마케팅프로그램의 실행은 다양한 유형의 고객반응을 유발하는데, 이들 중에서 다음과 같은 다섯 가지 유형의 반응이 브랜드가치 창출에 특히 중요하다.

첫 번째는 브랜드인지도(brand awareness)로서, 이는 고객이 특정의 브랜드를 회상해 내거나 재인할(알아볼) 수 있는 정도를 말하며 그 브랜드가 어떤 제품범주에 속하는지를 바로 알아보는 데(가령, 천연조미료하면 다시다를 떠올림) 기여한다. 두 번째 반응유형은 브랜드연상(brand association)인데, 이는 소비자에 의해 지각된 브랜드속성과 혜택의 강도, 호의성, 그리고 독특성을 말한다. 강력한 브랜드가치는 고객들이 한 브랜드와 관련하여 호의적이며(favorable), 강력하면서(strong), 독특한 연상들을 기억 속에 갖고 있을 때 발생된다. 브랜드연상은 브랜드가 소비자 욕구를 어느 정도 충족시키는지를 판단하는 근거가 된다는 점에서 브랜드가치의 주요 원천이 된다. 세 번째는 브랜드태도와 브랜드에 대한 전반적 평가로서, 이는 브랜드품질과 브랜드에 대해 소비자가 갖는 만족도 등을 포함한다. 브랜드태도는 어떤 브랜드를 좋아하거나 또는 싫어하는 지속적 경향으로, 주로 브랜드의 속성과 혜택(benefit)에 근거하여 형성된다. 가령, 신라호텔에 대한 소비자 태도는 입지의 편의성, 객실의 쾌적성, 객실의 디자인, 직원들의 서비스질, 오락시설, 음식서비스, 가격 등의 주요속성에 대한 소비자 지각에 근거하여 형성된다. 네 번째 반응유형은 **브랜드애착**(brand attachment)인데, 이는 브랜드에 대해 소비자가 느끼는 충성심의 정도를 말한다. 강한 브랜드애착을 갖는 소비자는 브랜드를 바꾸려 하지 않으며 브랜드에 대한 부정적 정보(가령, 제품성능의 결함)를 무시한다. 극단적으로 소비자는 거의 중독수준의(addiction) 브랜드애착을 가질 수 있다. 다섯 번째는 **브랜드지지활동**(brand advocacy activity)인데, 이는 고객의 브랜드 사용빈도의 수준, 호의적 구전활동의 정도, 브랜드 정보·판촉·이벤트를 적극적으로 탐색하는 정도 등을 말한다. 적극적인 브랜드지지활동의 대표적인 예로는 Harley-Davidson이 지원하는 동호인 모임이나 온라인 브랜드커뮤니티 등을 들 수 있다. 세계적인 모터사이클 브랜드 Harley-Davidson은 자사제품 소유자들의 커뮤니티인 Harley Owners Group(HOG)을 후원하고 있는데, 이 커뮤니티는 1,200개 이상의 지역 HOG에 참여한 550,000명 이상의 회원을 갖고 있다. Harley-Davidson 모터사이클의 최초구매자는 1년간 무료로 회원이 될 수 있다. HOG가 제공하는 혜택에는 HOG Tales로 불리는 잡지, 여행책자, 비상시의 노상서비스(road service), 특별 보험프로그램, 도난보상서비스, 호텔숙박료할인, 그리고 Fly&Ride 프로그램(여행 중에 Harley-Davidson 모터사이클을 빌려주는 시스템) 등의 다양한 서비스들이 포함된다. 또한 Harley-Davidson은 HOG 전용의 웹사이트를 운영하고 있는데, 이 사이트는 지역 HOG와 이벤트에 관한 정보, 특정고객만이 방문허용되는 섹션 등을 제공한다.

브랜드가치 창출에 기여하는 다섯 가지 유형의 고객반응들은 계층적 구조를 갖는다. 즉 브랜드인지도에 기반을 두고 브랜드연상들이 형성되며, 다양한 브랜드연상들에 근거하여 브랜드에 대한 전반적인 평가인 브랜드태도가 형성되며, 브랜드태도는 다시 브랜드애착과 브랜드지지활동에 영향을 준다. 요약하면 브랜드가치는 ① 브랜드인지도의 수준이 높을 때, ② 강력하고, 호의적이며, 독특한 브랜드연상이 형성되었을 때, ③ 고객이 긍정적인 브랜드태도를 가질 때, ④ 고객이 브랜드에 대한 강한 애착심과 충성심을 보일 때, ⑤ 고객이 적극적으로 브랜드 관련 활동에 참여할 때 창출된다. 따라서 올바른 고객반응을 창출하는 것은 브랜드가치와 브랜드자산을 실현하는 데 있어 핵심적인 성공요인(key success factor)이다. 예를 들어, 과거 AMD와 Cyrix는 Intel보다 저렴하면서 제품성능에서 대등한 마이크로프로세서칩을 개발하였지만 즉각적인 고객반응을 얻는 데 실패하였는데, 그 이유는 많은 OEM(주문자상표부착 제조업체)들이 두 회사의 약한 브랜드이미지와 브랜드명성 때문에 AMD와 Cyrix가 개발한 새로운 칩제품의 채택을 주저했기 때문이었다.

4) 호의적 고객반응과 높은 브랜드성과 간의 관계를 조정하는 시장여건 요인(market conditions multiplier)

고객으로부터 긍정적인 반응을 이끌어낸다고 하더라도 시장의 여건들이 이를 지지해 주지 못한다면 높은 시장성과(marketing success)로 연결되지 못할 수 있다. 다양한 고객반응유형이 브랜드가치 창출과정의 다음 단계(즉, 브랜드의 마케팅성과)로 이어질 가능성은 고객을 둘러싼 시장요인들(contextual market factors)이 어느 정도 호의적인가에 의해 영향을 받는다. 이들 중에서 특히 중요한 세 가지 시장요인들로는 경쟁브랜드의 상대적 우수성(즉, 자사브랜드의 마케팅 투자의 양과 질이 경쟁브랜드와 비교하여 어느 정도 효과적인가), 유통채널의 지지 정도(다양한 마케팅 파트너들(예를 들어, 부품 공급업체, 거래 도·소매업체 등)이 자사브랜드를 강화시키고 매출을 높이기 위해 어느 정도 공동 노력을 기울이는가), 고객의 규모와 프로파일(얼마나 많은 수의 고객과 어떤 특성을 가진 고객이 자사브랜드에 반응을 보이는가)을 들 수 있다. 즉 긍정적인 고객반응에 의해 창출된 브랜드가치는 다음과 같은 시장조건하에서 자연스럽게 높은 브랜드마케팅 성과로 연결될 것이다. ① 경쟁브랜드들이 자사브랜드에게 별 위협이 되지 않을 때, ② 유통채널 구성원들이 자사브랜드에 대해 강한 지지를 보일 때, ③ 수익성이 높은 많은 수의 고객들이 자사브랜드에 호의적 반응을 보일 때. 특히 자사브랜드를 둘러싼 경쟁여건은 브랜드성과에 상당한 영향을 미칠 수 있다. 예를 들어, 1990년대에 걸쳐 맥도날드는 경쟁브랜드인 버거킹이 범한 마케팅 실수로부터 많은 덕을 보았다. 1970년대 중반에 'Have it your way'라는 슬로건을 담은 광고캠페인을 통해 자사햄버거의 독특함과 우수한 품질(숯불을 사용하여 맛이 더 좋음)을 부각시키는 데 성공하였으나 그 이후 20년 이상 동안 일관성 없는 브랜드포지셔닝과 마케팅커뮤니케이션 프로그램을 실행함으로써 맥도날드와의 점유율 격차가 더욱 벌어졌다. Arm&Hammer는 빵 굽는 데 이용되던 베이킹소다를 습기를 빨아들이고, 연마성분이 있고 먹어도 된다는 점을 살려, 탈취제, 세척제, 내복약, 치약 등의 새로운 용도를 계속 개발함으로써 감소하던 베이킹소다의 수요를 획기적으로 증가시키는 데 성공하였다. Arm&Hammer는 공격적인 브랜드 확장프로그램의 일환으로 방취제(deodorants)시장에 진출하였지만 기존 경쟁자들의 적극적인 대응으로 인해 시장점유율을 확대하는 데 많은 저항을 받았다.

5) 브랜드성과(brand performance)

긍정적 고객반응의 정도와 시장조건(시장요인)의 조정효과는 브랜드에 대한 시장반응에 다양한 형태로 영향을 준다. 브랜드에 대한 시장반응의 대표적 유형들로는 가격프리미엄, 가격탄력성, 시장점유율, 브랜드확장의 성공, 원가구조, 수익성 등이 있다. 가격프리미엄과 가격탄력성은 서로 관련된 반응차원들로서, 특정의 브랜드가 부착됨으로 인해 고객들이 유사한 성능의 경쟁제품에 비해 얼마나 더 추가적인 가격을 지불하고자 하는가와 가격의 인하 및 인상에 따라 브랜드의 수요가 얼마나 증가 혹은 감소하는가를 말한다. 세 번째 시장반응 차원은 시장점유율인데, 이는 마케팅프로그램이 브랜드의 판매량을 높이는 데 어느 정도 기여했는지를 측정하는 것이다.

가격프리미엄, 가격탄력성, 그리고 시장점유율은 특정의 브랜드(부착)로 인해 발생될 미래의 수익을 결정한다. 브랜드가치는 ① 높은 시장점유율을 가질 때, ② 고객들이 높은 프리미엄 가격을 기꺼이 지불하고자 할 때, ③ 가격인하에 대해서는 고객반응(수요)이 탄력적이고 가격인상에 대해서는 비탄력적일 때 창출된다.

시장반응의 네 번째 차원은 기존 브랜드를 활용하는 브랜드전략인 라인확장과 제품범주확장의 성공여부인데, 라인확장(line extension)은 제품라인 내에 추가된 신제품에 대해 기존 브랜드를 사용하는 것이며(가령, 웰치스(Welch's) 그레이프, 스트로베리 등), 제품범주확장(category extension)은 기존 브랜드를 새로운 범주의 신제품에 사용하는 것이다(가령, 빈폴 옴므(homme)). 이 차원은 기존의 브랜드를 사용하여 새로운 제품범주로 진출(확대)하여 성공할 가능성(brand expansion potential)과 추가적인 수익을 창출할 수 있는 능력을 반영한다. 높은 자산가치를 가진 브랜드를 보유한 기업은 신제품을 출시할 때 새로운 브랜드를 개발하여 붙이기보다는 이미 자산가치를 구축한 기존 브랜드를 활용함으로써 마케팅비용도 줄이고 신제품의 성공가능성을 높이려고 한다.

다섯 번째 반응차원은 원가구조이다. 이는 호의적인 고객반응의 창출로 인해 마케팅프로그램에 지출된 비용을 어느 정도 줄일 수 있는지를 말한다. 즉 고객들이 자사브랜드에 대해 가지고 있는 호의적인 의견(태도)과 제품지식으로 인해, 경쟁자와 동일한 마케팅비용을 지출하더라도 마케팅프로그램의 효과가 더 높아질 가능성을 말한다. 반대로 말하면 경쟁자보다 적은 마케팅비용을 지출하고도 동일한 수준의 마케팅효과를 거두는 것이다(광고에 대한 회상률이 더 높거나 혹은 주어진 시간에 더 많은 수의 고객들과 거래계약을 성사시킴으로써 판매상담의 생산성이 더 높아짐).

앞에서 설명된 다섯 가지 반응 차원들이 결합되어 여섯 번째 차원인 브랜드수익성(brand profitability)이 실현된다. 즉 많은 이익을 낳는 매출을 달성함으로써 브랜드가치를 창출하는 것이다.

6) 브랜드성과와 주식가치 간의 관계를 조정하는 투자자 정서 승수효과(investor sentiment miltiplier)

제품시장에서 실현된 높은 브랜드성과가 브랜드가치 창출에 기여했다고 하더라도 이러한 높은 시장성과가 높은 주주가치로 연결될 것인지의 여부는 투자자 정서에 의해 영향을 받는다. 재무분석가들과 투자자들은 특정브랜드의 가치를 추정하고 이에 대한 투자결정을 내림에 있어 다음과 같은 다양한 요인들을 고려한다. 첫째, 그들은 자본시장의 전반적 분위기가 어떠한지(즉, 이자율, 투자자의 정서, 자본의 공급량 등)를 고려한다. 둘째, 특정브랜드와 그 브랜드가 속한 산업의 성장잠재력이 어떠한지를 고려한다. 예를 들어, 그들은 기업의 경제적·사회적·물적(인적 자원, 원자재 등)·법적 환경을 구성하는 외부요인들 가운데 브랜드가치 창출의 촉진요인은 브랜드성장에 어느 정도 기여하고 브랜드가치 창출의 억제요인은 어느 정도 위협적인가에 대해 분석한다. 셋째, 제품시장이 갖는 위험프로파일과 그 제품범주 내의 특정브랜드가 갖는 위험프로파일은 어떠한가를 고려한다. 즉 특정의 브랜드가 촉진적인 외부요인과 억제적인 외부요인에 어느 정도 크게 영향을 받는가를 분석한다. 넷째, 특정의 브랜드가 기업의 전체 브랜드포트폴리오상에서 얼마나 중요한 비중을 차지하는가를 고려한다. 즉, 높은 판매량을 갖는 시장선도브랜드(flagship brand)는 그렇지 않은 브랜드에 대해 기업의 경영성과에 미치는 영향이 클 것이다. 특정브랜드의 투자가치에 미치는 주요한 영향요인의 하나는 브랜드확장의 잠재력, 즉 다른 제품범주로의 확장용이성이다. 확장용이성은 다시 고객반응에 의해 영향을 받는데, 그 이유는 다른 제품범주로의 확장을 고객이 수용할 것인지의 여부는 고객반응에 의해 결정되기 때문이다. 예를 들어, 브랜드명에 전기라는 단어가 포함되어 있음에도 불구하고 GE(General Electric)의 고객들은 GE가 가스레인지사업에 진출하는 것에 대해 부정적 반응을 보이지 않았으며 일부 고객들은 GE가 이미 그 제품을 판매하고 있는 것으로 생각하기도 하였다.

성공적인 브랜드창출이 높은 주주가치로 연결될 가능성은 ① 브랜드가 마케팅환경의 위협이 별로 없이 계속 성장하는 산업에 속해 있을 때, ② 브랜드가 기업의 수익창출에 상당 부분 기여하고 앞으로도 이러한 기여도가 지속될 때에 더욱 높아진다(일시적이기는 하지만). IT붐에 따른 강력하고 긍정적인 강한 투자자 정서로부터 큰 혜택을 입는 브랜드의 대표적인 예로는 Priceline, eToys 등의 닷컴브랜드를 들 수 있다. 그러나 대부분의 닷컴브랜드들이 지속적으로 낮은 브랜드성과를 보임에 따라 닷컴브랜드에 부여된 대규모 프리미엄은 빠른 시간 내에 사라졌다. 이에 반해 자사의 가치가 자본시장에서 실제보다 저평가되고 있다고 불만을 토로하는 기업들도 많다. 가령, Corning사는 광섬유분야에 역점을 두는 방향으로 재포지션이 이루어졌음에도 불구하고 과거의 주력사업(그릇제품)에 대한 (부정적인) 투자자 지각으로 인해 자신들이 기대한 실제시장가치를 주가에 반영시키는 데 어려움을 겪었다.

7) 주주가치(shareholder value)

이용가능한 브랜드정보와 기타 고려요인들을 토대로 하여 투자자들은 브랜드가치의 재무적 성과를 평가한다. 인터브랜드와 JP모건(JP Morgan)이 글로벌 기업들을 대상으로 수행한 한 연구에 의하면 브랜드가치가 그 기업의 주주가치에 차지하는 평균 비중이 38%에 이르는 것으로 나타난다. 유형자산의 비중이 36%, 브랜드 이외의 무형자산의 비중이 26%인 것과 비교하면 브랜드가 기업에게 매우 중요한 자산임을 보여준다.

브랜드가치의 재무적 성과를 반영하는 세 가지 주요지표들로는 주가(stock price), 주가수익률(price/earnings multiple), 기업의 자기자본비용(overall market capitalization), 경제적 부가가치(economic value added)를 들 수 있다. 주가수익률은 발행주식의 시장가치가 보통주에 배당가능한 당기순이익에 비해 얼마나 높은지를 보여주는 수치로서, 주가수익률이 높으면 당기순이익에 비해 투자자들이 기대하는 브랜드에 대한 미래이익이 높다고 볼 수 있다. 왜냐하면 주식의 현재 시장가치는 투자자들이 브랜드로부터 기대하는 미래이익을 반영하고 있기 때문이다. 강력한 브랜드를 가진 기업들의 주가는 전체 주식시장 평균에 비해 상대적으로 높은 수익률과 낮은 리스크를 가지는 것으로 나타난다. 그러나 이러한 유형의 지표는 기업의 전체가치 가운데 일부분을 차지하는 특정브랜드의 가치를 충분히 반영하지 못할 수 있다. 가령, 브랜드가치가 주가에 어느 정도 기여하는지를 살펴보자. 강력한 브랜드는 기업 매출과 수익에 직접적인 영향을 미치고, 따라서 주가에도 영향을 미친다. 예를 들어, 2002년 중반경 코카콜라의 주식시장 시가 총액은 약 1,360억 달러였다. 그러나 회계장부상에 나타난 유형자산의 순가치는 105억 달러에 불과했다. 따라서 시가 총액의 대부분(1,255억 달러=1,360억 달러-105억 달러)은 회사의 무형자산으로 구성되어 있음을 시사한다. 코카콜라의 대표적인 무형자산으로는 코카콜라 브랜드를 들 수 있는데, 세계적인 브랜드컨설팅 회사인 인터브랜드(Interbrand)가 2002년에 발표한 코카콜라의 브랜드가치는 약 700억 달러에 달했다. 따라서 코카콜라의 브랜드가치가 전체 무형자산 가치 가운데 절반 이상을 차지하고 있는 셈이다.

기업의 자기자본총비용(overall market capitalization) 혹은 주식시가총액은 1주당 주가 × 발행주식수로 계산되는데, 브랜드의 주식시가총액의 기간별 변동을 살펴봄으로써 브랜드의 미래수익성과 현재수익성의 관계에 대한 투자자들의 기대변화를 살펴볼 수 있다. 경제적 부가가치(EVA)는 브랜드의 수익에서 그 브랜드에서 사용되는 자본비용을 차감한 값으로, 이러한 브랜드성과척도는 브랜드의 조정된 회계수익에서 기업 내 다른 브랜드에 투자하는 대신 특정브랜드에 투자하는 기회비용을 감안한 것이라고 할 수 있다.

(2) 브랜드가치 창출에 대한 지속적 추적(tracking)

마케터는 우선적으로 마케팅프로그램에 대한 용이주도한 투자와 프로그램의 높은 질, 호의적 시장여건, 그리고 호의적 투자자 정서 등과 같은 브랜드가치에 미치는 긍정적 영향을 최대화하려는 노력을 통해 높은 브랜드가치를 창출해야 한다. 따라서 브랜드가치체인은 기업경영자들이 어디에서 어떻게 브랜드가치가 창출되었는지를 이해할 수 있게 하고 브랜드가치의 창출과정을 향상시키기 위해 어떤 조치를 취해야 하는지에 대한 지침을 제공해준다. 그러나 조직 내에서 관리자가 수행하는 역할에 따라 브랜드가치 창출과정의 각 단계에 대한 상대적 관심도가 달라질 수 있다.

1. 브랜드마케팅관리자와 제품범주 마케팅관리자는 고객반응 및 마케팅프로그램이 고객반응에 미치는 효과 등에 상대적으로 더 많은 관심을 보일 것이다.
2. CMO는 브랜드성과 및 고객반응이 실제의 시장성과(고객이 제품시장에서 보이는 다양한 행동들)에 미치는 효과 등에 더 많은 관심을 보인다.
3. CEO와 CFO 등은 브랜드의 주주가치, 브랜드성과가 투자결정 및 자본조달능력에 미치는 효과 등에 상대적으로 높은 관심을 보일 것이다.

브랜드가치체인은 브랜드가치의 창출과정을 추적하기 위한 구체적 이정표(road map)의 역할을 하며, 기업의 다양한 구성원들에게 관련 정보를 제공하기 위해 어떤 영역에 대한 마케팅조사와 정보수집노력이 이루어져야 하는지에 대한 유용한 지침이 된다. 〈표 8-2〉는 브랜드

표 8-2 | 브랜드가치체인 단계별 브랜드가치 측정방법

고객반응	제품시장(브랜드성과)	자본시장
브랜드인지도 브랜드관련 연상 브랜드태도 브랜드애착 브랜드지지활동 고객만족 고객-브랜드 관계	반복구매율 시장점유율 가격프리미엄 수익프리미엄 마케팅믹스 탄력성 브랜드확장의 성공가능성	주가 EVA 잔존가치 브랜드매각가격
상업적인 조사: Young&Rubicam의 Brand Asset valuator; Research International의 Equity Engine	Interbrand	Interbrand Stern-Stewant
주이용자 브랜드매니저 제품매니저	주이용자 브랜드/제품 매니저 CMO COO	주이용자 CFO CEO

가치체인의 각 단계에서 브랜드가치 창출을 평가하는 데 사용되는 다양한 척도(assessment measures)를 정리한 것이다(고객반응척도는 주로 마케팅부서에서 활용됨).

(3) 브랜드가치체인의 전략적 시사점

브랜드가치체인은 브랜드가치 창출을 위해 기업이 노력함에 있어 여러 가지 시사점을 제공한다. 첫째, 브랜드가치 창출은 기업의 마케팅프로그램에 대한 투자로부터 시작되므로 마케팅프로그램에 대한 자금지원, 이의 설계와 실행은 브랜드가치 창출을 위한 필요조건이다. 둘째, 브랜드가치의 창출을 위해 기업은 초기 마케팅투자 이외의 추가적 노력을 필요로 한다. 즉 기업의 경영자는 브랜드가치 창출과정의 각 단계에서 브랜드의 시장가치를 상승시키거나 감소시키는 데 영향을 미치는 조정요인(multipliers)들을 효과적으로 통제·관리해야 하는 것이다. 경우에 따라 브랜드가치의 창출을 방해하는 조정요인들은 기업의 통제 밖에 있을 수 있다. 통제 불가능한 요인들을 잘 파악하는 것은 마케팅프로그램의 성공과 실패 여부를 예상하고 판단하는 데 도움을 준다. 가령, 핵심선수의 부상이나 유능한 선수의 스카웃을 막는 재정적 어려움 등의 요인으로 인한 팀 성적의 부진에 대해 코치의 잘못으로 책임을 돌려서는 안 되듯이, 통제할 수 없는 시장요인들로 인한 브랜드성과의 부진에 대해 마케터의 잘못으로 그 원인을 돌려서는 안 된다. 브랜드가치체인의 마지막 단계에 가까워질수록 마케터의 브랜드가치 창출에 대한 통제력이 낮아지게 된다. 따라서 브랜드가치체인의 초기 단계인 마케팅프로그램의 설계와 실행에서 확실한 전기가 마련되어야만 창출된 브랜드가치가 브랜드가치체인의 다음 단계로 이어지게 될 것이다. 즉 브랜드가치체인의 각 단계에 영향을 미치는 조정요인들을 최대한 브랜드가치 창출에 유리하게 관리함으로써 마케팅프로그램에 의해 창출된 초기 브랜드가치(즉, 다양한 유형의 긍정적 고객반응들)가 높은 주식가격에 반영되도록 해야 할 것이다. 이를 위해 기업은 높은 질의 마케팅프로그램을 설계해야 하며 시장여건과 투자자 정서도 브랜드가치 창출에 유리한 방향으로 유도해야 한다. 셋째, 조정요인(승수효과요인)들을 유리하게 관리하는 방안은 매우 다양하지만 무엇보다 중요한 것은 전 단계에서 창출된 브랜드가치의 크기와 성격에 대해 다음 단계와 관련된 모든 기업구성원들에게 의사 전달함으로써 브랜드가치의 유지와 강화로부터 얻게 될 잠재적 혜택을 충분히 인식시키는 일이다. 예를 들어, 시장여건과 같은 조정요인이 브랜드가치 창출에 유리하게 작용하도록 하기 위한 기업의 노력은 마케팅프로그램에 의해 창출된 브랜드가치가 고객의 점포방문 빈도를 높이거나 제품범주의 이익을 증대시키고 있음을 소매업체와 다른 유통업체들에게 확실히 인식시키는 것과 자사브랜드에 대한 적극적

지원활동을 통해 창출된 브랜드가치를 함께 공유할 의지를 갖고 있음을 그들에게 인식시키는 것들이 포함된다. 넷째, 투자자 정서와 같은 조정요인이 브랜드가치 창출에 유리하게 작용하도록 하기 위해 기업은 투자자 홍보(investor relations) 등의 커뮤니케이션 활동을 통해 투자자들이 미래의 브랜드 성장계획과 제품시장에서 창출된 브랜드가치를 제대로 이해할 수 있도록 만들어야 한다. 가령, 기업은 특정의 제품시장에서 경쟁우위를 구축하려는 의지를 투자자 집단에게 확실하게 보이기 위한 시그널의 일환으로 브랜드(혹은 기업)명을 변경시키는 조치도 취할 수 있다(ING생명이 기업브랜드명을 오렌지라이프로 변경함). 다섯째, 브랜드가치체인을 토대로 기업의 브랜드성과를 강화시키려는 노력은 위에서 언급한 시사점 이외에도 기업에게 다양한 긍정적 피드백을 제공한다. 예를 들어, 주가의 상승은 종업원들의 사기와 동기부여에 긍정적 영향을 미치고, 그 결과로 우수한 프로그램 질에 의한 승수효과를 유발시킨다.

브랜드가치체인을 활용하여 브랜드가치를 구축하려는 기업은 다음과 같은 브랜드가치체인의 한계점을 인식해야 한다. 첫째, 경우에 따라 브랜드가치 창출은 브랜드가치체인에서 제안된 절차에 따라 이루어지지 않을 수도 있다. 가령, 투자분석가들은 브랜드의 광고캠페인에 즉각적으로 반응을 보일 수 있으며(개인적인 호감이나 일반대중의 호의적 반응에 영향을 받아), 이러한 반응은 그 브랜드의 투자매력도에 대한 분석에 반영될 것이다. 둘째, 일부 마케팅활동들은 그 효과가 상당한 시간이 경과한 다음에 발생될 수 있다. 가령, 공익마케팅 혹은 기업의 사회적 책임을 실현하려는 마케팅활동은 고객이나 투자자 정서에 서서히 영향을 미치게 될 것이다. 셋째, 브랜드가치체인의 각 단계에서 창출된 브랜드가치를 측정하는 데 사용되는 일부 척도의 평균값과 분산의 정도를 해석하는 데 유의해야 한다. 예를 들어, 틈새시장을 표적으로 하는 브랜드는 고객반응을 측정하는 다양한 척도상에서 높은 고객반응을 획득할 수 있지만 이러한 반응을 보이는 고객의 수가 많지 않을 수 있다. 매출규모가 작다는 이러한 한계점에도 불구하고 이러한 브랜드는 매출규모가 상대적으로 크지만 시장에서의 경쟁적 포지션이 약한 브랜드에 비해 잠재력에 있어 더 가치가 있을 수 있다.

브랜드가치체인이 갖는 이러한 몇 가지 단점에도 불구하고 브랜드가치체인은 체계적 브랜드의사결정을 내리는 데 있어 개념적 틀을 제공하고 마케팅성과를 측정·평가하기 위한 토대를 마련한다.

참고문헌

1. Aaker, D. A., 1991, *Managing Brand Equity*, Free Press.
2. Aaker, D. A., 1991, *Building Strong Brands*, Free Press.
3. Asker, Jennifer, "Dimensions of Measuring Brand Personality," *Journal of Marketing Research*, 34(August 1997).
4. *Business Week*, 2002, "The 100 Top Brands - What's in a name? Plenty, if you play your cards right," pp. 95-99, Aug. 5, 2002.
5. Fournier, Susan, 1998, "Consumers and Their Brands: Developing Relationship Theory in Consumer Research," *Journal of Consumer Research*, Vol. 24(Mar. 1998).
6. Gupta, Sunil, Donald R. Lehmann, and Jennifer Ames Stuart, 2004, "Valuing Customers," *Journal of Marketing Research*, February, pp. 7-18.
7. *Interbrand*, 1997, "Brand Valuation," Premier Books
8. Kamakura, Wagner A. and Gary J. Russell, 1993, "Measuring Brand Value with Scanner Data," *International Journal of Research in Marketing*, 10.
9. Keller, Kevin Lane, 2003, *Strategic Brand Management*, Prentice Hall.
10. Park, Chan Su and V. Srinivasan, 1994, "A Survey-Based Method for Measuring and understanding Brand Equity and its Extendability," *Journal of Marketing Research*, 31(May 1994).
11. Park, C. Whan, D. J. MacInnis, and A. B. Eisingerich, 2016, *Brand Admiration: Building A Business People Love*, John Wiley & Sons.
12. Passemier, Edgar, 1959, "A New Way to Determine Buying Decisions," *Journal of Marketing*, 24.
13. Rokeach, Milton, *The Nature of Human Values*, 1973, New York : Free Press, p. 29.
14. Rust, Roland T., Anthony J. Zahorik, and Timothy L. Keiningham, 1995, "Return on Quality(ROQ) : Managing Service Quality Financially Accountable," *Journal of Marketing*, April, pp. 58-70.
15. Simon, Carol J. and Mary W. Sullivan, 1993, "Measurement and Determinants of Brand Equity: A Financial Approach," *Marketing Science*, 12(1)(Winter 1993).
16. Srivastava, R.K., T.A. Shervani and L. Fahey, 1998, "Market-based Assets and Shareholder Value," *Journal of Marketing*, no.1, pp. 2-18.

PART 4

브랜드자산의 활용

4

제 9 장

브랜드자산의 활용전략

01 신제품 출시와 브랜드확장
02 브랜드확장의 장점과 단점
03 성공적인 브랜드확장을 위한 고려사항들
04 브랜드확장전략의 개발과정

Adidas의 성공적인 브랜드확장

Adidas AG는 1949년 Adolf Dassler에 의해 설립되었고 독일 바바리아 지역의 Herzogenaurach에 그 기반을 두고 있다. Adidas AG는 Adidas Group의 지주회사이며, Adidas Group은 Reebok, Taylor Made-adidas Golf, Runtastic 같은 브랜드를 보유하고 있다. Adidas는 유럽에서 가장 큰 스포츠웨어 제조업체이며 Nike 다음으로 전 세계에서 두 번째로 큰 스포츠웨어 제조업체이다. 2014년 Adidas는 16조 3,830억 달러의 매출을 올렸다.

스포츠에 대한 열정과 스포팅 라이프스타일을 기반으로 구축된 브랜드를 가지고 스포츠용품 산업에서 글로벌 리더가 되겠다는 기업사명을 성취하기 위해 이 회사는 점진적으로 자사브랜드를 다른 범주들로 확장해왔다. 오늘날 이 회사는 브랜드포트폴리오를 재구성했다. Adidas는 두 개의 사업부와 서브브랜드를 만들었는데, 라이프스타일 소비자를 겨냥한 Adidas Sport Style과 모든 운동선수들이 최고의 성과를 거둘 수 있도록 지원하는 것을 목표로 하는 Adidas Sport Performance를 토대로 한 브랜드확장이 그것이다.

Adidas Sport Style 사업부는 특히 흥미를 끌만 한데, 그 이유는 애초에는 그 사업부가 회사의 핵심사업이 아니었기 때문이다. 초기에는 Adidas는 운동화에 집중했지만 1967년 프로 축구선수 Franz Beckenbauer를 운동복 모델로 활용해 스포츠의류시장에 진출했다. 이는 그동안 운동화로 유명했던 기업에게 새로운 사업분야로 진출하는 전기가 되었다. 1986년 미국기반 힙합그룹 Run-DMC는 My Adidas라는 싱글을 발매했는데, 이 노래는 문제가 많은 거주지역에서 열심히 일하는 사람에 대한 오해를 바로잡는 것과 운동화에 대한 순수한 열정에 관한 내용을 담고 있다. Adidas는 밴드가 40,000명의 팬 앞에서 3개의 줄무늬를 가진 운동화를 신고 콘서트를 진행했을 때에야 이를 발견했는데, 관람객 중 한 사람이 회사의 종업원이었다. 이 노래는 곧바로 히트를 쳤고 Run-DMC와 Adidas는 기대하지 않았는데 파트너가 되었다.

예술과 스포츠의 결합을 통해 Adidas는 길거리 패션 트렌드를 선도했을 뿐 아니라 스포츠용품 산업에서 운동선수가 아닌 사람들을 마케팅커뮤니케이션활동에 활용하는 방식의 계기를 만들었다. Adidas Originals로 불리우는 이러한 브랜드확장은 캐주얼 스트리트 웨어를 토대로 보다 광범위한 층의 청중을 표적으로 했으며 전체 브랜드매출의 20퍼센트를 차지한다. 힙합가수들과 브레이크 댄서 등 이전에는 표적으로 삼지 않았던 소비자 집단은 1980년대 들어 Adidas의 매출을 견인했다. Adidas는 스포츠 경기복에서 한걸음 더 나아가 스포츠웨어 산업에서 스포츠스타일의 스트리트 웨어에 초점을 맞춘 새로운 라이프스타일 세분시장을 개발하고 확대한 첫 번째 기업이었고, 자신을 길거리 스포츠웨어 제품의 상징적 브랜드로 포지션하는 데 성공했다.

그 이후 브랜드확장은 Yohji Yamamoto(2002), Stella McCartney(2004) 등과의 협업방식으로 이루어졌

고, 이를 통해 Y-3(2003), Porsche Design Sport(2007) 등의 인기브랜드가 탄생했다. 이와같이 Adidas는 브랜드확장을 수익창출의 새로운 원천으로, 그리고 Adidas 브랜드를 강화하고 고객과 관계를 갖는 도구로 활용했다. 2010년 Adidas Originals Star Wars 컬렉션이 그 한 예이다. 신규라인인 Star Wars 컬렉션을 출시하면서 Adidas는 먼저 고객과 팬들이 죽음의 별(The Death Star)에 들어가 어떤 곳의 거리를 폭파시킨 다음 친구들을 그 현장에 보내도록 하는 내용의 온라인 앱을 만들었다. 이와 함께 Adidas는 인기를 끌고 있던 Facebook 페이지에 제품사진들과 일부 Adidas-Star Wars 제품 브랜드의 설명서를 추가했다. 마지막으로 Adidas는 Dave Beckham, Snoop Dogg, Daft Punk 같은 스타들을 후원자로 사용한 신제품 광고를 만들었다. 출시 후 4일 만에 이 광고 동영상은 600,000뷰를 기록했다.

Adidas의 Sport Style 사업부에서 Digital Marketing 글로벌 책임자를 맡고 있던 Chris Barbour는 표적소비자에게 메시지를 전달하고 그들을 브랜드 홍보대사로 만드는 것이 Adidas 브랜드 성공의 핵심요소라고 믿는다, 2015년 늦은 여름 Adidas는 Star Wars를 주제로 한 고객맞춤 운동화를 출시했다. 고객과 팬들은 온라인상에서 혹은 Adidas 모바일 앱을 통해 다양한 색상, 프린트, 로고 중에서 자신만의 운동화를 만들 수 있었다. Adidas는 자사브랜드 고객들과 Star Wars 팬들에게 자신의 개인적 특성과 개성을 표현할 기회를 제공한 것이다. 'mi Star Wars' 제품라인은 영화 Star Wars: The Force Awaken이 개봉되기 몇 개월 전에 출시되었는데, NPD그룹의 스포츠시장 분석가 Mike Powell은 이 제품라인이 성공을 거둘 것으로 예측하면서 '자신만의 제품 만들기' 추세는 사업에서 매우 중요한 부분이 되고 있다고 말한다.

Adidas는 브랜드확장을 통해 스포팅 라이프스타일을 추구하는 운동선수와 패션 애호가들은 욕구, 습관, 피트니스 수준, 동기부여, 목표에서 다르다는 것을 보여줌으로써 차별적 브랜드이미지와 고객충성도를 구축했다. Adidas그룹의 브랜드전략은 모든 사람들이 자신의 개성에 맞추어 제품, 서비스, 경험을 즐길 자격이 있다는 것에 초점을 맞춘다. 목표지향적인 방식으로 역량을 발휘하는 대중시장 및 틈새시장 고객층을 겨냥함으로써 이 회사는 광범위한 소비자들에게 접근하려고 한다. 이에 따라 Adidas는 브랜드 전반에 대한 온라인 구전을 통해 브랜드자산을 구축하려고 한다. 그리고 이 회사의 Adidas Originals 브랜드는 표적집단에 소구력이 있는 수퍼스타들과의 연상을 형성한다. 가령, Adidas는 자사브랜드를 트렌디하게 보이게 하고 표적청중에게 성취의 상징으로 자리 잡게 만들기 위해 David Beckham, Damian Lillard 같은 유명인들과 신발을 공동개발한다.

요약하면 Adidas는 브랜드확장을 잘 활용해 수익의 새로운 원천으로 만들었다. 가령, Adidas Sport Performance는 운동선수를 지원하는 제품으로 포지션된 반면, Adidas Originals 브랜드는 캐주얼 스트리트 웨어를 기반으로 보다 넓은 범위의 청중을 겨냥한다. 이런 식으로 Adidas의 브랜드확장은 그동안 소홀히 했던 특정 표적고객집단에 다가가는 도구로 활용되어 왔다. 이러한 전략은 'All in'이라는 글로벌 슬로건에 잘 나타나 있는데, 이는 모든 브랜드들을 묶어 스포츠, 패션, 스트리트, 뮤직, 대중문화에 관심을 갖는 소비자들에게 통합된 이미지를 제공하는 데 그 목표가 있다.

기업이 성장을 추구하는 방안에는 여러 가지가 있을 수 있다. 기업의 성장기회를 파악하기 위한 유용한 도구로 Ansoff의 제품/시장 확장 그리드를 생각해 볼 수 있다. 〈표 9-1〉에 나타나 있듯이 기업의 성장전략은 성장을 위한 제품이 기존제품/신제품인지, 표적시장이 기존시장/신시장인지의 여부에 따라서 네 가지 범주로 나눌 수 있다. 여기서 기업의 성장은 기존제품으로 기존고객들에게 침투하는 시장침투전략이나 기존제품으로 신시장을 확대해 나가는 시장개척전략을 통해 가능하지만, 기업의 장기적인 성공을 위해서는 신제품이 출시되어야 한다. 바꾸어 말해서 신제품의 성공적인 개발과 마케팅은 기업의 성장에 있어서 빼놓을 수 없는 중요한 요소인 것이다. 앞 장에서 언급했던 것처럼 소비자행동, 기업역량, 그리고 경쟁과 관련된 수많은 요인들이 신제품의 성공에 영향을 준다. 이 장에서는 브랜드전략적인 측면에서 어떻게 신제품의 성공확률을 높일 수 있을 것인가 하는 문제를 살펴보기로 한다.

표 9-1 | Ansoff의 제품/시장 확장 그리드

	기존제품	신제품
기존시장	시장침투전략	제품개발전략
신시장	시장개척전략	다각화전략

01 신제품 출시와 브랜드확장

기업이 신제품을 출시할 때 그 제품을 위한 브랜드명과 관련해서 선택할 수 있는 방법에는 크게 세 가지가 있다.

① 신제품에 적합한 새로운 브랜드를 개발한다.

② 기존 브랜드들 중의 하나를 사용한다.

③ 기존 브랜드와 새로운 브랜드를 함께 사용한다.

브랜드확장(brand extension)이란 신제품을 출시할 때 기존에 이미 시장기반이 확립된 브랜드명을 확장하여 사용하는 것을 말한다(위에서 ②와 ③에 해당). 예를 들어 아모레퍼시픽에서 2000년 출시한 '국내 최초 자연주의 브랜드'를 표방하는 이니스프리는 초기 제품라인인 스킨케어 제품의 성공에 힘입어 같은 이름으로 메이크업제품, 바디제품, 헤어제품, 방향제, 그리고 각종 미용소품 등에 이르기까지 다양한 제품라인을 출시하였고, 이러한 성공적인 브랜드확장의 결과 2012년에는 매출 3,000억을 돌파한 브랜드가 되었다. 브랜드확장에서 특히 새로운 브랜드를 기존 브랜드와 혼합하여 사용하는 경우를 **서브브랜드**(sub brand)전략이라고 부르며, 브랜드확장의 출발점이 된 기존 브랜드를 **모브랜드**(parent brand)라고 부른다. 앞 장에서 언급했던 것처럼 브랜드확장을 통해서 모브랜드가 이미 여러 제품들과 관련되어 있을 때 이를 공동브랜드(family brand)라고 부른다.

브랜드확장은 일반적으로 라인확장과 제품범주확장의 두 범주로 분류할 수 있다.

① **라인확장**(line extension): 모브랜드가 대상으로 하고 있는 기존의 제품군 내에서 새로운 세분시장을 겨냥하여 개발된 제품에 모브랜드를 확장 적용하는 것을 말한다. 이러한 라인확장은 환타 오렌지향, 환타 레몬향처럼 향, 성분, 크기, 형태 등이 다르거나, 콜게이트 토탈, 콜게이트 타르콘트롤(tar control) 치약처럼 다른 편익을 제공하는 제품들에 모브랜드를 사용하는 것으로, 제품들 간의 차별화는 주로 브랜드수식어나 서브(sub)브랜드를 통해서 이루어진다.

② **제품범주확장**(category extension): 모브랜드의 기존제품군과는 다른 새로운 제품군을 대상으로 한 신제품에 모브랜드를 확장 적용하는 것을 말한다. 예를 들어, LG전자의 냉장고 브랜드 디오스는 동일 이름으로 와인셀러, 광파오븐 같은 제품들을 출시하였는데, 이는 기존제품범주와는 다른 새로운 제품범주에 동일한 브랜드명을 적용한 브랜드 제품범주확장의 경우이다.

대부분의 브랜드확장은 라인확장을 통해서 이루어진다. 1990년에 미국에서 출시된 신제품 중 63%가 라인확장을 통해 이루어졌으며, 18%가 제품범주확장이었다. 다시 말하면 대부분의 성공한 신제품들은 브랜드확장을 통해서 이루어졌다. 하지만 여전히 많은 신제품들이 새로운 브랜드와 함께 출시되고 있는 것 역시 사실이다. 새로운 브랜드로 출시되어 큰 성공을 거둔 예로는 미국의 경우 Teddy Graham 쿠키, Surf 세탁세제, 국내시장의 경우 태양초 고추장, 참존화장품, CJ제일제당의 햇반, 쁘띠첼 등을 들 수 있다.

최근 기업의 성장전략의 일환으로 브랜드확장전략을 활용하는 기업들이 늘어나고 있는 배경을 살펴보면, 첫째, 시장성숙에 따른 경쟁의 격화로 인해 신제품 개발 및 도입비용이 갈수록 증가하고 있다는 사실이다. 최근 들어 신제품 개발비용, 매체비용, 판촉비용, 유통망 확보비용이 급격하게 증가하여 미국의 경우 소비재회사들이 신규상표를 도입하는 데 드는 비용이 최소한 3,000만~5,000만 달러에 이르고 있는 것으로 밝혀졌다. 둘째, 신제품 도입의 실패율이 상당한 수준에 이른다는 점이다. 예를 들어, 소비재용품의 경우 신제품 성공률이 10~20%에 불과하다는 것이다. 따라서 최근 들어 많은 기업들은 시장에서 이미 성공한 브랜드명을 기업의 중요한 무형자산으로 취급하고, 이를 적극적으로 활용하기 위한 방안들을 생각하게 되었으며, 신제품 마케팅과 관련해서는 브랜드확장전략을 추구했다. 다음에는 이러한 브랜드확장전략은 어떤 장점과 문제점이 있는지를 살펴보도록 한다.

02 브랜드확장의 장점과 단점

(1) 브랜드확장이 주는 혜택

대부분의 기업들에게 있어 브랜드를 확장할 것인가 아닌가는 더 이상 문제가 아니다. 문제는 브랜드확장을 언제, 어느 제품으로, 어떻게 할 것인가 하는 것이다. 치밀하게 계획되고 수행된 브랜드확장은 마케팅 담당자에게 많은 이점을 줄 수 있다. 이러한 브랜드확장의 이점은 크게 두 가지로 분류할 수 있는데, 하나는 소비자들의 신제품 수용을 촉진시킨다는 것이고 다른 하나는 모브랜드 또는 기업의 이미지를 강화시킨다는 것이다. 이는 〈표 9-2〉에 요약되어 있다.

1) 신제품 수용의 촉진

신제품의 높은 실패율은 잘 알려져 있다. 앞에서 언급했던 바와 같이 마케팅 분석가들은 신제품의 성공률을 10~20% 정도로 낮게 평가하고 있다. 신제품은 여러 가지 이유 때문에 실

표 9-2 | 브랜드확장의 혜택

신제품 수용의 촉진	모브랜드와 기업에 긍정적인 피드백 제공
• 소비자들의 지각된 위험의 감소 • 유통경로 개척 가능성 증대 • 촉진비용의 효율성 증대 • 신제품 도입에 따른 마케팅프로그램의 비용절감 • 신브랜드 개발비용 절감 • 포장/라벨 효율성 증대 • 소비자들의 다양한 욕구의 충족	• 브랜드 의미의 명료화 • 모브랜드 이미지의 강화 • 신규고객의 창출과 시장 커버리지 증대 • 연속적 브랜드확장의 기초 마련

패할 수 있다.

Robert McMath는 75,000개 이상의 신제품을 조사한 결과 다음과 같이 신제품의 9가지 주요 실패요인을 파악하였다.

① 시장의 협소(불충분한 제품수요)

② 기업과 제품과의 연관성 부족

③ 부적절하거나 부정확한 시장조사 혹은 조사결과의 무시

④ 너무 이르거나 너무 늦은 시장조사

⑤ 불충분한 투자수익률(불충분한 이익률과 고비용)

⑥ 신제품의 참신성과 차별성 결여

⑦ 신제품에 대한 친숙도 부족

⑧ 신제품에 대한 신뢰도 부족

⑨ 신제품에 대한 인식 부족

물론 브랜드확장이 이러한 신제품이 겪는 어려움들을 모두 피할 수는 없다. 하지만 다음과 같은 이점 때문에 브랜드확장을 통해서 기업은 신제품의 성공확률을 높일 수 있는 것이다.

첫째, 소비자들이 신제품에 대해 지각하는 위험을 줄여준다. 소비자들이 잘 알고 선호하는 브랜드의 장점은 소비자들이 시간이 지남에 따라 그 브랜드의 품질 및 성능에 대해서 믿음을 갖게 된다는 것이다. 이러한 믿음은 신제품이 기존제품과 관련성이 높을 경우, 그 브랜드가 신제품에 확장되었을 때 소비자들의 신제품에 대한 지각된 위험을 감소시켜주는 역할을 한다. 예를 들어, SONY가 개인용 PC를 출시했을 때, 소비자들은 이미 SONY 제품에 대한 호의적인 이미지를 가지고 있었기 때문에 보다 안심하고 그 신제품을 받아들일 수 있게 되는 것이다. 소비자들의 신제품에 대한 수용 여부를 결정짓는 요인들에 대한 한 연구에 따르면 신제품의 초기 시험구매에 결정적인 영향을 미치는 것이 바로 그 신제품에 잘 알려지고 믿을 만한 기존의 브랜드가 관련되어 있는가의 여부였다. GE, Hewlett-Packard, Motorola, IBM, Intel과 같이 잘 알려진 기업브랜드의 확장은 소비자에게 신제품에 대한 믿음을 심어주는 역할을 한다.

둘째, 유통경로의 확보를 용이하게 해준다. 이처럼 상대적으로 높은 브랜드확장제품의 성공확률로 인해서 제조업자의 입장에선 신제품 취급을 위한 유통업자들의 설득작업이 보다 용이해지며, 따라서 중간상들을 대상으로 한 촉진비용과 같은 유통경로 개척비용을 절감할 수 있게 된다. 예를 들어, Stanford대학의 Montgomery 교수는 슈퍼마켓의 구매담당자들에게 가장 중요한 구매결정기준의 하나는 브랜드의 명성이라는 것을 발견했다.

셋째, 촉진비용의 효율성을 증가시킨다. 마케팅커뮤니케이션의 관점에서 보면, 기존에 잘 알려진 브랜드를 이용한 신제품의 출시는 소비자들의 브랜드에 대한 인지도를 구축해야 한다는 부담을 덜어주고, 따라서 촉진활동을 신제품의 특성을 강조하는 데에 집중할 수 있게 해주어 보다 효율적인 커뮤니케이션 활동이 가능해진다. 이러한 예로 미국의 대형 식품회사인 General Mills사는 자사의 잘 알려진 시리얼 브랜드인 Cheerios의 네 번째 확장제품인 Frosted Cheerios의 경우 광고 및 판촉활동에 대한 비용을 거의 들이지 않은 상태에서 판매 첫 주에 경쟁과잉 상태인 시리얼 시장에서 0.44%의 놀랄 만한 시장점유율을 획득하였다. Indiana대학의 Smith 교수의 연구에 따르면, 새로운 브랜드를 이용한 신제품의 매출액 대비 광고비 비율이 평균적으로 19%인 반면, 브랜드확장을 이용한 신제품의 광고비 비율은 평균 10%에 불과했다. 이러한 브랜드확장에 따른 광고비의 절감효과는 특히 다음과 같은 경우에 더욱 두드러지게 나타났다: (a) 기존제품과 신제품 간의 관련성이 증가할수록, (b) 경쟁제품 대비 신제품의 가격이 비쌀수록, (c) 보다 광범위한 유통전략을 전개할수록.

넷째, 초기 마케팅비용을 줄여준다. 이상에서 설명한 바와 같은 유통업체와 소비자에 대한 마케팅비용의 효율성 증가로 기업의 입장에선 신제품의 출시와 관련된 막대한 마케팅비용을 브랜드확장을 통해 약 40~80%까지 절약할 수 있게 된다.

다섯째, 새로운 브랜드를 개발하는 데 드는 비용을 피할 수 있다. 하나의 새로운 브랜드를 개발하는 것은 과학인 동시에 예술이다. 이를 위해선 세밀한 소비자 조사가 있어야 하고 적합한 브랜드명, 로고, 심벌, 포장, 캐릭터, 슬로건 등의 브랜드요소들을 개발할 수 있는 전문화된 인력이 필요하다. 또한 세계적으로 상표권을 보호받기 위해서도 많은 탐색작업이 필요하다. 따라서 브랜드확장은 이러한 새로운 브랜드의 개발과 관련된 비용을 피할 수 있는 것이다.

여섯째, 포장면에서 규모의 경제효과 및 전시효과(billboard effect)를 노릴 수 있다. 동일한 브랜드명의 여러 제품들에 유사하거나 동일한 포장을 적용할 경우 이러한 포장의 공유에서 오는 비용절감효과를 무시할 수 없으며, 또한 슈퍼마켓에서 유사한 포장의 여러 제품들을 진열함으로써 오는 전시효과 역시 기대할 수 있다. 풀무원이나 오뚜기식품의 경우 다양한 제품들을 유사한 포장으로 한 장소에 몰아서 진열함으로써 소비자들에의 가시성을 한층 높이는 결과를 가져왔다.

일곱째, 다양성을 추구하는 소비자들을 끌어들일 수 있다. 다양성을 추구하는 소비자들에게는 한 제품군 내에서 라인확장을 통해서 다양한 제품을 선보임으로써 소비자들이 다른 브랜드로 전환하지 않더라도 다양한 제품들을 접할 수 있는 기회를 제공하여 이들을 지속적인 고객으로 확보할 수 있는 결과를 가져올 수 있다. 즉, 시장의 유행 또는 소비자들의 수요변화

쁘띠첼

리틀 쁘띠첼

쁘띠첼 요거빅

쁘띠첼의 브랜드 라인확장

에 맞는 새로운 확장제품을 적시에 출시함으로써 시장의 커버리지를 증가시킬 수 있을 뿐만 아니라, 경쟁브랜드로의 전환을 미연에 방지해, 그에 따른 높은 브랜드충성도와 시장점유율을 유지할 수 있게 된다. 예를 들어, CJ에서 판매하는 쁘띠첼의 경우 용량에 대한 다양한 소비자의 욕구를 충족시키고자 보다 작은 사이즈의 '리틀 쁘띠첼', 보다 큰 사이즈의 '쁘띠첼 요거빅' 등의 라인확장을 전개하고 있다.

2) 모브랜드와 기업에 미치는 긍정적인 피드백 효과

브랜드확장은 다음과 같은 여러 가지 이유로 인해 모브랜드와 기업에게 긍정적인 피드백을 제공한다.

첫째, 브랜드의 의미를 명확하게 해줄 수 있다. 브랜드확장은 모브랜드가 가지고 있는 브랜드의미를 희석시킬 수도 있지만 반대로 그 브랜드가 겨냥하고 있는 시장이 무엇인지를 명확하게 정의해 줄 수도 있다. 예를 들어, 여러 관련제품으로의 브랜드확장을 통하여 Hunts는 '토마토'와 관련된 브랜드, Gerber는 '유아용품'과 관련된 브랜드라는 의미를 소비자들에게 분명히 심어주었다. 또한 브랜드확장을 통해서 모브랜드가 가지고 있는 의미의 폭을 넓혀줄 수도 있다. Sunkist는 오렌지에서 출발하여 비타민, 주스 등으로 브랜드를 확장한 결과 '건강'과 관련된 브랜드라는 새로운 브랜드의미를 가지게 되었고, Crayola는 크레용에서 펜, 연필, 물감, 점토 등으로 확장한 결과 '다채로운 아동용 공작물'이라는 새로운 브랜드의미를 가지게 되었다. 풀무원은 역시 유기농 두부에서 출발하여 여러 무공해 식품들을 브랜드확장을 통해 출시함으로써 지금은 '자연, 신선, 안전'을 대표하는 여러 식품군을 포괄하는 의미의 브랜드로 그 의미가 형성되었다.

브랜드의미를 확장시킨 대표적인 예로 Xerox를 들 수 있다. Xerox는 전통적인 종이를 이용한 복사(paper copy)가 점차 전자식 복사(electronic copy)로 대체되고 있는 추세를 인식하고, 브랜드확장을 통해 그 제품라인에 사무용 복사기뿐만 아니라 디지털 프린터, 스캐너, 워드프

제록스의 X로고 광고 - 제록스는 사무용 복사기에서 디지털 프린터, 스캐너 등으로 제품영역을 확장함으로써 복사기회사에서 The Document Company로 브랜드의 미를 확대시켰다.

로세스용 소프트웨어 등의 제품까지 포함시켰다. 그와 동시에 Xerox는 강도 높은 광고 및 기타 마케팅캠페인 활동을 통해 소비자들에게 보다 폭넓어진 자사의 역량을 반영하는 새로운 이미지를 심어주기 위해 노력하였다. 이에 따라 새로운 Xerox의 로고(컴퓨터 문자화된 붉은 색의 'X')가 개발되어 모든 광고와 촉진물에 사용되었다. 이 로고는 회사의 테크놀로지 지향적인 태도와 디지털화된 모습을 소비자들에게 전달하기 위해 디자인된 것이다. 동시에 새로운 슬로건인 'The Document Company'라는 문구가 광고에 삽입되었다.

둘째, 모브랜드의 이미지를 제고시킬 수 있다. 브랜드확장이 성공했을 경우 바람직한 결과들 중의 하나는 소비자들에게 모브랜드에 대한 기존 연상을 강화시키거나, 보다 호의적으로 평가하게 하거나, 혹은 새로운 연상을 추가시킴으로써 모브랜드의 이미지를 강화시킬 수 있다는 것이다. 브랜드확장이 모브랜드의 이미지에 도움을 주는 일반적인 방법은 **핵심브랜드연상**(core brand association)을 확립하는 것이다. 핵심브랜드연상이란 그 브랜드를 이용하는 모든 제품들을 공통적으로 특징지을 수 있는 속성이나 편익으로, 소비자들이 그 브랜드에 대해 가지게 되는 가장 강력한 연상을 말한다. 예를 들어, Nike사는 러닝화에서 다른 운동화, 운동복, 운동기구 등으로 브랜드를 확장하는 과정에서 '최고의 성과', '스포츠'라는 핵심연상을 확립시켰다. 성공적인 브랜드확장에 의해 형성될 수 있는 또 다른 긍정적인 연상은 소비자들이 지각하는 기업의 신뢰성이다. Keller와 Aaker는 성공적인 기업브랜드의 확장이 그 기업에 대해 소비자들이 느끼는 전문성, 신뢰성, 호의성을 향상

마리아 샤라포바

타이거 우즈

김연아

Nike는 테니스화, 골프화, 운동복으로 브랜드를 확장하는 과정에서 최고의 운동선수를 브랜드후원자로 사용함으로써 '최고의 성과', '스포츠'라는 핵심연상을 구축/강화했다.

시킬 수 있음을 보여주었다.

셋째, 브랜드를 재활성화시킬 수 있다. 브랜드확장은 때때로 모브랜드를 재활성화시키는 역할을 담당할 수 있다. 예를 들어, 미국의 맥주회사인 Miller사의 본래의 주력 프리미엄맥주 브랜드인 Miller High Life는 연이은 대폭의 가격할인정책으로 인해 프리미엄 브랜드로서의 지위를 상실하고 결국 일종의 방패형 브랜드로서의 역할을 수행하고 있었다. 이에 Miller사는 Miller Genuine Draft라는 라인확장제품 출시를 통해 기존의 Miller 브랜드에 대해 많은 소비자들이 갖고 있었던 '가벼운 맛'과는 대조적인 맛과 포지셔닝을 제공함으로써 Miller 브랜드의 이미지를 쇄신하는 데 일조하였다.

넷째, 후속 브랜드확장에 대한 기초를 마련해 준다. 성공적인 브랜드확장의 또 다른 이점은 후속 브랜드확장에 대한 발판역할을 한다는 것이다. 예를 들어, Levi's사는 Levi-Strauss 청바지의 확장제품인 Levi's Dockers(100% 면바지)의 성공을 발판으로 Dockers Authentics라는 한 단계 높은 제품라인의 속옷과 의류시장에까지 연속적으로 확장하였다. LG전자의 디오스 브랜드는 냉장고에서 시작하여 김치냉장고, 와인셀러, 냉동고 등으로의 확장을 거쳐 광파오븐까지 브랜드확장을 하였다. 이러한 일련의 브랜드확장의 성공은 디오스의 또 다른 관련제품으로의 확장을 훨씬 용이하게 해 줄 것이다.

(2) 브랜드확장의 잠재적 위험

이러한 이점에도 불구하고 브랜드확장에는 수많은 위험요인들이 도사리고 있다. 브랜드확장 시 일어날 수 있는 부정적인 결과들로는 〈표 9-3〉에 요약되어 있듯이 다음과 같은 것이 있다.

첫째, 소비자들에게 혼동을 야기시킬 수 있다. 지나친 라인확장은 소비자들로 하여금 어떤 제품이 자신에게 적합한지를 판단하기 힘들게 할 수 있다. 그 결과 소비자들은 새로운 확장제품을 선택하기보다는 기존에 써왔던 제품을 그냥 사거나, 너무 특화된 제품들을 대체할 수 있는 '다목적' 제품을 선호하게 되기도 한다. 한 예로, 인텔사에서 판매하는 마이크로프로세서들은 Zeon에서부터 Pentium IV, Celeron에 이르는, 여기에 MMX와 여러 가지 수준의 속도(MHz)에 따른 다양한 모델들까지 고려하면 그 중 소비자가 자신에게 가장 적합한 모델을 결정하기란 쉬운 일이 아니다. 따라서 소비자들에게 큰 의미가 없는 차별화를 위한 지나친 라인확장은 다른 정당성에 대해 보다 신중히 고려한 후 결정해야 한다.

둘째, 브랜드확장은 유통업자의 저항에 직면할 수 있다. 소비재시장의 경우 소매상들이 취

표 9-3 | 브랜드확장의 잠재적 위험

- 소비자들에게 혼동을 야기시킬 수 있다.
- 소매상들의 저항에 직면할 수 있다.
- 확장의 실패로 모브랜드 이미지를 해칠 수 있다.
- 모브랜드의 시장을 잠식하는 현상이 일어날 수 있다.
- 모브랜드의 이미지나 특정제품군에서의 대표성을 희석시킬 수 있다.
- 새로운 브랜드를 개발할 기회를 놓칠 수 있다.

급하는 품목의 숫자는 꾸준하게 증가하지만, 이들 품목을 진열할 소매상의 진열면적은 제한되어 있다. 이에 따라 소매상들은 취급품목의 선택에 있어 효율성을 고려하지 않을 수 없게 되었다. 뿐만 아니라 소매상들은 많은 라인확장제품들이 기존제품들과 큰 차이가 없는 유사품이며 따라서 진열대에서 제외시켜도 무방할 것이라고 생각을 갖고 있다. 실제로 미국의 식품마케팅연구소(Food Marketing Institute)의 일 년에 걸친 조사에 따르면, 소매상들은 매출이 부진하고 다른 제품과 중복이 되는 품목들을 효과적으로 파악하여 제거해 나간다면 그 점포의 전체적인 매출과 소비자들이 느끼는 점포의 구색 정도에 별 영향을 미치지 않고서도 취급품목의 수를 5%에서 많게는 25%까지 줄여 나갈 수 있다고 하였다. 이런 의미에서 볼 때, 무분별한 라인확장은 소매상들의 반발을 불러일으킬 수 있다. 예를 들어, 주스시장의 경우 제조업체들은 한 브랜드가 인기를 끌면 다양한 맛의 여러 라인확장제품들을 출시하는 것이 일반적이나(예: 갈아 만든 사과, 배, 복숭아, 딸기 등등), 소매상들은 이들을 모두 진열하기는 쉽지 않다. 따라서 이들 중 판매가 부진한 품목들을 제거하려 할 것이다.

셋째, 브랜드확장의 가장 나쁜 결과는 확장제품도 실패하고, 그 실패로 모브랜드의 이미지도 타격을 입는 경우이다. 한 예로 유럽의 자동차회사인 Audi사는 1986년 자사가 생산하는 자동차 중 하나인 Audi 5000 모델이 '급가속'이라는 차의 결함으로 인해 안전성에 심각한 문제가 있다는 소문이 퍼지면서 Audi의 미국 매출이 1985년 75,000대에서 1989년 21,000대로 격감하였다. 흥미로운 것은 Audi 5000의 실패로 가장 큰 타격을 받은 모델은 Audi 4000이었으며 또 다른 모델인 Audi Quattro는 상대적으로 덜 타격을 받았다는 사실이다. 그 이유는 Quattro라는 브랜드는 상대적으로 Audi 5000과는 다른 범주의 차로 소비자들의 마음속에 인식되었기 때문이다. 만약 삼성이라는 기업의 자동차시장 진출이 실패로 돌아갔을 경우, 이에 따른 문제는 실패로 인한 재무적 부담뿐만 아니라 삼성이라는 기업이미지에 미치는 부정적인 피드백 효과 역시 무시할 수 없을 것이다. 그동안 쌓아 온 소비자의 그 기업에 대한 신뢰도에 결코 좋

Coca Cola　　Diet Coke & Zero Coke　　Cherry Coke

코카콜라의 지나친 라인확장제품들은 코카콜라가 갖고 있는 고유한 이미지를 희석시킬 수 있다.

은 영향은 주지 못할 것이다. 또한, 그 기업의 종업원들의 사기와 회사에 대한 믿음에도 긍정적인 피드백을 기대하기는 힘들다.

넷째, 모브랜드의 시장을 잠식하는 현상이 일어날 수 있다. 확장제품의 성공은 모제품의 고객들이 확장제품으로 전환함으로써 나타난 결과일 수 있다. 하지만 이러한 확장제품의 시장잠식이 반드시 부정적인 것만은 아니다. 예를 들어, Diet Coke, Cherry Coke 등의 확장제품들이 나름대로 성공을 거두었음에도 불구하고 Coca-Cola사의 전체 매출량은 확장제품들이 출시되기 전인 1980년과 출시된 후인 1986년을 비교해 볼 때 130만 개로 큰 변동이 없었다. 이는 확장제품들인 Diet Coke, Cherry Coke가 기존제품인 Coke에 대한 시장잠식을 초래했음을 말해 준다. 그러나 이러한 시장잠식은 소위 '선점적 시장잠식(preemptive cannibalization)'의 한 형태로 기존고객들을 경쟁사에 뺏기는 것을 방지해 주었다는 의미에서 나름대로의 효과를 인정받을 수 있다. 다시 말해서, Diet Coke, Cherry Coke와 같은 확장제품이 출시되지 않았다면 Coke의 기존고객들은 아마 Diet Pepsi나 다른 음료로 떠나갔을 수도 있었기 때문이다.

다섯째, 확장이 성공해도 모브랜드의 이미지나 특정제품군에서의 대표성을 희석시킬 수 있다. 유사성이 떨어지는 제품들로 무리한 브랜드확장을 하게 되면 브랜드의 사용상황이 다양해지고 이에 따라 모제품범주에서의 그 브랜드의 대표성을 떨어뜨려, 모브랜드가 가지고 있던 독특한 브랜드의미를 희석시키는 위험을 초래할 수 있다.

끝으로, 브랜드확장을 고집함으로써 새로운 브랜드를 이용해 그 제품만의 독특한 이미지와 자산을 창출할 수 있는 기회를 간과할 수도 있다. 만약 견고한 중소형차 메이커로 잘 알려진 Toyota사가 고급 자동차시장에 진출하면서 Lexus라는 새로운 브랜드명으로 들어가지 않고 기존의 Toyota라는 이름하에 들어갔다면, 지금과 같은 구체적이고 독특한, 고급스러운 이미지를 구축할 수 있었을까? 만약 Disney사가 보다 성인지향의 영화시장에 진출할 때 Touchstone

브랜드마케팅 따라잡기

버진(Virgin)의 브랜드확장

1971년 리처드 브랜슨이 동료들과 함께 우편 할인판매로 시작된 버진(Virgin)은 35년이 지난 현재 360개의 소속 회사들과 80억 달러가 넘는 매출액을 내고 있다.

버진 미디어

버진 건강보조 식품

버진이 브랜드확장을 한 사업영역들

탄생초기 버진 그룹은 버진 레코드를 그 시작으로 사업이 본격적인 성장시대를 맞이하게 되었다. 초기의 사업이 매우 순조로웠음에도 불구하고, 여느 기업과 다름없이 그 후 여러 복병을 만나면서 사업에 큰 문제가 발생하게 되었다. 하지만 버진의 경영자 리처드 브랜슨은 어려움을 기회 삼아 재도전하였고, 우편판매로 시작했던 작은 음반회사는 그의 아이디어를 통해 오늘날 버진 레코드로 성장하게 되었다. 그러나 리처드는 이런 성공에 만족하지 않고 또 다른 도전을 시작하였다. 그는 음반을 통해 벌어들인 돈으로 영화배급, 게임, 호텔에 이어 항공사업까지 시작하게 된 것이다. 이러한 사업확장에 바탕이 된 것은 리처드 브랜슨의 경영철학이다. 브랜슨은 실력있는 거대기업을 경쟁상대로 선택해 그들과 맞섰고, 모든 사업에 '버진' 브랜드를 사용하여 브랜드정체성을 명확히 하였다. 또한 대중성을 잃지 않기 위해 최선을 다해 노력하였다. 이러한 경영철학을 기반으로 브랜슨은 버진이란 브랜드를 이용하여 공격적으로 사업을 확대했다. 인터넷, 식품, 금융 등에 이르기까지 계열사는 무려 250개가 넘게 된 것이다. 그러나 사업의 다각화 방식은 은행에서 대출을 받아 회사를 인수하는 것이 아닌 버진이란 브랜드 사용권을 주고 경영전략을 수립해 주고 주식을 제공받는 새로운 방식이었다.

버진이란 브랜드가 여러 범위로 확장되면서도 실패하지 않고 성공할 수 있었던 비결은 무엇이었을까? 그 비결은 바로 기존 브랜드에서 구축된 탄탄한 브랜드 자산가치를 바탕으로 브랜드확장을 하였기 때문이다.

브랜드마케팅 따라잡기

모브랜드의 명성에 지나치게 의존한 브랜드확장의 위험성

■ 파스퇴르 사례

파스퇴르는 1992년 파스퇴르 저지방 우유 출시를 기점으로 하여 저온살균우유라는 시장을 개척하고, 지금까지 소비자들에게 꾸준한 사랑을 받는 장수 브랜드 중 하나이다. 파스퇴르는 우유제품들과의 치열한 경쟁 속에서 저온살균이라는 차별화된 컨셉과 제한적인 유통망을 바탕으로 '저온살균 고급우유'의 대표 브랜드로 인식되었다. 저온살균 우유 시장에서 승승장구 하던 파스퇴르는 파스퇴르 오렌지주스와 파스퇴르 치즈 등의 분야로 사업을 확장하기 시작했다. 그러나 불행하게도 파스퇴르 오렌지주스와 치즈 등은 시장에서 큰 성공을 거두지 못한 채 고전하고 있다. 사람들의 머릿속에 파스퇴르하면 저온살균, 고급우유로 각인되어 있는데, 브랜드를 과즙우유와 치즈 카테고리로 확장하자 소비자들은 혼란스러웠던 것이다. '저온살균 고급우유'라는 성공적인 포지셔닝이 소비자들의 마음속에 이미 강력하게 자리 잡고 있었기 때문에, 우유와 직접적인 연결이 어려운 과즙시장은 소비자들에게 외면을 받을 수밖에 없던 것이다. 결국 파스퇴르는 적자를 견디지 못하고, 2010년 롯데삼강에게 파스퇴르 우유를 매각하게 된다.

파스퇴르 저온살균 우유

파스퇴르 과일주스

사실 우유와 과즙은 서로 연관성이 낮아 소비자들이 공통된 연상을 떠올리기 어려울 수 있으나, 우유와 치즈는 유제품이라는 하나의 카테고리로 인식되어 대부분의 우유브랜드에서 치즈와 야쿠르트 등 다양한 유제품을 출시하고 있다. 서울우유와 서울우유치즈, 상하우유와 상하치즈 등 우유와 치즈는 매우 연관성이 높은 제품 카테고리라 할 수 있다. 어떤 측면에서는 우유와 치즈는 동일 브랜드를 사용하는 것이 시너지를 일으킬 수 있다고도 볼 수 있다. 이와 마찬가지로 매일유업의 매일우유와 썬업, 남양유업의 남양 맛있는 우유와 엣홈 과일주스와 같이 많은 우유회사들은 동일한 유통망을 활용할 수 있는 과일주스를 생산하고 있다.

그런데 왜 파스퇴르는 과일주스와 치즈로의 브랜드 확장에서 실패하게 된 것일까? 파스퇴르는 '저온살균 고급우유'라는 새로운 시장을 개척하고, 이 시장의 대표 브랜드로 소비자들에게 강하게 포지셔닝 되어 있는 브랜드이기 때문에, 다른 제품 카테고리로 브랜드를 확장하는 것에 대해 소비자들은 쉽게 받아들이지 못한 것이다. 파스퇴르의 브랜드확장 실패사례는 한 제품이 소비자들에게 강력한 대표 브랜드로 포지셔닝 되어 있는 경우, 소비자는 고려하지 않고 경제성만 고려하여 브랜드를 확장한다면 실패할 수 있다는 큰 가르침을 보여준다.

■ 크리넥스 사례

크리넥스는 고급 티슈 시장의 대표 브랜드이다. 이 브랜드 강력한 브랜드파워를 내세워 기저귀 제품으로 브랜드확장을 시도하였다. 그러나 그 결과는 실패로 이어졌다. 파스퇴르 우유와 마찬가지로, 크리넥스 역시 소비자들에게 고급 티슈로 강하게 포지셔닝 되어 있었기 때문에 기저귀라는 새로운 제품 카테고리로 확장하자 소비자들은 혼란을 겪게 되었고, 결국 시장에서 사라지게 된 것이다. 이미 한 제품군에서 전형성이 높은 제품으로 소비자에게 인식되고 있는 대표 브랜드는 아무리 브랜드파워가 높다고 해도 다른 제품 카테고리로 확장하는 경우, 특히 신중해야 한다. 자칫 파스퇴르의 사례처럼 지나친 카테고리 확장이 기업매각이라는 결과로 이어질 수 있다는 점을 명심해야 할 것이다.

도요타

렉서스

도요타 자동차는 중소형차 모델에 대해서는 도요타라는 기업브랜드를 확장했지만 최고급 승용차 모델에 대해서는 Lexus라는 새로운 브랜드명을 사용했다.

Films이라는 새로운 브랜드명이 아닌 가족, 어린이들을 연상시키는 Disney라는 기존 브랜드명으로 진출했다면, 어떠했을까?

03 성공적인 브랜드확장을 위한 고려사항들

이상에서 살펴본 바와 같이 브랜드확장은 양날을 지닌 칼이라고 할 수 있다. 따라서 경영자의 입장에선 브랜드확장을 성공으로 이끌기 위해서 과연 어떠한 요소들을 사전에 고려해야

표 9-4 | 브랜드확장 시 고려해야 할 요인들

1. 모브랜드의 특성

① 목표소비자가 모브랜드에 대해 호의적인 연상과 태도를 가지고 있어야 한다.

② 모브랜드의 연상들이 확장제품군에서도 긍정적으로 평가되는 것들이어야 한다.

2. 모브랜드와 확장제품과의 관계

① 목표소비자가 모제품과 확장제품이 서로 유사성(혹은 적합성)이 있다고 지각해야 한다.

② 소비자들이 느끼는 유사성에는 여러 가지 차원이 있을 수 있다.

③ 소비자들이 느끼는 유사성은 소비자의 제품지식 수준에 따라 달라질 수 있다.

3. 브랜드의 확장범위

① 브랜드의 확장범위를 넓히는 방안 역시 생각해 볼 수 있다. 예를 들어, 고품질의 브랜드는 보통 품질의 브랜드에 비해 확장범위가 넓다.

② 확장제품에 적합한 모브랜드 고유의 특성 연상이 있나면 모제품과 확장제품 간의 전반적인 유사성이 떨어지더라도 성공적인 브랜드확장이 가능할 수 있다.

③ 하나의 제품범주를 대표하는 전형성이 높은 브랜드는 확장범위가 좁다.

④ 구체적 속성과 관련된 연상을 가진 브랜드는 추상적 편익과 관련된 연상을 가진 브랜드에 비해 확장범위가 좁다.

4. 수직적 브랜드확장

① 지나치게 쉬워 보이는 제품군으로의 브랜드확장은 피하는 것이 좋다.

② 수직적 브랜드확장은 종종 하위브랜드전략이 요구된다.

5. 잠재적 피드백 효과

① 브랜드확장은 모브랜드의 이미지를 강화시킬 뿐만 아니라, 더 넓은 제품범주로의 확장 역시 가능케 할 수 있어야 한다.

② 실패한 브랜드확장이 모브랜드에 미치는 부정적인 영향은 모브랜드와 확장제품의 유사성이 클수록 더욱 커진다.

6. 확장제품 광고전략

① 가장 효과적인 확장제품에 대한 광고전략은 모브랜드보다는 확장제품 자체를 강조하는 것이다.

② 확장제품의 우수한 성능을 부각시키는 정교화 광고의 효과는 모브랜드와 확장제품 간의 지각된 유사성이 낮을 경우에 더욱 커진다.

③ 확장제품의 우수한 성능을 강조하는 정교화 광고의 효과는 모브랜드의 이미지가 상징적일 경우보다 기능적일 때에 더욱 커진다.

할 것인지를 명확히 파악하고 있어야 한다. 브랜드를 얼마나 넓게 확장할 수 있을 것인가에 대한 답은 간단하다. 브랜드는 확장에 적합한 제품, 확장을 통해 브랜드의 가치를 높여 줄 수 있는 제품, 그리고 새로운 연상이미지가 브랜드자산을 보강시켜 주는 제품으로만 브랜드확장을 해야 한다. 여기서는 지금까지의 브랜드확장에 관한 여러 가지 연구결과들을 종합하여 성공적인 브랜드확장을 위한 보다 구체적인 지침을 제시해 보도록 한다.

(1) 모브랜드의 특성

성공적인 브랜드확장을 위해서는 마케터는 어떤 특성의 모브랜드가 브랜드확장에 적절한지를 판단해야 한다. 일반적으로 다음과 같은 특성을 가진 모브랜드가 브랜드확장에 적절하다.

1) 목표소비자가 모브랜드에 대해 호의적인 연상과 태도를 가지고 있어야 한다

이것은 브랜드확장을 고려하기 위한 가장 기본이 되는 전제조건이라고 할 수 있다. 모브랜드에 대한 소비자들의 연상과 태도가 비호의적이라면 그 브랜드는 자산적 가치가 떨어지는 것으로, 따라서 브랜드자산의 활용전략으로서의 브랜드확장전략은 의미가 없게 되는 것이다.

2) 모브랜드의 연상들은 확장제품군에서도 긍정적으로 평가되는 것들이어야 한다

이는 기존제품군에서 긍정적으로 평가되는 연상이 확장제품군에서는 부정적으로 비춰질 수도 있기 때문이다. 다시 말해서, 확장제품군에서의 소비자들의 구매동기와 소비패턴은 모제품군에서와는 다르기 때문에, 모제품과 관련된 브랜드연상이 확장제품군에서는 모제품군에서처럼 호의적으로 평가되지 않을 수도 있다. 예를 들어, 수프회사인 Campbell이 새로운 브랜드확장제품인 토마토 소스를 시험판매한 결과 소비자들이 상당히 부정적으로 반응하고 있음을 알게 되었다. 그 이유는 소비자들이 이미 갖게 된 Campbell과 수프라는 세품과의 강한 연상 때문에 확장제품인 토마토 소스도 왠지 물기가 많을 것이라고 지각하였기 때문이었다. 결국 Campbell은 토마토 소스의 브랜드명을 이태리어처럼 들리는 'Prego'로 바꾸었고, 그런 뒤

Campbell사의 수프

Prego

수프회사 Campbell이 토마토 소스 제품에 Campbell브랜드를 붙여 시험판매한 결과 소비자들이 부정적 반응을 보임에 따라 Campbell브랜드 대신 Prego라는 새로운 브랜드를 사용했다.

에야 성공을 거둘 수 있었다. 비슷한 예로, 내구성으로 유명한 시계를 생산하는 한 제조업체가 핸드백 제품군으로 브랜드확장을 했을 때 소비자들은 이 핸드백 제품 역시 내구성이 뛰어날 것이라고 인식할 수는 있겠지만, 이와 동시에 그 핸드백은 유행에 뒤떨어질 것이라고 생각할 수도 있기 때문에 확장제품에 대해 좋지 않은 평가를 가져올 수도 있다.

(2) 모브랜드와 확장제품과의 관계

기업은 모브랜드가 갖는 연상들이 확장제품의 특징과 관련성이 있는지를 판단해야 하는데, 이를 위해 다음과 같은 점들을 고려해야 한다.

1) 목표소비자가 모제품과 확장제품이 서로 관련성이 있다고 지각해야 한다

소비자들이 모제품과 확장제품 간의 관련성을 평가하는 과정을 보다 잘 이해하기 위해서 많은 학자들이 '범주화(categorization)' 개념을 브랜드확장에 적용하고 있다. 범주화란 원래 심리학자들의 연구대상이 되어 온 개념으로, 사람들은 새로운 자극을 접하게 되면 이러한 자극을 독립적 혹은 개별적으로 평가하는 것이 아니라, 사전에 학습을 통해 그 사람의 기억 속에 이미 형성되어 있는 어떤 집단의 한 구성원인 것으로 이 자극을 범주화시켜서 평가한다는 것이다. 예를 들면, 당신이 어떤 사교적인 모임에 나가서 근육질로 보이는 한 사람과 대화를 나눈다고 상상해 보자. 그는 스포츠웨어로 캐주얼하게 옷을 입고, 신문에서 읽은 스포츠기사, TV에서 본 스포츠경기, 혹은 직접 참가해 본 스포츠에 대한 경험 등 단지 스포츠에 대해서만 이야기하고 싶어 한다면, 이 사람에 대한 당신의 평가는 어떤 식으로 이루어질까? 아마 당신은 당신의 머릿속에 이미 존재하는 '스포츠광'이라는 유형의 사람들을 떠올릴 것이다. 그 이유는 그 사람의 여러 가지 특징들이 당신의 머릿속에 있는 스포츠광이라는 유형의 사람들의 특징들과 매우 유사하기 때문일 것이다. 즉, 당신은 파티에서 만난 그 사람을 별 무리없이 스포츠광의 하나로 분류하고, 스포츠광이라는 범주에 대해 당신이 일반적으로 갖고 있는 여러 가지 기존 지식에 근거해서 그 사람을 평가하게 된다. 이처럼 새로운 자극을 기존 범주의 한 구성원으로 포함시켜, 그 범주의 일반적인 특징들을 바탕으로 그 자극을 평가하는 과정을 '범주적 평가과정(categorical processing)'이라고 한다. 한편 이와는 달리 당신이 그 모임에서 또 다른 사람을 만났다고 상상해 보자. 매우 허약하고 창백해 보이는 이 사람은 유행의 첨단을 달리는 펑크 스타일로 옷을 입고, 역시 스포츠에 대해서만 이야기하고 싶어 한다. 하지만 이 사람은 겉모습 때문에 당신의 머릿속에 존재하는 '스포츠광'이라는 범주에 들어가기에는 적합

치 않을 수도 있다. 따라서 당신은 그 사람에 대한 평가를 내리기 위해서 기존의 스포츠광이라는 범주의 지식을 이용하기보다는 더욱 세부적인 방법, 즉 그 사람의 여러 가지 다른 측면들을 모두 따로따로 고려하여 그에 대한 평가와 태도를 형성하는 '분석적 평가과정(piecemeal processing)'을 거치게 된다.

이러한 범주화 개념을 마케팅에 적용시켜 보면, 소비자는 자신을 둘러싼 복잡한 마케팅환경을 보다 단순화시키고, 구조화시키며, 이해하기 쉽게 만들기 위하여 자신이 기존에 갖고 있는 여러 브랜드와 제품들의 범주와 그에 대한 지식을 이용한다고 할 수 있다. 어떤 브랜드와 관련된 범주는 그 브랜드를 공동으로 사용하는 여러 제품들로 구성되며, 따라서 그 브랜드가 갖는 연상은 일반적으로 그 브랜드범주에 소속된 제품들의 공통된 특징들의 집합이 된다. 예를 들어, Ivory는 비누, 샴푸, 컨디셔너, 식기용 세제, 세탁용 세제 등을 소속제품으로 갖게 되며, 이에 따라 소비자들은 Ivory에 대해 '거품', '세정', '부드러움', '고품질'이라는 연상을 갖게 된다. 이러한 관점에서 보면, 만약 어떤 브랜드가 그 브랜드범주의 특징과 매우 유사한 제품군으로 확장을 한다면 소비자들은 모브랜드에 대해 기존에 가지고 있던 태도를 확장제품으로 쉽게 전이할 수 있을 것이며, 따라서 범주적 평가가 나타날 것이다. 이에 반해 만약 소비자들이 모브랜드와 확장제품군 간에 유사성을 지각하지 못한다면, 확장제품의 각 속성정보를 중심으로 분석적 평가방식을 통해 확장제품을 평가하게 될 것이다.

이처럼 범주화 관점에 근거하여 소비자들의 브랜드확장 평가과정을 살펴보면, 소비자들은 모제품군과 확장제품군 간에 유사성이 있다고 지각한다면 기존의 모브랜드에 대한 태도가 확장제품으로 쉽게 전이될 것이다. 반면에 이들 제품군 사이에 지각된 유사성이 높지 않다면 소비자들은 확장제품이 갖고 있는 속성정보만을 토대로 한 분석적 평가방식을 통해 확장제품을 평가할 것이다. 이 경우 평가는 확장제품 자체가 독립적으로 형성한 연상의 강도, 호감도, 독특성에 주로 영향을 받을 것이다.

일반적으로 브랜드확장에 대한 평가는 모제품과 확장제품 간에 유사성 또는 적합성이 있을 때 보다 호의적으로 나타난다. 두 제품군 간에 유사성이 부족하면 브랜드확장이 실패하기 쉽다. 예를 들어 전문적인 머리미용도구를 파는 회사인 Helen of Troy사는 Vidal Sassoon이라는 샴푸의 브랜드명을 라이센스 받아 헤어드라이기와 고대기에 그 브랜드명을 이용하여 제품을 내놓았는데 이 회사는 쉽게 1억 달러의 매출을 올릴 수 있었다. Bausch & Lomb사는 콘택트 렌즈, 안구 클렌징 제품 및 이와 관련된 제품을 잇따라 출시하여 성공을 거둠으로써 이 분야에서 좋은 명성을 얻고 있었다. 이러한 명성을 이용하여 Bausch & Lomb사는 'Clear Choice'라는 구강청정제를 출시하고 구강사업에 본격적으로 뛰어들었다. 하지만 구강사업부에 약 750억 달러를 쏟아 부었음에도 불구하고 수익이 좋지 않아 결국에는 그 사업부를 매각하게 되었는데, 그 이유는 안경 분야의 제품과 구강청정제가 적합하지 못하다고 소비자들이 지각하였기 때문이었다. 비슷한 예로, 국내에서 간장으로 잘 알려진 샘표식품은 그동안 많은 노력을 들여 사업다각화를 추진해왔다. 그 중 하나가 커피시장으로의 진출이었다. 하지만 소비자가 느끼는 간장과 커피 간의 거리감은 결국 그 사업을 실패로 이르게 하였다.

모브랜드와 확장제품 간의 유사성은 역으로 확장제품 내에 있는 다른 브랜드에 의한 대응확장을 용이하게 만든다. 특정 제품범주에서 성공을 거둔 모브랜드가 새로운 제품범주로 브랜드확장을 했을 때, 이에 대한 반발로 확장제품군 내의 기존 경쟁브랜드가 그 제품군으로 확장한 모브랜드가 원래 속해 있던 제품범주로 확장하는 전략을 '**대응브랜드확장**(brand counter extension)'이라 한다. 예를 들면, 세탁세제를 생산하던 LG생활건강과 애경이 섬유유연제 시장으로 진출하자 섬유유연제 전문 브랜드인 피죤이 이에 대항하여 세탁세제시장으로 브랜드확장을 통해 진입한 경우가 이에 해당된다.

연구에 따르면 점유율이 낮은 브랜드(minor brand; 가령, Purex 세탁세제)의 성공적인 브랜드확장(예컨대, Purex 세탁세제→식기세제)에 대한 대응브랜드확장보다는 점유율이 높은 브랜드(major brand; 가령, Tide 세탁세제)의 성공적인 브랜드확장(예컨대, Tide 세탁세제→식기세제)에 대한 대응브랜드확장(식기세제→세탁세제)을 더 긍정적으로 평가하였다. 그리고 대응확장을 하는 브랜드가 메이저 브랜드(가령, Cascade 식기세제→세탁세제)인 경우가 마이너 브랜드(가령, Electrasol 식기세제→세탁세제)인 경우에 비해 대응브랜드확장에 대한 소비자 평가가 더 호의적인 것으로 나타났다.

2) 소비자가 느끼는 유사성에는 여러 가지 차원이 있을 수 있으므로 어떤 차원에서의 유사성이 중요한지를 고려해야 한다

소비자가 느끼는 모제품과 확장제품 간의 유사성의 차원에는 제품과 관련된 속성과 편익 측면에서의 유사성뿐만 아니라 개성, 용도, 사용자 유형과 같이 제품 외적인 측면에서의 유사성 역시 존재한다. Park, Milberg & Lawson은 유사성을 모브랜드와 확장제품 간의 '제품속성(기능적 이미지) 상의 유사성(feature similarity)'과 '상징적 이미지 상의 일관성(concept consistency)'이라는 두 가지 차원으로 구분하였다. 두 가지 유사성 차원 간 상대적 중요성은 모브랜드의 지배적 연상(이미지)이 무엇인가에 의해 결정되는데, 이들은 모브랜드의 지배적 연상 혹은 이미지를 기능적 이미지와 상징적 이미지로 구분하였다. 전자는 모브랜드에 대한 지배적인 연상이 제품성능과 연관되어 있는 것으로, 이 경우에는 제품속성 상의 유사성이 브랜

혼다 제트: 혼다는 '두 바퀴(오토바이)→네 바퀴(자동차)→두 날개(항공기)'로 제품범주를 확장하는 데 성공했다. 혼다는 소형엔진에서의 경쟁우위를 기반으로 오토바이, 소형 승용차, 소형 비행기 등으로 브랜드확장을 하는 데 성공했다.

드확장을 결정하는 데 있어 중요한 고려요인이 된다. 예를 들어 기능적인 이미지를 갖고 있는 Timex시계는 제품속성 면에서 유사한 초시계, 건전지, 계산기 등으로 확장할 경우 효과적이다. 반면에 후자는 모브랜드에 대한 지배적인 연상이 자아이미지나 사회적 지위 등과 연결되어 있는 것으로, 이 경우에는 상징적 이미지 상의 일관성이 브랜드확장을 결정하는 데 있어 중요한 기준이 되는 것이다. 예를 들어, 상징적 이미지를 갖는 Rolex시계의 경우 그러한 이미지가 적용될 수 있는 팔찌, 반지, 기타 액세서리 등의 제품으로 브랜드확장이 이루어지는 경우 호의적인 결과를 기대할 수 있을 것이다.

한편 Aaker와 Keller는 모브랜드와 확장제품 간의 유사성을 수요측면에서의 보완성(complementarity)과 대체성(substitutability), 기업의 제조능력을 고려한 공급측면에서의 전이성(transferability)이라는 세 가지 차원으로 나누어 측정하였다. 예를 들어, 자동차 제조에 있어서 소비자들이 지각하고 있는 Honda사의 엔진기술에서의 전문성은 Honda사가 출시한 잔디깎기용 기계와 같은 확장제품들의 성공에 큰 역할을 담당했다. 마찬가지로, 스웨덴의 비행기 엔진 제조업체였던 Saab사의 자동차시장에의 브랜드확장을 통한 진출은 그 기술적인 공통점으로 호의적인 반응을 유도하였다. 미국 Bic사의 소형 일회용 제품에 대한 전문성은 Bic사에게 많은 브랜드확장의 기회를 제공해 주었다. 반면에, Colgate사의 치약에서 칫솔로의 확장이나, Duracell사의 배터리에서 손전등으로의 확장처럼 제조기술상의 공통점은 적으나 사용상의 보완성이 있는 제품으로 확장하는 경우도 있다.

3) 소비자들이 느끼는 유사성은 소비자의 제품지식 수준에 따라 달라질 수 있으므로 이를 고려해야 한다

소비자들이 제품의 표면적인 속성이나 제조기술 상의 공통점에 근거하여 모제품과 확장제품 간의 유사성 여부를 판단할 것인지는 소비자가 그 제품에 대해 얼마나 잘 알고 있는가에 따라 달라질 수 있다. Muthukrishnan & Weitz는 소비자들을 확장제품군에 대한 지식의 정도에 따라 전문가와 초심자 집단으로 분류하고, 각각의 확장제품 평가 상의 특징을 살펴보았다. 연구결과 전문가들은 기술, 디자인, 조립, 제조과정에 사용되는 재료와 그 성분 등과 같은 내재적 요인에 근거하여 모제품과 확장제품 간의 유사성을 판단하고 확장제품을 평가하는 반면에, 초심자들은 제품형태, 포장, 디자인, 색상, 크기, 용도처럼 제품의 표면적 요인에 근거하여 두 제품 간의 유사성을 판단하고 확장제품을 평가한다는 것이다. 예를 들면, 전문가들은 테니스라켓과 골프채 사이의 유사성을 판단할 때 그 생산기술 상의 시너지 효과를 인식하여 이들 제품이 적합하다고 생각하는 반면에, 초심자들은 골프채보다는 기술 상의 공통점이 그리 많지 않은 테니스라켓과 테니스운동화를 더 적합하게 생각하는 경향이 있다.

(3) 브랜드의 확장범위

기업은 어떤 브랜드의 장기적인 성장을 위해서는 보다 능동적으로 브랜드의 확장범위를 더 넓히려는 노력도 생각해야 하는데, 이를 위해 모브랜드가 갖고 있는 다음과 같은 특징들을 고려해야 한다.

1) 고품질의 브랜드는 보통 품질의 브랜드에 비해 확장범위가 넓다

소비자는 고품질의 브랜드에 대해 다른 브랜드에 비해 더 많은 신뢰와 믿음을 갖게 된다. 이 경우 소비자는 그 브랜드가 유사성이 떨어지는 제품군으로 확장을 하더라도 그 기업의 역량을 믿고 호의적인 반응을 보이게 되는 경우가 많다. 예를 들어, Yamaha는 모터사이클, 피아노, 키보드 등 서로 연관성이 떨어지는 여러 제품군으로 브랜드확장을 했으나 소비자들은 여전히 Yamaha라는 브랜드에 대해 호의적인 반응을 보인다. 그 이유는 Yamaha가 구축해온 '최고의 품질'이라는 이미지 때문이다. 따라서 강력한 브랜드를 구축하여 얻게 되는 중요한 혜택 중의 하나는 보다 수월하게 여러 다양한 제품범주로 확장을 할 수 있다는 것이다.

모터사이클 피아노 스피커

야마하(Yamaha)의 브랜드확장 사례: 야마하가 연관성이 떨어지는 여러 제품군으로 브랜드확장이 가능했던 것은 '최고의 품질'이라는 연상이미지를 구축했기 때문이다.

2) 확장제품에 적합한 모브랜드 고유의 특정연상이 있다면 모제품과 확장제품 간의 전반적인 유사성이 떨어지더라도 성공적인 브랜드확장이 가능할 수 있다

모브랜드에 대해 소비자들이 특별히 호의적인 연상을 갖고 있지 않다 해도, 모브랜드가 확장제품에 적합한 특정연상을 가질 경우 그 제품범주로의 확장은 성공적일 수 있다. 또한 확장제품과 기존제품이 제품속성 등에서 유사하지 않다고 하더라도 모브랜드가 확장제품범주와 관련성이 있는 특유의 연상이 있다면 성공적인 브랜드확장이 가능하다. 예를 들어, '어린이', '재미있는', '가족적인'과 같은 브랜드연상을 가지고 있는 McDonald's 햄버거는 샐러드드레싱, 피자와 같이 제품속성면에서 유사한 제품군으로 확장하는 것도 의미가 있겠지만 놀이동산과 같이 전혀 유사하지 않은 제품군으로 확장하는 것 역시 적합하게 생각될 수 있다. 그 이유는 McDonald's의 가족적인 브랜드연상이 놀이동산과 같은 제품범주와도 관련성을 가지고 있기 때문이다.

적합성이 낮은 과도한 브랜드확장으로 여겨졌던 것이 때로는 바람직한 확장으로 바뀌기도 하는데, Virgin브랜드가 그 예이다. Virgin브랜드의 성공적 확장은 모브랜드에 대한 인식을 변화시키고, 이것은 다시 브랜드가 여러 제품범주에 적합하도록 도움을 주었다. 처음에는 음반회사로 시작했던 Virgin이 브랜드를 확장시켜 항공사업에 진출했다. 이러한 시도가 적합하다고 할 수 없지만, 항공사업에서 성공을 거둔 Virgin은 더 많은 제품영역들을 포괄하는 보다 개성적인 브랜드로 자리 잡아 갔다. 즉 기존 질서에 대항하는 정의로운 도전자, 불손한 공격자이면서 고품질을 지향하는 브랜드로 인식되었던 것이다.

이처럼 성공적인 브랜드확장을 위해선 그 근간이 되는 개념인 범주화(categorization)와 유사성(perceived fit)에 대해 보다 폭넓은 시각을 가질 필요가 있다. 소비자들은 한 브랜드 내의 여러 제품들을 범주화시키기 위해서 이들 제품들을 한데 묶을 수 있게 하는 '설명력 있는 연결고리'를 필요로 한다. 예를 들어, Johnson & Johnson사는 비누, 샴푸, 바디오일, 선블록, 로

션 등의 여러 가지 제품라인을 갖고 있으며 이들은 모두 '아이들을 위한 제품'이라는 연결고리를 통해서 하나의 범주로 묶일 수 있는 것이다. 따라서 기업의 입장에선 유사성이 떨어지는 제품으로 브랜드확장이 이루어졌을 경우 확장제품과 모브랜드를 이어줄 수 있는 연결고리를 개발하여 이를 소비자들에게 제시해 주어야 한다.

3) 하나의 제품범주를 대표하는 전형성이 높은 브랜드는 확장범위가 좁다

특정 제품범주와 너무 밀접하게 연상이 되어 있는 브랜드를 소비자들이 다른 제품과 연결시켜 생각하기는 어렵다. 대표적인 예로 Kleenex와 같은 브랜드는 자신만의 독특한 연상을 갖고 있다기보다는 이미 화장지라는 제품군과 동일시되는 브랜드가 되어 버렸다. 비슷한 예로, 미원이라는 브랜드는 화학조미료 제품군에 대한 전형성이 지나치게 높기 때문에 '천연의', '전통적인' 등과 같은 이미지가 필요한 다른 식품군으로의(예: 장류) 확장이 어려운 것이다. 따라서 미원 대신에 청정원이라는 브랜드를 사용한 것도 그 이유인 것이다.

특정 제품범주를 대표하는 시장선도기업의 브랜드확장 실패사례에는 이 밖에도 무수히 많다. 미국에서 사실상 표백제와 같은 의미로 사용되고 있는 Clorox 브랜드의 경우를 살펴보도록 하자. 1988년 Clorox사는 최초의 표백겸용 세제를 출시하면서 P&G, Unilever와 같은 거대 소비재 제조업체들과 경쟁하게 되었다. 세제를 개발하고 유통망을 구축하기 위해 3년에 걸쳐 약 2억 2천 5백만 달러를 쏟아 부은 끝에 Clorox사는 3%의 시장점유율을 획득할 수 있었다. 그러나 소비자들에게 잘 알려진 Tide 세제를 생산·판매하고 있던 P&G사가 뒤따라 출시한 'Tide With Bleach'라는 표백겸용 세제가 17%의 시장점유율을 달성하자, Clorox사는 마지못해 표백겸용제 시장에서 탈퇴하기로 결정하였다. 이러한 결정을 내리기까지에는 여러 가지 이유가 있었겠지만, 소비자들이 Clorox를 표백제 제품이라는 매우 한정된 시각으로 보는 것도 하나의 요인이었다. Clorox가 후발주자인 Tide에 뒤지게 된 또 하나의 요인은 소비자들이 '표백겸용 세제'를 평가할 때 세제를 주성분으로, 표백제를 보조성분으로 인식하고 있다는 것이다.

Farquhar, Herr 등은 제품범주에 대한 전형성이 높은 선도브랜드의 성공적인 확장을 위한 몇 가지 접근방법을 제시하였다. 이들은 소비자의 마음속에 뿌리깊게 자리 잡고 있어서 관련되는 제품속성, 제품범주, 사용상황, 또는 편익을 말하기만 하면 바로 머릿속에 떠오르는 브랜드를 매스터 브랜드(master brand)라는 용어로 표현하였다. 이러한 매스터 브랜드의 예로는 앞에서 언급했던 것 외에도 베이킹소다 브랜드인 Arm & Hammer, 접착밴드인 Band-Aid, 수프 브랜드인 Campbell, 크레용의 Crayola, 기름젤인 Vaseline, 피로회복용 드링크인 박카스, 사이다의 칠성 등을 들 수 있다. 이처럼 매스터 브랜드가 특정제품군과의 강력한 연상으로 인해 다른 제품범주로의 직접적인 확장이 어렵다는 점을 고려할 때 가능한 확장방법은 브랜드계층구조 상의 다른 단계에 있는 브랜드연상의 활용을 통해서 간접적으로 확장하는 다음과 같은 방안들을 생각해볼 수 있다.

① 하위브랜드(sub-branding) 전략은 브랜드의 의미를 보다 구체화하거나 수정할 목적으로 매스터 브랜드보다 브랜드계층구조 상 하위수준에 새로운 브랜드요소를 도입하여 사용하는 전략을 말한다(예: Dupont Stainmaster 카페트).

② 상위브랜드(super-branding) 전략은 브랜드계층구조 상 매스터 브랜드보다 상위수준에 새로운 브랜드요소를 새로 도입하여 브랜드전이(brand transition)를 통하여 상위브랜드를 육성한 후 이를 바탕으로 보다 폭넓은 제품범주로 확장해 나가는 전략이다(예: 청정원 순창고추장).

③ 다발브랜드(brand-bundling) 또는 **교차브랜드**(cross branding) 전략은 다른 브랜드와의 연계를 통해 매스터 브랜드를 강화하는 전략으로, 공동브랜드(co-branding) 전략이 여기에 해당된다(예: LG-프라다폰).

④ **징검다리식 브랜드확장**(bridged extension) 전략은 기업이 관련성이 떨어지는 제품범주로 진출하고자 할 때 유사성 면에서 대상제품과 기존제품 간의 중간 정도에 해당하는 제품군에 먼저 진출한 후 이를 징검다리로 하여 대상제품군으로 확장하는 것을 의미한다. 예를 들어 카메라 브랜드인 Nikon이 TV 제품으로 확장을 하고자 할 때 그 이전 단계로 캠코더 시장으로 먼저 확장을 한 후 이를 발판으로 추가적인 확장을 통해 TV 시장에 들어가는 식의 확장을 의미한다.

4) 구체적 속성과 관련된 연상을 가진 브랜드는 추상적 편익과 관련된 연상을 가진 브랜드에 비해 확장범위가 좁다

종종 시장선도자 브랜드는 매우 구체적인 제품속성과 관련된 연상으로 인해 브랜드확장을 하는 데 있어 한계에 직면하는 경우가 있다. 때론 이러한 제품속성과의 연상은 그들의 브랜드명(예: 버블세탁기, Swatch)에 의해 더욱 강화될 수도 있다. 일반적으로 구체적 속성연상은 추상적 속성연상에 비해 전이의 폭이 좁아진다. 예를 들어, Campbell 수프가 많은 긍정적인 연상이미지를 갖고 있음에도 불구하고, 수프 이외의 제품영역으로 브랜드확장을 했을 때 큰 성공을 거두지 못했다. 비슷하게 A-1 스테이크 소스, Kleenex 같은 브랜드들도 고유의 제품영역 밖으로 멀리 확장하기 어려운데, 그 이유는 이들 브랜드가 특정제품 및 그 속성과 밀접하게 결부되어 있기 때문이다. Aaker와 Keller는 소비자들에게 가상의 확장제품인 Heineken 팝콘과 Vidal Sassoon 향수, 그리고 Crest 츄잉껌을 제시하고 이들에 대한 태도를 측정해 보았는데, 소비자들은 이들 확장제품에 대해서 각각 맥주맛의 팝콘, 샴푸냄새가 나는 향수, 치약맛의 껌과 같은 식의 연상을 떠올리며 비호의적인 반응을 나타내었다. 상식적으로 생각했을 때 이들 업체들이 모브랜드와 동일한 속성을 가진 확장제품을 출시하지는 않을 것이라는 사실에도 불구하고 소비자들은 여전히 확장제품에 대해서 모브랜드의 구체적인 속성에 대한 연상을 떠올렸다.

반면에 보다 추상적인 연상은 무형성 때문에 보다 다양한 제품범주로의 전이가 가능하다. 가령, 체중조절에 효과적인 Weight Watchers, 건강한 먹거리를 연상시키는 Health Choice, 최첨단 패션을 주도하는 랄프로렌 등과 같이 무형의 연상이미지를 구축한 브랜드들은 새로운 제품영역으로 확장시킬 수 있는 가능성이 높다.

그러나 구체적인 연상도 성공적인 브랜드확장으로 이어질 수 있다. 예를 들어, 모브랜드가 확장제품군에서 매우 가치 있게 여겨지는 속성과 관련된 연상을 가지고 있다면 그러한 브랜드확장은 소비자들에게 호의적인 반응을 얻을 것이다.

나아가 특정제품 혹은 제품속성과 관련된 구체적인 연상을 갖고 있는 브랜드는 이러한 핵심연상을 우선 각종 커뮤니케이션 수단을 동원하여 보다 상위차원의 개념으로 추상화시킨 후 이를 바탕으로 보다 넓은 범위로 브랜드확장을 모색하는 방법을 생각해 볼 수 있다. 가령, 특정의 시계브랜드가 '방수 및 충격방지용 케이스와 긁힘 없는 크리스털로 만들어진 시계'라는 구체적인 속성연상을 소비자들의 마음에 심는 데 성공했다고 하자. 다음 단계로 이 시계브랜드가 다양한 커뮤니케이션 활동을 통해 '내구적'이라는 추상적인 속성연상을 구축한다면, 유사성이 떨어지는 제품범주로의 브랜드확장(예: 핸드백)에 대해 '내구성'이라는 연상이 쉽게 전이될 가능성이 높을 것이다.

5) 지나치게 쉬워 보이는 제품군으로의 브랜드확장은 곤란하다

높은 기술수준의 모제품을 갖고 있는 브랜드가 그에 비해 지나치게 낮은 기술수준의 제품군으로 확장을 할 경우, 소비자들은 이러한 확장제품에 대해 그 기업이 모브랜드의 명성을 활용하여 필요 이상의 비싼 가격으로 판매하고자 한다는 얄팍한 상혼의 일종으로 생각할 수도 있다. 예를 들어, 삼성전자가 평범한 손전등과 같은 제품으로 확장을 한다면 소비자들의 반응은 반드시 호의적이지만은 않을 것이다.

(4) 수직적 브랜드확장

시장상황이나 경쟁정도 혹은 다른 이유로 인해서 기존제품보다 저가의 제품을 출시하는 것이 바람직할 수도 있다. 즉 기업은 브랜드의 하향적 확장을 통해서 저가제품을 출시할 수도 있는 것이다. 많은 경우 이러한 저가의 제품들은 새로운 브랜드로 출시되어 기존의 고급이미지의 모브랜드를 보호하는 방패형(flanker brand) 혹은 투사형 브랜드(fighter brand)로서의 역할을 수행한다.

Intel사의 경우 낮은 가격의 마이크로프로세서로 저가 PC시장을 중심으로 급속히 시장을 파고드는 AMD사의 저가공세에 대한 반응으로 기존의 Pentium 라인의 칩 가격을 내리기보다는 Celeron이라는 저가의 방패형 브랜드를 출시하여 기존의 브랜드이미지를 유지함과 동시에 AMD사의 추격에도 적절히 대응하는 전략을 택하였다. 하지만 때론 기업은 브랜드의 하향적 확장을 통해서 저가제품을 출시할 수도 있다. 이 경우 잠재적 위험은 확장제품이 모브랜드의 이미지를 싸구려로 변색시킬 수 있다는 점이다. 이를 방지하기 위하여 대부분의 기업들이 저가의 제품으로 브랜드확장을 할 경우 모브랜드와의 차별화의 한 수단으로 보증브랜드전략을 사용한다. 예를 들어, 면도기로 세계적으로 잘 알려진 Gillette사는 일회용 면도기와 같은 저가품 계열에 Good News라는 하위브랜드를 출시하여 Gillette라는 브랜드는 보증브랜드로만 활용하였으며, 미국의 Courtyard Inn by Marriott 역시 최고급의 Marriott호텔이 중저가의 숙박업소시장으로 진출하면서 사용한 보증브랜드전략이다. 이처럼 하향적 브랜드확장은 매우 신중하게 다루어져야 한다.

하향적 브랜드확장보다 더 어려운 것이 **상향적 브랜드확장**이다. 소비자들이 상향적 브랜드확장을 정당하게 받아들일 수 있도록 브랜드에 대한 인상을 바꾸기란 쉽지 않다. 예를 들어, 미국의 Gallo 포도주회사는 기존제품보다 훨씬 더 좋고 값비싼 포도주를 출시하면서 Gallo라는 브랜드를 그대로 사용하였다. 하지만 그 회사의 '새로운 종류의 포도주가 Gallo에 대한 당신의 생각을 완전히 바꿀 것'이라는 내용의 지속적인 광고캠페인에도 불구하고 대부분의 소비자들은 여전히 Gallo를 값싼 포도주로 생각하고 있었다.

소비자들이 어떤 브랜드에 대해 이미 갖고 있는 지식을 새롭게 갱신하려 하지 않는다는 사실은 Honda, Toyota, Nissan과 같은 일본 자동차 제조회사들이 고급 승용차 모델을 출시하면서 각각 Acura, Lexus, Infiniti라는 독립적인 새 브랜드명을 사용한 것을 보면 보다 쉽게 알 수 있다. 즉 중저가의 브랜드이미지를 가진 일본 자동차 제조회사들은 독립된 브랜드명을 이용한 제품출시로 소비자들의 거부감을 최소로 줄이면서 고급 승용차 시장에 진출할 수 있었던 것이다. 실제로 당시 Toyota 제품라인의 최상단부에 위치했던 Camry는 Lexus와 비교해 품질면에서 큰 차이가 없었고 따라서 Lexus의 주요 경쟁업체인 BMW사는 Camry와 Lexus 두 제품을 동등시하는 캠페인을 전개하여 Lexus의 브랜드이미지를 깎아내리려는 시도도 하였다. 한편 P&G사가 내놓은 기존의 Pampers 기저귀보다 상대적으로 고가의 기저귀인 Ultra Dry Pampers, 진통제로 잘 알려진 Tylenol의 Extra Strength Tylenol, 기아자동차의 뉴모닝처럼 브랜드수식어를 사용하여 품질이 향상된 제품이란 것을 알리는 방법도 가능하다. 이처럼 한 브랜드를 기존제품보다 상위시장으로 확장시키고자 할 때에는 브랜드수식어를 이용한 간접확장이나 새로운 브랜드를 통한 진출이 직접확장보다 덜 위험하다.

(5) 잠재적 피드백 효과

마케터는 브랜드확장이 모브랜드에 역으로 미치는 긍정적 혹은 부정적 영향을 고려해야 한다.

1) 브랜드확장은 모브랜드의 이미지를 강화시킬 뿐만 아니라 더 넓은 제품범주로의 확장 역시 가능케 할 수 있어야 한다

성공적인 브랜드확장은 그 브랜드가 가지고 있는 연상의 강도, 호감도, 독특성을 향상시킴으로써 모브랜드의 이미지를 개선할 수 있다. 예를 들어, 풀무원의 경우 유사한 컨셉을 갖는 관련제품으로의 지속적인 브랜드확장을 통해 지금은 '바른 먹거리'라는 보다 포괄적이고 개선된 의미를 갖게 되었다.

브랜드확장으로 기존의 브랜드이미지와 의미가 바뀐다면, 전에는 적합해 보이지 않던 또 다른 제품군으로의 순차적인 브랜드확장도 적합하게 보일 수 있다. 즉, 유사성이 높은 제품범주를 중심으로 단계적·지속적으로 확장해 나감으로써, 처음에는 진입이 어렵거나 불가능하게 여겨졌던 제품범주로의 확장도 가능할 수 있게 된다. Dunhill 브랜드는 점진적 브랜드확장을 통해 브랜드의 의미를 변화시킨 대표적인 예이다. Dunhill은 처음에는 담배브랜드로 시작하여 점차 담배와 관련된 액세서리(예: 파이프, 라이터) 분야로 확장하였고, 이 분야에서의 위치를 확고히 다진 후에는 남성용 액세서리(예: 벨트, 탁상용품, 커프링, 의류) 분야로 확장해 나갔다. 최근 이 브랜드는 남성용 향수와 패션품목으로까지 확장해 나갔다. 이러한 점진적 브랜드확장의 결과 Dunhill 브랜드는 대표적인 담배브랜드로서의 명성뿐만 아니라 '남녀용 고급제품 및 액세서리' 브랜드로서의 명성도 갖게 되었다.

브랜드마케팅 따라잡기

영국신사를 닮은 남성만을 위한 명품이라는 브랜드이미지를 기반으로 담배, 파이프에서 의류, 가죽잡화에 이르기까지 여러 제품범주로 브랜드확장을 하는 데 성공한 알프레드 던힐

명품 브랜드 가운데 '남성만을 위한 명품'을 지향하는 곳은 그리 많지 않다. 영국의 남성 명품 알프레드 던힐은 그래서 더 돋보인다. 알프레드 던힐은 의류, 가죽잡화에서부터 커프스 링크, 안경, 향수, 펜, 라이터, 시계에 이르기까지 '남자의 물건'을 모두 갖추고 있다. 휴대폰 케이스, 골프공 케이스, 안경집 같은 독특한 소품을 만들고 남자들을 위한 비밀 아지트까지 운영하는 독특한 명품 브랜드다.

알프레드 던힐은 의류와 가죽잡화로 유명하지만 모태는 자동차용품이다. 이 브랜드가 탄생한 것은 1893년. 스물한 살이던 창업자 알프레드 던힐이 가업인 마구(馬具) 제조업을 물려받으면서다. 하지만 그는 말보다 당시 막 뜨기 시작한 자동차산업에 주목했다. 자동차가 곧 '남자들 생활의 일부'가 될 것이라고 직감한 것이다. 던힐은 가게 간판을 '던힐 모토리티즈'로 바꿔 달고 자동차용품을 내놓기 시작했다. '자동차에 대한 모든 것'이라는 이름 아래 모터만 빼고 자동차와 관련된 건 다 팔았다. 세련된 헬멧, 장갑, 고글, 경적, 계기판 시계 등으로 런던 신사들을 매료시켰다.

남성들에게 기발한 제품을 선사한다는 던힐의 '모험가 기질'은 브랜드구축의 밑바탕이 됐다. 그는 1908년에는 아예 특허회사를 세우고 특이한 발명품을 쏟아냈다. 접히는 백미러, 가방을 열면 안에서 빛을 내는 조명, 낚싯대, 크리켓, 비행기 조종사용 의류 등 당시로선 혁신적인 상품을 선보였다.

• 영국 신사를 닮은 명품

1929년 창업자가 물러나고 2세가 뒤를 이으면서 알프레드 던힐은 '남성 토털 브랜드'로 본격 진화한다. 의류, 가방, 시계, 필기구, 화장품 등으로 영역을 넓힌 것이다. 롤스로이스의 주문제작 자동차에 달린 실내등에서 영감을 얻은 시계는 우아한 영국귀족 스타일을 잘 담아냈다는 평가를 받았다. 섹시스타 마돈나는 알프레드 던힐의 남성용 셔츠를 과감하게 걸쳐입기도 했다.

이 브랜드는 여러 면에서 자존심 강하고 고집 있는 영국신사를 닮았다. 1941년 2차 세계대전 당시 영국 듀크가(街)의 상점은 독일군의 폭격을 받아 무너져내렸다. 이 회사는 여기에 굴하지 않고, 거리에 테이블을 깔고 장사를 계속했다. 당시 총리인 윈스턴 처칠은 이 광경을 우연히 보고 알프레드 던힐의 팬이 됐다.

• 최고 고객에게 최고 가치를

알프레드 던힐의 간판상품은 '캄데부 블레이저(단품으로 파는 재킷)'다. 남아프리카 캄데부 지역의 특산 섬유를 사용해 이런 이름이 붙었다. 여행용 가방에 말아 넣더라도 꺼내면 순식간에 구김 없이 원형대로 돌아온다. 원하는 가죽과 디자인을 골라 가방, 지갑, 서류케이스 등을 만드는 맞춤 가죽제품 서비스도 있다. 영국과 프랑스에서 장인들이 100% 수작업으로 만들기 때문에 제품을 받기까지 가방은 9개월, 지갑은 6개월 정도 기다려야 한다. 최고급 사양의 가방가격이 5,000만 원을 넘지만 '전 국민이 다 아는' 유명 기업인이 많이 찾는다고 한다.

• 남자들의 안식처, 던힐 홈

최근 이 브랜드는 브랜드에 대한 총체적 경험을 제공하기 위해 '던힐 홈(The Homes of Alfred Dunhill)'을 도입했다. 던힐의 모든 제품을 판매할 뿐 아니라 칵테일바, 이발소, 와인저장소까지 갖춘 최고급 매장으로, 일본 도쿄를 시작으로 영국 런던, 중국 상하이, 홍콩 등의 도시에 들어섰다.

던힐은 1998년 스위스 명품기업 리치몬트그룹에 인수됐다. 오랜 전통에 막강한 자본력을 더해 '영국 스타일'의 대명사로 세계 남성을 사로잡고 있다. 명품 브랜드 던힐을 담배 던힐과 헷갈려하는 사람이 적지 않다. 결론부터 말하면 한때 식구였지만 지금은 아니다. 던힐은 1907년 전문매장을 따로 열고 담배, 파이프, 라이터를 팔기 시작했다. 뛰어난 품질 덕에 영국 왕실의 면허를 받기도 했다. 그러나 영국기업 BAT에 담배 부문을 매각하면서 이름만 같은 남남이 됐다. 패션 브랜드는 소문자인 'dunhill', 담배는 대문자인 'DUNHILL'이라고 쓴다.

성공적인 브랜드확장이 줄 수 있는 또 다른 효과는 모브랜드의 신뢰성과 품질이미지를 높

던힐 담배

던힐 파이프

던힐 벨트

던힐(Dunhill)의 브랜드의미 변화를 통한 확장 사례: 던힐은 순차적인 브랜드확장을 통해 담배 브랜드로부터 남녀용 고급 패션제품 및 액세서리 브랜드로 브랜드의미를 변화시켰다.

여주는 점이다. 한 브랜드와 관련된 모든 제품들의 지각된 품질수준이 높을수록 새로운 확장제품에 대한 소비자들의 평가는 더욱 호의적인 경향이 있다. 왜냐하면 소비자들은 "이 기업은 무엇을 만들던지 잘 만들 것이다"라고 믿게 되기 때문이다.

2) 실패한 브랜드확장이 모브랜드에 미치는 부정적인 영향은 모브랜드와 확장제품의 유사성이 클수록 더욱 커진다

실패한 브랜드확장은, 동일한 제품범주 내에서의 라인확장이 실패했을 때와 마찬가지로, 모제품과 확장제품 간의 유사성이 높은 경우에 모브랜드에 대한 부정적인 피드백 효과가 나타날 가능성이 더욱 커진다. 한 연구에 의하면, 건강/미용 분야의 브랜드가 이와 유사한 제품범주인 샴푸시장에 낮은 품질의 확장제품을 출시했을 때에는 소비자들의 모브랜드에 대한 품질지각이 감소한 반면에, 모제품군과 유사성이 낮은 제품범주인 티슈시장에 저품질의 확장제품을 내놓았을 때는 모브랜드의 품질지각에 별 영향을 주지 못했다. 이처럼 유사하지 않은 제품범주에서의 성공적이지 못한 브랜드확장은 모브랜드의 평가에 큰 영향을 미치지 않는 경우가 있다. 그 이유는 너무 동떨어진 제품범주로 브랜드확장을 하게 되면 소비자들은 확장제품을 모브랜드의 범주 내에서 따로 구획화(compartmentalization)하여 모브랜드와 상관없는 제품범주에서 일어난 결과로 생각하고 모브랜드와 연계하여 생각하지 않게 되는 경향이 생기기 때문이다.

(6) 확장제품 광고전략

마케터는 확장제품에 대한 광고(마케팅커뮤니케이션)전략을 수립함에 있어 모브랜드와의 관련성과 확장제품 자체의 차별적 속성 가운데 어느 것을 강조해야 할지를 고려해야 한다.

1) 확장제품에 대한 효과적인 광고전략은 모브랜드보다는 확장제품을 강조하는 것이다

브랜드확장 상황에서 확장제품에 대한 광고전략의 유형으로는 크게 모브랜드와의 관련성을 위주로 하는 **관련성 광고**(relational communication)와 확장제품 자체의 우월한 속성을 위주로 하는 **정교화 광고**(elaborational communication)로 나누어 볼 수 있다. 보다 구체적으로 설명해 보면, 첫째, 관련성 광고는 모브랜드의 품질을 암시하는 단서를 소비자에게 제공하여 모브랜드의 긍정적인 측면을 더욱 부각시키고, 이러한 모제품과 확장제품 간의 관련성을 강조하며, 이를 통해 확장제품의 잠재적 부정적인 요소들은 감소시키는 것이다. 예를 들어, 클라이덴 치약을 만드는 기업에서 클라이덴 껌으로 상표확장을 하였을 경우, 치아미백효과가 강한 치약상표

에서 나온 껌이므로 치아미백에도 좋은 효과가 있는 것이라고 광고하는 것이다. 즉 모브랜드가 지닌 품질의 우수성을 최대한으로 부각시키는 광고의 유형이다.

둘째, 정교화 광고는 모브랜드와의 관련성을 강조하기보다는 확장제품에 대해 바람직하지 않은 신념의 생성을 차단시킬 수 있도록 확장제품이 가지고 있는 현저한 특성이나 속성 등을 강조함으로써 소비자에게 소구하려는 광고유형을 말한다. 예를 들어, Crest 치약을 만드는 기업에서 Crest 껌으로 브랜드확장을 하였을 경우, 소비자들은 Crest 껌이 치약맛 같을 것이라는 부정적인 연상 혹은 선입견을 가질 수도 있다. 이런 경우에 Crest 껌이 향기로운 스피아민트와 페퍼민트 맛이 난다는 점을 강조하는 것은 소비자가 그 껌이 치약맛 같을 것이라는 선입견을 갖는 것을 감소시키며 이러한 부정적인 신념이 발전되는 것을 막을 수 있다.

일반적으로 확장제품에 대한 효과적인 광고전략은 소비자들이 처음 확장제품을 평가할 때 그들의 마음속에 그 브랜드에 대해 이미 뚜렷이 갖고 있는 연상이 무엇인지를 파악하고, 따라서 그 이외의 중요한 그러나 제대로 소비자에게 전달이 안 되면 간과될 수 있는 추가적인 정보들을 강조하는 것이다. 이는 소비자에게 이미 잘 알려져 있는 정보(예: 모브랜드에 대한 정보)를 다시 환기시키는 것은 정보의 중복이라는 면에서 그 효율과 효과가 떨어지기 때문이다. 이러한 주장을 뒷받침하는 예로 Aaker와 Keller는 확장제품의 포지셔닝에 대한 연구에서 확장제품에 관한 두 가지 유형의 정보를 제공하고 이에 대한 소비자 반응을 조사하였다. 그 결과 우선 아무런 정보도 제공하지 않았을 때보다는 어떤 유형이든 설득적 정보를 제공하였을 때 더 호의적인 평가를 가져오며, 또한 모브랜드의 품질에 대한 지식을 환기시키는 정보보다는 확장제품의 중요한 속성에 대해 설명한 정보가 소비자의 확장제품 평가를 높이는 데 효과적으로 나타났다. 예를 들어 McDonald's가 사진현상/인화 서비스 시장에 기존의 브랜드로 진출하였다면, 소비자들은 '기름기 흐르는 사진'을 연상하며 호의적이지 않은 반응을 가지기 쉽다. 이러한 소비자들에게 '신속하고, 저렴하고, 편리한 서비스를 제공해온 McDonald's가 하는…'이라는 메시지를 전달한 경우 소비자들의 반응은 크게 좋아지지 않았다. 하지만 소비자들에게 '기존 햄버거 체인점과는 분리되어, 잘 알려진 기존 유명 사진관들과 공동으로 제공하는 서비스'라는 메시지가 전달되었을 때 소비자들의 확장제품에 대한 반응은 크게 개선되었다.

따라서 모브랜드의 품질에 대한 긍정적인 연상을 강화하고 모제품과의 관련성을 강조하는 광고보다는, 바람직하지 않은 연상의 형성을 차단하고 소비자에게 소구할 수 있는 중요한 확장제품의 속성을 개발하여 이를 강조하는 광고가 소비자의 평가에 있어서 보다 효과적이라 할 수 있다.

2) 확장제품에 대한 정교화 광고의 효과는 모브랜드와 확장제품 간의 지각된 유사성이 낮을 경우에 커진다

앞에서 언급했던 범주화 이론에 의하면 소비자가 모브랜드와 확장제품 간의 관련성을 강하게 느끼는 경우에(소비자가 확장제품을 모브랜드 범주에 소속된 제품으로 지각할 경우에) 긍정적이든 부정적이든 모브랜드에 대하여 가지고 있는 연상이 확장제품에 용이하게 이전된다. 그러나 모브랜드와 확장제품 간의 유사성이 낮은 경우에는 긍정적인 연상의 이전이 어려울 뿐 아니라 바람직하지 않은 신념과 연상을 유발시킬 우려도 있다. 이처럼 브랜드확장이 모제품과의 유사성이 낮은 제품으로 전개되었을 때 중요한 과제는 어떻게 하면 확장제품과 관련이 없는 모제품의 연상들이 확장제품으로 전이됨으로써 발생할 수 있는 부정적인 효과를 방지하는가이다. 이 경우 확장제품의 중요한 속성을 강조하는 메시지, 즉 정교화 광고는 모제품으로부터의 부정적인 연상의 전이를 어느 정도 방지해 줄 수 있다.

다시 말하면 모제품과 확장제품의 유사성 문제와 결부시켜 볼 때, 두 제품 간에 소비자가 지각하는 유사성의 정도가 낮을 때에는 모제품의 품질에 대한 긍정적인 연상을 강화시키기보다는 확장제품의 중요한 속성이나 특성을 고양시켜 모제품으로부터 가능한 부정적인 연상을 차단시키는 것이 더욱 효과적이다.

3) 확장제품에 대한 정교화 광고의 효과는 모브랜드의 이미지가 상징적일 경우보다 기능적일 때에 커진다

브랜드이미지의 유형에는 여러 가지가 있을 수 있으나, 일반적으로 기능적 브랜드(functional brand)와 상징적 브랜드(symbolic brand)로 분류되는 경우가 많다. 기능적 브랜드이미지는 그 제품의 소비로부터 얻을 수 있는 기능적·실용적인 편익에 대한 인식으로 정의되며, 그러한 브랜드(예: Casio시계)에서는 제품성능과 관련된 연상이 이미지 구축에 지배적인 역할을 한다. 한편 상징적 브랜드이미지는 제품의 소비로부터 얻을 수 있는 사회적·심리적 편익에 대한 인식으로 정의된다. 따라서 상징적인 브랜드(예: Rolex시계)에서의 지배적인 연상은 소비자의 자아개념이나 자아이미지, 사회적 지위 등과 관련되어 있다.

기능적 브랜드에 대한 소비자 평가는 주로 제품의 구체적인 속성, 즉 기능적 측면을 토대로 이루어지며, 상징적 브랜드의 경우 소비자는 브랜드의 심리적·사회적 의미와 같은 주로 제품 외적인 상징적 측면을 바탕으로 평가가 이루어진다. 이는 브랜드이미지에 따라 소비자의 평가기준 자체가 달라질 수 있음을 말해 주며, 따라서 확장제품에 대한 광고 역시 모브랜드의 이미지가 무엇인가에 의해 영향 받을 수 있음을 시사한다. 구체적으로, 기존연구에 따르면 모브

브랜드마케팅 따라잡기

브랜드확장에 대한 긍정적/부정적 소비자 반응

오늘날 대다수 신제품들은 이미 성공한 브랜드를 확장한 것이다. 새로운 브랜드를 구축하는 것과 비교해 볼 때 브랜드확장은 신제품에 대한 즉각적인 친숙성과 고객 수용성을 가져다 주는 이점이 있다. 가령, Duracell Powermat 무선 충전기와 Vicks zzzQuil 비치방 수면제 같은 확장제품은 기존 브랜드의 핵심가치와 잘 연결되어 있기 때문에 타당해 보인다.

그러나 이치에 맞고 성공적인 브랜드확장에 대해 '이게 뭐지? 도대체 무슨 생각을 하고 있는 거지?'라고 의문을 품는 소비자들도 있다. 예를 들어, 성인용 Gerber식품에 대해 소비자들은 어떻게 생각할까? 혹은 Exxon(정유회사) 과일펀치나 Kodak 청량음료를 마신다면 어떤 느낌일까? 훌륭한 브랜드명을 잘못 확장한 다른 사례들로는 Cracker Jack 시리얼, Smucker's 프리미엄 케찹, Carnation 애완동물 식품, Fruit of the Loom 세탁세제를 들 수 있다. 이러한 브랜드확장은 확장된 신제품을 시장에서 완전히 실패하게 만들 뿐 아니라 확장에 사용된 기존 브랜드의 명성에도 부정적인 영향을 미친다.

브랜드확장의 성공과 실패를 나누는 요인은 무엇인가? 브랜드확장이 성공을 거두기 위해서는 ① 확장제품은 모브랜드와 논리적으로 적합성을 가져야 하고, ② 모브랜드는 확장제품에게 해당 제품범주에서 경쟁우위를 제공해야 하며, ③ 확장제품은 매출과 이익 잠재력이 높아야 한다 등의 조건을 충족시켜야 한다.

기업은 소비자에게 친숙한 브랜드라고 해서 다른 제품범주의 신제품에 그냥 붙여서는 안 된다. 좋은 확장제품은 모브랜드와 논리적으로 조화를 이루는 제품이다. 그러나 제품브랜드는 지각적 특성과 정서적 특성을 복합적으로 갖고 있기 때문에 확장제품과 모브랜드 간의 적합성 여부를 판단하는 것이 쉽지 않다. 모브랜드 제품과 확장제품 간에 적합성을 갖도록 하는 방안 중 하나는 모브랜드의 핵심제품들에 초점을 맞추어 확장제품을 개발하는 것이다. Planters Peanut Butter를 예로 들어보자. Planters 브랜드는 한 가지 제품유형, 즉 캐슈(Cashews), 아몬드, 피스타치오, 호두, 해바라기 씨, 땅콩 같은 견과류에 집중해왔다. Planters 브랜드는 미국인이 선호하는 견과류로 가장 강하게 인식되고 있고, 이 회사의 마스코트 Mr.Peanut은 광고역사에서 가장 널리 알려진 아이콘 중 하나이다. Planters 브랜드가 견과류, 특히 땅콩에 초점을 맞추고 있기 때문에 이 브랜드를 땅콩버터 범주로 확장하는 것은 합당해보이고, 소비자들도 이에 동의할 것으로 보인다. 그 결과 Planters Peanut Butter는 성숙기에 들어서 경쟁이 치열한 시장에서 이익을 실현하고 높은 매출을 기록했다.

그러나 다른 유명 브랜드들은 좋은 브랜드명을 성격이 완전히 다른 제품범주에 붙임으로써 소비자 신뢰를 상실했다. 예를 들어, Louis Sherry No Sugar Added Gorgonzola Cheese Dressing은 맛이 풍부한 초콜릿 캔디와 아이스크림으로 널리 알려진 Louis Sheery 브랜드가 포함시키지 말아야 할 모든 제품속성, 즉 무설탕, 치즈, 샐러드드레싱을 브랜드명에 포함하고 있다. 이와 유사한 예로 지난 80년 이상 동안 고품질의 재충전 라이터를 생산해온 회사인 Zippo를 들 수 있다.

Zippo는 최근 Zippo The Woman으로 명명된 여성용 향수에 자사브랜드를 확장했다. 이 향수제품은 매력적인 과일 및 꽃향기를 갖고 있으며, 라이터 모양과 전통적인 Zippo 플립 탑 형태의 분홍색 용기에 담겨 있다. 불행하게도 아무리 좋은 향을 가진 제품이라고 하더라도 향수는 Zippo브랜드의 핵심역량인 불꽃과 아무런 관련성이 없다. 한 서베이에서 소비자들은 Zippo The Woman을 최악의 브랜드확장 사례로 선정했다.

다음으로 확장제품은 모브랜드와 높은 적합성을 가져야 할 뿐 아니라 모브랜드는 확장제품에 경쟁우위를 제공해야 한다. 예를 들어, 소비자들은 오랫동안 Vicks NyQuil 브랜드에 대해 감기 증상을 완화시켜 주어 밤에 잠을 더 잘 수 있게 하는 제품이라는 연상을 형성했다. 이에 따라, Vicks zzzQuil이라는 확장 브랜드명은 수면보조제 세분시장에서 큰 인기를 끌었다.

브랜드확장에 노출된 대다수 소비자들은 앞에서 언급한 세 가지 성공요인에 대해 꼼꼼히 생각하는 것이 아니라 본능적으로 반응한다. 브랜드확장제품을 본 소비자들은 '확장제품이 합당한가 아닌가'라는 즉각적인 반응을 보이는 것이다. 즉, 어떤 소비자들은 '그래!'라고 말하고 다른 소비자는 '이게 뭐지? 회사가 무슨 생각을 하고 있는 거야?'라는 반응을 보인다.

자료원: Kotler & Armstrong, 마케팅원리 16판, 안광호, 유창조, 전승우 역, 2017, 시그마 프레스.

랜드 제품과 확장제품이 제품속성면에서 유사성이 떨어지고 모브랜드를 지배하는 연상이 상징적 이미지(가령, 세련됨)일 경우에는 확장제품 자체의 차별적 속성 또는 특성에 관한 정보가 소비자의 확장제품 평가에 더 큰 영향을 미친다고 제시하고 있다. 즉, 확장제품에 대한 정교화 광고의 효과는 모브랜드 이미지가 상징적일 경우보다 기능적일 때에 더욱 커진다는 것이다.

04 브랜드확장전략의 개발과정

일반적으로 브랜드확장은 다음의 다섯 단계를 거쳐 체계적으로 이루어질 수 있다. 각 단계에서는 광범위한 소비자 조사와 정확한 판단이 요구된다.

1) 소비자들이 실제로 갖고 있는 브랜드에 대한 지식을 파악하고 바람직한 브랜드연상을 정의한다

브랜드확장의 결정에 앞서 해당 브랜드에 대해 소비자들이 어떠한 지식을 가지고 있는지를 파악하고, 또한 바람직한 브랜드연상이 무엇인지를 신중히 검토해 보는 것이 중요하다. 소비자

표 9-5 | Vaseline Intensive Care 브랜드의 가능한 확장대상 제품범주

- Moisturizer-Soap, Face Cream, Skin Cream
- Lotion-Sunburn, After-shave, Baby lotion
- Medicinal-Antiseptic, First-aid cream, Homorrhoid cream
- Purity-Cotton, Gautz, Sterile pads
- Body care-Emery boards, Muscle toner, Cotton swaps
- Pump bottle-Liquid hair-net, Mustard, Glass cleaner
- Baby care-Diapers, Powder, Oil
- Fragrance-Perfume, Room deodorizer, Deodorant

들이 갖는 브랜드의 인지도는 얼마나 되는지, 브랜드와 관련된 연상은 얼마나 강력하고, 호의적이며, 독특한지, 그 브랜드에 의해 충족되는 핵심편익과 포지셔닝은 무엇인지 등과 같은 것들이 사전에 파악되어야 한다. 이와 더불어 기업의 입장에서 바람직한 브랜드의 포지셔닝은 무엇인지를 정의함으로써 브랜드확장의 방향 혹은 가능한 제품군을 쉽게 파악할 수 있게 된다.

2) 가능한 확장대상 후보제품군을 파악한다

가능한 확장제품 후보군을 파악하기 위해서는 앞에서 파악된 소비자들이 모브랜드에 대해서 연상하는 것이 무엇인지를 바탕으로, 소비자들의 입장에서 볼 때 모브랜드의 이미지와 적합해 보이는 제품군은 무엇인지를 파악해야 한다. 브랜드확장에 적합한 후보제품군의 파악은 소비자 설문조사뿐만 아니라 브레인스토밍, FGI 등을 통해서도 이루어질 수 있다. 브랜드로부터 연상되는 것들이 많을수록 보다 넓은 범위로의 확장이 용이해진다. 〈표 9-5〉는 Vaseline Intensive Care라는 브랜드로부터 소비자들이 연상한 개념들과 이들 개념들에 적합한 확장대상제품들이 무엇인지에 대해 소비자들이 답한 것을 Tauber가 분석한 것이다.

3) 확장대상 후보제품들의 성공가능성을 평가한다

브랜드확장의 성공 여부를 가늠하는 데 있어 각각의 확장대상 후보제품들에 대해 앞에서 언급되었던 브랜드확장을 통해 얻을 수 있는 잠재적 혜택과 위험의 가능성에 대해서 세밀하게 평가해 보는 것이 반드시 필요하다. 이 경우 3C 분석(소비자, 자사, 경쟁업체 분석)이 유용하게 쓰일 수 있을 것이다.

① 소비자 분석

특정 브랜드확장의 성공가능성을 평가하기 위해서는 확장제품이 모브랜드의 기존가치에 미치는 영향뿐만 아니라 확장제품 자체에 어떠한 브랜드자산이 구축될지 역시 평가되어야 한다. 우선 마케팅관리자들은 브랜드확장이 이루어졌을 때 소비자들이 모브랜드에 대해 갖고 있는 연상들이 확장제품범주에서는 어떻게 달라질 것인지, 확장제품에 대해 소비자들이 어떤 연상을 형성하게 될 것인지 등을 예상해 보아야 한다. 가능한 확장대상 후보제품들의 숫자를 줄이기 위해서 종종 소비자 조사가 필요하다. 이에는 가령, "다음의 확장제품이 모브랜드와 얼마나 어울린다고 생각하십니까?" 또는 "모브랜드로부터 다음과 같은 신제품이 출시되는 것이 적당하다고 생각하십니까?"와 같이 소비자들에게 직접 물어보는 방법도 있다. 또한 소비자들에게 "이 브랜드로 현재 어떤 제품들이 판매되고 있다고 생각하십니까?"라고 물었을 때 대다수의 소비자들이 후보 확장제품이 이미 그 브랜드명으로 판매되고 있는 것으로 생각하고 있다면, 이 제품을 출시해도 별 위험은 없을 것이라는 것을 의미하므로 이런 식의 질문을 이용할 수도 있다. 한편 확장제품에 대한 소비자들의 지각을 보다 잘 이해하기 위해서, 가령 "다음과 같은 브랜드확장을 알게 되었을 때 무엇이 머릿속에 떠오릅니까?" 또는 "이 브랜드가 다음의 제품으로 확장한다는 말을 들었을 때의 느낌은 어떻습니까?"와 같은 자유연상기법이 종종 이용되기도 한다.

소비자 분석과 관련해서 확장대상제품들의 잠재력을 평가하는 데 있어 피해야 할 몇 가지 사항들이 있다. 브랜드확장 기회를 평가하는 데 있어 자주 범하게 되는 중대한 실수 중의 하나는 마케팅관리자들이 종종 소비자들이 갖고 있는 그 브랜드에 대한 연상 혹은 지식을 모두 고려하지 못한다는 것이다. 그들은 때로 적합성을 판단하기 위한 근거로 한두 가지 정도의 브랜드연상들에만 초점을 맞추고, 이보다 더 중요한 다른 브랜드연상들은 무시해 버리는 실수를 범한다. 예를 들어 일회용 플라스틱제품으로 잘 알려진 Bic과 같은 프랑스기업은 값이 저렴한 일회용 제품과 관련된 브랜드연상을 강조함으로써 1950년대 말에는 일회용 볼펜시장으로, 1970년대 초에는 일회용 라이터 시장으로, 그리고 1980년대 초에는 일회용 면도기 시장으로 점차 시장을 확장해 나갈 수 있었다. 그러나 Bic은 1989년 미국과 유럽시장에서 이와 동일한 전략으로 Bic 향수를 출시하였지만 실패하고 말았다. 이 향수는 여성용('Nuit'와 'Jour'), 남성용('Bic for Men'과 'Bic Sport for Men') 각각 2 종류로 담배 라이터처럼 땅딸막하게 보이는 모양의 1/4 온스짜리 스프레이형 유리병에 포장되어 5달러씩에 판매되었다. 이 제품의 포지셔닝은 '적절한 가격대의, 품질이 우수한, 그리고 구매와 사용이 편리한 제품'이라는 컨셉으로 결정되었으며 주로 약국, 슈퍼마켓, 양판점 등 광범위한 유통경로를 통해 판매되었다. 이 향수의 광고

브랜드마케팅 따라잡기

단계적 브랜드확장전략

기업은 제품확장과 브랜드확장을 추구함에 있어 다양한 형태의 전략대안을 고려할 수 있다. C. Whan Park, D. J. MacInnis와 A. B. Eisingerich는 다음과 같은 순서로 확장을 시도하는 것이 효과적이라고 제안했다.

1단계 : 모브랜드가 속한 기존 제품범주 내에서 브랜드가치를 높이는 데 역점을 둔다.

마케터는 제품확장과 브랜드확장을 추구하기 전에 높은 브랜드애착 수준을 구축하고 강화하는 데 마케팅비용을 지속적으로 투자해야 한다. 왜냐하면 충성고객들의 높은 브랜드애착을 가진 파워브랜드는 강력한 확장효과와 피드백 효과를 만들어내기 때문이다. 이를 위해 실용적 혜택, 정서적 혜택, 상징적 혜택에 기반을 둔 브랜드마케팅활동을 통해 브랜드가치를 계속 향상시켜야 한다.

2단계 : 제품확장을 추구한다.

제품확장은 기존 제품범주에서 모브랜드의 시장점유율과 브랜드파워를 더욱 강화시켜주기 때문에 고객들이 해당 제품범주에서 모브랜드에 대해 애착을 가질 추가적인 이유를 제공한다. 나아가 다른 제품범주로 진출할 경우 모브랜드를 자산으로 활용해 그 시장에서 성공을 거둘 가능성을 더욱 높인다. 제품확장을 통한 시장점유율의 제고는 ① 기존고객이 제품을 더 많이, 더 자주 소비하도록 촉진하고, ② 경쟁브랜드 사용자들을 끌어들이며, ③ 제품을 사용해본 적이 없는 비사용자를 브랜드사용자로 전환시킬 수 있는 제품확장을 추구함으로써 실현될 수 있다.

3단계 : 제품확장 후에 브랜드확장을 추구한다.

모브랜드가 기존 제품범주에서 확고한 시장기반을 구축했다면, 다음 단계로 새로운 제품범주로 브랜드확장을 시도한다. 마케터는 공동소비 제품(가령, Aunt Jemina 팬케이크 → 시럽), 교대소비 제품(가령, 비즈니스 고객의 데이터 저장욕구에 대한 원스톱 솔루션 기업을 추구하는 Cisco의 데이터센터 솔루션 → 클라우드 서비스 솔루션), 혹은 대체제품(삼성 갤럭시 S9 → S10)에 바탕을 둔 브랜드확장을 고려할 수 있다.

4단계 : 제품특성 혹은 브랜드컨셉에 바탕을 둔 브랜드확장을 추구한다.

모브랜드가 특정의 일반적인 고객욕구를 잘 충족시키는 것으로 널리 알려질 경우 기업은 특성 혹은 브랜드컨셉을 바탕으로 한 브랜드확장전략을 추구할 수 있다. 이러한 브랜드확장의 주요목표는 브랜드 관련 연상을 더욱 강화하는 데 있다.

특성에 바탕을 둔 브랜드확장은 모브랜드가 특정의 제품특성을 가진 것으로 널리 알려져 있고 그 특성에 대한 특허기술을 보유하고 있을 때 유리하다. 강력하고 가벼우며 보호기능이 뛰어난 섬유원단인 Dupont의 Kevlar 브랜드는 이러한 제품특성을 기반으로 해 방탄제품(가령, 방탄조끼), 상처방지제품(가령, 산업용 장갑 등의 신체보호장구), 발 보호 제품(가령, 신발, 양말 등), 도난방지제품(가령, 케이블 자물쇠), 누수방지제품 등으로 브랜드를 확장했다. 브랜드컨셉에 바탕을 둔 브랜드확장은 특정의 브랜드컨셉(브랜드 의미)을 일반화시키는 데 그 목적이 있다. 가령, 샤넬 같은 럭셔리브랜드, 나이키 같은 라이프스타일 브랜드, 할리 데이비슨 같은 그룹 멤버십을 상징하는 브랜드들은 브랜드확장을 통해 특정의 브랜드컨셉을 다른 여러 제품범주들로 일반화시켰다.

자료원: C. W. Park, D. J. MacInnis and A. B. Eisingerich, *Brand Admiration*, 2016, John Wiley & Sons.

전략으로 '호주머니 속의 빠리'라는 카피와 함께 Bic 향수로 자신들의 스타일을 뽐내는 매력적인 모델들의 이미지를 담은 광고와 판촉캠페인을 실시하였으며, 이에 들어간 비용만 해도 2천만 달러에 이르렀다. 하지만 그럼에도 불구하고 결국에는 실패를 하고 말았는데 그 이유는 일회용 제품이라는 면에서는 모브랜드와 확장제품 간에 서로 큰 문제가 없으나 정작 이보다 더 중요한 이미지 면에서의 모브랜드와 확장제품인 향수 간의 불일치에 따른 부정적인 이미지를 극복하지 못했기 때문이었다.

② 자사와 경쟁업체 분석

마케팅담당자는 확장대상제품들을 평가하기 위해 소비자 관점뿐만 아니라 자사와 경쟁업체 관점 역시 고려한 보다 포괄적인 시각을 가져야 한다. 예를 들어, 다음과 같은 사항들 역시 고려되어야 한다. 브랜드확장에 따라 기업의 기존자산이 얼마나 효과적으로 확장제품시장에서 활용될 수 있겠는가? 기업의 기존고객이나 마케팅프로그램은 확장제품시장과 얼마나 연관성이 있는가? 소비자들이 지각하는 확장제품의 경쟁적 이점은 무엇이고, 이에 대해 예상되는 경쟁업체의 대응은 무엇인가? 다시 말해서, 소비자들이 확장대상제품에 대해 바람직하다고 지각되더라도, 기업이 그 제품을 생산하기 위한 기술적 혹은 재무적 역량이 부족하거나, 새로운 시장에서의 마케팅 수행능력에 자신이 없거나(예: 유통망 구축 역량 부족, 경험부족 등), 확장제품시장으로의 진출이 기업의 기존 사업분야에 부정적인 영향을 미칠 위험이 있거나 혹은 다른 제품/사업과의 시너지 효과가 기대되기 어려울 경우 그 시장으로 브랜드확장을 하기로 결정을 내리기 어려울 것이다. 예를 들어, 현대자동차가 사업확장의 한 방안으로 모터사이클 시장으로 진출하기로 결정했다면, 이를 위해서 먼저 고려되어야 할 것은 최근 국가경제 전반적인 자금부족상황에서 새로운 생산공장을 마련할 여유가 있는가 하는 것일 것이다.

한편 마케팅관리자는 경쟁제품과 비교된 확장제품의 상대적 매력도를 고려해야 한다. 확장제품 그 자체만을 놓고 평가했을 때와 기존의 경쟁제품들을 같이 고려했을 때의 소비자들의 반응은 달라질 수 있다. 예를 들어, 한 소비자 조사에서 삼성 브랜드의 여러 제품군으로의 확장가능성을 파악해 보았다. 삼성이란 브랜드는 사실 관련된 제품군이 매우 광범위하기 때문에 (예: 생명보험, 중공업, 전자제품, 반도체, 증권, 항공, 아파트 등) 그 브랜드와 관련된 구체적인 연상이 형성되기는 어려우나, 규모와 경영스타일에서 오는 신뢰성이라는 나름대로의 브랜드자산을 구축하고 있는 상태다. 이 중 흥미로운 사실은 소비자들에게 조립식 완구시장에 삼성이 진출하면, 즉 삼성브랜드의 완구가 나온다면 사겠는가는 질문에 대해 거의 40%에 달하는 실험참가자들이 사고 싶은 마음이 있다고 대답했다. 하지만 똑같은 삼성브랜드의 조립식 완구에 대해 기존의 경쟁자인 레고 완구를 같이 제시했을 때 삼성제품을 사겠다는 사람들은 10%에도 훨씬 못 미치게 나타났다는 것이다. 이러한 경쟁적 환경에 따른 소비자들의 반응변화 외에도, 확장제품 내의 기존 경쟁자들의 반발가능성 및 그 정도와 대응방향 역시 확장대상제품을 최종적으로 결정할 때 반드시 고려되어야 한다.

4) 확장제품을 위한 마케팅프로그램의 설계

브랜드확장과 관련해 기업이 흔히 저지르는 실수 가운데 하나는 브랜드확장을 이용해서 신제품을 출시한 후, 모브랜드의 명성에만 의존하고 확장제품에 대한 적절한 마케팅프로그램을 준비하지 않음으로 인해 확장제품에 대한 모브랜드의 효과를 극대화시키고 나아가 모브랜드 자산을 향상시킬 수 있는 기회를 놓쳐 버리는 경우이다. 새로운 브랜드를 출시할 때와 마찬가지로 브랜드확장의 경우에도 기업은 확장제품에 대한 브랜드자산을 구축하기 위해 기존의 브랜드구성요소들(예: 브랜드이름, 로고, 심벌, 캐릭터, 슬로건, 포장)에 대한 신중한 선택과 브랜드요소 이외의 요인에 의해 형성된 브랜드자산의 활용, 확장제품에 대한 최적의 마케팅프로그램 설계 등의 체계적 마케팅의사결정을 내려야 한다.

① 브랜드구성요소의 선택과 브랜드 이외의 요인에 의해 형성된 브랜드연상의 활용

기본적으로, 확장제품은 모브랜드로부터 브랜드명을 포함하여 하나 이상의 기존 브랜드요소를 이어받아야 한다. 하지만 대부분의 경우 브랜드를 확장한다고 할 때 주로 브랜드명의 확장만을 생각하며 그 이외의 다른 기존 브랜드요소들의 활용에 대해서는 소홀히 취급하고 있다. 하지만 여러 브랜드요소들의 효과적인 활용은 브랜드확장의 효과를 더욱 높여줄 수 있는 기회를 제공해 준다. 예를 들면, Campbell사는 공통의 로고를 통해 모제품과 확장제품들 간의 연결고리를 분명히 함과 동시에 포장에서의 차별화를 통해 이들 제품 간의 구별을 도모하고 있다. 만일 동일한 유형의 포장을 사용한다면 확장제품이 모제품과 차별화되지 않는, 따라서 가능한 부정적인 피드백 효과를 차단할 수 없게 되는 위험에 빠질 수도 있기 때문에 유의해야 된다. 확장제품에 맞는 새로운 브랜드요소들의 활용은 제품의 독자적인 인지도와 이미지를 형성시켜 모브랜드와 확장제품의 구분을 용이하게 해주기 때문에 종종 필요하다.

반면에 포장이 브랜드자산에 있어 중요한 구성요소이기 때문에 동일한 포장 디자인을 하지 않으면 소비자들이 확장제품이라고 생각하지 않을 수도 있다. 또한 모제품과 유사한 포장을 사용하여 소매점 내에서의 진열대 확보 및 전시효과를 얻는 경우도 자주 볼 수 있다. 특히 소비자들의 구매결정이 점포 내에서 이루어지는 경우가 많은 일상용품이나 저관여제품의 경우 이러한 전략은 더욱 효과적일 수 있다. 예를 들어, 제일제당이나 오뚜기, 청정원 등의 식품회사들은 최근 전자레인지를 이용한 여러 식품분야에서 유사한 포장을 동반한 브랜드확장으로 소비자들에게 보다 큰 시각적 점유(eye share)효과를 노리고 있다. 빙그레 역시 기존 바나나맛우유에 적용하는 항아리 모양의 용기를 딸기맛우유 제품을 출시할 때에도 동일하게 적용하여 용기모양을 브랜드자산을 전달하는 중요한 브랜드요소로 활용하고 있다. 이처럼 포장의 역할은 브랜드확장에서 매우 중요하다. 과거 Kodak의 경우 노랑, 빨강, 검정의 독특한 조합으로 이루어진 고유의 등록색상(trade dress)은 법적인 보호까지 받았고 소비자들에게 중요한 차별화 포인트로 인식되었다. 한 예로 Kodak은 1985년 Ultra Life라는 브랜드명으로 알카라인 배터리를 출시하면서, 기존의 등록색싱을 이용한 포장을 사용하지 않고 독창적인 포장을 사용하였다. 그러나 판매가 저조하자, Kodak은 기존의 포장으로 돌아갔고, 그 결과 Ultra Life 제품의 판매량은 급속도로 늘기 시작하였다. 이처럼 확장제품은 자신만의 독특한 브랜드요소를 구축할 수도 있을 뿐만 아니라 모브랜드의 구성요소들 중 하나 이상을 이어받을 수도 있다. 이러한 의사결정은 모브랜드가 갖는 브랜드요소들의 특징(예: 기억의 용이성, 의미의 구체성, 법적 보호가능성, 변경가능성 등)과 이들의 확장제품군 내에서의 관련성 등에 의해 결정되어야 한다.

한편 확장제품에 대한 이미지를 구축하는 데 있어 모브랜드의 구성요소에 의해 형성된 연상 이외에도 기업이미지, 광고모델, 원산지, 유통 등에 의해 형성된 연상 역시 중요한 자산으로 취급되고 활용되어야 한다. 기업이미지의 활용 여부는 브랜드확장에 따라 다른데, 기업이미지의 전문성과 확장제품과 그 기업의 기존 사업분야와의 관련성이 고려되어야 한다.

② 최적의 마케팅프로그램 개발

소비자들의 확장제품 평가에는 제품관련 연상뿐만 아니라 제품 외적 연상(유통, 가격, 촉진활동 등) 역시 중요한 역할을 수행한다. 따라서 확장제품에 대한 바람직하고 일관된 이미지를 형성하기 위해서는 마케팅믹스 요소들 간에 일관되고 상호 보완적인 관계가 형성되도록 마케팅프로그램을 설계해야 한다. 그리고 마케팅프로그램 설계과정에서 그 기업의 역량, 경쟁자 및 목표고객의 욕구 역시 고려해야 한다. 또한 마케팅프로그램 설계과정에서 마케터는 모제품과 확장제품 간의 동질성과 차별성을 어떻게 조화시킬 것인지도 신중히 고려해야 한다. 한 예로 라인확장 시에는 잠재적인 자기시장잠식이나 소비자 혼동의 위험을 최소화하기 위해서 소비자들에게 확장제품만의 독특한 새로운 연상을 심어주는 것이 중요하다. 예를 들어, 삼성 하우젠 세탁기의 라인확장으로 출시된 삼성 하우젠 버블 세탁기의 경우 이 제품이 소비자들에게 기존 하우젠 은나노 세탁기 등의 모델을 대체하기 위한 것으로 지각된다면 소비자들은 삼성의 다른 기존 세탁기들을 구식모델로 생각하여 구매를 꺼릴 것이다.

5) 브랜드확장의 평가

브랜드확장전략의 마지막 단계는 브랜드확장이 확장제품과 모브랜드의 자산에 얼마나 기여했는지를 평가하는 것이다.

위에서 설명했듯이 브랜드확장을 위해선 많은 결정들이 내려져야 하고, 수많은 요인들이 브랜드확장의 성패에 영향을 미친다. Reddy, Holak, & Bhat는 20년에 걸쳐 34개의 담배브랜드의 75개 라인확장에 대한 자료를 사용하여 라인확장의 성공요인에 대해 연구하였는데, 그들의 연구결과를 요약하면 다음과 같다.

① 강력한 브랜드의 라인확장은 그렇지 않은 브랜드의 확장보다 성공가능성이 더 높다.
② 상징적 브랜드의 라인확장은 기능적 브랜드의 확장보다 성공가능성이 더 높다.
③ 광고와 판매촉진 지원을 많이 받는 라인확장은 그렇지 않은 확장보다 성공가능성이 더 높다.
④ 강력한 브랜드의 확장인 경우, 하위제품범주에 조기 진입한 라인확장이 늦게 진입한 경우보다 성공가능성이 더 높다.
⑤ 기업규모와 마케팅 역량 역시 라인확장의 성패에 영향을 미친다.
⑥ 신속한 라인확장은 모브랜드의 시장확대를 촉진한다.
⑦ 라인확장에 따른 판매증가는 많은 경우 시장잠식에 따른 판매손실을 충분히 상쇄시킬 정도로 크다.

이 장에서 살펴본 바와 같이 브랜드확장전략은 어떻게 전개되는가에 따라 해당 브랜드를 소비자들에게 커다란 의미를 부여하는 브랜드로 승화시킬 수도 있고, 혼란스러운 이미지만을 소비자의 마음속에 심어줄 수도 있다. 성공적인 브랜드확장전략을 위해 기업은 여러 영향요인들을 검토/평가해야 하고, 부정적인 효과 없이 브랜드확장의 범위를 넓혀나갈 방안을 모색해야 한다.

참고문헌

1. Aaker, David A. and Kevin Lane Keller, "Consumer Evaluations of Brand Extensions," *Journal of Marketing*, 54(January 1990), pp. 27-41.
2. Andrews, Jonlee, "Rethinking the Effect of Perceived Fit on Customers?Evaluations of New Products," *Journey of the Academy of Marketing Science*, 23(1)(1995), pp. 4-14.
3. Boush, David and Barbara Loken, "A Process Tracing Study of Brand Extension Evaluations," *Journal of Marketing Research*, 28(February 1991), pp. 16-28.
4. Boush, David, Shannon Shipp, Barbara Loken, Ezra Gencturk, Susan Crockett, Ellen Kennedy, Betty Minshall, Dennis Misurell, Linda Rochford, and Jon Strobel, "Affect Generalization to Similar and Dissimilar Line Extensions," *Psychology and Marketing*, 4(Fall 1987), pp. 225-41.
5. Broniarczyk, Susan M. and Joseph W. Alba, "The Importance of the Brand in Brand Extension," *Journal of Marketing Research*, 31(May 1994), pp. 214-228.
6. Claycamp, Henry J. and Lucien E. Liddy, "Prediction of New Product Performance: An Analytical Approach," *Journal of Marketing Research* (November 1969), pp. 414-420.
7. Dacin, Peter and Daniel C. Smith, "The Effect of Brand Portfolio Characteristics on Consumer Evaluations of Brand Extensions," *Journal of Marketing Research*, 31(May 1994), pp. 229-242.
8. Farquhar, Peter H., "Managing Brand Equity," *Marketing Research*, 1(September 1989), pp. 24-33.
9. Farquhar, Peter H., Julia Y. Han, Paul M. Herr, and Yuji Ijiri, "Strategies for Leveraging Master Brands," *Marketing Research*(September 1992), pp. 32-43.
10. Hartman, Cathy L., Linda L. Price, and Calvin P. Duncan, "Consumer Evaluation of Franchise Extension Products: A Categorization Processing Perspective," *Advances in Consumer Research*, 17(1990), pp. 120-26.
11. Kapferer, Jean-Noel, *Strategic Brand Management*, New York: Free Press, 1992.
12. Keller, Kevin Lane and David A. Aaker, "The Effects of Sequential Introduction of Brand Extensions," *Journal of Marketing Research*, 29(February 1992), pp. 35-50.
13. Kumar, Piyush, "Brand Counterextensions: The Impact of Brand Extension Success versus Failure," *Journal of Marketing Research*, 42(May 2005), pp. 183-194.
14. Milewicz, John and Paul Herbig, "Evaluating the Brand Extension Decision Using a Model of Reputation Building," *Journal of Product & Management*, 3(1)(1994), pp. 39-47.
15. Myers-Levy, Joan and Alice M. Tybout, "Schema Congruity as a Basis for Product Evaluation," *Journal*

of Consumer Research, 16(June 1989), 39-54.

16. Park, C. Whan, Sandra Milberg, and Robert Lawson, "Evaluation of Brand Extensions: The Role of Product Level Similarity and Brand Concept Consistency," *Journal of Consumer Research*, 18(September 1991), pp. 181-93.

17. Park, C. Whan, D. J. MacInnis, and A. B. Eisingerich(2016), *Brand Admiration: Building A Business People Love*, John Wiley & Sons.

18. Rangaswamy, Arvind, Raymond Burke, and Terence A. Oliva, "Brand Equity and the Extendibility of Brand Names," *International Journal of Research in Marketing*, 10(March 1993).

19. Reddy, Srinivas K., Susan L. Holak, and Sbodh Bhat, "To Extend or Not to Extend: Success Determinants of Line Extensions," *Journal of Marketing Research*, 31(May 1994), pp. 243-262.

20. Roedder-John, Deborah and Barbara Loken, "Diluting Brand Beliefs: When do Brand Extensions Have a Negative Impact?", *Journal of Marketing*(July 1993), pp. 71-84.

21. Schmitt, Bernd H. and Laurette Dube, "Contextualized Representations of Brand Extensions: Are Feature Lists or Frames the Basic Components of Consumer Cognition?," *Marketing Letters*, 3(2)(1992), pp. 115-26.

22. Smith, Daniel C. and C. Whan Park, "The Effects of Brand Extensions on Market Share and Advertising Efficiency," *Journal of Marketing Research*, 29(August 1992), pp. 296-313.

23. Smith, Daniel C., "Brand Extension and Advertising Efficiency: What Can and Cannot Be Expected," *Journal of Advertising Research*(November/December 1992), pp. 11-20.

24. Sullivan, Mary W., "Brand Extensions: When to Use Them," *Management Science*, 38(6)(June 1992), pp. 793-806.

25. Sullivan, Mary W., "Measuring Image Spillovers in Umbrella-branded Products," *Journal of Business*, 63(3)(1990), pp. 309-329.

26. Sutherland, Max and Bruce Smith, "Communicating Kinship: Beware Mistaken Identity in Brand Extensions," *The Journal of Brand Management*, 1(2), pp. 90-93.

27. Tauber, Edward M., "Brand Leverage: Strategy for Growth in a Cost-Control World," *Journal of Advertising Research*(August/September 1988), pp. 26-30.

4

제10장

기존 브랜드자산의 강화 및 재활성화 전략

구축된 브랜드자산을 강화하기 위해
밀레니얼 세대를 겨냥한 브랜드마케팅을 도입한 티파니

Before

티파니는 더 이상 영화 속 할리(왼쪽 사진)처럼 백인 여성들만 겨냥하지 않는다. 밀레니얼 세대의 취향에 맞춰, 뉴욕 본점의 외벽을 브랜드색 개똥지빠귀알색으로 낙서처럼 칠하기도 한다.

After

밀레니얼 세대의 아이콘인 엘르 패닝이 TV광고에서 티파니가 뉴욕 시내의 에너지를 담아 디자인한 '하드웨어 컬렉션'의 팔찌를 보이고(위), 거리에서 역동적인 춤을 추고 있다.

1961년에 나온 영화 〈티파니에서 아침을〉에서 여주인공 할리 골라이틀리 역을 한 오드리 헵번은 뉴욕 5번(Fifth) 애버뉴의 티파니 본점 밖에서 커피와 종이 봉지 속 빵을 먹으며 유리창 속 보석들을 들여다본다. 그 안엔 그가 꿈꾸는 상류사회가 있었다. 동명(同名)의 원작 소설 속 할리의 나이는 19세였다. 하지만 요즘 이 나이가 속한 미국의 밀레니엄 세대(1980년대 초~2000년대 초 출생)는 할리가 흠뻑 빠졌던 공주 목걸이나 보석 한 개가 박힌 솔리테어 반지와 같은 전통적인 디자인에는 별로 눈길을 두지 않는다. 또 특별한 날에나 착용할 수 있는 보석류보다는, 멋진 해외여행이나 전자제품에 돈을 쓰는 걸 더 가치 있게 여긴다. 게다가 1950년에 78%였던 미국 전체가구 중 결혼가구 비율은 이제는 48%로 줄었다. 고가(高價)의 결혼·약혼 반지를 파는 보석 부티크들엔 치명적인 사회변화였다. 181년 역사의 티파니 매출도 2015년과 2016년 연거푸 감소했다. 2017년 5월엔 당시 최고경영자(CEO)가 해고됐다.

그런데 2018년 6월 티파니의 1분기 실적이 발표되고 나서, 전날까지 90~100달러 선이던 주가는 126달러로 껑충 뛰어올랐다. 티파니는 "작년 4분기 대비 순이익은 53%가 증가한 1억4,200만 달러에 달하고, 전 세계 매출은 15%(10억 달러) 증가했다"고 발표했다. 무슨 일이 있었던 것일까.

① 밀레니얼 세대 언어에 기반한 마케팅커뮤니케이션

2017년 10월 새로 CEO로 취임한 알렉산드로 보글리올로와 티파니가 처음 신설한 최고예술관리자(chief artistic officer)인 리드 크라코프는 쿨(cool)한 것을 좇는 밀레니얼 세대의 트렌드를 겨냥한 새 마케팅전략과 티파니 브랜드 컨셉의 재정립에 나섰다. 뉴욕대 스턴경영대학원의 럭셔리 마케팅 전문가인 토마이 세르다리의 표현대로 "이젠 쿨한 것이 새로운 표준"이 된 세태를 디자인과 마케팅에 반영한 것이다. 보글리올로는 "우리는 너무 보수적이었고, 약간의 위험이 있지만 진화할 필요가 있었다"고 말했다.

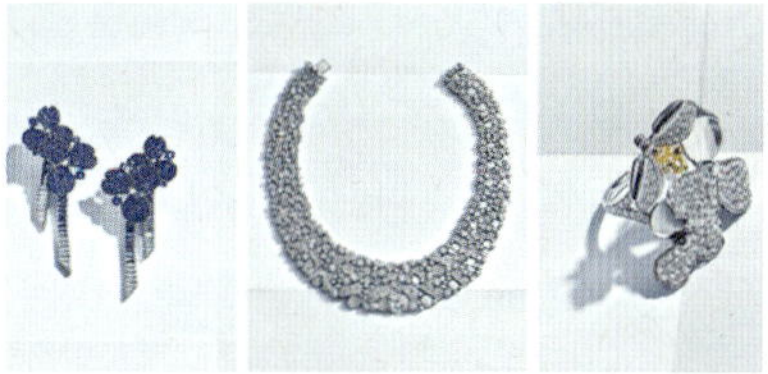

꽃잎과 곤충에서 영감을 받은 '페이퍼 플라워스' 컬렉션(위)과 뉴욕시의 에너지를 간결한 디자인으로 표현한 '하드웨어' 컬렉션.

그래서 광고에도 부유한 집안의 축복 속에 결혼하는 아름다운 백인 연인뿐 아니라, 흑백 또는 동성(同性) 간 결혼·동거 등 이 연령층의 다양한 현실을 반영하는 소수계 모델들을 등장시켰다. 안드레아 데이비 글로벌 마케팅 수석부사장은 "티파니라는 고급 브랜드이미지에서 격식을 뺐다"고 말했다. 지난 5월 티파니가 시작한 '꿈을 믿어요' 캠페인에서는 20세의 여배우 엘르 패닝이 래퍼 A$AP가 부르는 '문 리버(Moon River)'의 힙합 버전에 따라 티파니 본점 앞에서 역동적인 춤을 춘다. 오드리 헵번이 아파트 창문에 걸터앉아 기타를 치며 속삭이듯 부르던 '문 리버'와는 완전히 딴판이다. 밀레니얼 세대의 언어로, 그들의 방식으로 소통하겠다는 것이다. 티파니는 그러면서도, 애초 충성고객들이 티파니에 푹 빠졌던 고급스러운 전통은 유지하고자 했다. 그래서 패닝이 등장하는, 모던한 디자인의 목걸이·귀고리·팔찌·반지 컬렉션인 '페이퍼 플라워스(Paper Flowers)'의 가격대는 여전히 2,500달러에서 7만5,000달러(약 8,378만 원)로, 절대 싸지 않다. 10대 후반~20대 젊은 층을 고객으로 확보할 수 있다면, 그들은 부유한 부모로부터 티파니 선물을 받는 것을 좋아하리라는 판단에서였다. 사실 페이퍼 플라워스는 2017년 4월 말 티파니가 가수 레이디 가가를 내세워 출시한 '하드웨어(Hardwear)' 컬렉션의 후속타이기도 하다. 지금까지 비공식 모델이 청순한 이미지의 오드리 헵번이었던 티파니에 '반항의 아이콘' 레이디 가가는 그 자체가 모험이었다. 그러나 레이디 가가는 수퍼볼·TV 광고에서 분명하지만 차분한 표현으로 티파니를 지지해, 이전의 충성고객층을 소외시키지 않고 젊은 층에 어필했다. 하드웨어는 페이퍼 플라워스와 개념이 전혀 다르다. 18K짜리 금(金)으로 된 볼(ball)과 고리(chains)로, 뉴욕 시내의 에너지와 활기, 터프함을 간결하게 담았다.

② 매장에 카페 오픈을 통해 여성고객 유인

젊은 여성들을 값비싼 보석이 즐비한 티파니 매장으로 끌어들이는 것은 또 다른 도전이었다. 그래서 작년 11월 뉴욕의 티파니 본점 4층에 '블루박스 카페'를 새로 열었다. 티파니의 상표 색깔인 개똥지빠귀알색(Robin's Egg Color)으로 내부를 꾸민 이 카페에는 1,000달러짜리 은 깡통, 300달러짜리 은제 요요, 1,500

달러짜리 레고 세트, 350달러짜리 금 빨대 등 크라코프의 디자인 감각이 담긴 생활소품이 전시돼 있다. 여성들에게 현실에서 럭셔리 체험을 즐기고, 찍은 사진들을 인스타그램에 올릴 수 있게 했다.

커피와 핑거 샌드위치로 구성된 이곳 아침 세트메뉴의 가격은 29달러이다. 영화 속 할리처럼 밖에서 먹지 말고, 티파니 안에 들어와 먹으라는 얘기다. 인스토어(in-store) 경험과 여성들의 소셜미디어 취향을 저격한 이 카페는 주말에는 예약 없이는 앉기가 불가능한 명소가 됐고, 인스타그램엔 블루박스 카페서 찍은 사진이 넘쳐난다. 티파니 브랜드의 배타성에 대중적 인기를 절묘하게 조합한 것이다. 커피와 차를 팔아 다이아몬드 매출액을 대신할 수는 없지만, 인스타그램 노출을 통해 티파니 보석에 대한 친근감을 높였다.

③ 매장 외에 인터넷 판매도 병행

티파니는 또 자사 매장을 통한 판매만을 고집하지 않는다. 전 세계 315곳의 매장 외에, 첨단유행을 좇는 젊은이들이 모이는 온라인 럭셔리몰인 네타포터(Net-a-Porter)와, 런던·뉴욕·도쿄 등지에서 여러 럭셔리 브랜드를 모아 판매하는 도버 스트리트 마켓에도 일부 제품을 소개한다. 젊은 고객층이 있는 곳으로 다가가는 것이다. 물론 이러한 변신에 대해 "이렇게 지나치게 홍보할 필요가 없는 브랜드였다", "지금까지의 스타일과 너무 다르다"며 발길을 끊은 소비자들도 있다. 그러나 럭셔리 브랜드 불가리에서 임원으로 일했고 의류회사 디젤의 CEO였던 이탈리아인 CEO 보글리올로의 생각은 다르다. "배타성을 팔아 번창한 유럽의 경쟁 럭셔리 브랜드와 달리 티파니는 언제나 모든 계층을 환영했다"며 "'값비싼 격식'이란 뜻을 포함한 '럭셔리'는 이제 낡은 개념"이라고 반박했다.

④ 50만 원 이하 중가품도 다양화

새 CEO 보글리올로는 2017년 2월에 쫓겨난 CEO 프레데릭 큐메널이 앞서 취한 조치들의 덕도 봤다. 작년 2월에 레이디 가가를 등장시켜 체인과 볼(ball)을 소재로 도시적 강인함과 여성성을 표현한 하드웨어 컬렉션을 출시하고, 동성 간 결혼 반지 광고를 처음 시도한 사람도 큐메널이었다. 또 다른 럭셔리 브랜드인 '코치'를 반전시킨 크라코프를 최고예술관리자로 영입한 이도 그였다. 그러나 큐메널의 이런 시도는 이사회와 내부의 보수적 분위기에 번번이 부딪혔고, 이에 비해 경영성과 반전(反轉)은 너무 더뎠다. 그의 재임 중 티파니 보석류 매출의 45%가 500달러 미만 제품에서 나오면서, 지나친 대중화로도 공격을 받았다. 하지만 큐메널 해고 이후 임시 CEO를 맡았던 34년 티파니 베테랑인 마이클 코왈스키 회장은 "우리는 매우 큰 텐트를 치고 있다"며 다양한 가격대와 스타일을 옹호하기도 했다.

자료원: 조선 위클리비즈, 2018.7.14.

최근 마케팅환경에서의 많은 변화들은 브랜드를 효과적으로 관리하는 것을 점점 힘들게 하고 있다. 소비자들의 행동변화, 경쟁전략과 정부규제의 변화, 기타 마케팅환경 요인의 변화는 한 브랜드의 운명에 결정적인 영향을 줄 수 있다. 또한 이러한 외부환경요인 외에도 기업 자체도 브랜드관리에 크고 작은 수정을 요하는 다양한 경영활동과 전략적 변화를 수행하고 있다. 따라서 효과적인 브랜드관리를 위해서는 이러한 여러 영향요인들 하에서 고객기반의 브랜드자산을 더욱 강화시키거나 적어도 유지하기 위한 적극적인 전략이 필요하다. 도입사례에서 소개한 티파니의 브랜드마케팅전략 변화는 이를 잘 보여준다.

이 장에서는 구축된 브랜드자산의 강화방안에 대해 생각해 보기로 한다. 효과적인 브랜드관리는 장기적인 시각을 갖고 이루어져야 한다. 기업이 마케팅활동의 일환으로 수행하는 어떤 활동도 소비자들의 해당 브랜드에 대한 지식구조를 변화시켜 브랜드인지도나 브랜드이미지에 영향을 줄 수 있다. 이러한 현재의 마케팅활동에 따른 소비자들의 브랜드 지식구조의 변화는 그 기업의 미래 마케팅활동의 성과에 간접적인 영향을 주게 된다. 따라서 고객중심적인 브랜드자산관리라는 관점에서 보면 마케팅 의사결정을 할 때 중요한 것은 이러한 의사결정의 결과로 나타날 수 있는 브랜드인지도나 이미지의 변화가 어떤 식으로 향후의 마케팅성과에 긍정적 혹은 부정적 영향을 줄 것인지를 고려해야 한다는 것이다. 예를 들어 일시적인 가격인하를 동반한 판촉활동의 빈번한 사용은 그 브랜드에 '저가격' 혹은 '할인'이라는 연상을 유발시킬 수 있으며, 이는 고객의 브랜드충성도나 미래의 가격변화, 혹은 가격 이외의 촉진활동에 대한 그들의 반응에 부정적인 영향을 줄 수 있다.

이 장에서 말하고자 하는 것은 마케팅담당자들은 브랜드의미를 더욱 강화시키고 브랜드자산의 새로운 원천을 파악함으로써 브랜드자산을 시간의 흐름과 함께 적극적으로 관리·강화해야 한다는 것이다. 이 장에서는 구축된 브랜드자산의 강화와 새로운 브랜드자산 원천의 창출, 그리고 약화된 브랜드자산의 재활성화 등에 대해 살펴보기로 한다.

첫째, 기존 브랜드자산을 강화(reinforcement)하기 위해 고려해야 할 요소들(예: 브랜드일관성 유지 및 브랜드자산 원천 보호, 브랜드강화와 활용의 조화)은 무엇인가?

둘째, 브랜드 재활성화(revitalization)를 위해 고려할 수 있는 방안(예: 브랜드인지도의 확대, 브랜드이미지의 개선)에는 어떤 것이 있는가?

01 기존 브랜드자산의 강화(Reinforcing Brands)

기업은 구축된 브랜드자산을 지속적으로 더욱 강화시켜 나가야 한다. 이를 위해 마케팅관리자는 소비자들이 우리 기업의 브랜드에 대해 바람직한 지식구조(knowledge structure)를 갖고 있는지, 따라서 그 브랜드가 여전히 자산으로서의 역할을 하고 있는지를 정기적으로 파악해야 한다. 일반적으로 브랜드자산 강화는 소비자들에게 그 브랜드의 의미를 지속적으로 전달해 주는 마케팅활동을 통해서 브랜드인지도 및 브랜드이미지를 높임으로써 실현될 수 있다.

마케터가 소비자에게 전달할 브랜드의미에는 다음과 같은 것이 포함된다.

① 해당 브랜드는 어떤 제품을 대표하는가? 어떤 편익을 제공하는가? 어떤 소비자 욕구를 충족시키는가? 예를 들어, Nutri-Grain은 자사제품을 시리얼에서 아침용 건강식품 및 기타제품으로 확장함으로써 건강에 좋은 아침식사와 스낵 제품을 만드는 회사라는 브랜드명성을 더욱 공고히 했다. Sunkist란 브랜드는 오렌지의 브랜드에서 출발해서 지금은 비타민C와 관련된 각종 식품 메이커로 그 의미를 확장해 왔다. Fat Down이라는 브랜드는 운동 시 같이 음용하면 '체지방의 산화를 도와준다'는 메시지를 통해 다이어트에 대한 소비자의 욕구를 직접적으로 공략했다.

② 해당 브랜드는 그 제품을 어떻게 차별화시키는가? 그 브랜드가 갖는 강력하고, 호의적이며, 독특한 이미지 혹은 연상은 무엇인가? 가령 Black & Decker는 신제품 개발과 성공적인 브랜드확장을 통해서 소형전기용품 시장에서 '혁신적인 디자인'의 생활용품 브랜드로 인식되고 있다. Volvo자동차는 '안전성'이라는 개념을 키워드로 하여 지금까지 소비자들의 마음속에 경쟁과는 차별화된 독특한 위치를 차지하고 있다.

구축된 브랜드자산을 강화시키기 위해 마케터가 고려해야 할 요소에는 브랜드일관성의 유지, 브랜드자산 주요원천의 보호, 브랜드자산의 강화와 활용 간의 적절한 균형유지, 브랜드자

표 10-1 | 기존 브랜드자산 강화방안

① 브랜드일관성의 유지
② 브랜드자산 원천의 보호
③ 브랜드자산의 강화와 활용 간의 균형
④ 브랜드자산 강화를 위한 마케팅프로그램의 구체화

산을 강화시키기 위한 구체적 마케팅프로그램의 개발/실행 등이 있다. 이하에서는 각각의 고려요인에 대해 자세히 살펴보기로 한다.

(1) 브랜드일관성(brand consistency)의 유지

브랜드자산 강화에 있어 가장 중요한 고려요인은 대상 브랜드에 대한 마케팅지원의 일관성이다. 여기서의 일관성은 그 규모와 내용 모두에서의 일관성을 의미하며, 이는 브랜드연상의 강도(strength)와 호감도(favorability)를 유지하는 데 있어 필수적이다.

1) 브랜드일관성 유지의 중요성

지난 몇십 년간 시장선도자의 지위에 있었던 브랜드들을 보면 그 포지셔닝에서의 일관성이 얼마나 중요한지를 깨닫게 해 준다. Budweiser, Coca-Cola, McDonald's, Hershey, 새우깡, 신라면, Nike, Disney 등의 브랜드들을 보면 일단 그들이 시장선도자의 위치를 차지한 후에는 일관된 브랜드전략을 유지해 왔다. P&G에서 비누, 샴푸, 컨디셔너, 세제 등의 제품에 확장시켜 사용하는 Ivory라는 브랜드는 처음 광고를 실시했던 1881년의 광고메시지와('물에 뜨는 비누', '99.44% 순수한 비누'라는 두 개의 메시지) 지금의 광고내용과 혹은 이미지와 큰 차이를 찾아보기 힘들다. Philip Morris 역시 그들의 Marlboro담배를 광고함에 있어 꾸준하게 카우보이 이미지에 의존하고 있다. 재미있는 것은 Marlboro담배는 1920년대에는 원래 여성용 담배 포지셔닝으로 출발했었다. 당시의 담배모양 역시 필터부분을 장밋빛 색깔로 처리하여 여자들의 립스틱이 묻어도 표시나지 않도록 하였고, 광고의 슬로건 역시 '오월처럼 부드러운(Mild As May)'이라는 표현을 사용했었다. 그 후 1950년대에 필터담배가 대중들 사이에 많이 보급되자 Philip Morris는 매출실적이 불안한 이 담배를 재포지셔닝하기로 결정하고, 빨간색과 흰색으로 이루

CJ '고향의 맛' 다시다

유한킴벌리 '우리 강산 푸르게 푸르게'

일관된 브랜드컨셉을 유지한 국내 사례

표 10-2 | Burger King의 슬로건 변화

연도	슬로건
1974-76	Have it your way
1976-78	America loves burgers and we're America's Burger King
1978	Best dam burger
1979-82	Make it special, make it Burger King
1982-85	Battle of the burgers: Aren't you hungry for Burger King now?
1985	Search for Herb
1986	This a Burger King town
1987	The best food for fast times
1987-89	We do it like you'd do it
1989-91	Sometimes you've gotta break the rules
1991	Your way. Right away
1992-93	BK Tee Vee: I love this place
1994	Get your burger's worth
현재	Have it your way

어진 새롭게 디자인된 포장과 당시엔 혁신적인 위로 열리는 용기를 도입하였다. 또한 잘 알려진 대로 서부목장의 실제 카우보이를 등장시켜 전통적이고 서부적인 남성 이미지를 브랜드에 구축하였다. 이러한 거친 카우보이의 남성적인 이미지는 Marlboro를 1970년대에 미국의 NO.1 담배라는 자리에 올려다 놓았다. 우리나라의 경우 전쟁, 뒤늦은 자본주의의 보급 같은 역사적인 이유로 인해 서구처럼 50~100년 정도로 긴 기간 동안 브랜드컨셉을 일관되게 유지해온 브랜드의 예를 찾아보기 힘들지만 나름대로 꽤 오랜 기간 동안 잘 관리되어온 브랜드들이 없지는 않다. '고향의 맛'이라는 컨셉을 꾸준히 유지해온 다시다(조미료)나 '우리 강산 푸르게 푸르게' 캠페인을 지속적으로 벌여 온 유한킴벌리 같은 경우가 이에 해당한다.

이러한 일관성의 중요성은 마케팅활동에 있어 일관성이 없었던-반복된 재포지셔닝, 광고기획사의 끊임없는 변경 등-브랜드들의 운명을 살펴보면 더욱 명확해진다. 예를 들어, Burger King의 경우 1970년대 중반의 성공적이었던 '당신의 방식으로 즐겨라(Have It Your Way)'라는 슬로건의 광고캠페인 이후로 약 20여 년간 일관성 없는 브랜드 지원전략이 반복되어 왔다. 결과적으로 나타나는 시장점유율의 지속적인 하락으로 Burger King의 최고경영진, 마케팅담당자, 광고기획사는 여러 번 바뀌었고, Burger King은 그 브랜드와 가장 강력하고 호의적으로 연상되는 제품인 Whopper 햄버거에 의존하면서 '버거의 가치를 만끽하세요(Get Your Burger's Worth)'라는 광고캠페인을 도입했다가 결국 최근 들어 '당신의 방식으로 즐겨라(Have it your way)' 슬로건으로 다시 돌아갔다.

2) 일관성 유지와 전술적 변화

그러나 일관성은 마케터가 마케팅프로그램에 어떠한 변화도 주어선 안 된다는 것을 의미하지는 않는다. 오히려 그 반대인 경우도 충분히 있을 수 있다. 즉 브랜드의 전략적 일관성을 유지하기 위해선 수많은 전술적인 변화가 필요할 수 있는 것이다. 소비자 행동을 규정짓는 가장 대표적인 특징 중의 하나는 "소비자 행동은 다이내믹하다"라는 것이다. 이는 소비자들이 끊임없이 변한다는 것을 의미한다. 동일 소비자라 할지라도 시간이 지나면 변하고, 상황이 바뀌어도 변한다. 따라서 이러한 소비자들을 대상으로 하는 브랜드의 마케팅활동도 시간과 상황이 변함에 따라 같이 변하게 마련이다. 다시 말해서 소비자의 마음속에 일관된 브랜드 지식구조를 만들어내기 위해서는 시간과 상황에 따라 가격이 변화할 수도, 제품기능이 추가 혹은 삭제되기도, 디자인이나 포장이 바뀌어질 수도, 다른 크리에이티브 전략이나 슬로건을 이용한 광고가 나올 수도 있는 것이다. 그렇다면 어떤 식으로 많은 선두 브랜드들이 그 전략적 포지셔닝을 오랜 기간에 걸쳐 일관되게 유지해 왔는가? 이러한 브랜드들이 성공한 배경을 살펴보면 전술적인 다양성에도 불구하고 마케팅프로그램의 몇몇 핵심요소들을 변함없이 유지하고, 그 브랜드를 대표하는 핵심적인 의미 혹은 컨셉 상의 일관성 역시 꾸준히 관리해왔음을 알 수 있다.

예를 들어, McDonald's는 여러 가지 다른 슬로건과 광고캠페인을 전개해 왔지만, 이러한 촉진활동들은 모두 그 브랜드를 위한 공통의 핵심가치와 연상을 반영하고 있다. McDonald's의

1970년대 광고캠페인

1995년 광고캠페인

맥도날드는 시간의 흐름에 따라 다양한 광고캠페인을 전개하지만 핵심가치는 그대로 유지하려고 한다.

1995년 광고테마인 "당신은 오늘 휴식시간을 가지셨나요?(Have you had your break today?)"는 그 브랜드의 1970년대 광고캠페인인 "당신은 오늘 휴식을 취할 자격이 있습니다.(You deserve a break today)"와 같은 선상에 있다고 볼 수 있다. 이 두 광고캠페인 모두 소비자들에게 McDonald's의 핵심컨셉인 서비스의 편리성(convenience), 효율성(efficiency), 친근성(friendliness)을 상기시켜 주고 있다. 단지 새로운 광고는 과거 광고보다 좀 더 현대적이고 변화된 소비자의 라이프스타일, 취향 등에 맞게 재구성되었을 뿐이다. 드링크류의 시장리더인 동아제약의 박카스 역시 과거에서부터 브랜드 커뮤니케이션 상의 크리에이티브 면에서는 계속 변화를 주었으나 핵심적인 브랜드컨셉인 '피로회복'이라는 메시지는 꾸준히 유지되었음을 기억해 볼 수 있다.

이와 비슷하게 우리는 핵심적인 광고 크리에이티브 요소를 수년에 걸쳐 변함없이 유지함으로써 결과적으로 일종의 '광고자산(advertising equity)'을 창출한 브랜드들도 어렵지 않게 볼 수 있다. 예를 들어 Jack Daniel 버본 위스키의 경우 그 광고에 항상 테네시의 시골집 풍경과 '흑갈색으로 녹아 들어간 방울방울(Charcoal mellowed drop by drop)'이라는 슬로건을 변함없이 써 옴으로써 독특한 연상을 구축하였고, Marlboro 담배 역시 미국에서는 오랫 동안 카우보이를 등장시킨 광고를 통해 투박한 남성적 이미지를 만들어 왔다. 2000년대 들어 McDonald's는 '패스트푸드는 건강에 해로운 식품'이라는 부정적 인식의 확산, 후발브랜드들의 도전, 값싼 패스트푸드를 판매하는 오래된 기업이라는 부정적 연상 등으로 인해 매출하락에 직면했다. 이에 따라 활동적이며 현대적인 브랜드이미지를 창출하기 위한 광고 캠페인을 전개하고 'I'm Lovin' it(나는 이것이 너무 좋다)'이라는 새로운 슬로건을 도입했다. 그리고 매장 분위기도 현대적으로 바꾸고 광고자산이 구축된 'I'm Lovin' it' 슬로건을 패키지 디자인에 활용하고 있다. 우리나라의 경우에도 과거 CJ제일제당의 다시다는 항상 특정 연예인과 '고향의 맛'이라는 슬로건을 광고에 등장시킴으로써 일종의 '광고자산'을 축적하였었다. 지금도 파크랜드, 동서식품의

CJ제일제당의 다시다

파크랜드

고정적인 광고모델 기용을 통해 광고자산을 구축한 브랜드

브랜드마케팅 따라잡기

일관성과 변화의 조화: 동서식품의 맥심 화이트골드

동서식품은 1968년 창립된 후 커피산업의 불모지였던 우리나라에서 세계적인 수준의 커피제품을 지속적으로 개발·공급하여 우리나라 커피문화를 창조해 왔다. 이 회사의 대표 브랜드인 맥심은 커피의 깊은 향과 함께 개운한 뒷맛을 즐길 수 있는 커피다운 커피로 포지셔닝되었다. 동서식품은 지속적인 시장조사를 토대로 맥심의 패키지 디자인뿐 아니라 소비자들의 니즈변화와 경쟁사의 공략에 대응하여 브랜드의 주요 품질

'향이 깊은'이라는 브랜드컨셉을 유지하면서 제품속성(무지방 우유)과 전속모델(피겨여왕 김연아)의 변화를 통해 맥심의 자산적 가치를 강화시킨 맥심 화이트골드

요소와 소구점 역시 부분적으로 진화시켜 왔다.

2010년 말 커피믹스 시장에 진출한 남양유업은 '화학적 합성품 카제인나트륨 대신 무지방 우유를 썼다'는 마케팅으로 동서식품에 네거티브 공세를 펼치며 몸집을 키웠다. 이에 동서식품도 무지방 우유를 쓴 화이트골드를 별도 출시하며 맞불을 놓았다. 무지방 우유를 첨가한 제품으로 주력 커피믹스 '맥심 모카골드 마일드'의 서브브랜드격이다. 하지만 맥심 화이트골드의 슬로건인 "우유를 넣어도 향이 깊은"에서 알 수 있듯이 기존 맥심커피의 주 컨셉인 "향이 깊은" 컨셉은 계속 유지함으로써 브랜드의 일관성을 위해 노력하고 있다.

마케팅커뮤니케이션 전도 치열했다. 남양유업이 톱스타 김태희를 전속모델로 기용해 홍보효과를 보자, 동서식품은 '피겨퀸' 김연아를 전격 발탁해 "우유만 마시던 연아, 커피도 마신다" 컨셉으로 화제를 모았다. 이로 인해 두 제품은 '연아커피 대 태희커피'의 경쟁구도로 비춰졌다.

맥심커피, 아모레퍼시픽의 라네즈 등 많은 브랜드들이 고정적인 광고모델을 기용함으로써 광고자산의 형성을 추구하고 있다.

물론 이러한 브랜드의 핵심컨셉 역시 소비자들이 변화하고, 브랜드와 제품의 수명주기가 변화해 감에 따라 이에 적응하여 변화될 필요가 있다. 제품수명주기 상의 단계별 경쟁전략과 브랜드컨셉의 변화과정을 살펴보면 몇 가지 흥미로운 예들을 찾아 볼 수 있다. 과거 이동통신 단말기 시장에서 양대 브랜드로 자리를 잡고 있었던 싸이언, 애니콜의 경우 출시 초반에는 브

랜드의 주된 차별화 포인트로서 기능적인 메시지들을 주로 전달하고자 했었다(예: 한국 지형에 강하다 등). 그러나 그 시장이 성숙기에 접어들면서 기능적인 측면뿐만 아니라 보다 감성적이고 상징적인 측면에서의 차별화를 시도하였다(예: 애니콜은 Digital Exciting, Talk-Play-Love 등의 광고컨셉을 도입해 이미지 차별화를 추구함). 그러나 휴대폰이 기술적으로 진화하여 애플에 의해 스마트폰 시장이 새로 열리면서 제품수명주기가 새롭게 시작되었다. 이에 따라 삼성전자는 이동통신 단말기 시장에서 강력한 브랜드파워를 구축했던 애니콜 브랜드를 버리고 갤럭시라는 새로운 스마트폰 브랜드를 도입했다. 갤럭시 등의 스마트폰 브랜드들은 두께, 무게, 해상도, S-펜 기능 등의 기능적인 차별화를 시도함으로써 브랜드의 수명주기 역시 새로운 커브를 그려내고 있다. 이는 브랜드의 차별화 방향이 다시 기능적인 쪽으로 비중이 주어질 수도 있음을 시사한다. 그러나 피처폰 시장에서 스마트폰 시장으로 이동함에 따라 차별화의 초점이 변할 수는 있어도 기존에 구축해 온 핵심적인 이미지 자산의 일관성은 유지해 나갈 필요가 있다.

(2) 브랜드자산 원천의 보호

앞에서 언급한 일관성이란 결국 한 브랜드에 대한 전략적 방향을 의미하는 것이며, 어느 한 시점에서의 마케팅프로그램의 전술적 측면을 의미하는 것은 아니다. 만약 브랜드의 전략적 포지셔닝을 약화시키는 상황-즉, 그 브랜드가 경쟁브랜드에 비해 더 이상 차별점을 갖지 못하거나 소비자들이 그러한 차별점을 더 이상 바람직한 것으로 받아들여지지 않는 상황-이 발생하지 않는다면 기업은 굳이 기존의 성공적인 브랜드포지셔닝을 변화시킬 필요는 없다. 이 경우 기업이 우선적으로 해야 할 것은 브랜드자산의 새로운 원천을 찾는 것보다는 기존의 브랜드자산 원천을 보호하고 지키는 것이다.

예를 들어, 몇 년 전 P&G사는 브랜드자산 원천에 부정적 영향을 미치는 마케팅의사결정으로 인해 일시적으로 경쟁자의 도전을 받았지만, 곧바로 기존의 주요 브랜드자산 원천을 보호하기 위한 마케팅프로그램을 적극적으로 도입했다. P&G사는 비용을 절감하려는 목적에서 자사의 식기세척기용 세제브랜드인 Cascade의 제조성분에 약간의 변화를 주었다. 그러나 그 결과 새로운 Cascade는 몇몇 특수한 경우에 있어 과거만큼의 세척력을 보이지 못하게 되었다. 이 사실을 눈치챈 P&G의 경쟁사인 Lever Brothers는 Cascade와 자사의 세제 브랜드인 Sunlight 간의 직접적인 세척력 테스트와 같은 비교광고를 통하여 P&G사를 공격하였다. 이에 대한 P&G사의 대응은 경쟁사를 공략할 만한 세척력 이외의 새로운 브랜드자산의 원천이 될 만한 요소를 파악·개발하는 것일 수도 있지만, 그보다는 기존 브랜드자산의 원천을 보호하는 것이 우선이었다. 그 이유는 '뛰어난 세척력'이라는 편익은 Cascade라는 브랜드가 갖고 있는 핵심적인 연상이면서 동시에 소비자들에게도 역시 매우 중요한 브랜드연상이기 때문이다. 이에 따라, P&G사는 Lever Brothers사의 공격에 즉각 맞대응을 하였다. P&G사는 곧바로 Cascade를 원래의 제조방식대로 만들기 시작했고, Lever Brothers사에게 이러한 자사의 조치를 알려서 Sunlight의 비교광고를 중단하도록 효과적으로 압력을 가했다. 이러한 예에서 보듯이, P&G사는 자신의 핵심적인 브랜드자산은 필사적으로 방어한다. 이는 한편으로 왜 P&G사가 그토록 많은 장수브랜드를 가질 수 있었는가에 대한 대답이 되기도 하는 것이다.

이와는 대조적으로 Intel사는 1994년 12월 펜티엄칩의 '계산상의 결함(floating decimal)' 문제로 처했던 위기상황에 적절히 대처하지 못함으로 인해 브랜드자산의 주요원천에 부정적 영향을 주었다. 비록 칩의 결함은 아주 드문 경우에 발생하였지만, Intel은 문제를 규명하려 하지 않고 또한 소비자들에게 즉각적인 조치를 취하지 않으므로 해서 커다란 잘못을 범했다. 이 문제가 널리 알려지면서 Intel은 문제를 은폐하려 한 것과 대체칩을 제공하지 않은 문제에 대해 약 6주간 언론 및 소비자들의 비난의 초점이 되었다. Intel 칩이 갖고 있는 브랜드자산의 두 가지 중요한 원천은 광고에서 강조되어온 것과 마찬가지로 '고성능(power)'과 '안전성(safe)'이다. 여기서 안전성이라는 개념은 소비자들의 입장에서 업그레이드가 가능하다는 기술적 진보로부터의 안전성이라는 의미뿐만 아니라, 결점이 있는 칩으로부터 야기될 수 있는 금전적인 혹은 기능적인 위험으로부터의 안전성 역시 의미한다. 따라서 Pentium칩의 이러한 결함은 Intel이 구축해온 브랜드자산의 두 가지 원천 중 하나에 커다란 위협요인이 된 것이다. 결국 Intel은 대체칩을 제공했으나, 흥미로운 점은 전체 Pentium칩 구매자들 중 단지 1~3% 정도만이 대체칩으로 교환했다는 것이다. 바꾸어 말하면, 소비자들의 기분을 상하게 한 것은 칩 자체의 결함보다도 Intel의 불성실한 대응이었던 것이다.

기업이 브랜드자산을 유지/강화하는 데 있어 바람직한 것은 브랜드자산의 주요 원천이 소비자들에게 지속적으로 가치있게 여겨지는 경우이다. 이러한 주요 브랜드연상은 신중히 보호되고 육성되어야 한다. 하지만 마케팅관리자들은 종종 브랜드의미를 확장하려 하거나 새로운 브랜드연상을 추가하려 할 때 이러한 기존의 주요연상들이 갖는 가치를 간과하기 쉽다.

(3) 브랜드자산의 강화(fortifying)와 활용(leveraging) 간의 균형

기존의 브랜드자산을 강화하기 위한 마케팅활동과, 반대로 이윤을 증대시키기 위하여 기존의 브랜드자산을 활용하는 마케팅활동 간에는 일종의 반비례 관계가 형성될 수 있다. 따라서 마케터는 브랜드자산의 활용과 강화 간에 균형을 이루도록 노력해야 한다.

강력한 브랜드가 갖는 이점은 그 브랜드의 자산적 가치를 통해 비용절감과 수익확대를 달성할 수 있다는 것이다. 기업은 강력한 브랜드가 갖는 높은 자산가치를 활용하려고 한다. 즉, 광고비용을 줄이고 경쟁사보다 높은 가격을 책정하고, 또는 여러 확장제품을 출시하는 등 구축된 브랜드자산을 활용하여 수익을 극대화시키는 마케팅프로그램을 도입할 수 있다. 그러나 브랜드자산을 활용하려는 시도가 많아질수록 그 과정 속에서 기존 브랜드자산의 원천이 무시되거나 희석될 가능성은 커진다. 즉 이처럼 브랜드자산을 활용하려는 마케팅활동에 초점이 두어지면 기존의 브랜드인지도나 이미지를 유지하고 향상시키기 위한, 즉 브랜드자산을 강화하기 위한 마케팅활동을 간과하기 쉽고, 그 결과로 브랜드인지도가 떨어지거나 브랜드이미지가 약화될 수 있다.

브랜드가 더 이상 자산으로서의 가치가 없다면 그 브랜드는 기업에게 혜택을 제공할 수 없다. 이런 의미에서 브랜드자산의 주요원천은 지속적으로 보호되고 강화되어야 한다. 한 예로 토마토 소스로 잘 알려진 Heinz사는 과거 Leo Burnett라는 광고대행사와 장기계약을 맺고 촉진전략의 초점을 브랜드를 강화하기 위한 광고 및 기타 커뮤니케이션 활동들로부터 브랜드자산 구축에 별 도움이 되지 못하는-때론 부정적인 효과도 발생할 수 있는-중간상을 대상으로 한 판매촉진이나 가격할인 중심으로 변화시켰던 적이 있었다. 이에 대해 많은 마케팅 전문가들은 "Heinz는 자사의 많은 브랜드들을 일용품 수준으로 떨어뜨렸다"고 비판하였다. 자동차를 제대로 관리해 주지 못하면 결국 성능에 이상이 생기는 것과 같이 브랜드관리를 소홀히 하게 되면 마케팅성과와 소비자 반응에 부정적 영향을 미치게 되는 것이다. 비슷한 예로, Coors 맥주회사는 Coors Light와 같이 아직 기반을 잡지 못한 브랜드를 키우고, Zima와 같은 새로운 브랜드를 출시하는 데에 마케팅활동의 초점을 맞추었기 때문에 정작 주력상품인 Coors맥주에 대해서는 광고지원이 줄어드는 등 소홀히 하게 되어, 매출이 최고였던 1985년 4천 3백만 달러에서 1993년에는 4백만 달러로 급격히 감소했다. 결국 Coors사는 매출을 다시 끌어올리기 위해 새로운 광고캠페인을 시작하였고, Coors의 전통적인 이미지였던 인습타파적이며 독립적인 서부 이미지로 회귀하였다. 브랜드자산이 큰 타격을 입은 이후에야 Coors사의 경영자들은 주력 브랜드인 Coors의 브랜드자산 유지/강화를 위한 마케팅커뮤니케이션활동에 필요한 만큼 충분히 신경쓰지 못했다는 것을 인정했다.

(4) 브랜드자산 강화를 위한 마케팅프로그램의 구체화

Dove® 1/4 moisturizing cream hydrates skin

촉촉한 피부를 강조하는 도브(Dove) 비누의 일관된 광고 소구방식

한 브랜드에 대한 구체적인 전술이나 마케팅 실행계획은 그 브랜드의 기본적인 포지셔닝이나 전략 방향보다는 바꾸기가 용이하지만, 그렇다고 해서 특별한 이유 없이 마케팅프로그램을 바꿔서는 안 된다. 마케팅프로그램을 변경하는 경우는 브랜드자산을 유지하거나 강화하는 데 기존의 프로그램이 더 이상 바람직하지 못하다는 결론이 내려졌을 때이다. 예를 들어, Dove 비누는 오랜 기간 동안 일관된 방법으로 광고를 해왔다. Dove의 포지셔닝은 클렌징 크림이(25%나) 비누에 포함되어 있어 피부를 항상 촉촉하고 부드럽게 해준다는 것으로 그 광고 역시 "Dove는 피부를 건조하게 하지 않습니다"라는 슬로건과 함께 기능을 중심으로 한 소구방식을 꾸준히 이용하고 있다. 브랜드의 의미를 강화하기 위한 마케팅프로그램은 관련된 브랜드연상의 유형에 따라 달라질 수 있다.

다음에서는 브랜드연상이 제품속성과 직접적으로 관련된 것인지 아닌지의 여부에 따라 브랜드자산을 강화하기 위한 마케팅프로그램 개발 시 고려해야 할 사항들이 무엇인지에 대해 살펴보도록 한다.

1) 제품과 관련된 브랜드연상의 유지/강화를 위한 마케팅프로그램

어떤 브랜드의 핵심연상이 제품속성이나 기능적인 편익과 관련된 경우에는 마케팅활동 중 특히 제품디자인이나 제조기술 혹은 머천다이징에 있어서의 혁신에 신경을 쓰는 것이 브랜드자산을 유지하거나 향상시키는 데 매우 중요하다. 예를 들어, 기능적 이미지의 시계 브랜드인 Timex는 Casio나 Swatch와 같은 브랜드가 각각 디지털 기술과 산뜻한 디자인으로 상당한 시장점유율을 얻자 몇 가지 혁신적인 마케팅활동 상의 변화를 전개하였다. 우선 Timex는 Indiglo라는 야광기술을 개발하여 제품에 도입하였으며, Iron-man이라는 마라톤용 시계모델을 선보여 인기를 얻었고, 자사제품만을 위한 Timex체인점을 열었다. 또한 Guess와 Monet 시계 브랜드를 인수하여 고급백화점 시장에 진출함과 동시에 브랜드포트폴리오를 확장시켰다. Timex는 결국 이러한 제품디자인과 머천다이징에서의 혁신으로 브랜드의 이미지를 강화

브랜드마케팅 따라잡기

브랜드아이덴티티 재정의와 이에 기반한 브랜드마케팅활동을 통해 브랜드자산을 더욱 강화시킨 신한은행

2017년 신한은행 위성호 행장은 "신한은행, 그리고 은행의 업(業)을 다시 생각할 때다. 이를 위해 우선 신한은행의 브랜드를 새롭게 창출해야 한다."고 말하며 신한은행의 브랜드아이덴티티를 강화시키라고 지시했다. 이에 따라 신한은행은 신한은행 리브랜딩(rebranding)을 위한 TF(태스크포스)를 구성하고, 6개 부서에서 파견된 전담직원 9명이 신한은행의 브랜드아이덴티티를 강화하기 위한 작업을 시작했다. 이러한 리브랜딩을 추진한 이유는 신한은행에 대한 소비자의 브랜드인지도와 신뢰도는 높은 반면 규모만 지나치게 크고 변화에 둔감하다는 부정적 브랜드이미지가 혼재한다는 분석결과가 나왔기 때문이다. 리브랜딩작업에는 신한금융그룹 계열사 전체가 함께 사용하는 짙은 푸른 색상과 2011년부터 써 온 '따뜻한 금융'이라는 슬로건도 포함되었다.

신한은행은 브랜드아이덴티티 업그레이드의 일환으로 디지털 느낌을 낼 수 있는 서체를 새로 도입했다.

신한은행 관계자는 과거에 구축한 브랜드연상들 중에서 디지털 시대에 걸맞지 않은 브랜드연상들을 제거하고 신한은행이 추구하는 디지털·글로벌 이미지와 조화되도록 브랜드연상을 추가/강화하는 것이 리브랜딩의 주요목적이라고 말한다. 이에 따라 우리·기업은행과 같은 색상이어서 소비자들에게 혼동을 줄 수 있는 푸른색의 로고를 좀 더 차별화된 '신한 컬러'로 바꾸었다. 그리고 현수막과 광고 등에 쓰이는 기존의 서체를 컴퓨터 화면을 떠올리게 하는 경쾌한 서체로 대체했다.

위행장의 신한은행 리브랜딩은 신한카드 사장 시절의 리브랜딩 성공과도 무관치 않다. LG카드를 인수한 신한카드는 회원 수가 가장 많지만, 세련된 디자인을 앞세워 젊고 날렵하다는 이미지를 가진 현대카드와 비교해 고루하다는 브랜드이미지가 강했다. 위성호 당시 신한카드 사장은 신한카드 리브랜딩 작업을 실시했고, 카드의 3분의 1을 없애고 젊은이를 주로 겨냥한 카드 상품 '코드나인(code 9)', 멤버십 서비스 '신한 판(FAN)' 같은 젊고 역동적인 서브브랜드를 개발해 성공을 거두었다. 그 결과 2011년 18위(브랜드스탁이 국내 모든 브랜드를 집계해 발표하는 '100대 브랜드' 기준)였던 신한카드 브랜드 순위는 2016년 7위로 상승했다.

자료원: 조선일보, 2017.5.23.

Indiglo 광고캠페인

Iron-man 광고캠페인

Timex브랜드의 기능적 이미지를 강화하는 데 공헌한 다양한 기능성 시계제품과 광고캠페인

시키는 데 성공하였다.

기능적 이미지의 브랜드가 제품영역에서의 확장 혹은 진화에 실패하면, 심각한 결과를 초래할 수도 있다. 한 예로, PC시장이 붐을 이루면서 타자기와(하드웨어인) 워드프로세서를 판매하던 Smith Corona사는 마침내 도산하고 말았다. 그 이유는 한 전문가가 말했던 것처럼 "Smith Corona는 자신들이 타자기사업이 아닌 문서관련사업을 하고 있다는 것을 깨닫지 못했다"는 것이다. 그렇다면 그들은 어떻게 해야 했을까? 우선 그들은 자신의 사업영역을 제품(예: 타자기)이 아닌 소비자 편익(예: 문서작성 및 처리)을 중심으로 보다 포괄적으로 정의하여 근시안적인 마케팅(Marketing Myopia)을 피했어야 했다. 또한 이러한 시장(고객)지향적 사업정의를 바탕으로 지속적인 제품혁신(예: PC시대에 맞추어 워드관련 소프트웨어의 개발 등)을 추진하여 Smith Corona라는 브랜드의 의미를 확대·강화시켰어야 했다. Xerox사가 자신들의 사업영역을 복사기 회사가 아닌 '문서와 관련된 모든 것(The Document Company)'으로, 그리고 IBM이 스스로를 컴퓨터 회사가 아닌 '고객의 문제를 해결해 주는 회사(The Problem-Solving Company)'로 시장지향적인 정의를 내린 것은 Smith Corona와 대조된다.

따라서 브랜드자산의 원천이 주로 제품속성과 관련된 연상에 기초한 기능적인 브랜드의 경우 브랜드강화를 위해서는 자사브랜드의 기능이 제공하는 소비자 편익을 중심으로 브랜드를 이해/정의하고, 이를 바탕으로 지속적인 제품혁신을 추구하는 것이 무척 중요하다. 이러한 제품혁신을 통한 브랜드강화의 방안으로는 먼저 관련 혁신제품으로의 브랜드확장을 통한 강화를 생각해 볼 수 있다. 이 경우 확장제품은 기존제품에 비해 새로운 혹은 개선된 제품성분이나 속성을 갖는 것이어야 하며, 종종 하위브랜드전략을 이용하는 경우가 많다. 다음으로 기존제품의 개선 및 혁신을 통한 브랜드강화도 생각해 볼 수 있다. 예를 들어, 마이크로소프트는 정기적으로 윈도우 프로그램을 업데이트함으로써 브랜드이미지 개선 및 강화를 추구하고 있다.

반면 어떤 경우에는 제품을 너무 많이 변화시키지 않는 것이 필요할 수 있다. 특히 소비자들로부터 높은 브랜드충성도를 갖거나 오랫동안 소비자들 곁에 있어온, 하지만 제품의 성능개선을 소비자들이 뚜렷하게 지각하기 힘든 경우에 더욱 그렇다. 예를 들어, New Coke가 출시되었을 때 소비자들은 과거에 그들이 익숙해져 있는 Coke의 맛과 많이 틀려진 맛에 부정적 반응을 보이며 전통적인 Coke 맛으로의 회귀를 갈망하였다. 다른 예로, Revlon화장품은 젊은 여성들의 관심을 끌기 위해 30년 동안이나 유지되어 왔던 Intimate란 브랜드의 진한 꽃향기를 좀 더 가볍고 달콤한 향기로 바꾸었다. 이에 대해 오랜 기간 그 제품을 구매해 온 고객들은 과거의 방식대로 제조한 Intimate를 다시 출시해 줄 것을 요구하며 항의하기도 했다. 따라서 제품변화를 통해 브랜드에 변화를 주고자 할 때 중요한 것은 브랜드충성도가 높은 고객들로 하여금 새로 내놓은 제품이 과거와는 다른 제품이라고 인식하도록 하기보다는 과거보다 더 나은 제품이라고 인식할 수 있도록 하는 것이다. Ivory 비누의 경우에도 1881년에 처음 출시된 이후 약 120년의 기간 동안에 단지 19번의 패키지 상의 변화가 있었다.

한편 신제품 출시의 타이밍 또한 중요하다. 만약 개선된 제품이 너무 일찍 소개되면 아직도 시장성이 있는 기존제품을 고사시킬 염려가 있으며, 반면 너무 늦게 소개되면 경쟁사들이 시장기회를 선점할 위험이 있다.

2) 제품과 직접적인 관련이 없는 브랜드연상의 유지/강화를 위한 마케팅프로그램

주로 제품과 직접적으로 관련되지 않은 속성이나 상징적 혹은 경험적 편익을 핵심연상으로 지니고 있는 브랜드에 대해서는 사용자와 브랜드이미지 간의 관련성이 매우 중요하다. 이를 위해서는 목표시장에 대한 그리고 그 시장 내에서의 포지셔닝 컨셉에 대한 명확한 정의

Maybelline 인쇄광고

Smart, Beautiful, Maybelline

스마트하고 세련된 여성이 사용하는 화장품이라는 '제품과 직접적인 관련이 없는 브랜드연상'을 새로 창출하는 광고캠페인을 도입한 Maybelline

가 있어야 하며, 기업이 의도하는 브랜드이미지, 즉 브랜드아이덴티티가 과연 목표고객들에게 바람직한 것인지를 다시 한 번 생각해 볼 필요가 있다. 예를 들어, 국내에도 한때 소개되었던 Maybelline화장품은 1980년대 중반 대중을 대상으로 한 중저가 화장품시장에서 시장선두주자의 자리를 Cover Girl에게 넘겨주었다. 소비자 조사 결과 Maybelline은 소비자들이 그 브랜드에 대해 '구식의, 별 특징이 없는 브랜드'라는 이미지를 갖고 있는 것을 알게 되었다. 즉, 더 이상 목표소비자들과 연관성이 없는 이미지를 가진 브랜드가 된 것이었다. 이에 대한 대책으로 Maybelline은 손쉽게 사용할 수 있는 다양한 종류의 미용도구를 출시하는 등 마케팅전략에 있어서 많은 변화를 시도하였다. 그러나 Maybelline의 선두복귀에 가장 중요한 역할을 한 것은 브랜드이미지를 새롭게 강화시킨 광고전략이었다. Maybelline은 5천만 달러를 투입한 새로운 광고캠페인을 통해 기존의 '평범하고 값싼 때론 싫증이 나기도 하는' 브랜드이미지를 '스마트하고 세련된 여성이 사용하는' 브랜드이미지로-목표소비자들이 원하는 바로 그 이미지로-변화시키는 데 성공했다. 새로 디자인된 광고는 섹시한 모델, 재즈풍의 배경음악, 'Smart. Beautiful. Maybelline'이라는 새로운 슬로건을 세련되게 소비자들에게 보여주고 있다.

이처럼 제품과 직접 관련이 없는 연상은 그 무형성(intangibility)이라는 특징 때문에 다른 유형의 연상보다는 광고캠페인을 통한 변화가 더 용이할 수도 있다. 하지만 잘못 기획되거나 재포지셔닝을 너무 자주 하게 되면 브랜드이미지가 희석되고, 소비자들을 혼동스럽게 하거나 심지어는 배척하게 되는 결과도 초래할 수 있다. 예를 들어, Pepsi콜라의 '신선하고 젊은' 이미지

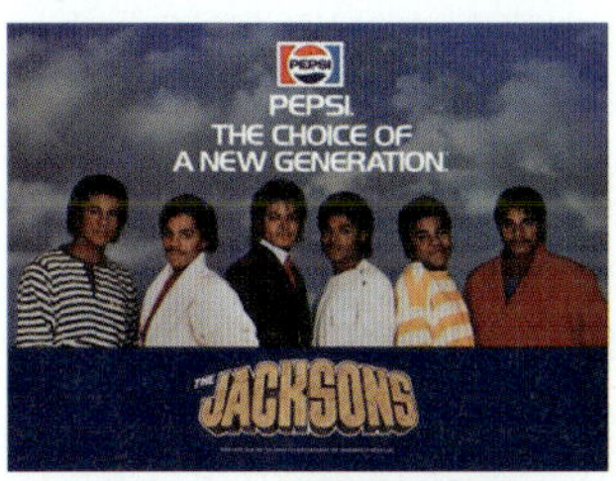

Choice of a New Generation

Gotta Have It

Be Young, Have Fun, Drink Pepsi

Nothing Else Is a Pepsi

Generation Next

펩시(Pepsi)의 계속되는 광고캠페인 슬로건 변경은 펩시의 브랜드이미지에 부정적 영향을 미쳤다.

브랜드마케팅 따라잡기

고려은단·까스활명수·초코파이·칠성사이다 등 장수브랜드의 비결은 스토리텔링 - 일관된 히스토리로 독특한 브랜드아이덴티티 정립

장수 브랜드가 기업 이미지 향상에도 긍정적인 영향을 미치면서 장수 브랜드의 스토리텔링에 적극적으로 나서는 기업들도 많아지고 있다. 수십 년간 소비자들의 생활 속에 깊숙이 자리잡으며 성장해 온 장수 브랜드는 단순히 소비자들의 욕구와 니즈를 충족시키는 상품이 아니라 그 자체로 생명력을 갖고 있다. 변덕스러운 소비자, 하루에도 수백 개에 달하는 새 브랜드가 출시될 만큼 급변하는 트렌드와 시장 환경 속에서도 꿋꿋이 살아남는 장수 브랜드들은 뛰어난 품질력, 브랜드가치를 보호하기 위한 일관된 노력 등의 공통점을 갖는다. 기업들은 이런 장수 브랜드에 대한 신뢰도가 기업 전반적인 이미지 향상에도 기여를 한다고 판단, 장수 브랜드에 일관된 히스토리 부여로 독특한 브랜드아이덴티티를 정립하거나 장수 브랜드와 연계된 꾸준한 공익 캠페인 전개 등을 진행하고 있다. 최근 누적 판매량 30억 정을 돌파한 고려은단의 고함량 비타민C 시장 1위 브랜드 '고려은단 비타민C 1000'은 고함량 비타민C 제품으로는 유일하게 인기 장수 브랜드로 자리매김했다.

1995년 출시 이후 17년간 꾸준한 인기를 누려온 '고려은단 비타민C 1000'은 국내 시판 중인 고함량 비타민C 제품 중 유일하게 세계적인 비타민 생산업체인 DSM사로부터 영국산 프리미엄 비타민C(Ascorbic Acid 97%) 원료를 국내 독점 계약해 생산하고 있는 제품이다. 뛰어난 품질력 때문에 입소문을 타고 자연스럽게 마니아층이 형성돼 특별한 마케팅이나 광고 없이도 매년 매출 상승률 고공행진을 이어가는 고려은단의 효자 상품이다. 이처럼 고함량 비타민C 시장에서 유일하게 장수 브랜드로 자리매김하고 있는 데는 고려은단의 브랜드가치 보호를 위한 일관된 노력에 있다. 소비자들이 '고려은단 비타민C 1000'하면 떠올릴 수 있도록 은색 패키지를 그대로 유지함으로써 브랜드에 대한 일관된 이미지와 가치를 부여하고 있는 것. 최근에는 붉은 귤 모양의 참신한 이미지를 삽입, 고전과 트렌드를 적절히 배합해 장수 브랜드이면서 트렌드에 앞서는 제품임을 어필하고 있다. 이외에도 소비자들의 기대에 부응하는 꾸준한 품질관리, 원료 차별화도 장수 브랜드로서의 가치에 한몫하고 있다.

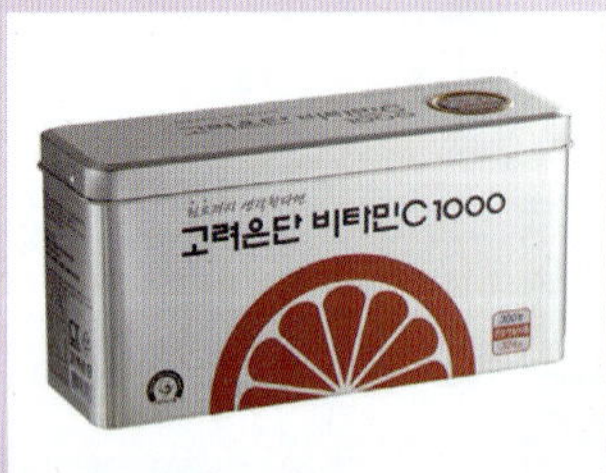

고려은단

까스활명수

초코파이

칠성사이다

일관된 브랜드이미지 전략으로 장수한 브랜드 사례

동화약품과 114년의 연륜을 함께 해 온 까스활명수도 꾸준히 제품을 찾아주는 고정 마니아 층 덕분에 100년 넘게 장수 브랜드로서의 가치를 발하고 있다. '부채표가 없는 것은 활명수가 아니다'는 유명한 광고 카피에서 말해주듯 까스활명수 하면 '부채표'를 자연스럽게 연상시킨다. 소비자들은 이 부채표를 원조 제품으로 인식하고 구매함으로써 그 가치를 기꺼이 인정해준다. 때문에 까스활명수는 유사한 제품의 도전 등 온갖 악재 속에서도 특별한 프로모션이나 마케팅 없이 액상소화제 시장에서 시장점유율 70%로 부동의 1위를 차지하고 있다.

1974년에 출시된 이후 국민과자로 군림해 온 오리온 초코파이는 과자에 '정(情)'이라는 감성을 입힌 마케팅을 꾸준히 진행하고 있다. 소비자들은 이로 인해 '오리온 초코파이'하면 제품 자체보다 '정(情)'을 주고받게 만드는 과자로 인식하게 됐고 이러한 꾸준한 감성 마케팅은 오리온 초코파이를 30년 넘게 국민과자로 자리매김하게 한 일등 공신이 됐다. 1989년부터 시작된 오리온 초코파이 '정' 캠페인 광고는 현대인이 잊고 지내던 가족의 따뜻함을 감성적으로 건드리며 강렬한 인상을 남긴 이후 '이사가는 날' '삼촌 군대 가는 날' '할머니댁 방문' 등을 소재로 한 수십 편의 광고를 선보였다.

한국을 대표하는 사이다로 인식되는 롯데칠성의 '칠성사이다'는 일관성 있는 캠페인을 장기적으로 진행하면서 차별적 이미지를 구축하고 있다. 칠성사이다는 물과 관련된 캠페인을 통해 사사세품을 '언제나 맑고 깨끗한 제품'임을 자연스럽게 연상할 수 있도록 하고 있다. 롯데칠성은 1980년대부터 백두산, 송사리 편 등의 광고를 통해 '맑고 깨끗함'이라는 이미지를 심었고, 이와 함께 색소, 카페인, 인공향료를 넣지 않은 '3무(無) 제품'임을 적극 어필했다. 이러한 '깨끗한 사이다'라는 일관된 이미지화 전략으로 칠성사이다는 외국산 사이다의 공세에도 끄떡없이 국내 시장에서 80% 수준의 점유율을 지키고 있다.

는 Coca콜라와의 경쟁에서 중요한 차별점이었다. 하지만 Pepsi는 1992 슈퍼볼 기간 중에 기존의 '신세대의 선택(Choice of a New Generation)'이라는 슬로건의 캠페인을 중단하고 'Pepsi를 마셔야만(Gotta Have It)'이라는 슬로건과 함께 새 캠페인을 시작했다. 이 광고에선 젊은 사람들과 나이든 사람들 모두 펩시를 마시는 장면을 연출하며, 펩시세대(Pepsi Generation)에 중장년층을 흡수하려고 시도하였다. 그러나 이 캠페인이 판매에서 별 성공을 거두지 못하자 Pepsi는 '젊게, 즐겁게, Pepsi를 마시자(Be Young, Have Fun, Drink Pepsi)'라는 슬로건의 새로운 광고와 함께 종전의 젊은이들을 대상으로 하는 포지셔닝으로 돌아왔다. 그 후 Pepsi는 또 한 번 '오직 Pepsi만이(Nothing Else Is a Pepsi)'라는 광고로 기존의 포지셔닝에서 벗어났었으나, 다시 '차세대(Generation Next)'라는 슬로건으로 기존 포지셔닝으로 되돌아왔다. 이와 같은 Pepsi의 반복되는 재포지셔닝은 결국 소비자들에게 Pepsi의 뚜렷한 이미지를 전달해 주는 데 있어 장애가 되어왔다.

요약하면, 브랜드자산을 강화하기 위해서는 브랜드를 지원하기 위한 마케팅프로그램의 규모나 내용면에서 일관성이 있어야 한다. 시대에 따라 혹은 상황에 따라 세부적인 마케팅전술은 변하더라도 브랜드자산의 주요원천은 보호·유지되고 필요한 경우에는 확대되어야 한다. 마케팅프로그램 측면에서는 지속적인 제품혁신을 추구하고 브랜드아이덴티티와 사용자 간의 관련성을 유지해 주는 것이 중요하며, 브랜드 재포지셔닝은 그에 따르는 위험요인들을 신중하게 고려한 후 결정해야 한다.

02 브랜드 재활성화(Revitalizing Brand)

소비자 취향의 변화, 새로운 경쟁자나 신기술의 등장과 같은 마케팅환경 상의 변화는 한 브랜드의 수익성에 큰 영향을 준다. 우리는 시장에서 지배적인 위치를 차지하고 있던 브랜드가 위기에 빠지거나 혹은 완전히 시장에서 사라져 버리는 경우를 자주 발견할 수 있다. 하지만 이와는 반대로 쇠퇴해가는 브랜드에 마케팅담당자들이 새로운 활력을 불어넣어 이들이 다시 눈부신 컴백을 하는 경우도 종종 볼 수 있다. 이러한 예로 명품의 모터사이클로 인식되고 있는 Harley Davidson, Ford 사동차의 Mustang, 한때 고급 오디오시장을 대표하는 브랜드로 인식되다가 쇠퇴해 버린 후 최근 다시 잃어버린 브랜드자산을 찾아가고 있는 Marrantz, 동아제약의 박카스 등과 같은 브랜드들을 들 수 있다. 몇 가지 관련된 사례를 보기로 하자.

1998년 후반기에 8년 만에 재개되었던 쌍방울의 '트라이' 광고는 잘 만들어진 광고만이 소비자들에게 기억되는 것은 아니라는 공식에 충실한 광고라고 볼 수 있다. 오히려 '뭐 저런 광고가…' 싶을 만큼 혐오감을 주거나 촌스럽고 황당한 경우 광고의 인지도는 더 높아질 수 있다. 쌍방울의 '트라이' 광고는 8년 전의 광고를 그대로 리메이크한 광고이다. 엘리베이터 문을 사이에 두고 이루어지는 남녀의 순간적인 교감과 안타까운 마음에 닫힌 엘리베이터 문을 내리치는 남자의 모습 등 단지 모델이 현재의 인기도를 고려해서 다른 사람으로 교체되었을 뿐이지 기본 스토리와 주제는 예전이나 지금이나 똑같다. 지금의 시점에서 보면 이 광고는 세련된 영상미와 뚜렷한 메시지로 무장한 요즘 광고들과 비교해 볼 때 영상도 촌스럽고 메시지도 혼란스럽다. 그러나 이 광고는 이런 이유로 소비자들에게 더욱 인상적일 수 있다. 이런 식의 회귀광고(retro-advertising)를 사용할 때 주의해야 할 점은 광고의 인지도와 제품의 이미지 개선

브랜드마케팅 따라잡기

복고마케팅을 통해 브랜드를 재활성화하는 데 성공한 베스파 스쿠터

복고마케팅이란 영어로 '레트로 마케팅(Retro Marketing)'이라 한다. Retro란 '재연의'라는 의미이니 과거로 돌아간다는 회귀를 뜻한다. 따라서 복고마케팅은 과거의 것을 다시 유행시키기 때문에 '리바이벌 마케팅(Revival Marketing)' 혹은 과거를 연상시키기 때문에 '추억마케팅', '향수마케팅'이라고 해도 좋을 것이다. 이처럼 복고마케팅은 크게 볼 때 우리의 감성에 호소하기 때문에 감성 마케팅의 한 종류라 할 수 있다. 과거의 상품을 그대로 살려내어 상품을 판매하는 경우도 있지만 현대적 감각에 맞추어 상품 자체나 패키지를 약간 변형하여 판매하는 리마케팅(Remarketing)이 있는데 이 또한 복고마케팅의 일환이라 할 수 있다.

복고마케팅은 일반적으로 장수 브랜드가 많이 활용하는 기법인데, 베스파(Vespa)의 경우를 보자. 1884년에 20살의 이탈리아인 리날도 피아지오(Rinaldo Piaggio)가 제노바에 회사 '피아지오(Piaggio & Co.)'를 설립했다. 설립 초기에는 호화 선박 장비를 만들었으나, 19세기 말에는 버스, 트럭, 기차, 항공기 엔진 등을 생산했다. 제1차 세계대전이 발발하자 회사는 비행기, 수상비행기 등의 군수물자를 생산했다. 1917년에 토스카나 주의 피사(Pisa)에 있는 공장을, 1921년에 폰테데라에 있는 공장을 인수했다. 폰테데라 공장은 제2차 세계대전 중에 일반 비행기와 전투용 비행기의 제작 기지가 되었고, 2차 대전 후에는 프로펠러, 엔진, 항공기 완제품 등의 생산센터가 되었다. 부친 리날도로부터 회사를 물려받은 엔리코 피아지오(Enrico Piaggio)는 2차 대전 후 이탈리아의 경제 상태와 열악한 도로 상황에 맞는 경제적이면서도 튼튼하고 간편한 개인용 운송수단을 구상하기 시작했다. 그는 이 임무를 최초의 현대식 헬리콥터를 디자인한 천재 엔지니어 코라디노 다스카니오(Corradino D'Ascanio)에게 맡겼다. 다스카니오는 풍부한 항공기술을 응용하여 1946년에 차체와 차대를 일체화한 모노코크(monocoque) 구조의 모터 이륜차 스쿠터를 개발했다. 이 신제품은 기존의 모터사이클보다 편안하고 사용법이 간단하며 소음이 적은 장점을 지녔다. 엔리코는 모델명 MP6인 이 제품의 외형이 말벌을 닮았다고 해서 이탈리아어로 말벌이란 뜻을 가진 '베스파(Vespa)'를 브랜드명으로 채택했다. 같은 해에 '베스파 98'을 출시하여 대량생산하기 시작했다.

1953년에 개봉했던 영화 〈로마의 휴일(Roman Holiday)〉을 보면 오드리 헵번과 그레고리 펙이 아담하고 디자인이 깔끔한 스쿠터 베스파를 타고 로마의 콜로세움을 한 바퀴 도는 장면이 나온다. 이 장면 덕분에 일약 스타가 된 베스파는 1960~70년대에 유럽을 넘어서 북미지역으로까지 유명세를 떨치게 된다.

영화 〈로마의 휴일〉에 등장하는 베스파 스쿠터

그런데 주목할 만한 사실은 베스파가 영화에서 단순히 간접광고의 소품으로 그치지 않는다는 것이다. 영화 속의 스타 배우들이 소중히 여기는 애장품으로 나온다. 〈로마의 휴일〉에서도 그랬고, 록오페라인 원작을 영화화한 〈콰드로페니아(Quadrophenia)〉에서도 베스파는 등장인물들에게 목숨보다 더 소중한 존재로 등장했다. 이와 같은 영화 속 간접광고와 스타마케팅 덕분에 1949년까지 35,000대가 팔리던 베스파는 1956년까지 1백만 대, 1960년까지 2백만 대, 1980년대까지 1천만 대가 판매되면서 회사는 성장을 거듭했다. 베스파는 1950년대 중반에 독일, 영국, 프랑스, 벨기에, 스페인에서, 1960년대에 인도, 브라질, 인도네시아에서 라이선스 생산되었다.

하지만 위기도 있었는데 캐나다에서 배기가스 관련법이 강화된 1986년 이후 생산이 중단되었던 것이다. 하지만 2000년에 새로운 모델을 출시하면서 시장진출을 재시도했다. 또한 미국에서도 1985년에 스트로크 엔진의 규제 때문에 시장에서 퇴출되었다가 2000년에 재진출하면서 바로 성공을 이뤄냈다. 이때 과거의 향수를 불러일으키는 광고를 했음은 물론이다. 베스파는 재시판 2년 만에 미국 스쿠터 시장의 20퍼센트를 차지하는 성과를 거두었다.

1946년에 첫 출시된 베스파는 1951년부터 이탈리아에서 베스파의 날을 만들어 베스파를 타는 사람들, 즉 베스피스타(Vespista)가 모이는 게릴라 마케팅을 벌였다. 이 이벤트에 무려 2만 명이 모여들었다. 이들에게 베스파를 탄다는 것은 미국인이 할리데이비슨 모터사이클을 타는 것처럼 "자유를 만끽하면서 사람들과의 관계를 더 쉽게 해나간다"는 의미였다. 이와 같은 게릴라성 이벤트는 미국에서도 이루어졌다. 1년에 한 번씩, 수백 명의 베스파 소유주들이 한데 모여 뉴욕의 맨해

베스파 프리마베라 스쿠터

튼 거리를 무리 지어 달리는 행사가 열린다. 다시 미국 시장에 진출했던 2000년 여름에 베스파는 미남 미녀 수십 명을 뽑아서 베스파 스쿠터를 타고 LA와 휴스턴의 거리를 활보하게 했다. 멋진 이탈리아 모터스쿠터인 베스파는 자유라는 낭만적인 이상을 연상시켰고, 베스파를 사랑하는 사람들은 〈로마의 휴일〉의 이미지를 만끽했다. 이 게릴라 이벤트를 지켜보는 사람들에게도 이들의 무리에 동참하고 싶다는 욕구를 일으켰음은 물론이다. 영화에서 보았던 멋진 이미지에 대한 향수를 자극하는 것이다.

이처럼 복고마케팅은 오래된 브랜드의 생명력을 끊임없이 유지하는 마케팅전략이다. 혹은 과거에 출시되어 인기를 끌었지만 어떤 이유에서 생산이 중단되었다가 다시 출시하는 경우에 구사하는 마케팅이다. 또 불황기에 새로운 브랜드를 출시하기에는 마케팅비용이 너무 많이 들기 때문에 브랜드인지도가 높은 장수 브랜드를 다시 재활성화하려고 할 때 유용한 마케팅방법이기도 하다. 하지만 과거 이미지를 그대로 유지하여 소비자에게 전달만 한다고 하여 성공이 보장되지는 않는다. 현재의 강력한 경쟁브랜드들을 이겨내려면 품질 역시 경쟁사에 못지않게 개선되어야 한다. 예를 들면 과거에 출시되었던 식품에는 환경유해물질이 많았다

하더라도 새롭게 출시되는 식품에는 환경유해물질이 당연히 제거되어야 한다. 그리고 상품과 패키지 디자인도 과거 디자인에서 완전 탈바꿈하지 않더라도 현대적 디자인으로 어느 정도 성형수술을 할 필요가 있다. 결론적으로 복고마케팅은 과거 이미지를 그대로 살리되 현대적 감각에 맞도록 터치를 가해야 효과적이다.

자료원: 김민주, 마케팅 상상력, 리더스북, 2006, pp.58-61.

혹은 선호도가 반드시 같은 방향으로 가는 것만은 아니라는 것이다.

신발브랜드 Hush Puppies는 이미지 쇄신을 통해 쇠퇴해가던 브랜드를 성공적으로 재활성화시킨 사례의 하나이다. 우리에게도 친숙한 귀엽고, 주름이 많고, 축 쳐진 눈이 특징이었던 만화 속의 개의 이름을 상표로 한 신발인 Hush Puppies는 1950~60년대 미국에서 아이들이 가장 좋아하는 신발이었다. 그러나 패션의 변화와 계속된 마케팅의 실패로 Hush Puppies는 시대에 뒤처진다는 이미지를 얻게 되었고 따라서 판매도 감소하였다. Hush Puppies 브랜드의 재활성화는 우연한 계기로 이루어졌다. 1990년대 중반 뉴욕 맨해튼 도심에 있는 클럽과 술집을 드나드는 젊은이들 사이에 Hush Puppies 신발이 유행하고 유명 패션디자이너들이 자신들의 패션쇼에 유행이 지난 Hush Puppies 신발을 사용함에 따라 구전을 타고 Hush Puppies 판매량이 급증했다. 이에 Hush Puppies의 제조사인 Wolverine World Wide는 브랜드를 되살리기 위해 새로운 마케팅활동을 시작하였다. 이를 위해 새로운 감각의 제품디자인과 수많은 파격적인 색상조합으로 유행에 민감한 제품을 만들어냈으며, 젊고 매력적인 사람들을 이용한 광고캠페인을 통해 브랜드이미지를 쇄신하였다. 이와 더불어, 유명 디자이너들이 그들의 패션쇼에서 Hush Puppies 신발을 사용하기 시작하고, 영화배우 톰 행크스가 〈Forrest Gump〉의 마지막 장면에서 오래된 Hush Puppies 신발을 신고 있는 장면이 소개되면서 매출이 급증하기 시작했다.

성공적인 브랜드 재활성화의 또 다른 예로 Adidas를 들 수 있다. 한때 선수용 운동화의 대명사였던 Adidas는 구태의연한 경영스타일과 내부적 갈등으로 라이벌사인 Nike와 Reebok에게 시장선도자의 위치를 빼앗겼다. 이에 따라 Saatchi & Saatchi 광고대행사의 전 경영자가 Adidas의 새로운 최고경영자로 바뀌면서 1993년부터 브랜드를 활성화시키고자 하는 노력이 시작되었다. Adidas는 소비자 조사를 통해 10대들은 자기 나름대로의 주체성을 갖기 위해 부모나 다른 사람들이 사용하는 브랜드를 거부하려는 경향이 있다는 판단 하에 다소 불안정하

10대 시장에 역량을 집중해 브랜드 재활성화에 성공한 아디다스 브랜드

지만 가능성 있는 10대 시장에 모든 노력을 집중하기로 결정했다. 보다 구체적으로, 주로 도시에 거주하는 10대들을 목표시장으로 설정하고 새로운 성능지향적이면서 스타일리쉬한 제품과 농구선수 코비 브라이언트 같은 프로선수들을 내세운 광고 등을 통해 브랜드이미지의 변화를 꾀하였다. 또한 미국에서 열린 월드컵축구대회에서도 추가적인 판촉을 실시하였다. 한편 소매점들을 대상으로도 Adidas는 점포 내 진열공간 차지비율을 점차 늘려나갔다. Adidas의 성공은 목표시장의 변경과 이에 따른 브랜드컨셉의 변화와 브랜드 재포지셔닝 전략에서 비롯되었다.

이처럼 쇠퇴해 가는 브랜드를 재활성화하기 위해서는 첫째, 잃어버렸던 브랜드자산의 원천을 되살리거나, 둘째, 브랜드자산의 새로운 원천을 개발하여 브랜드의미를 근본적으로 변화시켜 나가는 두 가지 방법을 생각해 볼 수 있다. 그러나 어떤 방법을 사용하든 손상된 브랜드를 재활성화시키기 위해서는 마케팅프로그램의 '점진적인 변화'보다는 '혁명에 가까운 변화'를 단행해야 한다.

재활성화의 성공가능성이 높은 브랜드는 명확하면서 목표고객들에게 여전히 중요하게 여겨지는 가치를 보유하고 있는 브랜드이다. 물론 브랜드가 재활성화의 대상이 되었다는 사실은 과거 브랜드자산구축의 기반이 되었던 이러한 가치들이 오랜 기간 동안 방치되었거나, 광고와 같은 커뮤니케이션 활동을 통해 제대로 표현되지 못했거나, 혹은 제품상의 문제가 있었다는 것을 의미한다. 하지만 이러한 가치가 여전히 그 브랜드에 존재하고, 경쟁브랜드와의 차

브랜드마케팅 따라잡기

복고마케팅을 통해 과거 유명했던 브랜드를 재활성화시킨 패션업체

복고마케팅을 통해 엄마, 아빠에게는 추억을, 아들과 딸에게는 신선함을 제공하는 휠라의 복고풍 티셔츠와 운동화

2016년 가을 휠라코리아는 하얀색 바탕에 F 로고가 박힌 '코트 디럭스' 운동화를 출시했는데, 이 제품은 1990년대 국내에서 큰 인기를 끌었던 디자인을 이용했다. 교복에도, 일상복에도 잘 어울리는 신발을 찾던 10대들이 이 운동화를 신기 시작했다. 엄마, 아빠가 즐겨 신던 브랜드가 아니라 완전히 새로운 유행으로 받아들였다. 입소문이 나면서 출시 8개월 만에 30만 켤레 이상이 팔렸다. '휠라'라는 브랜드에 대한 추억이 있는 30~50대도 구매해서 신기 시작했다. 최근 일부 패션업체들이 복고마케팅을 추구하고 있다. 부모세대에서 인기를 끌었던 패션브랜드들이 복고마케팅을 통해 자녀세대에서 부활하고 있는 것이다. 휠라, 라코스테, 챔피언 같은 오래된 브랜드들이 과거 인기제품들을 다시 내놓으며 이 흐름을 주도하고 있다. 뭔가 독특한 제품을 찾는 10대들이 유행을 촉발시켰다. '남과 다른 아이템'이 멋스러운 패션을 완성한다고 생각하는 청소년들이 이를 주도한 것이다. 패션에 관심이 많은 20대도 옛날 브랜드를 '독창적인 새 브랜드'로 받아들였다.

휠라가 대표적이다. 10대들은 휠라의 로고 F를 한글의 ㅋ으로 인식했다. 큼지막한 F 로고가 새겨진 휠라 티셔츠를 'ㅋㅋㅋ티셔츠'라고 부르면서 입기 시작했다. 10대들이 주도한 복고 브랜드의 인기는 20~30대로 빠르게 확산됐다. 전염되기 쉬운 작은 행동들이 이어지면서 급격한 변화가 일어나는 시점, 즉 '티핑포인트'였다. 2010년대 초반 일부 유행선도 청소년들이 노스페이스 패딩을 즐겨 입으면서 아웃도어 열풍을 일으킨 것과 같은 맥락이다.

사라져가던 브랜드가 다시 살아난 사례는 해외에도 있다. 1980년대 인기를 끌었던 신발 브랜드 에어워크와 허시파피가 대표적이다. 아무도 신지 않는 신발, 친구들이 입지 않는 옷을 찾던 미국의 불량 청소년들이 에어워크와 허시파피의 부활을 끌어냈다. 맬컴 글래드웰이 이를 티핑포인트로 규정했다. 1993년 1,600만 달러의 연매출을 낸 에어워크는 티핑포인트였던 1994년 4,400만 달러를, 이듬해엔 1억5,000만 달러의 매출을 올렸다.

'복고=패셔너블' 공식 됐다

라코스테의 악어로고를 박은 칼라 달린 티셔츠(피케셔츠), 클래식 스니커즈도 복고마케팅으로 좋은 고객반응을 얻었다. 비, 송승헌, 박재범 등 인기 연예인이 라코스테 피케셔츠를 입은 모습이 노출되면서 10대들로 인기가 확산됐다. 라코스테의 2016년 국내 신발매

출은 전년보다 두 배 이상 급증했다. 라코스테는 피케셔츠, 스니커즈 등을 묶어 '라코스테 스포츠'라는 하위 브랜드를 내놓고 매장을 따로 열었다.

패션업계에서 이러한 복고마케팅 경쟁은 휠라, 라코스테, 챔피언 등 인지도가 높은 로고와 명확한 컨셉을 지닌 브랜드가 주도하고 있다.

자료원: 한경, 2017.6.1.

별점으로 작용할 힘이 남아 있다면 그 브랜드를 성공적으로 재활성화시킬 수 있는 확률은 높아진다. 반대로 만약 과거에 성공을 거두었지만 지금은 쇠퇴해가고 있는 브랜드가 이와 같은 가치를 더이상 보유하고 있지 않다면, 이는 과거 그 브랜드의 성공이 그 시점에 적절한 제품성능이나 소비자 구매특성에 기인한 결과였을 수 있다. 이런 브랜드에 새로운 활력을 불어넣으려는 것은 맨바닥에서 다시 시작하는 것과 같다. 따라서 엄밀하게 말하면 우리는 이런 경우 이를 브랜드자산 재활성화(revitalization)라고 부르기보다는 브랜드자산 재구축(rebuilding)이라고 한다. 브랜드를 재활성화시키고자 할 때 마케터가 파악해야 할 가장 첫 번째 것은 해당 브랜드가 경쟁력을 가질 만한 자산적 원천을 갖고 있는지, 그 원천은 무엇인지, 그 중 어떤 원천부터 강화해 나가야 할 것인지 등이다.

브랜드자산의 원천을 파악하기 위해서는 소비자들이 그 브랜드에 대해 갖고 있는 인지도와 이미지를 알아보는 것이 중요하다. 브랜드인지도는 소비자들이 그 브랜드에 대해 얼마나 잘 알고 있는가 하는 인지도의 깊이와 얼마나 많은 상황에서 그 브랜드를 떠올리는가 하는 인지도의 폭이라는 두 가지 측면에서 고려되어야 한다. 브랜드이미지를 조사할 때는 소비자들이 그 브랜드에 대해 아직까지 갖고 있는 핵심적인 연상은(만약 있다면) 무엇인지, 이러한 연상은 얼마나 강력하게 소비자의 마음속에 남아 있는지, 소비자의 입장에서 볼 때 아직까지도 바람직하고 중요한 연상인지, 또한 경쟁브랜드와 비교했을 때 여전히 차별점으로 작용할 수 있을지 등을 파악해야 한다. 과거에 긍정적으로 평가되었던 이미지도 세월이 흐름에 따라 혹은 마케팅환경이 변함에 따라 이제는 부정적인 것으로 평가될 수도 있다. 이런 경우 마케터는 현재시점에서 소비자들이 원하는 브랜드이미지 혹은 연상은 무엇인지도 조사해야 한다. 브랜드자산 원천의 파악은 브랜드를 과거와 똑같은 포지셔닝으로 유지해 나가야 할 것인지 또는 새로운 포지셔닝을 개발해야 할 것인지, 그리고 포지셔닝을 새로이 한다면 어떤 컨셉을 선택해야 할지에 대한 결정을 내리는 데 토대가 된다.

브랜드 재활성화를 위한 접근방식은 다음과 같은 두 가지 대안이 있다.

① 브랜드인지도의 깊이와 폭을 향상시킨다. 이를 위해선 지속적이고 효과적인 광고나 기타 마케팅커뮤니케이션활동이 필요하고, 그 브랜드를 보다 많은 사용상황에 연결시키는 노력이 필요하다.

② 브랜드이미지를 구성하는(혹은 새로운 포지셔닝을 택한다면, 앞으로 구성하게 될) 브랜드연상들의 강도, 호감도, 차별성을 개선한다.

구체적으로 브랜드자산의 핵심원천인 브랜드인지도와 브랜드이미지는 브랜드요소(예: 브랜드이름, 로고, 심벌, 캐릭터, 슬로건 등)의 변화, 관련되는 마케팅프로그램(예: 제품디자인, 광고, 판매촉진, 유통 등)의 변경, 새로운 메시지 원천(예: 원산지, 광고모델, 기업이미지, 이벤트 등) 등을 통해 강화되고, 재활성화될 수 있다.

다음에서는 브랜드인지도 확대와 브랜드이미지 개선이라는 두 가지 재활성화 방안에 대해 자세히 살펴보기로 한다.

(1) 브랜드인지도 확대

침체된 브랜드의 경우 인지도 상에서 주로 문제가 되는 것은 인지도의 깊이라기보다는 인지도의 폭이다. 소비자들은 여전히 특정상황 하에서는 그 브랜드를 떠올릴 수 있을 것이다. 하지만 문제는 소비자들이 제한된 상황에서만 브랜드를 생각하는 것이다. 따라서 인지도 확대를 통해 브랜드자산을 강화하는 방법의 하나는 소비자들로 하여금 그 브랜드가 적용가능한, 즉 소비자 욕구를 충족시킬 수 있는, 모든 상황에서 그 브랜드를 떠올리도록 함으로써 브랜드인지도의 폭을 넓히는 것이다. 이를 위해 마케터가 고려할 수 있는 방법은 소비자들의 그 브랜드

표 10-3 | 브랜드 재활성화 방안

① 브랜드인지도 확대	• 브랜드관련 사용상황의 확대 • 브랜드 재구매주기 단축 • 브랜드 소비빈도 증대 • 브랜드의 새로운 용도 개발
② 브랜드이미지 개선	• 브랜드 구성요소의 변화 • 브랜드 재포지셔닝

의 사용을 증대시키고, 브랜드의 새로운 용도를 개발하는 것이다.

재활성화의 대상이 되는 브랜드가 어느 정도의 인지도를 확보하고 있고 또한 호의적인 이미지를 가지고 있다고 가정하면, 그 브랜드의 사용을 증대시키는 방법은 브랜드의 기존 포지셔닝이나 이미지를 바꾸는 것에 비해 상대적으로 소비자로부터의 저항 및 마케팅비용을 줄일 수 있는 효과적 방법이 된다. 브랜드 사용을 증대시키기 위해서는 소비자가 한 번에 사용하는 브랜드의 양을 증가시키거나 혹은 그 브랜드를 사용하는 빈도를 늘리는 방법을 생각해 볼 수 있는데, 일반적으로 브랜드의 1회 사용량을 변화시키는 것보다는 소비자들이 그 브랜드를 사용하는 빈도를 증가시키는 것이 더 용이하다. 그 이유는 예를 들어, 소비자들로 하여금 한 번 칫솔질을 할 때 보다 많은 치약을 사용하도록 하는 것은 그 소비자가 기존에 갖고 있는 소비습관을 바꿔야 하는 것이지만, 치약을 보다 자주 구매·사용하게 하는 것은 굳이 소비습관을 바꾸지 않더라도 판매촉진이나 포장의 변화와 같은 마케팅전략을 통해서, 혹은 새로운 치약 용도를 개발함으로써(예: 군인들은 치약을 그릇청소용 도구로 사용하기도 한다. 일반 소비자들도 식사 후의 입안의 불쾌감을 해소하기 위해서 뿐만 아니라 연인을 만날 때에 입 냄새를 좋게 하기 위하여 등 여러 사용상황을 인식하도록 해 줄 수도 있다) 가능한 것이기 때문이다. 소비를 늘릴 수 있는 또 다른 방법은 사용빈도를 늘림으로써 야기될 수 있는 바람직하지 못한 결과를 줄이는 것이다. 예를 들어, 매일같이 사용해도 될 만큼 순하게 디자인된 샴푸는 자주 머리를 감는 것이 머릿결에 해롭다고 믿는 소비자들의 걱정을 덜어주어 결국 그들의 사용빈도를 늘려줄 것이다.

다음에선 브랜드인지도를 증대시키기 위한 몇 가지 방안에 대해 구체적으로 살펴보도록 한다.

1) 브랜드와 관련된 사용상황을 확대시킨다

앞에서 언급한 것처럼 소비자들이 어떤 브랜드를 특정장소나 특정상황에서만 사용해야 하는 것으로 인식하고 있다면 그 브랜드의 인지도 폭은 제한된다. 이 경우 마케팅관리자는 기존의 상황뿐만 아니라 새로운 상황에서 브랜드를 사용하는 것이 제공하는 이익이나 적합성을 소비자들에게 알림으로써 브랜드의 사용상황을 재정의할 필요가 있다. 여기서 주의할 것은 이러한 사용상황의 재정의 과정에서 그 브랜드가 본래의 포지셔닝을 잃어버리지 않도록 하는 것이다. 예를 들면, Kellogg사는 자사의 브랜드를 단순히 아침식사용 시리얼 브랜드로만이 아니라 낮 동안의 스낵용처럼 기타 상황에서도 적합한 브랜드라는 이미지와 연상을 심어주기 위해 다양한 확장광고(expansion advertising)를 이용한 많은 노력을 해왔다. 고급 스카치위스키 브랜드의 하나인 Chivas Regal은 1988년 시작된 인쇄광고 캠페인에서 "당신은 무엇을

브랜드마케팅 따라잡기

피로회복 등 다양한 용도개발에 의한 시장확대를 통해 브랜드 재활성화에 성공한 우루사

우루사는 국내뿐 아니라 세계시장에서도 인정받는 브랜드가 되기 위해 최대시장인 미국 진출을 비롯해 적극적인 해외진출을 모색하고 있다. 지식경제부에서도 2012년 대웅제약의 우루사 글로벌 프로젝트를 '월드클래스 300'에 선성하며 적극적으로 지원하고 있다. 월드클래스 300은 매출액 1조 원 미만 중견기업 중 세계적으로 성공할 수 있는 품목을 지닌 업체를 선정해 2021년까지 글로벌 기업으로 키우겠다는 정부의 핵심 프로젝트다.

우루사 세계화의 3대 원동력은 기술과 제품, 시장 등 세 가지로 요약된다. 우선 기술경쟁력에서 고난이도 기술이 필요한 UDCA(Ursodeoxycholic acid·우루소데옥시콜린산) 원료 생산을 40년의 생산 노하우를 바탕으로 1980년대부터 독자적으로 해내고 있다. 고순도의 UDCA 생산량은 국내에서는 단연 1등이며 세계에서는 3번째다. 대웅제약은 지속적인 우수품질 개발과 원가경쟁력 확보를 통해 유럽, 미국시장 등 신규 시장을 발굴하고 2016년까지 연간 200t 이상을 생산해 세계 1위로 올라설 계획이다.

우루사 제품 경쟁력의 핵심은 세계에서는 유일하게 원료부터 완제품까지 국내 기술로 수직계열화했다는 데 있다. 또한 우루사는 지속적인 연구개발을 통해 새로운 효능을 개발해 냄으로써 우수한 시장경쟁력 역시 유지하고 있다. 발매 당시 간장 질환으로 시작한 우루사는 현재 육체피로, 전신권태, C형간염 치료까지 폭넓은 효능을 인정받게 됐다.

이런 경쟁력을 바탕으로 우루사의 글로벌 진출은 2010년부터 시작됐다. 중국, 베트남 진출을 토대로 아시아 지역 진출이 성공적으로 이뤄졌다. 대웅제약은 아시아 지역에 국한되어 있던 시장을 호주, 유럽과 더불어 미국까지 점진적으로 확대할 방침이다. 우루사 세계화의 중요 관문은 미국 진출이다. 아직까지 한국 제약업계에서 완제품으로 미국시장에 진출한 제품은 없기 때문이다. 대웅제약은 우루사의 세계화 프로젝트

기존의 인쇄광고

2012년도 인쇄광고

2019년도 인쇄광고

우루사는 피로회복에 효과적임을 강조하는 광고캠페인을 통해 브랜드 재활성화에 성공했다.

를 통해 2016년 원료수출 세계 1위, 2021년 완제품 매출 세계 1위, 2,000억 원 매출이라는 목표를 달성하려 고 한다.

위해서 Chivas를 아끼고 안마시고 있습니까?"라는 주제를 선보이면서, 단지 남들에게 과시하기 위한 경우에만 Chivas를 마시는 소비자들의 인식을 바꾸려고 노력하였다. 이런 캠페인을 통해서 Chivas는 브랜드자산의 중요한 원천인 '프리미엄' 연상을 유지할 수 있었을 뿐만 아니라 동시에 소비자들에게 보다 폭넓은 사용습관을 확산시킬 수 있었다. 국내의 경우도 '제크'라는 크래커 브랜드는 소비자들이 인식하고 있는 크래커의 소비상황을 다양한 상황에서의 확장광고를 통해(예: 아침에 커피와 함께 먹는 제크 크래커, 밤에 아이스크림과 함께 먹는 제크 크래커 등) 확대시켰다. '요플레'라는 요구르트 브랜드는 홈페이지에 '요플 레시피'라고 하여, 요플레 특유의 부드러운 식감을 다양한 요리에 활용한 레시피(예: 버팔로 치킨 윙의 밑간으로 활용하는 요플레, 요플레 단호박 카나페, 요플레 크림새우 등)를 게시하여 소비자의 흥미를 일으키고 요플레의 음용시점을 폭넓게 확대시켰다.

요플레 버팔로 치킨 윙

요플레 단호박 카나페

요플레 크림새우

사용상황 확대를 통한 브랜드인지도 강화: 요플레의 부드러운 식감을 요리에 활용한 다양한 '요플 레시피'

2) 브랜드의 재구매주기를 단축시킨다

사용빈도를 증가시키는 또 다른 방법은 비교적 짧은 사용주기를 가진 제품들(예: 건전지, 칫솔 등)에 있어서 마케팅활동을 통해 제품의 수명에 대한 소비자 지각에 영향을 주는 것이다. 소비자들은 이러한 제품에 대해 그 수명을 과대평가하는 경우가 있기 때문에 시기적절하게 제품을 새 것으로 교환하지 못한다.

브랜드의 재구매주기를 단축시키기 위한 마케팅활동으로 제품의 재구매를 특정시기(예: 특정 공휴일, 이벤트, 날짜)와 연계시키는 것을 고려해 볼 수 있다. 예를 들어, 과거에 1년에 한 번씩 실시되었었던 '쥐 잡는 날'도 쥐약판매업자의 입장에서 보면 일종의 특정시기와 연계한 재구매 촉진전략으로 볼 수 있다. Oral-B 칫솔도 4월중의 특정날짜에 맞추어 칫솔 재구매를 유도하기 위한 판촉을 실시해오고 있다. 또 다른 대안은 제품이 처음 사용된 때나 갈아야 할 때 또는 제품수명의 현재위치에 대한 정보를 소비자에게 제공하는 것이다. 예를 들어, 한 건전지 회사는 건전지에 현재수명이 얼마나 남았는가를 보여주는 장치가 내장된 건전지를 판매함으로써 소비자들의 건전지 재구매주기를 단축화·정규화시켰다. 칫솔의 경우도 솔의 끝부분 색깔을 달리하여 그 색깔부분이 달았을 경우 칫솔 교체시기가 되었다는 식의 광고를 통해 재구매주기를 짧게 유도할 수도 있을 것이다.

3) 브랜드의 소비빈도와 관련된 습관을 바꿔준다

소비자의 사용량을 늘리는 가장 직접적인 방법은 소비자로 하여금 그 제품을 보다 자주 사용하도록 설득하는 것이다. 소비자의 사용량을 증대시키기 위해 마케터는 소비자들에게 보다 규칙적으로 제품을 사용할 때의 장점을 설득시켜야 하고, 사용을 증대시키는 데 있어 걸림돌이 될 만한 것들(예: 손쉽게 사용하기 어려운 제품디자인, 포장 등)을 극복해야 한다. 예를 들어, 브랜드의 사용증대를 위해 클라이덴 치약은 하루 3번씩 이를 닦았을 때 치아를 하얗게 하는 효과가 최대가 된다는 등의 소비자 교육 혹은 설득을 실시하는 것이다. 그리고 하루 3번 이상 혹은 사람을 만나기 전마다 이를 닦게 하기 위해서 주머니에 보관이 가능한 휴대용치약, 칫솔을 개발하여 제공해 줄 수도 있을 것이다.

4) 브랜드의 새로운 용도를 개발한다

기업은 브랜드의 새로운 용도를 개발함으로써 브랜드인지도를 더욱 확대시킬 수 있다. 예를 들어, 식품회사들은 자사제품을 다양한 방식으로 활용하는 여러 가지 새로운 요리법들을 오랜 기간 동안 소비자들에게 제공해 오고 있다. 제품에 대한 새로운 사용법을 창의적으로 발견하여 제시한 대표적인 예는 Arm & Hammer 베이킹소다일 것이다. Arm & Hammer는 베이킹소다의 탈취성분과 미백성분 등 새로운 용도를 파악함으로써 그 브랜드에 대한 수많은 새로운 소비(예: 냉장고 탈취제, 미백용 치약)를 이끌어냈다.

일반적으로 브랜드의 새로운 용도를 파악하기 위해서는 브랜드충성도가 높고 사용량이 많은 소비자들과 브랜드충성도가 낮고 사용량이 적은 소비자들로 구성된 두 집단에 대한 FGI(focus group interview) 혹은 브레인스토밍 회의를 활용하는 것이 효과적이다. 두 집단 간

베이킹 소다

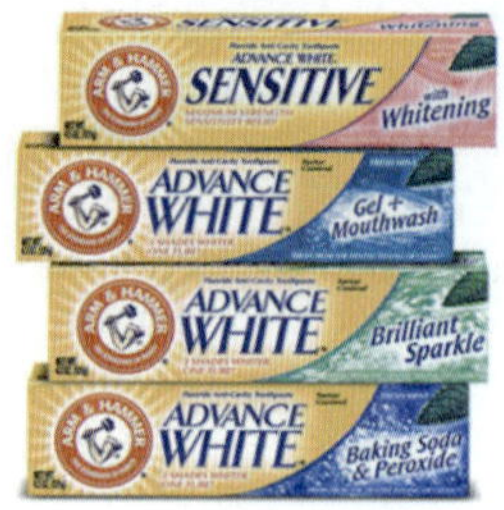

미백용 치약

냉장고 탈취제

새로운 용도 개발을 통한 브랜드인지도 확대의 예—Arm & Hammer는 베이킹소다의 새로운 용도를 계속 개발함으로써 브랜드인지도를 더욱 강화시켰다.

의 선호도나 구매 및 소비행태에 있어 대조적인 부분은 그 브랜드의 성장기회뿐만 아니라 극복해야만 하는 소비자 지각 혹은 사용상의 잠재적인 문제점에 대한 통찰력을 제공해 준다.

새로운 용도가 파악되면, 기업은 자사브랜드의 새로운 용도를 알리는 용도확대광고(expansion advertising)를 통해 소비자의 브랜드인지도를 확대시켜야 한다. 용도확대광고를 성공적으로 수행하기 위해서는 올바른 목표시장 선정과 적절한 광고타이밍이 중요하다. 시장점유율이 낮은 브랜드라도 포장과 라벨을 이용해 브랜드의 새로운 용도를 알리는 광고를 적절히 활용하면 큰 비용을 지출하지 않고서도 효과적으로 목표시장의 브랜드인지도를 높일 수 있다. 예를 들어, 미국의 시리얼 브랜드 중 하나인 Trix는 이 시리얼을 뿌려먹기에 적당한 제품들(예: 아이스크림, 요구르트)에 대한 정보를 포장의 옆면에 제시함으로써 그 사용상황의 확대를 꾀하였다. Roy Rogers 패스트푸드식당은 포장용 닭고기를 먹기에 적당한 8가지 상황(예: 파티, 피크닉, 회의)을 그들 식당에서 쓰는 종이 식탁보를 사용하여 광고하고 있다. 광고타이밍 측면에서 보면 그 브랜드의 구매 및 사용가능성이 가장 높은 시기가 가장 적절한 광고시기가 된다. 예를 들어, Campbell은 수프 광고를 점심과 저녁시간 바로 전에 방송하도록 라디오광고의 타이밍을 정했다.

(2) 브랜드이미지 개선

이상에서 설명한 것처럼 브랜드인지도를 증가시키는 것이 브랜드를 재활성화하는 데 있어 상대적으로 쉬운 방법이기는 하지만 때로는 보다 근본적인 변화, 즉 브랜드이미지의 변화도 필요하다. 이 경우 브랜드이미지를 구성하는 여러 브랜드연상의 강도나 선호도, 혹은 경쟁자와의

브랜드마케팅 따라잡기

58년 만에 맛·포장·이름 등 브랜드구성요소들을 모두 변경한 조미료브랜드 미원

국내 최초의 조미료브랜드 '미원'이 58년 만에 전면적인 브랜드리뉴얼을 단행했다. 2014년 11월 대상은 1956년 출시한 미원의 맛, 패키지디자인, 그리고 제품명까지 바꾸는 등 전면적인 브랜드리뉴얼을 실시했다. 이번 리뉴얼 작업은 "미원이 몸에 안 좋다는 소비자들의 선입견을 극복하라"는 임창욱 대상그룹 명예회장(65)의 지시에 따른 것이다. 임 명예회장은 "미원의 주성분인 MSG가 인체에 무해하다는 연구결과가 나왔으므로 이를 계기로 장기적 관점에서 더 좋은 제품으로 소비자들에게 다가가기 위한 마케팅노력을 기울일 것"을 요청했다.

브랜드리뉴얼의 핵심인 포장 디자인 변경의 경우 내용물이 그대로 드러났던 종전의 투명 파우치 패키지를 편안한 느낌을 주는 미색(米色)을 사용한 불투명 파우치로 바꿨다. '미원이 마약을 연상시킨다'는 소비자들의 부정적 의견을 반영한 것이다. 원료인 사탕수수의 이미지를 넣어 건강과 자연의 느낌을 연상하도록 했다. 1인 가구 증가, 핵가족화 등의 트렌드를 반영해 50g 소포장 패키지도 새로 출시했다. 사탕수수를 발효시켜 만드는 제조공법을 강조하기 위해 제품명도 기존의 '감칠맛미원'에서 '발효미원'으로 변경했다. 대상그룹 관계자는 "미원은 그동안 화학조미료라는 오해를 받아왔다. 자연재료를 사용한다는 점을 부각시키기 위해 제품명을 변경했다"고 말했다. 주성분인 L-글루탐산나트륨과 핵산의 배합비율을 조정해 맛도 바꿨다. 핵산은 소고기, 버섯의 감칠맛을 내는 성분으로 L-글루탐산나트륨과 함께 사용하면 감칠맛을 더하는 효과가 있다. 리뉴얼 제품에 대한 소비자 조사를 실시한 결과 담백하고 깔끔한 맛이 강화되었다는 평가를 받았다.

미원이 대상 전체매출에서 차지하는 비중은 10% 정도에 불과하지만 최고경영층이 미원에 쏟는 관심은 다른 어떤 제품보다도 크다. 미원이 대상의 모태가 되는 제품이기 때문이다. 임상욱 명예회장의 부친인 임대홍 창업주는 1955년 일본에 가서 1년 동안 조미료 제조공정을 익힌 뒤 이듬해 부산에 동아화성공업을 설립해 미원생산을 시작했다. 동아화성공업은 1962년 회사명을 '미원'으로 바꿨고, 1997년 미원은 다시 대상으로 바뀌었다.

대상은 미원의 색을 지금의 흰색에서 다시마의 녹색으로 바꾼 신제품도 출시했다. 자연재료를 사용한다는 것을 부각시키기 위해 제품색깔을 바꾸는 것이다.

자료원: 한경, 2014.11.4.

차별성을 향상시키기 위한 새로운 마케팅프로그램이 필요하게 된다. 이렇게 기존 포지셔닝의 강화나 재포지셔닝을 통해 브랜드이미지를 개선하려는 노력의 기본방향은 소비자의 기억 속에서 흐려져 가는 긍정적 연상은 강화하고, 부정적 연상은 없애며, 또한 추가적인 긍정적 연상이 창출되도록 하는 것이다. 가령, 할리데이비슨은 이미지 개선을 위한 마케팅프로그램 도입을 통해 자유와 독립이라는 기존의 긍정적 연상은 강화시키고, 거리의 부랑아들이 타는 모토사이클 브랜드라는 부정적 연상을 제거시켰으며, 고소득 전문직종 소비자들이 애용하는 브랜드라는 새로운 연상을 추가적으로 창출했다. 브랜드이미지를 개선시키기 위한 방법으로는 브랜드요소들을 변화시키거나 혹은 브랜드를 재포지셔닝시키는 것 등이 있을 수 있다.

1) 브랜드요소의 변화

제품이나 마케팅프로그램 구성요소는 시장변화에 맞추어 계속 변한다. 따라서 마케팅관리자는 소비자에게 이러한 변화와 관련된 새로운 정보를 전달하거나 브랜드가 새로운 의미를 지니게 되었다는 것을 알리기 위해 브랜드요소도 변화시킬 필요가 있다. 브랜드요소를 변화시키려고 할 때 브랜드명은 가장 먼저 고려되는 중요한 브랜드요소 중 하나지만 이를 바꾸는 것은 쉽지 않다. 그러나 때에 따라 마케팅전략의 변화를 반영하기 위해, 발음이나 기억을 용이하게 하기 위해, 또는 국제시장에서 보다 잘 통용될 수 있도록 하기 위해 기업은 브랜드명 변경을 고려할 수 있다. 이 경우 자주 쓰이는 방법은 이름을 생략해서 쓰거나, 첫 글자만 따서 부르는 식의 기존이름의 변형된 형태를 사용하는 것이나. 이렇게 함으로써 기업의 입장에선 기존의 브랜드자산을 잃지 않으면서 동시에 부정적인 제품연상을 희석시키고 브랜드이미지를 개선할 수 있는 긍정적 효과를 노릴 수 있게 된다. 예를 들어, Kentucky Fried Chicken이란 이름은 첫 글자의 조합인 KFC로 단축되었고, 동시에 전통을 유지하면서 그 이미지를 현대화하기 위하여 Sanders대령의 상징을 구체화시키는 새로운 로고를 만들었다. Federal Express도 소

KFC FedEx LG SK

기존 브랜드명을 변형해 브랜드이미지 개선에 성공한 사례

비자들이 그 브랜드를 실제로 어떻게 부르는지에 힌트를 얻어 FedEx로 그 이름을 줄이고 새로운 로고를 소개했다. Lucky Goldstar가 LG로, 선경이 SK로 이름을 바꾼 것도 동일한 예이다. 이러한 식의 브랜드명 변경은 그 브랜드에 보다 과학적이고 현대적인 이미지를 주며, 동시에 다른 나라에서도 발음하거나 기억하기 쉽게 해주는 역할을 할 수 있다. 다른 브랜드요소(예: 로고, 캐릭터, 포장, 심벌, 슬로건)는 브랜드명에 비해 상대적으로 변경하기가 용이하다. 최근 국내 대기업들이 기업을 대표하는 로고나 심벌을 보다 현대적으로, 그리고 기업이미지에 맞게 변화시킨 경우를 많이 볼 수 있다. 이와 같이 브랜드요소를 변화시키는 것은 기업이 브랜드 의미를 완전히 다른 것으로 바꾸려 하거나 혹은 기존 브랜드이미지를 향상시키려고 하는(예를 들어, 보다 현대적이고 국제적인 이미지를 심어주거나 과거의 부정적인 연상을 희석시키려고 함) 경우 모두에 효과적인 실행방안이 될 수 있다.

2) 브랜드 재포지셔닝

브랜드 재포지셔닝은 기존고객들을 타깃으로 해서 브랜드의 의미를 바꾸어 새롭게 소구하는 경우도 있고, 아예 목표시장을 바꾸면서 브랜드컨셉도 바꾸는 경우도 있다. 하지만 재포지셔닝은 소비자의 기억 속에 있는 기존 브랜드이미지를 바꿔야 하는 부담 때문에 성공확률도 떨어지고, 마케팅비용도 많이 든다. 또한 만약 재포지셔닝이 실패했을 경우 기존고객들마저 잃어버릴 수 있는 위험이 있다. 따라서 재포지셔닝을 하기로 결정하기 전에 반드시 기존 브랜드자산의 원천에 문제가 있는지에 대한 객관적인 평가와 기존시장 및 새 목표시장의 매력도에 대한 세밀한 분석이 선행되어야 한다. 또한 새로운 포지셔닝 컨셉은 소비자의 입장에서 볼 때 기존의 컨셉보다 확실한 차별적 우위가 있어야 한다. 예를 들어, 실험참여자들의 눈을 가리고 실시한 시음테스트에서 더 좋은 평가를 받았던 New Coke의 실패와 이에 따른 Classic Coke의 재등장은 소비자들이 브랜드에 대해 느끼는 차별점이 반드시 제품속성과 관련된 것만은 아니라는 것을 보여준다. 즉, New Coke의 맛에서의 차별점이 확실한 차별적 우위가 아닐 수 있다는 것이다.

브랜드 재포지셔닝을 고려함에 있어 마케터가 유의해야 할 점은 한 브랜드의 이미지는 일단 소비자의 마음속에 자리 잡게 되면 바꾸기가 쉽지 않다는 것이다. 소비자의 기억 속에 기업이 새로 의도하는 연상과는 다른 브랜드연상이 이미 강력하게 자리 잡고 있다면, 소비자들은 새로운 포지셔닝 컨셉을 받아들여 기존의 브랜드이미지를 변화시키기보다는 이를 무시하거나 혹은 광고활동을 통해 접한 새로운 브랜드포지션을 기억하지 못할 수도 있다. 예를 들어, 과거에 나이 드신 분들을 위한 피로회복 드링크로 소비자들에게 인식되어 온 박카스가 최근

박카스 인쇄광고

박카스 국토대장정

젊은 층을 흡수하기 위한 광고캠페인을 통해 기존의 브랜드이미지를 변화시키려는 박카스

일련의 광고를 통해서 젊은 층을 대상으로 브랜드 재포지셔닝을 시도하고 있다. 이 과정에서의 잠재적 문제점은 오랜 기간을 거쳐 소비자들의 기억 속에 심어진 기존의 박카스에 대한 브랜드이미지가 쉽게 변화될 수 있겠는가 하는 점이다. 그리고 이보다 더 근본적인 문제는 과연 박카스의 재포지셔닝이 필요한가 하는 질문이다. 이는 기존고객을 유지하는 것이 중요한가 아니면 새로운 고객을 창출하는 것이 더 중요한가의 문제로도 볼 수 있다. 일반적으로 한 사람의 새 고객을 끌어들이기 위한 마케팅비용은 한 사람의 기존고객을 유지하는 데 드는 비용보다 훨씬 많이 든다. 한 연구에 따르면, 새로운 소비자에게 자동차를 판매하는 것은 이미 만족한 기존의 고객에게 차를 판매하는 것보다 약 5배나 비용이 더 든다고 한다. 나아가 마케팅관리자는 브랜드 재포지셔닝 과정에서 새로운 포지셔닝 컨셉이 타깃 고객층에게 명확히 전달되었는지도 검토해야 한다. 가령, 박카스가 젊은 사람들을 주 고객으로 브랜드를 재포지셔닝하는 것인지, 아니면 젊은 층을 기존고객층에 추가적으로 흡수하기 위한 재포지셔닝인지가 명확하지 않고 일련의 광고에서 이들이 서로 뒤섞여 나타날 수 있다. 한 가지 대안은 나이에 상관없이 '피로회복' 드링크라는 기존의 브랜드이미지를 강화시키는 것이다.

재포지셔닝전략이 성공하기 위해서는 새로운 소구점이 목표소비자에게 중요한 것으로 평가되어야 하며, 또한 호소력 있는 방법으로 전달되어야 한다. 재포지셔닝의 대표적인 성공사례로 BMW를 들 수 있다. 과거 BMW는 제품과 관련이 없는 브랜드연상('여피들이 타는 차')을 갖고 있었으나, 적극적이고 지속적인 마케팅활동을 통해 제품과 관련된 연상('최고 성능의 차')으로 성공적으로 변화시켰다. 1980년대 '여피' 이미지를 대표하던 BMW는 세계적인 경기침체와 중저가-고품질을 내세운 일본 자동차회사로부터의 도전으로 인해 1986년부터 1991년에 이르기까지 판매량이 절반으로 떨어졌다. 이에 따라 BMW는 고품격 이미지가 더 이상 바람직하거나 유지해야 할 경쟁우위요소가 아니라고 판단하고 기업의 역량과 마케팅활동을 성능향상, 독특한 디자인, 첨단기술력 같은 제품관련 연상에 기반해 브랜드아이덴티티를 구축하는 데 집중시켰다. 이러한 노력은 결국 BMW 브랜드의 '여피' 이미지를 감소시켰고 1995년 들어 판매량은 부진 이전의 수준에 가깝게 높아졌다.

쇠퇴해 가는 브랜드를 재활성화시키기 위해 기업은 때로 기존의 소비자들을 떠나 완전히 새로운 세분시장을 타깃으로 하거나 혹은 기존시장과 새 시장을 포괄하여 보다 확대된 시장을 겨냥한 재포지셔닝전략을 추구하기도 한다. 예를 들어, Johnson & Johnson사의 베이비 샴푸는 성인소비자들 역시 타깃으로 해서 부드러움을 강조하는 촉진전략을 사용하여 성공을 거두었다. 앞에서 설명된 동아제약 박카스도 젊은 층을 대상으로 하여 피로회복이라는 기존의 브랜드컨셉을 강조하는 촉진전략을 사용하고 있다. 새로운 시장을 겨냥하고자 할 때 기업은 업계에서 관행적으로 사용해 왔던 시장세분화 방법 이외의 보다 소비자들을 잘 대변할 수 있는 새로운 세분화 방안을 강구해 보는 것이 성공적 재포지셔닝에 도움이 될 수 있다. 예를 들면, Royal Crown Cola는 자신들이 거대기업인 Coke, Pepsi와 직접적으로 경쟁하는 것이 재무적인 면에서 힘들다는 것을 알고 Coke와 Pepsi에 대해 브랜드충성도를 가지고 있지 않는 세분시장인 18~29세의 소비자들을 대상으로 브랜드를 포지셔닝시켰다.

참고문헌

1. Aaker, David A., *Managing Brand Equity*, New York: Free Press, 1991.
2. Alsop, Ronald, "Giving Fading Brands a Second Chance," *Wall Street Journal*(January 24, 1989), p. B-1.
3. Auerbach, Jonathan, "Smith Corona Seeks Protection of Chapter 11," *Wall Street Journal*(July 6, 1995), p. A-4.
4. Bennett, Amanda, "Firms Grapple to Find New Names As Images and Industries Change," *Wall Street Journal*(November 17, 1986), p. 36.
5. Berry, Norman C., "Revitalizing Brands," *The Journal of Consumer Marketing*, 5(3)(Summer 1988), pp. 15-20.

6. Charlier, Marj, "Coors Pours on Western Themes to Revive Flagship Beer's Cachet," *Wall Street Journal*(May 20, 1992), p. B-2.
7. Cripps, John, "Heuristics and Biases in Timing the Replacement of Durable Products," *Journal of Consumer Research*, 21(September 1994), pp. 304-318.
8. Enrico, Dottie, "Companies Play Name-Change Game," *USA Today*(December 28, 1994), p. 4B.
9. Farquhar, Peter H., "Managing Brand Equity," *Marketing Research*, 1(September 1989), pp. 24-33.
10. Goldman, Kevin, "Adidas Tries to Fill Its Rivals' Big Shoes," *Wall Street Journal*(March 17, 1994), p. B-5.
11. Horovitz, Bruce and Melanie Wells, "Long After Their Sales Stop Sizzling, Some Brand Names Linger In Product Purgatory," *USA Today*(May 2, 1995), p. B-1.
12. Kanner, Bernice, "The New Name Game," *New York*(March 16, 1987), pp. 16, 19.
13. Keller, Kevin Lane, *Building, Measuring, and Managing Brand Equity*, New Jersey: Prentice Hall, 1998.
14. Keller, Kevin Lane, Susan Heckler, and Michael J. Houston, "The Effects of Brand Name Suggestiveness on Recall of Advertising Effects," *Journal of Marketing*, January 1998.
15. Levine, Joshua, "Adidas Flies Again," *Forbes*(March 25, 1996), pp. 44-45.
16. Lisser, Eleena, "Royal Crown Girds to Battle Its Giant Rivals," *Wall Street Journal*(March 1, 1994), pp. 40-46.
17. McCarthy, Michael J., "Pepsi is Returning to Original Focus: Its Profitable Younger Generation," *Wall Street Journal*(January 22, 1993), p. B6.
18. Miller, Cyndee, "Hush Puppies: All of a Sudden They're Cool," *Marketing News*(February 12, 1996), p. 10.
19. Naughton, Keith, "Don't Step on My Blue Suede Hush Puppies," *Business Week*(September 11, 1995), pp. 84-86.
20. Parker-Pope, Tara, "Unilever Plans a Long-Overdue Pruning," *Wall Street Journal*(September 3, 1996), p. Al3.
21. Pereira, Joseph, "Hasbro Enjoys Life Off the Toy-Market Roller Coaster," *Wall Street Journal*(May 5, 1992), p. B-4.
22. Roush, Chris, "At Timex, They?e Positively Glowing," *Business Week*(July 12, 1993), p. 141.
23. Serafin, Raymond, "BMW: From Yuppie-Mobile to Smart Car of the '90s," *Advertising Age*(October 3, 1994), p. S-2.
24. Stewart, David W., "Advertising in a Slow-Growth Economy," *American Demographics*(September 1994), pp. 40-46.
25. Suns, Oscar, "Ads Aim to Sell Hush Puppies to New Yuppies," *Wall Street Journal*(July 28, 1993), pp. B1, B6.
26. Triplett, Tim, "Generic Fear to Xerox is Brand Equity to FedEx," *Marketing News*(August 15, 1994), pp. 12-13.
27. Wansink, Brian, "Advertising Strategies to Increase Usage Frequency," *Journal of Marketing*, 60(1)(January 1996), pp. 31-46.
28. Wansink, Brian, "Can Package Size Accelerate Usage Volume?," *Journal of Marketing*, 60(3)(July 1996), pp. 1-14.

PART 5

브랜드관리의 특수주제

5

제11장

글로벌브랜드관리

01 브랜드의 글로벌화 추세

02 글로벌브랜드전략 추구 시 고려요인

03 브랜드글로벌화를 위한 주요 의사결정

04 우리나라 기업의 브랜드글로벌화전략

아시아의 미(Asian Beauty)라는 브랜드컨셉을 기반으로 글로벌 화장품 시장에서 차별적인 브랜드이미지 구축에 성공한 아모레퍼시픽

"아시안 뷰티(Asian Beauty)로 세상을 아름답게 하는 미의 여정을 개척하여, '원대한 기업'으로 나아갈 것이다."

—서경배 아모레퍼시픽그룹 대표이사 회장

2015년 9월 9일 서경배 회장은 창립 70주년 기념 기자간담회를 열고, Vision 2020을 선포하였다. 아모레퍼시픽 설립 75주년이 되는 2020년까지 매출 12조 원, 영업 이익률 15%, 글로벌 비중 50% 이상으로 성장, 'Great Company'로 도약하겠다는 원대한 비전을 전 세계에 표명했다.

아모레퍼시픽은 21세기 들어와서 미와 건강 분야와 관련 없는 사업을 모두 정리하는 대신 본업의 글로벌 경쟁력을 강화하기로 결정하고 본격적으로 글로벌 사업을 확장하기 시작했다. 그 전초 작업으로 2002년 회사의 영문사명을 'AMOREPACIFIC'으로 변경했다. 60년 가까이 써오던 '태평양'이라는 이름은 영문명에 녹아들며 글로벌 기업으로 발돋움하기 위한 기업 CI 재정비 작업을 완료했다. 또한 2004년 1월 2일 비전 2015를 선언하였는데, '고객의 미와 건강을 위해 토탈케어를 제공하는 글로벌 기업'을 새로운 비전으로 정하였다. 비전 2015에서는 2015년까지 메가 브랜드 10개를 육성하여 세계 10대 화장품 회사로 도약하고 매출 5조 원과 해외 매출 비중 30%를 달성하겠다는 원대한 목표를 제시하였다. 2006년에는 이러한 비전을 달성하기 위해 자연과 인간에 대한 깊은 이해로 내면과 외면이 조화를 이루는 아름다움을 창조하여 아름답고 건강하게 살고자 하는 인류의 영원한 꿈을 실현하겠다는 아모레퍼시픽의 소명이자 정체성을 '아시안 뷰티 크리에이터(Asian Beauty Creator)'로 명명했다.

이러한 목표를 달성하기 위해 아모레퍼시픽은 글로벌 사업 확장에 박차를 가해 왔다. 2000년대 이후 글로벌 전략에서 가장 핵심적인 시장으로 선정한 나라는 화장품 시장이 급속도로 커지고 있었던 중국이었다. 아모레퍼시픽은 라네즈를 '아시아 브랜드화' 하기로 결정하고, 중국시장 도입에 앞서 3년 간의 철저한 사전조사와 3,500명에 이르는 현지 소비자 조사를 통해 백화점에 한정된 고급 브랜드마케팅전략을 수립하였다. 그 일환으로, 중국시장 도입에 앞서 2002년 5월, 글로벌 브랜드의 각축장이며, 중국시장의 창이라 할 수 있는 홍콩시장에 먼저 진출해 경쟁력을 높이고 브랜드이미지를 제고하는 마케팅활동을 벌였다. 뒤를 이어 1990년대 중국시장 진출을 통해 축적된 경험과 인력을 바탕으로 중국유행의 발신지인 상해에 별도의 현지법인을 설립하고, 2002년부터 라네즈로 중국시장을 본격적으로 공략해 왔다. 라네즈는 상해의 1급 백화점 등 주요 백화점에서 매장을 운영 중이다. 특히 매장 리뉴얼 및 적극적인 마케팅활동을 통해 브랜드컨셉을 강화하고, '워터 슬리핑 마스크', 'BB쿠션' 등 히트상품의 높은 인기에 힘입어 프리미엄 유통경로에서 상위권에 안착하며 글로벌 브랜드들과 어깨를 나란히 하고 있다.

아모레퍼시픽은 라네즈의 뒤를 이어 주요 화장품브랜드들을 중화권 시장에 성공적으로 런칭해 왔다.

2005년에 중국에 진출한 마몽드도 중국에서 견고한 성장을 이어나가고 있다. 마몽드는 2016년 12월 현재 800여 개 백화점과 1,900여 개 전문점 채널에서 판매되고 있으며, 디지털 E-커머스를 런칭하여 중국 현지 고객들의 구매 편의성을 높이며 브랜드 접근성을 강화해 나가고 있다.

특히 아모레퍼시픽의 대표 브랜드인 설화수는 2011년 3월 북경 백화점 입점을 시작으로 북경, 상해 등 주요 도시의 최고급 백화점을 대상으로 100개 이상의 매장에 입점하면서 중국시장에서 높은 성장률을 보이고 있다. 중국에 앞서, 2004년 홍콩에 부티크 형태의 독립매장을 열고 세계시장을 향해 첫 걸음을 내디딘 설화수는 홍콩에서 럭셔리 뷰티 시장 내에서 브랜드 인지도를 차별화해 가며 현지인들의 많은 사랑을 얻고 있다. 2014년 진행된 중국 언론사 인민망(人民网)의 '중국인이 가장 사랑하는 한국 명품' 조사에서 화장품 부문 수상뿐 아니라, 2015년 발표된 '요우커 만족도 조사'에서도 한방 화장품 부문 최고 선호 브랜드로 선정된 바 있다.

자연주의 화장품 브랜드 이니스프리는 2012년 4월 초 온라인을 통해 중국고객들을 만난 후, 중국 상해에 첫 글로벌 매장을 오픈하며 글로벌 런칭을 성공적으로 알렸다. 중국 내에서 청정섬 제주와 제품 스토리를 통해 자연주의 화장품 브랜드로서의 이미지를 구축해 나가고 있는 이니스프리는 중국에서도 까다롭기로 유명한 상해 20~30대 고객의 마음을 사로잡았는데, 중국인들에게 인기 있는 여행지인 제주의 천연원료로 만든 자연주의 화장품 컨셉과, 한국의 대표 화장품 회사인 아모레퍼시픽의 연구개발 및 생산기술에 대한 신뢰가 중국 고객들에게 매력 요소로 작용한 것이다.

아모레퍼시픽은 중화권에 이어 제 2의 해외 주력시장으로서 아세안 시장을 개척하는 데도 노력을 기울여 왔다. 특히 홍콩과 중국에서 구축한 브랜드이미지를 기반으로 라네즈를 아시아 브랜드화하는 데에도 박차를 가하고 있다. 아모레퍼시픽은 현재 5개국(싱가포르, 말레이시아, 태국, 인도네시아, 베트남)에 법인을 만들어 진출해 있다. 현재까지는 설화수, 라네즈, 마몽드, 이니스프리, 에뛰드 등 5대 글로벌 챔피언 브랜드 위주로 사업이 전개되고 있다.

아모레퍼시픽은 미주시장에서도 브랜드이미지 변신을 시도했다. 아모레퍼시픽이 미국 뷰티시장에 처음 발을 내딛은 것은 1986년 LA에 현지법인을 설립하면서부터였다. 1990년대 들어서는 LA와 뉴욕의 현지법인을 통해 교민시장 중심으로 사업을 전개했다. 이 시기에 아모레퍼시픽은 주요 상권에 직영점을 개설하여 서비스를 제공하는 등 의욕적인 활동을 펼치기도 했지만, 고객층이 교포들로 한정되는 한계를 벗어나지는 못했다. 이러한 한계를 극복하기 위해 2000년대 들어와 아모레퍼시픽은 미국 하이엔드 뷰티시장의 성장 가능성에 주목하며, 동양의 아름다움을 현대적으로 승화시킨 럭셔리 글로벌 대표 브랜드 'AMOREPACIFIC'을 런칭함으로써 미주시장에서 변신을 시도했다. 'AMOREPACIFIC'은 2003년 뉴욕 최고급 백화점 버그도프굿맨에 입점하면서 진정한 명품 브랜드로서의 입지를 탄탄히 굳혔다. 현재 AMOREPACIFIC은 미국 버그도프굿맨, 니만 마커스, 노드스트롬, 블루밍데일, 캐나다 지역의 백화점을 비롯해, 젊은 고객의 접근성을 높이고자 글로벌 코스메틱 스토어 세포라 점포에 입점, 운영 중이다. 이어 아모레퍼시픽은 2010년 '설화수'를 뉴욕 버그도프굿맨에 입점시켰다. 설화수는 2010년 미국 진출 이후 연평균 34% 이상의 성장세를 기록하며 지속적 사랑을 받고 있으며, 동양의 지혜를 담은 럭셔리 브랜드로의 가치를 발신하며 북미권 고객층을 넓혀가고 있다.

아모레퍼시픽이 화장품브랜드의 글로벌화에 성공한 핵심요인은 단계적 글로벌 확장과 적극적인 현지화이다. 아모레퍼시픽은 1990년대까지 미국, 프랑스, 중국 등에 진출했으나 그리 성공적이지는 못하였다. 이에 따라 2000년대 초반 아모레퍼시픽은 글로벌 브랜드전략을 재정비하여 화장품 시장의 허브(hub)를 우선 공략한 후 단계적으로 확장해 나가는 전략으로 글로벌 전략의 기조를 변화시켰다. 이러한 해외시장 진입전략이 본격적으로 적용되기 시작한 시장은 중화권 시장이었다. 위에서 상세히 기술하였듯이 아모레퍼시픽은 먼저 중화권 소비 트렌드의 허브인 홍콩과 상하이를 집중 공략한 후 북경 등 중국의 핵심 대도시에 진입하고, 단계적으로 중국의 2선 및 3선 급 도시로 확장해 나가는 전략을 10년 여에 걸쳐서 성공적으로 전개했다. 라네즈, 설화수와 이니스프리의 아세안 시장 공략에 있어서도 동남아의 허브인 싱가포르를 집중 공략하고 인접국가로 확산하는 비슷한 전략을 구사하고 있다.

또한 전 세계적인 해외시장 진출 관점에서도 단계적 확장전략을 펼쳐 왔다. 21세기에 들어와 중화권을 최우선으로 집중 공략한 후 동남아시아를 그 다음 주력시장으로 공략하였으며, 향후에는 북미시장을 제3의 주력시장으로 선정하여 집중적으로 투자할 예정이다. 브랜드 관점에서도 아모레퍼시픽의 다양한 브랜드를 특정 시장에 동시다발적으로 출시하기보다는 순차적으로 진입시키는 단계적 확장 전략을 구사해 왔다. 중국시장의 경우 2002년 라네즈의 진입을 필두로 하여 2005년 마몽드, 2011년 설화수, 2012년 이니스프리, 2013년 에뛰드, 2015년 아이오페, 2016년 헤라의 순으로 10년 여에 걸쳐 주력 화장품 브랜드들을 단계적으로 투입해 왔다. 유통경로 관점에서도 중국 진출 시 백화점 경로부터 시작한 후 단계적으로 전문점, 로드숍, 디지털 채널 등으로 확장해 왔다.

최근 아모레퍼시픽은 인구 천만 명 이상의 글로벌 메가 씨티가 90년대 열 개 남짓하다가 2015년 30개 수준까지 크게 증가하였기에 이러한 글로벌 메가 씨티를 우선 공략하겠다는 전략을 수립하였다. 이러한 글로벌 메가 씨티도 허브로 볼 수 있기에 허브 도시에 먼저 집중 두입하여 성공적으로 교두보를 확보한 후 중장기적으로 인접 국가 내지 지역으로 확산하는 전략의 일환이라고 할 수 있다. 이처럼 허브를 우선 공략한 후 단계적으로 확장하는 글로벌 전략은 아모레퍼시픽이 기업전략의 최우선 원칙으로 정하여 철저히 실천해 온 '선택과 집중'의 원칙에 부합한다고 볼 수 있는데, 글로벌 경영을 위한 자원과 역량, 경험이 제한되어 있는 아모레퍼시픽 입장에서는 성공 확률을 높이기 위한 바람직한 선택이었다고 할 수 있다. 특히 많은 시행착오를 겪는 것이 불가피하고 성공하기 위해서 시간이 오래 걸리는 경향이 있는 해외시장 진출에 있어서 너무 서두르지 않고 장기적 시각에서 단계적으로 성공 경험과 현지에서의 역량을 구축해 온 것이 중화권, 동남아 등 주력 해외시장에서의 성공에 크게 기여했다고 판단된다.

또한 아모레퍼시픽의 글로벌 전략에서 국내 대부분의 기업들과는 상이한 차별적 특징으로 나타나고 있는 것은 현지화를 중시하는 해외시장 진출이다. 아모레퍼시픽 핵심 거점 해외법인의 법인장은 대부분 외국인으로서 현지에서의 영업 및 마케팅을 총괄하고 있다. 아모레퍼시픽은 해외법인에 파견되는 본사 임직원 숫자를 최소화함으로써 외국인 법인장이 중심이 되어 본사와의 유기적인 커뮤니케이션 하에 현지 상황에 맞게 영업/마케팅 전략을 구사할 수 있도록 높은 수준의 자율성을 부여해 왔다. 또한 최근에는 제품 측면의 현지화도 진전시키고 있는데 아시안뷰티연구소가 중심이 되어 아시아 지역 소비자에 대한 심화 연구를 진행해 왔다. 아시아 주요 15개 도시를 연교차와 연강수량 등을 바탕으로 기후환경 연구에 따라 4개의 그룹으로 카테고리를 나누고, 그룹별 맞춤제품 개발과 함께 지역 맞춤형 인체적용시험 및 미용법 연구를 진행하고 있다. 이를 통해 쿠션제품의 경우, 우리나라를 비롯해 중국, 싱가포르, 인도네시아, 베트남, 인도 여성들의 피부색을 연구하여 국가별 특징을 제품화에 반영하고 있다. 넓은 영토만큼 인구가 많은 중국은 화북, 화동, 화서, 화남으로 권역을 더욱 세분화하여 환경에 따른 소비자들의 특징과 니즈를 연구해 그에 맞는 제품을 개발하고 있다.

자료원: 송재용, "세계 속에서 아시아의 미를 창조하는 기업 아모레퍼시픽," 미라클 경영, 자의누리, 2017.

아침식사는 농심켈로그의 씨리얼, 점심은 피자헛의 피자, 사용하는 티슈는 유한킴벌리의 크리넥스, 비누는 P&G의 아이보리, 개인용 컴퓨터는 HP노트북, 운전할 때 쓰는 선글라스는 바슈롬의 레이밴, 간식 때 마시는 음료수는 코카콜라. 이와 같이 우리의 일상생활은 외국 유명브랜드와 떼려야 뗄 수가 없다. 몇몇 제품분야에서는 아예 외국기업 중심의 격전장으로 변하고 있다. 에버레디, 질레트가 각축을 벌이는 전지분야, 킴벌리와 P&G가 치열한 경쟁을 벌이는 화장지, 생리대·생활용품분야가 그 한 예이다.

국내시장에서 축적된 브랜드자산은 지리적 확장을 통해 더욱 강화될 수 있다. 브랜드에 대한 지리적 범위의 확대는 규모의 경제와 생산성 향상에 의해 지속적 경쟁우위의 확보를 가능하게 한다. 최근 들어 시장의 글로벌화의 가속화는 지리적 확장을 통한 브랜드자산의 강화를 자연스러운 전략적 대안으로 만들고 있다. 그러므로 마케터는 국제시장으로 브랜드를 확대할 것인가의 문제보다는 어떤 방법으로 브랜드의 국제화를 실행할 수 있는지에 전략의 초점을 맞추어야 한다. 해외시장으로 지리적 범위를 확대하려는 기업은 다음과 같은 문제에 대한 전략적 결정을 내려야 할 것이다.

- 어느 시장으로 진출할 것인가?
- 세계시장의 공통된 소비자 욕구를 충족시키고자 하는 글로벌브랜드와 현지고객의 기호를 충족시키는 데 효과적인 현지브랜드 간의 상반된 목표에 대해 어떻게 균형을 유지할 것인가?
- 브랜드의사결정 가운데 어떤 요소는 글로벌화에 맞게 표준화하고, 어떤 요소는 현지시장의 차이를 반영해야 할 것인가?
- 어떤 제품은 브랜드의 글로벌화가 적절하며, 어떤 제품은 지역시장 지향적인 것이 적절한가?
- 어떤 방법으로 기존의 다양한 현지시장 중심의 브랜드들을 소수의 글로벌브랜드로 조직화할 것인가?

01 브랜드의 글로벌화 추세

1) 지리적 확장의 필연성

브랜드가 시장경쟁에서 생존하고 제품성능에 대해 고객에게 한 약속을 지키기 위해, 기업은 제품성능의 향상을 위해 끊임없이 노력해야 한다. 가령, Tide(P&G의 세탁세제)는 선도적 세제로의 포지션을 유지하기 위해서 세제성분에서의 새로운 기술혁신을 반영하고 가정에서의 세탁방식의 변화에 적응해야 할 것이다. 제품성능의 향상은 R&D와 최신의 생산설비에 대한 지속적 투자에 의해 실현되며 이를 위한 막대한 투자비용의 확보는 브랜드의 지리적 확장에 의해 가능해진다. 먼저 R&D는 브랜드의 우수한 제품성능을 유지하기 위한 핵심적 도구가 된다. 예를 들어 사무관련용품 분야의 세계적 기업인 3M은 1만 명 이상의 연구원을 거느리고 있고 총매출의 5~6퍼센트 정도를 R&D비용에 할당한다.

혁신제품의 시장잠재력을 확인하면, 기업은 R&D뿐 아니라 생산설비에 대해서도 막대한 재무적 투자를 해야 한다. 그러므로 이제는 가격민감도가 낮은 소수의 혁신소비자집단에게 고가격으로 판매한 다음 점차 대중시장으로 확대하는 단계적 시장확대전략은 더 이상 효과를 거두기가 어렵게 되었다. 브랜드의 글로벌 경쟁력을 유지하기 위해서는 세계시장을 대상으로 우수한 성능의 제품을 저가격으로 동시에 출시해야 한다.

혁신제품에 의한 시장경쟁의 가속화는 제품성능의 지속적 향상에 따른 한계비용의 상승, 높은 설비투자비용 및 R&D비용을 낮은 단위당 마진에 의해 충당해야 하는 상황을 초래하였으며, 기업은 이에 대처하기 위해 글로벌마케팅전략을 필요로 하게 되었다. 즉 이러한 투자를 정당화시키기 위해 높은 브랜드인지도 및 우수한 성능에 의한 소비자 신뢰를 토대로 광범위한 유통망을 구축하는 마케팅전략이 요구된 것이다.

이러한 상황에서 규모의 경제는 글로벌경쟁에서 시장침투가격(상대적 저가격)을 실현하는데 있어 중요한 경쟁적 도구가 된다. 가령, 세계시장을 표적으로 한 승용차를 설계하는 자동차회사는 국내시장에만 초점을 맞추는 자동차회사보다 원가 상에서 경쟁우위를 갖는다. 국내시장 지향적 자동차회사가 자국 내 소비자들의 기호를 더 잘 충족시키는 승용차를 만들 수 있는지는 모르지만, 소비자들은 글로벌 지향적 외국승용차보다 훨씬 제품가격이 비싼 국산승용차의 구매를 주저할 수 있다.

국내시장 지향적 기업은 우수한 혁신제품을 개발할 수 있다고 하더라도 글로벌 지향적 기업과의 가격경쟁에서 우위를 차지할 수 있는 별다른 방법이 없다. 그러므로 경험곡선효과에

브랜드마케팅 따라잡기

유니버설라이제이션 R&D 전략의 산실 -로레알 아시아 연구거점 KSP R&I센터

화이트에피션트 무스 BB크림은 로레알 그룹의 화장품 브랜드인 슈에무라가 개발한 최초의 무스형 BB크림이다. 기체·액체·고체 3가지를 조합해 새로운 제형을 만들었는데 만져보면 면도용 무스보다 감촉이 부드럽다. 3차원 카메라로 살펴보면 면도용 무스보다 피부에 고르게 퍼지는 효과가 있음을 확인할 수 있다.

화장품은 과학의 산물이다. 일단 원재료가 중요하지만 같은 재료를 쓰더라도 어떻게 배합하고, 어떤 순서에 따르는지에 따라 결과가 달라진다. 모든 B2C(기업-소비자 간 거래) 사업이 그렇듯 소비자의 취향을 정확히 파악하는 것 역시 중요하다. 인종에 따라 피부색이나 헤어 컬러, 얼굴형, 속눈썹 모양, 눈매 등에서 근본적인 차이가 있다. 또한 화장품은 특성상 아무리 좋은 브랜드라도 자신의 피부에 맞지 않으면 쓰지 않는다. 아시아 여성은 향수가 발달한 서양과 달리 은은한 향을 좋아한다. 스킨케어 또한 수분감이 많은 촉촉한 느낌을 선호한다. 같은 아시아인이라도 한국인과 일본인은 하얀 피부, 동남아시아인들은 약간 붉은 빛이 도는 피부를 원한다. 그만큼 현지화가 필수적이다.

일본 도쿄 인근의 가나가와현 가와사키시에 위치한 로레알재팬 R&I센터(이하 KSP R&I센터)는 프랑스의 세계 최대 화장품 기업 로레알의 기술력이 결집된 곳이자 아시아 시장 공략을 위한 전초기지다. 로레알은 단순한 연구개발(R&D)을 넘어 혁신을 이어가겠다는 취지에서 연구기관을 R&I센터라 부른다. 일본은 화장품 관련 비즈니스가 가장 활발한 나라에 속한다. 전 세계에서 스킨케어 제품 판매량이 가장 많고, 소비자의 전문성 또한 뛰어나 비교 연구가 수월하다. 인종별 피부조건과 취향에 맞게 새로운 원료를 찾고, 제품을 개발하는 게 R&I센터의 주 임무다.

독특한 용기 모양으로 국내 여성 소비자에게도 널리 알려진 '슈에무라 얼티메이트 클렌징 오일'은 KSP

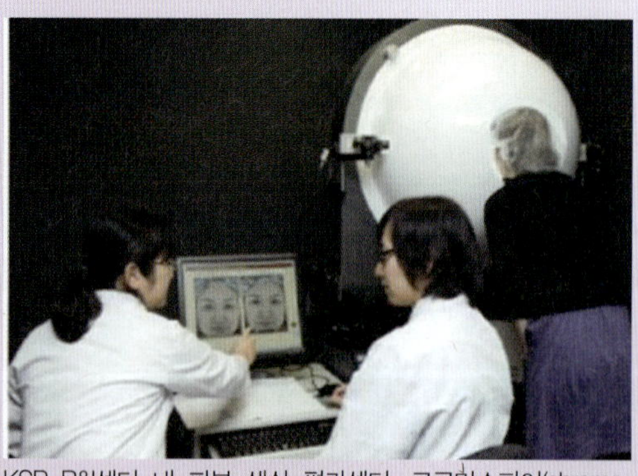

KSP R&I센터 내 피부 색상 평가센터, 크로마스피어(chromasphere)라는 기계를 통해 최대한 자연광에 가까운 상태에서 피부 톤을 측정할 수 있다.

피부 광 평가센터, 삼바(Samba)라는 특수 기계를 이용해 메이크업 전후 피부의 번들거림 상태를 비교평가한다.

R&I센터의 작품이다. KSP R&I센터는 또 일본 내 한 중견업체와 공동으로 하이브리드 색소(hybrid pigments)를 개발했다. 색조 화장품 고유의 색상이 사람 피부에 표현되었을 때 다르게 발색되는 현상을 개선한 물질이다. 이노우에 센터장은 "눈으로 보는 제품의 화사한 컬러가 피부에 발랐을 때도 최대한 동일하게 연출되도록 한 물질이다. 이 색소는 슈에무라 립스틱 '루즈언리미티드', 랑콤 파운데이션 '포토제닉' 등 다양한 로레알 제품에 적용됐다"고 설명했다.

1909년 설립된 로레알은 세계 최대의 화장품 그룹이다. 2012년 매출은 225억 유로(약 32조 원)이다. 로레알 외에도 랑콤·슈에무라·키엘·메이블린·비오템 등 유명 화장품브랜드가 있다. 설립초기 염색제로 널리 알려졌지만 지금은 화장품 매출비중이 98%에 달할 정도로 영역이 확대됐다. 공격적인 인수합병(M&A)과 함께 과감한 R&D 투자로 급성장했다.

현재 로레알 그룹은 전 세계 19개 지역에서 KSP R&I센터와 같은 R&I 센터를 운영한다. 각국 소비자의 취향과 트렌드를 연구하는 평가센터도 한국을 포함해 17곳에 있다. 이곳에서 일하는 연구인력만 3,800여 명에 달한다. 로레알 입장에서 지역 R&I센터를 늘리는 것은 포화상태로 접어든 미국과 유럽 시장 대신 아시아·남미 등 신흥시장을 공략하기 위한 포석이다. 하나의 제품을 전 세계에서 동일하게 판매하는 것이 아니라 개별 국가의 특성에 맞게 성분이나 디자인을 변경하기 위한 노력으로, 흔히 말하는 '글로컬라이제이션(Glocalization) 전략'이다. 1980년대 미국과 일본 기업들이 사용하기 시작한 글로컬라이제이션은 여전히 유효하다.

지금도 대다수의 글로벌 기업은 현지국가의 기업이나 사업풍토에 맞게 제품을 기획하고 판매전략을 짠다. 로레알 역시 이 점에선 마찬가지다. 하지만 로레알의 경우 특정 R&I센터에서 개발한 원료나 제품이 전혀 다른 국가나 시장으로 퍼져나간다는 점에서 주목할 만하다. 실제로 아시아 시장을 공략하기 위해 개발한 제품이 유럽시장에서 인기를 끌고, 남미에서 개발한 헤어케어 제품이 동남아 지역에서 좋은 반응을 끌어냈다. 메이블린 '퓨어 미네랄 프레시글로우 BB크림'은 원래 화사한 피부 표현을 원하는 한국 소비자를 위해 개발된 제품이다. 메이블린이 한국여성들의 까다로운 입맛에 맞춰 개발했는데 국내 출시 당시 큰 인기를 끌었다. 이 제품은 1년 뒤 스타일은 한국여성에, 재료는 서양인의 피부에 맞춰 '드림 프레시글로우 BB크림'이란 이름으로 다시 출시됐다. 대륙을 건너간 한국형 BB크림은 유럽에서도 판매 1위를 차지했다.

로레알파리의 '토탈리페어5'도 비슷한 예다. 곱슬머리가 많은 브라질 여성들은 강렬한 태양과 잦은 퍼머로 인해 손상된 머릿결을 진정시키는 헤어케어 제품을 선호한다. 토탈리페어5는 이러한 소비자 욕구에 맞춰 머리카락 속 단백질 재생을 돕는 제품이다. 브라질에서 인기를 끈 이 제품은 비슷한 고민을 가진 인도·동남아 지역으로 건너가 큰 사랑을 받았다.

로레알의 각 지역 R&I센터는 해당국가의 소비자 특성을 연구하는 동시에 특수한 역할을 맡는다. 2005년 설립한 중국 상하이 푸동 R&I센터는 아시아인의 피부·모발을 전문적으로 연구하고, 미국 시카고 에스닉 R&I센터는 아프리카인의 피부와 모발 연구를 담당한다. 미국 클라크 연구센터는 메이크업 기술을 일본 KSP R&I센터는 스킨케어와 메이크업용 염료 개발에 집중한다. 본사는 개별 R&I센터의 자율성을 최대한 보장한다. 현지 소비자 특성을 연구해 개발한 제품을 글로벌로 수출하는 역혁신(Reverse Innovation)의 가능성을 경험했기 때문이다. 각 R&I센터는 서로의 연구결과를 유기적으로 공유하고 이를 통해 해당시장에 맞는 제품을 다시 개발한다. 차이를 연구하며 공통점을 발견하려는 것이다. 로레알에서는 이를 유니버설라이제이션(Universalization) 전략이라 부르는데, 단순한 상향식 R&D 구조를 벗어나 각 R&I센터가 수평적 관계를 유지하면서 시너지를 내는 방식이다. 파급효과가 널리 퍼지면서 최근 로레알 그룹 내에서는 글로벌 시장을 겨냥한 제품을 개발해 전파하는 것이 R&I센터의 중요한 임무가 됐다.

브랜드마케팅 따라잡기

개발도상국 시장을 겨냥해 연구인력과 제품개발을 강화하는 유니레버

2000년대 후반 생활용품업계 세계 2위인 유럽의 유니레버는 전 세계 저소득층을 공략하기 위해 회사의 모든 자원을 재편했다. 성장잠재력이 큰 개발도상국 시장의 소비자들을 끌어안기 위해 인적·물적 자원의 재배치를 추진한 것이다. 먼저 유니레버의 근거지인 유럽지역 인력과 연구소 등을 대폭 통합, 정리했다. 유럽 곳곳에 산재한 60개 식품연구소를 6개로 통합하고 연구원과 유럽지역 직원수를 대폭 줄일 계획이다. 반면 인도 같은 개도국 현지에서 연구작업을 진행할 인력은 계속 늘리고 있다. 12개 주요 제품군의 글로벌시장 책임자 중 절반을 개도국에서 좋은 성과를 올린 브랜드 매니저들로 채웠다. 미국 등지에 있는 개도국 출신 인재들을 물색해 개도국 유니레버 사업을 맡기기로 했다.

이 회사는 또 기존제품을 조금 변형해서 개도국시장에 내놓는 것이 아니라 아예 처음부터 이들 시장에 초점을 맞춘 제품을 개발하고 있다. 예를 들어 개도국 주민들이 구매할 수 있는 가격대로 맞추기 위해 몸에 착용하는 탈취제(디오도란트)의 용량을 반으로 줄인 제품을 내놓았다. 태국 등지에선 브랜드인지도를 높이기 위해 비누, 세제, 화장품 등의 TV광고를 대대적으로 내보내고 있으며, 남아공에선 저소득층에 맞춘 제품비중을 90%로 높였다.

유니레버의 이 같은 전략은 유럽, 미국 등 선진국시장에서 세제나 마가린, 비누 같은 주력상품을 판매하는 데 한계에 다다랐기 때문이다. 선진국 고객의 경우 1위 프록터&갬블(P&G) 브랜드만 찾고 2위 브랜드에는 등을 돌리는 현상이 심해진 것도 한 요인이다. 그리고 월마트 같은 대형 유통업체들이 자체 브랜드를 붙여 파는 마가린과 파스타 소스 제품 등에서 이들과의 경쟁도 치열해지고 있다. 이에 따라 비누나 샴푸 같은 제품들에서 저가 경쟁제품들과 맞서 고급 브랜드이미지를 지키려던 기존 브랜드마케팅전략을 포기하고, 인도, 브라질, 베트남 등 개도국의 매출 성장잠재력이 높은 새로운 소비자들에게 다가서고자 노력하기 시작했다.

의한 전반적인 제품비용의 감소를 통해 가격경쟁력을 확보하는 데 있어 브랜드의 지리적 확장(혹은 글로벌화)이 핵심성공요인으로 대두된 것이다. 그러나 브랜드의 지리적 확장이 반드시 단일의 글로벌브랜드의 도입을 의미하는 것은 아님에 유의해야 한다. 기업은 동일한 제품이라 하더라도 국가에 따라 다른 브랜드명으로 판매할 수 있는 것이다. 예를 들어 P&G의 Tide 세탁세제는 영국에서는 Ariel로, 일본에서는 Cheer로, 그리고 이태리에서는 Dash라는 브랜드명으로 판매되었다. 마찬가지로 일본의 Ricoh 복사기는 미국에서는 Savin으로, 유럽에서는 Nashua로 출시되었다. 각 브랜드는 현지시장에서 전국적인 명성을 획득했고, 이는 R&D와 생산에 대한 대규모 투자를 가능하게 하는 원동력이 되었다.

한편 글로벌제품을 글로벌브랜드로 전환시키기 위해서는 기업은 세계의 소비자들 마음속에 단일의 상징을 심을 수 있어야 한다. 말보로 담배는 전 세계 소비자들의 마음속에 카우보이를 등장시키는 광고캠페인을 통해 남성다움이라는 상징을 심을 수 있었기 때문에 글로벌브랜드로의 전환이 가능하였던 것이다.

2) 글로벌마케팅전략 vs 현지화마케팅전략

기업은 브랜드의 글로벌화를 어느 정도 추진해야 하는가? 즉 제품포지셔닝, 크리에이티브 컨셉, 그리고 제품 자체를 어느 정도 글로벌화해야 하는지는 국제마케터가 반드시 해결해야 할 전략적 과제이다.

해외시장에 진출하는 국제기업은 전 세계 여러 지역시장의 소비자들이 공통의 브랜드연상을 갖도록 하기 위해 하나의 브랜드명, 심벌, 슬로건을 갖는 글로벌브랜드를 도입하거나 혹은 각 지역시장(혹은 국가)의 특성에 맞추어 서로 다른 브랜드명을 사용하는 두 가지 기본적인 전략을 고려할 수 있다.

Harvard대학의 저명한 마케팅교수인 Theodore Levitt 교수는 글로벌브랜드 도입의 필요성을 강조했다. 즉 빈번한 해외여행, 다양한 대중매체의 발달과 급속한 확대 등으로 인해 전 세계 소비자들의 욕구가 동질화되어 가기 때문에 전 세계에 걸쳐 최적의 제품디자인과 브랜드연상을 가진 글로벌브랜드의 도입이 필요하다고 주장한다. 한 국가에서 긍정적인 반응을 보인 제품과 광고소구는 다른 국가에서도 동일한 반응을 보일 수 있으며, 최상의 품질과 디자인을 갖춘 제품은 세계 어느 곳에서도 수용될 수 있다는 것이다.

단일의 글로벌브랜드는 여러 가지 이점을 갖는다. 먼저 대량생산에 따른 규모의 경제는 물론 광고, 판촉, 브랜드의 여러 구성요소에 대한 계획 실행에 있어서도 규모의 경제를 가능하게 한다. 그러므로 글로벌브랜드의 전체 개발비용은 지역브랜드의 것보다 크지만 제품 단위당 (상대적) 비용은 지역브랜드보다 상당히 낮을 수 있다. 또한 요즘같이 소비자들의 해외여행이 빈번한 경우에 글로벌브랜드의 자산가치는 더욱 증가될 수 있다. 왜냐하면 여행 중인 소비자들이 한 국가에서 판매되는 브랜드가 다른 국가들에서도 판매됨을 보았을 때, 소비자들의 그 브랜드에 대한 인지도·신뢰도는 더욱 높아질 것이다. 그리고 글로벌브랜드는 소비자들에게 강력하면서 긍정적인 브랜드연상(가령, 소비자들이 그 브랜드의 제품이 세계적으로 널리 인정받고 있다는 생각을 가질 수 있음)을 불러일으킨다는 점에서 상당한 경쟁우위를 갖는다.

한편 기업은 각국의 소비자 기호를 반영하여 국가별로 차별화된 브랜드를 도입하는 현지화브랜드전략(multilocal brand strategy)을 추구할 수 있다. 똑같은 브랜드 이름도 어떤 한 국가의 경우에는 좋은 결과를 내는 반면 다른 국가에서는 부정적 결과를 야기해 같은 브랜드 이름을 쓸 수 없는 경우가 있다. 아니면 좋은 결과를 낼 수 있다 할지라도 이미 그 국가에 유사한 브랜드 이름들이 있기 때문에 사용할 수 없게 되기도 한다. 예를 들어 P&G의 샴푸, 컨디셔너 겸용의 제품인 Pert Plus는 일본의 경우 Rejoy, 극동의 대부분 지역들의 경우 Rejoice, 영국의 경우 Vidal Sassoon이라는 브랜드 이름으로 팔리고 있다. Pert Plus명과 비슷한 이름이 혹은 그러한 의미를 지닌 브랜드 이름이 그들 나라에서 이미 사용되고 있었기 때문이다. 브랜드가 IBM이나 SONY같이 범세계적이라 해서 그 이름이나 상징물이 어느 나라에서나 효과적이고도 강렬한 브랜드관련 연상을 불러일으키는 것은 아니다.

현지화 브랜드전략을 추구하는 기업은 국가에 따라 브랜드명, 제품포지셔닝, 가격수준, 광고캠페인을 달리 한다. Coca-Cola는 글로벌마케팅을 추구하는 반면 Nestle는 현지화마케팅을 선호하는 대표적인 경우이다. 예를 들어 Nestle는 Maggi라는 브랜드명의 인스턴트식품을 출시하면서 국가에 따라 차별적 마케팅전략을 실시하였다.

- 독일시장에서는 'Maggi, 5-minuten terrine'이라는 브랜드명으로 30~40대의 여성을 위한 영양식품으로 포지션되었다.
- 프랑스에서는 Bolino라는 브랜드명으로 (Maggi는 매우 작게 표기함) 독신자를 위한 인스턴트 스낵으로 포지션되었다.
- 스위스에서는 Quick Lunch라는 브랜드명으로 어머니들이 선호하는 간이식 사용 식품으로 포지션되었다.

한 지역이나 국가에 그 판매영역이 국한된 소위 지역브랜드들은 그들 나름대로 유리한 점들을 갖고 있다. 자국제품을 선호하는 사람들의 심리와 그 지역에 특화된 전통이나 문화적 특

브랜드마케팅 따라잡기

베트남 국민과자로 자리 잡은 오리온 초코파이

베트남 호찌민 시내 빈탄구(區) 재래시장(市場) 인근에 있는 2층 주택. 전업주부인 딘 홍 응언(28) 씨와 남편이 처가살이를 하고 있는 집 2층 거실에 들어서자, 높이 1m 정도의 제단(祭壇)에서 향이 피어오르고 있었다. 친조부 영정 사진이 놓인 제단에는 베트남 국화를 꽂은 작은 화분과 포도·망고·키위 등 과일 접시, 술잔이 놓여 있었다. 특이한 건 제단 오른편에 오리온 초코파이가 박스째 놓여 있었다는 점이었다. 향을 양손에 공손하게 잡고 허리를 숙여 절을 한 응언 씨는 "내가 열 살도 되기 전인 20년 전부터 부모님이 제단에 초코파이를 올리셨다"며 "이젠 내가 초코파이를 사서 올리고 있다"고 말했다.

유교문화가 남아 있는 베트남에선 집집마다 제단을 마련해서 조상을 기리는 게 일반적이다. 우리처럼 명절이나 기일에만 제를 지내는 게 아니라 응언 씨처럼 일반 가정에선 상시적으로 제단을 마련해 놓는다. 초코파이가 베트남에서 제사상에 오르는 건 '프리미엄 과자'로 여겨지기 때문이다. 응언 씨는 "제단에는 양념이 강하지 않으면서도 귀한 음식을 놓는 게 전통이다. 내가 아주 어렸을 때는 베트남 전통과자를 올렸는데, 요즘은 집집마다 초코파이를 제단에 올리는 게 일반적이다"고 밀했다.

초코파이는 오리온이 정식 수출하기 이전인 1990년대 초부터 베트남에 퍼졌다. 당시엔 베트남에 진출하는 한국 기업인들이 바이어나 현지 파트너에게 주는 선물용으로 퍼져 나갔다.

사회주의국가 베트남이 대외 개방정책을 편 초기에 오리온 초코파이가 시장을 선점한 것이다. 오리온이 현지에서 초코파이를 생산·판매한 2006년에는 이미 베트남인 사이에 소개가 필요 없을 정도로 초코파이가 자리를 잡고 있었다. 가령, 호찌민시 고밥구에 있는 이마트 매장의 경우 스낵류가 모여 있는 코너 중 입구 쪽에 가까운 '요지'에는 선반 한 면이 초코파이와 오리온 스낵류로 가득하다. 박스에는 한국에서 파

베트남 호찌민시에 사는 주부 딘 홍 응언 씨가 집 안에 마련된 조부의 영정 앞에 초코파이를 올려놓고 제(祭)를 올리고 있다.

는 초코파이와 같은 자리에 동일한 크기로 '띤(정·情)'이라고 적혀 있다.

오리온 베트남 법인 마케팅부문장은 "베트남 진출 초기부터 부모와 자식 간의 끈끈한 정을 강조하는 TV 광고를 내보내면서 베트남 국민과자가 됐다"며 "오리온 초코파이는 인구 1억 명인 베트남에서 1년에 낱개로 5억 개가 팔리며 과자 시장 전체 1위를 차지하고 있다"고 말했다. 약혼식과 결혼식의 하객 답례품으로도 인기다. 최대 명절인 설에 절에선 초코파이 박스로 탑을 쌓고 복(福)을 비는 사람도 많다. 설 특수는 월간 판매량에 뚜렷하게 드러난다. 2018년의 경우 설 직전 두 달간 베트남에서 초코파이 월평균 판매수량은 7,693만 개로, 연간 월평균 판매수량(4,172만 개)의 1.8배를 기록했다. 초코파이는 고가(高價) 정책을 유지하고 있다. 베트남에서 12개 들이 초코파이 한 박스의 가격은 우리 돈 2,500원 정도다. 절대가격은 한국의 절반 정도지만, 1인당 국민소득이 한국의 10분의 1 수준이란 점을 감안하면 비싼 과자인 셈이다.

초코파이의 성공은 다른 제품으로도 이어졌다. 오리온은 '오스타'를 내세워 감자 스낵 분야에서도 1위를 차지하는 등 파이, 스낵, 비스킷, 스폰지케이크 등 4개 분야에서 베트남 시장 점유율 1위에 올랐다. 오리온은 베트남에서 급증하는 젊은 세대를 타깃으로 온라인·모바일 마케팅 활동을 적극 펼쳐 시장 지배력을 더욱 강화해 나가려고 한다.

자료원: 조선일보, 2019.1.14.

징들을 이용하는 지역브랜드는 경쟁상의 유리한 고지를 점령할 수 있다. 범세계적 마케팅보다 각 지역의 국가에 특화된 마케팅에서 더 좋은 아이디어가 나올 수 있다. 10개 지역의 10개 마케팅활동들에서 나온 10개의 차별적 아이디어들은 획일적인 범세계적 마케팅활동에서 나온 어떤 하나보다 더 유용할 수도 있다. 예를 들어 Polaroid사가 사용한 '파티용 카메라'라는 포지셔닝 개념은 스위스에서 얻어진 것이었다. 그러므로 지역브랜드전략을 추구하는 국제기업은 각 지역의 국가에 적합한 마케팅활동이 독자적이고도 자유롭게 기획되도록 해야 할 것이다. 대우전자는 현지시장의 고유한 특성에 맞추어 철저한 현지화전략을 추구한다. 즉, 나라별 특성에 맞춘 특화 제품을 판매하는 것이다. 멕시코 중저가 세탁기 시장의 65%를 차지하는 대우전자의 워시온니 세탁기는 탈수기능을 뺀 제품이다. 햇볕이 강한 멕시코에선 탈수하지 않아도 빨래가 잘 마른다. 그래서 탈수기능을 빼고 가격을 낮췄다. 그리고 세탁통 안에 있는 봉의 길이를 반으로 줄여 소비전력을 낮춘 제품을 출시했다. 북미지역에선 전자레인지에 피자를 구울 수 있는 오븐을 얹은 피자 전자레인지를 판매하고 있다. 물값이 비싼 칠레에선 세정력보다는 물 사용을 최소화하는 방향으로 설계한 세탁기를 출시했다.

3) 글로벌마케팅전략과 현지화마케팅전략을 결합한 마케팅믹스 프로그램의 실행

최근 들어 글로벌 목표와 현지시장의 특성을 적절히 조합하는 마케터가 늘어나고 있다. 즉 여러 국가에 걸쳐 일관성 있는 브랜드포지셔닝을 유지하면서 각 시장의 특성에 맞추어 브랜드명과 마케팅프로그램을 조정하려고 한다. 그리고 패키징도 전반적인 외양은 비슷해 보이지만 현지시장의 욕구와 기호에 맞추어 변화를 줄 수도 있다. 가령, 어린이용 Danone 요구르트의 경우 팀장이 현지 마케팅프로그램을 조정하는 본사의 팀을 관리하지만 120여 개 국가에 걸쳐 Danonino, Danoontje, Danimals 등 다양한 브랜드명으로 판매된다. 따라서 현지고객의 특성을 고려하는 중앙 집권화된 마케팅전략은 여러 국가 혹은 문화권에서 판매되는 제품에 적절한 해결책일 수 있다. 많은 기업들이 제품과 마케팅프로그램을 현지 여건에 맞추어 조정하는 역량을 키우고 있다. 유연성 있는 제조기술은 경영활동을 집중화할 필요성을 줄여주었고 정보시스템과 텔레커뮤니케이션의 발전은 지역 간 마케팅활동의 조정을 용이하게 만들었다.

Domino's pizza는 장소에 상관없이 동일한 배달시스템을 유지하려고 했지만 해외시장으로 진출하면서 현지관습에 맞추어 이를 조정해야 했다. 영국 고객들은 어떤 사람이 문을 두드리는 것을 무례하다고 생각하며 쿠웨이트 고객은 집에 피자를 배달하는 것을 상상하기 어려워한다. 일본 주택의 주소는 번호 순으로 만들어져 있지 않아서 주문받은 주소를 찾기가 어렵다. Heineken 맥주는 네덜란드에서는 흔히 볼 수 있는 일상적인 브랜드이지만, 대다수 해외시장에서는 최고의 맥주 브랜드로 간주된다. 맥주 한 병의 가격은 가장 대중적인 미국 맥주 브랜드인 Budweiser에 비해 거의 2배에 이른다. 앞의 사례에서 알 수 있듯이 유명브랜드들은 지역에 따라 마케팅프로그램을 조정한다. 이하에서는 마케팅프로그램의 주요요소인 제품, 커뮤니케이션, 유통, 가격 전략을 어떻게 조정하는지를 살펴보기로 한다.

국제 제품전략 : 많은 기업들이 초기에 해외시장에 진출하면서 어려움에 봉착하는 주요이유 중 하나는 소비자행동의 차이를 무시한다는 것이다. 상대적으로 규모가 작은 해외시장에 대한 마케팅조사를 실시하는 데 있어 크기에 비해 비용이 많이 들고 때에 따라 시장이 단순하기 때문에 많은 기업들이 기본적인 소비자 조사를 생략하고 곧바로 진출한 후 시장반응을 살펴보는 전략을 취한다. 그 결과 그들은 때에 따라 좋지 않은 결과가 일어난 후에야 소비자 차이를 인식하게 된다. 이러한 실수를 피하기 위해 마케터는 현지시장조사를 실시할 필요가 있다.

그러나 많은 경우 어떤 국가들에 대해서는 제품의 차이를 둘 필요가 없다는 마케팅조사 결과를 얻을 수 있다. 한때 Palmolive 비누는 글로벌 시장에서 22개의 서로 다른 향, 17가지 패키지, 아홉 가지 모양(형태), 그리고 여러 가지 제품포지셔닝으로 판매되었다. 마케팅조사 결과를 토대로 글로벌마케팅의 이점을 살리는 것이 바람직하다는 판단에 따라 회사는 단지 7가지 향, 하나의 핵심 패키징 디자인, 세 가지 기본모양만을 사용하기로 결정하고 두 가지 브랜드포지셔닝(하나는 개발도상국가들을 대상으로, 다른 하나는 선진국들을 대상으로 한 것임)을 기반으로 이들을 조합한 제품정책을 실시했다.

기업의 관점에서 볼 때 글로벌브랜드와 현지브랜드의 장단점을 해결할 수 있는 가장 확실한 대안은 하나의 제품범주 내에서 두 가지 유형의 브랜드 모두를 판매하는 것이다. 글로벌브랜드를 가지고 성공을 거둔 기업들조차도 표준화된 국제마케팅 프로그램은 일부 제품들에 국한되어, 일부 장소에서 일정기간 동안에만 효과를 거둘 수 있으며, 현지고객의 기호에 맞춘 브랜드와 광고물을 결코 대체할 수 없다고 주장한다. 이에 따라 글로벌화 추세에도 불구하고 훌륭한 현지브랜드가 성공을 거둘 가능성이 항상 존재한다.

커뮤니케이션 전략 : 해외시장에 진출한 많은 기업들이 어려움을 겪는 마케팅커뮤니케이션 영역이 광고이다. 여러 국가들에 걸쳐 브랜드포지셔닝은 동일할 수 있지만, 광고 크리에이티브 전략은 어느 정도 차이를 두어야 할 필요가 있다.

국가에 따라 크리에이티브 스타일에 대한 반응이 다를 수 있다. 가령, 유머소구는 독일 광고물보다는 미국과 영국 광고물에서 더 흔히 볼 수 있다. 프랑스, 이태리 같은 유럽 국가는 성적 소구광고에 대해 보다 수용적이다. 위성TV와 케이블TV의 확산은 방송미디어 대안의 수를 늘려, 여러 국가에 걸쳐 동일한 TV광고물을 동시에 방영하는 것이 보다 수월해졌다. CNN, MTV, Cartoon Network 같은 미국 케이블네트워크, 그리고 영연방국가들의 SkyTV와 아시아 지역의 StarTV 같은 네트워크의 출현은 광고물의 도달범위를 매우 높였다.

Fortune, Time, Newsweek 같은 잡지들은 오랫동안 영어로 된 해외판을 판매해왔다. 다른 출판사들은 현지기업들에게 라이센싱을 주거나 합작투자에 참여하거나 완전 자회사를 설립하는 방식으로 현지 언어로 된 편집본을 출판하고 있다. Rolling stone은 미국 밖에서 20개의 국제판을, Maxim은 27개의 국제판을, 그리고 Elle 잡지는 42개의 국제판을 갖고 있는데, 이들은 동일한 인구통계적 집단을 표적시장으로 삼고 있지만 출판되는 국가의 특성에 맞춘 콘텐츠를 제공한다.

국제기업은 미디어전략을 수립함에 있어 각 국가별로 고유의 도전적 과제에 직면한다.

Colgate-Palmolive는 인도의 시골 지역에 거주하는 6억 3,000만 명 이상의 인도 소비자들에게 침투하기로 결정했을 때, 모든 인도인의 반 이상이 문맹이고 인도 가구 중에서 1/3만이 TV세트를 갖고 있는 현실을 극복해야 한다. 이에 대한 해결책으로 30분짜리 인포머셜

(informercial) 광고물을 제작해, 동영상 밴으로 전국을 돌면서 이를 보여주었다. 멕시코에서 Tampax 탐폰 생리대를 판매하기 위해 Procter&Gamble은 회사로부터 교육을 받은 상담사의 주도로 Tupperware 파티와 유사한 형태의 정보제공을 위한 가정모임 혹은 친목모임을 열었다. 미국, 캐나다, 서유럽 여성 중 70퍼센트 정도가 탐폰을 사용했지만, 대다수 남미국가의 여성들 중 2퍼센트 정도만이 탐폰을 사용했다. 문화적 장벽을 극복하기 위해 P&G는 비정통적인 접근방식을 개발했다.

미국 외의 많은 국가들에서 광고매체의 부족 등으로 인해 후원프로그램이 오래전부터 사용되어 왔다. 최근 들어 글로벌 수준에서 후원프로그램을 실시하는 마케터가 늘어나고 있다. 엔터테인먼트와 스포츠에 대한 후원은 특히 젊은 청중에 도달하는 데 매우 효과적인 도구가 될 수 있다.

유통전략 : 유통경로 확보는 많은 기업들에게 도전적 과제이다. 그 이유는 최근 들어 독일의 Aldi, 프랑스의 Carrefour 등의 출현으로 조금의 진전이 있기는 하지만 글로벌 소매기업의 수가 많지 않기 때문이다(특히 슈퍼마켓과 식료품 분야에서). 유명한 영국 소매기업들인 Sainsbury, Tesco, Marks and Spencer 등도 미국시장에 진출하는 데 어려움을 겪었다. 영어권 소매업체라는 것이 실제로 진입장벽이 될 수 있는데 영어로 소통이 어려운 소비자들도 많이 존재하기 때문이다. Tesco는 캘리포니아에서 Fresh&Easy 점포컨셉을 실행하는 과정에서 미국 쇼핑고객들이 영국 고객들에 비해 과일과 채소를 골라서 만져보거나 더 많은 냉동식품을 냉장고에 채어두는 것을 좋아한다는 것을 알게 되었다.

글로벌 소매기업이 그렇게 많지 않기 때문에 기업들은 종종 유통경로를 개척함에 있어 서로 다른 접근방식을 사용하며 이로 인해 경로성과에서 큰 차이를 보인다. Coca-Cola가 일본시장에서 자동판매기를 집중적으로 설치한 것은 그 시장에서 성공을 거두는 데 핵심요인이었다. 1981년부터 1993년 사이에 Coca-Cola는 국제적인 기반 시설과 마케팅 구축에 30억 달러 이상을 투자했다. 이에 반해 PepsiCo는 이 기간 동안 보틀링 공장 중 일부를 매각했다. 광고캠페인에 많은 비용을 투자하고 레스토랑과 스낵식품 분야로 다각화를 했음에도 불구하고 해외자산 감소를 경험한 PepsiCo는 콜라시장에 대한 투자를 재개했다.

국내시장과 마찬가지로 기업들은 종종 해외시장에서 브랜드자산을 구축하기 위해 유통경로상에서 푸시 촉진전략과 풀 촉진전략을 함께 사용하기를 원한다. 때에 따라 기업은 해외시장에서 잘못된 유통전략을 채택함으로써 브랜드의 경쟁우위를 잃기도 한다. Dell Computer는 유럽시장에 진출하면서 자신의 경쟁우위 원천이었던 직접유통전략을 포기하고 전통적인 소매 네트워크를 구축하려고 했다. 그러나 저조한 판매성과를 거둔 Dell은 유럽시장에서는 직접유통이 성공을 거두기 어려울 것이라는 전문가의 지적을 무시하고 자신의 강점인 직접유통 전략으로 전환했다. 그 결과 유럽시장에서 Dell의 매출은 빠르게 증가했다.

가격전략 : 가치기반 가격결정은 글로벌 가격전략을 수립할 때 유용한 방식이다. 마케터는 각 국가별로 브랜드가치에 대한 소비자 지각의 결정요소, 지불의도 가격대, 가격변화에 따른 수요의 탄력성 등을 잘 이해해야 한다. 때에 따라 이러한 고려요인들의 국가 간 차이는 서로 다른 가격전략을 필요로 한다. 가령 Levi's의 청바지, Heineken맥주, Perrier생수 등은 자국시장 밖에서는 훨씬 비싼 가격으로 판매되고 있는데, 그 이유는 다른 국가에서 이들 브랜드는 매우 다른 브랜드이미지를 갖고 있으며, 해외 소비자들은 이러한 이미지를 가치 있게 생각하기 때문이다. 유통구조, 경쟁적 포지션, 세금, 환율 등의 차이도 가격의 국가 간 차이를 초래할 수 있다.

그러나 국가들 사이에 현저하게 다른 가격을 책정하는 것이 어려울 수 있다. 동일한 국제가격을 책정해야 한다는 압박이 증가되고 있는데, 그 이유는 합법적인 수출과 수입이 늘어나고 소매업체와 공급업체들의 국가 간 차이를 이용하는 능력이 커지고 있기 때문이다. 이러한 문제는 유럽에서 특히 심각한데, 유럽의 경우 종종 국가 간 가격차이가 상당히 크며(동일한 승용차 모형의 가격이 30~40퍼센트 정도 차이가 나기도 함) 국경을 넘어 상품을 구매할 기회가 널려 있기 때문이다.

기업들은 본질적인 국가 간 가격차이 허용과 동일한 국제가격 적용을 모두 반영한 국제가격 허용범위(price corridor)를 책정하고, 어떤 국가에 대해서도 허용범위를 벗어난 가격을 책정하지 않는 전략을 도입할 수 있다. 허용범위보다 낮게 책정된 국가에 대해서는 가격을 올리고, 허용범위보다 비싸게 책정된 국가에 대해서는 가격을 낮추어야 한다. 또 다른 가격전략은 고가격, 고소득 국가와 저가격, 저소득 국가별로 서로 다른 브랜드를 도입하는 것이다.

아시아 시장에서 많은 미국브랜드들이 경쟁력이 떨어지는 현지기업들보다 프리미엄 제품으로 대우를 받는데, 이 지역의 소비자들이 미국산 소비용품을 고품질제품과 연계시켜 생각하기 때문이다. 아시아 시장의 매력도를 평가함에 있어 마케터는 평균소득뿐 아니라 소득분포도 고려하는데, 이 지역의 인구수가 매우 크기 때문이다. 가령, 인도의 연평균 소득은 1,000달러 미만이지만, 3억 명 정도의 사람들은 유럽의 중산층에 판매되는 제품과 동일한 것을 구입할 여력이 있을 수 있다. 중국시장에서 현지기업이 생산하는 칫솔이 19센트에 판매되지만 Gillette는 Oral-B 칫솔의 가격을 90센트로 책정하였다. Gillette가 비싼 가격을 책정한 이유는 중국 칫솔시장에서 10퍼센트 정도만의 점유율을 차지하더라도 미국시장에서 현재 판매되는 것보다 더 많은 칫솔을 판매할 것으로 판단했기 때문이다.

02 글로벌브랜드전략 추구 시 고려요인

많은 국제기업들이 시장의 글로벌화 추세에 맞추어 글로벌브랜드를 경쟁적으로 도입하려고 하고 있다. 그러나 마케터는 글로벌브랜드(마케팅)를 도입하기 전에 글로벌마케팅의 장점, 글로벌화의 장애요인, 글로벌브랜드 도입이 유리한 경우 등을 신중히 고려해야 할 것이다.

1) 글로벌브랜드 도입의 장점

글로벌마케팅(브랜드)은 다음과 같은 이점을 제공한다.

첫째, 글로벌마케팅은 마케팅과업의 중복으로 인한 비용증가를 방지한다. 예를 들어, 국가별로 TV광고를 달리하지 않고 하나의 광고를 사용함으로써 값비싼 광고제작비용을 상당히 절감할 수 있다. Coca-Cola 광고를 맡고 있는 광고대행사인 McCann-Erickson은 글로벌 TV광고의 제작을 통해 제작비용을 절감했다.

둘째, 기업은 여러 국가에 신제품을 동시에 출시함으로써 국가에 따라 시차를 두고 단계적으로 제품을 출시할 때 발생되는 문제를 예방할 수 있다. 단계적 제품도입은 경쟁회사로 하여금 한 국가에 출시된 자사제품의 아이디어를 모방하여 다른 국가를 선점할 시간적 여유를 제공하는 단점을 갖는다. P&G는 Ariel 세탁세제를 전 유럽에 동시에 출시하였는데, 이는 국가 간에 세탁관습에서 큰 차이를 보이지 않게 되었기 때문이다. 이에 반해 McDonald는 국제시장으로 확대하는 데 20년 이상의 기간이 걸렸다. 글로벌화를 추구하는 기업은 좋은 마케팅아이디어가 세계 어디에서 발생됨에 상관없이 이를 활용할 수 있도록 하는 시스템을 도입하고 있다. 좋은 아이디어는 흔하지 않으므로, 최대한으로 활용되어야 한다고 믿는 것이다. 예를 들어 찰리 채플린이 등장하는 IBM PC 광고캠페인은 여러 국가에서 실행되었는데, 이 아이디어는 스위스에서 제안되었다.

셋째, 글로벌브랜드는 현지 대형소매상의 경로파워에 크게 영향을 받지 않는다. 이에 반해 국내브랜드는 광범위한 유통의 확보를 위해 대형도매상에 의존해야 하며, 이들에게 다양한 중간상 촉진을 제공해야 한다.

넷째, 전 세계 시장에 걸쳐 일관성 있는 브랜드이미지를 유지하는 데 도움이 된다. 이러한 장점은 고객의 이동성이 높고 여러 국가의 소비자들에게 매출노출을 통해 동일한 이미지가 전달될 수 있는 시장에서 특히 중요하다. 서비스제품의 경우 흔히 소비자의 이동 때문에 동일한 이미지가 유지될 필요가 있는데, American Express카드가 전 세계에 걸쳐 카드의 품위와 유용성, 편의성, 그리고 여행자 수표의 교환 용이성 등을 강조하는 커뮤니케이션 활동을 수행하는 것이 한 예이다.

그러나 각 국가별로 시장특성과 브랜드수명주기에서 차이가 남에도 불구하고 무모하게 글로벌마케팅전략을 추구함으로써 실패한 사례도 적지 않다. 예를 들어, P&G는 프랑스시장에 비듬방지샴푸 Head and Shoulders를 출시하면서 영국과 네덜란드시장에서 이미 성공을 거두었던 제품포지셔닝 및 마케팅믹스와 동일한 전략을 채택하였는데, 프랑스 소비자들의 긍정적 반응을 얻는 데 실패했다.

심벌, 슬로건, 브랜드관련 연상, 그리고 브랜드의 세계화에 대해 어떤 의사결정을 내려야 할 때는 반드시 각 지역 국가의 여러 특징들이 고려되어야 한다. 사실 세계화는 정도의 문제이다. 브랜드명, 심벌, 브랜드관련 연상, 그리고 지각된 제품품질 등과 같은 브랜드의 여러 요소들 중 어느 것은 더 세계화시키는 반면 어느 것은 덜 그렇게 하는 식의 사고방식이 바람직하다. 유럽의 많은 지역에서 Coca-Cola사는 Diet Coke 대신 Coca-Cola Light라는 이름을 사용했다. 이는 그 지역들에 있어 특히 다이어트라는 말을 사용함에 제한이 있고 또한 그 말에 의학적 의미가 더 크게 부여되기 때문이다. 이같이 글로벌브랜드를 대표하는 Coca-Cola도 주력제품에 범세계적인 브랜드명을 붙이는 데 매우 신중을 기하고 있나. 결국 이해득실을 비교하여 브랜드의 구성요소 중에서 세계화(표준화)시킬 것과 지역시장에 맞출 것을 결정해야 할 것이다.

2) 브랜드글로벌화의 장애요인

글로벌브랜드의 도입을 어렵게 하는 요인은 외부적 요인과 내부적 요인으로 나누어진다. 먼저 다음과 같은 외부적 요인들이 글로벌 마케팅프로그램의 도입을 어렵게 할 수 있다.

첫째, 같은 브랜드라고 하더라도 지역(혹은 국가)에 따라 마케팅전략 및 마케팅믹스요소에 대한 소비자 반응이 다를 수 있다. 예를 들어, Heinz 유아식과 Levi's 청바지는 미국시장에서는 실용적인 중저가제품으로 포지션되어 있는 반면 다른 국가들에서는 고가격 고품질의 제품으로 포지션되어 있다. 프랑스의 생수브랜드인 Perrier(페리에)는 미국에서 비싼 가격으로 판매되는데, 돈을 주고 물을 구매하는 데 익숙하지 않은 미국 소비자들에게 Perrier는 프랑스 국내에서보다 고품격의 제품으로 인지되고 있으며, 프랑스 제품임을 연상시키는 브랜드명도 고급 수입품이라는 사실을 강화시키는 한 요인이 되었다. 마찬가지로 Barilla는 이태리 국내에서는 대중상표이지만, 외국시장에서는 최고급 이태리제 식품의 상징이 되고 있다. 이와 같이 브랜드가 연상시키는 내용이 국가에 따라 다를 경우 글로벌브랜드의 도입이 어려울 수 있다. 오레오 쿠키도 현지고객 요구에 맞추지 못해 판매에 어려움을 겪은 경우이다. 미국 식품회사 크래프트의 오레오 쿠키는 판매 100년이 넘은 과자로서 전 세계 100여 개국에서 매년 20억 달러(약 2조3,000억 원)어치씩 팔려 '21세기 들어 가장 많이 팔린 쿠키'란 타이틀까지 얻었다. 이런 오레오 쿠키가 한때 중국시장에서 판매에 어려움을 겪었다. 그 원인을 파악하기 위해 크래프트는 중국시장을 대상으로 소비자 조사를 실시했는데, 중국인들이 단것을 좋아하지 않는다는 결과가 나왔다. 이에 따라 크래프트는 오레오 쿠키의 제조법을 바꿔 단맛을 줄이고 중국 최고의 미국수출품이란 별명을 갖고 있던 미국 프로농구(NBA) 선수 야오밍을 광고모델로 사용해 미국에 대한 거부감을 없앰에 따라 오레오 쿠키의 판매량은 80% 늘었고 일부 지역에선 세 배까지 뛰었다. 이 사례가 시사하는 것은 아무리 뛰어난 기능과 디자인의 제품이라도 그 기능·디자인이 현지시장 고객이 원하는 것이어야 한다는 것이다.

둘째, 지역(혹은 국가)에 따라 경쟁상황이 다를 수 있기 때문에 전 세계의 모든 소비자들로부터 동일한 브랜드연상을 얻고자 하는 마케팅노력이 효과를 거두기 어려울 수 있다. British Airways는 글로벌전략을 추구하면서 전 세계적으로 표준화된 광고를 도입한 적이 있다. 이 TV광고는 'The world's favorite airline'이라는 광고주제와 함께 뉴욕 맨해튼을 배경으로 보여주었다. 세계를 나른다는 광고주제와 맨해튼의 모습을 보여주는 광고장면은 British Airways의 활동이 저조한 미국시장의 소비자들에게 받아들여지기 어려운 것이었다. 유럽시장에서는 다른 지역시장에 비해 더 많은 브랜드들이 경쟁하고 있는데, 그 이유는 국가 간 제품운송이 용이하기 때문이다. 예를 들어, P&G는 프랑스시장에서 이태리 기업, 스웨덴 기업, 네덜란드 기업 등과 여러 제품범주에 걸쳐 경쟁한다.

셋째, 글로벌브랜드가 추구하는 이미지나 포지션이 어떤 지역(국가)의 사회적·문화적 가치와 조화되지 않아 소비자들로부터 거부될 수 있다. 예를 들어, Disney는 일본시장에 판매하기 위해 Tupperware와 라이센싱 계약을 맺었지만, 결과는 참담한 실패로 끝나고 말았다. 그 이유는 일본주부들의 정중함(politeness) 때문이었는데, 그들은 (거절하기가 어려워) Tupperware 파티에 참석하겠다고 말했고 실제로 참석하여 제품을 구매하였지만 이와 같이 곤란한 상황을 만든 회사 및 파티 주최자들에 대해 분노하였다.

넷째, 국가 간의 법적환경에서의 차이도 글로벌 마케팅프로그램의 도입을 어렵게 한다. 글로벌 광고캠페인을 개발함에 있어 기업이 겪게 되는 어려움 중의 하나는 국가별로 계속 변화하는 법적 규제에 적응해야 하는 것이다. 예를 들어, 베네수엘라, 캐나다, 호주의 법률은 광고

브랜드마케팅 따라잡기

현지화 전략을 추구해 해외시장에서 선도적 지위를 구축한 삼성전자·현대차·LG전자

삼성전자가 인도 뉴델리에서 갤럭시 S8 미디어 행사를 열고 있다. 삼성전자는 현지화 전략을 추구해 인도시장에서 선도적 지위를 구축했다.

삼성전자는 지난 5월 인도시장에 갤럭시 S8을 출시하고 앞서 3월에는 모바일 결제 서비스 삼성페이를 선보였다. 삼성전자는 인도에서 인디아스테이트은행(SBI)·엑시스은행(AXIS Bank)·주택개발은행(HDFC Bank) 등 주요 7개 은행·카드사와 협력해 신용카드와 직불카드 서비스를 제공하고 있다. 삼성전자는 인도 스마트폰 시장에서 1위를 달리고 있다. 삼성전자는 인도 스마트폰 시장에서 샤오미·레노버·애플 등을 제치고 점유율 1위를 기록했다. 삼성전자는 2011년 인도 휴대전화 시장 1위에 오른 후 현재까지 높은 마케팅성과를 이어오고 있다.

핵심성공요인으로는 두 가지를 들 수 있다. 첫째, 삼성전자는 갤럭시 S시리즈 등 고가 스마트폰과 삼성페이 등 차별화된 고객서비스를 기반으로 삼성 브랜드이미지를 구축했다. 이와 함께 사양과 가격에 차이를 둔 다양한 보급형 스마트폰을 출시해 소비자 선택의 폭을 넓혔다. 삼성전자는 인도시장에서 갤럭시 S시리즈뿐 아니라 A·J시리즈, 타이젠 폰 Z4 등 중저가 스마트폰도 판매하고 있다. 둘째, 삼성전자는 인도시장 특성을 고려한 기능을 휴대전화에 적용해 현지시장 적응화 전략도 추구했다. 인도는 13억 명이 넘는 인구대국인데, 그중 50% 이상이 30대 이하의 젊은층이다. 인도 젊은이들은 자신의 개성을 표출하는 것을 좋아한다. 또 인도는 교통정체로 인해 도시소음이 심각하다. 휴대전화를 가지고 다녀도 벨 소리를 잘 듣지 못하는 경우가 많다. 삼성전자는 이들이 스마트폰 주 고객인 점을 고려해 이들의 욕구를 충족시키는 제품기능을 도입했는데, 전화, 문자, 이메일이 오면 스마트폰 후면 카메라 렌즈 테두리가 반짝거리며 신호를 보내는 '스마트 글로우(Smart Glow)' 기능이 한 예이다. 스마트 글로우는 기본적인 알람기능뿐만 아니라 연락처별로 빛의 색을 변경할 수 있어 전화·문자가 누구에게 온 것인지도 구별할 수 있다. 다양한 색으로 반짝거리는 빛은 인도 젊은이들의 개성표현 수단으로도 사용된다.

현대자동차도 인도에서 현지화 전략을 추구해 성공을 거두었다. 경쟁 자동차업체들이 해외에서 팔던 승용차 모델을 들여와 판매하는 것과 달리 현대차는 현지시장에 맞는 다양한 신모델을 개발해 생산·판매했다. 소형차 i10과 i20, 소형 스포츠유틸리티차량(SUV) 크레타가 대표적인 예이다. 2015년 출시한 크레타는 인도 현지시장에서 큰 인기를 끌었고 출시 1년 만에 인도 SUV 시장에서 1위에 올랐다. 현대차는 인도의 취약한 도로사정을 고려해 크레타의 차체 강도를 강화했고, 인도인들이 자신이 모시는 신상(神像)을 차에 놓고 운전하기를 좋아한다는 데 착안해 둥근 모양이 아닌 평평한 대시보드를 장착했다. 그리고 무더운 날씨를 반영해 소형차 뒷좌석에는 에어컨을 기본사양으로 제공했다. 인도에 생산공장을 건설해 가격경쟁력과 품질을 높인 것도 핵심성공요인 중 하나이다.

인도에서 TV·냉장고·세탁기·스마트폰 등을 판매하고 있는 LG전자는 인도 특화제품을 판매하는 것에서 한발 더 나아가 경영의 현지화 전략을 추구하고 있다. LG전자 인도법인의 종업원은 3,400여 명에 달하는데, 그중 임직원 99%가 현지인일 정도로 LG전자는 인력의 현지화에 노력을 기울이고 있다. 그리고 LG전자 인도법인의 경우 인도인들이 경영전반에 참여하고 있고, LG전자 본사는 인도법인에 100% 권한을 부여하고 있다. 현지인을 고용하는 전략을 채택한 것은 그들이 주인의식을 갖고 소신 있게 일할 때 최고의 경영성과를 낼 수 있다고 판단했기 때문이다.

그러나 인도의 문화와 생활습관을 무시했다가 어려움을 겪거나 치열한 경쟁을 견디지 못하고 철수한 글로벌 기업도 있다. 세계적인 간편식 브랜드 콘플레이크(Corn flake)로 유명한 켈로그는 인도문화를 고려하지 않은 마케팅활동으로 인도시장에서 어려움을 겪었다.

인도의 한 식료품 매장에 켈로그의 시리얼 제품이 진열돼 있다.

켈로그는 1994년에 6,500만 달러를 투자해 인도에 생산설비를 설치하고 적극적으로 시리얼 판매에 나섰다. 하지만 좀처럼 마케팅성과가 나지 않았다. 인도의 식습관을 고려하지 않았기 때문이다. 인도인들은 도사(인도식 팬케이크) 같은 전통음식을 아침식사로 즐긴다. 더욱이 우유를 따뜻하게 데워 마시기 때문에 과자처럼 생긴 시리얼에 찬 우유를 부어 먹는 것이 낯설 수밖에 없었다. 시리얼 가격이 인도의 전통적인 아침식사보다 세 배 이상 비싼 것도 문제였다. 이후 켈로그는 인도인의 기호에 맞는 제품을 개발하는 등 브랜드마케팅전략을 수정함으로써 인도시장에 안착했다.

자료원: 이코노미조선, 2017.7.17.

가 자국에서 만들어져야 함을 요구한다. 또한 폴란드는 광고음악이 반드시 폴란드어로 불리어져야 함을 요구한다.

한편 기업의 내부적 요인도 글로벌브랜드의 도입을 어렵게 만들 수 있다. 글로벌전략이란 국가 간의 차이를 이용하기보다는 여러 국가의 소비자행동들 간의 유사성에 초점을 맞추려는 것인데, 글로벌전략의 도입 여부는 그 기업의 성장배경과 기업문화에 의해 크게 영향을 받는다. 대체로 최고경영자(혹은 창업주)가 의사결정을 주도하는 기업(1인 지배체제의 기업)은 글로벌브랜드(혹은 마케팅)의 도입이 비교적 용이하다. Mars형제나 S. Benetton 등이 그 예이다. Mars

그룹의 의사결정은 창업주인 Mars형제에 의해 주로 이루어지며, 세계지향적 경영이념을 가진 Mars형제가 Mars를 글로벌브랜드로 키우고 M&Ms를 세계에서 최고급 초콜릿브랜드의 하나로 만들려고 하는 것은 자연스러운 일이다.

이에 반해 현지 자회사에 경영의사결정이 위양된 조직구조를 가진 기업들은 글로벌브랜드의 도입이 쉽지 않을 수 있다. 현지 자회사는 현지 시장의 특성에 맞는 다양한 제품들을 취급하는 것을 보다 선호하는 경향이 있는데, 이는 제품범주에서의 전문성을 바탕으로 그 분야에서 글로벌브랜드를 육성하려는 글로벌마케팅과 상치된다.

3) 글로벌브랜드 도입이 유리한 경우

다음과 같은 특징을 가진 제품들의 경우 글로벌브랜드를 도입하는 것이 유리할 수 있다.

첫째, 글로벌브랜드 도입은 브랜드에 의해 전 세계 소비자들에게 고유한 가치체계를 전달할 수 있는 경우에 적절하다. 교통과 통신의 발달은 전 세계 소비자들로 하여금 특정국가의 고유한 문화체계를 자연스럽게 수용하도록 만들었다. 글로벌시장에서의 일부 소비자집단은 자국의 전통적 가치를 벗어나 서로 간에 일체감을 형성하는 데 기준이 될 새로운 모델(우상)을 찾고 있다. 가령, 전 세계 소비자들은 코카콜라라는 청량음료를 마시는 것이 아니라 미국인의 가

글로벌브랜드의 예 : Levi's와 Coca Cola는 전 세계 소비자들이 공유할 수 있는 미국의 고유한 가치체계의 전달을 통해 글로벌브랜드가 되었다.

치체계(American myth), 즉 신선함, 개방적, 젊음, 역동적 등과 같은 미국인의 중심적 가치관을 마시고 있는 것이다. 각국의 젊은이들은 일체감(identity) 형성의 구심점이 되고 자신들의 가치체계의 준거점이 될 대상(우상)을 찾는다. Levi's 청바지는 멀고도 외로운 인생길을 헤쳐 나가는 강건한 이미지(Mythical image)와 연계되어 있다. 전 세계 젊은이들은 Levi's 청바지를 입으면서 자동차 사고로 요절한 영화배우인 제임스딘의 반항적이고 외로운 이미지를 공유한다. 새로운 식생활 습관을 추구하는 브랜드들(가령, Mars 초콜릿, Kellogg's 콘프레이크, Dannon 요구르트)은 변화를 원하는 전 세계 소비자를 표적으로 자신만의 고유한 세계관(이미지)을 심고자 하며, 이들은 이러한 브랜드의 구매를 통해 자신의 가치와 욕구를 표현한다.

둘째, 과거에 소개된 적이 없는 혁신제품은 글로벌마케팅 및 브랜드의 도입에 적절하다. 스마트폰, 스마트 TV 같은 혁신제품은 기존의 어떤 가치체계에 의해 영향을 받지 않으므로 글로벌브랜드를 통해 전 세계 소비자들에게 자신이 원하는 고유한 가치관을 창출·전달할 수 있다. 예를 들어, 하이텍제품, 컴퓨터, 전자제품, 텔레커뮤니케이션에서의 선도브랜드들은 자연스럽게 글로벌마케팅을 추구한다. 또한 유동성과 연관된 서비스제품(가령, 호텔산업, 렌트카, 항공, 영화산업 등)도 글로벌브랜드의 도입이 적절한 제품영역이다. 이러한 서비스제품에서 국제적으로 인지도가 높은 브랜드는 자연스럽게 전 세계 소비자들로부터 권위와 전문성을 인정받는다. 전 세계로 출장을 다니는 각국의 사업가들은 세계 어느 국가에서든 신뢰성 있는 서비스를 제공받기를 기대할 것이며 글로벌브랜드는 이들의 기대를 자연스럽게 충족시킬 것이다.

셋째, 이국적인(exotic) 제품도 글로벌브랜드 도입에 적절하다. 특정국가의 고유한 식생활 습

프랑스의 천연생수 브랜드 evian(에비앙)은 한 국가를 대표하는 전형적 제품임을 소비자 마음속에 심음으로써 글로벌브랜드가 되었다.

관을 반영하는 전통식품들은 그 지역주민에 의해 주로 소비되어 왔다. 그러나 교통과 통신의 발달, 소득의 향상 등으로 인해, 식생활에서의 다양성을 추구하는 각국의 소비자들이 늘어남에 따라 이국적이라는 특성 자체가 브랜드의 글로벌화를 가능하게 하고 있다(일본의 키코만 간장, 쑤시 등). 예를 들어, 남미와 아프리카의 전통적 기호식품이었던 커피는 전 세계에서 소비되고 있다.

넷째, 브랜드가 한 문화(혹은 국가)를 대표하는 전형적 제품(stereotype)이 될 수 있을 때 브랜드의 글로벌화가 가능하다. Bosch, Siemens, Mercedes Bentz, BMW는 자연스럽게 'Made in Germany'를 떠올리며, 이는 전 세계 소비자들에게 우수한 제품성능이라는 의미를 전달한다. 글로벌브랜드가 한 국가를 연상시키는 경우도 흔히 있다. 예를 들어, Levi's 청바지는 미국을, Channel 향수는 프랑스를, Dewar's 위스키는 스코틀랜드를, Kikoman 간장은 일본을 연상시키는 경우와 같이 글로벌브랜드가 제품의 원산지나 제품속성과 밀접하게 관련된 국가명을 자연스럽게 연상시키는 것은 흔한 일이다. 이 경우 글로벌브랜드에서 연상되는 국가명은 브랜드자산의 주요 구성요소가 된다.

다섯째, 브랜드가 어떠한 개성적 특성을 대표하는(archetypes) 경우에도 글로벌브랜드 도입이 적절하다. Snuggle 섬유유연제는 전 세계 모든 국가의 소비자들에게 부드러움(gentleness), 그리고 유년기시절에 부모의 자식에 대한 신뢰, 사랑, 안정(즉 Snuggle의 심벌인 teddy 곰의 상징적 의미들) 등의 브랜드퍼스낼리티를 전달한다. Snuggle은 프랑스에서는 Cajoline, 독일에서는 Kuchelweib, 터키에서는 Yumos, 스페인에서는 Mimosin, 이탈리아에서는 Cocolino라는 브랜드명으로 사용되고 있지만, 각각의 브랜드명은 동일한 상징적 의미를 전달하고 있다.

03 브랜드글로벌화를 위한 주요 의사결정

(1) 글로벌시장 진입전략

브랜드글로벌화를 추구하는 기업은 해외시장 진입방법을 먼저 결정해야 한다. 기업은 글로벌시장에 진출하기 위해 다음과 같은 대안을 고려할 수 있다.

• 기존의 브랜드를 새로운 해외시장에 수출하는 방법(지역적 확장의 도입)

브랜드마케팅 따라잡기

다양한 시장진입전략을 통해 한국시장에 침투한 일본 브랜드- 짐빔, D&G, ABC마트

이태리 고급 패션브랜드 '돌체앤가바나'의 립스틱 신제품(돌치시모) 뷰티 광고

서울 광화문에서 일하는 직장인 김봉달(34·미혼) 씨는 아침식사를 즉석수프 보노(VONO)로 해결한다. 회사에 출근해서는 자판기에서 뽑은 조지아 캔커피로 졸음을 쫓고, 제록스 프린터로 문서를 인쇄한다. 봉달 씨는 이날 퇴근길에 백화점에 가서 여자친구 생일선물로 돌체앤가바나(D&G) 향수와 고디바 초콜릿을 샀다. 여자친구에게 자신의 생일에는 ABC마트에서 아식스 운동화를 사달라고 할 참이다. 집에 도착해서는 지난달 면세점에서 산 '짐빔' 버번 위스키를 꺼냈다. 내일 동창 모임에선 요즘 유행이라는 하이볼을 마시기 위해서다.

김봉달 씨가 먹고 마시고 구입한 제품의 브랜드는 모두 일본기업이 소유 혹은 인수 예정이거나 개발을 주도한 것들이다. 국적을 감춘 일본계 자본의 브랜드가 한국시장에 깊숙이 침투하고 있다. 사실 한국 소비자는 이미 알게 모르게 일본제품에 익숙해져 있다. 중저가형 기저귀 '마미포코'는 일본 위생용품 1위 기업 유니참(Unicharm)과 LG생활건강이 합작설립(지분 51 대 49)한 LG유니참에서 만든다. 농심이 판매하는 즉석수프인 보노 수프도 일본 아지노모토(味の素)와 농심이 합작 설립한 아지모도농심푸즈가 생산한다. LG생활건강의 손자회사인 코카콜라음료가 생산·판매하는 조지아 캔커피와 이온음료 토레타는 일본 코카콜라가 개발한 제품으로 브랜드 시용 등에 따른 비용을 코카콜라 한국법인을 통해 지불하고 있다. 조지아 브랜드는 일본 코카콜라가 1975년 일본시장에 출시한 이래, 세계 최대 캔커피 시장인 일본에서 캔커피 판매 1위를 달리고 있다. 2015년 대형마트 품절사태를 빚었던 허니버터칩은 해태제과와 일본 제과업체 가루비(CALBEE)가 50 대 50으로 합작 설립한 기업인 '해태가루비' 공장에서 만든다. 제품 자체는 한국 해태제과가 개발했다.

일본기업은 자국 내수시장의 한계를 극복하기 위해 한국기업과 합작을 통한 현지화 전략, 자국 브랜드 국제화 및 글로벌 유명 브랜드 인수를 통해 한국시장에 진출하고 있다. 서울 광화문에도 매장이 있는 벨기에 명품 초콜릿 고디바도 일본자본에 인수된다. '고디바'의 아시아(한국·일본·오세아니아, 중국 제외) 사업권이 매물로 나왔는데, 일본 종합상사인 미쓰비시(三菱)상사가 유력 인수후보자이다. 일본 화장품 기업인

한국에서 판매되는 일본 캔커피 1위 브랜드 조지아 커피

시세이도는 2016년 6월 이탈리아 명품 브랜드인 D&G의 화장품 생산·판매권을 매수했고, 같은 해 프랑스 메이크업 브랜드 로라메르시에(Laura Mercie)와 리바이브(Revive)를 인수했다. 현재 전 세계 백화점에서 판매되는 D&G와 로라메르시에의 화장품을 시세이도가 생산한다. 일본 주류업체인 산토리는 2014년 버번콕(버번+콜라)으로 유명한 미국 증류주 업체인 '짐빔'을 인수했다.

인수·합병(M&A) 외에도 합작회사 설립, 협력계약 등의 방식으로 한국시장 진출에 성공한 일본기업도 많다. 2004년 롯데그룹과 손잡고 한국에 진출한 패스트패션 브랜드인 유니클로, 생활용품 전문점인 무인양품(MUJI)이 대표적인 일본 브랜드다. 일본 패스트리테일링과 롯데쇼핑은 2004년 51 대 49의 지분으로 유니클로 수입 판매사를 합작 설립했다. 같은 해 롯데상사는 일본의 '양품계획'과 손잡고(지분 40 대 60) 무인양품을 세웠다. 유니클로와 무인양품의 전국 매장은 각각 179개, 26개에 이른다. 운동화 편집숍인 ABC마트는 일본 ABC마트가 99.96%의 지분을 보유한 일본기업인데, 전국에 226개 매장이 있다.

이들 일본 브랜드는 일본제품이라는 원산지국 정보는 최소화하는 대신, 브랜드의 장점을 최대한 부각시키는 방식으로 국내 패션과 생활용품 시장을 석권하고 있다. 이는 이념이나 명분보다 제품에 집중하는 밀레니얼 세대의 실용주의와 잘 맞아떨어진다. 일본브랜드의 한국진출 성공사례는 한국기업에 시사점을 준다. 시세이도 등 일본브랜드의 사례는 케이뷰티(K-beauty)에 의존하는 국내 화장품 기업에 경종을 울린다. 사드 사태에서 봤듯이 국가임지를 브랜드에 연결시키는 것은 정치적 변화에 따른 리스크가 클 수 있다.

자료원: 이코노미조선, 277호, 2018.12.3.

- 해외시장에서 이미 판매되고 있으면서 자사가 소유하지 않은 기존브랜드를 취득하는 방법
- 다른 기업과 브랜드제휴(brand alliance)를 추구하는 방법(가령, 합작투자, 파트너십, 라이센싱계약 등)

각 진입전략의 장·단점은 신속성(speed), 통제력(control), 투자규모(investment) 등을 토대로 비교평가될 수 있다(〈표 11-1〉 참조).

〈표 11-1〉은 각각의 시장진입전략이 장·단점을 가지고 있음을 보여준다. 예를 들어, 지역적 확장의 단점은 시장확장의 속도가 느리다는 것이다. 대부분의 기업들이 여러 국가에 걸쳐 제품을 동시에 출시하는 데 필요한 재무적 자원과 마케팅비용을 갖고 있지 않으므로, 글로벌시장으로의 확대속도가 느린 시장별 접근(지역적 확장전략)을 선호할 수 있다. 브랜드취득은 글로벌시장으로의 확장속도는 빠르지만 취득한 브랜드에 대한 통제가 기대보다 어려울 수 있다.

표 11-1 | 시장진입전략 대안별 평가

진입전략	평가기준		
	신속성	통제력	투자규모
지역적 확장	느림	높음	중간
브랜드취득	빠름	중간	높음
브랜드제휴	중간	낮음	낮음

따라서 진입전략의 선택은 기업의 자원과 목표가 각 진입전략유형의 비용 및 혜택과 어느 정도 조화되느냐에 의해 부분적으로 결정된다. 예를 들어, P&G는 경쟁력이 있는 제품범주들(종이기저귀, 세제, 생리대 등)을 가지고 새로운 해외시장에 먼저 진입하여 infrastructure(시장기반)를 구축한 다음 화장용품 등의 다른 제품범주들을 해당 시장에 도입하는 전략을 추구해왔다. Heineken의 단계적 시장확대전략은 P&G와 약간 차이가 있다. 그들은 먼저 브랜드인지도 및 이미지의 구축을 위해 수출을 통해 새로운 시장에 진입하였다. 시장반응이 만족스러운 것으로 판단되면, 이 회사는 생산량을 확대하기 위해 현지 제조업체에게 브랜드를 라이센싱하였다. 그들과의 관계가 성공적이면, Heineken은 현지 제조업체의 지분을 획득하거나 합작투자를 추구하기도 한다. 이러한 전략을 통해 Heineken은 시장기반이 구축된 현지브랜드와 프리미엄가격의 Heineken 브랜드를 결합시켜 높은 매출을 실현하게 된다. 시장확대전략을 추구함으로써 Heineken은 80개 이상의 브랜드로 구성된 제품포트폴리오를 가지고 170개 이상의 국가들에서 맥주제품을 판매하고 있다.

한편 Nestle는 브랜드취득을 통한 글로벌시장확대전략을 추구하는 경향이 있다. Nestle는 Carnation 유제품(미국), Perrier 생수(프랑스), Stouffers 냉동식품(미국), Rowntree 사탕(영국), Buitoni-Perugina 파스타와 초콜릿(이태리) 등 여러 국가의 주요브랜드들을 취득하는 방식으로 글로벌화를 추구했다.

합작투자는 해외시장 진출 시에 흔히 고려되는 진입전략인데, 시장구조가 복잡한 해외시장(가령, 중국이나 일본)에 진입할 수 있는 빠르고 용이한 방법이다. Fuji Xerox는 일본시장에서 매우 성공적인 합작투자였는데, 이 기업은 미국의 모기업인 Xerox를 오히려 능가하는 수준으로 성장하였다.

(2) 글로벌 마케팅프로그램의 설계

1) 글로벌 마케팅커뮤니케이션프로그램의 설계

한 제품(가령, Mars 초콜릿바)에 대한 마케팅커뮤니케이션의 표준화는 하나의 공동브랜드(umbrella brand)가 부착된 여러 제품들을 가지고 복수의 해외시장에서 판매활동을 하는 기업(가령, IBM, Dannon 등)의 마케팅커뮤니케이션의 표준화와는 상당한 차이가 있다. 이 같은 문제는 나름의 브랜드퍼스낼리티를 가진 다양한 모델들을 동일의 브랜드명 아래 거느리는 범위 브랜드전략을 추구하는 기업(가령, 자동차 회사)에도 그대로 적용된다. 이들 중 많은 브랜드들이 광고유형, 로고, 취급색상, 매체커버리지 등에 걸쳐 이미 표준화된 마케팅커뮤니케이션 틀을 갖추고 있다. 이들은 동일한 브랜드이미지를 유지하기 위해 표준화된 마케팅커뮤니케이션 전략을 추구하지만, 실제로 브랜드개념의 일관성을 유지하기 위해 선택할 수 있는 실행방식은 매우 다양하다. 국제기업은 본사에서 결정된 광고캠페인을 여러 국가에 확대하여 사용할 수 있다. 가령, 샴푸·린스에서부터 모발영양제·염모제, 무스·스프레이 젤 등 머리카락과 관련된 수많은 제품을 생산하는 독일의 글로벌 헤어케어제품 전문회사 웰라(Wella)는 글로벌 광고전략을 사용한다. 다양한 문화전통을 가진 나라에서 수많은 제품을 판매하다 보니 제품이미지를 일관되게 유지할 수 있는 브랜드관리가 필요한 것이다. 웰라의 제품광고는 독일 광고회사에서 만든 후 전 세계 광고대행사로 보내어진다. 각국 대행사들은 광고물과 추가화면을 받은 뒤 기본적인 스토리의 틀을 깨지 않는 상황에서 수정해 방영한다. 웰라는 광고물의 기본 스토리를 만든 다음 주요국가의 전문가들이 참여해 이를 보완하고 각 시장에 맞는 별도화면을 추가적으로 개발한다.

혹은 국제기업은 동일한 광고캠페인에 대해 몇 가지 유형의 광고를 현지지사에 제시하고 이들 중 하나를 선택하게 할 수도 있다. 브랜드가 구매시점에 제품을 통해서 직접적인 마케팅커뮤니케이션이 이루어지는 경우에는, 브랜드에 담겨진 의미는 제품을 통해 소비자들에게 바로 전달될 수 있어야 한다.

마케팅커뮤니케이션의 표준화 정도가 가장 낮은 경우는 브랜드슬로건만을 제시하고 그 이외의 마케팅커뮤니케이션 의사결정은 현지지사에 모두 이양하는 것이다. 예를 들어 해외시장에서 실행되는 Toshiba 광고에서는 광고슬로건 이외의 광고집행과 관련된 의사결정은 현지시장에 맞도록 권한이양된다. 또 다른 국제기업들은 현지지사에게 마케팅커뮤니케이션활동에서 지켜야 할 점과 피해야 할 점을 써 놓은 브랜드커뮤니케이션 핸드북을 제공한다. 지켜야 할 사항에 관한 목록은 현지시장에서의 광고활동에서 사용되어야 할 핵심단어, 주요 커뮤니케이션 경로, 추천할 만한 광고스타일 등에 관한 지침을 포함한다. 그러나 기업에 따라 피해야 할 사항의 목록은 명시하지 않은 경우도 있다. 일관성 있는 마케팅커뮤니케이션이 이루어지도록 하기 위해 독창적인 방법이 도입되기도 하는데, 여러 해외지사에게 사람, 장소, 사무실, 심벌, 장식 등을 묘사하는 사진첩을 제공함으로써 독특하면서 공유된 광고스타일이 채택되도록 하는 것이 한 예이다. 각 현지지사는 제공된 시각적 보조물들을 활용해 자유롭게 광고캠페인을 제작할 수 있는 권한을 부여받는다.

문서화된 광고매뉴얼과 사진첩(picture bank) 중 어느 것이 이용되느냐에 따라 현지지사의 광고실행은 상당한 차이가 있는데, 광고매뉴얼은 브랜드의 퍼스낼리티와 문화를 소비자들에게 전달하는 데 사용될 단어를 구체적으로 제시하고 있다는 점에서 광고의 집행에 상당한 제약요소로 작용하는 반면 사진첩은 현지지사로 하여금 보다 자유로운 광고집행을 가능하게 한다. 즉 외국의 각 현지지사들로 하여금 광고에 사용될 단어에 대해서는 공통적으로 사진첩을 활용하도록 함으로써 일관성 있는 브랜드아이덴티티(이미지)의 전달을 가능하게 하는 이점을 갖는다.

세계시장에서 브랜드에 대한 마케팅커뮤니케이션 노력을 표준화하는 데 최선의 방법은 현지지사들에게 브랜드아이덴티티의 구성요소가 무엇인지에 대해 명확히 밝히는 것이다. 광고크리에이션에 너무 초점을 맞추거나 이를 표준화하는 데 노력을 기울이기보다는 브랜드가치, 사명, 브랜드아이덴티티 구성요소에 대한 관리프로그램 등에 대해 현지지사들이 공감대를 형성하는 것이 보다 바람직한 접근방법이다.

2) 해외시장별 브랜드구성요소 결정

브랜드구성요소 가운데 브랜드명, 슬로건, 패키지 등과 같은 브랜드요소들은 다른 언어로 번역되어야 할 필요가 흔히 발생되므로 지역적 전이가능성이 낮다. 따라서 오랫동안 많은 국제기업들이 각 해외시장에 서로 다른 브랜드명을 도입하는 복수브랜드전략을 활용해 왔다. 예를 들어 Unilever사는 해외시장에 냉동식품브랜드를 출시함에 있어 프랑스에서는 Igloo, 영국에서는 Birds eye, 이탈리아에서는 Findus라는 브랜드명을 사용하였다. 그러나 최근 들어 여러 해외시장에 걸쳐 단일의 브랜드명을 사용하려는 추세에 따라 현지시장에서 높은 인지도를 구축한 브랜드들이 사라지고 있다. 예를 들어 Jacobs-Suchard사는 무카페인 커피제품을 출시하면서 독일, 오스트리아, 스위스에서는 Nacht und Tag, 프랑스에서는 Nuit et Jour, 미국, 캐나다에서는 Night and Day라는 브랜드명을 사용하였으나 Night and Day를 단일 글로벌브랜드명으로 사용하기로 브랜드전략을 변경하였다. Pepsico는 이전에는 서로 다른 이름으로 판매되었던 감자칩 브랜드들을 통합하여 Lay 로고 하에 세계시장에 판매하였다. 현대/기아차는 수출지역에 따라 다른 승용차 브랜드명을 사용하고 있다. 가령, 현대자동차의 준중형 세단 아반떼는 미국에서 엘란트라라는 이름으로 판매되었는데, 엘란트라는 아반떼 이전 모델명이다. 한국에선 엘란트라에서 아반떼로 모델명을 변경해 성공을 거두었지만 미국에선 엘란트라 구형, 신형으로 구분해 출시되었다. 현대차의 'i30cw'(왜건형)는 북미지역에서 '엘란트라 투어링'으로 출시되었다. 소형세단 엑센트도 외국에서 다른 브랜드명으로 출시되었는데, 러시아에서는 솔라리스, 인도에서는 베르나, 중국에서는 루이나 라는 브랜드명을 사용했다.

이에 반해 로고, 심벌, 캐릭터 등의 비언어적 브랜드요소들은 그들의 의미가 시각적으로 명확히 전달될 수 있는 한 해외시장으로의 전이가 비교적 용이하다. 예를 들어, Apple 컴퓨터의 사과로고, Nike의 스와쉬 로고, 벤츠의 별 로고는 그 의미를 해외시장의 소비자들에게 쉽게 전달할 수 있다.

어떤 브랜드에 대해서는 글로벌브랜드로 통합하고 어떤 브랜드는 현지브랜드로 남겨두어야 할 것인지를 결정하는 데 사용되는 기준은 무엇인가? 첫째, 각각의 현지브랜드가 현지시장에서 높은 브랜드인지도를 갖고 있을 경우, 기업들은 그 브랜드를 포기하고 현지시장에 잘 알려져 있지 않은 다른 브랜드명을 사용하는 데 따른 위험 정도를 평가해야 할 것이다. 이탈리아의 Merloni사는 국내가전제품시장에서 브랜드이미지는 좋으나 인지도가 낮은 Ariston을 포기하고 브랜드이미지는 좋지 않지만 인지도가 높은 Indesit에 마케팅노력을 집중하기로 결정하였는데, 이는 Whirlpool의 이탈리아시장 진출 이후 브랜드인지도를 높이는 데 드는 마케팅비용이 너무 증가되었기 때문이었다.

둘째, 일반적으로 특정 언어에 의해 서술적으로 표기된 브랜드명은 글로벌화 되기가 쉽지 않다. 예를 들어 P&G사는 Safeguard라는 방취용 비누를 프랑스시장에서 철수시켜야 했는데, 이는 평균적인 프랑스 소비자들이 그 브랜드명을 발음하기 어려울 뿐 아니라 불어로의 번역이 불가능하였기 때문이다. 셋째, 국가에 따라 제품의 특성이 반영된 브랜드명에 대한 소비자 반응이 다를 경우에 글로벌화가 쉽지 않다. 미국 소비자들은 제품의 장점을 단도직입적으로 표현하는 브랜드명을 좋아한다. P&G사의 비듬방지용 샴푸인 Head and Shoulders나 방취용 비누인 Safeguard 등이 그 좋은 예이다. 그러나 남미 소비자들은 제품의 장점을 우회적으로 표현한 브랜드명을 보다 선호한다. 대체로 별 의미가 없는 브랜드명(가령, Ariel 세제, Kodak 필름, Agfa 필름 등)이나 원래의 의미가 사라진 브랜드명(가령, Tide 세제, IBM 등)이 브랜드명의 글로벌화가 보다 유리하다. 한편 Jacobs-Suchard사는 프랑스시장에서 Nuit et Jour라는 브랜드명으로 커피제품을 판매하는 데 있어 전혀 문제가 없었지만 모든 해외시장에 대해 Night and Day라는 브랜드명으로 통일하였는데, 이는 커피제품이 모든 국가에서 외국제품으로 인식되기 때문이다.

여러 현지시장들에서 판매되는 각 브랜드명들 중에서 어느 것을 통합화해야 하는지에 대한 결정이 항상 합리적으로 이루어지는 것은 아니다. 가령, Johnson사는 동일한 스프레이형 광택제에 대해 영국에서는 Pledge, 프랑스에서는 Pliz, 이탈리아와 스위스에서는 Pronto라는 브랜드명으로 판매하는데, 이들 중 어느 브랜드로 통합하여 전체 유럽시장에 판매할 것인지를 결정하는 것은 쉽지 않다. 어떤 방식을 사용하여 브랜드명을 변경하더라도, 변경된 브랜드명은 현지시장에서 획득한 기존의 높은 명성과 시장점유율을 유지할 수 있어야 한다.

국제기업은 브랜드명의 통합화 과정에서 다음의 세 가지 전략대안 중의 하나를 선택할 수 있다 : 기존 브랜드명의 점진적 시장철수(fade-in/fade-out), 브랜드명 변경에 대한 잠정적인 사전예고(transparent forewarning), 새로운 통합브랜드명의 전격도입.

기존 브랜드명의 점진적 시장철수는 앞으로 사용될 통합브랜드명과 기존 브랜드명을 함께 사용하다가 시간의 경과에 따라 새로운 통합브랜드명을 부각시키고 기존의 브랜드명을 서서히 사라지도록 하는 전략이다. 예를 들어 프랑스시장에서 판매되던 애완견 식품브랜드 Pal을 Pedigree(영국시장에서 판매되는 브랜드명)로 통합화하는 과정에서 일정기간 동안 집중적인 광고를 통해 Pedigree를 부각시키고 Pal은 단지 후원상표(endorsing brand)의 역할만을 수행하였다.

잠정적인 사전예고방식은 소비자들에게 기존의 브랜드명이 변경될 것이라는 것을 일정기간에 걸쳐 미리 알리는 전략으로서, Night and Day 무카페인 커피브랜드가 그 좋은 예이다. Jacobs-Suchard사는 새로운 무카페인 커피제품을 개발하면서 현지시장에 따라 각기 다른 브랜드명(즉 독일, 오스트리아, 스위스에서는 Nacht und Tag, 미국에서는 Night and Day, 프랑스에서는 Nuit et Jour)을 사용하였으나, 국제적인 고급커피브랜드를 도입하기 위해 Night and Day를 글로벌브랜드명으로 사용하기로 결정하였다. 영어로 표기된 브랜드명을 사용하지 않았던 국가들에 대해서는 글로벌브랜드명으로의 자연스러운 이전을 위해 2단계 커뮤니케이션전략을 도입하였다. 1단계로 모든 패키지 위에 브랜드명의 변화를 예고하는 라벨이 부착되었다("조만간 Nuit et Jour가 Night and Day라는 브랜드명으로 변경될 것이다"). 그 다음 단계로 임시 제품패키지의 뒷면에 다음과 같은 설명문구를 포함시켰다 : "여러분이 구매하는 Nuit et Jour 무카페인 커피는 이제 Night and Day로 변경되었습니다. 이러한 브랜드명의 변경은 유럽전체 소비자들이 자사의 무카페인 커피제품을 즐길 수 있도록 하기 위해서입니다. Night and Day는 최고의 커피가 제공하는 향과 풍부함을 그대로 담고 있습니다." 소비자들이 브랜드명 변경을 충분히 인지할 수 있도록, Jacobs사는 추가적으로 브랜드명 변경을 알리는 일련의 라디오광고를 실시하였다. "Night는 Nuit를 의미하며 Day는 Jour를 의미합니다. Jacobs사가 출시하는 Night and Day 커피. 밤낮으로 즐길 수 있는 무카페인 커피입니다. 내일의 유럽을 위해 큰 도전을 하고자 합니다."

마지막으로 새로운 통합브랜드명의 전격도입은 사전예고 없이 즉각적으로 새로운 통합브랜드명을 각 현지시장에 소개하는 전략이다. 예를 들어 1980년대 후반 Mars사는 12월 초콜릿브랜드 Treets를 철수시키고 M&M이라는 통합브랜드명으로 출시하였다. M&M은 Treets의 유명한 슬로건인 "Melts in your mouth, not in your hand."를 계속 유지하면서 Treets라는 브랜드명은 거의 언급하지 않았다(M&M 브랜드는 패키지와 TV광고에서 단지 Treets의 제조업체라는 문구만을 포함시켰다). 그러나 통합브랜드가 도입된 지 3년이 경과한 후에도 이익은 별로 향상되지 않았는데, 이러한 전략의 실패는 성인소비자층이 오랫동안 Treets 초콜릿을 좋아했던 것에서 기인하였다. 이러한 쓰라린 과거경험을 거울삼아 Raider를 Twix로 변경하기로 결정한 것에 대해서는 사전예고제를 실시하였다. 이와 함께 "이제 Raider는 Twix로 변경되었습니다. 왜냐하면 전 세계의 소비자들이 Twix를 애용하기 때문입니다"라고 TV광고를 하였다. Twix라는 통합화된 (글로벌) 브랜드명의 도입은 브랜드의 지위를 더욱 강화시켜 유럽 내에서 매출이 상당히 증가하였다.

3) 글로벌브랜드 투자를 위한 기업의 전략적 결정

전 세계가 하나의 시장으로 변화되어가는 상황에서 각 제품군 내에서 최고의 브랜드가 되는 것이 기업의 장기적 생존에 가장 안전한 방법의 하나이다. 그러나 모든 기업들이 세계최고의 브랜드(world class brand)를 추구해야 한다는 것은 아니다.

세계시장에서 기업이 추구하는 브랜드전략은 양극화되고 있다. 대부분의 현지국내기업들은 자국소비자들의 욕구변화에 따라 시의적절하게 제품을 제공함으로써 지속적인 성장을 추구한다. 이에 반해 국제기업들은 공통의 욕구를 가진 각국의 틈새시장을 표적으로 글로벌브랜드를 도입하려고 한다. 그러나 세계시장이 동질화되어가는 추세에 따라 국내시장에서만 판매활동을 하는 기업들도 조만간 세계최고 브랜드와의 경쟁에서 자신을 방어해야 할 상황이 발생될 것이며 경우에 따라 그들과의 전략적 제휴를 고려해야 할 시기가 도래할 것이다.

글로벌브랜드로 키우기 위해 기업은 5가지 영역에서 전략적 결정을 필요로 한다 : 사업목적, 브랜드이미지의 목표, 브랜드판매의 지리적 범위, 브랜드메시지, 회수기간.

첫째, 글로벌브랜드는 원가우위를 토대로 한 가격경쟁으로 단기적 매출증대를 추구하기보

그림 11-1 | 글로벌브랜드 개발에서의 전략적 의사결정영역

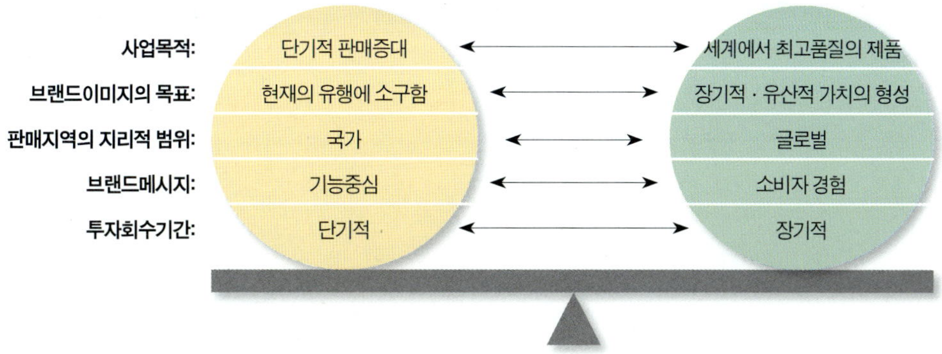

다는 최고의 품질을 가진 제품이라는 브랜드이미지를 구축하는 것을 사업목적의 우선순위로 두어야 한다. 둘째, 글로벌브랜드는 현재의 유행(패션)을 반영하기 위해 노력하기보다는 여러 세대에 걸쳐 소비자의 마음속에 유산적 가치로 오래 자리 잡을 수 있는 포지션을 추구해야 한다. 글로벌브랜드는 현 시점에서 소비자들에게 큰 관심영역으로 대두되는 것을 충족시키기보다는 그들이 변함없이 중요하게 생각하는 가치(가령 모성애, 건강, 고상한 취향 등)에 소구하는 것이어야 한다. 셋째, 글로벌브랜드는 자국소비자들의 고유한 욕구에 초점을 맞추기보다는 전 세계 소비자들이 공유하는 욕구를 충족시키는 제품이어야 한다. 넷째, 글로벌브랜드는 기능적 제품이기보다는 제품의 사용경험이 지위를 상징하거나 소비자의 라이프스타일을 풍요롭게 만드는 데 기여하는 것이어야 한다. 다섯째, 글로벌브랜드는 오랜 기간의 마케팅투자를 통해 높은 수익이 실현되어야 한다.

글로벌브랜드가 전 세계 소비자들로부터 얻는 높은 명성은 여러 세대에 걸쳐 브랜드이미지가 전달되어 그들의 삶의 한 부분이 될 때 형성된다. 그러므로 국제기업들은 단기적인 매출을 늘리기 위해 글로벌브랜드에 너무 많은 이미지를 심으려고 하거나 너무 많은 제품범주에 걸쳐 글로벌브랜드를 확장함으로써 글로벌브랜드의 고유한 이미지가 초점을 잃지 않도록 해야 할 것이다. [그림 11-1]은 기업이 브랜드에 대한 투자에서 고려해야 할 전략적 의사결정영역을 보여주는데, 글로벌브랜드의 개발을 위해서는 전략적 의사결정의 방향이 좌측에서 우측으로 전환되어야 할 것이다.

4) 글로벌브랜드가 갖추어야 할 요건들

지금까지 국제기업이 글로벌브랜드를 키우기 위해서는 5가지 영역에서 전략적 의사결정이

그림 11-2 | 글로벌브랜드의 필요조건

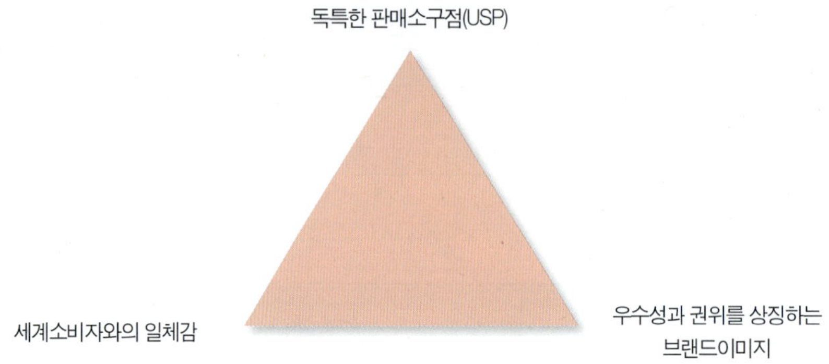

요구된다고 설명하였다. 여러 제품군에서 여러 브랜드들을 거느리고 있는 국제기업들은 글로벌브랜드가 되기 위한 다음의 세 가지 조건을 충족시키는 제품군이나 브랜드를 선택하여 이를 글로벌브랜드로 육성해야 할 것이다.

첫째, 전 세계 소비자들에게 차별화된 판매소구점(worldly unique selling point: USP)을 심어줄 수 있는가?

둘째, 최고권위를 상징하는 제품임(visible status symbol)을 전 세계 소비자들에게 인정받을 수 있는가?

셋째, 소비자와 개인적인 공감대(brand empathy)를 형성할 수 있는가? 즉 이 브랜드는 나를 이해하고 나를 대변한다는 생각이 들게 함으로써 브랜드와 소비자 간에 일체감이 형성될 수 있는가?

여러 브랜드들을 보유하고 있는 국제기업들은 세계시장이 동질화되어 가는 추세에 대응하여 이들 중 일부 브랜드(들)를 글로벌브랜드로 키우려고 한다. 이를 위해 국제기업은 각 브랜드의 세계시장에서의 매력도를 평가할 필요가 있는데, 세계시장에서 각 브랜드의 시장성(marketability)은 다음의 세 가지 요인을 토대로 한 ABC 평가시스템에 의해 측정될 수 있다.

- 이 브랜드는 세계최고의 제품인가(world class brand) 혹은 현지시장지향적 제품인가?
  A. 문화적 진입장벽이 없는 글로벌브랜드 개념
  B. 브랜드의 글로벌화에 어느 정도의 한계가 있는 국제브랜드
  C. 현지(국내)시장지향적 브랜드

- 이 브랜드는 향후 5년간에 걸쳐 사업영역을 확장할 충분한 기회를 제공하는가?
  A. 평균 이상(예를 들어, 새로운 국가로의 시장확장, 다른 제품군으로의 확장 등)
  B. 평균
  C. 평균 이하

- 이 브랜드는 세계시장에서의 경쟁에서 선도적 지위를 방어할 만큼의 충분한 차별적 마케팅우위를 확보하고 있는가?
  A. 평균 이상
  B. 평균
  C. 평균 이하

예를 들어 Disney, 코카콜라, 맥도날드, 삼성 갤럭시 스마트폰, 구글 등은 AAA의 등급을 받는 world class 브랜드로 볼 수 있는데, 그 이유는 이들 브랜드들이 세계소비자들이 선호하는 제품이며, 부가가치를 가진 브랜드이미지로 인해 사업영역이 빠르게 확장되고 있으며, 경쟁브랜드들이 공략하기 힘들 정도로 확고한 포지션(mega positions)을 구축하고 있기 때문이다. ABA의 평가를 받는 브랜드는 성숙된 world class 브랜드로서, Levi's, P&G의 Head & Shoulders 등을 들 수 있다. 이들은 성숙된 제품시장 내에서 명확한 브랜드포지션을 구축한 시장선도제품이지만, 브랜드의 자산적 가치를 활용하기 위해 관련성이 별로 없는 새로운 제품군들에게 지나친 상표확장을 하지 않는 것이 바람직하다. CAA는 현지시장에서 최고의 시장지위를 확보하고 있는 것으로 평가되는 브랜드로서, Unilever의 인도네시아 현지브랜드인 Citra가 그 예이다. Citra는 Unilever사가 인도네시아에 판매하는 화장품브랜드인데, 인도네시아 내에서 선도적 시장지위를 확보함으로써 Unilever사가 거느리고 있는 각국의 여러 현지브랜드들 가운데서 가장 수익성이 높은 브랜드의 하나이다. Citra가 우수한 시장성과를 거둘 수 있었던 것은 인도네시아 여성들이 적정가격으로 우수한 품질의 브랜드제품을 사용할 수 있도록 했기 때문이다. BCB의 평가를 받는 브랜드는 지역시장(regional market)에서 어느 정도의 시장경쟁력을 가지고 있는 문제아(problem child) 제품으로서, Colgate가 아시아지역에 판매하는 치약상품인 Darkie가 그 예이다. Colgate사는 아시아지역의 일부 국가에서 시장선도적 지위를 확보하고 있던 치약상품인 Darkie를 홍콩기업으로부터 인수하였다. 그러나 Darkie의 트레이드마크는 빛나는 하얀 치아를 보이는 흑인을 담고 있었다. 아시아 소비자들은 이에 대해 부정적 반응을 보이지 않았지만 구미 소비자 및 Colgate 내의 미국경영자의 관점에서 볼 때 이러한 트레이드마크는 인종적 편견을 야기할 수 있는 것으로 판단하였다. 따라서 Darkie가 아시아 내 일부 국가에서 확고한 시장기반을 구축하고 있음에도 불구하고, Colgate는 브랜드명을 Darlie로 변경하고 인종적 편견을 불러일으킬 수 있는 그래픽을 제거하였다.

04 우리나라 기업의 브랜드글로벌화전략

1) 브랜드글로벌화를 위한 국내기업의 마케팅전략

정보통신기술의 급속한 발전에 따라 전 세계 소비자는 세계적 가치를 중심으로 동질화되어 가고 있는 동시에 세분화·특수화되어가는 양극화의 추세를 보이고 있다. 따라서 세계시장을 표적으로 하는 기업은 이러한 문화적 흐름을 선도하거나 여기에 적응하지 않으면 생존하기 어려울 것으로 보인다. 이러한 인식은 일찍이 1970~80년대에도 존재했다.

미국의 할리우드 영화문화와 디즈니 만화가 미국상품과 미국기업의 세계화에 도움이 된 건 사실이다. 유럽인들은 이러한 현상을 '미국문화의 침투'라고 우려한 적도 있다. 이와 같이 브랜드의 문화적 가치를 창출하려는 기업의 노력은 세계시장에서 경쟁우위를 확보하는 데 매우 중요하다. 폭스바겐의 비틀(Beetle)사례를 살펴보자. 풍뎅이처럼 생긴 비틀은 1960년대 미국의 청년문화를 대변하는 자동차였고 변화를 추구하는 새로운 세대의 상징물로서 인식되었다. 비틀의 소유자는 기성세대와 달리 물질주의와 지위의 상징을 추구하지 않는 사람들이었다. 그들은 못 생기고 촌스러운 자동차를 운전함으로써 그들의 독립성을 나타냈고 서로 경적을 울려 그들의 동질적 소속감을 표현하곤 했다. 비틀이 '기존 관습에 대한 거부'를 상징하는 이미지를 갖게 된 것은 폴크스바겐의 치밀한 문화마케팅 노력에서 비롯된 것으로 평가된다. 우선 비틀의 디자인은 당시의 상식적 시각에서 보면 못생긴 디자인을 대표하는 것이다. 그러나 폴크스바겐은 이를 긍정적으로 활용하는 마케팅전략을 도입하였는데 비틀 운전자는 자동차의 멋있는 외모에는 관심이 없으며 독특한 아름다움을 추구하는 사람임을 강조하였다. 폴크스바겐의 독특한 마케팅방법은 제품을 깔보는 듯한 기발한 접근방법을 사용한 광고에서도 찾을 수 있다. 대표적인 예로 '고물차'(Lemon), '못생긴 것은 피부 한 장 차이'(Ugly is only skin-deep), '작게 생각하라'(Think Small) 광고를 들 수 있다.

이와 같이 기업이 세계시장에서 글로벌브랜드를 갖기 위해서는 제품의 문화적 가치를 높이려는 마케팅노력이 무엇보다 필요하다. 기업은 세계문화와 가치의 흐름을 파악하여 이를 반영하는 브랜드아이덴티티를 개발하는 노력을 통해 세계시장에서 수용될 수 있는 브랜드이미지를 형성할 수 있다.

기업은 세계시장에서 자사브랜드의 문화적 가치를 높이기 위해 두 가지 전략대안 중의 하나를 고려할 수 있다. 첫째는 세계시장의 소비자들에게 이국적이면서 신선한 감정을 유발하는 고유의 문화적 가치를 세계시장의 소비자들에게 이전함으로써 경쟁우위를 확보하는 것이다. 해외 소비자에게 신선하고 이국적인 느낌을 제공하는 데 성공한 대표적인 사례는 한국의 패션기업과 식료품 기업이 최근 K-팝 문화의 세계적 확산을 이용해 한국상품의 문화적 가치를 높이려고 한 전략을 들 수 있다. 이 전략은 차별적인 문화적 가치를 창출하는 데 그 목적이 있으며, 이러한 전략이 성공하기 위해서는 국가나 기업이 문화(혹은 문화적 가치)에서 차별적인 경쟁우위를 보유하고 있어야 한다. 아모레퍼시픽은 아시아 미(美)의 정수를 세계에 전파하겠다는 기업사명 아래 '아시안 뷰티 크리에이터(Asian Beauty Creator)'의 실현을 위해 노력하고 있다. 1964년 국내산 화장품으로는 최초('오스카' 브랜드)로 해외수출을 달성한 후 '미(美)'를 공용어로 전 세계 고객과 소통하기 위해 끊임없이 노력해왔다. 1990년대 초부터 글로벌브랜드전략을 추구하며 중국과 프랑스에 공장을 설립, 현지생산 기반을 마련했으며 이를 기반으로 2000년대에 들어서 본격적인 글로벌 중흥기를 맞이하고 있다. 현재 북미, 서유럽, 동남아시아, 대중화권, 일본의 세계 5개권역을 중심으로 글로벌사업을 펼치고 있으며, 특히 중국, 미주, 프랑스를 3대 축으로 사업역량을 집중하고 있다. 아모레퍼시픽은 2020년까지 세계 7대 화장품 회사로 성장한다는 사업비전을 정하고, 2020년까지 해외매출비중을 전체 매출의 약 45% 수준으로 향상시킬 계획이다. 이를 위해 2020년까지 5,000억 매출 이상의 글로벌 메가브랜드 10개를 만들고, 글로벌시장에서 5조 원의 매출을 달성하겠다는 목표를 세우고 있다.

혼다 어코드(Accord)는 미국과 유럽의 여피세대의 문화적 욕구를 브랜드아이덴티티에 반영함으로써 성공하였다.

두 번째 방법은 전 세계에 걸쳐 동질화되어가는 소비자 문화에 적응하는 방법이다. 일본의 자동차 업체들은 서구 소비자의 새로운 문화적 욕구에 성공적으로 대처하였다. 일본의 도요타 캠리(Toyota Camry)나 혼다 어코드(Accord)와 같은 제품은 1980년대 미국과 유럽의 여피(yuppies)세대의 상징적 자동차로 인식됨으로써 강한 브랜드자산을 구축하는 데 성공했다. 이는 일본기업이 제품의 기능적 특성뿐만 아니라 디자인, 광고, 브랜드아이덴티티 개발에서 여피세대의 문화적 욕구를 반영하여 그들의 소비자 문화에 동화되기 위해 부단한 마케팅노력을 기울였기 때문에 가능한 것이었다.

높은 문화적 가치를 가진 글로벌브랜드를 개발하기 위해 기업은 구체적으로 다음과 같은 마케팅의사결정을 필요로 한다. 첫째, 소비자의 문화적 욕구와 기호를 반영한 브랜드아이덴티티를 개발하는 것이다. 폴크스바겐, 베네통, 그리고 바디 숍(Body Shop)은 각각 소비자 가치관의 변화, 인류애, 환경보호라는 문화적 가치를 브랜드아이덴티티의 핵심으로 삼고 이를 전파하는 데 성공하였다. 두 번째는 문화적 가치를 가진 브랜드아이덴티티를 개발하기 위해서 아이덴티티의 각 구성요소에 대한 투자와 통합적 관리가 필요하다. 제품특성, 브랜드명과 심벌, 디자인과 포장, 각종 커뮤니케이션 활동, 그리고 조직구성원이 공유하는 기업문화 등이 기업이 추구하는 브랜드아이덴티티에 부합되도록 통합적으로 관리되어야 할 것이다. 예를 들면 기업의 아이덴티티가 '가족의 사랑'을 추구한다면 이런 보편적 가치를 브랜드아이덴티티의 다양한 구성요소에 반영해야 할 뿐만 아니라 이를 전달하는 마케팅커뮤니케이션 노력이 필요하다. 셋째, 브랜드의 문화적 가치를 높이기 위해서는 기업문화 자체를 바꿔야 한다. 기업문화는 브랜드자산의 구축을 위한 토대가 될 뿐만 아니라 조직구성원의 가치와 행동을 결정하는 데 결정적인 역할을 하기 때문이다. 기업문화가 인류의 보편적 가치를 추구하고 조직구성원이 이를 실천할 수 있어야만 세계시장에서 수용될 수 있는 강력한 브랜드아이덴티티의 실현이 가능할 것이다.

2) 국가이미지가 브랜드의 글로벌전략에 미치는 효과

수출업체들이 고유브랜드 개발, 해외홍보 및 유통망 투자 등 해외판매에 적극적인 투자를 하더라도 강력한 브랜드이미지 구축과 매출증대에 별다른 효과를 보지 못할 수 있다. 가장 큰 이유는 국가이미지의 취약으로 수출제품의 이미지가 나쁘고 제 가격을 받지 못하는 경우가 발생할 수 있기 때문이다. 예를 들면 멕시코산 가전제품 브랜드는 멕시코 기업과 소비자들에게는 최고일 수 있으나 해외 소비자는 그렇게 인식하지 않아 이에 상응하는 가격을 지불하고자 하지 않을 수 있다. 한 국가의 취약한 대외이미지와 이에 따른 해당국가의 제품들에 대한 전반적인 이미지가 개별제품 및 브랜드에 미치는 영향, 소위 **'원산지 효과'(country origin effect)**는 수출제품의 가격책정과 매출성과에 큰 영향을 미칠 수 있다. 원산지 효과에 의한 불이익은 크게 두 가지 요인으로 구분하여 분석할 수 있다. 첫째는 'Made in Korea'라는 원산지 표시에 따른 불이익이고 둘째는 한국 브랜드 부착에 따른 불이익이다([그림 11-3] 참조). 따라서 선진국에서 생산된 한국기업 제품(예: SAMSUNG TV made in U.S)이나 한국기업이 OEM으로 수

그림 11-3 | 한국산 제품에 대해 발생하는 원산지 효과의 구성요소

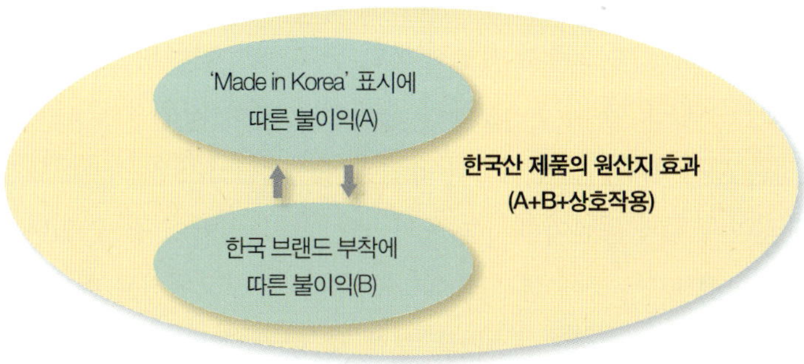

출하는 제품(예: 베스트바이 TV made in Korea)은 해당 생산국가의 전반적 이미지에 의해 영향을 받게 될 것이다.

[그림 11-3]에서 보듯이 원산지와 한국 기업브랜드를 함께 부착한 제품이 원산지 효과에 따른 이익/불이익이 가장 클 것이다. 이와 같은 이익/불이익은 한국산 제품이 선진국 혹은 개발도상국 시장에서 제 가격을 받고 판매되느냐 여부에 의해 결정된다.

한국 제품브랜드 혹은 기업브랜드 부착에 따른 불이익은 한글 발음의 브랜드를 외국소비자가 기억하기 힘들어 브랜드인지도를 형성하는 데 어려움이 있거나 마케팅커뮤니케이션활동에서 현지의 정서에 부합된 의미를 전달하는 데 효과적이지 않아 발생할 수 있다. 최근 한국기업들이 KT, POSCO, SKC, LG 등 영문 머리글자의 브랜드를 많이 활용하는 것도 이와 같은 이유 때문일 것이다.

긍정적인 원산지 효과를 유발하기 위해서는 우선 정부가 한국의 국가이미지를 개선하기 위한 노력이 요구된다. 왜냐하면 한국의 국가이미지가 우리 제품의 국제경쟁력에 상당한 영향을 미치기 때문이다. 이와 같은 국가이미지 개선노력은 장기적인 투자가 필요한 사업으로 단기적으로는 획기적인 개선을 기대하기 힘들 것이다. 그러면 주어진 한국의 국가이미지 제약 속에 한국기업의 국제마케팅은 어떻게 전개되어야 하는가? 먼저 기업은 현지시장에 판매하고자 하는 제품의 이미지가 한국의 국가이미지와 부합되는지를 파악해야 한다. 1980년대 후반 현대자동차가 미국에서 인기를 끈 것은 현대의 엑셀, 쏘나타 등이 경제적인 차로 한국의 국가이미지와 부합되었다는 점에 주목할 필요가 있다. 그 후 제네시스 같은 최고급제품을 출시할 때는 엑셀과 달리 한국의 국가이미지가 브랜드이미지 구축에 별 도움을 주지 못할 수 있다. 한편 개발도상국에서 한국산 제품의 이미지는 중·상급이라는 인식이 강한 편이다. 최근 한국기업이

호조를 보이고 있는 중국, 동남아, 중동 및 중남미 국가에서 성공하고 있는 제품들은 대체로 중·상급 제품인 점에 주목할 필요가 있다. 선진국에서는 한국이라는 원산지를 연상시키는 브랜드전략을 사용하는 것이 별 효과를 거두지 못할 수 있지만, 한국의 이미지가 좋은 해외국들에서는 한국의 제품브랜드임을 적극 홍보해야 할 것이다. 가령, 대우전자가 자사제품이 한국산이고 한국기업임을 부각시키는 것이 미국과 유럽에서는 적절하지 않은 브랜드전략이 될 수 있지만, 한자 문화권인 중국과 동남아에서는 효과적인 브랜드전략이 될 수 있다. 한국산 제품임을 부각시키는 것이 브랜드구축에 별 도움이 되지 않는 선진국에서는 현지화된 브랜드로 현지 소비자의 정서와 문화에 부합하는 마케팅전략, 즉 현지화전략을 추구하는 것이 효과적인 반면에 개발도상국에서는 한국에서 사용한 마케팅을 그대로 사용하는 표준화전략을 사용해도 무리가 없을 것이다. 예를 들면 중국, 러시아 등지에서 큰 성공을 거두고 있는 오리온 초코파이는 포장 색깔만 제외하고는 대부분의 브랜드마케팅전략이 한국에서 성공한 프로그램을 기반으로 한 것이다. 즉 선진국에서는 글로벌 경쟁력이 있는 일부 품목을 제외하고는 한국을 부각시키지 않는 현지화전략이 효과적인 반면 한국의 이미지가 대체로 양호한 개발도상국에서는 한국임을 강조하는 마케팅전략이 효율적일 수 있다.

참고문헌

1. 안광호 · 이진용, 브랜드파워, 한 · 언, 1997.
2. 한충민, 해외 세일즈 넘버원 기업들, 매일경제신문사, 1998.
3. Aaker, David A., *Managing Brand Equity*, New York: Free Press, 1991.
4. Aaker, David A., *Building Strong Brands*, New York: Free Press, 1996.
5. Aaker, David A. and Kevin Lane Keller, "Consumer Evaluations of Brand Extensions," *Journal of Marketing*, January 1990, pp. 27-41.
6. Kapferer, Jean-Noel, *Strategic Brand Management: New Approaches to Creating and Evaluating Brand Equity*, London: Kogan Page, 1992.
7. Kashani, Kamran, "Beware the Pitfalls of Global Marketing," *Harvard Business Review*, September-October 1989, pp. 91-98.
8. Kotler, Philip, *Marketing Management*, 8th ed., Englewood Cliffs, NJ: Prentice Hall, 1994.
9. Levitt, Theodore, "The Globalization of Markets," *Harvard Business Review*, May-June 1983.
10. Macrae, C., *World Class Brands*, Addison-Wesley, England, 1991.

5

제12장

소매업체브랜드자산의 구축과 관리

존루이스 자체상표(PB: Private Brand)에 기반한 점포차별화를 통해 매출성장에 성공한 영국의 존루이스백화점

영국 런던 옥스퍼드가에 있는 존루이스백화점은 1층 남성복 코너 한복판에 자체상표(PB) 제품을 진열해 놨다. 이 백화점은 의류, 잡화, 침구 등 다양한 상품군에서 PB 상품을 보유하고 있다.

영국 런던 옥스퍼드가(街)에 위치한 존루이스백화점은 주요 진열대마다 존루이스 자체상표(PB: Private Brand)로 채워져 있다. 1층 남성복 코너 한복판에 진열된 '존루이스' 라벨이 박힌 재킷은 100% 양모소재, 130수 고급원단을 사용하고 이탈리아에서 제작된 것이다. 가격은 130파운드(약 19만 원)로 비슷한 사양의 원난을 쓴 다른 제조업체브랜드 재킷의 3분의 1 수준이다. 2층 숙녀화 코너에서도 존루이스 자체상표 상품이 명당자리를 차지하고 있다. 뱀 가죽 소재의 여성 샌들이 10만 원 등 15만 원 넘는 구두와 샌들이 드문 반면 다른 제조업체브랜드 상품은 대부분 20만 원을 훌쩍 넘는다. 한국에는 대형마트에 주로 있는 PB 제품이 고급 백화점에 있어 생소하지만 현지 소비자의 반응은 좋았다. 한 고객은 "신발을 고를 때 편안함, 디자인, 소재, 가격 등을 고려하는데 존루이스 PB를 많이 사게 된다. 가격이 싼 데도 품질은 더 좋다는 느낌을 받는다"고 말했다.

영국 대표 백화점 존루이스는 PB에 대한 소비자 인식을 '싸구려 상품'에서 '품질 좋고 저렴한 상품'으로 바꿔놨다. PB상품은 존루이스가 지속적인 성장을 하는 데 크게 기여했다. 존루이스백화점은 패션, 잡화, 침구 등 주요 상품군에서 PB를 앞세워 성장정체에 빠진 다른 백화점과 달리 매출과 이익을 늘려가고 있다. 존루이스는 세계 백화점 매출이 정체되거나 뒷걸음질치는 속에서도 성장을 이어가고 있다. 2017년 회계연도(2017년 1월~2018년 1월) 존루이스백화점 총매출은 48억4,400만 파운드(약 7조240억 원)로 전년 대비 2.1% 증가했다. 영업이익은 17.8% 늘어난 2억4,500만 파운드(약 3,550억 원)에 달했다. 기존의 고급 점포이미지, 명품 브랜드만을 고집했다면 달성하기 힘든 실적이었다.

존루이스와 달리 영국 내 백화점 상당수는 아직도 최고급 점포이미지를 유지하려고 한다. 셀프리지, 해러즈, 리버티 백화점 등이 그렇다. 하지만 단일 매장을 운영 중인 이들 백화점과 달리 존루이스는 영국 전역에 50개 매장을 보유하고 있다. 존루이스는 PB나 다른 백화점에 없는 단독상품의 매출비중을 절반 이상으로 끌어올리는 게 목표다. 이를 위해 PB 상품군을 확대하고 있고 특히 여성패션을 강화하는 데 많은 투자를 하고 있다. 작년 'AND/OR'란 이름의 여성 데님패션 PB를 새롭게 내놨는데, 여성패션에서 PB로 연 5억 파운드(약 7,250억 원) 이상의 매출을 거두겠다는 계획을 세우고 있다. 존루이스백화점은 패션기업으로 브랜드아이덴티티를 다시 정의하고 있다.

자료원: 한경, 2018.7.3.

01 소매업체에 의한 유통경로 지배

오랫동안 유명 **제조업체브랜드**들이 소비용품시장을 지배해 왔다. 그들은 R&D, 신제품개발, 패키징, 생산기술, 광고, 소비자·중간상 판촉, 시장조사 등의 마케팅활동에 대해 지속적인 투자를 함으로써 브랜드파워를 키워왔다. 제조업체브랜드는 해당 제품범주와 고객들에 대해 전문적 지식을 갖추고 있을 뿐 아니라 수많은 소규모 독립소매점들에 자사브랜드를 진열시키기 위해 막강한 영업력을 갖추고 있었다. 유명 제조업체브랜드를 취급하지 않는 소매점들은 고객들을 다른 경쟁점포에 빼앗길 수밖에 없었기 때문에 제조업체브랜드가 유통경로를 지배해 왔던 것이다. 그러나 최근 들어 이러한 상황은 역전되어 소매업자들이 점차 경로파워를 장악하고 있다. 최근 들어 **소매업체브랜드**를 부착하고 있는 제품이 과거 어떤 때보다도 많이 나와 있다. 영국의 경우 코트사(Cott Corporation)가 제조하여 세인즈버리(J. Sainsbury) 슈퍼마켓에 납품한 클래식 콜라(Classic Cola)라는 소매업체브랜드는 코카콜라보다 28% 저렴한 가격으로 1994년 출시한 이후 몇 년 만에 세인즈버리 슈퍼마켓을 통한 전체 콜라매출의 65%, 영국 내 콜라시장 총매출액의 15%를 차지하였다.

소매업체브랜드의 급성장은 제조업체와 유통업체들에게 상당한 영향을 미치고 있다. 많은 유명 제조업체브랜드들은 각 제품군에서 3위 이하의 위치를 차지하고 있는 경쟁 제조업체브랜드들의 도진뿐만 아니라 소매업체브랜드의 도전에 대해서도 전략적 대응을 해야 할 필요성을 갖게 되었다.

다음의 몇 가지 요인은 2000년대에 들어 소매업체브랜드의 경쟁적 우위가 더욱 가속화될 것이며 경제여건과 무관하게 그 추세가 유지될 것이라는 점을 시사하고 있다.

① **소매업체브랜드의 품질향상**: 과거에는 소매업체브랜드와 유명 제조업체브랜드 간에는 품질수준에서 상당한 차이가 있었다. 최근 들어 소매업체브랜드의 품질수준이 과거보다 훨씬 높아져 그 격차가 상당히 줄어들었으며 이러한 현상은 특히 제품혁신이 별로 없었던 제품군에서 두드러지게 나타난다. 소매업체들은 소매업체브랜드를 생산 납품하는 하청제조업체들로부터의 구매과정을 더 효율적으로 개선해 왔으며 품질에 대한 통제를 강화하고 있다.

② **프리미엄 소매업체브랜드의 개발**: 북미지역의 혁신적인 소매업체들은 유명 제조업체브랜드보다 우수한 품질의 소매업체브랜드를 성공적으로 개발할 수 있음을 유통업계에 보여

영국의 대형 슈퍼마켓 체인이 개발한 소매업체브랜드는 유명 제조업체브랜드들과의 경쟁에서 높은 시장점유율을 차지하고 있다.

주었다. 인기제품인 초콜릿 칩 쿠키를 포함해 1,500개가 넘는 품목을 거느리고 있는 프레지던츠 초이스(President's Choice) 라인을 고유브랜드로 갖고 있는 캐나다의 슈퍼마켓 로블로(Loblaw)가 그 예이다. 로블로는 전 세계를 대상으로 세심한 구매활동을 통해 공급되는 자신들의 두 가지 고유브랜드, 즉 고품질의 프레지던츠 초이스 브랜드와 대중시장을 겨냥한 로블로 브랜드의 매출을 강화함으로써 유명 제조업체브랜드의 판매에 크게 압박을 가하고 있다. 프레지던츠 초이스는 로블로 상점뿐만 아니라 다른 상점에서도 취급되고 있다. 미국에서도 여러 슈퍼마켓 체인들이 프레지던츠 초이스를 프리미엄급 소매업체 제품계열로서 판매하고 있다. 특히 유럽 슈퍼마켓 체인들은 소매업체 고유브랜드의 판매비중을 높임으로써 높은 세전이익을 실현하고 있다.

유럽시장에서 소매업체의 고유브랜드가 강세를 보이는 이유는 부분적으로는 구조적 요인 때문이다. 첫째, TV광고 시장이 규제되고 있어 유명 제조업체브랜드에 의해 실시되는 누적 광고량이 미국 수준에 근접하는 것이 불가능하다. 둘째, 대부분의 서유럽국가에는 전국적인 대규모 체인이 식품소매업을 지배하고 있다. 미국에서는 가장 규모가 큰 소매업체가 슈퍼마켓 전체 판매액의 6% 정도만을 차지하고 있는 반면 영국에서는 상위 5개 업체가 슈퍼마켓 전체 매출액의 62%나 차지하고 있다.

그러나 크로거사(Kroger Company)의 예에서 볼 수 있듯이 점차 많은 미국의 소매업체들이 강력한 고유브랜드 구축프로그램의 도입으로 자신들의 점포를 성공적으로 차별화시키고 고객들의 애호도를 더욱 높일 수 있다고 믿고 있다. 또한 고유브랜드 구축프로그램을 통해 유명브랜드를 가진 제조업체에 대해 경쟁적 포지션을 강화하고 이익을 증대할 수 있다고 인식하고 있다. 더욱이 아홀드(Ajold, 네덜란드의 슈퍼마켓 체인)나 세인즈버리와 같이 막강한 자금력을 가진 유럽 소매업체들이 미국 슈퍼마켓 체인들을 인수하기 시작했으며, 이들은 미국에서도 자신들의 고유브랜드 프로그램을 그대로 도입하려고 할 것이다.

③ **새로운 유통경로의 출현:** 생식품을 제외한 식품류, 가정용 세제류, 건강 및 미용 보조품들을 중심으로 한 슈퍼마켓 품목의 전체 판매에서 할인점, 회원제 창고점, 기타 새로운 유통업태들이 차지하는 비중이 갈수록 커지고 있다. 몇몇 유명브랜드의 제조업체들이 매출증대를 위해 처음에는 새로운 유통경로(가령, 할인점)의 성장을 측면 지원하였으나 나중에는 크게 후회했을 것이다. 할인점, 대중양판점, 회원제 창고점은 슈퍼마켓과 달리 전국적인 체인을 가지고 있기 때문에 자신들의 고유브랜드를 전국적인 유명브랜드로 육성하고자 하는 강한 동기를 가지고 있으며 저렴한 가격으로 일관성 있는 품질의 소매업체브랜드를 구매하기 위해 하청제조업체들과 긴밀한 거래관계를 유지하고 있다.

④ **새로운 제품군의 개발:** 소매업체브랜드들은 새롭고 다양한 제품군으로 그 범위가 지속적으로 확장되고 있다. 이들의 성장은 어떤 일반적 추세를 따르고 있다. 예를 들어 소매업체의 고유브랜드는 우유, 캔에 든 완두콩 등 전통적인 생필품의 영역을 넘어 건강 및 미용용품, 종이 기저귀와 같은 종이용품, 청량음료, 맥주, 의류 등의 제품군으로 확대되고 있다. 이러한 영역확대와 더불어 소비자들의 소매업체브랜드에 대한 수용도가 점차 높아지고 있다. 고품질의 소매업체브랜드가 늘어 갈수록 소비자들은 가격이 비싼 유명 제조업체브랜드 대신에 소매업체브랜드를 선택하는 경향이 증가한다. 소매업체브랜드 구입을 수치스럽게 느끼던 시절은 이미 지난 것이다.

⑤ **점포크기의 대형화와 선도적 소매업체에 의한 유통시장 지배:** 소매업체의 대형화와 소수의 소매업체에 의한 유통시장 지배는 소매업체의 경로파워를 확대시킨 가장 중요한 요인들이다. 지역·전국·세계소매시장에서 높은 시장점유율을 차지하는 대규모 소매업체들은 유명 제조업체브랜드에 대해 강한 구매협상력을 갖게 되었다. 유럽 내 대부분 국가에서, 상위 5위 이내의 체인 소매점들이 포장된 식료품소매시장의 매출에서 50% 이상을 점하고 있다. 소매업체 규모의 대형화는 대량구매에 의한 가격인하를 실현시킬 뿐만 아니라 막강한 자금력을 토대로 인적자원, 마케팅, 기술, 품질관리, 공급연쇄관리에 대한 투자를 가능하게 하였다.

⑥ **소매의사결정의 중앙집권화:** 소매점 체인본부로 마케팅의사결정이 집중화된 것은 규모의 경제의 이점을 충분히 활용할 수 있게 하였다. 제조업자들이 개별점포에 직접 판매할 수 있는 기회는 줄어들게 되었고, 정보와 전문지식으로 무장된 체인본부의 구매부서가 제조업체와의 대규모 거래를 통제하게 된 것이다.

⑦ **유통정보기술의 발전**: 소매업체가 경로파워를 갖게 된 또 다른 중요 요인으로는 유통정보기술의 급속한 발전을 들 수 있다. 유통정보기술의 발전은 점포영업의 효율성(가령, 계산대·진열대 관리, 창고관리, 재고수준관리, 재주문관리 등)을 증대시켰을 뿐 아니라 엄청난 양의 소매정보에의 접근을 가능하게 하였는데, 이러한 소매정보에의 접근은 상품공급업자(즉 제조업체)와 표적고객을 관리하는 데 활용되었다. 이제 소매업체들은 판촉수단, 상품가격, 제품레이아웃이 소매성과에 미치는 효과, 상이한 세분시장별 고객특성과 고객반응; 제품범주별 제조업자 브랜드의 SKU(개별취급품목; stock keeping units)별 매출성과를 직접 측정할 수 있게 되었다.

소매업자는 이러한 소매정보를 토대로 제조업자와의 구매협상력을 강화하고 있다. 이에 따라 중소 제조업체브랜드(second-tier manufacturer brand)의 시장입지가 상당히 약화되었는데, 이는 강력한 대형 소매업자로 하여금 자체브랜드의 개발과 보다 나은 구매조건의 실현을 가능하게 하는 기회를 제공하였다. 경쟁력이 약한 제조업체브랜드들의 시장점유율이 갈수록 감소함에 따라, 대형 소매업자들은 이들의 과잉생산설비를 이용하여 고품질의 소매업체브랜드를 낮은 한계비용(제조원가)으로 도입할 수 있게 된 것이다. 이와 같이 우수한 품질을 가진 소매업체브랜드의 성장은 경쟁력이 낮은 중소 제조업체브랜드에 대한 협상력뿐만 아니라 해당 제품범주의 시장선도 브랜드들과의 구매협상력을 보다 강화시키고 있다.

02 소매업체브랜드의 자산구축은 가능한가?

소매업체 경로파워의 확대는 단위당 운영비의 감소, 소매가격의 하락, 상품 선택범위의 확대 등을 통해 소매업체와 소비자 모두에게 큰 혜택을 주었다. 그러나 소매산업은 다음과 같은 특성으로 인해 장기적으로 높은 이익을 유지하기 어렵다. 대규모 소매업체들 간의 경쟁이 보다 치열해져 이들 간의 인수·합병이 빈번하게 발생하고 있다. 경쟁 소매업체들은 점포운영, 유통기술, 점포 내 머천다이징, 공급연쇄관리 등에서 혁신적 기법이 도입되면 신속하게 이를 모방한다. 또한 성숙기에 들어선 대부분의 소매시장의 경우 각 소매업체가 포괄하는 지리적 범위가 확대되어 경쟁 소매업체의 상권으로 진출하며 점포의 크기가 보다 대형화됨에 따라 공급의 증가율(점포수 및 평당면적)이 수요증가율을 앞지르게 되었다. 소매업체의 핵심성공요인인

그림 12-1 | 2000년대 소매업체의 경쟁전략적 과제

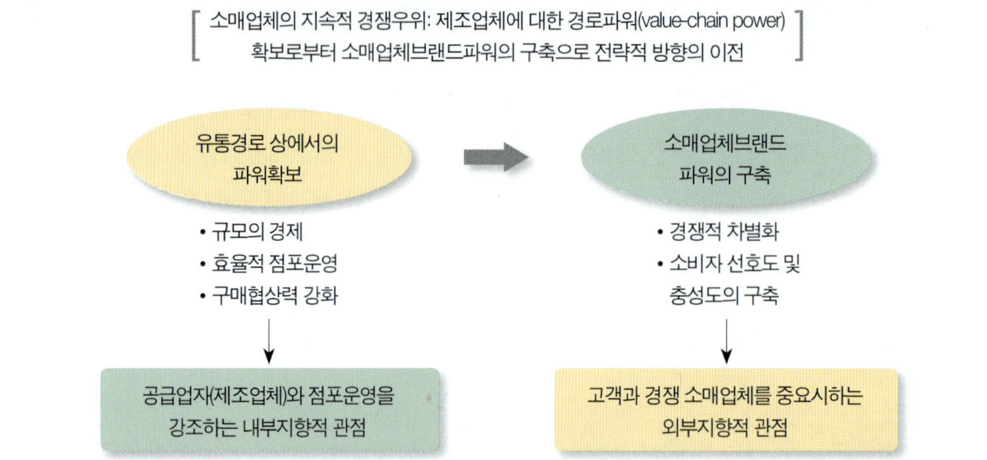

점포입지의 우위는 인구통계적 구성의 변화에 따른 소비자들의 지역적 이동으로 인해 도리어 걸림돌이 되기도 한다. 2000년대 들어 소비자들의 가격민감도가 보다 증가되어 소매가격전쟁은 갈수록 치열해지고 있다.

제조업체와의 거래에서 소매업체가 갖는 경로파워(value-chain power)의 강화나 소매업체 간의 직접적 경쟁에서의 자점포의 차별화를 통해 지속적 경쟁우위와 높은 장기적 이익을 실현하기 위해서 소매상들은 소매업체브랜드파워의 구축과 고객애호도 구축 및 경쟁 소매업체에 마케팅노력의 초점을 맞추는 외부지향적 관점을 도입해야 한다.

강력한 브랜드파워를 구축한 소매업체 브랜드의 예

브랜드에 대해 이야기할 때 대부분의 사람들은 Coke, Apple, Sony, Nescafe, BMW, Rolex 등의 유명 제조업체브랜드들을 떠올린다. 이에 반해 소매업체브랜드는 그동안 소비자의 주목을 크게 받지 못하였다. 기껏해야 맥도날드, 유니클로, Zara, H&M, Gap 등의 소수의 대형 소매업체만이 떠오를 뿐이다. 글로벌 소매업체로 등장한 Wal-Mart(월마트)는 Wal-Mart라는 이름으로 수많은 상품을 판매하고 있지만, 대부분의 소비자들은 이를 Coke나 Lush 등과 같은 제품브랜드 수준에서 생각하지는 않을 것이다. 지금까지 제조업체브랜드가 소비자의 인지도와 선호도를 독점해 왔지만, 2000년대 들어서면서 소매업체브랜드도 제조업체브랜

표 12-1 | 소비용품분야의 선도적 제조업체브랜드들

미국		영국	
제품범주	1920년대 및 현재 시장선도 상표	제품범주	1920년대 및 현재 시장선도 상표
수프	Campbell's(캠벨)	차(tea)	Brooke Band
청량음료	Coca-Cola	초콜릿	Cadbury's
과일통조림	Del Mont	치약	Colgate
배터리	Ever Ready	진공청소기	Hoover
면도기	Gillette(질레트)	빵	Hovis
비누	Ivory(아이보리)	바닥광택제	Johnsons
카메라	Kodak	시리얼	Kellogg's
차(tea)	Lipton	필름	Kodak
비스킷	Nabisco	Pastilles	Rowntree
껌	Wrigley	(칵테일)믹서	Schweppes

드와 마찬가지로 강력한 소비자선호도를 구축할 역량과 잠재력을 갖게 된 것이다.

강력한 브랜드란 경쟁브랜드들보다 높은 소비자선호도 및 충성도를 가지며 브랜드프리미엄(상대적 고가격 혹은 동일한 경쟁가격에서 더 많은 판매량)을 소유한 제품을 말한다. 강력한 제조업체브랜드가 갖는 브랜드프리미엄은 경쟁브랜드들보다 높은 소비자 가격으로 나타나지만 강력한 소매업체브랜드의 프리미엄은 경쟁자들과 유사하거나 혹은 낮은 상품가격으로 더 높은 매출(점포당 매출 또는 평당매출)을 올리는 형태로 나타나는 것이 보다 일반적이다.

강력한 제조업자브랜드의 브랜드자산가치는 제품품질, 혁신, 마케팅에 대한 일관성 있고 높은 수준의 투자를 통해 오랜 기간에 걸쳐 점진적으로 구축된 것이다. 미국과 영국의 소비용품시장을 보면 1925년 선도적 브랜드들 중에서 대부분이 현재에도 여전히 선도적 지위를 유지하고 있다(〈표 12-1〉 참조).

이러한 기준을 충족시키는 강력한 소매업체브랜드는 손에 꼽을 정도에 불과하다. 소매분야의 시장선도기업의 대부분이 제조업체브랜드에 비해 역사가 짧다. 예를 들어 세계최대의 소매업체인 Wal-Mart는 1970년대 초만 해도 50개 정도의 점포와 5,000만 불 정도의 매출을 가졌으며, 미국 및 유럽에서 장난감, 스포츠용품, 전자제품, DIY분야의 선도적 카테고리 킬러(전문할인점)도 1970년대 중반 이후 출현했다. 또한 미국의 경우 과거 선도적 소매업체였던 Woolworth's, A&P, Sears 등은 최근 들어 쇠퇴기에 들어갔다. 그러나 최근 들어 글로벌 유통업체들의 마케팅역량이 향상됨에 따라 소매기업 브랜드 및 소매기업이 개발한 유통업체 제품

브랜드(PB)의 브랜드자산가치가 크게 증가하고 있다. 브랜드컨설팅그룹 인터브랜드는 북아메리카와 유럽, 아시아 태평양 시장의 유통업체를 평가해 매년 베스트 소매유통(Retail) 브랜드를 발표하는데, 2014년의 경우 월마트가 1,318억 달러의 브랜드가치를 기록해 6년 연속 미국 최고의 소매유통 브랜드로 선정되었다. 유럽과 아시아, 라틴 아메리카 시장에서는 각각 에이치엔앰(H&M, 181억 달러), 울월스(Woolworths, 49억 달러), 나투라(Natura, 31억 달러)가 각각 1위를 차지했다.

제조업자브랜드와 비교하여 소매업체브랜드는 다음과 같은 이유에서 브랜드파워를 구축하기가 어렵다.

첫째, 소매업체는 소매상브랜드의 파워구축에 장기적 투자를 할 만큼 충분한 이익을 실현하지 못한다. 브랜드파워의 구축에는 인력, 새로운 소매업체 고유브랜드의 개발, 제품품질관리, 마케팅, 공급업자와의 협력적 관계형성 등에 대한 장기적 투자가 요구되는데, 이는 소매업분야에서 전통적으로 추구해 온 엄격한 원가관리 지향성과 상치된다. 대체로 소매분야의 매우 낮은 마진(매출의 1~2%에 불과한 경우도 흔히 있음)은 브랜드파워를 구축하는 데 요구되는 충분한 투자여력을 제공하지 못한다.

둘째, 조직문화 및 최고경영자의 철학이 브랜드자산의 구축에 도움이 되지 못한다. 점포의 확장, 엄격한 원가관리, 적극적 판촉 등이 핵심성공요인이었던 소매업계에서 브랜드파워 구축이라는 개념은 생소한 것으로 생각될 수 있다. 또한 이는 원가 및 거래중심의 기업경영을 저해하고 단기적 판매·이익을 증대시키려는 관리자들의 노력을 방해하는 것으로 간주될 수 있다.

셋째, 제조업과 소매업은 사업특성에서 구조적 차이가 존재하므로 소매업체브랜드는 제조업체브랜드와 동일한 수준의 마케팅의사결정을 갖기 어렵다. 제조업체브랜드에 비해 소매업체브랜드는 (제조업체브랜드의 마케팅전략을 구성하는 주요 요소인) 시장세분화를 적용하기가 어려우며, 선도적인 소매업체조차도 소매시장에서의 높은 가격경쟁에 계속 대처해야 하며, 소매업체브랜드가 부착될 수천 개의 상품계열을 정의하는 것이 어렵다. 이러한 구조적 차이는 소매업체브랜드의 파워를 구축하는 데 있어 극복해야 할 과제이다.

넷째, 제조업자들은 소매업체들이 자체브랜드를 개발하는 것에 대해 부정적 시각을 갖고 있다. 일반적으로 제조업자들은 소매업체브랜드자산의 구축을 위한 소매업체들의 투자여력과 관리능력에 대해 회의적이다. 그들은 소매업체브랜드의 구축에 수반되는 높은 위험과 비용을 지적하고 제조업체브랜드를 유통시키는 전통적인 경로구성원의 역할을 유지하는 것이 유리함을 권고한다.

그러나 제조업체의 이러한 주장은 자신들의 이익을 보호하기 위한 의도에서 비롯된 것이며, 소매업체로의 경로파워 이전을 경험하고 있는 제조업체들은 어쩔 수 없이 소매업체브랜드의 파워증대에 대처하는 방법을 강구해야 할 것이다. 위에서 설명했듯이 소매업체브랜드는 소매시장의 구조적 특성으로 인해 제조업체브랜드에 비해 강력한 브랜드자산을 형성하기 어렵지만 최근 들어 중간상으로 경로파워가 이전됨에 따라 강력한 소매업체브랜드의 수가 급속도로 증가하고 있다. 강력한 브랜드자산을 구축한 파워 소매업체의 예로 Zara, H&M, Gap, The Limited, Marks & Spencer 같은 패션전문 소매업체, IKEA, Habitat 같은 홈패션 소매업체, Best Buy(전자제품), Home Depot(DIY) 같은 카테고리 킬러 등을 들 수 있다. 그럼에도 불구하고 여전히 많은 마케터들은 소매업체브랜드와 제조업체브랜드 간에는 근본적인 차이가 있으며, 소매업체브랜드는 브랜드파워를 구축하기 어렵다는 시각을 갖고 있다.

다섯째, 소매업체브랜드의 포지션 구축에 있어서 너무 많은 수의 속성들이 고려되어야 하는 것도 제조업체브랜드에 비해 소매업체브랜드의 파워구축을 어렵게 한다. 가령, 영국의 슈퍼체인인 Tesco는 17,000개가 넘는 제품계열과 수백 개의 점포로 구성된다. 소매업체브랜드의 포지션을 결정하기 위해 단순히 이들을 곱하여 얻어진 수백만 개의 브랜드속성들이 고려되어야 하는데, 그 이유는 Tesco를 방문하는 고객이 소매업체브랜드에 대해 갖는 인상(이미지)은 그 고객이 구매하는 모든 상품들(상품의 범위, 가격, 품질 등), 쇼핑환경, 그리고 서비스수준의 결합에 의해 형성되기 때문이다. 또한 취급되는 17,000개의 제품계열 가운데 30% 정도가 매년 바뀌며 점원의 이직률이 30%에 이르는 등 소매업체브랜드의 구축에 고려되어야 할 속성에 끊임없는 변화가 일어나고 있다. 이와 같이 많은 수의 브랜드속성과 브랜드속성의 지속적인 변화는 소매업체브랜드의 포지션(파워) 구축을 어렵게 만든다. 소매업체브랜드는 제조업체브랜드(가령, Levi's는 아메리칸 진을 상징하며, BMW는 독일의 엔지니어링 능력을 연상시킴)와 같이 명확하면서 일관성 있는 이미지를 소비자의 마음속에 심기가 어렵다. 소매업체브랜드는 포지션 구축에 있어 너무 많은 수의 상품, 가격/품질에서의 포지션, 그리고 구매상황 등이 함께 고려되어야 하는 것이다. 예외적으로 전문소매점(Zara, Gap)이나 전문할인점(IKEA) 등은 Levi's, BMW 등과 같은 유명 제조업체브랜드와 같이 비교적 명확한 이미지를 가질 수 있다.

이에 반해 슈퍼마켓, 하이퍼마켓, 슈퍼센터 등의 소매업체들은 취급상품의 범위가 매우 광범위하고 다양한 소비자들과 구매상황을 포함해야 하므로 명확한 포지션의 구축이 어렵기 때문에 일관성 있는 품질 및 가치의 제공과 전반적 서비스수준의 향상을 토대로 광범위한 브랜드포지셔닝이 추구될 수밖에 없다.

소매업체가 다른 경쟁 소매업체와의 차별화를 위해 사용해온 전통적인 마케팅도구는 점포입지, 취급상품의 범위(range), 판매가격, 서비스 등이었다. 즉 소매업체는 편리한 점포위치, 광

독일의 대형 슈퍼마켓 체인인 에데카는 50대 이상 은퇴자가 많은 소도시 잉골슈타트에 고령자 전문 매장 '에데카 50'를 열어 매출을 크게 끌어올렸다. 한 고령여성이 손잡이가 낮아 끌기 편하고 긴 막대 손잡이가 달린 카트를 끌며 과일매장에서 쇼핑을 하고 있다. 왼쪽 위 작은 사진은 한 노인이 카트에 달린 돋보기로 깨알만한 글씨의 제품설명서를 확대해 보고 있는 모습

범위한 제품범주 및 유명 제조업체브랜드의 취급, 저렴한 상품가격, 우수한 고객서비스 등을 토대로 점포를 차별화하고 높은 경영성과를 실현하였다. 가령, 독일 슈퍼마켓 에데카(Edeka) 50+는 고령자 고객들을 타깃으로 맞춤 서비스를 제공해 성공을 거두었다. 독일 남부 바이에른주(州)에 있는 소도시 잉골슈타트에는 50대 이상 고객들이 많이 점포를 방문하는 에데카(Edeka) 50+ 슈퍼마켓이 있다. 독일의 대형 슈퍼마켓 체인 중 하나인 에데카는 잉골슈타트에 50대 이상의 은퇴자가 많다는 점에 착안해 2008년 1만 평이 넘는 매장을 고령자 전문 유통점으로 포지션시켰다. 선반의 높이는 다른 매장보다 20cm 낮은 1.6m로 조정하고, 계산대도 일반매장보다 낮게 설치했다. 쇼핑카트는 휠체어와 연결해 이용할 수 있게 하거나, 몸이 불편한 사람도 쉽게 끌 수 있도록 다양한 모델을 준비했다. 또 카트에 돋보기를 부착해 매우 작은 글씨의 제품설명서를 바로 확대해 볼 수 있게 했다. 눈이 부시지 않는 매장바닥, 넓은 통로, 손쉬운 주차시설, 혈압계 등을 갖춘 휴식코너 등 세심한 부분까지 신경을 썼다. 매장직원들도 고객과 비슷한 50세 이상으로 교체했다. 이 매장은 오픈하자마자 지역주민들로부터 높은 호의적 반응을 얻었으며, 오픈 후 첫해 연 매출이 50%나 늘었다. 에데카 50+ 사례는 저성장 시대에서 유통업체들이 살아남는 한 가지 방안을 보여주고 있다.

그러나 4가지 유형의 마케팅도구는 경쟁 소매업체들에 의해 쉽게 모방되어 왔으며, 지속적

브랜드마케팅 따라잡기

높은 가성비를 추구하는 라이프스타일을 판매해 아이콘 소매업체브랜드를 구축한 IKEA

1943년 Ingvar Kamprad가 17살 나이에 창업한 IKEA는 세계에서 가장 큰 가구 소매업체이다. 이 회사의 이름은 Ingvar Kamprad, 그가 성장했던 농장인 Elmtaryd, 그리고 남부 스웨덴의 그의 고향인 Agunnaryd의 머리글자로 구성된 약어이다. 초기에는 Kamprad의 가족 농장에 있는 헛간에서 펜, 크리스마스카드, 씨앗 등을 판매했던 이 회사는 홈 퍼니싱 분야의 거대 소매기업으로 성장했고 글로벌 문화적 현상의 표본이 되었다.

IKEA는 엄청난 수준의 고객 관심과 헌신을 이끌어내고 있다. 2014년 IKEA 점포는 7억 번 이상의 점포방문 횟수를, 웹사이트는 15억 회 이상의 방문을 얻었다. IKEA가 크로아티아에 첫 번째 점포를 오픈했을 때, 첫 4일 동안에 68,000명의 고객들이 방문했다. 스페인의 Valencia에 첫 점포를 준비하는 과정에서 100,000만 명의 취업지원자들이 지원함으로써 서버를 일시적으로 폐쇄하기도 했다.

IKEA가 이와 같이 놀라운 성공을 거둔 것은 소비자들에게 독특한 가치제안을 제공했기 때문인데, 최첨단의 스칸디나비아 스타일의 디자인을 매우 저렴한 가격으로 제공한 것이 그것이다. 이같이 저렴한 가격은 부분적으로는 대부분의 품목들을 박스포장 형태로 제공하고 고객들이 가정에서 완전조립 하도록 했기 때문에 가능했다. 이러한 전략은 점포 진열대를 효율적으로 사용하고 보다 저렴하고 손쉽게 운송할 수 있게 만들었다. 이와 함께 IKEA는 많은 경쟁자들이 소수의 공급업체로부터 상품을 공급받는 것과는 달리 전 세계에 걸쳐 여러 기업들로부터 제품을 조달했다. 일부 제품들은 조금 더 비싼 가격에(그럼에도 불구하고 여전히 부담없는 가격에) 판매되었지만, 이러한 조달전략은 최저가를 가능하게 했고 이러한 비용절감 노력을 통해 소비자들에게 매우 낮은 가격으로 판매했다. 이 소매업체는 진체 취급품목에 길쳐 매년 평균 2~3퍼센트씩 가격을 낮추려고 한다.

IKEA의 비전은 많은 사람들이 더 나은 일상생활을 누리도록 하는 것이다. IKEA는 사람들의 라이프스타일의 큐레이터가 되었다. 소비자들이 구매하려는 모든 품목에서 매우 많은 선택대안들에 직면했을 때, IKEA는 멋있음을 실현할 수 있는 원스톱 천국이었다. 그곳은 사람들이 믿고 들어갈 수 있는, 그리고 곧바로 비슷한 생각을 가진 사람들을 만날 수 있는 안전지대이다. 침대는 노르웨이 도시들의 이름을 따서 붙였고 침구류는 꽃과 식물 이름을 따서 붙였다. 그 이유는 난독증을 갖고 있던 IKEA 창업주 Kamprad는 코드명이나 숫자보다는 그렇게 이름 붙이는 것이 제품명을 기억하기 더 쉽다고 믿었기 때문이다. 스웨덴 소매기업은 영업을 하고 있는 각 국가의 가구시장에서 5~10퍼센트의 점유율을 차지한다. IKEA는 단순히 가구를 판매하는 것이 아니라 전 세계 소비자들이 좋은 취향을 갖고 있고 높은 가성비를 추구하는 라이프스타일을 판매한다.

IKEA는 가격을 꾸준히 인하함에도 불구하고 지속적인 매출성장을 유지하고 있는데, 이 소매기업은 대략 10퍼센트의 영업이익을 올리고 있고, 이는 글로벌 홈 퍼니싱 시장에서 최고의 성과에 해당한다. 계속 성장하기 위해 IKEA는 각 매장당 평균 7,000만 달러의 비용을 투자해 전 세계에 걸쳐 매년 20개 정도의 신규 매장을 계속 오픈하려고 한다. IKEA는 가장 빠르게 성장하는 시장인 미국, 러시아, 중국에서 입지를 강화해 왔다. IKEA는 또한 크로아티아, 슬로베니아, 우크라이나 같은 신흥시장에도 투자를 하고 있다.

지속적인 시장확장의 핵심성공요인은 강력한 고객 열광을 유지하는 것이다. 쇼핑객들을 하나가 되게 하고 넋을 잃게 만드는 것은 점포방문인데, IKEA는 전 세계 모든 매장에서 동일한 고객경험을 제공한다. IKEA는 축구장 5개 정도의 면적인 300,000평방피트(27,871평방미터) 크기의 푸른색과 노란색으로 디자인 된 건물에서 독특한 쇼핑경험을 제공한다. 찬장에서부터 촛대에 이르기까지 엄청나게 많은 숫자의 품목은 핵심적인 경쟁우위 요인이다. IKEA의 매장은 도심에서 상당히 떨어진 곳에 위치하고 있어 토지비용을 낮추고 세금을 적게 내는 데 도움을 준다. 평균적인 IKEA 고객은 IKEA 매장을 방문하기 위해 차로 왕복 50마일을 운전한다. IKEA에 대한 접근성을 높이기 위해, 이 소매기업은 매장 네트워크를 더욱 확대하려고 한다. 가령, 가장 중요한 국가 중 하나인 독일에서 IKEA는 2025년까지 20개의 신규매장을 건설하려고 한다. 나아가 이 소매기업은 온라인상에 픽업 점포서비스를 신설했는데, 고객들은 온라인에서 사전주문한 품목들을 이곳에서 찾아갈 수 있다.

모든 고객들은 IKEA 점포방문을 보다 흥분되고 관여수준을 높이는 소풍으로 생각하는 경향이 있는데, 이는 브랜드의 힘과 고객충성도를 보여주는 증거이다. 많은 점포들이 몇 개의 윈도우와 출입문을 갖춘 커라단 박스모양을 하고 있고 스웨덴 국기와 비슷하게 밝은 노란색과 파란색으로 도색되어 있다. 소비자가 IKEA 매장을 돌아다닐 때, 대다수 가구 소매점과는 매우 다른 경험을 하게 된다. IKEA는 고객들을 가능한 한 오랫동안 머물게 하는 데 성공했다. 우선, 점포를 들어서면서 곧바로 자녀들을 놀이방에 맡길 수 있는데, 이는 고객들이 보다 편안하게 쇼핑을 할 수 있도록 하는 서비스이다. 매장은 일방도로를 따라가도록 설계되었는데, 고객들은 표시된 길을 따라 서로 다른 쇼룸을 거치게 됨에 따라 전체매장을 경험하게 된다. 가구들은 장식품들을 모두 갖추어 전시되는데, 이는 고객의 영감을 불러일으키고 지출을 늘리게 한다. 쇼핑과정에서 고객은 연필에서부터 핑크색의 플라스틱 물 뿌리개 같은 품목들과 전략적으로 함께 비치된 쓰레기통, 향기 나는 초, 액자 등에 이르기까지 비치된 품목들에 계속 주의를 기울이게 된다. 쇼핑경험은 끊임없이 놀라움을 제공하는데, IKEA가 매년 제품라인의 1/3을 대체하기 때문이다. 다음으로 점포의 중앙에 자리 잡은 식당에 들릴 수 있는데, 식당은 쇼핑객들이 휴식을 취하고 계속 둘러보면서 최종적으로 대형품목들로 가득차 있는 창고에 도달할 수 있는 에너지를 제공한다.

IKEA는 브랜드가 무엇을 의미하는지를 명확하게 포지션시켰다. IKEA는 매우 저렴하고 완전조립해야 하는 가구 및 홈 퍼니싱을 판매하는 점포에서 한걸음 더 나아가 소비자들에게 완전한 라이프스타일 솔루션을 제공하는 것이다. IKEA는 경쟁자들과 다르게 일을 한다. 이 소매기업은 제품가격이 얼마이어야 할지를 먼저 결정하고 디자이너들로 하여금 이 가격대에 판매될 수 있는 아름답게 디자인된 제품을 개발하도록 요구한다. 그렇게 함으로써 IKEA는 원가지향성과 강력한 디자인 문화를 결합시킨다. 훌륭한 디자인과 재료, 그리고 높은 가성비 덕분으로 보다 부유한 사람들도 IKEA를 방문한다. 나아가 IKEA는 고객들을 잘 알며 그들이 사고 싶어하는 제품을 판매함으로써 제공물을 고객의 취향에 맞춘다. 가령, IKEA는 닭의 해를 기념하기 위해 중국시장에서 25만 개의 플라스틱 식탁용 접시받침을 만들었는데, 3주 만에 완판되었다.

IKEA에서 쇼핑하는 모든 충성고객을 위해 IKEA 종업원은 헌신한다. IKEA 정신은 종업원들로 하여금 서로 챙겨주고 동기부여시킬 것을 요구한다. IKEA 종업원들은 권한위양, 수평적 조직체계, 가족문화를 누린다. 그 대가로 그들은 기업전체를 이끄는 절약 및 디자인의 기업문화를 믿는다. IKEA는 글로벌 추종브랜드를 구축하는 데 성공했을 뿐 아니라 지속적으로 구축된 브랜드파워를 활용하고, 성장하며, 더 많은 충성고객들이 가정에서 재정적으로 감당할 수 있는 생활을 누릴 수 있도록 한다.

자료원: P. Kotler & G. Armstrong, 안광호, 유창조, 전승우 역, 마케팅입문 13판, 2019.

경쟁우위의 원천이 되지 못할 수 있다. 소매업체들이 지속적 경쟁우위의 확보를 위해 고려할 수 있는 전략적 도구의 하나는 브랜드차별화를 통해 소매업체브랜드의 자산적 가치를 높이는 것이다. 브랜드차별화(혹은 소매업체브랜드자산의 구축)는 강력하고 고품질의 소매업체브랜드의 개발, 공급연쇄(supply chain) 및 공급업자와의 관계에 대한 투자, 대량마케팅, 고객과의 직접적인 관계구축, 브랜드의 품격성, 브랜드문화의 구축 등과 같은 여섯 가지 핵심성공요인(key success factor)에 의해 이루어질 수 있다.

03 소매업체브랜드자산 형성의 원천

경쟁 소매업체들이 동일한 쇼핑몰 내에 위치하고, 비슷한 범위의 제품범주를 취급하고, 원가 및 자산관리의 효율성에서 별 차이가 없으며(즉 비슷한 가격으로 판매하며), 제공되는 서비스(점포개점시간과 쇼핑백 제공 등)에서 비슷하다면, 고객은 [그림 12-2]에서 제시된 6가지 핵심성공요인에서 차별화된 소매업체를 선택할 것이다. 첫째, 고품질의 강력한 소매업체브랜드 개발에 대한 집중적 마케팅투자는 제조업체브랜드의 경우와 마찬가지로 소매업체 차별화(경쟁우위)의 가장 중요한 원천이다. 소매업체브랜드는 가격/품질과 관련하여 초염가의 무상표품(generics)으로부터 제조업체브랜드와 비슷하거나 그 이상의 가격으로 판매되는 고품질의 브

그림 12-2 | 소매업체브랜드 차별화(소매업체브랜드자산)의 원천

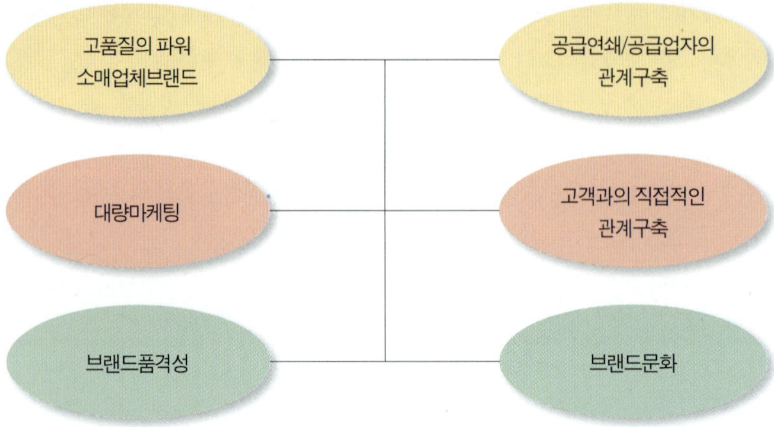

랜드에 이르기까지 다양한 브랜드포지션(연상)을 추구할 수 있다. 초염가의 무상표품은 자산적 가치가 별로 없지만 유명 제조업체브랜드 이상의 고품질을 가진 소매업체브랜드를 개발·투자하는 단계에 이를수록 브랜드의 자산적 가치(소매업체의 차별적 우위)는 증가하게 된다.

둘째, 공급연쇄상의 구성원 및 공급업자와의 관계를 공고히 하기 위한 투자는 강력한 소매업체브랜드의 개발에 큰 영향을 미친다. 소매업체는 강력한 소매업체브랜드의 개발을 위해 제품개발, 기술적 지원/품질관리, 공급업체와의 장기적인 거래관계의 구축 등에 대한 적극적인 투자를 필요로 한다. 공급업체와의 관계구축은 일관성 있는 제품품질, 기술혁신, 고객욕구변화에 대한 유연성 있고 즉각적인 대응을 실현하는 데 기여한다. 이러한 장기적인 관계구축은 전통적인 시장거래관계와 대조적인데, 시장거래관계는 자기이익 지향적이고 가격 및 단기거래에 초점을 맞춘다. 미국 전역에 350여 개 매장을 보유한 슈퍼마켓 체인 트레이더 조(Trader Joe's)는 전체 취급상품 2,000여 개 가운데 80%를 자체브랜드 상품으로 구성하는데, 자체브랜드의 품질향상을 위해 우수한 자체상품을 납품하는 협력업체에게 업계 최고수준의 거래조건을 제공했다. 물품대금을 제때 지급해주고, 업계 관행처럼 돼 있는 광고비나 매장관리비 부담도 주지 않았던 것이다.

셋째, 제조업체브랜드와 마찬가지로 소매업체브랜드의 차별화는 대량마케팅의 도입에 의해 이루어질 수 있다. 유명 제조업체들이 브랜드자산의 구축을 위해 오랫동안 광고 및 마케팅비용에 많은 지출을 하였듯이 파워 소매업체들도 브랜드이미지의 차별화와 마케팅커뮤니케이션에 상당한 투자를 하고 있다. 예를 들어, 베네통의 독특하면서 추상적인 광고캠페인은 소매업

체브랜드의 자산형성에 기여하였다. 그러나 여전히 많은 소매업체들이 마케팅에 대한 투자에 인색한데, 이는 도심 혹은 인구밀집지역에 입지한 것 자체가 충분한 마케팅커뮤니케이션도구가 되는 것으로 생각해 왔기 때문이다. 그러나 최근 들어 카테고리 킬러, 할인점, 하이퍼마켓 등과 같은 초대형 소매업체들이 교외에서 점포를 개점함에 따라 이들은 광범위한 지역으로부터 소비자들을 유인하기 위해 마케팅비용을 확대하였다.

미국의 대형 슈퍼마켓인 세이프웨이는 자체브랜드인 유기농 프리미엄(고가) 상품 '제로(O)'를 개발하고 300여 종의 유기농 제품을 출시해 매출성장을 추구하고 있다. 자체브랜드 '제로(O)'는 과일·야채·계란·유제품·고기 등 신선식품뿐만 아니라 각종 음료·빵·과자·냉동식품 등 가공식품까지 다양한 상품에 적용되었는데, 일반제품보다 30% 비싸지만 건강에 좋은 유기농 식품이란 점을 집중 홍보했다. 또 분유, 기저귀, 영양식품 등 유아용 고가(高價) 브랜드인 '맘 투 맘(Mom to Mom)'을 내놓으며 '어머니들이 직접 개발에 참여한 상품', '아기들에게 최고를 주고 싶어 하는 어머니들을 위한 상품'이라는 광고문구를 내걸고 마케팅활동을 펼쳤다. 미국의 또 다른 대형 슈퍼마켓인 퍼블릭스도 그린와이스(GreenWise)라는 '건강, 자연, 유기농' 컨셉의 브랜드를 도입해 연 1조 원 이상의 매출을 올리고 있다. 이 회사는 '그린와이스 매거진'이란 건강정보 잡지를 고객들에게 건넨다. 건강상품을 파는 슈퍼마켓이란 소매업체 이미지로 소비자들에게 다가서는 것이다. 영국의 대형마트 업체인 세인즈버리(Sainsbury's)는 자사의 식료품 브랜드 홍보를 위해 유명 요리사인 제이미 올리버(Jamie Oliver)를 모델로 기용했다. 자사제품이 직접 주방에서 만든 따뜻한 음식 같다는 느낌을 소비자들에게 주기 위해서다.

넷째, 대량마케팅과 대조되는 요인이지만 차별화에 기여하는 또 다른 원천으로 고객과의 직접적인 관계구축이 있다. 제조업체와 비교하여 소매업체들은 쇼핑현장에서 고객들과 직접적으로 접촉하는 빈도가 더 많은 이점을 갖는다. 그러므로 소매업체의 경쟁우위는 우수한 대고객서비스, 다른 점포에서 판매되지 않는 고유의 소매업체브랜드의 확보에 의해 고객들의 점포충성도를 높이는 데 있다. 품질 좋은 자체상품을 싼 가격에 판매하는 미국 슈퍼마켓 체인 트레이더 조는 매장을 열대풍으로 꾸며 고객들이 마치 휴가를 나와 쇼핑하는 듯한 느낌을 줌으로써 그들에게 긍정적 쇼핑경험을 제공한다. 직원들은 하와이풍의 셔츠를 입고 입구에서 밝은 표정으로 고객을 맞았고, 카트에서 상품을 계산대로 옮기는 일도 직원들이 직접 도왔다. 고객들이 실속 있는 소비와 함께 긍정적이고 즐거운 쇼핑경험도 중시한다는 점을 간파한 것이다. 소비자들은 트레이드 조의 고객지향적 점포서비스에 열광했고, 자발적으로 온라인 팬 클럽까지 만들면서 트레이더 조 상품을 스스로 홍보했다.

최근 들어 고객과의 거래에 관한 데이터베이스의 구축 및 활용을 위한 정보기술의 발달

브랜드마케팅 따라잡기

고객과의 관계구축 강화를 통해 점포충성도를 구축한 트레이더 조

미국 중산층 주부에게 '트레이더 조'는 믿고 산다는 뜻의 대명사와 다름없다. 쇼핑천국답게 미국엔 홀푸드 마켓, 세이프웨이 등 수많은 소매업체브랜드가 있다. 하지만 이들은 유독 트레이더 조에 열광한다. 소비자 만족도 1위(마켓포스 조사), 매장 면적당 매출액 1위(평방피트(0.09㎡)당 1,723달러) 등 성적표도 화려하다. 월마트 등 대형 할인점의 입지까지 위협할 정도다.

매장에 가 보면 여느 슈퍼마켓과 분위기가 다르다는 걸 금방 느낄 수 있다. 매장크기는 상대적으로 아담하고, 진열된 상품 가짓수는 적다. 알록달록 하와이안 셔츠를 입은 직원은 손님을 동네 친구처럼 친근하게 대한다. 오이 피클은 단적인 예다. 보통 슈퍼마켓에서는 수십 종의 피클을 판다. 직원에게 "어느 피클이 맛있느냐"고 물으면, 신통한 답을 듣기 어렵다. 반면 트레이더 조 매장에서 피클을 찾으면 직원이 진열된 신반까지 데려다 준다. 딱 세 종류의 피클이 있는데 흔한 브랜드가 아니다. 직원은 제품을 자세히 설명하고, 취향을 물어본 뒤 자신 있게 한 가지를 추천한다.

트레이더 조의 성공은 선택과 집중, 차별화, 직원 만족도의 혁신에서 나왔다. 첫째, 트레이드 조는 선택과 집중을 추구했다. 경쟁자가 매장 크기를 늘려갈 때 트레이더 조는 거꾸로 갔다. 규모는 합리화하고, 식료품이라는 카테고리에 집중했다. 보통의 슈퍼마켓은 약 4만 종류의 상품을 진열한다. 트레이더 조는 4,000가지 안팎이다. 코카콜라·버드와이저 같은 어디에나 있는 상품이 트레이더 조 매장엔 없다. 남다른 것, 하지만 꼭 있어야 할 것을 알차게 갖춰 놓는 방식으로 효율화를 추구했다. 두 번째 혁신은 차별화였다. 트레이더 조는 식품을 먹는 것이 아닌, 일종의 패션으로 정의했다. 이런 인식을 바탕으로 구매를 차별화했다. 유통업의 구매는 제조업의 연구개발(R&D)에 해당하는 핵심역량이다. 지역 별미, 오지 음식 등 전 세계에서 새롭고 관심을 끌 만한 제품 아이디어를 수집하고 구매처를 개발했다. 태국 정글 지역의 난초 재배자를 발굴해 공급계약을 맺는 식이다. 마지막으로, 직원 만족도를 중시했다. 월마트는 제품가격을 낮추기 위해 임금을 낮추는 전략을 택했다. 드레이더 조는 반대로 했다. '우리 정규직원은 중산층 수준의 급여를 받아야 한다'는 원칙 아래 유통업계 평균보다 높은 임금을 주고, 비정규직 직원에게도 의료보험을 제공했다. 만족도 높은 직원들은 매장을 즐거운 곳으로 만들며 한 차원 질 높은 서비스를 제공한다. 트레이더 조의 혁신은 세계 유통업체의 벤치마크 대상이 되고 있다.

자료원: 중앙일보, 2014.11.24.

에 따라 소매업자들은 각 고객들의 쇼핑행동과 지역고객의 특성에 따른 차별화된 소매마케팅과 단골고객집단의 점포충성도를 강화하기 위한 개별마케팅을 도입할 역량을 갖추게 되었다. 일본 편의점 로손(Lawson)은 새로운 고객을 찾아내고, 이들에게 걸맞은 서비스를 제공하

미국 슈퍼마켓 체인인 트레이더 조는 품질 좋은 자체상품을 싼 가격에 내놓으면서, 매장을 열대풍으로 꾸며 고객들이 마치 휴가를 나와 쇼핑하는 듯한 느낌을 주고 있다. 미국 매사추세츠주 쉬루스베리의 트레이더 조 매장에 온 고객들이 하와이풍의 꽃 목걸이를 목에 건 채 직원들의 박수를 받으며 입구에 들어서고 있다.

기 위해 노력하고 있다. 로손에서 운영하는 '로손 플러스'와 '로손 스토어 100'은 각각 주부고객과 1인 가구를 겨냥해 상품구색과 매장 레이아웃을 차별화하고 있다. 로손 플러스는 웰빙에 민감한 주부고객을 겨냥해 유기농 제품과 저(低)칼로리 식재료, 간편한 포장 음식, 화장품 등을 매장에 집중적으로 배치하고 있다. 이 업체는 현재 2,000여 개 프랜차이즈 점포를 갖고 있다. 로손 스토어 100은 최근 1인 가구가 늘고 있는 추세에 착안해 채소와 과일, 육류 등의 신선재료를 소량으로 포장판매해 인기를 끌고 있다. 그러나 아직도 대부분의 소매업체들은 판매시점 데이터를 효과적으로 이용하는 데 있어 초보적인 단계에 머무르고 있다.

다섯째, 브랜드품격성(brand integrity)은 소매업체 차별화에 영향을 미치는 또 다른 요인이다. 취급품목의 범위, 가격, 품질, 촉진 및 점포 내의 서비스 등의 결합에 의해 실현되는 장기적 브랜드포지셔닝과 브랜드가치는 단기적 매출과 이익을 어느 정도 희생하더라도 추구되어야 한다. 그러나 소매업체브랜드의 육성에 많은 노력을 기울이고 있는 많은 소매업체들도 여전히 제조업체와 소비자들을 연결시키는 중간상의 수준에서 벗어나지 못하고 있다. 즉 단기적으로 매출과 이익의 압박을 받는 많은 소매업체들이 즉각적으로 가격인하와 판촉을 도입하거나 혹은 원하는 중간마진을 확보하기 위해 상품의 질을 낮춤으로써 상당기간의 마케팅노력을 통해 축적해 온 브랜드가치를 손상시키는 것이다.

여섯째, 최고경영자로부터 일반사원에 이르기까지 전체구성원에 의해 공유되는 강한 브랜드문화가 형성될 때 브랜드품격의 실현이 가능할 수 있다. 제조업체의 경우 통합된 브랜드관리를 위해 어느 정도 중앙집권화된 마케팅의사결정이 이루어지지만, 소매업체는 브랜드가치의 구축과 관련된 의사결정을 현장(하부)에 상당히 이양하고 있다. 즉 머천다이저가 수백 수천의 품목에 대한 결정과 구매업체의 선정을 책임지며, 점포 내 판매관리자가 최종고객과의 접촉에 대한 책임을 지는 것이다. 이러한 상황에서 강한 브랜드문화는 소매업체 각 구성원들의 마케팅 의사결정 및 고객과의 상호작용이 소매업체가 추구하는 브랜드가치와 일관성을 유지할 수 있도록 하는 데 있어 나침반의 역할을 한다.

이하에서는 소매업체브랜드의 자산적 가치를 구축하는 데 있어서 고려되어야 할 6가지 핵심성공요인 가운데 브랜드자산의 구축에 직접적인 관련이 있는 고품질의 파워 소매업체브랜드 개발과 브랜드품격성에 대해 자세하게 설명하기로 한다.

04 파워 소매업체브랜드 개발을 위한 마케팅투자

단순히 중간상의 역할에 머물러 있는 소매업체와 비교하여, 강력한 소매업체브랜드를 키우고자 하는 소매업체들은 장기간에 걸쳐 고객들의 마음속에 브랜드프랜차이즈를 구축하기 위해 일관성 있으면서 지속적인 투자를 하려는 강한 의지를 갖고 있다. 소매업체브랜드의 파워를 구축하는 데 있어 크게 3가지 영역에 대한 의사결정이 요구된다.

① 소매업체브랜드의 전략적 목표(단기적 마진 강화 vs. 장기적 브랜드자산구축)

② 소매업체브랜드의 개발에 있어 우선순위를 두어야 할 제품범주(들)

③ 단일의 소매업체브랜드 vs 복수의 서브브랜드 도입

이하에서는 3가지 의사결정영역에 대해 자세한 설명을 하기에 앞서 소매업체가 소매업체브랜드를 개발하는 과정에 대해 먼저 살펴보기로 한다.

1) 소매업체브랜드의 개발단계(Stage of Store Brand Development)

소매업체브랜드가 개발되는 과정은 대체로 5가지 단계를 거치게 되는데, 단계가 진행될수록 소매업체브랜드의 파워가 커지게 된다.

소매업체브랜드 개발의 초기단계는 **무상표품**(generics)을 판매하는 것인데, 무상표품은 판매되는 제품의 패키지에 브랜드명이 부착되지 않은 것이다. 무상표품은 패키지 위에 단순히 담배, 비누 등과 같이 제품군만이 표시되며, 제품의 기본적 기능성(가령, 비누는 때를 제거하는 제품임)과 매우 저렴한 가격을 경쟁 소구점으로 하는 표준화 상품이다.

저가 소매업체브랜드(cheap store brand)는 무상표품에서 진일보한 것이지만, 여전히 낮은 품질의 상품으로 제조업체브랜드의 가격보다 상당히 저렴하게 판매된다. 이들은 흔히 유명 제조업체브랜드와 유사한 (혹은 유명 제조업체브랜드를 연상시키는) 패키지를 사용한다. 세계적인

그림 12-3 | 소매업체브랜드 개발단계

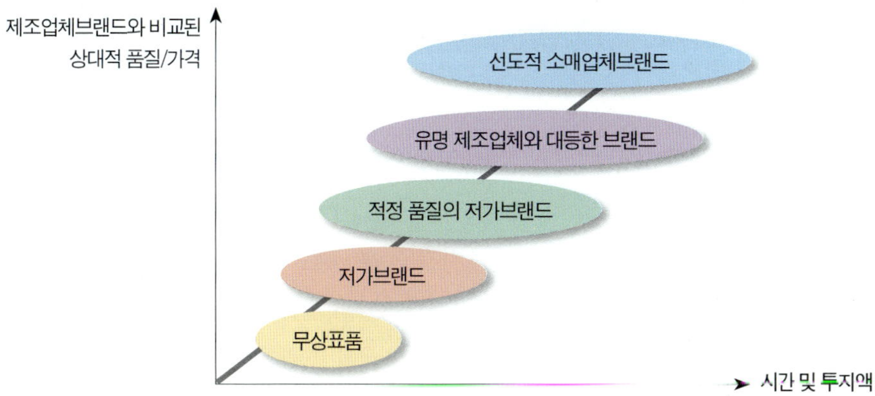

식품 및 청량음료 제조업체인 Grand Metropolitan은 영국의 선도적 식료품 체인인 Asda사가 생산·판매하는 청량음료 소매업체브랜드에 대해 소송을 제기하였는데, Asda의 Deep South 럼브랜드와 Daniel Boone 버번(bourbon)브랜드의 패키지와 레이블이 Grand Metropolitan사의 Southern Comfort 럼 및 Jack Daniel 버번과 매우 흡사한 것이 소송의 이유였다.

무상표품 및 저가브랜드를 개발·판매하는 초기 두 단계에서는 마케팅투자가 별로 요구되지 않는다. 소매업체들은 단순히 과잉생산설비를 갖춘 제조업체와 계약하여 상품을 생산하며, 패키지디자인과 제품개발을 위해 노력을 기울이지 않으며, 최소한의 품질관리만을 유지한다.

세 번째 단계는 적정 품질의(향상된 품질의) 저가 소매업체브랜드(re-engineered low cost store brand)를 개발하는 것이다. 향상된 저가브랜드는 여전히 원가(혹은 가격)를 경쟁 소구점으로 삼지만 제품개발에 대해 어느 정도의 투자 및 관리가 요구된다. 즉 제품과 패키징의 주요 구성요소에 대한 분석을 통해 표적고객에게 중요한 기본적 기능을 제공하면서 원가를 낮추고 품질수준을 향상시킬 수 있는 영역을 찾는 것이다. 소매업자들은 유명 제조업체브랜드보다 상당히 저렴하면서 품질이 향상된 제품을 개발하기 위해 상품공급업자들과 협력관계를 형성한다. 즉 품질과 일부 제품특성에서 약간의 단점이 있지만 제조업체브랜드를 모방하지 않은 저렴한 가격의 소매업체브랜드를 개발하고자 공동노력을 하는 것이다.

소매업체브랜드 개발의 마지막 두 단계는 원가(혹은 가격)지향적 브랜드개발로부터 고품질과 혁신지향적 브랜드개발로 브랜드개발의 전략적 방향을 선회하는 것이다. 유명 제조업체브랜드와 대등한 소매업체브랜드(par quality store brand)는 모든 제품속성에 걸쳐 제조업체브랜드의 품질 및 성능과 대등하면서 가격은 10~25% 정도 저렴한 제품이다. 이러한 가격 상에서의 경쟁우위가 가능한 것은 유명 제조업체에게 요구되는 브랜드자산구축을 위한 막대한 마케팅비용(광고 및 촉진비용)의 지출을 제거하고 과잉설비를 갖춘 고품질의 제조생산능력을 갖춘 중견 제조업체와의 협상을 통해 저렴하게 하청생산계약을 체결할 수 있기 때문이다. 유명 제조업체브랜드와 품질에서 대등할 수 있다면, 소매업체들은 진정으로 혁신적인 소매업체브랜드를 개발하기 위해 더욱 적극적인 노력을 기울일 것이다. 소매업체브랜드 개발의 마지막 단계는 선도적 소매업체브랜드(leadership store brand)를 개발·구축하는 것으로, 전체 제품범주에 걸친 혁신과 재포지셔닝을 통해 선도적 브랜드지위를 획득하고자 노력한다. 시장에서 선도적 지위를 가진 소매업체브랜드는 유명 제조업체브랜드 및 경쟁 소매업체와 비교하여 동등한 제품가격 혹은 프리미엄가격으로 판매된다. 마지막 두 단계의 소매업체브랜드 개발을 추구하는 소매업체들은 제품설계 및 개발, 품질관리, 공급업체와의 장기적 거래관계의 구축 등에 상당한 재무적 투자가 이루어져야 한다. 소매업체들은 특히 제품범주별 서브브랜드(들)의 도입이 요구될 경우 각 서브브랜드의 자산구축을 위해 상당한 양의 마케팅비용을 할당하기 시작한다.

미국 최대 전자제품 전문 유통업체인 베스트바이(Best Buy)는 치밀한 소매업체브랜드 개발/구축전략을 세워 자체브랜드의 전자제품을 성공시킨 대표적인 사례이다. 베스트바이는 처음에는 다이넥스(Dynex)라는 자체브랜드를 도입해 컴퓨터, 전원 케이블 등 일부 전자제품에 대

미국의 전자제품 전문 유통업체인 베스트바이는 기존 제조업체의 브랜드파워가 약하거나 기술혁신에 시간이 많이 필요한 제품 등을 자체상품으로 만들어 팔아 높은 매출성장을 보이고 있다. 로스앤젤레스에 있는 한 베스트바이 매장에서 쇼핑을 마친 고객들이 계산대 앞에 줄지어 서 있다.

브랜드마케팅 따라잡기

유기농 재료를 사용해 PB 개발과 고급화를 추구해 지속적 성장에 성공한 독일계 할인점 알디와 리들과 프랑스의 냉동식품 전문 슈퍼마켓 피카르

영국, 프랑스 등 유럽국가 소비자들이 요즘 가장 좋아하는 상표가 있다. 백화점, 대형마트, 슈퍼마켓 등이 스스로 내놓은 자체상표(private brand · PB)이다. 독일계 할인점 알디·리들, 프랑스 냉동식품 전문점 피카르 등이 대표적이다. 이들 기업은 PB에 대한 소비자 인식을 '싸구려 상품'에서 '품질 좋고 저렴한 상품'으로 바꿔놨다.

독일계 할인점 알디, 리들의 PB가 유럽의 슈퍼마켓과 대형마트 시장을 점령하고 있다. '반값 슈퍼마켓'으로 불리는 알디와 리들은 점포 내 상품의 90% 이상을 PB로 채워 독일, 영국, 프랑스 등 유럽뿐 아니라 미국, 호주 등으로 급격히 매장을 확장 중이다. 알디와 리들은 일반 브랜드 상품보다 40~50%가량 싼 PB를 주로 판매한다. 코카콜라 대신 알디콜라를 파는 식이다. 가격이 싸지만 상품 선택의 폭은 좁고 매장운영도 다소 엉성하다. 상품 수는 기존 슈퍼마켓 및 마트 대비 10분의 1 수준인 1,000여 개에 불과하다. 물건을 박스째 쌓아 놓고 안내하는 직원도 없다.

1,000개가 넘는 냉동식품들을 자체상품으로 채워 성공한 프랑스의 냉동식품 전문 슈퍼마켓 피카르

영국의 경우 1990년대에 알디, 리들이 진출했지만 10년 이상 소비자의 외면을 받았다. 'PB는 저소득층이 구입하는 상품'이란 이미지가 강했기 때문이다. 그러나 유럽이 금융위기를 겪으면서 경제성장이 둔화된 2011년 이후 알디, 리들은 급성장했다. 가처분 소득이 줄어든 소비자들은 온라인보다 저렴한 할인점에 몰렸다. 이들은 유기농 밀가루를 재료로 쓴 빵, 소금과 설탕을 줄인 쿠키 등 최근 소비 트렌드에 맞게 품질을 높였다. 런던 근교 알디 매장을 이용하는 레아 스튜어트 씨는 "알디 상품의 품질이 떨어진다는 생각은 전혀 들지 않는다. 건강에 좋은 상품이 많아 주로 식료품을 많이 구입한다"고 말한다.

프랑스에는 냉동식품을 전문으로 판매하는 슈퍼마켓이 거리 곳곳에 있다. 피카르도 그 중 하나다. 피카르는 냉동식품 PB란 독특한 사업방식으로 프랑스에서 가장 성공한 유통기업으로 성장했는데, 프랑스에서만 900개 넘는 매장을 운영하고 있다. 평균 330㎡(약 100평) 크기의 매장에는 전자레인지, 오븐에 넣고 돌리면 바로 먹을 수 있는 요리가 많다. 와인에 절인 닭고기 코코뱅이나 감자요리 그라탕 같은 프랑스 전통 음식부터 비빔밥, 초밥 등 세계 각국의 요리가 다 있다. 다 조리된 음식만 있는 게 아니다. 과일 및 채소, 뼈를 발라낸 생선, 고기 등도 판매한다. 가공 후 얼려놓아 바로 조리할 수 있다. 피카르가 취급하는 상품 수는 1,100

여 개에 이른다. 피카르의 또 다른 특징은 대부분 자체 상표(PB)란 점이다. 하겐다즈 아이스크림, 보르도 와인 등 일부 상품을 제외하면 어김없이 '피카르 라벨'이 붙어 있다. 까르푸 등 프랑스 내 다른 마트, 슈퍼마켓에서 판매하는 '상표 있는 제품'(NB) 대비 10~20% 저렴하다. 값은 싸고 품질은 좋다는 인식 덕분에 피카르는 한 해 30~40곳씩 매장을 늘려가고 있다. 다른 오프라인 유통회사가 매장 수를 줄이고 있는 것과 대조적이다. 피카르는 2016년 일본 도쿄시내에 매장을 내며 아시아 시장에도 진출했다. 롯데슈퍼는 작년 피카르 매장을 벤치마킹해 서울 반포동에 냉동식품 전문점 '프리지아' 매장을 열었다.

이러한 성공을 뒷받침한 것은 식품산업에서 돋보이는 유럽의 제조 경쟁력이다. 대(代)를 이어 기술을 쌓고 품질을 높여 소비자 눈높이를 충족시키면서 대량생산, 수직 계열화 등을 통해 가격을 낮출 수 있는 역량을 키워왔기 때문이다.

자료원: 한경, 2018.7.3.

해서만 저렴한 가격으로 판매했다. 이런 PB제품이 잘 판매되자 이 회사는 TV, 모니터와 홈시어터, 카스테레오, 각종 액세서리 등으로 제품영역을 확대하고 가격대도 종전보다 높여 나갔다. 베스트바이는 PB제품을 개발함에 있어 원칙을 정했는데, ① 매출에 비해 이익이 덜 나면서 ② 기술혁신이 잘 되지 않고 ③ 기존업체의 브랜드파워가 약한 제품을 집중적으로 개발하는 것이 그것이다. 예를 들어 기존 제조업체의 브랜드파워가 약하고 이익률이 낮은 컴퓨터 가방, TV스탠드와 같은 제품군은 인잇(Init)이라는 소매업체브랜드로 출시했다. 또 기술혁신에 시간이 많이 필요한 중저가의 노트북 컴퓨터와 TV, 모니터, 홈시어터를 묶어서 인시그니아(Insignia)라는 소매업체브랜드를 도입했다. 이런 제품일수록 가격경쟁력을 확보하기 쉽고 차별화된 브랜드구축이 수월하다고 판단했던 것이다.

2) 강력한 소매업체브랜드의 개발을 위한 고려요인

① 소매업체브랜드의 전략적 목표에 대한 결정 - 마진 강화 vs 브랜드자산구축

소매상들이 소매업체브랜드를 개발하는 전략적 목적은 단기적으로 마진을 강화하는 것과 장기적으로 브랜드자산을 구축하는 것으로 나눌 수 있다. 무상표품과 저가 소매업체브랜드에 역점을 두는 소매업체들은 주로 마진강화를 중요하게 생각한다. 소매업체브랜드의 총마진율은 상당히 저렴한 판매가격에도 불구하고 유명 제조업체브랜드의 것보다 더 높을 수 있다. 그러나 단기적으로 마진율 강화에만 초점을 맞추는 것은 장기적으로 소매업체브랜드의 자산적 가치를 구축함으로써 얻게 될 이점을 상실하게 된다. 저가의 소매업체브랜드는 높은 마진율을 얻는 반면 제품계열별 판매율이나 단위면적당 판매율이 대체로 낮다. 이와 같이 무상표품이나 저가 소매업체브랜드의 개발에 역점을 두는 소매업체들의 경우 소매업체브랜드의 단위면적당 매출공헌도는 마진율이 상대적으로 낮지만 프리미엄가격을 가진 유명 제조업체브랜드의 것보다 낮다. 그러므로 소매업체들은 장기적인 관점에서 브랜드자산을 구축하려는 노력을 통해 소매업체브랜드에 보다 큰 시장기회를 제공해야 한다. 즉 단기적으로 소매업체브랜드가 소매업체의 마진율에 미치는 (긍정적 혹은 부정적) 영향도 고려해야 하지만, 보다 우선순위를 브랜드자산의 구축에 두어야 하는 것이다.

장기적으로 브랜드자산을 구축하는 것을 전략적 목표로 설정한 소매업체들은 그렇지 않은 소매업체들에 비해 브랜드관리에 대한 접근방식과 투자 정도에서 상당한 차이를 보인다. 브랜드자산 지향적인 소매업체브랜드들이 제조업체브랜드와 대등한 품질수준을 획득하거나 시장선도적 지위를 갖는 단계에 이르면, 소매업체브랜드와 제조업체브랜드가 얻게 될 마진율과 판매율의 관계가 역전된다. 즉 특정제품범주 내에서 시장선도적 지위를 갖게 된 강력한 소매업체브랜드는 총마진율은 낮지만 단위면적에서 차지하는 판매비율이 높은 특징을 갖게 되어, 유명 제조업체브랜드보다 더 높은 단위면적당 매출액을 실현하는 것이다.

② 소매업체브랜드의 개발에 있어 우선순위를 두어야 할 제품범주

소매업체들은 모든 제품범주에서 강력한 소매업체브랜드포지션을 구축할 수는 없으므로 마케팅노력과 투자의 우선순위가 주어질 제품범주를 결정해야 한다. 소매업체는 대체로 다음과 같은 두 가지 상황에서 소매업체브랜드의 개발을 고려할 필요가 있다.

첫째, 경쟁력이 약한 제조업체브랜드의 제품범주를 표적으로 한다. 즉 소규모로 분산된 고객집단들을 상대로 여러 경쟁업체들이 경쟁하고 제조업체브랜드의 시장포지션이 확립되어 있지 않은 제품범주에 소매업체브랜드를 도입하는 것이다. 둘째, 소수의 제조업체브랜드들이 시장을 지배하고 있지만 이들이 시장에서 성공을 거둔 기존제품에만 의존하고 낮은 수준의 마케팅지원과 제품 및 생산과정에 대한 낮은 혁신율을 통해 수확전략(현금흐름의 증대)을 추구하는 제품범주도 소매업체브랜드가 도입될 시장기회를 제공하는 영역이다. 이러한 두 가지 조건 이외에 안정적인 생산기술, 장기간의 제품수명주기, 2·3위 이하의 제조업체들의 과잉생산설비 등의 추가적 조건을 갖춘 제품범주의 경우에도 소매업체브랜드의 시장기회가 높다.

소매업체들은 소매업체브랜드 도입의 표적으로 삼은 제품범주에 단순히 무상표품이나 저가의 소매업체브랜드를 출시한 다음 점진적으로 제조업체브랜드와 자사 및 경쟁 소매업체브

브랜드마케팅 따라잡기

소매업체브랜드의 개발 · 투자에 유리한 요인들

소매업체브랜드가 차지하는 매출비중은 제품군에 따라 상당한 차이가 난다. 이러한 차이는 어느 정도까지는 시간의 함수라고 할 수 있다. 예를 들어 소매업체브랜드가 캔제품에 진출한 것이 기저귀 시장에서 보다 오래 되었기 때문에 캔제품에서의 소매업체브랜드의 비중이 상대적으로 높다. 그러나 연구결과에 의하면 대체로 다음과 같은 조건에서 소매업체브랜드를 개발하는 것이 유리하다는 것이 밝혀졌다.

제품군의 특성

- 제품가격이 저렴하고 복잡하지 않으며 구매에 따른 위험이 낮을 때
- 평균적인 성분으로도 제조가 수월할 때
- 부패하기 쉽기 때문에 해당수요지역에서 공급하는 것이 바람직할 때
- 제품군의 매출이 많고 증가하는 추세에 있기 때문에 소매업체브랜드의 매출증대를 통해 수익성을 올릴 수 있을 때
- 제품군에서 소수의 유명 제조업체브랜드들이 지배하고 있어 소매업체들이 이에 대한 의존도를 줄이기 위해 자신들의 고유상표를 촉진할 필요가 있을 때

소매업체브랜드의 특성

- 소비자들이 여러 해 동안 소매업체브랜드를 구매하여 이에 친숙할 경우
- 체계적인 물류시스템이 구축된 경우
- 품질에 대한 편차가 심하지 않은 경우
- 유명 제조업체브랜드와 비교할 때 품질수준이 높으며 지속적으로 향상되고 있는 경우
- 품질평가기준을 토대로 브랜드대안들을 평가할 수 있는 능력을 가지고 있다고 소비자가 확신하는 경우

가격과 촉진의 요인

- 제품군에 대한 소매이익률이 상대적으로 높을 때
- 유명 제조업체브랜드와 소매업체브랜드 간의 가격 차이가 클 때
- 유명 제조업체브랜드의 판매액에서 촉진비용의 지출비율이 높을 때
- 큰 폭의 촉진활동이 빈번하게 수행되어 정가에 대한 소비자신뢰도가 낮을 때
- 유명 제조업체브랜드의 판매액에서 광고비 지출비용이 낮을 때

소매업체의 특성

- 소매업체가 과점상태에 있고 유명 제조업체브랜드의 가격이 상대적으로 높을 때
- 소매업체가 고품질의 고유브랜드를 개발할 만한 규모와 자금을 확보하고 있을 때

그림 12-4 | 소매업체브랜드의 시장기회를 파악하기 위한 포지션 맵: 소매가격 vs 매출비율

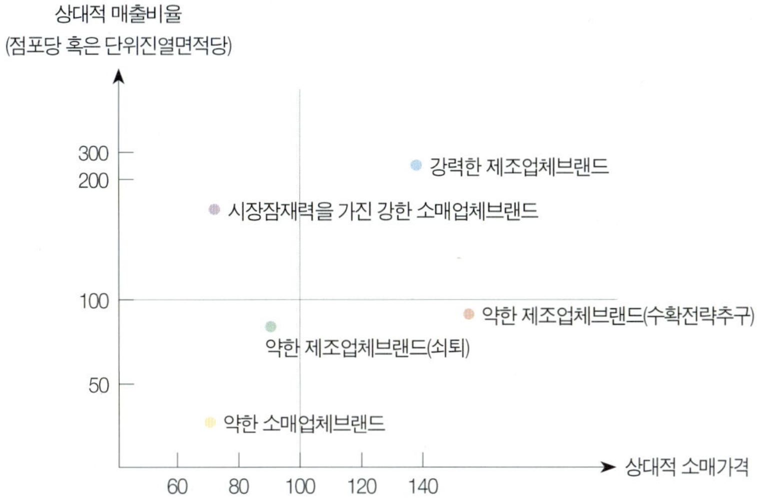

랜드 간의 상대적 가격수준과 상대적 매출비율에 대한 분석을 통해 제품범주에서의 성장가능성을 타진해 볼 수 있다. 만약 제조업체브랜드가 높은 가격프리미엄을 누리지만 자점포 내에서의 매출비율에서 평균적인 실적만을 보이거나 그러한 가격프리미엄이 마케팅과 혁신에 대한 충분한 투자에 의해 지속적으로 지원되지 않고 있을 경우, 이는 고품질의 소매업체브랜드가 도입될 기회가 될 수 있다.

둘째, 제품범주에 대한 머천다이징정책의 변화(re-merchandising)를 통해 소매업체브랜드의 개발기회를 높일 수 있다. 즉 소매업자는 제품범주의 의미를 새로이 정의하거나 기존의 제품범주에 가치를 부가함으로써 소비자의 구매량과 구매액을 증대시킬 수 있는 것이다. 이러한 시장상황은 고품질 혹은 시장선도적 지위를 추구하는 소매업체에게 매우 유리한 기회를 제공한다.

③ 단일의 소매업체브랜드 vs 복수의 서브브랜드 도입에 대한 결정

강력한 소매업체브랜드를 보유한 소매업자들은 자체 개발한 모든 제품들에 대해 하나의 소매업체브랜드를 부착할 것인가 혹은 제품군에 따라 각기 다른 서브브랜드(소매업체 고유 제품브랜드)를 도입할 것인가에 대한 결정을 내려야 한다.

다음과 같은 이유에서 일부 소매업체들은 서브브랜드들의 도입을 선호한다. 첫째, 서브브

브랜드마케팅 따라잡기

제품범주에 대한 재머천다이징을 통해 시장지위를 확립한 소매업체브랜드

다음은 제품범주에 대한 재머천다이징을 통해 강력한 소매업체브랜드파워와 경쟁적 차별화를 획득한 성공적 사례들이다.

첫 번째 사례는 영국의 식료품시장에서 와인(제품범주)에 대한 것이다. 1970년대 후반까지 영국 소비자들의 1인당 와인소비량은 유럽대륙의 국가들보다 상당히 낮았다. 소비되는 와인의 대부분이 싸고 저품질의 제품이었다. 소비자들은 와인상표를 선택하는 것이 매우 복잡하고, 다양한 포도품종, 제조국, 어려운 상표명이 담긴 레이블, 제조업체들 간의 차이 등을 식별하는 것이 불가능하다는 것으로 인해 와인에 대해 부정적 태도를 보였다. 대부분의 와인은 중심지의 와인전문점에서 판매되었으며, 많은 경우 대형 술제조업체들이 판매를 대행하고 있었다. 1980년 들어 영국의 선도적 식료품체인점은 와인의 머천다이징과 판매방식에 있어 혁신을 시도하였다.

소매업체들은 색상, 맛에서의 dry-sweet 정도, 가격대, 제조국 및 제조업체 등에 대한 선택이 용이하도록 분류하고 이를 레이블에 표시함으로써 와인구매에 대한 심리적 부담을 제거하였다. 또한 고품질의 다양한 소매업체 고유브랜드를 개발함으로써 구매위험을 줄였다. 소매업체브랜드의 도입에 있어 그들은 프랑스의 Fitou, Minervois 등과 같은 비교적 덜 알려진 유럽지역이나 품질과 가치에서 과거의 유명와인제조업체를 누르고 있는 오스트레일리아, 뉴질랜드, 캘리포니아, 칠레 등의 제3국 제조업체 등을 포함한 새로운 지역을 개발하였다. 그들은 전국신문이나 잡지에서 와인취급기사를 보다 확대하거나 최고의 와인구매고객과 최상품와인 취급점포를 선발하는 주간 및 연간 콘테스트를 도입함으로써 와인에 대한 소비자의 지식과 관심을 높이고자 하였다.

이러한 노력에 따라 영국와인시장은 지속적인 성장세를 보였다. 1인당 와인소비량은 두 배로 증가하였고, 고품질의 와인을 선호하는 소비가 늘어남에 따라 리터당 지불한 평균가격이 과거보다 1/3 이상 증가하였다. 소비자들은 와인제품의 구매에 따른 불안감을 극복할 수 있었고, 슈퍼마켓에서 프랑스의 Bordeaux(보르도) 와인이나 호주의 Cabernet 와인 중에서 어느 것을 선택할 것인가에 대해 충분한 제품지식을 갖고 편안하게 이야기할 수 있게 되었다. 영국 식료품 체인업체들의 와인매출과 이익의 규모가 급격하게 증대되어 이들은 와인제품에 대한 선도적 유통경로로 부상되었고, 술제조업체(off-licences)에 의한 유통지배력이 급속히 하락하였다.

두 번째 사례는 미국의 고품격 커피문화를 창출한 커피숍체인인 Starbucks에 관한 것이다. 미국의 소비자들에게 식당이나 카페에서 판매되는 커피를 마시는 것은 최근까지 세계에서 최악의 식품경험이 되었다. 약하고 맛이 형편없는 원두커피가 한 컵에 50센트 혹은 그 이하로 대량판매 되었던 것이다. 그러나 시애틀에 본사를 둔 Starbucks 및 같은 도시 내의 경쟁커피전문점들이 전국시장으로 체인 확대함에 따라 미국소비자들에게 있어서 커피시음행위는 하나의 고품격문화를 즐기는 것으로 인식에서의 큰 변화를 보이고 있다. 즉 커피제품의 소비는 미식가 취향의 고품격 라이프스타일을 경험하는 행위로 전환되고 있는 것이다. Starbucks는 갓 볶아낸 에스프레소 형태의 수십 종의 다양한 커피메뉴를 개발하였으며, 미국소비자들에게 한 컵에 3불의 고가격으로 판매되는 카페라떼(caffé latte), 모카 카푸치노(mocha cappuccino) 등의 고품격 커피를 맛보는 기쁨을 제공하였다. 미국 소비자들은 각 경쟁커피숍체인들이 사용하는 원두의 종류와 최고의 맛을 가진 카페라떼를 판매하는 커피숍체인들에 대해 찬반양론의 논쟁을 벌였다. 영국의 와인 경우와 마찬가지로, 미국 소비자들은 케냐산과 콜롬비아산의 다양한 원두커피에 대한 나름의 선호도를 형성한 만큼 충분한 자신감과 관심을 갖게 되었으며, 콘테스트에서 대상을 받은 새로운 형태의 원두는 매체에 의한 기사취급과 소비자 관심을 유도하였다. 뽑아낸 원두커피를 판매하는 것 이외에 Starbucks는 다양한 커피관련 액세서리와 라이프스타일 상품(자체개발한 원두, 가정용 에스프레소커피 제조기, 원두분쇄기(bean grinders), 가정에서 커피를 마시는 동안 감상할 수 있는 자체 제작된 째즈 CD 등)을 개발·판매하였는데, 이는 커피를 마시는 것을 의례적 문화행위로 발전시키는 데 기여하였다.

이에 따라 Starbucks의 주식가격이 급상승하였으며, 미국 소비자들의 1인당 커피소비량과 원두커피구매에 지불된 평균가격이 상당한 수준으로 증가하였다.

세 번째 사례는 영국에서 슈퍼마켓체인에 의한 냉장식품(chilled foods)의 성공적 도입에 관한 것이다. M&S(Marks & Spencer)는 이 분야에서 선도적이면서 혁신적인 소매업체이다. 1970년대 후반 M&S는 공급체인 상에서 항상 동일한 온도를 유지하면서 제품의 신선도와 위생(청결함)이 판매시점까지 지속되도록 함으로써 신선한 냉장식품을 제공하는 혁신적 개념을 도입하였다.

기존의 냉동유통시스템(frozen delivery system)과 비교하여, 냉장유통시스템을 갖춘 소매업체들은 보다 신선한 상태로 제품을 유지할 수 있다. 도입초기에는 통닭과 같은 가공처리되지 않은 신선제품이 개발되었으나, 소매업체들은 전채(entrées)나 후식(desserts) 같은 1회용 냉장식품들을 개발하는 단계로 성장하였다. 부부가 함께 일하는 가구의 수가 증가함에 따라, 이들의 고품질의 1회용 냉장식품에 대한 수요가 급증하였다. 냉장유통시스템의 도입은 패키지화된 신선 샌드위치 시장의 급성장도 유발하였다.

냉장유통시스템을 갖춘 식료품체인의 등장은 영국 식료품체인의 소매업체브랜드파워를 구축하는 데 큰 공헌을 하였다. 냉장식품분야는 소매업체 및 그들이 개발한 소매업체브랜드에 의해 지배되어온 제품범주이다. 소비자들의 식료품체인에 대한 선호도는 각 식료품체인이 개발한 냉장소매업체브랜드에 대한 선호도에 의해 크게 영향을 받는다.

냉장유통시스템의 개발을 위해서는 소매업체들은 상당한 규모의 장기적 투자를 필요로 하였다. 냉장캐비넷, 냉장 이동설비 및 창고의 구비에는 상당한 비용이 소요되며, 냉장식품에 대한 품질관리는 엄격한 기준이 요구되었다. 식료품체인들은 흔히 자체탐색에 의해 하청제조업체를 개발했으며, 제품설계와 개발, 패키징 등을 직접 책임져야 했다. 이러한 장기적 투자의 결과로 영국의 경우 1회용 냉동식품에서 소매업체브랜드의 시장침투율이 29%에 불과하지만 1회용 냉장식품에서 소매업체브랜드의 시장침투율은 94%에 이르고 있다. 1회용 냉동식품은 보유유통기간이 보다 장기간이며 시장선도 제조업체브랜드에게 규모의 경제와 높은 마진을 제공하는 반면에 1회용 냉장식품은 진열대에서의 보관기간이 짧고 규모의 경제를 실현하기 어려워 제조업체들이 마케팅활동에 큰 투자를 할 만큼의 충분한 마진을 확보하기 어렵기 때문이다.

랜드의 도입은 자점포를 방문하는 다양한 소비자집단에 맞추어 표적마케팅을 가능하게 한다. 둘째, 차별화된 소매업체브랜드의 개발에 의해 가격프리미엄과 이익증대를 실현할 수 있다. 셋째, 일부 제품군에서 자체 개발된 서브브랜드의 시장실패가 단일의 소매업체브랜드에 의해 구축된 자산가치(이미지)에 미칠 부정적인 영향을 방지할 수 있다. 대체로 유명 제조업체브랜드와 비슷하거나 보다 나은 품질을 가진 소매업체브랜드의 개발에 성공한 소매업체일수록 서브브랜드를 도입하고 싶은 유혹이 크다. 가령, 미국 뉴욕의 명품 백화점인 니먼 마커스는 기존에 판매하고 있는 제품보다 약간 가격이 싸고 트렌디한 상품을 전문으로 취급하는 세컨드 라인(second line) 체인인 '커스프(Cusp by Nieman Marcus)'라는 길거리 매장을 통해 다양한 스타일의 제품을 싼값에 구매하고 싶어 하는 일반 고객층을 공략하고 있다. 이는 기존 항공사들이 저가(低價) 항공사에 새롭게 진출하거나, 스타우드 그룹과 같은 럭셔리 호텔업체가 중저가 호텔체인을 만들어 대중고객을 흡수하는 것과 같은 맥락이다.

그러나 많은 소매업체들은 다음과 같은 이유에서 서브브랜드의 도입보다는 하나의 소매업체브랜드를 유지하는 것을 보다 선호한다. 첫째, 소매업체들이 소매업체브랜드가 부착된 광범위한 제품군들을 취급하며 다양한 소비자들을 대상으로 표준화된 점포 내 서비스를 제공해야 한다는 소매환경의 고유한 특성을 일반 소비자들이 충분히 이해하고 있으므로, 소매업체 관리자들은 하나의 소매업체브랜드가 광범위한 제품군들과 가격/품질 포지션을 포괄할 수 있으며 나아가 포괄해야 한다고 믿으며 소비자들도 이를 자연스럽게 받아들일 것으로 생각한다.

둘째, 제품의 질이 유명 제조업체브랜드의 것과 비슷할 경우, 소매업체브랜드를 도입하지 않은 소매업체들은 자점포에 대한 전반적인 소비자충성도를 강화할 기회를 상실할 것이다. 셋째, 많은 경우 소매업체의 서브브랜드(소매업체 고유브랜드)가 이와 품질이 비슷하지만 상대적으로 인지도가 낮은 제조업체브랜드와 함께 진열됨으로써 소비자의 소매업체브랜드에 대한 선택가능성과 지각된 품질수준에 부정적인 영향을 미친다. 즉, 많은 서브브랜드들이 단순히 제조업체브랜드를 모방한 것으로 지각하고 브랜드인지도도 상대적으로 낮기 때문에 서브브랜드가 선호될 가능성이 낮을 것이다. 넷째, 소매업자들은 제조업체브랜드와 비슷한 방식으로 서브브랜드를 관리함으로써 소매업체브랜드 고유의 고마진을 상실할 수 있다. 즉 소매업자는 소매업체브랜드와 제조업체브랜드 간의 고유한 차이를 인식하지 못하고, 개발된 각 서브브랜드의 마케팅캠페인에 많은 비용을 할당하고 다른 소매업체의 점포에 서브브랜드를 입점시키는 등 제조업체브랜드와 비슷한 관리방식을 도입할 가능성이 있는 것이다.

영국의 Marks & Spencer는 식료품분야 이외에 세분시장에 따른 차별화된 도입이 요구되는 패션소매분야에 진출해 있음에도 불구하고, 일관성 있게 서브브랜드의 도입을 고려하지 않고 있다. 예를 들어 남성정장용셔츠는 하나의 소매업체브랜드 하에서 품질과 가격에 따라 명확히 품목을 분류하였다(10달러에서 40달러 사이의 가격대, 소재(폴리에스터, 순면제품) 및 마무리의 질에 따른 명확한 선택품목의 제시 등).

이와 같이 지나친 서브브랜드의 확장은 소매업체브랜드와 제조업체브랜드가 갖고 있는 고유의 기능과 역할에서의 차이를 무시하고 제조업체브랜드와 비슷한 브랜드관리방식을 취할 위험을 갖는다. 이에 따라 많은 소매업체들은 단일의 소매업체브랜드를 사용하면서 가격/품질에서 다양한 차별적 포지션을 추구한다. 프랑스에서 가장 평판이 높은 식료품업체브랜드인 Monoprix는 Gourmet(고급식품), La Forme(건강/다이어트 식품), Vite Pret(즉석식품)의 세 가지 서브브랜드를 도입하면서 자산적 가치가 높은 Monoprix라는 소매업체브랜드를 함께 부착시킴으로써 이를 보다 강하게 부각시켰다.

3) 소매업체브랜드와 제조업체브랜드 간의 균형된 제품포트폴리오 유지

소매업체들은 소매업체브랜드와 제조업체브랜드 간에 균형을 유지해야 한다. 최근 들어 소매업체브랜드의 품질과 시장점유율이 향상됨에 따라, 2~3위 이하의 제조업체브랜드들의 시장점유율은 상대적으로 하락하는 현상을 보이고 있다.

소매업체브랜드파워를 구축한 소매업자들은 소매업체브랜드의 시장점유율을 지속적으로 확대할 수 있다고 하더라도, 여전히 많은 소비자들이 유명 제조업체브랜드에 대해 높은 충성도를 보이고 있음을 명심할 필요가 있다. 그러므로 소매업자들은 소비자의 수용범위를 벗어날 정도로 소매업체브랜드의 지나친 확장이 이루어지지 않도록 유의해야 한다.

소매업자들은 소매업체브랜드와 제조업체브랜드 간의 균형을 유지하는 데 있어 소비자의 (브랜드 및 점포)전환성향(switching propensity)과 이에 따른 전환비용(switching cost)을 고려할 필요가 있다. 만일 자신이 선호하는 제조업체브랜드가 진열되어 있지 않을 때, 소비자들은 다른 제조업체브랜드나 소매업체브랜드로 대체하거나 혹은 선호하는 제조업체브랜드를 취급하는 다른 점포를 방문하는 대안 중에서 하나를 선택할 것이다. 이러한 선택행위는 단 한 번의

그림 12-5 | 식료품분야에서의 브랜드구조의 변화

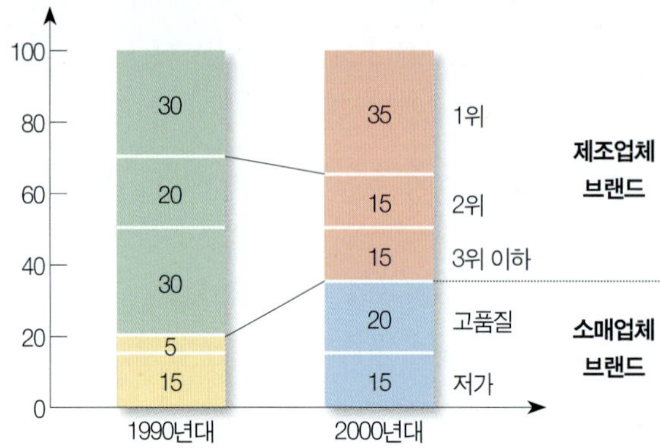

결정으로 이루어지는 것이 아니라 누적적인 점포전환행위를 통해 이루어진다. 즉 소비자는 몇 개의 브랜드나 제품에 대해서는 방문한 점포에 진열된 대체브랜드를 수용하지만 너무 많은 대체품(대체브랜드)들만을 진열하는 점포에 대해서는 그 점포 대신 다른 점포로 전환할 것이다. 대체브랜드를 수용하거나 혹은 타점포로 전환하려는 소비자 성향은 브랜드의 파워를 측정하는 유용한 지표가 된다. 강력한 파워를 가진 제조업체브랜드에 대해서는 소비자들은 점포 내의 대체브랜드를 수용하기보다는 그 브랜드를 취급하는 타점포로 전환할 것이다.

소매업체브랜드의 판매비중을 너욱 확대하려고 하는 소매업자들은 소비자들이 타점포로 전환할 위험(switching risk)을 고려해야 한다. 주말에 장을 보는 직장여성 소비자의 경우를 예로 들어 설명해 보자. 평소 주로 애용하는 점포에서 자신이 매우 선호하는 한두 개의 제조업체브랜드가 진열되어 있지 않을 경우, 그 소비자는 그 점포에서 대부분의 다른 품목들을 쇼핑한 다음 추가적인 시간과 노력을 들여 다른 점포에서 자신이 선호하는 제조업체브랜드를 구매할 수 있다. 이 경우 소매업체는 수입에서 약간의 손실은 발생하지만 소비자의 자점포에 대한 쇼핑과 애호도에는 큰 변화가 없다. 그러나 평소에 주로 이용하는 점포가 자신이 선호하는 제조업체브랜드를 전혀 취급하지 않음을 발견하고 그 브랜드들을 취급하는 타점포에서 정기적인 주말쇼핑을 하기로 점포전환을 한다면, 소매업자는 수입면에서 상당히 타격을 받을 수 있다. 그러므로 소매업체는 소매업체브랜드와 제조업체브랜드 간에 적절한 균형을 유지할 필요가 있는데, 취급비율에 있어 이들 간의 균형관계는 계속 변화를 보이고 있다. 고품질의 소매업체브랜드의 개발이 더욱 강화되고 소매업체브랜드와 소비자 간의 관계가 더욱 밀착될수록, 타점포로의 전환에 따른 비용(switching cost)도 커져서 소비자들은 자신이 애용하는 점포를 계속 방문할 것이다. 이에 따라 제조업체브랜드는 브랜드전환비용(자신이 선호하는 브랜드 이외의 다른 대체브랜드로 전환하는 데 따른 비용)이 점포전환비용보다 훨씬 높도록 하기 위해 상당한 마케팅노력을 기울일 것이다. 즉 유명 제조업체들은 소비자들로 하여금 자신이 선호하는 자사브랜드 대신 점포 내에 진열된 다른 제조업체브랜드나 소매업체브랜드로 전환하는 데 따른(심리적·경제적) 비용이 자사브랜드를 취급하는 다른 경쟁점포로 전환하는 데 따른 비용보다 높게 만들어 소비자의 자사브랜드에 대한 충성도를 계속 유지하려고 할 것이다.

그러나 소비자의 브랜드태도에 대한 조사결과는 소매업체에 유리한 방향으로 변하고 있다. 과거 대부분의 미국 소비자들이 식료품점을 방문하기 전에 자신이 구매할 브랜드를 이미 결정하였다. 그러나 2000년대 들어 일부 소비자들만이 점포방문 전에 구매할 브랜드를 결정하고 대다수 소비자들은 점포 내에서 구매할 브랜드를 결정하고 있다. 이러한 조사결과는 소비자의 브랜드선택이 진열대의 디스플레이, 판촉, 소매업체브랜드의 진열 등에 의해 크게 영향을 받고 있음을 시사한다.

소매업체브랜드의 개발과정이 성숙단계에 이르러 고품질 선도적 시장지위의 소매업체브랜드를 보유하게 된 소매업자는 제조업체브랜드와 비슷한 브랜드관리를 하게 된다. 즉 제조업체브랜드보다 높은 가격할인폭은 과거보다 줄어들고 소매업체브랜드는 유명 제조업체브랜드와 동일한 높은 프리미엄가격을 얻게 될 수 있는 것이다. 이러한 현상은 프랑스의 식료품시장에서 소매업체브랜드-제조업체브랜드 간의 가격차이와 소매업체브랜드의 시장점유율 간의 관계에서 잘 나타나고 있다. 시장점유율이 낮은 소매업체브랜드는 제조업체브랜드와의 경쟁에서 살아남기 위해 무상표품이나 저가/모방 상품을 무기로 상당한 가격할인(30~50%)이 요구되었다. 그러나 소매업체브랜드의 시장점유율이 증가함에 따라 이러한 가격격차는 줄어들며, 소매업체브랜드의 시장점유율이 50%를 초과하면 소매업체브랜드의 가격은 제조업체브랜드와 비슷하게 된다. 프랑스의 식료품시장을 살펴보면, 소매업체브랜드의 품질향상은 시장점유율의 증가와 가격할인수준의 축소로 연결되며 그 반대로 높은 가격할인폭을 무기로 경쟁하는 식료품 소매업체는 고품질의 소매업체브랜드의 개발을 소홀히 하며 시장점유율의 확대에 어려움을 겪는 것으로 나타난다.

이와 같은 상대적 가격/상대적 판매량 간의 관계는 소매업체브랜드의 가격경쟁력이 높을수록 (즉 제조업체브랜드보다 저렴할수록) 시장점유율이 증가할 것이라는 업계전문가(특히 미국)의 주장과는 상반되는 것이다.

흥미 있는 사실은 고품질의 소매업체브랜드는 상당한 소비자충성도를 확보하고 있다는 것이다. 이는 소매업체브랜드의 주요 표적고객은 부유하지 않으며 가격에 민감한 소비자층이어

그림 12-6 | 프랑스 식료품시장에서의 소매업체브랜드의 지위

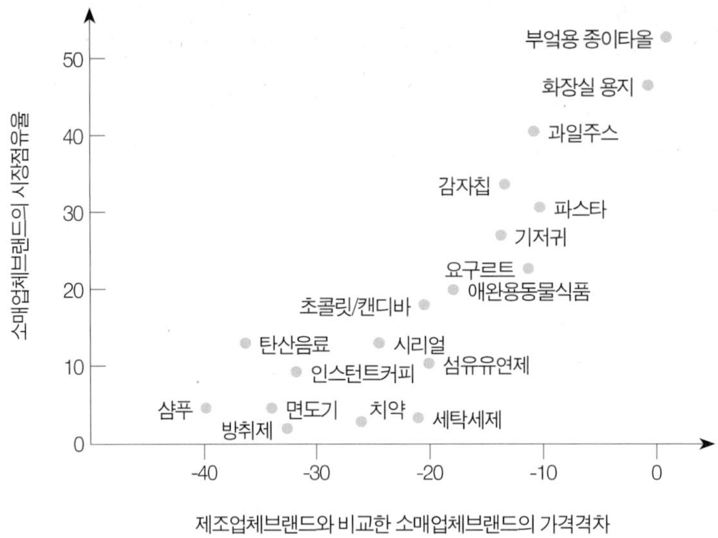

야 한다는 기존의 믿음과 상반되는 것이다. 이러한 기존의 믿음은 원가 및 가격경쟁력에 주로 의존했던 소매업체브랜드의 개발초기단계에 적용된다. 그러나 고품질·시장선도적 지위를 확보한 소매업체브랜드는 보다 부유한 소비자집단을 표적세분시장으로 삼을 가능성이 높아지는데, 이는 이들 소비자들이 집중적 광고를 통해 높은 인지도를 가진 유명 제조업체브랜드 대신 자신의 기호와 판단을 토대로 품질에서 대등하거나 보다 우수한 소매업체브랜드를 선택하는데 대한 자신감을 갖게 되었기 때문이다. 제조업체브랜드에 대한 소비자충성도(brand loyalty)는 부유하지 않은 소비자집단에서 보다 강하게 나타나고 있다.

05 브랜드품격성(Brand Integrity)에 대한 투자

브랜드품격성이란 장기적으로 소매업체브랜드의 자산을 키우기 위해 단기적인 수입과 이익의 증가보다는 브랜드의 가치를 높일 수 있는 마케팅투자계획을 수립하고 이를 유지하려는 노력을 말한다. 가령, 브랜드 간 협업을 통해 고품질 이미지를 형성하는 것은 브랜드품격성을 높이는 데 기여한다. 일본의 대표적 저가 패션유통 브랜드인 유니클로와 하이엔드 디자이너인 질

샌더와의 협업을 통해 탄생한 '+J' 라인은 일명 '유니클로 사태'로 불릴 정도로 큰 인기를 끌었다. 글로벌 금융위기 이후 최고급 여성 패션브랜드 질 샌더와의 협업은 유니클로 야나이 다다시 사장의 의지가 강력히 작용했다. 야나이 사장과 유니클로의 연구개발(R&D) 담당임원은 한동안 패션계를 떠나 있던 질 샌더에게 협업을 제안했고, '미래를 향한, 가치가 있는 옷을 만들고 싶다'라는 생각이 일치해 협업이 성사되었다. 질 샌더는 유니클로와 협업하는 과정에서 +J의 디자인, 제작, 마케팅 등 전 부서에 걸쳐 참여했다. +J의 성공을 거둘 수 있었던 것은 질 샌더의 제품컨셉, 디자인력과 유니클로의 상품화 노하우가 결합돼 기존에 없었던 새로운 가치를 주는 혁신적인 브랜드가 탄생했기 때문이다. 수백만 원을 넘는 질 샌더의 오리지널 디자인을 10만 원 내외의 저렴한 가격에 선보이면서 이러한 상품에 목말라한 소비자들의 욕구를 충족시켰고 유니클로는 협업을 통해 저가 브랜드이미지를 향상시키고, 저가 브랜드 제품으로는 접근할 수 없었던 하이엔드 소비자들을 공략할 수 있었다. +J의 또 다른 성공요인으로는 글로벌 금융위기라는 시장상황을 들 수 있다. 유니클로는 소비자들이 어려운 경제환경으로 옷 구입비용은 줄이고 있지만 구입하는 옷의 소재나 디자인에 관한 눈높이는 크게 낮추지 않을 것으로 판단했다. 비용은 아끼면서 스타일을 추구하는 절약형 감성 소비자들이 늘어날 것으로 보고 이러한 소비자를 공략할 방안으로 질 샌더와의 협업을 추진했던 것이다.

소매업자가 브랜드품격성의 실현을 위한 마케팅계획에서 고려해야 할 주요요인으로는 제품의 질, 가격, 종업원의 동기부여, 브랜드자산의 활용 등을 들 수 있다.

1) 제품의 질

소매업체브랜드자산을 구축하려는 소매업체들은 자점포의 취급제품이 제조업체브랜드 혹은 소매업체브랜드 중 어느 것인지에 상관없이 높은 수준의 제품의 질을 유지하도록 해야 하며, 제품의 질과 관련하여 발생되는 고객과의 문제는 소매업체 자신이 책임을 진다는 능동적 자세가 요구된다. 자유반품정책은 소매업체가 제품의 질에 대해 강한 집착을 보이고 있음을 반영하는 마케팅도구의 하나이다. 고객이 자점포로부터 구매한 제품에 불만이 있을 때(단순히 마음에 들지 않는 것도 포함됨), 소매업자는 적절한 경과기간과 수용가능조건 하에서 반품과 전액상환을 허용할 수 있다. 자유반환을 실시하는 소매업체에 대해 고객들은 만족스럽지 못한 제품을 언제든지 반품할 수 있다는 신뢰감을 갖게 되므로 그 점포가 개발 판매하는 소매업체브랜드에 대해서도 높은 신뢰감과 애호도를 형성할 것이다. 그러므로 소매업체는 반품 여부를 결정하는 권한을 점포 내 판매사원들에게 이양할 필요가 있다. 미국의 Nordstrom(노드스트롬)백화점이 이의 대표적인 예인데, 백화점의 판매사원들은 구매한 제품에 대한 고객의 만족/

불만족에 대처하는 의사결정을 스스로 내릴 수 있는 권한을 부여받고 있다.

소매업체는 제조업체와 마찬가지로 제품실패(불량제품)에 대해 강력한 조치를 취해야 한다. 만약 소매업체브랜드가 부착된 제품이 고객이 기대하는 성과기준을 충족시키지 않은 것으로 나타났거나 고객에게 해를 끼칠 가능성이 있다면, 소매업자는 공개적으로 판매된 제품을 회수하고 회수에 드는 비용을 자체 부담하는 능동적인 조치를 취해야 할 것이다.

2) 가격

품격을 높여주는 제품가격은 소매업체브랜드의 파워를 키우는 데 중요하다. 상품가격은 소매제공물의 질, 브랜드와 고객 간의 관계의 일관성을 반영하는 강한 단서가 된다. 최근 들어 EDLP(Every Day Low Pricing)는 제조업체 및 소매업체에 걸쳐 소비용품분야의 새로운 가격관행이 되고 있다. 제조업체와 소매업체들은 일상적으로 실시되는 판촉과 가격할인이 브랜드충성도를 저해하고 경쟁사보다 높은 매출을 얻는 데 기여하는 효과가 별로 크지 않음을 인식하게 되었다. 브랜드가치는 일관성 있고 공정한 가격이 제시될 때 강화되는 것이다. 그러므로 소매업체는 세일과 판촉을 선택적이면서 통제된 방식으로 활용해야 한다. 즉 세일은 시즌정리품목 등의 극히 제한된 상품에 국한되어야 하며, 정기적으로 그리고 통제된 기간 동안에만 실시되어야 한다. 세일기간 이외의 판촉은 정상가격과 명확히 구별될 수 있어야 하며 너무 광범위한 품목들에 대해 빈번하게 실시되어서는 안 되며, 판촉실시 전에 상당기간 유지되어온 정상가격에 비해 적절한 가격할인이 이루어진 것으로 지각되도록 해야 한다.

관행적으로 실시되는 단수가격정책(odds pricing)을 개선하는 것도 소비자들에게 가격정책의 품격을 유지(혹은 개선)하기 위한 방법의 하나가 될 수 있다. 가령 소매업체들이 책정한 14,990원이라는 단수가격은 현명한 소비자를 우롱하는(즉 소비자 심리를 조작하는) 가격정책일 수 있다. The Limited 같은 패션소매업체는 화폐단위로 끝나는 가격정책(rounded ticket pricing : 예를 들어 15,000원의 소비자 가격)을 통해 소비자들을 기만하지 않는다는 인상을 주고 브랜드의 고품격이미지를 강화하려고 하였다.

소매업체는 품격을 높이는 가격정책이 가격경쟁력과 서로 밀접한 관계가 있으며, 이들은 서로를 강화시켜 줌을 인식할 필요가 있다. EDLP를 실시하는 할인 소매업체들은 '가장 저렴한 가격으로 판매되지 않은 상품에 대해서는 전액환불을 보장한다'는 경쟁적 포지션을 통해 소비자들로 하여금 EDLP소매업체의 일상판매가격이 세일이나 판촉기간 동안만이 아니라 항상 경쟁력이 있음에 대해 확신을 갖게 할 수 있다.

고품격을 추구하는 가격정책은 가치에 상응하여 상품가격이 책정되었다는 소비자 지각을

그림 12-7 | 지각된 가격과 실제가격 : 프랑스의 슈퍼마켓

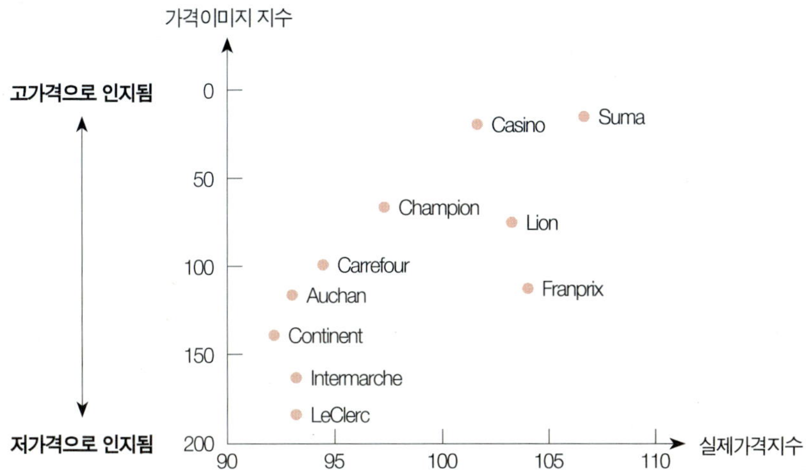

창출하거나 이를 강화시키는 데 기여한다. 소매업자는 소비자에 의해 지각된 가격과 실제가격에서 상당한 차이가 있을 수 있음에 유의해야 한다. 예를 들어 동일한 실제가격대에서 경쟁하는 프랑스의 하이퍼마켓업체들 가운데, LeClerc와 Intermarche는 실제 판매가격보다 낮은 가격대로 지각되는 반면 Continent, Auchan, Carrefour는 보다 높은 가격대로 지각되는 것으로 나타났다. 상대적으로 고가격으로 판매되는 Casino와 Franprix를 보면 Casino는 실제의 판매가격과 지각된 가격 간에 큰 차이가 없는 반면 Franprix는 실제보다 상당히 낮은 가격대로 지각되고 있다.

3) 종업원의 동기부여

소매업체브랜드의 파워를 키우고자 하는 소매업체가 해결해야 할 또 다른 과제는 소매업체브랜드의 가치창출을 위한 전체조직구성원들의 강력한 몰입을 이끌어내는 방법을 강구하는 것인데, 특히 고객들과의 직접적인 접촉이 이루어지는 수천 명의 현장판매사원들은 고객의 브랜드경험과 지각에 큰 영향을 미친다. 현장판매사원들의 브랜드가치를 높이려는 노력에 대한 높은 몰입수준과 이의 유지를 이끌어내는 데 효과적인 도구의 하나는 판매성과 및 이익과 연계된 보상체계의 도입이다. 예를 들어 회사의 부(富)의 가치의 증가가 종업원의 부의 가치의 상승으로 연결된다면 회사구성원들 간에 브랜드가치를 높이려고 하는 조직문화가 공유될 수 있을 것이다. 미국의 선도적 소매업체들은 조직구성원들 간에 파트너십을 구축하는 데 기여하는

브랜드마케팅 따라잡기

PB의 핵심가치를 정하고 차별화를 추구해 높은 마케팅성과를 거두고 있는 독일 슈퍼마켓 체인 알디(Aldi)와 리들(Lidl)

PL(혹은 PB)제품을 성공적으로 키우려면 어떻게 해야 할까. 유통업체는 물론 제조업체들도 고민하는 이슈다. 이장혁 고려대 교수는 "PL제품은 유통업체가 기획했다는 점을 빼면 기존 제조업체브랜드 제품과 다를 바가 없기 때문에 기존 브랜드 제품과 동일한 브랜드전략이 필요하다. PL제품도 타깃이 되는 고객층과 핵심가치를 분명히 정하고, 어떻게 경쟁자들로부터 차별화할 것인지를 고민해야 한다"고 조언한다.

대표적인 성공사례는 하드 디스카운트 스토어로 불리는 독일의 슈퍼마켓 체인 알디(Aldi)와 리들(Lidl)이다. 독일업체인 알디와 리들은 타깃을 브랜드에 연연하지 않고 낮은 가격에 높은 만족을 원하는 실속파 소비자들로 국한했다. 알디에서 판매하는 제품의 가격은 대형마트에서 판매하는 동일 카테고리 제품의 가격보다 무려 40% 이상 저렴하다. 그럼에도 불구하고 알디는 4.5~4.7%의 영업이익률을 유지하며 영국 내 유통업체 중 가장 높은 수익성을 보이고 있다. 알디의 매장규모는 한국의 동네 슈퍼마켓보다 조금 더 큰 1,000㎡(약 302평) 정도다. 식료품·빵·주류·의류 등을 판매한다. 테스코 등 대형마트는 취급품목 수(SKU)가 2만~10만여 개나 되지만 알디는 1,000~1,600개에 불과하다. 매장규모가 크면 재고관리 비용, 전열, 냉·보온 비용 등이 많이 들기 때문에 비용절감을 위해 소비자들이 주로 사는 품목에만 역량을 집중했다. 카테고리별로 한 종류의 상품만을 진열했고 전체의 95%를 PL로 채웠다. 다양한 상품구색을 원하는 소비자들을 과감히 포기한 것이다.

알디와 리들의 제품들은 저렴하면서도 놀라운 경쟁력을 갖췄다. 일례로 리들의 3.99파운드짜리 향수는 영국 조향사 조합(Perfumer's Guild)의 블라인드 테스트(제품이름을 가리고 고르는 것)에서 61파운드짜리 샤넬향수보다 높은 점수를 받았다. 알디와 리들의 제품들이 대형마트보다도 훨씬 저렴한 비결은 강한 가격협상력을 가진 대형 제조업체브랜드 대신 무명의 중소 제조업체와 손을 잡았기 때문이다. 그러나 공급계약을 1년마다 갱신하는 등 품질관리를 철저히 해 품질경쟁력은 대형 제조업체브랜드를 능가한다. 중소 제조업체 입장에서는 알디의 품질요구가 비록 까다롭지만 알디가 전 세계 8,000개에 달하는 매장을 확보하고 있어 알디와 손잡고 박리다매전략을 추구하는 것이 이득이다. 이류 제조업체와 '윈윈'을 추구하는 전략으로 일류 제조업체를 위협하고 있는 것이다.

보상체계 및 주식매입옵션(stock option)방식을 도입하고 있는데, 가령 Wal-Mart의 많은 종업원들이 실적에 따라 자사주식을 매입할 수 있는 권한을 허용받고 있으며 일부 종업원들은 이를 통해 백만장자가 되기도 하였다.

4) 브랜드자산의 활용

강력한 소매업체브랜드를 소유한 소매업체들은 자점포 브랜드에 대한 강한 소비자프랜차이즈를 여러 취급상품들에 걸쳐 어떻게 활용할 것인지에 대한 문제에 직면한다. 브랜드가치의 구축에는 수십 년이 걸릴 수 있지만 잘못된 브랜드관리로 인해 수년 내에 그 가치가 급속도로 약화될 수도 있다. 그러므로 소매업체브랜드파워를 유지하려는 소매업체들은 단기적 판매증대를 위해 브랜드자산을 지나치게 활용하는 것(강력한 소매업체브랜드를 너무 많은 상품군들에 부착하는 것)이 장기적으로 브랜드가치를 저해할 수 있음에 유의해야 한다.

다음은 브랜드가치에 부정적 영향을 미칠 수 있는 브랜드활용영역의 예이다.

첫째, 자사직영 할인매장(facto outlet)의 남용은 브랜드가치에 부정적인 영향을 미칠 수 있다. 자사직영 할인매장은 신부해진 상품(특히 유행이 지난 패션상품)의 재고처리를 위해 공장근처나 비교적 격리된 지역에서 운영되는 소매업태였다. 그러나 1980년대 후반 들어 자사직영 할인매장의 높은 판매실적에 자극을 받아 많은 소매업체와 제조업체들이 공장에서 멀리 떨어진 대도시 인근에 경쟁적으로 점포를 개설하고 자사직영 할인매장만을 위한 새로운 품목을 개발하여 자신의 소매업체브랜드로 판매하기 시작하였다. 그러나 자사직영 할인매장의 양적 성장은 핵심사업분야에서의 가격/품질 포지션에 부정적인 영향을 미쳤다. 상당히 할인된 가격으로 손쉽게 유명 소매업체·제조업체브랜드를 구입할 수 있게 된 소비자들은 정상가격의 제품을 구매하지 않게 된 것이다.

초기의 자사직영 할인매장의 매출과 이익에서의 급성장은 핵심사업에서의 상품가격 인하와 판매량 감소라는 부정적인 결과를 초래하였고 브랜드의 품격(완전성)을 재회복하는 데 많은 기간과 비용이 소요되었다.

둘째, 자산적 가치가 높은 소매업체브랜드를 경쟁 소매업체의 점포에 진출시키는(wholesaling store brands) 것도 브랜드가치에 부정적인 영향을 미칠 수 있다. 이러한 방식의 브랜드자산 활용은 강력한 소매업체브랜드의 개발에 투입된 투자비용을 빠른 기간 내에 회수하고, 공급업자와의 거래에서 규모의 경제를 실현할 수 있으며 단기적 현금흐름의 증가를 통해 상당한 추가적 이익을 얻을 수 있는 이점이 있다. 그러나 자점포에서만 판매된다는 소매업체브랜드의 독점성(exclusive)이 사라지고 이로 인해 자점포의 브랜드차별성이 상당히 약화될 수 있다. 즉 단기적으로 얻어지는 많은 이점들이 장기적으로 소매업체브랜드의 독점적 취급에 의한 점포차별화와 소매업체브랜드의 자산적 가치에 부정적인 영향을 끼칠 수 있는 것이다.

셋째, 지나친, 그리고 급속한 다른 제품범주들로의 브랜드확장도 장기적으로 소매업체브랜드의 자산적 가치에 부정적 영향을 미칠 수 있다. 패션부분에서 강력한 자산을 구축한 전문

소매업체브랜드(가령, GAP)는 의류, 신발, 액세서리, 보석, 가정용 장식용품 등의 광범위한 관련제품범주들에 걸쳐 브랜드의 자산적 가치를 효과적으로 활용할 수 있다. 그러나 서로 다른 특성의 수많은 제품범주들을 함께 취급하는 소매업체(예를 들어, 식품소매업체)는 브랜드의 자산적 가치를 활용함에 있어 동일한 소매업체브랜드가 부착된 제품범주들 간에 품질과 경쟁적 포지션에서 일관성이 유지될 수 있도록 제품범주의 선택과 이의 관리에 많은 노력을 기울여야 할 것이다.

참고문헌

1. 안광호 · 이진용, 브랜드파워, 한 · 언, 1997.
2. Aaker, David A., *Managing Brand Equity*, New York: Free Press, 1991.
3. Aaker, David A., *Building Strong Brands*, New York: Free Press, 1996.
4. Blattberg, Robert C. and Kenneth Wiewski, "Modelling Store Level Scanner Date," *Marketing Working Paper*, University of Chicago, 1988.
5. Blattberg, Robert C. and Scott A. Neslin, *Sales Promotion: Concepts, Method and Strategies*, Englewood Cliffs, NJ: Prentice-Hall, 1990.
6. Kapferer, Jean-Noel, *Strategic Brand Management: New Approaches to Creating and Evaluating Brand Equity*, London: Kogan Page, 1992.
7. Kotler, Philip, *Principles of Marketing*, 16th ed., Pearson, 2016.
8. Levy, Michael and Barton A. Weitz, *Retailing Management*, 2nd ed., Irwin, 1995.
9. Quelch, John and David Harding, "Brands Versus Private Labels: Fighting to Win," *Harvard Business Review*, January-February 1996.
10. Ries, Al, *Focus*, New York: Harper Collins Publishers, 1996.

국문 색인

Index

ㅅ

ㅇ

영문 색인

Index

저자 소개

안광호 교수는 현재 인하대학교 경영학과 교수로 재직하고 있다. 그는 한국 외국어대학교 무역학과를 졸업하고 서울대 대학원 경영학과에서 석사과정을 수료한 다음 미국 NYU(New York University)에서 마케팅을 전공하여 경영학 석사와 박사학위(Ph. D.)를 취득했다. 그의 관심분야는 소비자행동, 브랜드관리, 마케팅 커뮤니케이션, 마케팅전략 등이며, 이러한 관심분야에서 활발한 연구 및 저술 활동을 하고 있다. 그는 Journal of International Retailing, Management Decision, International Journal of Contemporary Hospitality Management, The International Journal of Human Resource Management, 마케팅 연구, 한국마케팅 저널, 소비자학 연구, 경영학 연구, 마케팅 관리연구, 광고학 연구 등 국내외 유명 학술지에 100편 이상의 논문을 발표하였으며, 『고객지향적 마케팅』, 『마케팅원론』, 『소비자행동』, 『마케팅 조사원론』, 『유통관리』, 『유통원론』, 『광고관리』, 『촉진관리』, 『전략적 브랜드관리』, 『마케팅전략』, 『사회과학 조사방법론』, 『패션마케팅』, 『서비스마케팅』 등의 마케팅관련 저서와 『브랜드 파워』, 『브랜드의 힘을 읽는다』, 『SHOW』, 『정서 마케팅』, 『정서지배 소비자행동』, 『행동경제학 관점에서 본 소비자 의사결정』, 『행동적 의사결정론』 등의 단행본을 출판하고 2017년 『미라클 경영』의 공동저자로 참여하였다. 2013년에는 경영학분야의 세계적 석학인 Kotler교수와의 공동 저술작업을 통해 글로벌 베스트셀러 대학교재인 『마케팅 입문(Marketing: An Introduction)』 한국어 판을 출간했다.

한국마케팅학회 학회장, 한국광고학회 학회장, 한국소비자학회 학술지 소비자학 연구의 편집위원장과 한국광고학회 학술지 광고학 연구의 편집위원장을 역임하였으며, 한국마케팅학회, 한국소비자학회, 한국경영학회, 한국소비문화학회, 한국마케팅관리학회, 한국광고학회의 부회장 및 상임이사를 역임하였다. 2001년 한국소비자학회 최우수 논문상을, 2009년 한국경제신문 학술자상을 수상했다. 그리고 2012년 한국조사연구학회 한국갤럽학술논문상을, 2013년 한국광고학회 제일기획 학술상과 동아일보 '2013 한국의 최고경영인상'에서 한국의 최고경영학자상을 수상했다. 그는 인하대학교에서 2003년 우수연구업적 교수상을 수상하기도 하였다.

평소 영화·공연관람과 와인을 즐기며, 에릭 클랩튼과 빌리 조엘, 그리고 고 이영훈님의 음악을 즐겨 듣는다. 방학이면 낯선 이국땅에서 배낭여행을 즐기며 잠시 일상에서 벗어난 시간을 갖곤 한다.

한상만 교수는 서울대학교에서 경제학을 공부하고, 미국 스탠포드대학교(MBA)와 콜럼비아대학교(Ph.D.)에서 경영학을 공부하였다. 홍콩 HKUST에서 2년간 교수로 일하다가 1995년부터 성균관대학교 경영대학에서 가르치고 있으며, 성균관대학교에서 경영대 학장, 경영전문대학원 부원장과 경영연구소 소장을 역임하였다.

Journal of Marketing Research, Journal of Retailing, Journal of Marketing 등의 해외 Top Journal들과 경영학 연구, 마케팅 연구, 소비자학 연구, 광고학 연구, 한국마케팅저널 등 국내 유명 학술지에 다수의 논문을 게재하였다. 『현대마케팅』, 『전략적 브랜드관리』, 『경쟁우위 마케팅전략』, 『웹마케팅 혁명』 등의 책을 썼고, 『미학적 마케팅』이란 번역서와 『고전에서 배우는 경영인사이트』라는 책을 출간했나. 그는 여러 기업체의 자문과 강연을 통해서 기업체에 필요한 조언을 하고 있으며, 한국시티은행 사외이사와 해맞이 선교회 부이사장을 맡고 있으며, 한국소비자학회 회장과 한국마케팅학회 마케팅 연구의 편집위원장을 역임했다.

아내와 함께하는 여행을 좋아하고, 아침에 뒷산에 있는 백사실 계곡을 걸으며 명상을 하는 것과 일주일에 한 번씩 저녁시간에 『사서삼경』을 배우는 것에서 큰 즐거움을 얻는다.

전성률 교수는 마케팅을 전공으로 현재 서강대학교 경영학부 교수로 재직하고 있으며 경영대 학장을 맡고 있다.

주요 연구분야는 소비자행동에 바탕을 둔 브랜드전략으로 연구논문들은 Journal of Marketing Research, Journal of Consumer Research, Journal of Business Research, Marketing Letters, Journal of Advertising, Journal of Marketing Theory and Practice, Advances in Consumer Research 등의 해외 Top Journal들과 마케팅 연구, 소비자학 연구, 경영학 연구, 광고연구, 광고학 연구, 한국마케팅저널 등의 국내 유명 학술지에서 볼 수 있다. 저서 및 역서로는 『전략적 브랜드관리』(학현사), 『브랜드자산관리전략』(산업정책연구원), 『글로벌시대의 국제광고론』(나남사), 『글로벌 브랜드 커뮤니케이션』(나남사) 등이 있다. 한국 소비자학회 최우수 논문상, 국가이미지 제고 기여 대통령 표창, 2008 서강대 경영대학 최우수 교수상(Best Teacher's Award), 2008, 2009, 2010, 2011 서강대 경영전문대학원 우수 교수상 등의 수상경력이 있다. 한국마케팅학회의 상임이사와 편집위원, 한국광고학회 산학협력위원회 위원장, 한국소비자학회 및 한국상품학회 부회장으로 일해 왔으며, 한국소비자학회 회장을 역임했다. 서울시청, 지식경제부 등의 정부기관 및 국가이미지제고위원회, 혁신브랜드관리위원회, 국가브랜드위원회 등의 정부위원회 활동과 많은 기업에서 마케팅 자문활동을 수행했다.

항상 열린 마음과 호기심으로 세상과 사물을 보려고 노력하는 것이 마케팅하는 사람의 중요한 덕목이라고 생각하고, 이를 실천하려고 애쓴다. 또한, 운동을 지극히 좋아하고, 육체적 수련은 깨달음에 이르는 또 다른 길이라 생각한다.

전략적 브랜드관리(제5판)

안광호 · 한상만 · 전성률 공저

1판 1쇄 발행 1999년 8월 25일
2판 5쇄 발행 2006년 8월 10일
3판 6쇄 발행 2012년 1월 30일
4판 4쇄 발행 2019년 2월 10일
5판 3쇄 발행 2022년 8월 20일

발행인 회장 박 철 용
대표 박 세 원

발행처 **학 현 사**
우. 10881 경기도 파주시 직지길 522 파주출판도시
전 화 031) 955-8700(대표)
팩 스 031) 955-8705
메 일 hhspub@chol.com
http://www.hakhyunsa.com

출판등록 1992년 6월 20일
등록번호 제 406-2004-000033호
ISBN 978-89-5853-471-6
정가 34,000원